U0920581

2022
内蒙古统计年鉴

INNER MONGOLIA STATISTICAL YEARBOOK 2022

（总第35期 NO. 35）

图书在版编目（CIP）数据

内蒙古统计年鉴. 2022 = Inner Mongolia Statistica Yearbook 2022 : 汉、英 / 内蒙古自治区统计局编. -- 北京 : 中国统计出版社, 2022.8
ISBN 978-7-5037-9824-5

Ⅰ. ①内… Ⅱ. ①内… Ⅲ. ①统计资料－内蒙古－2022－年鉴－汉、英 Ⅳ. ①C832.26-54

中国版本图书馆CIP数据核字(2022)第102223号

内蒙古统计年鉴—2022

作　　者/ 内蒙古自治区统计局
责任编辑/ 高嫒嫒
执行编辑/ 郭雪佩
装帧设计/ 常埴平
出版发行/ 中国统计出版社有限公司
地　　址/ 北京市丰台区西三环南路甲6号
邮政编码/ 100073
电　　话/ 邮购（010）63376909 书店（010）68783171
网　　址/ http://www.zgtjcbs.com
印　　刷/ 内蒙古宏业包装印务有限公司
经　　销/ 新华书店
开　　本/ 890mm × 1240mm 1/16
字　　数/ 1400千字
印　　张/ 39印张
版　　别/ 2022年8月第1版
版　　次/ 2022年8月第1次印刷
定　　价/ 350元 Price:350.00yuan(RMB)

本书附同版本CD-ROM一张，光盘内容以书面文字为准。
如有印装差错，由本社发行部调换。

编 辑 说 明

一、《内蒙古统计年鉴》是一部按年度连续出版的大型统计资料书。本《年鉴》通过大量的统计数据，全面反映了2021年内蒙古经济社会和科技发展变化情况，是国内外各界人士了解内蒙古、认识内蒙古的重要统计资料工具书。

二、年鉴全书分为两部分。第一部分为特载，载入了自治区党政部门重要文件和2021年内蒙古自治区国民经济和社会发展统计公报。第二部分为统计资料，分为21个细目。即:1.综合；2.国民经济核算；3.人口与就业；4.价格指数；5.人民生活；6.财政；7.资源、环境与能源；8.农牧业；9.工业；10.投资与建筑业；11.国内贸易；12.对外经济和旅游；13.金融和保险；14.交通运输与邮电；15.城市概况；16.教育、科技和文化；17.卫生和体育；18.公共管理和社会保障；19.盟市资料；20.旗县区资料；21.附录。为了便于读者查阅，每个细目编排了主要统计指标解释。

三、本年鉴的统计数据包括政府统计部门和业务部门年度统计报表、汇总数据或抽样调查数据。

四、与《内蒙古统计年鉴-2021》相比较，本年鉴做了如下调整：

1. 根据第三次全国农业普查结果对2013-2017年畜牧业调查年鉴中数据进行了修订；

2. 为了使分盟市就业人数与全区数据匹配，从2021年起，对分盟市就业人数进行统一测算，同时增加了各盟市分产业、分城乡就业人员数据；

3. 由于新冠肺炎疫情影响，2021年旅行社组织出入境旅游统计未开展，相关数据未能载入本《年鉴》。

五、资料中所使用的数量单位均采用国际统一标准计量单位。

六、本《年鉴》中涉及到的历史数据，均以2022年出版的本年鉴数据为准；部分数据合计数或相对数由于单位取舍不同而产生的计算误差，均未作机械调整。

七、本年鉴表中的符号使用说明：空格表示该项统计指标数据不足本表最小单位数、不详或无该项数据；“#”表示其中的主要项。

PREFACE

Ⅰ. Inner Mongolia Statistical Yearbook is a regular large scale statistical reference book published yearly. With a vast amount of statistical data for 2021, this yearbook reflects various aspects of Inner Mongolia's economic society, science and technology development. It is a real important and efficient statistical reference book for people of various circles in and outside China to know and understand Inner Mongolia.

Ⅱ. The yearbook has two parts: Special articles and Statistics. The part one consists of important documents of the Party and the government and Statistical Bulletin of the National Economic and Social Development in Inner Mongolia for 2021. The part two consists of all the 21 chapters as follow: 1.General Survey; 2.National Accounts; 3. Population and Employment; 4. Prices Indices; 5.People' s Living Conditions; 6. Government Finance; 7.Resources,Environment and Energy; 8. Agriculture; 9. Industry ; 10 Investment and Construction;11. Domestic Trade; 12. Foreign Economics and Tourism; 13. Banking and Insurance; 14. Transport, Postal and Telecommunication Services; 15. Overview of Cities; 16. Education, Science and Culture; 17. Public Health and Sports; 18.Public Management and Social Security;19. Statistics of Leagues and Cities; 20. Statistics of Banners,Counties and Districts; 21. Appendix. In order to make it convenient for readers to consult, we edit explanatory notes on main statistical indicators of every chapter.

Ⅲ. Most of the data in this yearbook sources are from annual statistical reports of government statistics agencies and business agencies , another part sources from sample survey.

Ⅳ.Comparing with the content of Inner Mongolia Statistical Yearbook–2021, we changed the content as follow:

1. The data of the Animal Husbandry Survey Yearbook from 2013 to 2017 were revised according to The Third National Agricultural Census;

2. In order to match the urban employment population data with province,we have a uniform measure of the number of employment population from 2021.Meanwhile the data of Composition of Employed Persons at Year–end by Type of Industry and Residence and Region are added;

3. Due to the impact of THE COVID–19, travel agencies didn' t provide international travel services in 2021.The relevant data couldn' t be included in this Yearbook.

Ⅴ. The units of measurement used in this yearbook are internationally standard measurement units.

Ⅵ. The historical data involved in the yearbook are based on the newly published data of the yearbook;the calculation errors of partial total number or relative number have not been mechanically adjusted due to using different units.

Ⅶ. Notations used in this yearbook: blank space indicates that the figure is not large enough to be measured with the smallest unit in the table, or data are unknown or are not available; "#" indicates a major breakdown of the total.

目　录
CONTENTS

第一部分　特　载
PART ONE SPECIAL ARTICLES

2022 年内蒙古自治区政府工作报告 …… 3
Report on the Work of the Government of Inner Mongolia Autonomous Region in 2022
2022 年内蒙古自治区国民经济和社会发展计划 …… 11
National Economic and Social Development Plan of Inner Mongolia Autonomous Region in 2022
关于内蒙古自治区 2021 年预算执行情况和 2022 年预算草案的报告 …… 16
Report on the Implementation of Budgets for 2021 and Draft Budgets for 2022 in Inner Mongolia
内蒙古自治区 2021 年国民经济和社会发展统计公报 …… 24
Statistical Bulletin of the National Economic and Social Development in Inner Mongolia in 2021

第二部分　统计资料
PART TWO STATISTICS

一、综合
General Survey
1-1 平均每天主要社会经济活动 …… 37
Major Indicators on Average Daily Social and Economic Activities
1-2 社会经济主要指标人均水平 …… 38
Major Per Capita Indicators on Society and Economy
1-3 国民经济和社会发展比例和效益 …… 39
Indicators on National Economic and Social Development
1-4 国民经济和社会发展总量与速度 …… 42
Principal Aggregate Indicators on National Economic and Social Development and Their Related Indices and Growth Rates
1-5 国民经济和社会发展结构 …… 50
Structural Indicators on National Economic and Social Development
主要统计指标解释 …… 52
Explanatory Notes on Main Statistical Indicators

二、国民经济核算
National Accounts
2-1 生产总值 …… 59
Gross Domestic Product

2-2 生产总值构成…… 61
Composition of Gross Domestic Product
2-3 生产总值指数(上年=100) …… 63
Indices of Gross Domestic Product(last year=100)
2-4 生产总值指数(1952 年=100) …… 65
Indices of Gross Domestic Product(1952=100)
2-5 主要行业增加值…… 67
Value-added of Main Sectors
2-6 主要行业增加值指数…… 68
Indices of Value-added of Main Sectors
2-7 第三产业增加值…… 69
Value-added of the Tertiary Industry
2-8 第三产业增加值构成…… 70
Composition of Value-added of the Tertiary Industry
2-9 第三产业增加值指数…… 71
Indices of Value-added of the Tertiary Industry
2-10 三次产业贡献率…… 72
Share of the Contributions of the Three Strata of Industry to the Increase of the GDP
2-11 三次产业对生产总值增长的拉动…… 73
Contribution of the Three Strata of Industry to GDP Growth
主要统计指标解释…… 74
Explanatory Notes on Main Statistical Indicators

三、人口与就业

Population and Employment

3-1 历次全国人口普查内蒙古人口基本情况…… 79
Basic Conditions of All Region Population Census in 1953,1964,1982,1990,2000,2010and 2020
3-2 年末总人口数及构成…… 80
Population and Its Composition at Year-end
3-3 人口出生率、死亡率、自然增长率…… 82
Birth Rate,Death Rate and Natural Growth Rate
3-4 年末总人口及人口变动…… 84
Population and Its Changes at Year-end
3-5 民族人口及构成…… 85
Nationality Population and Its Composition
3-6 年末民族人口数…… 86
Nationality Population at Year-end
3-7 就业基本情况…… 88
Employment
3-8 按三次产业划分的年末就业人员…… 89
Number of Employed Persons at Year-end by Type of Industry
3-9 按城乡划分的年末就业人员…… 91
Number of Employed Persons at Year-end by Urban and Rural Areas

3-10 按登记注册类型分城镇非私营单位就业人员 …… 92
Number of Employed Person in Urban Non-Private Units by Status of Registration
3-11 城镇非私营单位年末就业人员(2021 年) …… 93
Number of Employed Persons in Urban Non-Private Units at Year-end(2021)
3-12 城镇非私营单位年末女性就业人员(2021 年) …… 95
Number of Female Employed Persons in Urban Non-Private at Year-end by Sector(2021)
3-13 城镇私营企业年末就业人员及工资(2021 年) …… 96
Employees and Wages in Urban Private Enterprises at Year-end(2021)
3-14 城镇就业及失业人数 …… 97
Employment and Unemployment in Urban Areas
3-15 职工工资总额和指数 …… 98
Total Wages of Employed Persons and Related Index
3-16 城镇非私营单位就业人员工资总额及指数 …… 100
Total Wages Bill of Employed Persons in Urban Non-Private Units and Related Indices
3-17 职工平均工资及指数 …… 101
Average Wages of Employed Persons and Related Index
3-18 城镇非私营单位就业人员平均工资及指数 …… 103
Average Wage of Employed Persons in Urban Non-Private Units and Related Indices
3-19 分行业城镇非私营单位就业人员平均工资 …… 104
Average Wage of Employed Persons in Urban Non-Private Units by Sector
3-20 城镇非私营单位就业人员平均工资(2021 年) …… 105
Average Wage of Employed Persons in Urban Non-Private Units(2021)
3-21 国有单位年末就业人员和工资总额(2021 年) …… 106
Number and Total Wage Bill of Employed Persons in State-owned Units at Year-end(2021)
3-22 城镇集体单位年末就业人员和工资总额(2021 年) …… 108
Number and Total Wage Bill of Employed Persons in Urban Collective-owned Units at Year-end(2021)
3-23 其他单位年末就业人员和工资总额(2021 年) …… 110
Number and Total Wage Bill of Employed Persons in Other Types of Ownership Units at Year-end(2021)
主要统计指标解释 …… 112
Explanatory Notes on Main Statistical Indicators

四、价格指数

Price Indices

4-1 各种价格总指数 …… 119
General Price Indices
4-2 居民消费价格分类指数(2021 年) …… 121
Consumer Price Indices by Category(2021)
4-3 商品零售价格分类指数(2021 年) …… 122
Retail Price Indices by Category(2021)
4-4 主要农产品生产价格指数 …… 124
Producer Price Indices for Farm Products
4-5 工业生产者购进价格指数 …… 125
Purchasing Price Indices of Industrial Producers

4-6 工业生产者出厂价格分类指数 …… 125
Producer Price Indices of Industrial Producer by Category
主要统计指标解释 …… 126
Explanatory Notes on Main Statistical Indicators

五、人民生活

People´ s Living Conditions

5-1 人民物质文化生活情况 …… 131
People´s Material & Cultural Life
5-2 居民家庭人均收入及指数 …… 132
Per Capita Income of Household and Related Index
5-3 城乡居民家庭人均生活消费支出 …… 134
Per Capita Consumption Expenditure of Urban and Rural Households
5-4 全体居民人均收支情况 …… 135
Per Capita Income and Expenditure of All Households
5-5 城镇常住居民人均收支情况 …… 136
Per Capita Income and Expenditure of Urban Permanent Households
5-6 农村牧区常住居民人均收支情况 …… 137
Per Capita Income and Expenditure of Rural Households
5-7 农村牧区常住居民家庭住房基本情况 …… 138
Housing Conditions of Rural Resident Households
5-8 城镇居民家庭平均每人全年购买的主要商品数量 …… 138
Per Capita Annual Purchases of Major Commodities in Urban Households
5-9 农村牧区常住居民家庭平均每人主要消费品消费量 …… 139
Per Capita Consumption of Major Consumer Goods in Rural Resident Households
5-10 农村牧区常住居民家庭平均每百户耐用消费品年末拥有量 …… 139
Durable Consumer Goods Owned Per 100Rural Resident Households at Year-end
主要统计指标解释 …… 140
Explanatory Notes on Main Statistical Indicators

六、财政

Government Finance

6-1 地方财政分项收入 …… 145
Local Government Revenue by Source
6-2 一般公共预算主要收入项目 …… 147
Main Items of General Public Budget Revenue
6-3 一般公共预算支出及主要支出项目 …… 148
General Public Budget Expenditures by Accounting Item
6-4 财政用于科学技术的支出 …… 148
Government Expenditure for Scientific and Technological
6-5 财政用于教育支出 …… 149
Government Expenditure for Education
6-6 财政用于社会保障和就业的支出 …… 149
Government Expenditure for Social Security and Employment

6-7 财政用于农林水事务支出 …… 150
Government Expenditure for Agriculture, Forestry and Water Conservation
6-8 财政用于文化旅游体育与传媒支出 …… 150
Government Expenditure for Culture, Tourism, Physical Education and Media
主要统计指标解释 …… 151
Explanatory Notes on Main Statistical Indicators

七、资源、环境与能源

Energy and Environment

7-1 资源环境、自然灾害及供水用水情况 …… 159
Resources Environment, National Disasters, Water Supply and Use
7-2 能源生产总量及构成 …… 160
Total Production of Energy and Its Composition
7-3 能源消费总量及构成 …… 161
Total Consumption of Energy and Its Composition
7-4 综合能源平衡表 …… 162
Overall Energy Balance
7-5 能源生产弹性系数 …… 163
Elasticity Ratio of Energy Production
7-6 能源消费弹性系数 …… 164
Elasticity Ratio of Energy Consumption
7-7 能源加工转换效率 …… 165
Efficiency of Energy Conversion
7-8 主要城市气温(2021 年) …… 166
Monthly Average Temperature of Major Cities(2021)
7-9 主要城市平均相对湿度(2021 年) …… 166
Monthly Average Relative Humidity of Major Cities(2021)
7-10 主要城市降水量(2021 年) …… 167
Monthly Precipitation of Major Cities(2021)
7-11 主要城市有效可照时数(2021 年) …… 167
Monthly Effective Sunshine Hours of Major Cities(2021)
主要统计指标解释 …… 168
Explanatory Notes on Main Statistical Indicators

八、农牧业

Agriculture and Animal Husbandry

8-1 农林牧渔业总产值 …… 175
Gross Output Value of Farming, Forestry, Animal Husbandry and Fishery
8-2 主要年份农林牧渔业总产值指数 …… 177
Indices of Gross Output Value of Farming, Forestry, Animal Husbandry and Fishery
8-3 年末主要农牧业机械拥有量 …… 178
Major Machinery for Farming & Animal Husbandry at Year-end
8-4 农业生产条件、水库和治理水土情况 …… 179
Agricultural Production Basic Conditions, Reservoirs and Governance of Water and Soil

8-5　农牧民家庭平均每户年末固定资产原价 ………………………………………………………… 180
Original Value of Fixed Assets Owned Per Rural Household at Year-end
8-6　农牧民家庭平均每百户年末拥有固定资产数量 ……………………………………………… 180
Number of Fixed Assets Owned Per 100 Rural Households at Year-end
8-7　农业机械化、电气化情况……………………………………………………………………… 181
Basic Statistics on Agricultural Mechanization and Electrification
8-8　草原建设及利用情况 ………………………………………………………………………… 181
Basic Statistics on Construction and Utilization of Grasslands
8-9　耕地面积、造林面积和播种面积……………………………………………………………… 182
Cultivated Areas, Afforested Areas and Sown Areas
8-10　主要粮食作物播种面积 ……………………………………………………………………… 184
Sown Areas of Major Grain Crops
8-11　主要经济作物播种面积 ……………………………………………………………………… 186
Sown Areas of Major Industrial Crops
8-12　主要农产品产量 ……………………………………………………………………………… 188
Yield of Major Farm Crops
8-13　主要农产品产量及单位面积产量 …………………………………………………………… 192
Yield of Major Farm Crops and Yield of Major Farm Crops Per Hectare
8-14　林业基本情况 ………………………………………………………………………………… 193
Basic Statistics on Forestry
8-15　年末牲畜总头数 ……………………………………………………………………………… 194
Total Number of Livestock at Year-end
8-16　牲畜总头数 …………………………………………………………………………………… 195
Total Number of Livestock
8-17　主要畜禽产品产量 …………………………………………………………………………… 197
Output of Major Livestock and Poultry
主要统计指标解释 ……………………………………………………………………………… 198
Explanatory Notes on Main Statistical Indicators

九、工业
Industry

9-1　工业总产值指数 ……………………………………………………………………………… 203
Indices of Gross Industrial Output Value
9-2　规模以上工业企业工业总产值 ……………………………………………………………… 204
Gross Industrial Output Value of Industrial Enterprises above Designated Size
9-3　规模以上工业企业可比价增加值增速 ……………………………………………………… 206
Growth Rate of Comparable Value Added of Industrial Enterprises above Designated Size
9-4　规模以上工业企业主要经济指标(2021 年) ………………………………………………… 208
Main Indicators of Industrial Enterprises above Designated Size(2021)
9-5　国有及国有控股工业企业主要经济指标(2021 年) ………………………………………… 212
Main Indicators on Economic Benefit of State-owned and State Holding
Majority Shares Industrial Enterprises(2021)
9-6　规模以上民营工业企业主要经济指标(2021 年) …………………………………………… 214
Main Indicators on Economic Benefit of Above-scale Private Industrial Enterprises(2021)

9-7 规模以上工业企业分行业主要经济指标(2021 年) …… 216
Main Indicators of Industrial Enterprises above Designated Size by Industrial Branch(2021)
9-8 国有及国有控股工业企业分行业主要经济指标(2021 年) …… 220
Main Indicators on Economic Benefit of State-owned and State Holding
Majority Shares Industrial Enterprises by Industrial Branch(2021)
9-9 规模以上民营工业企业分行业主要经济指标(2021 年) …… 224
Main Indicators on Economic Benefit of Above-scale Private
Industrial Enterprises by Industrial Branch(2021)
9-10 规模以上工业企业平均用工人数 …… 228
Average Number of Emoloyees in Industrial Enterprises above Designated Size
9-11 主要工业产品产量 …… 229
Output of Major Industrial Products
9-12 主要工业产品产量 …… 230
Output of Major Industrial Products
9-13 规模以上工业主要产品生产能力 …… 232
Production Capacity of Major Industrial Products above Designated Size
主要统计指标解释 …… 233
Explanatory Notes on Main Statistical Indicators

十、投资与建筑业

Investment and Construction

10-1 固定资产投资比上年增长(2021 年) …… 239
Investment in Fixed Assets Growth Rate over Preceding Year(2021)
10-2 国民经济各行业固定资产投资占比(2021 年) …… 240
The Proportion of Fixed Assets Investment in Various Sectors of the National Economy(2021)
10-3 房地产开发情况 …… 241
Main Indicators of Real Estate Development
10-4 按登记注册类型分的房地产开发投资(2021 年) …… 243
Investment in Real Estate Development by Type of Registration(2021)
10-5 建筑业企业主要经济指标 …… 245
Main Economic Indicators on Construction Enterprices
10-6 建筑施工企业主要生产指标(2021 年) …… 246
Main Production Indicators onConstruction Enterprises(2021)
10-7 建筑施工企业主要财务指标(2021 年) …… 250
Main Financial Indicators on Construction Enterprises with Independent Accounting System(2021)
10-8 建筑业企业基本情况 …… 254
Basic Statistics on Construction Enterprises
主要统计指标解释 …… 255
Explanatory Notes on Main Statistical Indicators

十一、国内贸易

Domestic Trade

11-1 社会消费品零售总额(按销售单位所在地和行业分) …… 263
Total Retail Sales of Consumer Goods by Location of Retailers and by Sector

11-2 社会消费品零售总额(按销售单位所在地和消费形态分) …… 265
Total Retail Sales of Consumer Goods by Location of Retailers and by Consumption Patterns
11-3 社会消费品销售额 …… 265
Total Sales Volume Grand of Consumer Goods
11-4 限额以上住宿业企业经营情况(2021 年) …… 266
Above Designated Size Hotel Enterprises and Self-Employed Trade(2021)
11-5 限额以上餐饮业企业经营情况(2021 年) …… 266
Above Designated Size Catering Enterprises and Self-Employed Trade(2021)
11-6 亿元以上商品交易市场情况(2021 年) …… 267
Statistics on Commodity Exchange Markets of Transaction Value Over Million Yuan(2021)
11-7 限额以上批发和零售业、住宿和餐饮业企业
基本情况(2021 年,按登记注册类型分) …… 268
Basic Conditions of Enterprises above Designated Size of Wholesale,RetailSale,
Hotels,Catering Trades and Self-Employed by Registration(2021)
11-8 限额以上批发零售业企业商品销售总额(2021 年,按行业分) …… 271
Total Sales of Enterprise above Designated Size in Wholesale,
Retail Trade and Self-Employed by Sector(2021)
11-9 限额以上批发零售业商品分类销售额 …… 272
Total Sales of Enterprises above Designated Size in Wholesale and
Retail Sale by Category of Main Commodities
11-10 限额以上批发零售业企业资产及负债(2021 年,按登记注册类型分) …… 273
Assets and Liability of Enterprises above Designated Size
in Wholesale and Retail Sale by Registration(2021)
11-11 限额以上批发零售业企业资产及负债(2021 年,按行业分) …… 275
Assets and Liability of Enterprises above Designated
Size in Wholesale and Retail by Sector(2021)
11-12 限额以上住宿业企业资产及负债(2021 年,按登记注册类型和行业分) …… 276
Assets and Liability of Enterprises above Designated
Size in Hotel by Registration and by Sector(2021)
11-13 限额以上餐饮业企业资产及负债(2021 年,按登记注册类型和行业分) …… 277
Assets and Liability of Enterprises above Designated Size
in Catering Trades by Registration and by Sector(2021)
11-14 限额以上批发零售业企业主要财务指标(2021 年,按登记注册类型分) …… 278
Main Financial Indicators of Enterprises above Designated Size
in Wholesale and Retail Sale by Registration(2021)
11-15 限额以上批发零售业企业主要财务指标(2021 年,按行业分) …… 280
Main Financial Indicators of Enterprises above Designated Size
in Wholesale and Retail Sale by Sector(2021)
11-16 限额以上住宿业企业主要财务指标(2021 年,按登记注册类型和行业分) …… 282
Main Financial Indicators of Enterprises above Designated Size
in Hotel by Registration and by Sector(2021)
11-17 限额以上餐饮业企业主要财务指标(2021 年,按登记注册类型和行业分) …… 283
Main Financial Indicators of Enterprises above Designated
Size in Catering Trades by Registration and by Sector(2021)

主要统计指标解释 …… 284
Explanatory Notes on Main Statistical Indicato

十二、对外经济和旅游

Foreign Economics and Tourism

12-1 对外经济贸易 …… 289
Foreign Trade and Economic
12-2 外贸进出口贸易总额及实际使用外资额 …… 290
Total Foreign Trade Imports and Exports and Amount of Foreign Investment Actually Used
12-3 内蒙古同"一带一路"主要沿线国家海关进出口总额(2021 年) …… 291
Inner Mongolia with "The Belt and Road" Along the Main
National Customs Import and Export Volume(2021)
12-4 按主要国别(地区)分海关进出口总额(2021 年) …… 292
Total Value of Imports and Exports by Main Country (Region)(2021 年)
12-5 进出口货物分类金额(2021 年) …… 293
Value of Imports and Exports of Goods by HS Section and Division(2021 年)
12-6 按登记注册类型及行业分实际使用外资额 …… 294
Total Amount of Foreign Investment Actually Utilized by Status of Registration and Sector
12-7 年末登记外商投资企业行业分布(2021 年) …… 295
Registration Status of Foreign Funded Enterprises by Sector at Year-end(2021)
12-8 按国别(地区)分实际使用外资额 …… 296
Total Amount of Foreign Investment Actually Utilized by Countries or Regions
12-9 国内旅游人均花费 …… 296
Per Capita Spending of Domestic Tourism
12-10 旅游业基本情况 …… 297
Basic Statistics on Tourism
12-11 旅游事业发展情况 …… 298
Development of Tourism
主要统计指标解释 …… 299
Explanatory Notes on Main Statistical Indicators

十三、金融和保险

Finance and Insurance

13-1 银行业金融机构、人员数(2021 年末) …… 305
Number of Financial Institutions and Employed Persons in Banking(End of 2021)
13-2 金融机构人民币信贷收支年末余额 …… 306
Balance Sheet of Credit Funds of Financial Institutions at Year-end
13-3 大型商业银行人民币信贷收支年末余额 …… 307
Balance Sheet of Credit Funds of Large Commercial Banks at Year-end
13-4 金融机构人民币存、贷款年末余额 …… 308
RMB Deposits and Loans of Financial Institutions at Year-end

13-5 社会融资规模情况 …… 311
Basic Statistics on Aggregate Financing to the Real Economy
13-6 金融机构人民币法定存款基准利率 …… 311
Official Interest Rates of Deposits of Financial Institutions
13-7 金融机构人民币法定贷款基准利率 …… 312
Official Interest Rates of Loans of Financial Institutions
13-8 委托贷款金额 …… 312
Amount of Entrusted Loan
13-9 新上市公司股票发行筹资情况 …… 313
Issuing Summary for Stocks of New Listed Companies
13-10 保险公司主要指标(2021 年) …… 314
Main Indicators of Insurance Companies(2021)
13-11 银行卡业务基本情况 …… 315
Basic Conditions of Bank Card Business
13-12 银行卡清算金额情况 …… 316
Amount of Settlement of Bank Cards
主要统计指标解释 …… 317
Explanatory Notes on Main Statistical Indicators

十四、交通运输与邮电

Transport, Postal and Telecommunication Services

14-1 交通运输业基本情况 …… 321
Basic Conditions of Transportation
14-2 主要交通运输工具和线路里程 …… 322
Major Tools and Length of Transports
14-3 客货运输量 …… 324
Passenger Traffic and Freight Traffic
14-4 客货周转量 …… 326
Passenger-kilometers and Freight Ton-kilometers
14-5 民用车辆船舶年末拥有量 …… 327
Figure of Civil Vehicles and Shipping at Year-end
14-6 邮电通信水平 …… 327
Level of Postal and Telecommunications Services
14-7 邮电业务基本情况 …… 328
Basic Conditions of Post and Telecommunications Services
14-8 邮电局所和邮递线路 …… 329
Number of Post and Telecommunications Offices and Postal Delivery Routes
14-9 邮电业务量及电信主要通信能力 …… 330
Business Volume of Postal & Telecommunications Services and Main Communication Capacity of Telecommunications
主要统计指标解释 …… 333
Explanatory Notes on Main Statistical Indicators

十五、城市概况
Overview of Cities

15-1 城市社会经济指标 …… 339
Main Social and Economic Indicators of Cities

15-2 城市公用事业基本情况 …… 340
Basic Statistics on Urban Public Utilities

15-3 分地区城市行政区划和人口规模(2021 年) …… 341
Division of Administrative Areas and Population Size of Citys by Region(2021 年)

15-4 分地区城市主要经济指标(2021 年) …… 341
Main Economic Indicators of urban areas by region(2021)

15-5 分地区城市建设情况(2021 年) …… 342
Statistics on City Construction by Region(2021)

15-6 分地区城市供水情况(2021 年) …… 342
Basic Statistics on Tap Water Supply in Cities by Region(2021)

15-7 分地区城市燃气情况(2021 年) …… 343
Basic Statistics on Supply of Gas in Cities by Region(2021)

15-8 分地区城市集中供热(2021 年) …… 343
Basic Statistics on Heating in Cities by Region(2021)

15-9 分地区城市市政工程(2021 年) …… 344
Basic Statistics on Municipal Engineering in Cities by Region(2021)

15-10 分地区城市公共汽车、出租汽车(2021 年) …… 344
Basic Statistics on Buses and Taxis in Cities by Region(2021)

15-11 分地区城市园林绿化(2021 年) …… 345
Basic Statistics on Parks,Gardens and Green Areas in Cities by Region(2021)

15-12 分地区城市公共卫生(2021 年) …… 345
Basic Statistics on Urban Sanitation in Cities by Region(2021)

15-13 分地区城市设施水平(2021 年) …… 346
Level of Public Facilities in Cities by Region(2021)

15-14 分地区城市环境情况(2021 年) …… 346
Basic Statistics on environment in Cities by Region(2021)

15-15 分地区城市就业和居民收支情况(2021 年) …… 347
Basic Statistics on Employment and Household Income
And Expenditure in Cities by Region(2021)

15-16 分地区城市社会保障(2021 年) …… 347
Statistics of Social Security in Cities by Region(2021)

主要统计指标解释 …… 348
Explanatory Notes on Main Statistical Indicators

十六、教育、科技和文化
Education,Science and Technology,Culture

16-1 教育事业基本情况 …… 353
Basic Statistics on Education

16-2 在校学生民族构成 …… 354
Composition of Student Enrollment by Nationality
16-3 普通高等学校分类情况(2021 年) …… 355
Basic Statistics of Colleges and Universities by Different Types(2021)
16-4 普通高等院校基本情况(2021 年) …… 356
Basic Statistics of Colleges and Universities(2021)
16-5 科技活动基本情况 …… 358
Basic Statistics on Scientific and Technological Activities
16-6 地方国有单位各类专业技术人员 …… 359
Special Technical Personnel of State-owned Units
16-7 科学研究和技术服务业科技统计事业单位基本情况(2021 年) …… 360
Basic situation of Science and Technology Statistical Institutions in
Scientific Research and Technical Services by Region(2021)
16-8 高等学校科技活动基本情况 …… 361
Basic Statistics on Scientific and Technological Activities of Colleges and Universities
16-9 科技创新情况 …… 361
Scientific and Technological Innovation
16-10 科技成果获奖 …… 362
Number of Achievements in Scientific and Technological Research and National Prizes Won
16-11 三种专利申请量、授权量及有效量 …… 363
Three Types of Patent Applications ,Granted and Validity
16-12 文化旅游和文物事业机构、人员(2021 年) …… 364
Number of Institutions and Personnel in Culture, Tourism Cultural Relics(2021)
16-13 图书、杂志、报纸出版 …… 365
Books, Magazines and Newspapers Published
16-14 广播电视事业 …… 366
Statistics on Broadcasting and Television Stations
主要统计指标解释 …… 367
Explanatory Notes on Main Statistical Indicators

十七、卫生和体育

Public Health and Sports

17-1 等级运动员分项发展情况(2021 年) …… 373
Development of Athletes in Grade By Type of Sports(2021)
17-2 运动员获奖牌情况(2021 年) …… 374
Medals Won by Athletes(2021)
17-3 等级裁判员分项发展情况(2021 年) …… 374
Development of Referees in Grades by Type of Sports(2021)
17-4 医疗卫生事业 …… 375
Basic Statistics of Public Health
17-5 卫生机构 …… 376
Number of Health Care Institutions
17-6 卫生机构床位 …… 378
Number of Beds in Health Institutions

17-7 卫生机构人员 …… 380
Number of Persons Engaged in Health Institutions
主要统计指标解释 …… 382
Explanatory Notes on Main Statistical Indicators

十八、公共管理和社会保障

Public Management and Social Security

18-1 公安机关受理和查处治安案件数(2021 年) …… 387
Cases of Offence Against Public Order Handled by Public Security Organs(2021)
18-2 公安机关立案的刑事案件及构成(2021 年) …… 388
Criminal Cases Registered in Security Organs and Its Composition(2021)
18-3 人民检察院审查逮捕、审查起诉情况(2021 年) …… 388
Arrests and Prosecution Approved by People´s Procuratorate(2021)
18-4 人民检察院纠正违法情况 …… 389
Law-breaking Cases Rectified by People´s Procuratorate
18-5 人民法院审理刑事一审案件情况(2021 年) …… 390
First Trial Criminal Cases Accepted and Settled by Courts(2021)
18-6 人民法院审理民事一审案件情况(2021 年) …… 390
First Trial Cases of Contract Disputes Accepted and Settled by Courts(2021)
18-7 公证业务分类情况 …… 391
Notarial Services by Type
18-8 社会保障基本情况 …… 392
Basic Statistics on Social Security
18-9 社会服务机构基本情况 …… 394
Basic Statistics on Social Service Institutions
18-10 享受补助、救济人员情况 …… 394
Persons Receiving Subsidies or Relief Funds
18-11 收养性社会福利事业单位基本情况(2021 年) …… 395
Basic Statistics on Social Welfare Institutions(2021)
18-12 火灾、交通事故情况(2021 年) …… 395
Basic Statistics on Fires and Traffic Accidents(2021)
18-13 民间组织管理情况 …… 395
Statistics on Non Governmental Organizations
主要统计指标解释 …… 396
Explanatory Notes on Main Statistical Indicators

十九、盟市资料

Statistics of Leagues and Cities

19-1 各盟市行政区域土地面积和城市建设(2021 年) …… 403
Administrative Areas and Construction in Cities by Region(2021)
19-2 各盟市年末常住人口(2021 年) …… 403
Number of Population at Year-end by Region(2021)
19-3 各盟市生产总值(2021 年) …… 404
Gross Domestic Product by Region(2021)

19-4 各盟市生产总值构成(2021 年) …… 404
Composition of Gross Domestic Product by Region(2021)
19-5 各盟市生产总值指数(2021 年) …… 405
Indices of Gross Domestic Product by Region(2021)
19-6 各盟市年末就业人员 …… 405
Number of Employed Persons at Year-end
19-7 各盟市年末就业人员构成(2021 年) …… 406
Composition of Employed Persons at Year-end by Region(2021)
19-8 各盟市分产业、分城乡年末就业人员(2021 年) …… 406
Employed Persons at Year-end by Type of Industry and Residence and Region(2021)
19-9 各盟市城镇非私营单位就业人员及工资(2021 年) …… 407
Employed Persons and Wage in Urban Private Units at Year-end by Region(2021)
19-10 各盟市城镇私营企业就业人员及工资(2021 年) …… 407
Employed Persons and Wage in Urban Private Enterprises at Year-end by Region(2021)
19-11 各盟市城镇年末实有登记失业人数 …… 408
Number of Registered Unemployed Persons at the Year-end in Urban Areas by Region
19-12 各盟市城镇登记失业率 …… 408
Registered Unemployment Rate in Urban Areas by Region
19-13 各盟市房地产开发企业(单位)个数及年底从业人员(2021 年) …… 409
Number of Enterprises for Real Estate Development and Employees at Year-end by Region(2021)
19-14 各盟市按用途分的房地产开发企业(单位)完成投资额(2021 年) …… 409
Actually Completed Investment of Enterprises for Real Estate Development by Region and by Use(2021)
19-15 各盟市商品房建筑面积和造价(2021 年) …… 410
Floor Space of Buildings and Cost in Commercial House by Region(2021)
19-16 各盟市商品房屋销售情况(2021 年) …… 410
Selling of Commercial Houses by Region(2021)
19-17 各盟市一般公共预算收入(2021 年) …… 411
General Public Budget Revenue by Region(2021)
19-18 各盟市一般公共预算支出(2021 年) …… 411
General Public Budget Expenditure by Region(2021)
19-19 各盟市金融机构人民币存、贷款余额(2021 年) …… 412
Saving Deposits and loans of Financial Institutionsby Region(End of 2021)
19-20 各盟市银行卡跨行交易情况(2021 年) …… 413
Inter-bank Bank card transactions by Region(2021)
19-21 各盟市全体居民人均收入情况(2021 年) …… 413
Per Capita Income of All Residents by Region(2021)
19-22 各盟市全体居民人均消费支出情况(2021 年) …… 414
Per Capita Expenditure of All Residents by Region(2021)
19-23 各盟市城镇常住居民人均收入情况(2021 年) …… 415
Per Capita Income of Urban Permanent residents by Region(2021)
19-24 各盟市城镇常住居民人均消费支出情况(2021 年) …… 416
Per Capita Expenditure of Urban Permanent Residents by Region(2021)
19-25 各盟市农村牧区常住居民人均收入情况(2021 年) …… 417
Per Capita Income of Rural and Pastoral Areas Residents by Region(2021)

19-26 各盟市农村牧区常住居民人均消费支出情况(2021 年) ········ 418
Per Capita Expenditure of rural and pastoral areas permanent residents by Region(2021)
19-27 各盟市农林牧渔业总产值(2021 年) ········ 419
Gross Output Value of Farming, Forestry, Animal Husbandry and Fishery by Region(2021)
19-28 各盟市营造林面积(2021 年) ········ 420
Total Area of Afforestation by Region(2021)
19-29 各盟市农作物播种面积及农业生产条件(2021 年) ········ 420
Sown Area Crops and Basic Conditions of Agricultural Production by Region(2021)
19-30 各盟市主要农产品产量(2021 年) ········ 421
Yield of Major Farm Crops by Region(2021)
19-31 各盟市大牲畜年末数(2021 年) ········ 421
Number of Large Animals at Year-end by Region(2021)
19-32 各盟市猪牛羊禽年末存栏、出栏数(2021 年) ········ 422
Number of Hogs,Cattle and Buffaloes,Sheep and Goats,Poultry at Year-end by Region(2021)
19-33 各盟市主要畜产品产量(2021 年) ········ 422
Output of Major Livestock Products by Region(2021)
19-34 各盟市规模以上工业企业单位数和工业总产值(2021 年) ········ 423
Number of above Designated Size Industrial Enterprises and Their Gross Output Value by Region(2021)
19-35 各盟市规模以上工业企业主要指标(2021 年) ········ 425
Main Indicators of Industrial Enterprises above Designed Size by Region(2021)
19-36 各盟市规模以上工业企业主要指标(2021 年) ········ 425
Main Indicators of Industrial Enterprises above Designed Size by Region(2021)
19-37 各盟市规模以上工业增加值增速(2021 年) ········ 426
Value-added Growth of Above-scale Industry by Region(2021)
19-38 各盟市主要工业产品产量(2021 年) ········ 426
Output of Major Industrial Products by Region(2021)
19-39 各盟市建筑业企业情况(2021 年) ········ 427
Main Indicators on Construction Enterprises by Region(2021)
19-40 各盟市年末公路运输线路长度和运量(2021 年) ········ 428
Length of Highways for Transportation Routes and Traffic by Region(End of 2021)
19-41 各盟市邮政业务基本情况 ········ 428
Basic Conditions of Post Services by Region(2021)
19-42 各盟市社会消费品零售总额(2021 年，按销售单位所在地分) ········ 429
Total Retail Sale of Consumer Goods by Location of Retailers by Region(2021)
19-43 各盟市商品销售额(营业额)(2021 年，按行业分) ········ 429
Sale of Commodities Goods(Turnover) by Sector by Region(2021)
19-44 各盟市限额以上批发零售、住宿餐饮业法人企业(2021 年) ········ 430
Number of Corporation Units above Designated Size in Wholesale
and Retail Sale, Catering Trades (2021)
19-45 各盟市限额以上住宿业企业经营情况(2021 年) ········ 430
Number of Active Units above Designated Size Hotel Enterprises Trade(2021)
19-46 各盟市限额以上批发零售、住宿餐饮业企业从业人员(2021 年) ········ 431
Number of Persons Engaged in Enterprises above Designated Size in
Wholesale,Retail Sale Catering Trades (2021)

19-47 各盟市限额以上批发零售业企业商品销售总额(2021 年) …… 431
Total Sales of Enterprise above Designated Size in Wholesale, Retail Sale Trades(2021)
19-48 各盟市限额以上批发和零售业企业主要财务指标(2021 年) …… 432
Main Financial Indicators of Enterprises above Designated Size in Wholesale and Retail by Region(2021)
19-49 各盟市限额以上住宿和餐饮业企业主要财务指标(2021 年) …… 432
Main Financial Indicators of Enterprises above Designated Size in Catering Trade by Region(2021)
19-50 各盟市海关进出口总值(2021 年) …… 433
Total Imports & Exports by Region(2021)
19-51 各地区旅行社单位数和国内旅游情况(2021 年末) …… 433
Number of Travel Agencies and Domestic Tourism by Region (End of 2021)
19-52 各地区星级宾馆个数(2021 年末) …… 434
Number of Stars Hotels by Region (End of 2021)
19-53 各盟市普通高等学校基本情况(2021 年) …… 434
Basic Statistics on Higher Education by Region(2021)
19-54 各盟市成人高等学校基本情况(2021 年) …… 435
Basic Statistics on Adult Education by Region(2021)
19-55 各盟市普通中学基本情况(2021 年) …… 436
Basic Statistics on Regular Secondary Schools by Region(2021)
19-56 各盟市小学基本情况(2021 年) …… 437
Basic Statistics on Primary Schools by Region(2021)
19-57 各盟市幼儿园基本情况(2021 年) …… 438
Basic Statistics on Kindergartens by Region(2021)
19-58 各盟市文化艺术、文物事业单位数(2021 年) …… 438
Number of Institutions for Culture, Art and Cultural Relics by Region(2021)
19-59 各盟市广播电视节目覆盖情况(2021 年) …… 439
Basic Statistics on Coverage of Radio and Television Programs by Region(2021)
19-60 各盟市科学研究和技术服务业科技统计事业单位机构和人员(2021 年) …… 439
Institutions and Employed Persons of Science and Technology Statistical Institutions in Scientific Research and Technical Services by Region(2021)
19-61 各盟市科学研究和技术服务业科技统计事业单位收入和支出(2021 年) …… 440
Income and Expenditure of Science and Technology Statistical Institutions in Scientific Research and Technical Services by Region(2021)
19-62 各盟市科学研究和技术服务业科技统计事业单位课题概况(2021 年) …… 440
Overview of the Projects of Science and Technology Statistical Institutions in Scientific Research and Technical Services by Region(2021)
19-63 各盟市科学研究和技术服务业科技统计事业单位 R&D 人员(2021 年) …… 441
R&D Personnel of Science and Technology Statistical Institutions in Scientific Research and Technical Services by Region(2021)
19-64 各盟市科学研究和技术服务业科技统计事业单位科技产出(2021 年) …… 441
The Output of Science and Technology of Science and Technology Statistical Institutions in Scientific Research and Technical Services by Region(2021)
19-65 各盟市卫生机构、床位(2021 年) …… 442
Number of Health Institutions, Beds by Region(2021)

19-66 各盟市卫生机构人员(2021 年) …… 442
Number of Persons Engaged in Health Institutions by Region(2021)
19-67 各盟市医院基本情况(2021 年) …… 443
Statistics on Hospitals by Region(2021)
19-68 各盟市交通事故(2021 年) …… 443
Basic Statistics on Traffic Accidents by Region(2021)

二十、旗县区资料

Statistics of Banners, Counties and Districts

20-1 各旗县(区)按年末户籍人口排序(2021 年) …… 447
Banners, Counties and Districts Ranked by Permanent Resident Population(Year end of 2021)
20-2 各旗县(区)按地区生产总值排序(2021 年) …… 450
Banners, Counties and Districts Ranked by Gross Domestic Product(2021)
20-3 各旗县(区)按粮食产量排序(2021 年) …… 453
Banners, Counties and Districts Ranked by Output of Grain(2021)
20-4 各旗县(区)按一般公共预算收入排序(2021 年) …… 456
Banners, Counties and Districts Ranked by General Public Budget Revenue(2021)
20-5 各旗县(区)按城镇常住居民人均可支配收入排序(2021 年) …… 459
Banners, Counties and Districts Ranked by Average Wage of
Employed Persons in Urban Non-Private Units(2021)
20-6 各旗县(区)按农村牧区常住居民人均可支配收入排序(2021 年) …… 462
Banners, Counties and Districts Ranked by The Per Capita Disposable
Income of Permanent Residents of Rural and Pastoral Areas(2021)
20-7 呼和浩特市新城区 …… 465
Xincheng District in Hohhot City
20-8 呼和浩特市回民区 …… 466
Huimin District in Hohhot City
20-9 呼和浩特市玉泉区 …… 467
Yuquan District in Hohhot City
20-10 呼和浩特市赛罕区 …… 468
Saihan District in Hohhot City
20-11 呼和浩特市土默特左旗 …… 469
Tumotezuo Banner in Hohhot City
20-12 呼和浩特市托克托县 …… 470
Tuoketuo County in Hohhot City
20-13 呼和浩特市和林格尔县 …… 471
Helingeer County in Hohhot City
20-14 呼和浩特市清水河县 …… 472
Qingshuihe County in Hohhot City
20-15 呼和浩特市武川县 …… 473
Wuchuan County in Hohhot City
20-16 包头市东河区 …… 474
Donghe District in Baotou City

20-17 包头市昆都仑区 …… 475
Kundulun District in Baotou City
20-18 包头市青山区 …… 476
Qingshan District in Baotou City
20-19 包头市九原区 …… 477
Jiuyuan District in Baotou City
20-20 包头市石拐区 …… 478
Shiguai District in Baotou City
20-21 包头市白云鄂博矿区 …… 479
Baiyunebo Mineral District in Baotou City
20-22 包头市土默特右旗 …… 480
Tumoteyou Banner in Baotou City
20-23 包头市固阳县 …… 481
Guyang County in Baotou City
20-24 包头市达尔罕茂明安联合旗 …… 482
Daerhanmaomingan Union Banner in Baotou City
20-25 呼伦贝尔市海拉尔区 …… 483
Hailaer District in Hulunbeier City
20-26 呼伦贝尔市满洲里扎赉诺尔区 …… 484
Zhalainuoer District of Manzhouli City in Hulunbeier City
20-27 呼伦贝尔市阿荣旗 …… 485
Arong Banner in Hulunbeier City
20-28 呼伦贝尔市莫力达瓦达斡尔族自治旗 …… 486
Molidawadawoer National Autonomous Banner in Hulunbeier City
20-29 呼伦贝尔市鄂伦春自治旗 …… 487
Elunchun National Autonomous Banner in Hulunbeier City
20-30 呼伦贝尔市鄂温克族自治旗 …… 488
Ewenke National Autonomous Banner in Hulunbeier City
20-31 呼伦贝尔市陈巴尔虎旗 …… 489
Chenbaerhu Banner in Hulunbeier City
20-32 呼伦贝尔市新巴尔虎左旗 …… 490
Xinbaerhuzuo Banner in Hulunbeier City
20-33 呼伦贝尔市新巴尔虎右旗 …… 491
Xinbaerhuyou Banner in Hulunbeier City
20-34 呼伦贝尔市满洲里市 …… 492
Manzhouli City in Hulunbeier City
20-35 呼伦贝尔市牙克石市 …… 493
Yakeshi City in Hulunbeier City
20-36 呼伦贝尔市扎兰屯市 …… 494
Zhalantun City in Hulunbeier City
20-37 呼伦贝尔市额尔古纳市 …… 495
Eerguna City in Hulunbeier City
20-38 呼伦贝尔市根河市 …… 496
Genhe City in Hulunbeier City

20-39 兴安盟乌兰浩特市 …… 497
Ulanhot City in Xingan League
20-40 兴安盟阿尔山市 …… 498
Aershan City in Xingan League
20-41 兴安盟科尔沁右翼前旗 …… 499
Keerqinyouyiqian Banner in Xingan League
20-42 兴安盟科尔沁右翼中旗 …… 500
Keerqinyouyizhong Banner in Xingan League
20-43 兴安盟扎赉特旗 …… 501
Zhalaite Banner in Xingan League
20-44 兴安盟突泉县 …… 502
Tuquan County in Xingan League
20-45 通辽市科尔沁区 …… 503
Keerqin District in Tongliao City
20-46 通辽市科尔沁左翼中旗 …… 504
Keerqinzuoyizhong Banner in Tongliao City
20-47 通辽市科尔沁左翼后旗 …… 505
Keerqinzuoyihou Banner in Tongliao City
20-48 通辽市开鲁县 …… 506
Kailu County in Tongliao City
20-49 通辽市库伦旗 …… 507
Kulun Banner in Tongliao City
20-50 通辽市奈曼旗 …… 508
Naiman Banner in Tongliao City
20-51 通辽市扎鲁特旗 …… 509
Zhalute Banner in Tongliao City
20-52 通辽市霍林郭勒市 …… 510
Huolinguole City in Tongliao City
20-53 赤峰市红山区 …… 511
Hongshan District in Chifeng City
20-54 赤峰市元宝山区 …… 512
Yuanbaoshan District in Chifeng City
20-55 赤峰市松山区 …… 513
Songshan District in Chifeng City
20-56 赤峰市阿鲁科尔沁旗 …… 514
Alukeerqin Banner in Chifeng City
20-57 赤峰市巴林左旗 …… 515
Balinzuo Banner in Chifeng City
20-58 赤峰市巴林右旗 …… 516
Balinyou Banner in Chifeng City
20-59 赤峰市林西县 …… 517
Linxi County in Chifeng City
20-60 赤峰市克什克腾旗 …… 518
Keshiketeng Banner in Chifeng City

20-61 赤峰市翁牛特旗 …… 519
Wengniute Banner in Chifeng City
20-62 赤峰市喀喇沁旗 …… 520
Kalaqin Banner in Chifeng City
20-63 赤峰市宁城县 …… 521
Ningcheng County in Chifeng City
20-64 赤峰市敖汉旗 …… 522
Aohan Banner in Chifeng City
20-65 锡林郭勒盟二连浩特市 …… 523
Erenhot City in Xilinguole League
20-66 锡林郭勒盟锡林浩特市 …… 524
Xilinhot City in Xilinguole League
20-67 锡林郭勒盟阿巴嘎旗 …… 525
Abaga Banner in Xilinguole League
20-68 锡林郭勒盟苏尼特左旗 …… 526
Sunitezuo Banner in Xilinguole League
20-69 锡林郭勒盟苏尼特右旗 …… 527
Suniteyou Banner in Xilinguole League
20-70 锡林郭勒盟东乌珠穆沁旗 …… 528
Dongwuzhumuqin Banner in Xilinguole League
20-71 锡林郭勒盟西乌珠穆沁旗 …… 529
Xiwuzhumuqin Banner in Xilinguole League
20-72 锡林郭勒盟太仆寺旗 …… 530
Taipusi Banner in Xilinguole League
20-73 锡林郭勒盟镶黄旗 …… 531
Xianghuang Banner in Xilinguole League
20-74 锡林郭勒盟正镶白旗 …… 532
Zhengxiangbai Banner in Xilinguole League
20-75 锡林郭勒盟正蓝旗 …… 533
Zhenglan Banner in Xilinguole League
20-76 锡林郭勒盟多伦县 …… 534
Duolun County in Xilinguole League
20-77 乌兰察布市集宁区 …… 535
Jining District in Wulanchabu City
20-78 乌兰察布市卓资县 …… 536
Zhuozi County in Wulanchabu City
20-79 乌兰察布市化德县 …… 537
Huade County in Wulanchabu City
20-80 乌兰察布市商都县 …… 538
Shangdu County in Wulanchabu City
20-81 乌兰察布市兴和县 …… 539
Xinghe County in Wulanchabu City
20-82 乌兰察布市凉城县 …… 540
Liangcheng County in Wulanchabu City

20-83 乌兰察布市察哈尔右翼前旗 …… 541
Chahaeryouyiqian Banner in Wulanchabu City
20-84 乌兰察布市察哈尔右翼中旗 …… 542
Chahaeryouyizhong Banner in Wulanchabu City
20-85 乌兰察布市察哈尔右翼后旗 …… 543
Chahaeryouyihou Banner in Wulanchabu City
20-86 乌兰察布市四子王旗 …… 544
Siziwang Banner in Wulanchabu City
20-87 乌兰察布市丰镇市 …… 545
Fengzhen City in Wulanchabu City
20-88 鄂尔多斯市东胜区 …… 546
Dongsheng District in Erdos City
20-89 鄂尔多斯市康巴什区 …… 547
Kangbashi District in Erdos City
20-90 鄂尔多斯市达拉特旗 …… 548
Dalate Banner in Erdos City
20-91 鄂尔多斯市准格尔旗 …… 549
Zhungeer Banner in Erdos City
20-92 鄂尔多斯市鄂托克前旗 …… 550
Etuokeqian Banner in Erdos City
20-93 鄂尔多斯市鄂托克旗 …… 551
Etuoke Banner in Erdos City
20-94 鄂尔多斯市杭锦旗 …… 552
Hangjin Banner in Erdos City
20-95 鄂尔多斯市乌审旗 …… 553
Wushen Banner in Erdos City
20-96 鄂尔多斯市伊金霍洛旗 …… 554
Yijinhuoluo Banner in Erdos City
20-97 巴彦淖尔市临河区 …… 555
Linhe District in Bayannaoer City
20-98 巴彦淖尔市五原县 …… 556
Wuyuan County in Bayannaoer City
20-99 巴彦淖尔市磴口县 …… 557
Dengkou County in Bayannaoer City
20-100 巴彦淖尔市乌拉特前旗 …… 558
Wulateqian Banner in Bayannaoer City
20-101 巴彦淖尔市乌拉特中旗 …… 559
Wulatezhong Banner in Bayannaoer City
20-102 巴彦淖尔市乌拉特后旗 …… 560
Wulatehou Banner in Bayannaoer City
20-103 巴彦淖尔市杭锦后旗 …… 561
Hangjinhou Banner in Bayannaoer City
20-104 乌海市海勃湾区 …… 562
Haibowan District in Wuhai City

20-105 乌海市海南区 …… 563
Hainan District in Wuhai City
20-106 乌海市乌达区 …… 564
Wuda District in Wuhai City
20-107 阿拉善盟阿拉善左旗 …… 565
Alashanzuo Banner in Alashan League
20-108 阿拉善盟阿拉善右旗 …… 566
Alashanyou Banner in Alashan League
20-109 阿拉善盟额济纳旗 …… 567
Ejina Banner in Alashan League

二十一、附录
Appendix
21-1 内蒙古国民经济主要指标占全国的比重(2021 年) …… 571
Inner Mongolia Main Indicators of National Economy as Percentage of Whole Nation(2021)
21-2 各省(区、市)国民经济和社会发展主要指标(2021 年) …… 572
Main Indicators of National Economic and Social Development by Region(2021)

第一部分

特　载

PART ONE SPECIAL ARTICLES

2022 年内蒙古自治区政府工作报告

Report on the Work of the Government of Inner Mongolia Autonomous Region in 2022

——2022 年 1 月 21 日在内蒙古自治区第十三届人民代表大会第六次会议上

内蒙古自治区主席　王莉霞

各位代表：

现在，我代表自治区人民政府，向大会报告工作，请予审议，并请自治区政协委员提出意见。

一、“十四五”开局起步之年的工作回顾

过去的一年，是党和国家历史上具有里程碑意义的一年，也是内蒙古发展历程中很不平凡的一年。在习近平总书记亲切关怀和党中央坚强领导下，我们深入学习贯彻习近平新时代中国特色社会主义思想特别是习近平总书记对内蒙古重要讲话重要指示批示精神，全面贯彻落实党中央、国务院决策部署和自治区党委要求，紧紧依靠全区各族人民推动各项事业发展，以“十四五”良好开局庆祝党的百年华诞。

一年来，我们直面各种困难和挑战，稳中求进、负重奋进，在自治区党委带领下着重抓了几件要事难事。精心编制规划体系，紧紧围绕贯彻落实习近平总书记和党中央为内蒙古确定的战略定位和行动纲领，按照自治区党委“十四五”规划建议，坚持一张蓝图绘到底，在开局之年基本编制完成各类综合规划和专项规划，绘就了“十四五”发展的施工图。全面挖潜保障煤电供应，坚持保大局、保民生，先后拿出 50 条措施增产保供，圆满完成国家交付的 18 个省份煤炭保供任务，为农牧户提供平价煤，煤炭日产连创新高，外送电量全国第一，为国家发展和安全大局作出了内蒙古贡献。齐心协力处置突发疫情，坚持人民至上、生命至上，想尽一切办法克服边陲城镇在流调检测、医疗救治、隔离安置、物资保障等各方面难以想象的困难，特别是历经艰险成功组织逾万游客跨省护送、逾万密接分地隔离、数百病患千里转运，有效处置了二连浩特、额济纳、满洲里等地疫情，有力守护了人民群众安康和社会秩序安定。坚定稳妥防范化解重大风险，超额完成政府隐性债务年度化解任务，稳妥处置包商银行风险和蒙能建港股退市，稳健推进城商行改革化险，积极防控房地产企业履约风险，常态化治理煤炭资源领域违规违法问题，专项整治破坏草原林地违规违法问题，为各项事业发展行稳致远打下了良好基础。精准施策强化节能降耗，坚持生态优先、绿色发展，顶住经济下行压力，实现违规“两高”项目整改清零，实施能耗预算管理，完成了国家下达任务，扭转了资源环境约束性指标失控状况。动真碰硬优化营商环境，坚持以打好整体攻坚战为牵引，制定优化营商环境 3.0 方案，实施“一网通办”2.0 建设，开展“蒙速办・四办”服务，让企业和群众感受到环境在变化、服务在优化。经过不懈努力，全区经济社会发展呈现良好态势，全年主要发展目标任务较好完成。

一是经济保持平稳健康运行。着力扩大有效投资，实施重大项目 3074 个、完成投资 4658 亿元，工业投资、民间投资分别增长 21.1%、14.4%。多措并举助企纾困，降低企业用电成本 59 亿元，新投放企业流动性风险防控基金和纾困发展基金 38.4 亿元，新增减税降费超过 250 亿元，新设市场主体 38.6 万户，工业企业利润总额突破 3000 亿元、创历史新高。落实资金直达机制，支出直达资金 758 亿元，保障了实体经济发展和基本民生、基层运转。全区地区生产总值突破 2 万亿元、增长 6.3%，固定资产投资增长 9.8%，社会消费品零售总额增长 6.3%，一般公共预算收入增长 14.6%，经济持续稳定恢复、稳中向好。

二是产业转型升级迈出积极步伐。实施奶业、种业振兴行动，新增高标准农田 460 万亩，粮食生产“十八连丰”，畜牧业生产“十七连稳”。实施新能源倍增行动，风电光伏项目获批规模突破 4000 万千瓦，可再生能源发电量增长 27.5%。加快产业改旧育新步伐，引进远景等 15 家头部企业，制造业、高新技术业分别增长 11.3%、22.4%。完成工业园区优化整合，机构数量压减一半，规划面积缩减 30%，产值超千亿元园区达到 3 个。促进服务业回稳提质，新创建 3 个国家级夜间文旅消费集聚区和 9 个全国乡村旅游重点村镇，包头市入选国家级文旅消费试点城市。全区存贷款增速增量均创 4 年来新高，银行业不良贷款率降至 6 年来最低水平；4 家企业成功上市，打破了我区企业 9 年 A 股上市“零记录”。

三是“科技兴蒙”行动全面深化。实施研发投入攻坚行动，制定 12 项财政配套支持措施，财政科技支出同口径增长 20.7%。实施进位促优倍增计划，呼和浩特高新区全国排名提升 10 位，全区高新技术企业和科技型中小企业分别达到 1220 家、828 家。组织科技重大专项 47 项，实施技术攻关计划 445 项，促成首批“揭榜挂帅”项目 12 项，遥感卫星“内蒙古一号”成功发射。加大平台载体建设力度，设立内蒙古科学技术研究院，成立稀土、5G 产业创新联盟，加入国家区域创新发展联合基金和黄河流域科创联盟，与国内高校院所共建新型研发机构24家，国家乳业技术创新中心和乳制品产业计量测试中心成功获批。

四是生态系统质量和稳定性持续提升。编制完成自治区国土空间规划，全域明确主体功能区定位，合理划定“三区三线”。完成中央环保督察及“回头看”整改任务，黄河、“一湖两海”、察汗淖尔等重点河湖流域治理取得扎实成效。深入打好污染防治攻坚战，大气、水、土壤环境质量持续改善。呼和浩特入选“2021中国最具生态竞争力城市”，兴安盟成功创建全区首家地市级“绿水青山就是金山银山”实践创新基地。实施保护修复重大工程，完成营造林594万亩、种草1667万亩、防沙治沙530万亩，新建绿色矿山133座，生态服务功能持续提升。

五是城乡区域协调发展扎实推进。巩固拓展脱贫攻坚成果，全面推进乡村振兴，消除4.7万名监测对象返贫致贫风险，建成农村牧区公路4704公里，实施危房改造6814户，整改问题厕所15.1万个。深化京蒙协作，引进企业97家，投入援助资金19.4亿元，帮扶消费突破100亿元。加快推进航线干支通、支支通，呼和浩特直达郑州、济南、西安动车组相继开通，呼包鄂乌161项政务服务事项实现“四城通办”。

六是改革开放取得明显成效。深化“放管服”改革，企业开办“一日办结”，67.8%的政务服务事项支持全程网办，市场监管高频服务事项实现“跨省通办”。深入实施国企改革三年行动，公司制改革基本完成，环投集团进行战略重组，蒙能、能建集团完成整合。分领域推进财政事权和支出责任划分改革，设立绿色金融专营机构，绿色贷款增长18.4%。扎实推进宅基地制度改革等试点，农村牧区集体产权制度改革任务基本完成。谋划实施一批对外开放重点工程项目，开行中欧班列304列，过境中欧班列6162列、增长13.3%，进出口总额1235.6亿元、增长17.2%。举办全国工商联主席高端峰会暨全国优强民营企业助推内蒙古高质量发展大会，加强与国内重点地区交流合作，引进国内资金到位2112亿元、增长15.3%。

七是民族团结大局巩固发展。坚决铸牢中华民族共同体意识，大力推广普及国家通用语言文字，国家统编教材“应推尽推”，国家通用语言保育教育实现幼儿园全覆盖，城市语言文字规范化评估工作总体完成。制定实施民族团结进步创建发展规划，兴安盟再次成功创建全国民族团结进步示范盟。尤为令人难忘的是，在疫情突发、暴雪突袭之时，各族人民心手相连，各级各地奋力驰援，诠释了休戚与共、荣辱与共、生死与共、命运与共的共同体理念，谱写了守望相助的壮美画卷，呵护了“模范自治区”的崇高荣誉。

八是民生保障水平不断提高。强化就业增收举措，城镇新增就业22.4万人、完成年度计划112%，城乡居民收入分别增长7.3%、10.7%。扩大普惠性学前教育覆盖面，有效落实“双减”政策，全域通过国家义务教育发展基本均衡认定。推进重大疫情救治基地、市县疾控机构建设和全民健康保障工程，基层医疗卫生服务能力整体提升。支持乌兰牧骑改革创新，完成武安州辽塔保护修缮，12.12万边远牧户接通智慧广电网络，内蒙古农信女篮卫冕全国联赛总冠军，群众性冰雪运动掀起热潮。超额完成社会保险参保扩面任务，养老金、医保补助、低保保障、特困人员救助供养标准进一步提高，基本养老服务体系建设扎实推进。实施老旧小区改造23.8万户、棚户区改造2.59万套，累计解决房地产历史遗留问题项目2947个、139.7万套。加强和创新社会治理，呼和浩特入选“2021中国领军智慧城市”，鄂尔多斯荣获平安中国建设“长安杯”，全区三级社会工作平台、反电诈中心建设扎实推进，治理重复信访、化解信访积案专项工作成效明显。有效应对自然灾害，全面开展安全隐患排查整治，生产安全事故起数和死亡人数双下降，未发生重大食品药品安全事件，社会大局保持稳定。

一年来，国防动员、双拥优抚、退役军人、人民防空等工作都有新成绩，外事侨务、统计调查、新闻广电、社会科学、档案保密、参事文史、地震气象、地质测绘等事业都有新成效，工会、共青团、妇联、科协、文联、残联、红十字会、老龄委、关工委等组织都有新气象。

一年来，政府自身建设有了新的加强。我们把政治建设摆在首位，扎实开展党史学习教育，全面完成“我为群众办实事”清单事项，认真抓好中央巡视、审计整改工作，深入推进金融领域和国资国企、开发区系统以案促改，政府工作效率、落实效果、治理效能不断提升。坚持依法行政，自觉接受各方面监督，提请自治区人大常委会审议法规议案36件，制定修改废止政府规章29件，585件人大代表建议和583件政协提案全部办结。坚持过紧日子，自治区本级非重点、非刚性支出预算压减55.5亿元，综合压减率34.4%。

各位代表！过去一年，在困难多挑战大的情况下，我区各项事业之所以能够发展进步，最根本的就在于以习近平同志为核心的党中央的坚强领导，在于习近平新时代中国特色社会主义思想的科学指引，在于习近平总书记亲自为内蒙古把脉定向、掌舵领航。我区各项工作所取得的成绩，都是自治区党委团结带领全区各族人民拼搏奋斗的结果，都是自治区人大、政协和社会各界有效监督、大力支持的结果。在此，我代表自治区人民政府，向全区2400多万各族人民，向各位人大代表、政协委员和各民主党派、工商联、人民团体、社会各界人士，向中央各部门、兄弟省区市，向驻区解放军和武警部队，向所有关心支持内蒙古的朋友们，表示衷心的感谢，致以崇高的敬意！

二、2022年经济社会发展的目标要求

今年党的二十大将胜利召开，自治区第十一次党代会精神贯彻落实工作正深入展开，在内蒙古全面建设现代化进程中具有重大意义。做好政府工作，要以习近平新时代中国特色社会主义思想为指导，全面贯彻落实党的十九大和十九届历次全会精神、中央经济工作会议精神，深入贯彻落实习近平总书记对内蒙古重要讲话重要指示批示精神，认真贯彻落实自治区第十一次党代会精神，弘扬伟大建党精神，坚持稳中求进工作总基调，完整、准确、全面贯彻新发展理念，积极服务和融入新发展格局，全面深化改革开放，坚持创新驱动发展，坚持以供给侧结构性改革为主线，统筹疫情防控和经济社会发展，统筹发展和安全，坚持不懈铸牢中华民族共同体意识，坚定不移走以生态优先、绿色发展为导向的高质量发展新路子，加快建设“两个屏障”、“两个基地”、“一个桥头堡”，继续做好“六稳”、“六保”工作，着力保障和改善民生，保持经济运行在合理区间，保持社会大局稳定，以优异成绩迎接党的二十大胜利召开。

全区经济社会发展的主要预期目标是：地区生产总值增长6%左右；城镇新增就业20万人以上，城镇调查失业率6%左右；居民消费价格涨幅3%左右；居民收入增长与经济增长基本同步；生态环境质量进一步改善，完成国家下达的节能减排目标任务。经济增长目标设定为6%左右，贯彻了稳字当头、稳中求进要求，考虑了动力支撑、压力承受限度，与其他预期目标相协调，与“十四五”规划目标相衔接，有利于保就业、防风险、稳预期，有利于调结构、转功能、提质量，有利于调动各方面抓发展的积极性主动性。

综合分析，落实这些目标要求，既有支撑条件也面临着困难挑战。从全国看，我国经济韧性强，长期向好的基本面不会改变，但在世纪疫情冲击下百年变局加速演进，外部环境更趋复杂严峻和不确定，经济发展面临需求收缩、供给冲击、预期转弱三重压力。从我区看，探索生态优先、绿色发展之路不断破题，经济社会发展全面绿色转型势头持续向好，但发展不平衡不充分问题依然突出，制约高质量发展的布局矛盾、结构问题、体制障碍依然突出，科技创新、基础设施、产业建设、生态环保、公共服务和民生领域短板依然突出。经济下行压力持续加大，项目储备与高质量发展的衔接性不强，项目结构与供给侧结构性改革的匹配度不高，项目规模对经济增长的支撑力不够。地方可用财力总体不足，财政收支处于紧平衡状态，尤其是基层政府化解债务、助企纾困和保民生、保工资、保运转面临较大困难。各类风险挑战明显增多，经济金融领域风险累积叠加，生态环境突出问题存量较大，防止规模性返贫的基础还需要进一步夯实，尤其是突发疫情风险始终存在，一丝放松、一点疏漏，就可能造成难以预估的影响，就需要付出难以承受的代价。

总起来讲，实现预期性指标要跳起摸高，完成约束性指标要承压负重。我们要树立底线思维、增强系统观念、用好统筹方法，做周全准备，尽最大努力，争取更好结果。必须完整、准确、全面贯彻新发展理念，坚持生态优先、绿色发展，坚持扬长避短、培优增效，找准服务和融入新发展格局的有效路径，着力转变经济发展方式，加快构建绿色特色优势现代产业体系，全力以赴把结构调过来、功能转过来、质量提上来。必须坚持稳字当头、稳中求进，积极推出有利于稳经济、过关口的政策措施，坚决稳住经济基本盘、稳定社会基本面，扎实推动经济发展质量变革、效率变革、动力变革，确保实现经济量的合理增长和质的稳步提升。必须坚决守住不发生系统性风险的底线，把化险防变作为一切工作的前置条件，压实各方面化险和维稳责任，做实各领域风险预警监测和防范处置措施，抓早抓小抓苗头，确保社会大局稳定。必须齐心协力攻坚克难，全区上下共抓发展、共克时艰，推动财力下沉、政策下倾，调动更多资源力量帮助基层解难题、渡难关，鼓足方方面面的干劲推进改革、促进发展。

三、今年政府工作的主要任务

面对复杂严峻的形势和艰巨繁重的任务，我们要坚定信心、主动作为做好工作。

（一）着力扩投资促消费防风险，保持经济平稳健康发展。充分发挥投资的关键作用和消费的基础作用，切实防范化解重大风险，打一场保稳促进的硬仗。

积极扩大有效投资。用足用好国家适当增加预算内投资、大力支持实体经济融资等政策，盯住规划重大项目和年度重点项目，采取超常举措强化要素保障、做好前期工作，全力完成5200亿元固定资产投资目标。加快调整升级项目库，围绕重点产业链、供应链、创新链谋划推进项目建设，促进工业技改、先进制造、新兴产业和创新成果转化投资大幅增长。强化招商引资工作，常态化走出去、精准化引进来，促进社会资本投资、引进区外投资大幅增长。

加快基础设施建设步伐。抓住国家适度超前开展基础设施投资的机遇，抓紧构建联通全国、贯通全区的现代基础设施网络体系。加快包银、集大原高铁建设和集通铁路电气化改造，争取鄂榆延高铁等项目早日落地开工。推动S43机场高速等项目开工建设，新改建农村牧区公路5000公里以上，加强大兴安岭林区公路和通信网络、牧区通讯基站建设。重点抓好呼和浩特新机场等工程，建成3个通用机场，完善通用航空网络，推进全区航线干支通、全网联。抓紧实施黄河内蒙古段防洪三期、引绰济辽二期、病险水库除险加固等工程，积极谋划引调水骨干工程和农田水利项目。深入推进城市更新行动，强化老旧管网特别是燃气管道改造，提升城市精细化管理水平，提高城市安全性宜居性。建立专项债券项目准备推进机制，加强对盟市、旗县债券项目的指导协调，做到开工建设一批、储备一批，尽快形成实物工作量。

持续促进消费扩容升级。各级政府要千方百计让广大人民群众的"钱袋子"鼓起来，群众手里的钱多了，才能增加消费，才能改善消费结构，才能提升消费质量。延续和完善对中小微企业、个体工商户、相关服务业的支持政策，制定促进消费增长若干措施，分行业完善疫情防控与服务运营操作规程，促进接触型消费加快恢复，推动假日消费、街区市场、门店商铺、夜间经济等全面活跃起来。立足全国市场扩大旅游消费、绿色农畜产品消费，促进新能源汽车推广应用，鼓励开展绿色智能家电下乡。加强新型商圈、县城综合商业体、社区商业配套设施建设，促进消费线上线下融合发展，打击侵权假冒，营造良好消费环境。

精准防范化解经济金融风险。聚焦基层政府债务负担重、化解难问题，在压实地方责任、年度任务的同时，自治区政府采取清零一批、置换一批、贴息一批、划转一批举措，全力帮助基层化解债务。严肃财经纪律，强化预算绩效管理，坚决遏制新增隐性债务，坚决制止违规使用财政资金、偷逃税款、财务造假等行为。健全地方金融治理体系，构建金融协同监管机制，强化企业自救主体责任，稳妥化解地方法人金融机构风险，防范化解信用类债券违约风险。因城施策做好房地产调控，稳妥处置房地产企业履约风险。

（二）着力稳产业强链条育动能，夯实经济高质量发展根基。围绕更好保障国家能源安全、粮食安全、产业安全、生态安全，紧扣"两个基地"建设，深入开展质量提升行动，集中打造绿色农畜产品加工、新能源、新材料、新型化工、现代装备制造、生物医药、数字经济、现代服务业等产业集群，首批打造12条重点产业链，带动产业结构调整优化升级。

大力推进农畜产品生产基地优质高效转型。更加注重品种培优、品质提升、品牌打造，推动现代农牧业全产业链发展，促进农畜产品产量大区向农牧业质量强区迈进。大力实施种业振兴行动，集中推进种质资源保护利用、良种化水平提升、优势特色品种培育三大工程。深入实施奶业振兴行动，建设一流种源、饲草、奶源基地，建好伊利现代智慧健康谷、蒙牛中国乳业产业园等重大项目，为实现"从一棵草到一杯奶"全产业链发展打好基础。加快推进农牧业集约化、规模化、高端化发展，做优做强奶业、玉米两个千亿级产业和肉牛、肉羊、羊绒、马铃薯等百亿级产业，做大做强农牧业产业化龙头企业，以"蒙"字标认证为牵引做响一批区域公用品牌和产品品牌。落实粮食安全主体责任，坚守耕地红线，实施优质高效增粮示范行动，稳定粮食播种面积和产量，完成500万亩大豆扩种任务，抓好400万亩高标准农田建设、1350万亩黑土地保护性耕作任务，加强盐碱地改造利用，把更多农田变为良田。充实"菜篮子"，加强重点城市蔬菜基地建设，逐步提高生产供应自给能力。

大力推进能源和战略资源基地优化升级。做好现代能源经济这篇文章，聚焦"两率先"、"两超过"目标，加快蒙东、蒙西千万千瓦级新能源基地和抽水蓄能电站、新型储能设施建设，加快沙漠、戈壁地带大规模新能源开发规划布局，加快源网荷储、风光火储一体化综合应用示范，壮大风光氢储产业集群，建设安全、灵活、高效的新型电力系统，新增新能源并网规模2000万千瓦以上，可再生能源装机比重提高到40%以上。积极筹建新能源装备制造产业发展基金，大力发展新能源装备制造业和运维服务业，集中建设千亿级新能源装备制造产业集群和氢能装备、储能设备产业基地。协同联动深化能源改革，建立清洁能源消纳长效机制，健全新能源项目管理办法，完善能源价格形成机制。加大清洁能源和战略性矿产勘查力度，强化煤炭应急产能储备，加强特高压外送通道和配套电源工程建设，持续优化蒙西电网东部末端网架和电源点支撑布局，促进电力充足供应，做好煤炭电力保供工作。延伸稀土产业链条，主攻高端材料和终端产品，提高精深加工度和综合利用率。

大力推进制造业高端化、智能化、绿色化发展。制定促进制造业、中小企业高质量发展若干政策措施，实施延链补链强链行动，启动一批产业基础再造工程项目，培育一批专精特新"小巨人"企业，打造一批千亿级优势特色产业。发挥军工优势，打造包头军民融合产业基地。在能源、化工等领域建设10个企业级、行业级、区域级工业互联网平台，推动智能化工厂、数字化车间建设。巩固工业园区整合成果，完成区域评估，实现智慧园区全覆盖。加快过剩低效产能退出，有序推进节能节水超低排放改造，实施园区自备电厂、高耗能企业绿电替代，发展绿色制造，打造一批低碳园区、零碳园区。

大力推进数字内蒙古建设。健全信息基础设施，建设呼和浩特、包头"千兆城市"和煤炭、稀土、化工等工业互联网标识解析二级节点，打造全国一体化算力网络国家枢纽节点，新建5G基站1万个。推进产业数字化，分行业制定数字化转型路线图，加快传统产业全方位、全链条数字化改造，提高重点领域关键工序数控化率和数字化研发设计工具普及率，推进5G+工业互联网融合应用，建设5G+智慧矿山，推动教育、医疗、交通等5G场景示范，建设一批智能停车场、智能充电桩。推进数字产业化，以呼包鄂乌、赤峰为重点打造各具特色的数字产业园区，加快发展云计算、区块链、人工智能、软件开发等数字产业。

大力推进服务业提质提效。培育发展科技服务、工业设计、商务会展等新兴服务业，抓好包钢、伊利、北重等现代服务业与先进制造业融合发展试点。全面推进物流业现代化，加快呼和浩特、乌兰察布——二连浩特、满洲里国家物流枢纽和巴彦淖尔国家骨干冷链物流基地建设，健全农村牧区寄递物流体系，基本实现村村通快递。推进金融有效支持实体经济发展，大力发展绿色金融、普惠金融、科创金融，提升中小微企业融资便利度、降低融资成本。全力推进旅游业高质量发展，实施重点景区品质提升行动和文化旅游数字化工程，组建自治区文旅投资集团，支持黄河“几”字弯、阿尔山、额济纳等优势区块率先发展，打造一批资源深度整合、文旅深度融合的新样板，带动全区旅游从东到西都火起来、一年四季都热起来。

（三）着力抓好生态环境保护治理，筑牢我国北方重要生态安全屏障。保持加强生态文明建设的战略定力，持续改善生态环境质量，守护好内蒙古这片碧绿、这方蔚蓝、这份纯净。

全面加强生态系统保护。完成盟市、旗县国土空间规划编制，强化国土空间用途管制，实施“三线一单”分区管控，坚决守住生态保护红线。坚持山水林田湖草沙系统治理，把保护草原和森林作为首要任务，落实草畜平衡制度，强化林草灾害防控，深化破坏草原林地违法行为整治，聚焦生态环境脆弱区块实施保护修复重大工程，科学推进国土绿化和防沙治沙。坚持把黄河大保护大治理挺在前面，打好环境问题整治、深度节水控水、生态保护修复攻坚战，加快推进十大孔兑综合治理、滩区居民迁建。突出抓好“一湖两海”、察汗淖尔、西辽河等重点河湖湿地综合治理，加快规划工程项目建设。强化林长制、河湖长制，构建草原、河湖等生态系统保护数字化监管、网格化落责、法治化规范体系。加大矿山生态修复治理力度，新建绿色矿山100座以上。加快创建国家生态文明试验区，加强生物多样性保护，积极构建自然保护地体系，鼓励各地开展生态文明示范创建活动，共建人与自然和谐共生的美好家园。

深入打好污染防治攻坚战。强力推进空气质量改善，深化乌海及周边地区等重点区域大气污染联防联治，推进钢铁、有色、化工等重点行业污染深度治理，强化多污染物协同控制，加快推进清洁取暖，基本消除重污染天气。强力推进水污染防治，重点整治入河排污口和不达标断面水体，加快推进污水处理厂精准提标，开展县级城市建成区黑臭水体排查整治。强力推进土壤风险管控，开展农用地重金属污染源头防治，加大化肥农药减量增效和农膜回收力度，推行垃圾分类和资源化，支持鄂尔多斯、包头、乌海开展大宗固体废弃物综合利用示范。

扎实推进节约集约循环发展。科学构建碳达峰、碳中和政策体系，加强煤炭清洁高效利用，加大重点领域节能降碳力度，加快大宗货物运输“公转铁”、“散改集”，持续提升应对气候变化能力。实行能耗强度严格控制、总量弹性管理，完善用能预算管理，强化能耗强度标杆引导，坚决遏制“两高”项目低水平盲目发展，新建项目一律执行“两个先进”审查标准，新释放用能空间优先用于发展绿色特色优势产业。建立健全水资源刚性约束制度，坚决落实“四水四定”原则和“量水而行”要求，狠抓地下水超采治理，全面强化农业节水增效、工业节水减排、城镇节水降损。加强建设用地“增存挂钩”，加大批而未供和闲置土地处置力度，推进低效用地再开发和工矿废弃地复垦利用。弘扬勤俭节约优良传统，倡导简约适度、绿色低碳生活方式，激励各族人民携手共建美丽内蒙古。

（四）着力深化改革促进创新扩大开放，激发市场主体活力和发展内生动力。越是发展困难、转型艰难，越要坚持向改革要活力、向创新要动力、向开放要红利。

继续下大气力优化营商环境。对标一流、学习一流，全力打造优化营商环境升级版。纵深推进“放管服”改革，开展向呼包鄂乌全面下放自治区本级权力事项试点。优化“一网通办”，启动“一网统管”，深化“蒙速办 · 四办”服务，实现教育、社保、医疗和企业开办、经营许可等高频事项“一次办”、“掌上办”、“跨省通办”，推进12345政务服务热线“一线通达”，让群众反映的事有人盯、有人办。坚持“两个毫不动摇”，严格落实公平竞争审查制度，严控涉企收费，国家新的减税降费政策一律执行到位，拖欠民营企业中小企业无分歧账款一律清偿到位。无论是国有企业还是民营企业，越是在困难的时候，政府越是要搭一把手、助一份力，政府与企业要“亲不逾矩、清不远疏”，理直气壮支持企业健康发展。

持续深化重点领域改革。推进国企改革三年行动收官，完成重点亏损企业专项整治，更大力度地推动区属国有企业战略性重组和专业化整合，开展对标行业一流管理提升专项行动，坚定不移把国有资本国有企业做强做优。深化财政管理改革，增强全区统筹能力，发挥财政资金引导、调控、撬动作用，加强对基层的统筹指导，加强对重大战略任务和重点项目的保障。深化城商行、农信社改革，继续推进企业上市“天骏服务”计划，支持企业扩大股市和债券融资、开展信用融资，扩大信贷总量、调整融资结构。深化电价市场化改革，落实交易电价浮动机制。稳步实施土地草原“三权分置”，系统推进动物疫病防控综合改革。

加快建设创新型内蒙古。全区上下要形成一种共识，向科技要质量，向人才要发展。以“科技兴蒙”行动为统领，打好科技创新能力提升攻坚战，塑造创新驱动发展新优势。落实政府研发投入刚性增长机制和社会多渠道投入激励机制，财政科技支出增长36.9%，引导企业、金融资本和民间资本加大科研投入，实现有研发活动规上工业企业数量翻番，新增高新技术企业200家，科技型中小企业突破1000家。紧扣产业链部署创新链，聚焦新能源、新材料、乳业、煤炭清洁高效利用等重点领域实施一批关键技术攻关项目，启动种业、“双碳”科技创新重大示范工程，建设科技成果转移转化示范区。支持乳业、稀土新材料、动物疫苗等技术创新中心开展技术攻关，支持呼包鄂国家自主创新示范区、巴彦淖尔国家农业高新技术产业示范区、国家草种业技术创新中心开展创建攻坚，支持重点实验室提档升级，用新理念打造内蒙古科学技术研究院。大力实施“揭榜挂帅”制度，深化科研经费“放管服”改革，扩大高校院所自主权，拓展深化科技合作，加强知识产权保护。推动科研机构人才机制改革，大力引育科技领军人才团队、培养青年科技创新人才，深入推行科技特派员制度。

有效落实扩大开放举措。统筹“放”与“防”，一手抓实疫情防控，一手抓好口岸畅通，积极融入共建“一带一路”，深化同俄蒙各领域合作，组织实施口岸枢纽扩能改造、联运通道能力补强、集疏运设施补短板等建设项目，为打造我国向北开放重要桥头堡做实基础。充分发挥满洲里、二连浩特国家重点开发开放试验区功能作用，大力发展泛口岸经济。积极做大外向型产业，提高中欧班列参与度，扩大吸引外资和对外贸易规模。全面深化与京津冀、长三角、粤港澳和沿黄省份、毗邻省区的务实合作，特别要在能源、生态、旅游、商贸和科技、教育、医疗、人才等重点领域寻求突破，精准谋划一对一、一对多合作事项，更好承接高端产业、引进领军企业、吸纳先进要素、开拓消费市场。

（五）着力促进城乡区域协调发展，形成全区各地竞相发展的生动局面。深化落实新时代西部大开发、新一轮东北振兴战略举措，扎实推进黄河流域生态保护和高质量发展，大力推动集中集聚集约发展，加快构建城乡区域协调发展新格局。

全面推进乡村振兴。把防止返贫作为前提，完善监测和帮扶机制，抓好重点帮扶旗县倾斜支持和易地搬迁后续扶持，确保不发生规模性返贫，努力让脱贫群众生活更上一层楼。因地制宜发展特色种植养殖、农畜产品加工、乡村旅游等富民产业，提升产业规模质量，扩大就业创业容量，紧密农企利益联结，提高农牧民组织化和合作社规范化程度。支持本土人才、优秀大学生返乡创业，发展“能人经济”，深化京蒙协作、定点帮扶和“万企兴万村”行动。全面完成乡村规划编制，扎实开展人居环境整治提升行动，完成问题厕所整改，新建卫生厕所 11 万户，分区分类推进生活垃圾污水治理。加强边境地区苏木乡镇基础设施建设。巩固拓展牧区现代化试点成果，深入开展农区现代化试点工作。

统筹推进东中西部差异化协调发展。按照主体功能区定位，调整完善区域政策，引导各地立足优势特色、加强分工协作，走好生态优先、绿色发展之路。促进东部地区放大和发挥绿色生态优势，以生态农牧业、生态旅游业为支柱构建绿色产业体系。支持赤峰、通辽共建承接产业转移示范区，支持呼伦贝尔、锡林郭勒打造大草原品牌，支持兴安盟阿尔山创建国家级休闲旅游度假区。加快呼包鄂乌一体化发展进程，实施市场规则体系“三共三互”工程，打造 1 小时快速客运圈，一体建设智慧城市，加快形成强劲活跃的增长带动极。支持呼和浩特实施强首府工程、率先实现高质量发展，支持包头建设战略资源和现代装备制造基地，支持鄂尔多斯建设现代能源产业基地，支持乌兰察布打造物流枢纽和口岸腹地。促进西部地区补齐生态环境短板，优化整合采矿、焦化等产业，大力发展循环经济。支持巴彦淖尔加大河套灌区现代化改造力度，支持乌海加快资源枯竭型城市转型，支持阿拉善建设可再生能源基地。

（六）着力兜底线保基本补短板，持续增进民生福祉。统筹推进经济发展和民生保障，尽力而为、量力而行，重点在群众最关心的领域精准提供基本公共服务，朝着共同富裕目标稳健迈进。

切实稳定扩大就业。在高质量发展中强化就业优先导向，以稳企业来稳就业、以保企业来保就业，大力扶持就业带动力强的中小微企业、就业带动面广的个体工商户，提高经济增长的就业带动力。分类保障高校毕业生、退役军人、失业人员等重点群体就业，帮扶就业困难人员就业，转移农村牧区劳动力不低于 240 万人。健全灵活就业劳动用工和社保政策，保障快递小哥、外卖骑手等群体权益。深化“创业内蒙古”行动，支持各地创建重点群体就业基地和创业园区，统筹推进人力资源服务产业园建设。开展大规模职业技能培训，推广应用智慧就业服务平台，有效组织供需对接，帮助更多劳动者就业创业。

切实提升教育质量。坚持立德树人，统筹推进大中小学思政课一体化建设。多渠道解决“入园难”问题，增加义务教育及学前教育经费投入和公办学位供给，持续提升“双减”成效，规范民办义务教育，推动县域义务教育优质均衡发展，努力让每个孩子都能就近上好学。启动高考综合改革，推动普通高中教育多样化特色化发展。实施职业教育“双高”、“双优”计划，推动部区共建“技能内蒙古”，对接重点产业和市场需求深化产教融合、校企合作。优化高校设置和专业布局，加大部区共建“双一流”高校力度，促进教育更好适应高质量发展需要。

切实保障人民健康。推进疾控体系改革，提升基层疫情检测预警、应急处置和定点医院救治能力。加快区域医疗中心建设，实施公立医院高质量发展促进行动，推进紧密型县域医共体试点建设，落实保护关心爱护医务人员长效机制。加强京蒙、沪蒙医疗机构合作，全面实施中医药（蒙医药）振兴发展重大工程。加大常见病医疗药品和医用耗材集中带量采购力度，扩大妇女“两癌”筛查覆盖面，提升重点人群家庭医生签约率,深化医保支付方式改革,努力减轻群众就医负担。

切实加强社会保障。深入实施全民参保计划,基本养老保险参保人数增加40万人、参保率提高到86%以上,落实企业职工基本养老保险全国统筹制度,建立地方政府补充基金投入长效机制。推进基本医疗保险、失业保险自治区级统筹,优化跨省异地就医直接结算。保障群众基本住房需求,实施城镇老旧小区改造21.37万户、棚户区改造1万套,建设保障性租赁住房1.2万套。高度重视“一老一小”问题,推进居家社区机构养老服务协调发展,构建县、乡、村三级养老服务网络,推动新的生育政策落地见效,调动多方力量增加养老、托育服务供给。全面落实妇女儿童“两纲”目标任务,加强未成年人保护。完善社会救助体系,做好低保、特困人员、残疾人、孤儿等救助保障工作。深化殡葬改革,补齐殡葬领域服务短板。

提升公共文化服务水平。培育和践行社会主义核心价值观,深化文明创建,深入实施新时代公民道德建设“十大行动”。加强重点文物和非物质文化遗产保护利用,推进长城、黄河国家文化公园和辽上京国家考古遗址公园建设。深化拓展智慧广电工程,支持乌兰牧骑、新闻广电、文艺创作事业守正创新发展,讲好中国故事、内蒙古故事。完善公共文化设施网络,打造群众身边的精神文化家园。开展全民健身和冰雪运动,办好第十五届全区运动会、第六届全区残疾人运动会。

(七)着力巩固发展团结和谐稳定局面,筑牢祖国北疆安全稳定屏障。牢牢把握边疆民族地区在国家推进现代化建设大局中的使命和任务,做实做细维护和谐稳定各项工作,让民族团结之花常开长盛,让祖国边疆稳定常筑长固。

持续巩固发展民族团结大局。紧紧围绕铸牢中华民族共同体意识加强和改进民族工作,全面推广普及国家通用语言文字,扎实推行使用国家统编教材,传播推广更多各民族共享的中华文化符号和中华文化形象,让“三个离不开”、“五个认同”思想和“四个与共”理念在各族人民心中深深扎根。深入持久开展民族团结进步创建,深化互嵌式社会结构和社区环境建设,加强各民族交往交流交融,促进各民族像石榴籽一样紧紧抱在一起,共同呵护“模范自治区”崇高荣誉。深入贯彻落实全国宗教工作会议精神,坚持我国宗教中国化方向,整治非法宗教活动,依法管理宗教事务,不断促进宗教和谐。

科学有力抓好疫情全链条精准化防控。将疫情防控要求落实到一切经济社会活动之中,以最强的责任感和执行力抓好外防输入、内防反弹,坚决防止突发疫情冲击安全稳定大局。强化口岸风险隐患专班排查、专项演练、专业管控,强化口岸城市疫情防控资源布局和应急救治能力建设,强化人、物、环境闭环管理。细化常态化防控措施,健全多点触发监测预警机制,动态完善应急预案,加强疫情应急能力建设,既要确保一旦出现疫情能够快速有力处置,又要尽最大努力减轻代价、减少影响。

深入推进平安内蒙古建设。把为党的二十大胜利召开营造良好环境摆在第一位,全力做好北京冬奥会、冬残奥会服务保障工作,将所有措施筹备在前、落实到位。深化“枫桥经验”内蒙古实践,提升市域社会治理水平,健全社会工作体系,有效化解信访积案。强化食品药品安全监管,加强生物安全风险防控。强化安全责任落实,开展重点领域安全生产起底式排查整改,高质量完成安全生产专项整治三年行动任务。加强应急救援力量、应急物资储备、区域性应急救援基地和应急管理信息化建设,提高防灾减灾救灾能力。支持国防和军队建设,做好国防动员、军民融合、人民防空等工作,健全退役军人工作体系和保障制度,军政军民团结一心守护祖国北疆安宁。

四、全面提升政府治理能力和水平

新时代政府工作必须有新标准新质量、新作为新形象,政府自身建设必须有新加强新跃升。

旗帜鲜明讲政治。深入学习贯彻党的十九届六中全会精神,推进党史学习教育常态化长效化,深化对党忠诚教育,不断提高政治判断力、政治领悟力、政治执行力,坚决拥护“两个确立”,坚定做到“两个维护”,始终在思想上政治上行动上同以习近平同志为核心的党中央保持高度一致。

一门心思抓落实。紧紧围绕党中央决策部署,按照自治区党委工作要求,不折不扣抓好落实,百折不挠推动落实。坚持岗位就是责任、职位就是责任,坚决杜绝不落实、落不实的现象。工作举措要更严、更细、更实,让一线工作成为常态、闭环落实形成长效,持续为基层减负,坚决反对不担当、不作为、慢作为、装样子、搞花架子、盲目铺摊子,定下的事要紧抓快办、见效果、有结果。

用心用情办实事。认真践行以人民为中心的发展思想,把群众的小事当大事,把群众的急事难事当要事,持续推进“我为群众办实事”。走好新时代党的群众路线,各级政府要建立领导干部接访机制,面对面倾听群众诉求,实打实解决群众问题,真心实意为企业服务。严格控制“三公”经费,自治区本级非重点、非刚性支出预算再压减29.5亿元,带动各级各地节支节约,坚决反对铺张浪费、大手大脚,用好每一分钱、办好每一件事。

清正廉洁干事业。全面落实管党治党责任要求,严格执行中央八项规定精神,严格遵守各项纪律规矩,防止党内政治生活庸俗化、交易化,对“四风”问题特别是形式主义、官僚主义问题露头就打,对贪腐现象坚决做到零容忍,使严的主基调在政府系统一贯到底,努力营造风清气正、干事创业的政治生态。深入推进法治政府建设,坚持用制度管权管事管人,健全守信践诺机制，言必信、行必果，决不能“新官不理旧账”。自觉接受人大监督、政协监督、监察监督、司法监督、统计监督、社会监督、舆论监督，强化审计监督，习惯在监督下开展工作，善于在监督中履职尽责。

各位代表！新时代赋予我们光荣使命，新征程召唤我们砥砺前行！让我们更加紧密地团结在以习近平同志为核心的党中央周围，在自治区党委的团结带领下，同全区各族人民一道，牢记嘱托、感恩奋进，守望相助、团结奋斗，以优异成绩迎接党的二十大胜利召开，为建设亮丽内蒙古、共圆伟大中国梦作出新的更大贡献！

《政府工作报告》有关名词解释

1. 优化营商环境 3.0 方案：为打造优化营商环境升级版，继《自治区优化营商环境工作实施方案》、《自治区优化营商环境行动方案》后，制定《内蒙古自治区以更优营商环境服务市场主体行动方案》。

2. “一网通办”2.0 建设：在“互联网+政务服务”基础上，通过建设“蒙速办”、智慧政务、12345 便民热线、数据安全管控等应用系统，推动“一网通办”由 1.0 版向 2.0 版迈进。

3. “蒙速办 · 四办”服务：基于“蒙速办”政务服务移动客户端的一网办、掌上办、一次办、帮您办。

4. 航线干支通、支支通、全网联：干线机场与支线机场间开通航线，支线机场与支线机场间开通航线，构建干线机场、支线机场、通用机场相互通达的公共航空运输网络。

5. “双减”政策：进一步减轻义务教育阶段学生作业负担和校外培训负担。

6. “两率先”、“两超过”目标：在全国率先建成以新能源为主体的能源供给体系，率先构建以新能源为主体的新型电力系统；到 2025 年新能源装机规模超过火电装机规模，到 2030 年新能源发电总量超过火电发电总量。

7. “千兆城市”：千兆 5G 和千兆光网协同发展的典型城市。

8. “三线一单”：生态保护红线、环境质量底线、资源利用上线和生态环境准入清单。

9. “公转铁”、“散改集”：公路运输转为铁路运输，散堆装运输改为集装箱运输。

10. “两个先进”审查标准：新建及改扩建高耗能项目工艺技术装备达到国内同行业先进水平；能效必须达到国内同行业先进水平或国家能耗限额标准先进值。

11. “四水四定”原则：以水定城、以水定地、以水定人、以水定产。

12. “天骏服务”计划：即服务企业上市计划，通过动态挖掘筛选上市后备企业，实施“企业主动、政府推动、机构带动、社会联动”机制，形成“培育一批、辅导一批、申报一批、上市一批”梯次，构建“种苗子、选苗子、育苗子、送苗子”格局。

13. “万企兴万村”行动：全国统一开展的民营企业参与乡村振兴行动。

14. “三共三互”工程：规则体系共建、创新模式共推、市场监管共治和流通设施互联、市场信息互通、信用体系互认工程。

15. “创业内蒙古”行动：自治区聚焦大众创业、万众创新制定实施的创业就业行动计划。

16. 职业教育“双高”、“双优”：“双高”指中国特色高水平高职学校和专业建设计划；“双优”指优质中职学校和专业建设计划。

17. 部区共建“技能内蒙古”：教育部与内蒙古自治区共建的“技能社会”项目。

18. 妇女儿童“两纲”：《妇女发展纲要(2021-2030 年)》和《儿童发展纲要(2021-2030 年)》。

19. 新时代公民道德建设“十大行动”：学习教育行动、爱国爱乡行动、遵规守法行动、礼仪礼节行动、爱岗敬业行动、诚信友善行动、孝老爱亲行动、健康生活行动、生态文明行动、志愿服务行动。

20. “三个离不开”、“五个认同”：汉族离不开少数民族，少数民族离不开汉族，各少数民族之间互相离不开；对伟大祖国的认同，对中华民族的认同，对中华文化的认同，对中国共产党的认同，对中国特色社会主义的认同。

2022年内蒙古自治区国民经济和社会发展计划

National Economic and Social Development Plan of Inner Mongolia Autonomous Region in 2022

2022年将召开党的二十大,这是党和国家政治生活中的一件大事,保持平稳健康的经济环境、国泰民安的社会环境、风清气正的政治环境意义重大。做好2022年经济社会发展工作,要以习近平新时代中国特色社会主义思想为指导,全面贯彻落实党的十九大和十九届历次全会精神、中央经济工作会议精神,深入贯彻落实习近平总书记对内蒙古重要讲话重要指示批示精神,认真贯彻落实自治区第十一次党代会精神,弘扬伟大建党精神,坚持稳中求进工作总基调,完整、准确、全面贯彻新发展理念,积极服务和融入新发展格局,全面深化改革开放,坚持创新驱动发展,坚持以供给侧结构性改革为主线,统筹疫情防控和经济社会发展,统筹发展和安全,坚持不懈铸牢中华民族共同体意识,坚定不移走以生态优先、绿色发展为导向的高质量发展新路子,加快建设"两个屏障""两个基地""一个桥头堡",继续做好"六稳""六保"工作,着力保障和改善民生,保持经济运行在合理区间,保持社会大局稳定,以优异成绩迎接党的二十大胜利召开。

自治区国民经济和社会发展主要预期目标是:地区生产总值增长6%左右;城镇新增就业20万人以上,城镇调查失业率6%左右;居民消费价格涨幅3%左右;居民收入增长与经济增长基本同步;生态环境质量进一步改善,完成国家下达的节能减排目标任务。要实现上述目标,必须坚持党中央集中统一领导,深入贯彻落实习近平总书记对内蒙古重要讲话重要指示批示精神,全面落实中央经济工作会议精神,认真落实自治区第十一次党代会和全区经济工作会议部署。必须坚持高质量发展,坚持以经济建设为中心,扎实走好以生态优先、绿色发展为导向的高质量发展新路子。必须坚持稳中求进,坚持先立后破、稳扎稳打,加快建设"两个屏障""两个基地""一个桥头堡"。必须加强统筹协调,坚持系统观念,统筹"十四五"规划和年度计划实施,推动经济实现质的稳步提升和量的合理增长。

一、坚持稳字当头、稳中求进,保持经济平稳运行在合理区间

按照国家政策发力适当靠前的要求,落实好积极的财政政策和稳健的货币政策,帮助中小微企业、个体工商户减负纾困,继续做好"六稳""六保"特别是保就业保民生保市场主体工作。

(一)加大财政金融支持力度。精准有效实施积极的财政政策,加大助企纾困力度,落实好新的组合式减税降费政策,优化税费服务,完善常态化直达资金机制,增加对盟市、旗县(市、区)的转移支付特别是一般转移支付规模,推动财力下沉。落实灵活适度、合理充裕的稳健货币政策,继续强化普惠金融服务,引导金融机构加大对实体经济特别是中小微企业、科技创新、绿色发展的支持力度,深化金融"保项目、入园区、进企业、下乡村"行动,落实好普惠小微贷款支持工具和支农支小再贷款支持计划,扩大面向小微企业的政府性融资担保业务规模,降低担保成本。

(二)持续激发市场主体活力。优化民营经济发展环境,推行3.0版优化营商环境方案。持续深化"放管服"改革,全面推行"一网通办""一网统管",持续深化"一次办""帮您办"改革,提升综合窗口服务水平和"蒙速办"移动端服务能力。继续推动"证照分离"改革,全面实现涉企证照电子化。依法保护各类市场主体产权和合法权益,推进营商环境问题专项整治,严控涉企收费,严厉整治乱罚款问题。落实清偿企业欠款长效机制,有效治理恶意拖欠账款和逃废债行为。密切跟踪支持民营经济发展政策的落实情况,及时发现和协调解决政策执行过程中遇到的困难和问题。

(三)促进就业收入稳步增长。在推动高质量发展中强化就业优先导向,落实落细稳就业举措。分类保障高校毕业生、退役军人、农村牧区劳动力、就业困难人员、城镇失业人员等重点群体就业。加强职业技能培训,深化"创业内蒙古"行动,鼓励支持灵活就业,推进公共就业服务标准化,加强就业监测和失业预警,推动实现更高质量更加充分就业。促进城乡居民收入稳步提高,统筹推进收入分配重点领域改革,扎实推动共同富裕。

二、巩固壮大实体经济根基,提升产业链供应链现代化水平

深入实施创新驱动发展战略,深化供给侧结构性改革,推进"两个基地"绿色转型发展,形成具有更强创新力、更高附加值、更安全可靠的产业链供应链。

(一)强化科技创新支撑作用。加快建设创新型内蒙古,

加大科技投入力度，推进实施“科技兴蒙”行动。加大关键核心技术攻关力度，在乳业、新材料、新能源、种业等领域实施一批重大科技项目。促进高新区高质量发展，高标准打造乳业、稀土新材料国家技术创新中心，高质量建设呼包鄂国家自主创新示范区、巴彦淖尔国家农业高新技术产业示范区等国家级示范区。强化企业创新主体地位，加快实施高新技术企业和科技型中小企业“双倍增”行动，新增高新技术企业200家，科技型中小企业突破1000家。支持“双创”示范基地、科技企业孵化器、众创空间等创新创业载体建设。加强人才队伍建设，持续开展系列引才活动，完善人才培养、评价、使用、引进等政策。

（二）构建绿色优势特色产业体系。加快推进首批重点产业链工作，落实重点产业链“链长制”，大力发展绿色农畜产品加工、新能源、新材料、新型化工、现代装备制造、生物医药、数字经济、现代服务业等产业集群。推动能源和战略资源基地绿色转型发展，坚持先立后破，着力推进煤炭清洁高效利用，推动新能源和煤炭优化组合，聚焦“两率先”“两超过”目标，加快新能源项目建设，增强新能源消纳能力，新增新能源并网规模2000万千瓦以上，可再生能源装机比重达到40%以上。推进农畜产品生产基地绿色优质高效转型，坚持质量兴农、绿色兴农、品牌强农，深入推进“三品一标”提升行动，扩大农畜产品区域公用品牌影响力，提高绿色优质农畜产品供给能力。大力发展战略性新兴产业，做强做优做大数字经济，分行业制定数字化转型路线图，壮大绿色环保、生物医药、高端装备等产业，发展军民融合产业。加快推进服务业补短板，促进现代服务业同先进制造业、现代农牧业深度融合，推动生产性服务业向专业化和价值链高端延伸，推动生活性服务业向高品质和多样化升级，培育发展节能服务、研发设计等制造业服务，实施重点景区品质提升行动和文化旅游数字化工程，以物流、金融、科技、旅游、文化等领域为重点，建设一批服务业集聚区，增加高品质服务供给。

专栏1：加快推进重点产业链工作

（一）现代煤化工产业链。加强现代煤化工示范基地建设，积极争取国家规划布局的现代煤化工项目落地，大力发展高端基础化工产品，强化产业配套能力，推动科技成果应用转化，提升绿色低碳水平。

（二）风电装备产业链。进一步优化产业布局，支持技术创新，积极培育自治区链主企业，大力实施产业链补链行动，建立健全产业扶持政策。

（三）光伏装备产业链。调整优化产业布局，加大研发投入强度，不断提升企业技术创新能力。推动产业链延伸，支持现有原材料企业向中游光伏装备产业延伸，积极对接区外龙头企业，建立健全产业扶持政策。

（四）新能源汽车产业链。科学规划布局，支持企业技术创新，培育新能源汽车产业龙头企业，积极引进新能源汽车产业配套企业，加快新能源汽车充电基础设施建设，加大新能源汽车推广力度。

（五）生物医药产业链。推动产业集中集聚和差异化发展，培育形成链主企业、头部企业，强化产业链延链补链，推进重大创新平台建设，推进科技成果落地转化。

（六）稀土产业链。调整优化产业布局，进一步发展稀土产业集群，加强国家稀土功能材料创新中心、稀土新材料创新中心建设，培育壮大稀土应用产业，建立健全扶持政策。

（七）有色金属产业链。调整优化产业布局，支持技术引进和原创研发，大力推进产业链延伸，支持现有电解铝链主企业向铝后加工产业延伸，建立健全产业扶持政策。

（八）奶业产业链。实施奶牛遗传改良计划和饲草料保障能力提升工程，推动奶牛扩群增量，进一步密切农企利益联结。

（九）肉牛产业链。实施种业提升工程，健全肉牛标准化生产体系，构建现代加工体系，做大做强绿色品牌，支持创建现代农业产业园，培育壮大肉牛产业集群，提升产业信息化水平。

（十）肉羊产业链。推进良种繁育体系建设，深入实施肉羊遗传改良计划，建立健全肉羊标准化生产体系，推进肉羊品牌建设，积极拓展线上和线下多种销售渠道。

（十一）马铃薯产业链。发挥国家级马铃薯良繁基地示范引领作用，推进马铃薯生产基地建设，提升马铃薯加工水平，培育“蒙薯”品牌。

（十二）羊绒产业链。继续完善原绒贴息收储政策，实施绒山羊提质工程，健全优质优价机制，提升羊绒产业集中度，培育具有技术和市场优势的链主企业，完善毛绒纤维质量检测体系。

（三）提升制造业核心竞争力。制定促进制造业、中小企业高质量发展若干政策措施。深入落实制造业核心竞争力提升行动计划。全面开展制造业延链、补链、强链行动，围绕装备制造、新能源汽车、现代煤化工、稀土、生物医药等重点产业链，加大招商引资力度，推动入库项目落地，实施产业链供应链贯通工程。加快传统产业数字化改造，推进数字化车间和智能工厂项目，推广重点行业工业机器人，加快培育专精特新“小巨人”企业，基本完成工业园区智慧化建设。

三、深入实施扩大内需战略，不断增强经济发展的内生动力

有效扩大消费和投资，把需求牵引和供给创造有机结合起来，以扩大内需为基点服务和融入新发展格局。

（一）促进消费持续恢复。加快传统消费提质扩容，开展“蒙”字标品牌提升行动，推进商业实体转型和模式创新，支持绿色商场创建和品牌连锁发展，推动中小微企业和个体门店运用网络营销方式开拓市场，加快完善新能源汽车充换电设施，加强家电回收处理体系建设，鼓励有条件的地方开展绿色智能家电下乡。积极培育新型消费，拓展无接触式消费体验，鼓励建设智慧超市、智慧商店、智慧餐厅、智慧驿站、智慧书店，支持设立线上线下融合体验售卖专区，建设新型文化和旅游消费集聚地。完善城乡融合消费网络，推动区域消费中心和县域消费集聚区建设，整合优化城乡商业网点布局，升级改造农贸市场等零售网点，完善社区便民消费服务圈，加快电商进农村综合示范县建设。

（二）积极扩大有效投资。抓住国家在减污降碳、新能源、新技术、新产业集群、城市管网改造等领域加大投入力度的有利时机，用足用好专项债券资金，争取固定资产投资增长7%左右。强化要素保障，落实“资金和要素跟着项目走”，科学合理统筹重大项目用地、资金、能耗、水耗等建设要素保障。优化投资服务，充分激发民间投资活力，进一步清理、精简、规范涉及民间投资管理的行政审批事项，发挥市场机制作用，吸引社会资本参与基础设施项目建设，保持民间投资较快增长态势。完善重大项目厅际联席会议制度，压实前期手续三级部门包联责任机制和重大项目“自治区、盟市、旗县（市、区）”三级领导包联制度责任，发挥重大项目推进工作专班作用，及时协调解决重大项目实施过程中的难点、堵点问题。以国家102项重大工程为重点，加强项目储备，聚焦重点领域，谋划一批夯实发展基础、推动产业升级和服务民生需求的优质项目。

（三）适度超前布局基础设施建设。聚焦“两新一重”，适度超前开展基础设施投资。新型基础设施方面，加快5G、数据中心等新一代信息基础设施建设，新建5G基站1万个，实现旗县（市、区）、重点园区、大型企业5G全覆盖，加快推进全国一体化算力网络国家枢纽节点建设，争取在自治区布局国家新型互联网交换中心。交通基础设施方面，加快包银高铁（含巴银支线）、集大原高铁、二广高速集阿联络线、呼和浩特新机场等项目建设进度，全面开工呼和浩特机场高速公路等项目，积极推进鄂榆延高铁等项目前期工作，力争铁路建设规模达到1700公里（其中高铁470公里）、公路建设规模达到1万公里，建成通用机场3个。物流基础设施方面，加快呼和浩特、乌兰察布—二连浩特、满洲里等国家物流枢纽和巴彦淖尔国家骨干冷链物流基地建设，支持多式联运转运设施、物流信息平台、大型通用公共仓储设施等项目建设，分类推进“快递进村”工程，实现建制村快递服务通达率95%以上。能源基础设施方面，加快推进电网、油气管道、储能设施等项目建设。水利基础设施方面，扎实推进重大水利工程建设，做好老旧病险水库除险加固工作。城市基础设施方面，加大市政基础设施投资力度，着力补齐公共服务设施建设和自然灾害防治能力短板。

专栏2：适度超前布局基础设施建设

（一）新型基础设施方面。加快5G基础设施建设，全年新建5G基站1万个，累计建成3万个；在煤炭、稀土、化工等行业培育建成1—2个工业互联网标识解析二级节点。加大5G应用推广，在5G+智慧矿山方面，推动全年建成智能化采掘面40个，累计建成90个。在5G+无人驾驶方面，争取全年改造300台，累计达到400台。在5G+工业互联网方面，力争建成工业互联网平台10个。推进数据中心建设，实现数据中心总体装机达到200万台。

（二）铁路方面。争取将齐齐哈尔至海拉尔至满洲里高铁、齐齐哈尔至乌兰浩特至通辽高铁、集宁至二连浩特扩能改造项目纳入国家“十四五”铁路发展规划，争取在国家调整《中长期铁路网规划》时将集宁至通辽至长春、呼和浩特至包头、呼和浩特至朔州至太原、鄂尔多斯至大同至雄安高铁等重点项目调整纳入，推进包头至鄂尔多斯、白城至阿尔山铁路扩能改造等项目前期工作，争取鄂尔多斯至榆林至延安高铁、锡林浩特至太子城铁路等项目早日落地开工，积极推动包头至银川高铁（含巴彦浩特至银川支线）、集宁至大同至原平高铁、集宁至通辽铁路电气化改造等重点项目建设。

（三）公路方面。全面开工建设呼和浩特机场高速、G1015铁力—科尔沁右翼中旗、S29呼和浩特—凉城等高速公路项目，加快推进G55二连浩特—赛汉塔拉、G1817巴彦呼都格—巴彦浩特等续建公路项目。有序推进旅游路、产业路、联网路、建制村通双车道公路以及较大人口规模自然村和抵边自然村通硬化路建设，推动农村牧区公路提质升级。

（四）机场方面。争取国家批复阿拉善左旗通勤机场升级支线机场可研报告，全力推进呼和浩特新机场、巴林左旗通用机场等在建项目建设，力争西乌珠穆沁旗、突泉县等通用机场项目尽早开工。

（五）能源基础设施方面。推动建设以新能源为主体的新型电力系统，深入实施存量煤电机组改造升级，重点推进特高压外送煤电、纳入国家首批大型风电光伏基地、保障性并网新能源、分散式风电和分布式光伏等项目建设，启动蒙西至京津冀高比例新能源电力外送通道前期工作。

（六）水利基础设施方面。加快引绰济辽工程、东台子水库等重大水利工程建设进度，扎实推进引绰济辽二期、黄河内蒙古段防洪三期等工程前期工作。实施主要支流、中小河流治理、大中型病险水库除险加固，积极推进山洪灾害防治项目建设。夯实乡村振兴水利基础，继续实施河套、镫口等大中型灌区续建配套与现代化改造。

（七）城市基础设施方面。推进城市更新，加快补齐市政工程、防灾减灾等领域短板，推进燃气、供热、供排水等老旧管网更新改造，系统治理城市内涝，加强污水、垃圾处理等基础设施建设，计划实施城镇老旧小区改造21.37万户、棚户区改造1万套，建设保障性租赁住房1.2万套。

四、坚持生态优先、绿色发展，筑牢我国北方重要生态安全屏障

保持加强生态文明建设的战略定力，持续改善生态环境，全领域全方位推动绿色转型，积极创建国家生态文明试验区。

（一）加大生态系统保护力度。坚持山水林田湖草沙一体化保护和系统治理，严格执行基本草原保护制度，落实林长制、河湖长制。科学推进国土绿化行动，推进浑善达克规模化林场试点建设，实施黄土高原水土流失综合治理、内蒙古高原生态保护和修复、大小兴安岭森林生态保育等重大工程，落实草畜平衡和生态补偿制度。把保护黄河母亲河摆在突出位置，制定《黄河流域内蒙古段生态廊道建设规划》，全方位贯彻"四水四定"原则，推进黄河生态带建设。深入推进"一湖两海"生态环境保护治理，加强察汗淖尔湿地公园建设。加大防沙治沙力度，持续推进水土保持和湿地保护。加大矿山生态修复力度，新建绿色矿山100座以上。

（二）深入打好污染防治攻坚战。持续推进空气质量提升行动，深化乌海及周边地区等重点区域大气污染联防联控，稳步推进重点行业超低排放改造，大力实施工业炉窑大气污染综合治理，深入推进燃煤污染、挥发性有机物综合整治，开展臭氧污染防治攻坚行动，加强扬尘综合管控，有效应对重污染天气。深入开展水污染防治行动，强化不达标水体治理，严格执行达标排放监管，加强水源地规范化建设。扎实推进土壤污染防治行动，继续开展危险废物专项整治三年行动，加强重金属污染和塑料污染全链条防治，推动"无废城市"建设。

（三）稳步推进绿色低碳发展。着力调整产业结构、能源结构、交通运输结构、用地结构，推动形成绿色生产生活方式。强化国土空间用途管制，实施"三线一单"分区管控。强化最严格水资源管理，推进深度节水控水行动，落实好水资源消耗控制任务。扎实做好碳达峰、碳中和工作，构建形成碳达峰、碳中和政策体系，科学完善能耗"双控"制度。实施全面节约战略，在生产领域，推进资源全面节约、集约、循环利用，坚决遏制"两高"项目盲目发展，对标能效标杆水平，有序实施重点行业企业改造升级，强化绿色低碳技术攻关，加快先进技术推广应用；在消费领域，增强全民节约意识，倡导简约适度、绿色低碳的生活方式，推动全社会加强节约用电用能，规范城市景观照明管理，强化交通等领域节能，推进货运"公转铁"，推行垃圾分类和资源化。

五、增强初级产品供给保障能力，筑牢祖国北疆安全稳定屏障

牢固树立安全发展理念，坚持系统观念，强化底线思维，扛稳粮食和能源供给保障责任，着力防范化解重点领域风险。

（一）着力稳定粮食乳肉生产。落实最严格的耕地保护制度，牢牢守住耕地红线，坚决遏制耕地"非农化"、防止"非粮化"，确保粮食播种面积和产量保持稳定。新建高标准农田400万亩，开展黑土地保护性耕作1350万亩，完成500万亩大豆扩种任务，实施种业振兴行动，抓好蔬菜生产供应。加快现代畜牧业发展，建设优质饲草料生产基地，扎实推进奶业振兴，推动肉类产量稳定在260万吨、奶产量达到720万吨。

（二）全力保障能源资源安全。严守生态保护和安全生产红线，促进煤炭产能优化升级，有序释放先进产能，煤炭产量稳定在10亿吨以上。稳步增加电力供应，保持煤电装机合理裕度，积极推进现有煤电项目改造升级，电力总装机达到1.6亿千瓦以上。推动发电供热企业煤炭中长期合同全覆盖，并不断提高履约率。完善能源产供储销体系，细化落实用能保障方案，加强煤电油气运调节，确保民生和公共用能需求。推动稀土等资源保护性开采、高质化开发利用，全面实施《内蒙古自治区矿产资源总体规划》，优化矿业开发布局。密切跟踪研判大宗商品市场走势，加强大宗商品市场监管。

（三）防范化解重点领域风险。按照稳定大局、统筹协调、分类施策、精准拆弹的方针，抓好风险处置工作。切实维护金融安全稳定，进一步完善地方金融监管制度和金融风险处置机制，压实地方、金融监管、行业主管等各方责任，强化企业自救主体责任，推进实施清收处置银行业不良贷款专项行动，扎实化解处置高风险金融机构风险，稳妥处置信用债违约风险。积极稳妥防范化解政府债务风险，坚持过"紧日子"，继续严格控制和压减一般性支出，有效防范基层财政运行风险，合理确定地方政府债务限额，坚决遏制隐性债务增量，有序化解隐性债务存量。坚持"房住不炒"定位，加强预期引导，坚持租购并举，发展长租房市场，推进保障性住房建设，重点解决新市民住房保障问题，加强房地产市场监管，因城施策促进房地产业良性循环和健康发展。严格落实安全生产责任制，深入开展安全生产专项整治三年行动巩固提升工作，扎实抓好危险化学品、建筑施工、矿山、燃气等重点领域专项整治，有效遏制重特大安全事故。健全应急物资保障体系，加强应急救援力量、区域性应急救援基地和物资装备储备体系建设，推进自然灾害防治重点工程建设，提升灾害监测预警水平和应急抢险救援能力。

六、深化改革开放、促进区域协调，全方位融入国内大循环、国内国际双循环

深化市场化改革，扩大高水平开放，统筹城乡区域发展，坚决打通各种"卡点"、"堵点"，增强发展的动力活力和平衡性协调性。

（一）扎实推进重点领域改革。实施高标准市场体系建设行动，深化产权制度和要素市场化配置改革。落实市场准入负面清单制度和公平竞争审查制度,依法加强对资本的监管,实现市场准入畅通、开放有序、竞争充分、秩序规范。完成国企改革三年行动任务,稳步推进国有企业战略性重组和专业化整合,深入开展对标行业一流管理提升专项行动,完成重点亏损企业专项整治,大力压缩企业管理层级、减少法人户数,积极稳妥推进混合所有制改革。深化财税金融体制改革,深入推进预算管理制度改革,深化政府采购改革,扩大直接融资规模,持续推动企业上市,扎实推进城商行改革工作。持续深化价格领域改革,落实绿色电价政策,不断完善天然气价格形成机制,深入推进农业水价改革,健全社会救助和保障标准与物价上涨挂钩的联动机制。完善电力市场交易,开展电力现货市场试运行。深化农村牧区改革,抓好农区、牧区现代化试点建设。

(二)建设我国向北开放重要桥头堡。更好服务和融入共建“一带一路”高质量发展,加快落实自治区《建设国家向北开放桥头堡行动方案》(内党发〔2021〕23号),推动外贸外资稳定增长,力争进出口总额增长8%以上。加强基础设施互联互通,推动实施《中欧班列运输能力提升实施方案》(发改基础〔2021〕867号)重点项目,改善口岸基础设施。提高中欧班列双向常态化运行效益,推动中欧班列稳定运营300列以上。积极申报设立中国(内蒙古)自由贸易试验区。加强国内区域经济协作,积极承接产业转移,推动区内产业链、创新链、供应链、物流链、价值链与全国大市场全面对接、深度融合。

(三)促进城乡融合区域协调发展。塑造优势互补区域格局,落实落细西部大开发、东北振兴、黄河流域生态保护和高质量发展等重大区域战略,实施自治区《关于贯彻落实习近平总书记在深入推动黄河流域生态保护和高质量发展座谈会上重要讲话精神的实施意见》,推动东中西部差异化协调发展。全面推进乡村振兴,巩固拓展脱贫攻坚成效,加强动态监测和精准帮扶,确保不发生规模性返贫,加快美丽宜居乡村建设,开展农村牧区人居环境整治提升五年行动,推进农村牧区危房改造,全面改善水电路气防汛等设施条件,扎实推进厕所革命,新改建农村牧区公路5000公里以上。提升以人为核心的新型城镇化建设质量,促进大中小城市和小城镇协调联动特色化发展,支持首府城市建设,加快呼包鄂乌一体化进程,完善城市宜居宜业功能,提升县域经济综合竞争力。

七、统筹推进经济发展和民生保障,兜住兜牢民生底线

不断提高民生保障精准化、公共服务均等化、社会治理现代化水平,以有效举措落实以人民为中心的发展思想,促进共同富裕。

(一)提升公共服务和社会治理水平。以铸牢中华民族共同体意识为主线,加强和改进民族工作,深入持久开展民族团结进步创建。完善公共服务体系,健全常住地提供基本公共服务制度,科学调整基本公共服务范围和标准,扎实推进“一老一小”人口服务体系建设,完善生育配套政策,做好婴幼儿照护和老年健康服务,发展普惠养老服务。健全社会保障制度,深入实施全民参保计划,持续扩大社会保险覆盖面,落实失业保险自治区级统筹制度,实现企业职工基本养老保险与全国统筹的平稳衔接。强化社会保障兜底,实行低保对象、低收入人口动态管理,切实保障困难群众基本生活。保障妇女儿童合法权益,加强妇幼健康服务体系建设,完善残疾人、孤儿等社会福利制度。深入推进平安内蒙古、法治内蒙古建设,加强城乡社区治理和服务体系建设,强化食品药品安全监管,完善社会治安防控体系,支持国防和军队建设,守护祖国北疆安宁。

(二)推动社会事业高质量发展。构建高质量教育体系,落实立德树人根本任务,深入开展中华民族共同体意识教育,加大国家通用语言文字推广力度。实施“十四五”学前教育和县域普通高中发展提升行动计划,推动县域义务教育优质均衡发展,持续提升“双减”成效,加强和改进劳动教育、体育、美育,高质量实施职业教育提质培优行动计划,加大“双一流”建设支持力度。推进健康内蒙古建设,加强区域医疗中心建设,加快推进分级诊疗体系建设,推进紧密型县域医共体试点建设,加强全科医生和乡村医生队伍建设,促进“互联网+医疗健康”规范发展,实施中医药(蒙医药)振兴发展重大工程,推进疾病预防控制体制改革,优化异地就医直接结算,加快推进医保电子凭证普遍应用。加大文化惠民力度,加强文物保护和非遗系统性保护,推进长城国家文化公园、黄河国家文化公园、和林格尔土城子古城考古公园等项目建设。发展体育事业,完善全民健身公共服务体系,推进体育公园、全民健身中心、公共体育场等设施建设,大力发展冰雪运动,配合办好北京冬奥会、冬残奥会。加强社会科学普及。

(三)科学精准做好新冠肺炎疫情防控工作。坚持“外防输入、内防反弹”,全面提升疫情防范和处置水平。严密规范做好口岸疫情防控工作,全面加强口岸人、物、环境闭环管理,坚决守住“外防输入”防线。强化春节及北京冬奥会、冬残奥会期间疫情防控,抓好关键部位、重要场所和重点人群精准防控工作。扎实推进常态化疫情防控,坚持防控措施不放松,及时查补防控工作短板漏洞,常态化维持重点医用防控物资标准储备量。有序推进新冠病毒疫苗接种工作。

关于内蒙古自治区2021年预算执行情况和2022年预算草案的报告

Report on the Implementation of Budgets for 2021 and Draft Budgets for 2022 in Inner Mongolia

——2022年1月21日在内蒙古自治区第十三届人民代表大会第六次会议上

内蒙古自治区财政厅

各位代表：

受自治区人民政府委托，现将2021年预算执行情况和2022年预算草案提请本次人民代表大会审查，并请自治区政协委员和列席会议的同志们提出意见。

一、2021年预算执行情况

（一）一般公共预算收支情况

根据2021年12月31日统计数据，全区一般公共预算收入2349.9亿元，完成年初预算的117.5%，增长14.6%，增幅较高，主要是煤炭量价齐升以及矿产资源专项整治，带动增值税、企业所得税、资源税等主体税种增加243亿元；罚没收入、矿产资源专项收入增加84.5亿元。加上中央补助收入2880.4亿元，一般债务收入1082.6亿元，上年结转收入405.1亿元，调入预算稳定调节基金等其他收入372亿元，收入总计7090亿元。全区一般公共预算支出5240.1亿元，剔除2021年权责发生制列支因素，实际增长5.2%（以下一般公共预算分科目支出口径与此相同），完成调整预算的88.3%。加上上解中央支出29.5亿元，一般债务还本支出782.7亿元，补充预算稳定调节基金等其他支出340.2亿元，支出总计6392.5亿元。收支相抵，年终结转697.5亿元，主要是跨年度延续性项目支出，按规定结转下年继续使用。

2021年全区一般公共预算收支情况

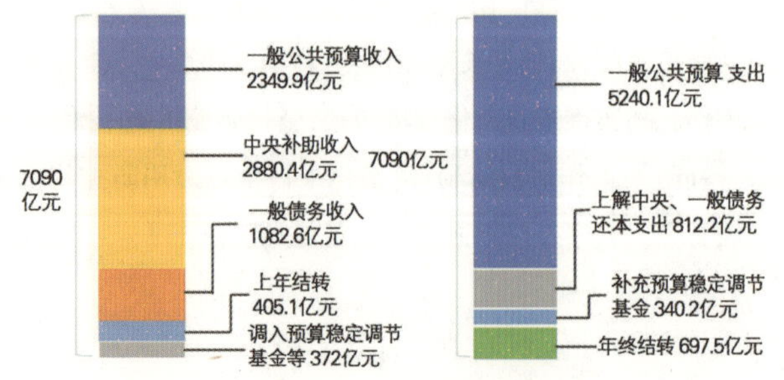

2021年全区一般公共预算收入情况

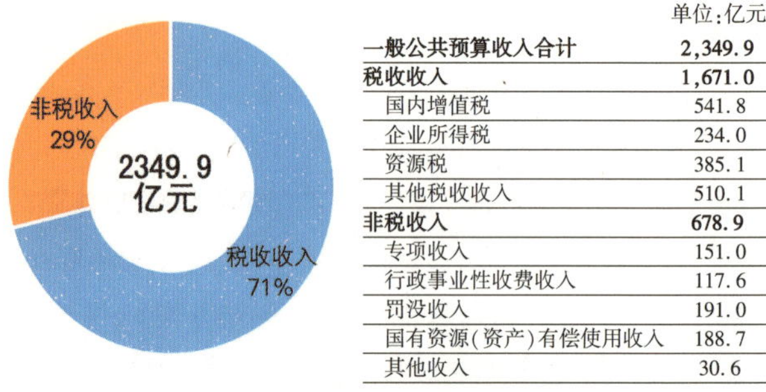

单位：亿元

项目	金额
一般公共预算收入合计	**2,349.9**
税收收入	**1,671.0**
国内增值税	541.8
企业所得税	234.0
资源税	385.1
其他税收收入	510.1
非税收入	**678.9**
专项收入	151.0
行政事业性收费收入	117.6
罚没收入	191.0
国有资源（资产）有偿使用收入	188.7
其他收入	30.6

2021年全区一般公共预算支出情况

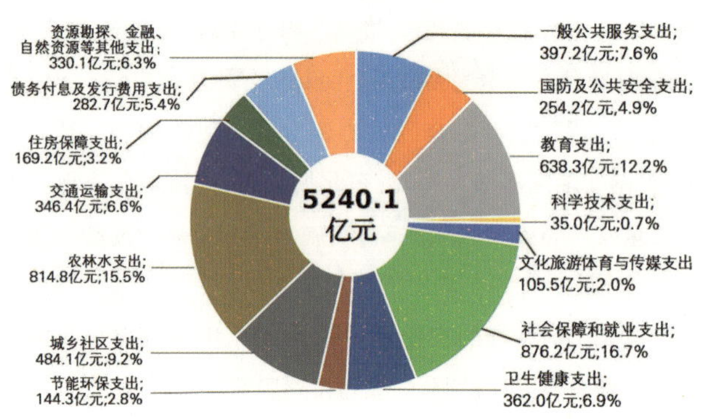

自治区本级一般公共预算收入740.9亿元，完成年初预算的134.7%，增长21.6%。加上中央补助收入2880.4亿元，一般债务收入1082.6亿元，上年结转收入53.6亿元，盟市上解收入6.5亿元，调入预算稳定调节基金等其他收入126.7亿元，收入总计4890.7亿元。自治区本级一般公共预算支出985.8亿元，完成调整预算的89.3%，同比增长21.3%。加上补助盟市支出2580亿元，上解中央支出29.5亿元，一般债务还本支出61.4亿元，一般债务转贷支出944亿元，安排预算稳定调节基金等其他支出171亿元，支出总计4771.7亿元。收支相抵，年终结转119亿元，按规定结转下年继续使用。

2021 年自治区本级一般公共预算收支情况

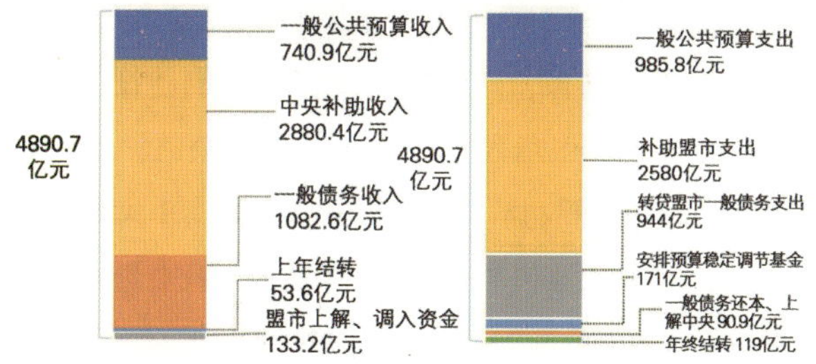

2021 年自治区本级一般公共预算收入情况

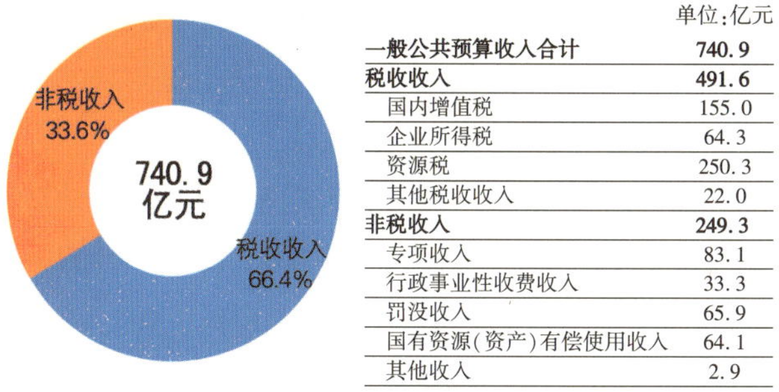

单位:亿元

一般公共预算收入合计	740.9
税收收入	491.6
国内增值税	155.0
企业所得税	64.3
资源税	250.3
其他税收收入	22.0
非税收入	249.3
专项收入	83.1
行政事业性收费收入	33.3
罚没收入	65.9
国有资源(资产)有偿使用收入	64.1
其他收入	2.9

2021 年自治区本级一般公共预算支出情况

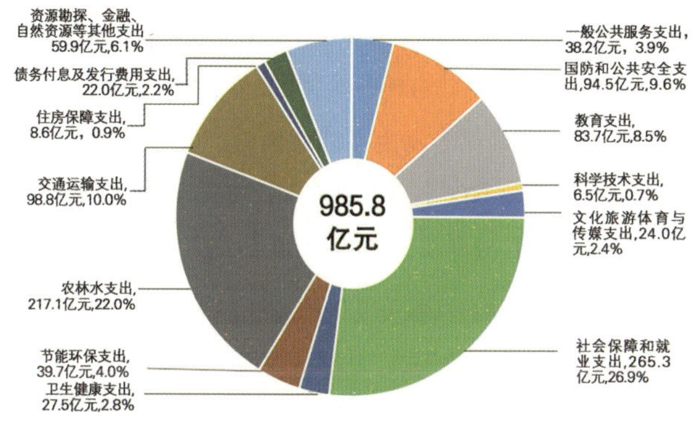

(二)政府性基金预算收支情况

全区政府性基金预算收入 504.8 亿元,下降 23.1%,主要是国有土地使用权出让收入减少 150.4 亿元,下降 26.4%。加上中央补助收入 66.4 亿元,专项债务收入 484.2 亿元,上年结转等其他收入 172 亿元,收入总计 1227.4 亿元。全区政府性基金预算支出 748.6 亿元,下降 47%,降幅较高,主要是国有土地使用权出让收入安排的支出、专项债务收入安排的支出以及抗疫特别国债支出减少,共减少 635.6 亿元。加上调出资金、专项债务还本支出等其他支出 222.4 亿元,支出总计 971 亿元。收支相抵,年终结转 256.4 亿元,按规定结转下年继续使用。

2021 年全区政府性基金预算收支情况

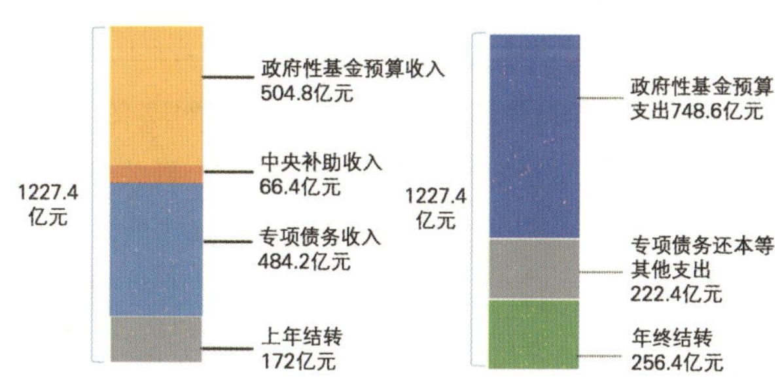

自治区本级政府性基金预算收入 32.4 亿元,完成年初预算的 91%,下降 7.6%。加上中央补助收入 66.4 亿元,专项债务收入 484.2 亿元,上年结转收入 5 亿元,收入总计 588 亿元。自治区本级政府性基金预算支出 137.6 亿元,完成调整预算的 89.5%,下降 32.5%,主要是专项债务收入安排的支出和抗疫特别国债支出减少。加上补助盟市支出 27.9 亿元,专项债务转贷支出 395.8 亿元,专项债务还本支出 10.4 亿元,支出总计 571.7 亿元。收支相抵,年终结转 16.3 亿元,按规定结转下年继续支出。

2021 年自治区本级政府性基金预算收支情况

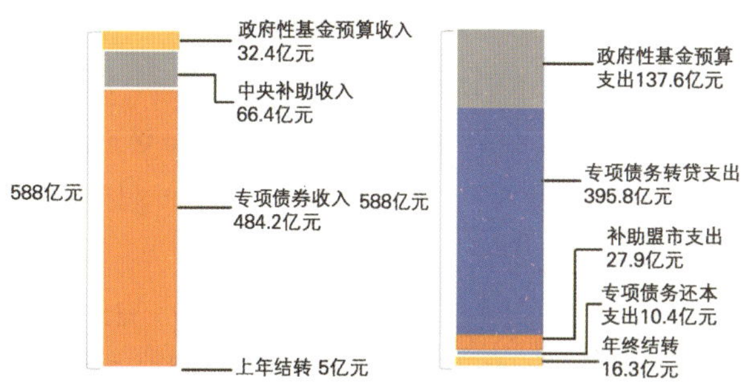

(三)国有资本经营预算收支情况

全区国有资本经营预算收入 27.8 亿元,增长 115.5%,主要是内蒙古平庄煤业(集团)有限责任公司国有股权转让收入 15 亿元。加上中央补助收入 1.4 亿元,上年结转收入 3.4 亿元,收入总计 32.6 亿元。全区国有资本经营预算支出 7.1 亿元,下降 25.3%。加上调出资金 4.2 亿元,支出总计 11.3 亿元。收支相抵,年终结转 21.3 亿元,按规定结转下年继续使用。

2021 年全区国有资本经营预算收支情况

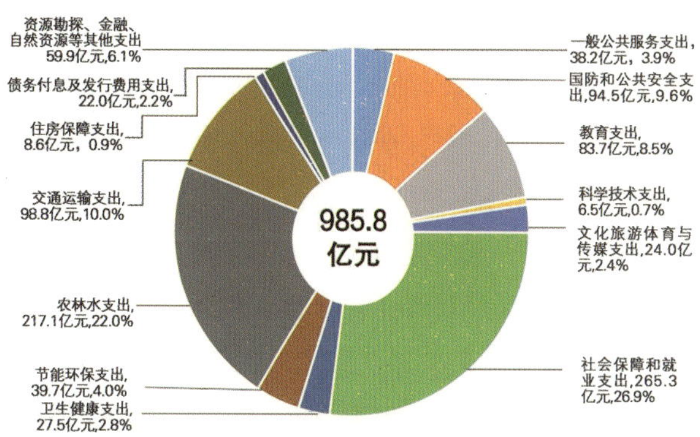

自治区本级国有资本经营预算收入 4.9 亿元,完成预算的 103%,下降 15.5%。加上中央补助收入 1.4 亿元,上年结转收入 2494 万元,收入总计 6.5 亿元。自治区本级国有资本经营预算支出 2.3 亿元,完成调整预算的 74.7%,下降 25.8%。加上补助盟市支出 1.9 亿元,调出资金 1.5 亿元,支出总计 5.7 亿元。收支相抵,年终结转 7687 万元,按规定结转下年继续使用。

2021年自治区本级国有资本经营预算收支情况

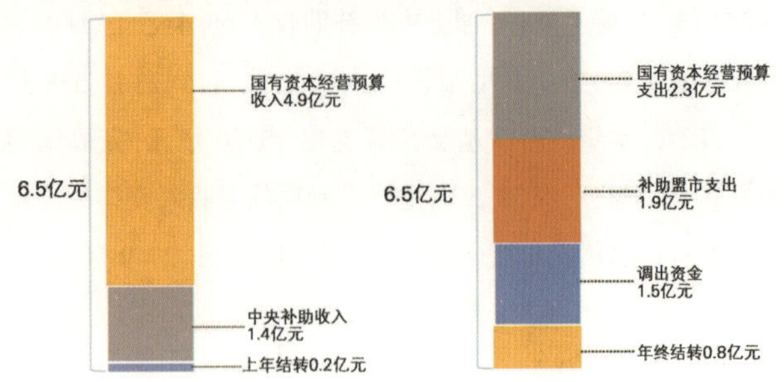

(四)社会保险基金预算收支情况

全区社会保险基金收入1970.3亿元,增长18.5%,其中,保险费收入1138.6亿元,财政补助收入555亿元,中央调剂金收入、利息收入等276.7亿元。基金支出总计1911.5亿元,增长7.5%,其中,社会保险待遇支出1737.6亿元,中央调剂金上解等支出173.9亿元。当年收支结余58.8亿元,年末滚存结余1252亿元。

自治区本级社会保险基金收入1045.6亿元,完成调整预算的114.7%,增长25.9%,其中,保险费收入568.3亿元,财政补助收入229.3亿元,中央调剂金收入220亿元,转移收入、利息收入等28亿元。基金支出1098.8亿元,完成调整预算的101.1%,增长8.8%,其中,社会保险待遇支出964.4亿元,中央调剂金上解等支出134.4亿元。当年收支缺口53.2亿元,年末滚存结余346.6亿元。

(五)全区政府债务情况

财政部核定全年新增地方政府债务限额544亿元,其中:新增一般债务限额326亿元(含政府债务外贷限额10.1亿元);新增专项债务限额218亿元。全年发行地方政府债券1565.3亿元,其中:发行新增一般债券308亿元,新增专项债券218亿元,上年结转防范中小银行风险专项债券77亿元,再融资债券962.3亿元。全年偿还地方政府债务到期本金932.3亿元,支付利息293.5亿元。

发行的新增一般债券和专项债券主要用于:教育支出50.1亿元,社会保障和就业支出34.1亿元,卫生健康支出8.7亿元,节能环保支出32.1亿元,城乡社区支出142.6亿元,农林水支出34.1亿元,交通运输支出145.8亿元,资源勘探信息等支出2.9亿元,商业服务业支出1.7亿元,住房保障支出19.6亿元,其他支出54.3亿元。防范中小银行风险专项债券主要用于补充乌海银行和基层农信联社资本金。

年末全区地方政府债务余额8900.5亿元。分类型看,一般债务6374.6亿元,专项债务2525.9亿元;分级次看,自治区本级945.2亿元,占10.6%;盟市、旗县7955.3亿元,占89.4%。

(六)主要财税政策和重点财政工作落实情况

1. 促进经济持续稳定恢复。保持必要的财政支出规模。发行新增政府债券526亿元,下达基建投资129.5亿元,支持基础设施、节能环保、"三农"等领域重点项目建设。交通运输支出346.4亿元,增长10.2%,支持普通公路、"四好农村路"、重点铁路及呼和浩特新机场建设。落实中央财政资金直达机制,实现快速精准落地。全区政府与社会资本合作项目累计涉及政府投资253亿元,带动投资1726亿元。落实减税降费和缓税政策。严格落实国家和自治区出台的制度性和结构性减税举措,严厉整治乱收费,统筹推进企业降成本。认真执行煤电企业和第四季度制造业中小微企业阶段性缓税政策,保障民生和生产用能,进一步支持小微企业发展。支持实体经济发展。新投放企业流动性风险防控基金和纾困发展基金38.4亿元,帮助企业化解流动性风险。支持引导融资担保机构扩大小微企业融资担保业务规模、降低小微企业融资担保成本。下达蒙东电网同网同价改革补助12.3亿元,降低企业用电成本。防范化解债务风险。支持盟市、旗县加大化解债务和消化暂付款力度,下达资金61亿元,全年化解隐性债务1176.1亿元,支付政府债务本息1225.8亿元,消化财政暂付款71.1亿元,确保不发生系统性风险。发行专项债券77亿元,支持化解地方中小银行风险。促进区域协调发展。自治区通过压一般、减专项、调结构大幅下沉财力,下达盟市、旗县各类补助2580亿元,同比增长9.9%,其中财力性转移支付1152亿元,同比增长10.2%,有力支持基层做好"三保"工作。

2. 支持产业链供应链稳定优化。支持创新型内蒙古建设。坚持把科技作为财政支出的重点领域,全区科技支出35亿元,增长20.7%,支持"科技兴蒙"行动全面深化。落实企业研发费用加计扣除和后补助政策,引导企业加大研发投入。进一步扩大科研项目经费管理自主权,为科研人员"减负"、"松绑"。加大财政支持普惠金融力度,投入资金3.6亿元,促进中小企业创新发展。支持加快产业转型步伐。发挥政府投资基金引导作用,带动社会资本加大投入,推动乳业、新能源、新材料等产业加快发展。下达资金3850万元,启动实施"专精特新"企业服务平台奖补政策。深入实施国企改革三年行动,对蒙能、能建集团进行整合,对环投集团实施重组。

3. 推进农业农村现代化。继续将"三农三牧"支出作为财政工作的重中之重,全区农林水支出814.8亿元,增长2.2%。实施乡村振兴战略。投入衔接资金84.2亿元,消除4.7万名监测对象返贫致贫风险。支持37个旗县整合涉农涉牧资金74.4亿元,重点支持产业发展。建立防贫保险制度,85个旗县投入资金1.1亿元,保险覆盖农村牧区人口101.9万人。推进农村一二三产业深度融合发展,投入资金

4.3亿元,统筹支持建设3个国家级优势特色产业集群、8个农牧业产业园和11个农业产业强镇。支持保障国家农畜产品安全。深入实施藏粮于地、藏粮于技战略,下达资金44.8亿元,支持新增高标准农田460万亩,推动黑土地保护性耕作和盐碱化耕地改良。下达耕地地力保护补贴等各项惠农资金200.6亿元,落实政策性保险面积8180万亩,对40个产粮油大县给予奖励,推动粮食生产实现“十八连丰”。投入资金5.8亿元,大力推动奶业、种业振兴。实施新一轮农机购置补贴政策,推动农业机械化向全程全面高质高效转型升级。开展乡村建设行动。下达农村牧区基础设施建设资金35.5亿元,支持农村牧区“厕所革命”整村推进,持续开展村庄清洁行动,支持农村公路建设和养护,建成农村牧区公路4704公里。

4. 支持绿色转型发展。坚持生态优先、绿色发展,全区节能环保支出144.3亿元,增长15.9%。支持打好蓝天碧水净土保卫战。下达资金6.4亿元,加强重点区域大气污染防治。筹集资金11亿元,建立黄河全流域横向生态保护补偿机制,加快“一湖两海”、察汗淖尔综合治理、岱海生态应急补水等重大工程建设。首期财政出资1亿元,设立土壤污染防治基金,力争引导社会投资10亿元,用于土壤污染风险管控和修复。大气、水、土壤质量指标达到国家考核要求。加强生态系统保护修复。实施新一轮草原生态保护补助奖励政策,延续和完善天然林资源保护政策。累计下达资金33.1亿元,推动乌梁素海流域山水林田湖草生态保护修复试点工程阶段治理取得良好成效。下达资金4亿元,支持科尔沁草原列入国家“十四五”期间第一批山水林田湖草沙一体化保护和修复工程。开展大规模国土绿化行动,实施营造林面积594万亩,种草1667万亩,防沙治沙530万亩。推动绿色低碳发展。下达中央可再生能源电价补助46.9亿元,促进新能源装机达3013万千瓦。碳达峰碳中和工作统筹有序推进,安排专项资金875万元,支持启动自治区碳达峰行动方案编制工作。

5. 兜住兜牢民生底线。优先稳就业保民生。全区就业补助支出29.4亿元,增长18%,继续实施失业保险稳岗返还等政策,促进全区城镇新增就业22.4万人,完成年度计划的112%。支持优质教育发展。全区教育支出638.3亿元,增长4.9%,支持扩大普惠性学前教育覆盖面,有效落实“双减”政策,全域通过国家义务教育发展基本均衡认定,不断提升职业教育服务发展能力,促进高等教育内涵式发展。支持健康内蒙古行动。全区卫生健康支出362亿元,增长1.3%。筹集资金3.3亿元,支持边境地区和自治区有关部门强化疫情防控。安排资金3.4亿元,支持新冠病毒疫苗全民免费接种工作。城乡居民医保及基本公共卫生服务财政补助标准进一步提高。支持提高社会保障水平。全区社会保障和就业支出876.1亿元,增长4.1%,超额完成养老、医疗、工伤、失业保险参保扩面任务,城乡居民基础养老金、低保保障、特困人员救助供养等标准进一步提高。下达资金3.2亿元,支持盟市、旗县防灾救灾及自然灾害综合风险普查。全区住房保障支出169.2亿元,支持城镇老旧小区改造23.8万户,棚户区改造2.59万套,发放城镇住房保障家庭租赁补贴2.9万户,实施农村危房改造6814户。支持文体事业繁荣发展。全区文化旅游体育与传媒支出105.5亿元,支持文化、旅游、体育事业发展,促进基本公共文化服务均等化。

6. 推进财税体制改革。深化预算管理制度改革。制定进一步深化预算管理制度改革的实施意见。全区预算管理一体化系统全面建成,完成中央、自治区、盟市、旗县四级联通,实现“制度+技术”的管理体制和预算项目全生命周期管理。深化政府采购制度改革,推动优化营商环境。推进预算项目绩效目标与预算“同安排、同部署、同批复”,基本实现预算绩效评价管理“全覆盖”。推进自治区以下财政体制改革。调整全区基本公共服务领域和参照执行事项自治区与盟市共同财政事权分档分担比例,进一步减轻基层财政负担。印发交通运输、生态环境、公共文化、自然资源领域自治区与盟市财政事权和支出责任划分改革方案,积极推进应急救援领域财政事权和支出责任划分改革。

过去的一年,积极的财政政策有力有效,全区财政保持平稳运行,同时,也要清醒地看到,财政工作还面临一些困难和挑战,主要是:全区产业结构调整短期内难以根本改变,加之疫情影响,财政增收基础不稳,财政运行仍呈紧平衡状态。部分盟市、旗县债务负担重,财政收支矛盾突出,“三保”支出压力加大。一些部门和地区预算法治和过紧日子的思想还没有树牢,财政资源统筹力度不够,财政资金使用的科学性有效性还需加强。对此,要高度重视,统筹疫情防控和经济社会发展,统筹发展和安全,积极采取措施予以解决。

二、2022年预算安排情况

(一)财政收支形势

收入方面。一是全区经济运行长期向好的基本趋势没有改变,特别是煤炭需求保持增长态势,煤炭价格整体高位运行,预计能源、资源产业将继续为全区财政增收提供支撑;二是上年第四季度缓税收入将在本年入库,成为今年增收的重要因素;三是疫情变化和外部环境存在诸多不确定性,加之原材料价格上涨挤压下游企业利润、近几年煤炭等领域专项整治补缴税费形成较高收入基数、落实新的减税降费政策等因素,财政增收困难增大。支出方面。加快“两个屏障”、“两个基地”和“一个桥头堡”建设,以及科技攻关、乡村振兴、基本民生、债务化解、助企纾困等重点支出需要加强保障。总之,财政收支矛盾依然突出,财政紧平衡状态将会持续。

(二)预算编制的指导思想和原则

指导思想:以习近平新时代中国特色社会主义思想为指导,全面贯彻落实党的十九大和十九届历次全会精神、中央经济工作会议精神,深入贯彻落实习近平总书记对内蒙古重要讲话重要指示批示精神,认真贯彻落实自治区第十一次党代会、自治区经济工作会议精神,弘扬伟大建党精神,增强“四个意识”、坚定“四个自信”、做到“两个维护”,坚持稳中求进工作总基调,完整、准确、全面贯彻新发展理念,积极服务和融入新发展格局,统筹疫情防控和经济社会发展,统筹发展和安全,继续做好“六稳”、“六保”工作,持续改善民生。积极的财政政策要提升效能,更加注重精准、可持续,落实新的减税降费政策,减轻市场主体负担;优化支出重点和结构,增强国家和自治区重大战略任务财力保障;坚决落实过紧日子要求,节俭办一切事业;进一步深化预算管理制度改革,加快建立现代财政制度;防范化解政府债务风险,坚决遏制新增地方政府隐性债务,增强财政可持续性;扎实走好以生态优先、绿色发展为导向的高质量发展新路子,加快建设“两个屏障”、“两个基地”、“一个桥头堡”,保持经济运行在合理区间,保持社会大局稳定,以优异成绩迎接党的二十大胜利召开。

贯彻以上指导思想,预算编制遵循以下原则:一是预算安排要立足全局、着眼长远。贯彻落实党中央、国务院各项决策部署,认真研究和落实中央和自治区经济工作会议有关要求,紧紧围绕加快建设“两个屏障”、“两个基地”、“一个桥头堡”,聚焦重点产业链、供应链、创新链梳理财政政策,找准发力点。二是收入预算要实事求是,科学合理。财政收入要与经济社会发展水平相适应,与积极的财政政策相衔接,落细落实各项减税降费政策。三是支出预算要有保有压、突出重点。用好存量和增量财政资金,从严控制一般性支出,集中财力支持科技攻关、生态环保、“三农三牧”、基本民生、产业发展、区域协调等重点领域。做大做强政府投资基金,发挥财政资金引导、调控、撬动作用支持产业发展。继续下沉财力,支持盟市、旗县兜牢“三保”底线。四是政府债务要合理适度、防范风险。政府债券资金优先保障重点项目建设和在建项目后续融资。做深做细项目储备。稳妥化解地方政府债务风险。五是过紧日子要紧而又紧。继续压减非重点非刚性支出,特别是项目支出。完善预算安排与部门支出进度、审计和巡视整改、部门预算调剂挂钩机制,并将绩效管理深度融入预算管理流程。

(三)收入预计和支出安排

1. 一般公共预算

根据经济财政形势、税费政策调整等因素,全区一般公共预算收入预计为 2400 亿元左右,比上年实际完成数增长 2%以上。综合考虑收入情况、中央补助以及新增债券等因素,全区一般公共预算支出预计为 5500 亿元左右,增长 5%左右。

根据收入预计、中央提前通知转移支付和新增债务限额情况,自治区本级一般公共预算总财力 3364. 4 亿元,剔除中央提前下达一般债务限额后(上年预算中央未提前下达),同口径增加 274. 9 亿元,增长 9. 7%。其中:①一般公共预算收入 650 亿元,增加 100 亿元。②中央提前下达补助收入 2437 亿元,增加 157. 3 亿元。③盟市上解收入 4. 9 亿元,增加 1. 5 亿元。④从国有资本经营预算调入资金 5400 万元,减少 1 亿元。⑤调入预算稳定调节基金 142 亿元,增加 17 亿元。⑥地方政府一般债务收入 130 亿元。

按照收支平衡的原则,自治区本级一般公共预算总支出安排 3364. 4 亿元,包括:①本级支出 1042. 4 亿元,增加 150. 5 亿元,主要是中央新增提前下达玉米、大豆和马铃薯生产者目标价格补贴资金 78. 7 亿元(上年预算中央未提前下达,按财政部规定本级专户列支,用于盟市、旗县支出),安排政府投资基金 30 亿元,增加债务利息 32. 7 亿元。②预备费 10 亿元,预算执行中根据实际用途分别计入自治区本级支出和对下转移支付。③上解中央支出等 34. 7 亿元,减少 1. 2 亿元。④债务转贷支出 130 亿元。⑤补助盟市、旗县支出 2147. 3 亿元,增加 129. 3 亿元。

2022 年自治区本级一般公共预算收支情况

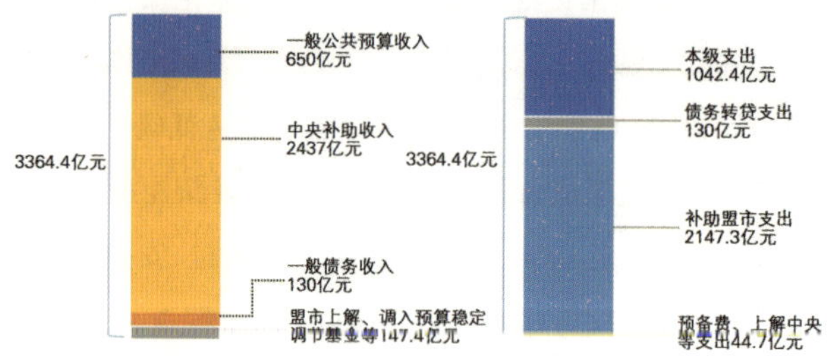

2022 年自治区本级一般公共预算收入情况

非税收入 23%
650 亿元
税收收入 77%

单位:亿元

项目	金额
一般公共预算收入合计	**650.0**
税收收入	**500.0**
国内增值税	181.0
企业所得税	60.0
资源税	240.0
其他税收收入	19.0
非税收入	**150.0**
专项收入	40.0
行政事业性收费收入	18.0
罚没收入	41.1
国有资源(资产)有偿使用收入	49.0
其他收入	1.9

2022 年自治区本级一般公共预算支出情况

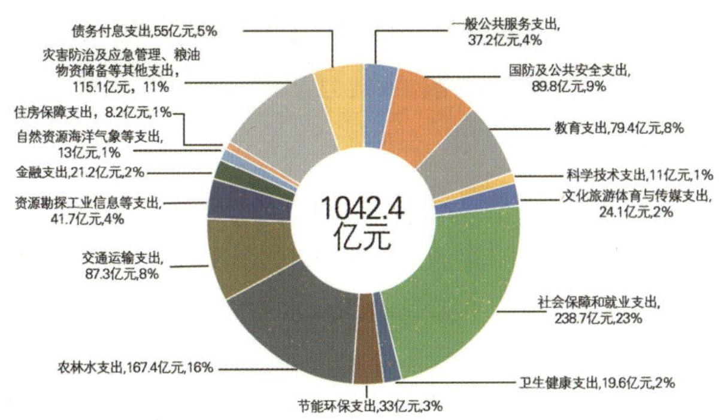

2\. 政府性基金预算

全区政府性基金预算总收入 720.9 亿元。其中，基金收入 579.5 亿元，增加 41.2 亿元，主要是国有土地使用权出让收入、车辆通行费收入增加；专项债务对应项目专项收入 24.1 亿元；中央提前下达补助收入 40.6 亿元；上年结转收入 16.7 亿元；中央提前下达专项债务收入 60 亿元。按照以收定支原则，全区政府性基金预算总支出 720.9 亿元。

自治区本级政府性基金预算总收入 139.8 亿元。其中，基金收入 24.5 亿元，下降 4.9%，主要是彩票公益金、彩票发行和销售机构业务费减少；中央提前下达转移支付 40.6 亿元；专项债务对应项目专项收入 14.7 亿元；中央提前下达专项债务收入 60 亿元。按照以收定支原则，基金预算总支出安排 139.8 亿元，其中，基金支出 58.8 亿元，补助盟市支出 18.1 亿元，专项债务还本支出 2.9 亿元，债务转贷支出 60 亿元。

2022 年自治区本级政府性基金预算收支情况

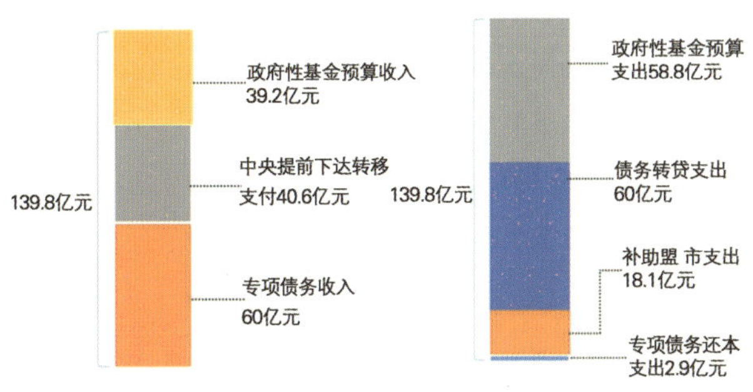

3\. 国有资本经营预算

全区国有资本经营预算收入 13.8 亿元，其中：当年收入 11.8 亿元，上年结转收入 2 亿元。按照以收定支原则，全区国有资本经营预算支出 13.8 亿元，其中：当年支出 4.6 亿元，调出资金 9.2 亿元（调入一般公共预算）。

自治区本级国有资本经营预算收入 2.6 亿元，其中：当年收入 1.9 亿元，同比下降 61%，主要是内蒙古电力集团利润减少；上年结转 7352 万元。按照以收定支、统筹安排、突出重点的原则，本级国有资本经营预算支出安排 2.6 亿元，同比下降 47%，其中：国有企业资本金注入 1.9 亿元，其他支出 1000 万元，调出资金 5400 万元（调入一般公共预算）。

4\. 社会保险基金预算

全区社会保险基金预算收入总计 1989.6 亿元，其中：保险费收入 1084.2 亿元，财政补助收入 646.7 亿元，中央调剂金收入 220 亿元，利息收入等 38.7 亿元。基金支出预算 2024.9 亿元，其中：各项社会保险待遇支出 1871.2 亿元，中央调剂金上解支出 106.9 亿元，转移支出等 46.8 亿元。当期收支缺口预计 35.3 亿元，其中：企业职工基本养老保险基金缺口 149 亿元，工伤保险基金缺口 1.6 亿元，其余险种均有结余。基金当期收支缺口通过统筹历年基金结余予以平衡。

自治区本级社会保险基金预算收入总计 1039.4 亿元，其中：保险费收入 537.2 亿元，利息收入 3.5 亿元，财政补助收入 264.2 亿元，失业和工伤保险上解收入 3.4 亿元，中央调剂资金收入 220 亿元，转移收入等 11.1 亿元。基金预算支出 1180.5 亿元，其中：各项社会保险待遇支出 1054.3 亿元，中央调剂金支出 106.9 亿元，转移支出等 19.3 亿元。收支相抵后，基金当期收支缺口 141.1 亿元，其中，企业职工基本养老保险基金缺口 149 亿元，机关事业养老保险基金缺口 3.1 亿元，其余险种均有结余。当期收支缺口由以前年度基金结余予以弥补。

5\. 举借债务主要用途及偿债计划

财政部提前下达我区部分新增债券限额 190 亿元，其中一般债务限额 130 亿元，专项债务限额 60 亿元，全部转贷盟市。债券资金优先用于重点项目和在建项目后续融资。

2022 年到期政府债务本息 1216.4 亿元，其中本金 932.9 亿元，利息 283.5 亿元。对到期政府债务本金，按不低于 10% 的比例列入预算偿还，其余通过发行再融资债券偿还。对到期利息，全部列入预算，按时足额偿还。

根据预算法规定，预算年度开始后，在自治区人民代表大会批准本级预算草案前，可以安排必须支付的本年度部门基本支出、项目支出，以及用于突发事件处理的支出等。截至 2022 年 1 月 12 日，本级一般公共预算支出 1.8 亿元，主要用于人员工资、基本运转和自主择业军转干部退役金等。

（四）自治区本级一般公共预算重点支出安排情况

1\. 支持经济稳定增长。强化创新驱动。安排科技项目资金 24 亿元，增长 36.4%，落实“科技兴蒙”行动，推动科技创新和科技成果转化。支持呼包鄂国家自主创新示范区建设，连续五年，每年安排 2 亿元，支持乳业、稀土新材料等技术创新中心开展技术攻关。安排资金 11.4 亿元，并通过第二批政府债券再安排 8 亿元，共计 19.4 亿元，支持企业技术改造和设备更新，推进智慧园区建设，促进制造业绿色化、智能化、高端化发展。安排各类人才经费 2.5 亿元，支持用好人才“第一资源”。发挥政府投资稳增长作用。安排资金72.6亿元,适度超前布局,推进交通、物流、信息、水利和工业互联网等新型基础设施建设。安排债券资金190亿元,优先支持重点项目和在建项目建设,补齐公益性基础设施短板。发挥财政资金“四两拨千斤”作用,安排政府投资基金和对企业注资100亿元,做大做强政府投资基金,撬动社会资本投入,优先实施“十四五”规划重大工程项目。安排资金155亿元,做好化解政府债务和消化暂付款工作。支持激发市场主体活力。落实落细各项减税降费政策,切实减轻市场主体负担。安排资金22亿元,加大对国有金融企业注资,落实普惠金融、融资担保风险补偿等政策,加强对中小企业纾困帮扶,全力支持实体经济发展。统筹中小企业发展相关资金,新增支持一批专精特新“小巨人”企业。促进消费恢复。加大税收、社会保障、转移支付等调节,优化收入分配结构,增强消费能力。安排资金1.5亿元,支持县域商业体系建设,完善农村牧区物流配送,改善县域消费环境,促进农村消费。安排补助资金1亿元,完善新能源汽车购置补贴政策,加快充电桩等配套设施建设。

2. 支持“两个基地”、“一个桥头堡”战略实施。支持粮食等重要农畜产品稳产保供。安排农林水资金124亿元,增长3%。完善农牧业补贴和保险政策,加大对粮食主产区奖补力度,保障种粮农民合理收入。大力支持高标准农田建设,推进种业振兴和农业核心技术攻关,提高农牧业综合生产能力。落实玉米、大豆生产者补贴政策,提升收储、调控能力。推动能源基地和能源产业绿色低碳转型。安排资金59.1亿元,支持重点区域地质勘查、详查和自然资源调查。安排蒙能集团注资20亿元,支持企业围绕资源转化增值提升产业链水平。安排资金32亿元,大力发展光伏、风电,支持推进能源结构调整优化和能源清洁高效利用。积极融入共建“一带一路”。安排资金4.5亿元,加强口岸基础设施建设和疫情防控,促进外贸转型升级,发挥向北开放重要桥头堡作用。

3. 持续增进民生福祉。稳定和扩大就业。安排就业补助资金4.3亿元,延续实施失业保险稳岗返还政策,落实创业担保贷款贴息及奖补政策,促进高校毕业生、退役军人、农民工等重点群体就业,强化对灵活就业、新就业形态的支持,推动职业技能提升行动扩容增质,加大失业保险基金对稳岗培训的支持。支持建设高质量教育体系。安排教育资金74.2亿元,增长9%。落实“一个一般不低于、两个只增不减”的要求,优化教育支出结构。切实保障义务教育教师工资待遇水平并按时足额发放。落实中小学课后服务保障经费,持续提升“双减”成效。持续扩大普惠性学前教育资源。加快补齐高中阶段教育办学条件短板。加快发展现代职业教育。深入推进高校“双一流”建设,加大对高层次人才培养的支持力度。推进卫生健康体系建设。安排资金28.2亿元,增长12%。继续大力支持疫情防控能力建设,强化口岸疫情防控,做好疫苗免费接种工作。合理确定基本公共卫生服务经费财政补助标准。适当提高城乡居民医保财政补助标准,健全重大疾病医疗保险和救助制度。加强医疗卫生机构能力建设和卫生健康人才培养。提高社会保障水平。安排资金65.1亿元,增长19%。加强基础性、普惠性、兜底性民生保障建设,加快补齐民生短板。适度上调退休人员基本养老金,启动实施企业职工基本养老保险全国统筹,建立财政补充养老保险基金投入长效机制,确保养老金按时足额发放。健全分层分类的社会救助制度。继续提高优抚对象抚恤和生活补助标准。加大殡葬基本服务补助力度。保障群众基本住房需求。安排资金9亿元,扩大保障性租赁住房供给,支持城镇老旧小区、棚户区以及农村危房改造。推动文化体育事业发展。安排资金24.7亿元,创新实施文化惠民工程,支持中华传统文化传承发展,完善电影集团补助政策。支持举办自治区第十五届运动会。

4. 支持筑牢我国北方重要生态安全屏障。推进碳达峰碳中和工作。统筹专项资金支持绿色低碳产业发展和技术研发,推动工业、交通运输等领域和钢铁、建材等行业节能减排。健全政府绿色采购标准,加强绿色低碳产品采购。支持打好污染防治攻坚战。安排资金11.5亿元,增长31%。大幅增加大气污染防治资金,支持做好北京冬奥会空气质量检测等工作。支持深化乌海及周边地区等重点区域大气污染协同治理。系统推进城市黑臭水体治理。以土壤污染源头防控和风险管控为重点,支持开展土壤污染防治。加强生态系统保护和修复。安排资金2.5亿元,支持黄河流域生态保护和高质量发展,健全流域横向生态补偿机制。安排资金13.1亿元,支持统筹推进山水林田湖草沙冰一体化保护和修复,开展大规模国土绿化行动,加强天然林、草原、湿地生态系统保护修复。安排资金1亿元,实施生态保护红线勘界定标。

5. 支持构建区域城乡发展新格局。推动区域协调发展。安排对下转移支付2147.4亿元,比上年预算数增加129.4亿元。较大幅度增加对盟市、旗县转移支付特别是一般性转移支付规模,加快缩小区域间人均支出差距,推进区域协调发展和基本公共服务均等化。加大财力下沉,通过压减本级支出安排盟市、旗县困难补助25亿元,增加5亿元,支持盟市、旗县兜牢“三保”底线。推进乡村全面振兴。安排资金51.6亿元,向巩固脱贫攻坚任务重、推进乡村振兴底子薄的地区倾斜。支持脱贫地区优质特色产业发展,带动脱贫人口就业和增收。提升城镇乡村建设和治理能力。安排资金 8.2 亿元,增长 5%。支持持续整治农村牧区人居环境,推进生活污水和垃圾处理。深化农村牧区综合改革。提高土地出让收入用于农业农村比例。加大对城镇生活垃圾和污水处理奖补力度,提升城镇化质量。

三、落实 2022 年预算任务的主要措施

(一)进一步深化预算管理制度改革。贯彻落实《关于进一步深化预算管理制度改革的实施意见》,加强财政资源统筹,提高政府预算收支完整性,加强部门和单位各项收支管理,健全行政事业性国有资产调剂盘活机制,不断优化财政资源配置。将绩效评价深度融入预算管理全过程,推动预算绩效管理提质增效。加快支出进度,提高支出效率。完善项目预算分年度安排机制,推动跨年度预算平衡。推进支出标准体系建设。强化预算约束。

(二)精打细算过紧日子。坚持量入为出、节用裕民,严把预算支出关口,严控一般性支出和“三公经费”。坚持勤俭办一切事业,严控项目建设盲目追求高标准、上档次。压实预算单位主体责任,推动部门做到预算编制、执行、政府采购、资产配置使用等全过程厉行节约。开展重点支出项目和政策绩效评价,加强绩效评价结果应用,切实压减低效无效支出。加大结余资金收回和结转资金消化力度,精打细算统筹安排使用,避免资金沉淀闲置。

(三)加强地方政府债务管理。加强地方政府专项债券项目储备和前期工作,优化专项债券使用范围,优先支持在建项目建设,强化债券资金使用事中、事后监管,努力做到开工建设一批、储备一批,拉动有效投资。加强地方政府债券发行管理,合理安排发行节奏,优化债券期限结构。做好地方政府债券信息公开工作,促进形成市场化、法治化融资约束机制。创新化债模式,加大支持清零一批,降低风险置换一批,减轻负担贴息一批,主动买单划转一批,全力支持基层化解债务。

(四)加快推进预算管理一体化建设。建设中央、自治区、盟市、旗县四级联通的预算管理一体化系统,所有转移支付资金均通过一体化系统接收和下达,并实现转移支付动态追踪。预算支出全部以项目形式纳入项目库,实施项目全生命周期管理。推进部门预算项目支出标准体系建设。实现将资产、债务、绩效、政府采购等按照一体化管理要求融入预算管理主体流程。

(五)严肃财经纪律。牢固树立预算法治意识,坚持依法行政、依法理财,管好用好各项财政资金,坚决防止截留挪用、骗取套取、贪污侵占等违法违规行为。加强对地方政府、国有企业和高校负债管理,坚决遏制违规举债。进一步完善财经制度,研究出台严肃财经纪律加强财政资金管理办法,提高资金使用效率和效益。部门要依法履行支出主体责任,加强对行业、项目、资金和绩效全过程管理。严格执行预算管理制度,严禁无预算超预算列支,严禁擅自提高津贴补贴标准,严格落实地方政府专项债券资金投向领域禁止类项目清单,进一步加强暂付性款项管理。

胸怀千秋伟业,百年只是序章。在实现第二个百年奋斗目标的新征程上,财政使命光荣、任务艰巨。我们将以习近平新时代中国特色社会主义思想为指导,认真贯彻党中央、国务院决策部署,埋头苦干、勇毅前行,扎扎实实做好各项财政工作,以优异成绩迎接党的二十大胜利召开!

内蒙古自治区2021年国民经济和社会发展统计公报

Statistical Bulletin of the National Economic and Social Development in Inner Mongolia in 2021

内蒙古自治区统计局

2022年2月28日

2021年,面对复杂严峻的国际环境和国内疫情散发等风险挑战,全区以习近平新时代中国特色社会主义思想为指导,全面贯彻党的十九大和十九届历次全会精神,认真贯彻落实党中央、国务院决策部署,坚持稳中求进工作总基调,坚持生态优先、绿色发展导向不动摇,统筹推进疫情防控和经济社会发展,扎实做好“六稳”工作,全面落实“六保”任务,经济持续稳定恢复,高质量发展取得新成效,基本民生得到有效保障,实现“十四五”良好开局。

一、综合

初步核算,全年地区生产总值完成20514.2亿元,按可比价计算,比上年增长6.3%。其中,第一产业增加值2225.2亿元,增长4.8%;第二产业增加值9374.2亿元,增长6.1%;第三产业增加值8914.8亿元,增长6.7%。三次产业比例为10.8:45.7:43.5。第一、二、三产业对生产总值增长的贡献率分别为9.0%、39.3%和51.7%。人均生产总值达到85422元,比上年增长6.6%。

年末全区常住人口2400.0万人,比上年末减少2.8万人。其中,城镇人口1637.0万人,乡村人口763.0万人;常住人口城镇化率达68.2%,比上年提高0.7个百分点。男性人口1226.0万人,女性人口1174.0万人。全年出生人口15.0万人,出生率为6.26‰;死亡人口18.1万人,死亡率为7.54‰;人口自然增长率为-1.28‰。

表1 2021年年末人口数及其构成

指 标	年末数(万人)	比重(%)
全区总人口	2400.0	100.0
其中:城镇	1637.0	68.2
乡村	763.0	31.8
其中:男性	1226.0	51.1
女性	1174.0	48.9
其中:0-14岁	330.0	13.8
15-64岁	1738.0	72.4
65周岁及以上	332.0	13.8

全年城镇新增就业22.4万人。失业人员再就业11.4万人。年末城镇登记失业率3.84%。

全年居民消费价格比上年上涨0.9%。分城乡看,城市上涨0.8%,农村上涨1.1%。分类别看,食品烟酒类上涨0.5%,衣着类下降0.8%,居住类上涨0.5%,生活用品及服务类下降0.2%,交通和通信类上涨4.0%,教育文化和娱乐类上涨1.0%,医疗保健类上涨0.3%,其他用品和服务类下降0.6%。从工业生产角度看,工业生产者出厂价格比上年上涨28.5%,工业生产者购进价格比上年上涨28.0%。农产品生产者价格上涨7.6%。

图1 2021年地区生产总值及增长速度

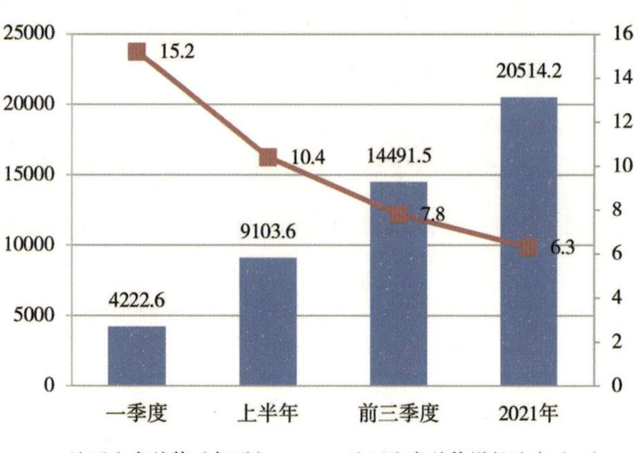

图2 2021年居民消费价格月度涨跌幅度

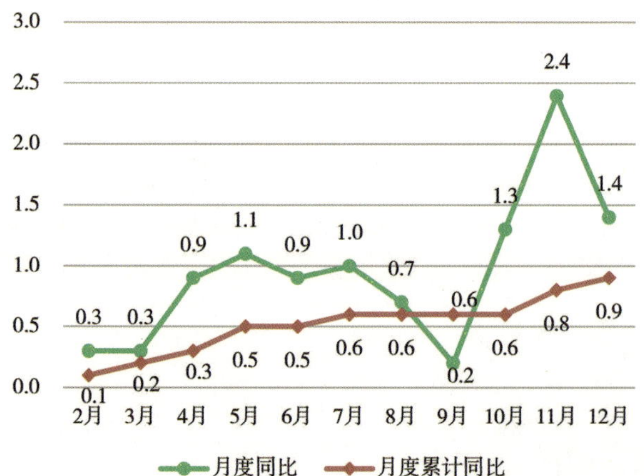

表 2　2021 年居民消费价格比上年涨跌

类　　别	比上年涨幅(%)
居民消费价格	0.9
其中:城市	0.8
农村	1.1
其中:食品烟酒	0.5
其中:粮食	1.2
鲜菜	8.5
畜肉类	-9.0
水产品	13.4
蛋类	14.5
鲜奶	1.6
鲜果	2.7
衣着	-0.8
居住	0.5
生活用品及服务	-0.2
交通和通信	4.0
教育文化和娱乐	1.0
医疗保健	0.3
其他用品和服务	-0.6

高质量发展稳步推进。全区规模以上工业中,战略性新兴产业增加值比上年增长 10.4%。非煤产业增加值比上年增长 8.0%,占比达到 57.7%。新产业较快增长,高技术制造业增加值增长 20.2%,高新技术业增长 22.4%。医药制造业增加值增长 20.0%,计算机、通信和其他电子设备制造业增长 21.3%。

绿色低碳转型加快推进。全年规模以上工业综合能源消费量比上年下降 2.8%,其中七大高耗能行业综合能源消费量下降 3.4%。能源利用效率持续提升。新能源发电规模达到 1050.2 亿千瓦时,比上年增长 25.7%,占规模以上工业发电量的比重为 17.6%,较上年提高 3.1 个百分点。

助企纾困政策成效显现。全年规模以上工业企业每百元营业收入中的费用为 7.5 元,较上年下降 1.7 元。每百元营业收入中的成本 76.3 元,较上年下降 3.9 元。年末规模以上工业企业资产负债率为 56.9%,比上年末下降 2.0 个百分点。规模以上工业企业利润总额增长 1.5 倍。

区域协调发展扎实推进。东部地区生产总值 6357.9 亿元,比上年增长 5.2%,占盟市合计的比重为 31.1%;中部地区生产总值 12033.7 亿元,增长 7.1%,占盟市合计的比重为 58.8%;西部地区生产总值 2065.0 亿元,增长 4.6%,占盟市合计的比重为 10.1%。

二、农牧业

全年农作物总播种面积 874.3 万公顷。其中,粮食作物播种面积 688.4 万公顷,比上年增长 0.7%。粮食产量 3840.3 万吨,比上年增长 4.8%。

图 3　2016-2021 年粮食产量

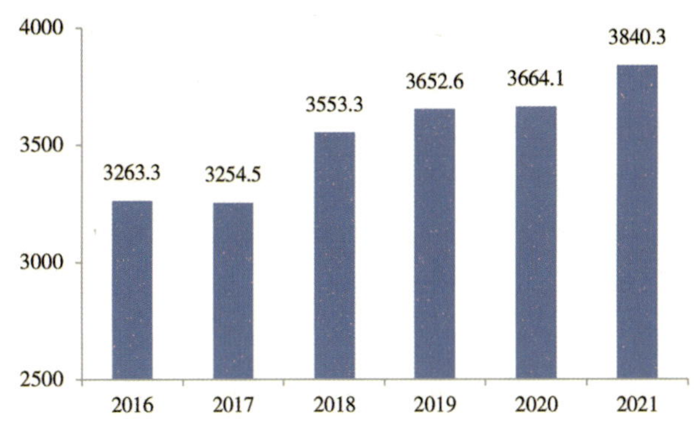

全年猪牛羊禽四肉产量达 270.3 万吨,比上年增长 3.7%。其中,猪肉产量 67.4 万吨,增长 9.8%;牛肉产量 68.7 万吨,增长 3.7%;羊肉产量 113.7 万吨,增长 0.6%;禽肉产量 20.5 万吨,增长 2.1%。禽蛋产量 61.6 万吨,增长 1.9%。牛奶产量 673.2 万吨,增长 10.1%。年末猪牛羊禽存栏 12838.1 万头(只),较上年增加 211.8 万头(只),增长 1.7%。其中,生猪存栏 565.2 万头,增长 5.8%;牛存栏 732.5 万头,增长 9.1%;羊存栏 6138.2 万只,增长 1.1%;家禽存栏 5402.3 万只,增长 1.0%。

表 3　2021 年主要农畜产品产量和牲畜存栏数及其增长速度

指　　标	2021 年	比上年增长(%)
粮食(万吨)	3840.3	4.8
小麦	157.2	-8.0
玉米	2994.2	9.2
稻谷	115.3	-6.3
大豆	168.5	-28.2
薯类	124.4	-1.3
猪牛羊禽四肉产量(万吨)	270.3	3.7
猪肉	67.4	9.8
牛肉	68.7	3.7
羊肉	113.7	0.6
禽肉	20.5	2.1
年末牲畜存栏数(万头、只)		
猪牛羊禽	12838.1	1.7
猪	565.2	5.8
牛	732.5	9.1
羊	6138.2	1.1
禽	5402.3	1.0
牛奶(万吨)	673.2	10.1

初步统计,2021 年末全区农牧业机械总动力 4239.4 万千瓦,比上年同口径增长 4.5%。农田灌溉水有效利用系数 0.568。

三、工业和建筑业

全年全部工业增加值比上年增长6.5%。其中,规模以上工业增加值增长6.0%。在规模以上工业中,分经济类型看,国有控股企业增加值增长4.8%,股份制企业增长6.1%,外商及港澳台商投资企业增长5.3%。分门类看,采矿业增长3.4%,制造业增长11.3%,电力、热力、燃气及水生产和供应业增长1.3%。分行业看,煤炭开采和洗选业增长2.1%,食品制造业增长6.0%,石油、煤炭及其他燃料加工业增长14.2%,化学原料和化学制品制造业增长6.0%,有色金属冶炼和压延加工业增长15.4%,专用设备制造业增长5.8%,电气机械和器材制造业增长11.4%,计算机、通信和其他电子设备制造业增长21.3%,电力、热力生产和供应业增长0.2%。

表4 2021年规模以上工业主要行业增加值增长速度

指 标	比上年增长(%)
规模以上工业增加值	6.0
按主要行业分	
煤炭开采和洗选业	2.1
石油和天然气开采业	8.9
黑色金属矿采选业	9.9
农副食品加工业	3.2
食品制造业	6.0
烟草制品业	3.5
石油、煤炭及其他燃料加工业	14.2
化学原料和化学制品制造业	6.0
医药制造业	20.0
非金属矿物制品业	62.8
黑色金属冶炼和压延加工业	-1.2
有色金属冶炼和压延加工业	15.4
专用设备制造业	5.8
电气机械和器材制造业	11.4
计算机、通信和其他电子设备制造业	21.3
电力、热力生产和供应业	0.2
六大优势产业	
能源工业	2.3
冶金建材工业	16.3
化学工业	8.7
农畜产品加工业	4.3
装备制造业	3.9
高新技术业	22.4

从主要工业产品产量看,全区原煤产量103896.1万吨,比上年增长2.7%;焦炭产量4657.9万吨,增长9.8%;发电量5952.6亿千瓦小时,增长3.7%。钢材产量2957.6万吨,下降0.9%;铝材产量240.1万吨,增长7.7%;乳制品产量368.0万吨,增长9.3%。

表5 2021年主要工业产品产量及其增长速度

指 标	产 量	比上年增长(%)
原煤(万吨)	103896.1	2.7
焦炭(万吨)	4657.9	9.8
发电量(亿千瓦小时)	5952.6	3.7
粗钢(万吨)	3117.9	-0.4
钢材(万吨)	2957.6	-0.9
十种有色金属(万吨)	745.8	2.5
电解铝(万吨)	579.2	0.8
铝材(万吨)	240.1	7.7
平板玻璃(万重量箱)	1065.6	2.3
化肥(万吨)	390.1	-7.3
精甲醇(万吨)	1697.2	0.1
水泥(万吨)	3580.2	-1.6
乳制品(万吨)	368.0	9.3
智能电视机(万台)	183.7	6.0
基本型乘用车(轿车)(辆)	54488	88.3

年末全区发电装机容量15403万千瓦(6000千瓦及以上),比上年末增长5.8%,其中,火电装机容量9828万千瓦,增长5.0%;水电装机容量238万千瓦,与上年持平;风电装机容量3993万千瓦,增长5.5%;太阳能发电装机容量1341万千瓦,增长14.0%。

全年规模以上工业企业实现营业收入23947.1亿元,比上年增长39.4%;实现利润3380.8亿元,增长1.5倍;营业收入利润率为14.1%。规模以上工业企业产品销售率为99.9%。

全年建筑业增加值比上年增长4.5%。全区具有资质等级的总承包或专业承包建筑业企业1190家,比上年增加19家;

有工作量的企业房屋建筑施工面积7497.5万平方米,增长6.9%;房屋竣工面积1320.7万平方米,下降6.4%;房屋建筑竣工率为17.6%。

四、服务业

全年批发零售和住宿餐饮业增加值1874.6亿元,比上年增长4.9%;交通运输、仓储和邮政业增加值1262.4亿元,增长9.3%;金融业增加值898.4亿元,增长3.8%;房地产业增加值860.5亿元,增长2.5%。全年规模以上服务业企业营业收入比上年增长4.6%。

图 4 2016-2021 年服务业增加值及其增长速度

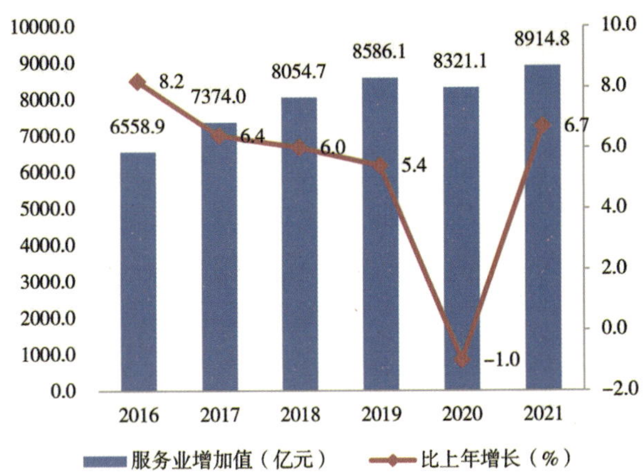

全年货物运输总量 211903.8 万吨，比上年增长 24.2%。货物运输周转量 4891.7 亿吨公里，增长 10.4%。全年旅客运输总量 7271.8 万人，比上年下降 1.7%。旅客运输周转量 164.8 亿人公里，与上年持平。

表 6 2021 年各种运输方式完成货物运输量及其增长速度

指 标	单 位	绝对数	比上年增长（%）
货物运输总量	万吨	211903.8	24.2
铁路	万吨	79053.2	28.4
公路	万吨	132847.0	21.9
民航	万吨	3.6	10.3
货物运输周转量	亿吨公里	4891.7	10.4
铁路	亿吨公里	2673.2	5.1
公路	亿吨公里	2218.5	17.5

表 7 2021 年各种运输方式完成旅客运输量及其增长速度

指 标	单 位	绝对数	比上年增长（%）
旅客运输总量	万人	7271.8	-1.7
铁路	万人	3597.2	9.1
公路	万人	2686.0	-16.7
民航	万人	988.6	13.1
旅客运输周转量	亿人公里	164.8	0.0
铁路	亿人公里	130.6	13.1
公路	亿人公里	34.2	-30.8

年末全区民用汽车保有量 656.3 万辆（包括三轮汽车和低速货车 11.4 万辆），比上年末增长 6.3%，其中私人汽车保有量 625.8 万辆，增长 6.1%。民用轿车保有量 601.5 万辆，增长 6.3%，其中私人轿车 594.4 万辆，增长 6.2%。

全年完成邮政行业业务总量 62.9 亿元，比上年增长 21.2%。邮政业全年完成邮政函件业务 672.1 万件，包裹业务 17.0 万件；快递业务量 26086.0 万件，增长 33.4%；快递业务收入 51.9 亿元，增长 23.3%。全年完成电信业务总量 289.7 亿元，比上年增长 23.2%。年末全区移动电话用户总数 3016.9 万户，其中 4G 移动电话用户 2066.5 万户，5G 终端用户 953.4 万户。移动电话普及率 125.5 部/百人。固定互联网宽带接入用户 796.2 万户，比上年末增加 73.3 万户；移动互联网用户 2665.2 万户，增加 90.9 万户。全年移动互联网用户接入流量 405069 万 GB，比上年增长 24.2%。

图 5 2016-2021 年快递业务量及其增长速度

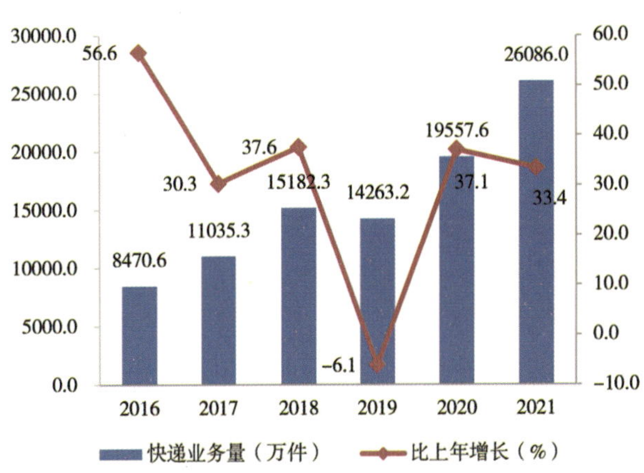

图 6 2016-2021 年固定互联网宽带接入用户数和移动互联网用户数

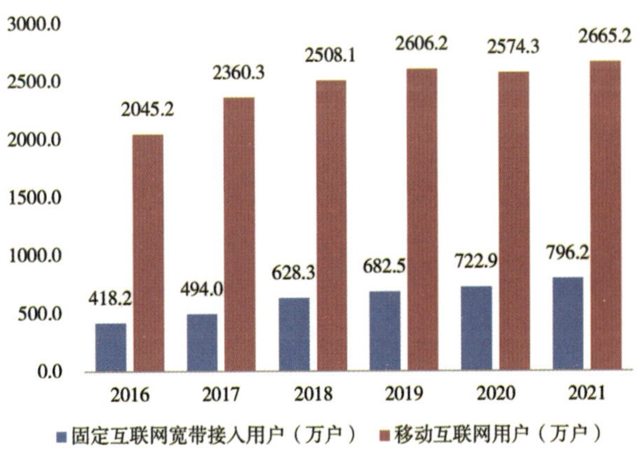

五、国内贸易

全年社会消费品零售总额 5060.3 亿元，比上年增长 6.3%。按经营地统计，城镇消费品零售额 4471.3 亿元，增长 6.3%；乡村消费品零售额 589.0 亿元，增长 6.2%。按消费类型统计，商品零售额 4414.6 亿元，增长 5.6%；餐饮收入额 645.7 亿元，增长 11.2%。分区域看，东部地区社会消费品零售总额增长 5.6%，中部地区社会消费品零售总额增长 7.0%，西部地区社会消费品零售总额增长 4.2%。

图 7 2016-2021 年社会消费品零售总额及其增长速度

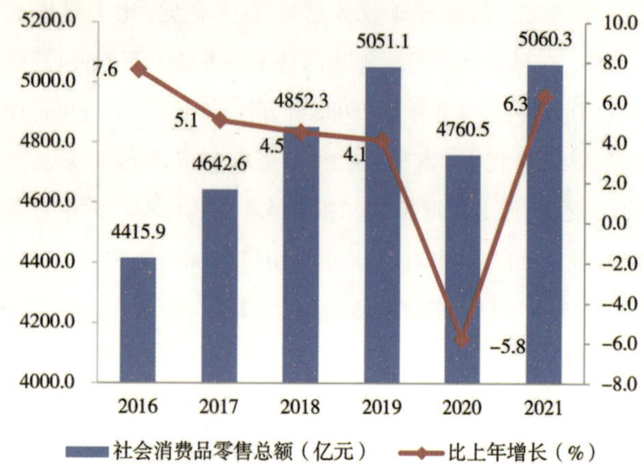

在限额以上单位商品零售额中，粮油、食品类零售额比上年增长 10.8%，饮料类增长 4.5%，烟酒类增长 21.5%，中西药品类增长 5.1%，石油及制品类增长 21.5%，汽车类增长 6.4%。

全年实物商品网上零售额 303.6 亿元，比上年增长 18.3%，占社会消费品零售总额的比重为 6.0%，比上年提高 0.4 个百分点。

六、固定资产投资

全年全社会固定资产投资比上年增长 9.5%。其中，固定资产投资（不含农户）增长 9.8%。在固定资产投资（不含农户）中，第一产业投资增长 2.4%，第二产业投资增长 21.1%，第三产业投资增长 2.4%。民间固定资产投资比上年增长 14.4%，占固定资产投资（不含农户）的比重为 54.4%。基础设施投资比上年增长 0.2%。按项目隶属关系分，地方项目投资增长 10.2%，中央项目投资增长 5.9%。分区域看，东部地区投资比上年增长 0.4%，中部地区投资增长 18.9%，西部地区投资增长 8.6%。

全年房地产开发投资 1234.1 亿元，比上年增长 4.9%。其中，住宅投资 971.4 亿元，增长 7.1%；办公楼投资 7.9 亿元，增长 1.9%；商业营业用房投资 108.3 亿元，下降 8.3%。商品房销售面积 1858.9 万平方米，下降 9.1%；商品房销售额 1214.8 亿元，下降 11.0%。

表 8　2021 年分行业固定资产投资（不含农户）增长速度

行　业	比上年增长（%）	行　业	比上年增长（%）
总计	9.8	金融业	-44.1
农、林、牧、渔业	-4.7	房地产业	4.1
采矿业	51.0	租赁和商务服务业	30.2
制造业	29.2	科学研究和技术服务业	76.2
电力、热力、燃气及水生产和供应业	5.4	水利、环境和公共设施管理业	9.5
建筑业	-	教育	5.4
批发和零售业	27.4	卫生和社会工作	42.9
交通运输、仓储和邮政业	-14.3	文化、体育和娱乐业	-2.2
住宿和餐饮业	95.8	公共管理、社会保障和社会组织	-7.3
信息传输、软件和信息技术服务业	26.4		

七、对外经济

全年海关进出口总额 1235.6 亿元（人民币，下同），比上年增长 17.2%。其中，出口总额 478.4 亿元，增长 37.1%；进口总额 757.2 亿元，增长 7.4%。从主要贸易方式看，一般贸易进出口额 805.9 亿元，增长 16.8%，占进出口总额的比重为 65.2%；边境小额贸易进出口额 205.4 亿元；加工贸易进出口额 67.8 亿元。与“一带一路”沿线国家进出口总额 717.3 亿元，比上年增长 13.2%。

表 9　2021 年海关进出口总额及其增长速度

指　标	单位	绝对量	比上年增长（%）
海关进出口总额	亿元	1235.6	17.2
出口总额	亿元	478.4	37.1
一般贸易出口	亿元	385.8	26.5
边境小额贸易	亿元	26.4	6.2
加工贸易出口	亿元	40.4	498.5
进口总额	亿元	757.2	7.4
一般贸易进口	亿元	420.1	9.2
边境小额贸易	亿元	179.0	-17.4
加工贸易进口	亿元	27.4	116.5

商务部统计口径，全区实际使用外资金额 3.2 亿美元，比上年增长 4.4%（折 21.8 亿元人民币，增长 2.3%）。年末全区在市场监管部门注册的外商投资企业 3248 家。新设立外商投资企业 44 家。

八、财政、金融和保险

全年全区一般公共预算收入 2349.9 亿元，比上年增长 14.6%。其中，税收收入 1671.0 亿元，增长 14.6%，占一般公共预算收入的比重达 71.1%。一般公共预算支出 5240.1 亿元，按同口径计算，比上年增长 5.2%。

年末金融机构人民币存款余额 27534.0 亿元，比上年末增长 10.3%，比年初增加 2564.1 亿元。其中，住户存款余额 17145.2 亿元，增长 12.0%，比年初增加 1842.5 亿元；非金融企业存款余额 5737.9 亿元，增长 12.7%，比年初增加 648.6

亿元；机关团体存款余额3626.4亿元，增长0.7%，比年初增加25.1亿元。年末金融机构人民币贷款余额24965.0亿元，比上年末增长7.4%，比年初增加1715.8亿元。其中，住户贷款余额7813.7亿元，增长11.5%，比年初增加808.6亿元；企（事）业单位贷款余额17150.1亿元，增长5.6%，比年初增加906.4亿元。

年末全区保险机构共有2934家，比上年增加2家。全年保险业实现原保险保费收入756.6亿元，比上年增长2.3%。全年保险业累计赔付支出258.5亿元，增长15.2%。全年人寿保险实现原保险保费收入390.0亿元，累计赔付73.2亿元。全年农业保险实现原保险保费收入53.9亿元，累计赔付支出33.6亿元。

九、居民收入消费和社会保障

全年全体居民人均可支配收入34108元，比上年增长8.3%。全体居民人均生活消费支出22658元，比上年增长14.5%。

按常住地分，城镇常住居民人均可支配收入44377元，比上年增长7.3%。从主要收入构成看，工资性收入26574元，增长6.8%；经营净收入8698元，增长13.0%；财产净收入2631元，增长11.2%；转移净收入6474元，增长1.1%。城镇常住居民人均生活消费支出27194元，增长13.8%。农村牧区常住居民人均可支配收入18337元，比上年增长10.7%。从主要收入构成看，工资性收入3603元，增长7.4%；经营净收入9980元，增长13.1%；财产净收入473元，下降5.0%；转移净收入4281元，增长10.1%。农村牧区常住居民人均生活消费支出15691元，比上年增长15.4%。全体居民恩格尔系数为27.8%，比上年下降0.9个百分点。其中，城镇居民恩格尔系数为26.9%，农村牧区居民恩格尔系数为30.1%，分别比上年下降1.1个和0.5个百分点。

图8　2021年按收入构成分的全体居民人均可支配收入及占比

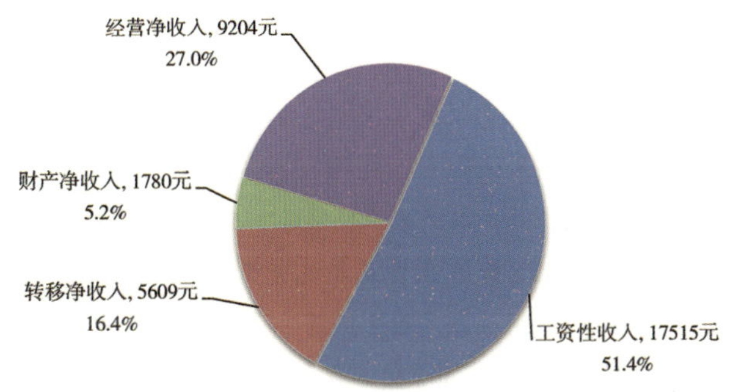

年末全区城镇拥有各种社区服务设施4637个。其中，社区服务中心、站2135个。各类社会福利院收养人数0.6万人。全年共有158.9万人得到国家最低生活保障救济。全年筹集社会福利资金9.7亿元，销售社会福利彩票30.6亿元。

年末参加基本医疗保险人数2192.2万人，比上年增长0.4%。参加城镇职工基本医疗保险人数564.7万人，增长2.1%；参加城乡居民基本医疗保险人数1627.5万人。参加城镇职工基本养老保险人数823.1万人，比上年增长4.7%，其中，参加基本养老保险的离退休人员320.0万人，增长2.8%。参加失业保险人数290.9万人，增长5.2%；累计领取失业保险金人数5.7万人，增长14.4%。养老金社会化发放率100%。

十、科学技术和教育

全年科技项目中，科技重大专项共安排47项，自然科学基金共安排832项，关键技术攻关共安排445项。科技成果转化专项资金总规模5.2亿元。科技企业孵化器56家，众创空间192家。全年专利授权量24362件，比上年增长35.7%。每万人口发明专利拥有量3.4件，比上年提高0.5件。年内认定登记各类技术合同数1534个，其中，区内成交技术合同数1320个，增长6.6%。合同成交金额46.1亿元，其中，区内成交技术金额36.5亿元，增长12.3%。

全区共有40个产品质量检验机构，其中国家检验中心9个。

年末全区共有研究生培养单位11个，招生（含非全日制）1.3万人，在学研究生（含非全日制）3.4万人，比上年增长5.9%。普通高校54所，招生15.8万人，在校生50.7万人，毕业生13.0万人。中等职业教育学校200所，招生6.7万人，在校生17.9万人，毕业生4.9万人。普通高中307所，招生13.8万人，在校生41.1万人，毕业生13.2万人。初中719所，招生22.0万人，在校生66.6万人，毕业生21.7万人。小学1661所，招生24.9万人，在校生140.9万人，毕业生22.1万人。幼儿园在园幼儿60.4万人。初中阶段毛入学率为96.5%，高中阶段毛入学率为92.4%。

图9　2016-2021年普通高校、中等职业教育和普通高中招生人数

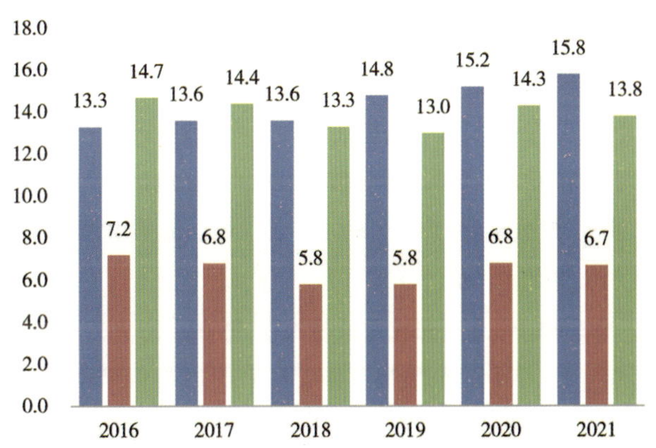

十一、文化旅游、卫生健康和体育

年末全区有艺术表演团体93个，其中乌兰牧骑74个。

拥有文化馆118座,公共图书馆117座,博物馆182座。年末全区广播节目综合人口覆盖率为99.7%,电视节目综合人口覆盖率为99.7%。年末全区有线电视覆盖用户356.3万户。全年生产故事影片5部。自治区和盟市两级出版各类报纸22964万份,各类期刊1055万册,图书6341万册。年末全区有档案馆134座,已开放各类档案563.7万卷(件)。

全年接待国内游客13126.8万人次,实现国内旅游收入1460.5亿元。

年末全区共有卫生机构24951个,其中医院806个,农村牧区卫生院1251个,疾病预防控制中心122个,妇幼卫生机构114个,专科疾病防治院(所)14个。年末全区医疗卫生单位拥有病床16.7万张,比上年增长2.8%。其中,医院拥有病床13.4万张,乡镇卫生院拥有病床2.1万张,妇幼卫生机构拥有病床0.4万张。全区拥有卫生技术人员21.1万人,增长4.4%。其中,执业医师、助理医师8.4万人,注册护士8.9万人。农村牧区拥有村卫生室1.3万个,拥有乡村医生和卫生员1.3万人。

图10 2016-2021年年末卫生机构和卫生技术人员数

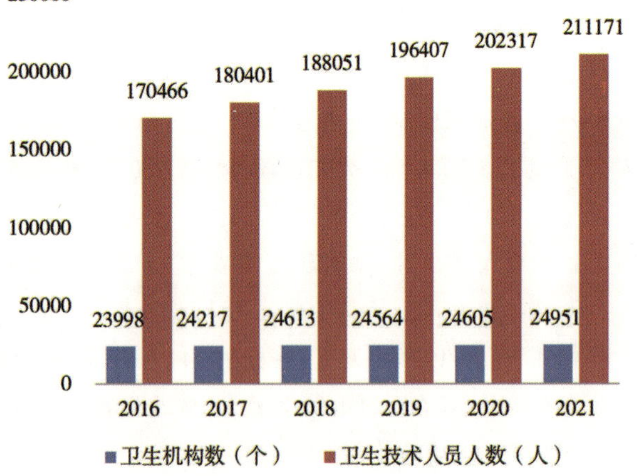

年内全区体育健儿在国内外重大竞赛中获奖牌237枚,其中,国外获奖牌11枚,国内获奖牌226枚。

十二、资源、环境和应急管理

初步统计,全年总用水量191.7亿立方米,比上年下降1.4%。其中,生活用水增长0.9%,工业用水下降0.4%,农业用水下降1.7%,生态用水下降1.0%。万元地区生产总值用水量90.5立方米,下降7.6%,万元工业增加值用水量22.6立方米,下降6.6%。

初步统计,全年完成营造林面积39.6万公顷。其中,人工造林15.4万公顷,飞播造林2.3万公顷,封山育林6.0万公顷,退化林修复5.6万公顷,中、幼林抚育(作业)面积10.4万公顷。年末全区森林面积2615万公顷,森林覆盖率为23.0%。

全区确定的自然保护区182个。其中,国家级自然保护区29个,自治区级自然保护区60个。自然保护区面积1267.0万公顷。其中,国家级自然保护区面积426.2万公顷。

全区环境空气质量平均优良天数比例达到89.6%。细颗粒物(PM2.5)平均浓度为23微克/立方米,比上年下降17.9%。

全区各类生产安全事故死亡人数为677人,比上年下降13.8%,工矿商贸企业人员生产安全事故死亡人数为333人,煤矿百万吨死亡率为0.014,道路交通事故万车死亡人数为1.22人。

注释:

[1]本公报中数据均为初步统计数。部分数据因四舍五入的原因,存在总计与分项合计不等的情况。

[2]地区生产总值、各产业增加值绝对数按现价计算,增长速度按可比价格计算。

[3]东部地区是指呼伦贝尔市、兴安盟、通辽市、赤峰市、锡林郭勒盟;中部地区是指呼和浩特市、包头市、鄂尔多斯市、乌兰察布市;西部地区是指巴彦淖尔市、乌海市、阿拉善盟。

[4]农产品生产者价格是指农产品生产者直接出售其产品时的价格。

[5]居住类价格包括租赁房房租、住房保养维修及管理、水电燃料等价格。

[6]工业战略性新兴产业包括新一代信息技术产业,高端装备制造产业,新材料产业,生物产业,新能源汽车产业,新能源产业,节能环保产业和数字创意产业等八大产业中的工业相关行业。工业战略性新兴产业增加值增速按可比口径计算。

[7]高技术制造业包括医药制造业,航空、航天器及设备制造业,电子及通信设备制造业,计算机及办公设备制造业,医疗仪器设备及仪器仪表制造业,信息化学品制造业。

[8]装备制造业包括金属制品业,通用设备制造业,专用设备制造业,汽车制造业,铁路、船舶、航空航天和其他运输设备制造业,电气机械和器材制造业,计算机、通信和其他电子设备制造业,仪器仪表制造业。

[9]高技术产业投资包括医药制造、航空航天器及设备制造等六大类高技术制造业投资和信息服务、电子商务等九大类高技术服务业投资。

[10]主要工业产品产量为规模以上工业企业口径。

[11]民间固定资产投资是指具有集体、私营、个人性质的内资企(事业)单位以及由其控股(包括绝对控股和相对控股)的企业单位建造或购置固定资产的投资。

[12]房地产业投资除房地产开发投资外,还包括建设单位自建房屋以及物业管理、中介服务和其他房地产投资。

[13]"一带一路"是指"丝绸之路经济带"和"21世纪海上丝绸之路"。

[14]2021年电信业务总量是按照上年不变价计算所得。

[15]2021年邮政业务总量按照上年不变价计算所得。

[16]固定互联网宽带接入用户是指报告期末在电信企业登记注册，通过xDSL、FTTx+LAN、FTTH/O以及其他宽带接入方式和普通专线接入公众互联网的用户。

[17]原保险保费收入是指保险企业确认的原保险合同保费收入。

[18]综合能源消费量是指企业(单位)在报告期内工业生产实际消费的各种能源(扣除能源加工转换和能源回收利用等重复因素)的总和。计算综合能源消费量时，需要将各种能源品种的消费量换算成按照标准计量单位(如：吨标准煤)计量的消费量。规模以上工业综合能源消费量口径按当量值计算。

资料来源：

本公报中城镇新增就业、登记失业率、社会保障数据来自人力资源和社会保障厅；价格指数、居民收入消费、粮食作物播种面积、粮食产量、猪牛羊禽肉产量、禽蛋产量、牛奶产量、猪牛羊存栏数据来自国家统计局内蒙古调查总队；农牧业机械总动力数据来自农牧厅；发电装机容量数据来自电力行业协会；对外贸易数据来自呼和浩特海关；实际利用外资数据来自商务厅；注册企业数、产品质量检验机构、专利数据来自市场监督管理局；客货运量、客货运周转量数据来自交通运输厅、铁路部门和民航部门；民用汽车、道路交通事故数据来自公安厅；电信数、电话数、移动互联网数来自通信管理局；邮政业务量、快递业务量数据来自邮政管理局；艺术表演团体、文化馆、公共图书馆、博物馆、旅游数据来自文化和旅游厅；档案数据来自档案局；财政数据来自财政厅；金融数据来自人民银行呼和浩特中心支行；保险数据来自银保监局；医疗保障数据来自医疗保障局；教育数据来自教育厅；科技项目、合同成交全额数据来自科学技术厅；电视、广播数据来自广播电视局；出版数据来自党委宣传部；体育数据来自体育局；医疗卫生数据来自卫生健康委员会；电影数据来自电影集团；社区服务设施数、福利院、最低生活保障、福利彩票数据来自民政厅；自然保护区、林业数据来自林业和草原局；空气质量数据来自生态环境厅；生产安全事故死亡人数数据来自应急管理厅；煤矿百万吨死亡率数据来自国家矿山安全监察局内蒙古局；其他数据均来自统计局。

第二部分

统计资料

PART TWO STATISTICS

1 综 合

General Survey

资料整理：张利珍　杨力英　王德慧

Arranged By：Zhang Lizhen　Yang Liying　Wang Dehui

1-1 平均每天主要社会经济活动

Major Indicators on Average Daily Social and Economic Activities

指　标	Item	1995	2000	2005	2010	2015	2020	2021
全区每天创造的财富	**Autonomous Regional Daily Production**							
生产总值(万元)	Gross Domestic Product (10 000 yuan)	23481	42052	96540	224654	354767	471531	562033
第一产业	Primary Industry	7128	9585	16152	30077	44663	55432	60965
第二产业	Secondary Industry	8460	15917	37748	93711	144371	188748	256827
工　业	Industry	6983	13229	30183	74543	112910	152941	216764
建筑业	Construction	1477	2688	7565	19168	31461	35807	40063
第三产业	Tertiary Industry	7893	16550	42640	100866	165733	227351	244240
一般公共预算收入(万元)	General Public Budget Revenue (10 000 yuan)	1197	2597	7602	29314	53821	56044	64382
一般公共预算支出(万元)	General Public Budget Expenditure (10 000 yuan)	2799	7133	20126	62288	116519	143993	143550
粮食(吨)	Grain(ton)	28915	33931	45538	64227	90208	100112	105214
油料(吨)	Oil-bearing Crops(ton)	1923	3180	3347	3783	5653	5936	5860
肉类(吨)	Meat(ton)	2243	3918	6299	6522	6702	7321	7598
牛奶(吨)	Cow Milk(ton)	1331	2180	18934	19784	17555	16707	18445
水产品(吨)	Aquatic Products(ton)	131	197	226	312	421	321	293
乳制品(吨)	Dairy products(ton)	83	182	8425	9462	8042	9216	10082
原煤(万吨)	Coal(10 000 tons)	19.33	19.80	70.16	216.20	249.20	280.19	293.12
发电量(万千瓦小时)	Electricity(10 000 kwh)	7631	12001	28948	68052	107638	158770	167669
钢(吨)	Steel(ton)	9736	11574	22068	33776	47537	85242	85422
成品钢材(吨)	Steel Products(ton)	7062	10353	20487	36751	51978	78796	81029
水泥(吨)	Cement(ton)	9569	17213	44719	149433	159747	98658	100491
每天其他经济活动	**Other Daily Economic Activities**							
社会消费品零售总额(万元)	Total Retail Sales of Consumer Goods(10 000 yuan)	8149	14476	29841	68121	112425	130067	138639
货运量(万吨)	Freight Traffic(10 000 tons)	89.7	121.9	200.2	362.2	510.0	466.0	580.6
客运量(万人)	Passenger Traffic(10 000 persons)	50.1	64.3	88.0	66.7	46.5	20.2	19.9
进出口总额(万美元)	Total Imports and Exports (USD 10 000)	307.7	556.3	1414.2	2388.8	3502.4	4148.8	5242.8
邮政业务总量(万元)	Volume of Postal Services (10 000 yuan)	52.1	107.8	244.8	328.3	636.5	1739.9	1722.1
电信业务总量(万元)	Volume of Telecommunication Services(10 000 yuan)	212.4	1429.0	5227.1	5170.1	10330.4	70616.1	8134.9
图书出版(万册)	Books Published(10 000 copies)	18.0	20.3	24.4	16.6	17.8	17.3	17.2
杂志出版(万册)	Magazines Issued(10 000 copies)	2.8	4.3	3.8	3.9	5.7	3.1	3.0
报纸出版(万份)	Newspapers Issued(10 000 copies)	44.6	49.1	169.4	74.1	89.9	66.8	63.7
邮寄函件(万件)	Letters Delivered(10 000 pieces)	45.8	26.4	8.6	9.3	4.0	1.7	1.8
每天人口变动与婚姻	**Daily Population Changes & Marriages**							
出生(人)	Births(person)	1073	779	659	628	530	473	412
死亡(人)	Deaths(person)	417	384	357	374	365	481	496
结婚(对)	Marriages(couple)	475	415	423	555	597	383	364
离婚(对)	Divorces(couple)	75	89	107	157	252	235	152

1-2 社会经济主要指标人均水平

Major Per Capita Indicators on Society and Economy

指 标	Item	1995	2000	2005	2010	2015	2020	2021
生产总值(元)	**Gross Domestic Product(yuan)**	**3772**	**6502**	**14695**	**33262**	**52972**	**71640**	**85422**
一般公共预算收入(元)	**General Public Budget Revenue(yuan)**	**192**	**401**	**1157**	**4340**	**8036**	**8514**	**9786**
农牧业生产	**Agriculture and Animal Husbandry Production**							
耕地面积(公顷)	Cultivated Land(hectare)	0.24	0.31	0.31	0.29	0.37	0.48	
粮食产量(千克)	Output of Grain(kg)	464.43	524.63	693.17	950.95	1346.80	1520.95	1599.18
油料产量(千克)	Output of Oil-bearing Crops(kg)	30.89	49.16	50.95	56.01	84.40	90.18	89.07
甜菜产量(千克)	Output of Beetroots(kg)	115.95	59.68	57.67	58.85	82.01	257.65	150.76
年末大牲畜(头)	Large Animals at the Year-end(head)	0.31	0.26	0.33	0.35	0.35	0.34	0.36
年 末 羊(只)	Sheep and Goats at the Year-end(head)	1.46	1.50	2.26	2.23	2.59	2.52	2.56
年末生猪(口)	Hogs at the Year-end(head)	0.34	0.31	0.29	0.26	0.19	0.22	0.24
肉类产量(千克)	Output of Meat(kg)	36.03	60.58	95.88	96.57	100.06	111.23	115.48
#牛肉产量(千克)	Output of Beef(kg)	4.14	9.23	14.01	20.16	21.64	27.50	28.61
羊肉产量(千克)	Output of Mutton(kg)	7.43	13.44	30.21	36.17	37.87	46.90	47.33
猪肉产量(千克)	Output of Pork(kg)	20.97	32.37	36.71	29.16	28.96	25.47	28.06
牛奶产量(千克)	Output of Cow Milk(kg)	21.37	33.70	288.20	292.92	262.10	253.82	280.35
羊 绒(千克)	Cashmere(kg)	0.14	0.16	0.28	0.33	0.34	0.28	0.25
主要工业产品产量	**Output of Major Industrial Products**							
原 煤(吨)	Coal(ton)	3.10	3.06	10.68	32.01	37.21	42.57	44.55
原 盐(吨)	Salt(ton)	0.03	0.05	0.09	0.11	0.07	0.04	0.06
发 电 量(千瓦小时)	Electricity(kwh)	1226	1855	4406	10076	16070	24121	25485
糖(千克)	Sugar(kg)	7.51	5.09	6.15	4.88	27.54	33.83	28.21
乳 制 品(千克)	Dairy Products(kg)	1.33	2.81	128.25	140.09	120.07	140.01	153.24
水 泥(吨)	Cement(ton)	0.15	0.27	0.68	2.21	2.39	1.50	1.53
钢(吨)	Steel(ton)	0.16	0.18	0.34	0.50	0.71	1.30	1.30
生 铁(吨)	Pig Iron(ton)	0.15	0.19	0.38	0.55	0.60	0.99	0.98
社会消费品零售额(元)	**Total Retail Sales of Consumer Goods(yuan)**	**1309**	**2238**	**4542**	**10086**	**16785**	**19760**	**21072**
人民生活	**People's Livelihood**							
职工平均工资(元)	Average Wage of Staff & Workers(yuan)	4134	6974	15985	35507	57870	87916	93266
#国 有(元)	State-owned Units(yuan)	4407	7261	16598	37602	62059	85118	88900
集 体(元)	Urban Collective-owned Units(yuan)	3001	4826	10804	29822	58679	88996	90860
城镇常住居民人均可支配收入(元)	Per Capita Disposable Income of Urban Residents(yuan)	2863	5152	9247	18050	30594	41353	44377
城镇常住居民人均生活消费支出(元)	Per Capita Consumption Expenditure of Urban Residents(yuan)	2482	3928	6927	13991	21876	23888	27194
农村牧区常住居民人均可支配收入(元)	Per Capita Disposable Income of Rural Residents(yuan)	1208	2058	3070	5780	10776	16567	18337
农村牧区常住居民人均生活消费支出(元)	Per Capita Consumption Expenditure of Rural Residents(yuan)	1180	1694	2796	5572	10637	13594	15691
住户存款余额(元)	Household Deposits(yuan)	1804	3875	8231	18733	36811	63521	71397

注：1. 住户存款余额2010年以前为城乡居民储蓄存款余额，2011—2014年为个人储蓄存款余额，下表同。

2. 2013年以后，城镇(农村牧区)常住居民人均可支配收入、城镇(农村牧区)常住居民人均生活消费支出数据为城乡一体化住户收支与生活状况调查数据。“农牧民人均纯收入”改为“农村牧区常住居民人均可支配收入”。

a)Before 2010,the Household deposits is called resident saving deposit in urban & rural.During 2011-2014,the Household deposits is called personal balance of savings deposits.The same as in the following tables.

b)From 2014,data of Per Capita Disposable Income of Urban and Rural Residents and Expenditure of Urban and Rural Residents are from integrated household income and expenditure survey including both urban and rural households. "Annual Net Income of Rural Households per Capita" has been adjusted to"Per Capita Disposable Income of Rural Residents".

1-3 国民经济和社会发展比例和效益
Indicators on National Economic and Social Development

指 标	Item	1995	2000	2005	2010	2015	2020	2021
人口与就业	**Population and Employment**							
人口	**Population**							
出生率(‰)	Birth Rate(‰)	17.2	12.1	10.1	9.3	7.7	7.2	6.3
死亡率(‰)	Death Rate(‰)	6.7	5.9	5.5	5.5	5.3	7.3	7.5
自然增长率(‰)	Natural Growth Rate(‰)	10.5	6.1	4.6	3.8	2.4	-0.1	-1.3
就业	**Employment**							
三次产业从业者比例(以第一产业为100)	Employment Ratio by Type of Industry (Employment in Primary Industry=100)							
第一产业	Primary Industry	100	100	100	100	100	100	100
第二产业	Secondary Industry	41.9	32.9	29.0	65.1	59.1	47.6	49.8
第三产业	Tertiary Industry	49.9	58.8	56.7	33.7	72.1	132.7	138.9
城镇登记失业率(%)	Registered Unemployment Rate in Urban Areas(%)	3.17	3.34	4.26	3.90	3.65	3.80	3.84
宏观经济	**Macro Economy**							
国民经济核算	**National Accounting**							
三次产业增加值比例(以第一产业为100)	Ratio of Value-added by Type of Industry (Value added in Primary industry=100)							
第一产业	Primary Industry	100	100	100	100	100	100	100
第二产业	Secondary Industry	118.7	166.1	233.7	311.6	323.2	340.5	421.3
第三产业	Tertiary Industry	110.7	172.7	264.0	335.4	371.1	410.1	400.6
人均生产总值(元)	Per Capita GDP(yuan)	3772	6502	14695	33262	52972	71640	85422
财政	**Finance**							
一般公共预算收入占生产总值比例(%)	Proportion of General Public Budget Revenue to GDP(%)	5.1	6.2	7.9	13.0	15.2	11.9	11.5
一般公共预算支出占生产总值比例(%)	Proportion of General Public Budget Expenditures to GDP(%)	11.9	17.0	20.8	27.7	32.8	30.5	25.5

1-3 续表1 Continued

指 标	Item	1995	2000	2005	2010	2015	2020	2021
产 业	**Industrial**							
农牧业	**Agriculture and Animal Husbandry**							
人均耕地面积(公顷)	Per Capita Cultivated Land(hectare)	0.24	0.31	0.31	0.29	0.37	0.48	
每公顷耕地农业机械总动力(千瓦)	Total Power of Agricultural Machinery per Hectare of Cultivated Land(kw)	1.64	1.85	2.61	4.24	4.58	3.53	
每公顷播种面积农产品产量(千克)	Output of Farm Crops per Hectare of Sown Area(kg)							
粮 食	Grain	2547	2800	3800	4010	5004	5362	5578
油 料	Oil-bearing Crops	1260	1324	1759	1882	2073	2389	1748
甜 菜	Beetroots	18821	23946	36389	43532	46625	48788	31702
建筑业	**Construction**							
技术装备率(元/人)	Machinery per Laborer(yuan/person)	3053	5844	11822	11379	24549	21454	20938
产值利税率(%)	Ratio of Per-tax Profits to Gross Output Value(%)	3.6	4.2	8.3	11.6	7.8	5.6	4.9
全员劳动生产率(元/人)(按总产值计算)	Overall Labor Productivity (yuan/person)(in terms of gross output value per employee)	28440	39319	81750	151321	303271	473094	521443
全社会房屋建筑面积竣工率(%)	Rate of Total Floor Space of Buildings Completed in Construction(%)	80.7	75.5	53.5	50.2	44.5	20.1	17.6
交通运输、通信	**Transportation,Telecommunication**							
铁路网密度(公里/万平方公里)	Railway Density(km/10 000 sq.km)	50	50	54	78	101	120	120
公路网密度(公里/万平方公里)	Highway Density(km/10 000 sq.km)	378	569	1052	1336	1482	1777	1797
铁路货运密度(吨/公里)	Railway Freight Traffic Density (ton/km)	14064	16169	34615	51270	56058	43372	55636
公路货运密度(吨/公里)	Highway Freight Traffic Density (ton/km)	5449	5194	4099	5390	6814	5185	6249
移动电话普及率(部/百人)	Access to Mobile Phones (set/100 persons)	0.1	4.9	29.9	82.5	96.6	116.6	125.0
国内贸易	**Domestic Trade**							
人均社会消费品零售额(元)	Per Capita Retail Sales of Consumer Goods(yuan)	1309	2238	4542	10086	16785	19760	21072
对外经济贸易	**Foreign Trade**							
进出口总额占生产总值比例(%)	Proportion of Total Imports & Exports to GDP(%)	10.9	11.0	11.8	7.0	6.1	6.1	6.0
金融	**Finance**							
金融机构存款占生产总值比例(%)	Proportion of Deposits of Financial Institutions to GDP(%)	66.1	82.5	93.6	125.4	139.6	144.7	134.2
金融机构贷款占生产总值比例(%)	Proportion of Loans of Financial Institutions to GDP(%)	95.7	87.1	73.5	96.6	132.4	134.7	121.7

1-3 续表2 Continued

指　标	Item	1995	2000	2005	2010	2015	2020	2021
教育、科技、文化	**Education,Science & Tech,Culture**							
教育	**Education**							
学龄儿童净入学率(%)	Rate of School-age Children Enrollment (%)	98.9	99.5	99.4	100.0	100.0	100.0	100.0
小学升学率(%)	Rate of Graduates of Primary Schools Entering Junior Secondary Schools (%)	90.0	96.1	100.0	100.2	99.6	99.8	99.7
初中升学率(%)	Rate of Graduates of Junior Secondary Schools Entering Senior Secondary Schools (%)	48.6	60.2	73.0	91.5	95.4	95.0	94.9
学校生师比(教师人数=1)	Teacher-student Ratio (Total No. of Teachers=1)							
高等学校	Colleges and Universities	5.3	8.1	14.2	15.9	16.5	17.4	17.8
中等学校	Secondary Schools	13.3	16.0	16.7	15.0	12.3	11.1	10.8
小学学校	Primary Schools	15.3	15.6	13.4	12.6	12.9	13.1	13.1
科技	**Science and Technology**							
研究与开发经费支出占生产总值比例(%)	Proportion of R&D Expenditure to GDP (%)	0.09	0.16	0.29	0.55	0.76	0.93	
文化	**Culture**							
每百万人有艺术表演团体(个)	Number of Troupes per Million Persons (unit)	5.2	4.9	4.5	4.4	4.0	3.9	3.8
每百万人有公共图书馆(个)	Number of Public Libraries per Million Persons (unit)	4.7	4.6	4.6	4.6	4.8	4.9	4.9
每百万人有博物馆(个)	Number of Museums per Million Persons (unit)	0.7	1.1	1.4	2.2	3.4	7.1	7.0
家庭、生活、环境	**Family, People's Livelihood & Environment**							
家庭	**Family**							
负担少儿系数(%)	Dependency Ratio of Children (%)	38.2	29.0	22.4	18.0	17.3	19.3	19.0
负担老年系数(%)	Dependency Ratio of the Aged (%)	6.8	7.3	8.8	9.7	11.8	17.9	19.1
卫生	**Health Care**							
每万人口卫生机构数(个)	Number of Health Institutions Per 10 000 Population (unit)	2.2	1.9	1.6	3.3	9.5	10.2	10.4
每万人口卫生机构床位数(张)	Number of Beds in Health Care Institutions Per 10 000 Population (bed)	27.3	28.2	29.1	40.4	53.3	67.5	69.4
每万人口医生数(人)	Number of Doctors Per 10 000 population (person)	22.0	22.0	21.0	22.0	26.0	33.5	35.1
市政建设	**City Construction**							
城市自来水普及率(%)	Percentage of Households with Access to Tap Water (%)	80.7	89.1	83.9	88.0	98.5	99.1	99.2
城市用气普及率(%)	Percentage of Households with Access to Gas (%)	40.5	58.6	68.2	79.3	94.1	94.7	95.4
人均公园绿地面积(平方米)	Per Capita Public Green Park (sq.m)	5.9	7.0	7.8	12.4	19.3	19.9	20.7

1-4 国民经济和社会发展总量与速度

指 标	Item	总量指标						
		1978	2000	2005	2010	2012	2015	2020
人口与就业	**Population and Employment**							
人口(万人)	**Population(10 000 persons)**							
年末总人口	Population at the Year-end	1823.4	2372.4	2403.1	2472.2	2463.9	2440.4	2402.8
市镇人口	Urban	397.5	1001.1	1134.3	1372.9	1439.4	1515.2	1621.5
乡村人口	Rural	1425.9	1371.3	1268.8	1099.3	1024.5	925.2	781.3
男性人口	Male	957.8	1227.2	1237.9	1283.9	1278.1	1262.2	1226.5
女性人口	Female	865.6	1145.2	1165.2	1188.3	1185.7	1178.2	1176.4
就业(万人)	**Employment(10 000 persons)**							
从业人数	Number of Employed Persons	652.8	1061.6	1041.1	1398.0	1379.0	1351.0	1242.0
#职工人数	Staff and Workers	227.6	263.9	239.6	244.9	265.3	289.6	256.5
城镇登记失业人数	Number of Registered Unemployed		12.6	17.7	20.8	23.1	25.9	30.0
宏观经济	**Macroeconomic Indicator**							
国民经济核算(亿元)	**National Accounting (100 million yuan)**							
生产总值	Gross Domestic Product	58.0	1539.1	3523.7	8199.9	10470.1	12949.0	17258.0
第一产业	Primary Industry	19.0	350.8	589.6	1097.8	1453.2	1630.2	2028.8
第二产业	Secondary Industry	26.4	582.6	1377.8	3420.5	4553.6	5269.5	6908.2
第三产业	Tertiary Industry	12.7	605.7	1556.3	3681.6	4463.3	6049.2	8321.1
人均地区生产总值（元）	Per Capita GDP(yuan)	317	6502	14695	33262	42441	52972	71640
财政(亿元)	**Public Finance(100 million yuan)**							
一般公共预算收入	General Public Budget Revenue	6.9	95.0	277.5	1070.0	1552.7	1964.5	2051.2
一般公共预算支出	General Public Budget	18.7	261.1	734.6	2273.5	3426.0	4253.0	5270.2
物价总指数(上年=100)	**Price Indices (preceding year=100)**							
商品零售价格总指数	General Retail Price Index	101.0	98.8	101.5	103.0	102.5	100.5	100.5
居民消费价格总指数	General Consumer Price Index		101.3	102.4	103.2	103.1	101.1	101.9
能源生产与消费(万吨标准煤)	**Production and Consumption of Energy(10 000 tons of SCE)**							
能源生产总量	Total Energy production	1070.6	4701.2	19072.6	49616.9	57661.8	56237.7	60906.8
能源消费总量	Total Energy Consumption		3937.5	8772.6	14573.6	16912.9	18783.7	27133.6

Principal Aggregate Indicators on National Economic and Social Development and Their Related Indices and Growth Rates

Aggregate Data	速度指标(%) Indices and Growth Rates(%)												
2021	指数(2021年为以下各年) Index(2021 as Percentage of the Following Years)							平均增长速度 Average Annual Growth Rate					
	1978	2000	2005	2010	2012	2015	2020	1979-2021	2001-2005	2006-2010	2011-2015	2016-2020	2013-2021
2400.0	131.6	101.2	99.9	97.1	97.4	98.3	99.9	0.6	0.3	0.6	-0.3	-0.3	-0.3
1637.0	411.8	163.5	144.3	119.2	113.7	108.0	101.0	3.3	2.5	3.9	2.0	1.4	1.4
763.0	53.5	55.6	60.1	69.4	74.5	82.5	97.7	-1.4	-1.5	-2.8	-3.4	-3.3	-3.2
1226.0	128.0	99.9	99.0	95.5	95.9	97.1	100.0	0.6	0.2	0.7	-0.3	-0.6	-0.5
1174.0	135.6	102.5	100.8	98.8	99.0	99.6	99.8	0.7	0.3	0.4	-0.2	0.0	-0.1
1218.0	186.6	114.7	117.0	87.1	88.3	90.2	98.1	1.5	-0.4	6.1	-0.7	-1.7	-1.4
254.9	112.0	96.6	106.4	104.1	96.1	88.0	99.4	0.3	-1.9	0.4	3.4	-2.4	-0.4
30.5		242.1	172.3	146.6	132.0	117.8	101.7		7.0	3.3	4.5	3.0	3.1
20514.2	7669.8	908.6	446.8	208.1	165.5	131.1	106.3	10.6	15.3	16.5	9.7	4.3	5.8
2225.2	1077.1	254.3	184.9	148.6	132.7	120.1	104.8	5.7	6.6	4.5	4.4	2.8	3.2
9374.2	9921.5	1330.2	541.9	218.7	166.5	129.2	106.1	11.3	19.7	19.9	11.1	4.0	5.8
8914.8	18679.1	957.4	475.4	216.5	173.7	135.9	106.7	12.9	15.0	17.0	9.8	5.0	6.3
85422	5834.9	894.9	445.6	213.2	169.6	133.3	106.6	9.9	15.0	15.9	9.8	4.6	6.0
2349.9	34057.3	2472.9	847.0	219.6	151.3	119.6	114.6	14.5	23.9	31.0	12.9	0.9	4.7
5239.6	28034.1	2007.0	713.2	230.5	152.9	123.2	99.4	14.0	23.0	25.4	13.3	4.4	4.8
103.8	513.8	142.9	138.5	122.3	113.7	109.5	103.8	3.9	0.6	2.5	2.2	1.1	1.4
100.9		159.6	147.0	127.3	116.9	110.3	100.9		1.7	2.9	2.9	1.8	2.9
									32.3	21.1	2.5	1.6	
									17.4	10.7	5.2	7.6	

1-4 续表 1

指 标	Item	总量指标						
		1978	2000	2005	2010	2012	2015	2020
产 业	**Industry**							
农林牧渔业	**Farming, Forestry, Animal Husbandry & Fishery**							
耕地面积(万公顷)	Cultivated Areas(10 000 hectares)	532.6	731.7	735.5	714.9	910.9	916.2	1150.4
总产值(亿元)	Gross Output(100 million yuan)	28.4	543.2	980.2	1844.5	2450.3	2761.6	3472.4
主要农畜产品产量	Output of Major Farm & Livestock							
粮食(万吨)	Grain(10 000 tons)	499.0	1241.9	1662.2	2344.3	2739.8	3292.6	3664.1
油料(万吨)	Oil-bearing Crops(10 000 tons)	12.5	116.4	122.2	138.1	142.2	206.3	217.3
甜菜(万吨)	Beetroots(10 000 tons)	43.1	141.3	138.3	145.1	149.4	200.5	620.7
造林面积(万公顷)	Forested Areas(10 000 hectares)	29.8	59.0	67.8	62.5	78.2	66.8	65.0
肉类(万吨)	Meat(10 000 tons)		143.4	229.9	238.1	244.7	244.6	268.0
牛奶(万吨)	Cow milk(10 000 tons)		79.8	691.1	722.1	726.1	640.8	611.5
羊绒(吨)	Cashmere(ton)		3815	6646	8104	7642	8380	6718
水产品(万吨)	Aquatic Products(10 000 tons)	1.5	7.2	8.3	11.4	13.2	15.4	11.8
工业生产	**Industrial Production**							
主要工业产品产量	Output of Industrial Products							
原煤(亿吨)	Raw Coal(100 million tons)	0.2	0.7	2.6	7.9	10.7	9.1	10.3
原油(万吨)	Crude Oil(10 000 tons)		90.5	146.9	182.9	197.8	178.8	125.4
原盐(万吨)	Raw Salt(10 000 tons)	65.2	126.7	215.8	278.4	253.5	164.6	102.3
发电量(亿千瓦小时)	Electricity(100 million kwh)	37.8	439.2	1056.6	2483.9	3116.9	3928.8	5811.0
糖(包括土糖)(万吨)	Sugar(10 000 tons)	4.2	12.0	14.8	12.0	31.1	67.3	81.5
乳制品(万吨)	Dairy Products(10 000 tons)	0.3	6.7	307.5	345.4	325.7	293.6	337.3
服装(万件)	Garments(10 000 units)		1794.7	1980.7	3676.4	3276.9	5095.5	526.8
机制纸及纸板(万吨)	Machine Made Paper(10 000 tons)	4.3	12.2	25.7	28.8	15.0	12.3	7.4
水泥(万吨)	Cement(10 000 tons)	91.9	630.0	1632.3	5454.3	5872.1	5830.8	3610.9
钢(万吨)	Steel(10 000 tons)	99.0	423.6	805.5	1232.8	1734.1	1735.1	3119.9
生铁(万吨)	Pig Iron(10 000 tons)	107.0	440.8	922.7	1359.0	1326.4	1461.4	2380.8
成品钢材(万吨)	Steel Products(10 000 tons)	36.2	378.9	747.8	1341.4	1661.8	1897.2	2883.9
彩色电视机(万台)	Color Television Sets(10 000 sets)		51.8	239.1	204.4	383.2	266.5	173.2
建筑业	**Construction**							
建筑业从业人数(万人)	Employed Persons(10 000 persons)		35.3	26.4	44.3	36.9	28.6	18.0
建筑企业总产值(亿元)	Gross Output Value(100 million yuan)		138.8	381.3	1125.6	1441.0	1123.2	1134.4
施工房屋面积(万平方米)	Building Floor Space(10 000 sq.m)		1816.9	2958.9	7577.9	10550.7	6970.5	7016.7
竣工房屋面积(万平方米)	Completed Floor Space(10 000 sq.m)		1130.0	1623.4	3805.2	3659.0	3098.9	1411.0

注：本表中主要工业产品产量计算速度指标时，未考虑口径差异因素。

Continued

Aggregate Data	速度指标(%) Indices and Growth Rates(%)												
2021	指数(2021年为以下各年) Index(2021 as Percentage of the Following Years)							平均增长速度 Average Annual Growth Rate					
	1978	2000	2005	2010	2012	2015	2020	1979-2021	2001-2005	2006-2010	2011-2015	2016-2020	2013-2021
									0.1	-0.6	5.1	4.7	
3815.1	1092.9	272.2	187.5	148.7	132.8	119.6	105.0	5.7	7.7	4.7	4.5	2.6	3.2
3840.3	769.6	309.2	231.0	163.8	140.2	116.6	104.8	4.9	6.0	7.1	7.0	2.2	3.8
213.9	1711.2	183.8	175.1	154.9	150.4	103.7	98.5	6.8	1.0	2.5	8.4	1.0	4.6
362.0	839.9	256.2	261.8	249.5	242.3	180.6	58.3	5.1	-0.4	1.0	6.7	25.4	10.3
36.8	123.5	62.4	54.3	58.9	47.1	55.1	56.6	0.5	2.8	-1.6	1.3	-0.5	-8.0
277.3		193.4	120.6	116.5	113.3	113.4	103.5		9.9	0.7	0.5	1.8	1.4
673.2		843.8	97.4	93.2	92.7	105.1	110.1		54.0	0.9	-2.4	-0.9	-0.8
6109.1		160.1	91.9	75.4	79.9	72.9	90.9		11.7	4.0	0.7	-4.3	-2.5
10.7	724.8	150.8	131.6	95.5	82.6	70.8	92.4	4.7	2.8	6.6	6.2	-5.2	-2.1
10.7	4876.5	1476.3	417.8	135.6	100.4	117.6	104.3	9.5	28.7	25.2	2.9	2.4	0.0
149.1		164.8	101.5	81.5	75.4	83.4	118.9		10.2	4.5	-0.5	-6.8	-3.1
138.3	212.2	109.2	64.1	49.7	54.6	84.0	135.2	1.8	11.2	5.2	-10.0	-9.1	-6.5
6119.9	16198.8	1393.4	579.2	246.4	196.3	155.8	105.3	12.6	19.2	18.6	9.6	8.1	7.8
67.7	1601.7	562.7	459.3	562.7	217.6	100.6	83.1	6.7	4.1	-4.0	41.1	3.9	9.0
368.0	118709.7	5533.8	119.7	106.6	113.0	125.4	109.1	17.9	115.3	2.3	-3.2	2.8	1.4
755.8		42.1	38.2	20.6	23.1	14.8	143.5		2.0	13.2	6.7	-36.5	-15.0
9.6	225.4	78.6	37.2	33.2	64.0	77.8	130.0	1.9	16.1	2.3	-15.6	-9.8	-4.8
3667.9	3990.8	582.2	224.7	67.2	62.5	62.9	101.6	9.0	21.0	27.3	1.3	-9.1	-5.1
3117.9	3149.4	736.0	387.1	252.9	179.8	179.7	99.9	8.4	13.7	8.9	7.1	12.5	6.7
2347.4	2193.8	532.5	254.4	172.7	177.0	160.6	98.6	7.4	15.9	8.1	1.5	10.3	6.5
2957.6	8163.4	780.6	395.5	220.5	178.0	155.9	102.6	10.8	14.6	12.4	7.2	8.7	6.6
183.7		354.6	76.8	89.9	47.9	68.9	106.0		35.8	-3.1	5.5	-8.3	-7.8
15.5		43.9	58.8	35.0	42.0	54.1	86.0		-5.7	11.0	-8.4	-8.9	-9.2
1279.4		921.8	335.5	113.7	88.8	113.9	112.8		22.4	24.2	0.0	0.2	-1.3
7497.5		412.6	253.4	98.9	71.1	107.6	106.9		10.2	20.7	-1.7	0.1	-3.7
1320.7		116.9	81.4	34.7	36.1	42.6	93.6		7.5	18.6	-4.0	-14.6	-10.7

a)When calculating the rate of the output of main industrial products in this table,the statistical caliber difference factor is not taken into account.

1-4 续表 2

指 标	Item	总量指标						
		1978	2000	2005	2010	2012	2015	2020
交通运输	**Transportation**							
货运量(万吨)	Freight Traffic (10 000 tons)	8213	44629	73082	132205	168078	186160	170550
铁路	Railways	3861	9648	22060	47040	42813	66653	61545
公路	Highways	4352	34979	51020	85162	125260	119500	109002
空运	Civil Aviation		2.00	2.00	3.11	4.68	2.89	3.26
客运量(万人)	Passenger Traffic (10 000 persons)	3422	23549	32114	24343	28188	16986	7395
铁路	Railways	1753	3378	3259	4136	4273	5117	3298
公路	Highways	1669	20061	28604	19830	23310	11017	3224
空运	Civil Aviation		110	251	377	605	852	873
邮电通信业	**Postal & Telecoms Services**							
函 件(万件)	Letters Delivered (10 000 pieces)	6658	9677	3143	3389	2433	1455	623
报刊期发数(万份)	Newspapers and Magazines Distributed(10 000 copies)	253	395	194	242	230	194	182
国内贸易	**Domestic Trade**							
社会消费品零售总额(亿元)	Total Retail Sales of Consumer Goods (100 million yuan)	36.83	529.83	1089.20	2486.40	3239.20	4103.51	4760.45
对外经济贸易	**Foreign Trade**							
进出口总额(亿美元)	Imp. & Exp. (USD100 million)	0.16	20.36	51.62	87.19	112.57	127.84	151.85
进口额	Imports	0.05	10.14	30.97	53.84	72.86	71.10	101.45
出口额	Exports	0.10	10.22	20.65	33.35	39.70	56.73	50.40
实际利用外资额(万美元)	Amount of Foreign Capital Actually Utilized (USD 10 000)		54819	140007	355876	417665	336629	182240
旅游	**International Tourism**							
入境旅游人数(万人次)	Tourists(10 000 persons times)		39.20	100.16	142.80	159.17	160.78	8.68
国内旅游人数(万人次)	Number of Domestic Tourists (10 000 person times)		735.00	2062.00	4477.55	5887.31	8351.83	12494.39
旅游外汇收入(万美元)	Earnings (USD 10 000)		12645	35207	60190	77196	96249	3401
国内旅游收入(亿元)	Earnings from Domestic Tourism (100 million yuan)		32	180	693	1081	2194	2404
金融保险	**Finance and Insurance**							
金融机构各项存款(亿元)	Deposits of Banking (100 million yuan)	16.5	1270.1	3298.2	10278.7	13612.7	18077.6	24970.0
金融机构各项贷款(亿元)	Loans of Banking (100 million yuan)	40.3	1340.7	2588.6	7919.5	11284.2	17140.7	23249.2
保险公司保费收入(亿元)	Insurance Premium (100 million yuan)		24.6	60.9	198.8	247.7	395.5	740.0
保险公司赔付支出(亿元)	Claim and Payment (100 million yuan)		7.9	10.8	59.5	85.4	124.5	224.5
教育、科技、文化	**Education, Sci., Tech & Culture**							
教育	**Education**							
专任教师数(万人)	Full-time Teachers(10000 person)							
普通高等学校	Higher Education	0.3	0.9	1.6	2.3	2.5	2.6	2.8
中等学校	Secondary Schools	8.1	10.1	10.8	11.0	11.0	10.7	11.2
小学	Primary Schools	12.1	12.9	11.9	11.4	11.3	10.2	10.5
在校学生数(万人)	Students Enrollment(10000 person)							
普通高等学校	Higher Education	1.3	7.2	22.9	37.1	39.1	42.1	48.7
中等学校	Secondary Schools	162.5	162.1	179.9	164.9	152.2	131.7	124.3
小学	Primary Schools	291.8	201.5	159.6	143.1	136.5	131.4	138.2
教育经费支出(亿元)	Expenditures(100 million yuan)		55.3	116.2	405.0	553.9	702.9	853.6
科技	**Science and Technology**							
研究与发展经费支出(万元)	Expenditures on R&D (10 000 yuan)		24606	113208	637205	1014468	1360617	1610703
技术市场成交额(万元)	Transaction in Technical Markets (10 000 yuan)		60287	310621	868893	2184318	1899589	2545419

注：2013年-2018年铁路数据为各铁路局加总数据，2020年使用国家反馈数。

Continued

Aggregate Data	速度指标(%) Indices and Growth Rates(%)												
2021	指数(2021年为以下各年) Index(2021 as Percentage of the Following Years)							平均增长速度 Average Annual Growth Rate					
	1978	2000	2005	2010	2012	2015	2020	1979-2021	2001-2005	2006-2010	2011-2015	2016-2020	2013-2021
211904							124.2		10.4	12.6			
79053							128.4		18.0	16.4			
132847	3052.6	379.8	260.4	156.0	106.1	111.2	121.9	8.3	7.8	10.8	7.0	-1.8	0.7
3.60		180.0	180.0	115.8	76.9	124.6	110.4		0.0	9.2	-1.5	2.4	-2.9
7272							98.3		6.4	-5.4			
3597							109.1		-0.7	4.9			
2686	160.9	13.4	9.4	13.5	11.5	24.4	83.3	1.1	7.4	-7.1	-11.1	-21.8	-21.3
989		899.1	394.0	262.3	163.5	116.1	113.3		17.9	8.5	17.7	0.5	5.6
672	10.1	6.9	21.4	19.8	27.6	46.2	107.9	-5.2	-20.1	1.5	-15.6	-15.6	-13.3
183	72.3	46.3	94.3	75.6	79.6	94.3	100.5	-0.8	-13.3	4.5	-4.3	-1.3	-2.5
5060.31	13740	955.1	464.6	203.5	156.2	123.3	106.3	12.1	15.5	17.9	10.5	3.0	5.1
191.36	119600	939.9	370.7	219.5	170.0	149.7	126.0	17.9	20.5	11.1	8.0	3.5	6.1
117.35	234700	1157.3	378.9	218.0	161.1	165.0	115.7	19.8	25.0	11.7	5.7	7.4	5.4
74.01	74010	724.2	358.4	221.9	186.4	130.5	146.8	16.6	15.1	10.1	11.2	-2.3	7.2
31587		57.6	22.6	8.9	7.6	9.4	17.3		20.6	20.5	-1.1	-11.5	-24.9
									20.6	7.4	2.4	-44.2	
13126.81		1786.0	636.6	293.2	223.0	157.2	105.1		22.9	16.8	13.3	8.4	9.3
									22.7	11.3	9.8	-48.8	
1460		4531.5	812.6	210.8	135.1	66.6	60.8		41.0	31.0	25.9	1.8	3.4
27534.0	167177	2167.8	834.8	267.9	202.3	152.3	110.3	18.8	21.0	25.5	12.0	6.7	8.1
24965.0	61902	1862.0	964.4	315.2	221.2	145.6	107.4	16.1	14.1	25.1	16.7	6.3	9.2
756.6		3072.0	1243.0	380.5	305.4	191.3	102.2		19.8	26.7	14.7	13.3	13.2
258.5		3264.0	2402.5	434.8	302.8	207.6	115.1		6.3	40.8	15.9	12.5	13.1
2.8	966.2	321.7	176.0	122.1	115.6	111.6	101.7	5.4	12.8	7.6	1.8	1.9	1.6
11.7	143.6	115.4	108.3	105.9	106.3	108.8	104.2	0.8	1.3	0.4	-0.5	0.9	0.7
9.7	80.1	75.2	81.7	85.6	86.1	95.6	92.4	-0.5	-1.6	-0.9	-2.2	0.7	-1.6
50.7	4032.9	704.2	221.0	136.5	129.5	120.4	104.1	9.0	26.1	10.1	2.5	2.9	2.9
125.5	77.3	77.4	69.8	76.1	82.5	95.3	101.0	-0.6	2.1	-1.7	-4.4	-1.2	-2.1
140.8	48.3	69.9	88.2	98.4	103.2	107.2	102.0	-1.7	-4.6	-2.2	-1.7	1.0	0.3
									16.0	28.4	11.7	4.0	
									35.7	41.3	16.4	3.4	
									38.8	22.8	16.9	6.0	

a)The railway data from 2013 to 2018 are the aggregate data of each railway branch, and the national feedback data are used in 2020.

1-4 续表 3

指 标	Item	总量指标						
		1978	2000	2005	2010	2012	2015	2020
文化	**Culture**							
出版数量	Publications							
图书(万册)	Books(10 000 copies)	3200	7423	8888	6069	5807	6482	6322
杂志(万册)	Magazines(10 000 copies)		1585	1384	1437	2755	2081	1129
报纸(万份)	Newspapers(10 000 copies)		17967	61819	27050	29361	32815	24449
电视节目制作时间(小时)	Time for TV Programs(hours)		12916	71091	64697	66794	73302	85210
家庭、生活、环境、婚姻	**Family, Livelihood & Environment, Marriages and Divorces**							
结婚数(万对)	Number of Marriages(10 000		15.20	15.45	20.26	20.77	21.79	14.03
离婚数(万对)	Number of Divorces(10 000 couples)		3.25	3.92	5.72	7.49	9.19	8.61
居住	**Housing**							
城镇居民人均居住面积(平方米)	Per Capita Net Floor Space of Urban Residents(sq.m)	3.50	15.54	26.09	29.84	29.89	31.39	35.25
农村居民人均居住面积(平方米)	Per Capita Net Floor Space of Rural Residents(sq.m)		16.96	19.65	22.10	24.90	26.07	31.34
生活	**People's Livelihood**							
城镇居民人均可支配收入(元)	Per Capita Disposable Income of Urban Residents(yuan)	301	5152	9247	18050	23611	30594	41353
农村牧区居民人均可支配收入(元)	Per Capita Disposable Income of Rural Residents(yuan)	100	2058	3070	5780	7956	10776	16567
住户存款余额(亿元)	Household Deposits(100 million	2.5	875.7	1973.6	4618.1	6597.2	8999.4	15302.8
职工工资	**Wages**							
工资总额(亿元)	Total Wages(100 million yuan)	15.0	186.0	387.7	879.8	1280.5	1706.7	2256.7
职工平均工资(元)	Average Wage of Staff &	712	6974	15985	35507	47053	57870	87916
卫生	**Health Care**							
医院、卫生院(个)	Number of Hospitals(unit)	1723	1988	1834	1807	1848	2024	2034
医生(人)	Number of Doctors(person)	26724	52299	50308	54161	59528	64239	80570
医院、卫生院床位数(张)	Number of Hospital Beds(unit)	24079	63156	64002	87882	99761	124676	151647
市政建设	**City Construction**							
自来水供应量(万吨)	Tap Water Supply(10 000 tons)	8837	61757	61081	62757	64870	74788	73096
排水管道长度(公里)	Length of Sewer Pipelines(km)		2693	4505	8514	10012	12542	11157
城市煤气和天然气供气量(万立方米)	Volume of Coal & Natural Gas Supply		7485	16330	72560	115825	136297	205948
公共汽车总数(辆)	Total Number of Public Buses(unit)	425	2128	3594	5771	5705	6822	7720
铺装道路长度(公里)	Length of Paved Roads(km)	677	2771	3867	6447	7299	9281	8044
绿地面积(公顷)	Areas of Green Land(hectare)	2143	16541	24632	38143	46727	63090	56264
自然灾害	**Natural Disaster**							
火灾发生数(起)	Number of Fire Disasters(case)		2096	5422	8741	7545	9509	17517
火灾损失(万元)	Fire Loss(10 000 yuan)		1365	1687	5195	10131	12866	12435
交通事故发生数(起)	Number of Traffic Accidents(case)		9521	8452	4780	3956	3214	3097
交通事故损失(万元)	Loss of Traffic Accidents(10 000		2539	2785	2346	1879	1587	2278

Continued

Aggregate Data	速度指标(%) Indices and Growth Rates(%)												
2021	指数(2021年为以下各年) Index(2021 as Percentage of the Following Years)							平均增长速度 Average Annual Growth Rate					
	1978	2000	2005	2010	2012	2015	2020	1979-2021	2001-2005	2006-2010	2011-2015	2016-2020	2013-2021
6261	195.7	84.3	70.4	103.2	107.8	96.6	99.0	1.6	3.7	-7.3	1.3	-0.5	0.8
1082		68.3	78.2	75.3	39.3	52.0	95.8		-2.7	0.8	7.7	-11.5	-9.9
23238		129.3	37.6	85.9	79.1	70.8	95.0		28.0	-15.2	3.9	-5.7	-2.6
79660		616.8	112.1	123.1		108.7	93.5		40.6	-1.9	2.5	3.1	2.0
13.27		87.3	85.9	65.5	63.9	60.9	94.6		0.3	5.6	1.5	-8.2	-4.9
5.55		170.8	141.6	97.0	74.1	60.4	64.5		3.8	7.9	9.9	-1.3	-3.3
35.30	1008.6	227.2	135.3	118.3	118.1	112.5	100.1	5.5	10.9	2.7	1.0	2.3	1.9
32.80		193.4	166.9	148.4	131.7	125.8	104.7		3.0	2.4	3.4	3.8	3.1
44377	2166.2	559.0	329.5	193.2	161.0	132.2	106.4	7.4	11.2	11.3	7.9	4.4	5.4
18337	2797.9	521.6	397.6	248.9	196.0	152.3	109.5	8.1	5.6	9.8	10.3	6.8	7.8
17145.2						190.5	112.0		17.6	18.5		11.2	
2373.1	15842.0	1276.1	612.0	269.7	185.3	139.0	105.2	12.5	15.8	17.8	14.2	5.7	7.1
93266	13099.1	1337.3	583.5	262.7	198.2	161.2	106.1	12.0	18.0	17.3	10.3	8.7	7.9
2057	119.5	103.5	112.2	113.8	111.3	101.6	101.1	0.4	-1.6	-0.3	2.3	0.1	1.2
84220	315.1	161.0	167.4	155.5	141.5	131.1	104.5	2.7	-0.8	1.5	3.5	4.6	3.9
155200	644.5	245.7	242.5	176.6	155.6	124.5	102.3	4.4	0.3	6.5	7.2	4.0	5.0
62072	702.4	100.5	101.6	98.9	95.7	83.0	84.9	4.6	-0.2	0.5	3.6	-0.5	-0.5
11622		431.6	258.0	136.5	116.1	92.7	104.2		10.8	13.6	8.1	-2.3	1.7
219984		2939.0	1347.1	303.2	189.9	161.4	106.8		16.9	34.8	13.4	8.6	7.4
11098	2611.3	521.5	308.8	192.3	194.5	162.7	143.8	7.9	11.1	9.9	3.4	2.5	7.7
8878	1311.4	320.4	229.6	137.7	121.6	95.7	110.4	6.2	6.9	10.8	7.6	-2.8	2.2
58260	2718.6	352.2	236.5	152.7	124.7	92.3	103.5	8.0	8.3	9.1	10.6	-2.3	2.5
20283		967.7	374.1	232.0	268.8	213.3	115.8		20.9	10.0	1.7	13.0	11.6
16733		1225.9	991.9	322.1	165.2	130.1	134.6		4.3	25.2	19.9	-0.7	5.7
3581		37.6	42.4	74.9	90.5	111.4	115.6		-2.4	-10.8	-7.6	-0.7	-1.1
2397		94.4	86.1	102.2	127.6	151.0	105.2		1.9	-3.4	-7.5	7.5	2.7

1-5 国民经济和社会发展结构

Structural Indicators on National Economic and Social Development

单位:% (%)

指 标	Item	1995	2000	2005	2010	2015	2020	2021
人口城乡结构	**Urban and Rural Structure of Population**							
城镇	Urban	38.2	42.2	47.2	55.5	62.1	67.5	68.2
乡村	Rural	61.8	57.8	52.8	44.5	37.9	32.5	31.8
人口性别结构	**Sexual Structure of Population**							
男	Male	52.0	51.7	51.5	51.9	51.7	51.0	51.1
女	Female	48.0	48.3	48.5	48.1	48.3	49.0	48.9
就业产业结构	**Industrial Structure of Employment**							
第一产业	Primary Industry	52.2	52.2	53.8	50.4	43.2	35.7	34.7
第二产业	Secondary Industry	21.9	17.2	15.6	32.8	25.5	17.0	17.2
第三产业	Tertiary Industry	26.0	30.7	30.5	16.9	31.2	47.3	48.1
生产总值三次产业结构	**Industrial Structure of GDP**							
第一产业	Primary Industry	30.4	22.8	16.7	13.4	12.6	11.8	10.8
第二产业	Secondary Industry	36.0	37.9	39.1	41.7	40.7	40.0	45.7
第三产业	Tertiary Industry	33.6	39.3	44.2	44.9	46.7	48.2	43.5
农、林、牧、渔业产值结构	**Structure of Gross Output Value of Agriculture, Forestry, Animal Husbandry and Fishery**							
农业	Farming	61.9	56.8	48.3	49.7	53.4	48.9	49.3
林业	Forestry	3.2	4.3	4.1	4.2	3.6	2.6	2.5
牧业	Animal Husbandry	34.0	37.8	45.4	43.8	40.4	46.2	46.0
渔业	Fishery	0.8	1.1	0.7	0.9	1.1	0.8	0.8
固定资产投资额三次产业投资结构	**Type of Industry as Percentage of Total Investment in Fixed Assets Capital Construction**							
第一产业	Primary Industry	8.6	11.1	3.0	3.3	4.5	4.4	4.1
第二产业	Secondary Industry	64.8	34.3	57.0	49.1	41.8	39.1	43.2
第三产业	Tertiary Industry	26.6	54.6	40.0	47.6	53.7	56.5	52.7
教育支出占财政支出的比例	**Educational Expenses as Percentage in Financial Expenditures**	16.2	11.4	10.7	14.2	12.6	12.2	12.2
社会消费品零售总额结构	**Structure of Total Retail Sale of Consumer Goods**							
按销售单位所在地分	**Grouped by Location of Retailers**							
城镇	Cities				89.7	89.2	88.3	88.4
乡村	Village				10.3	10.8	11.7	11.6

1-5 续表 Continued

单位:% (%)

指 标	Item	1995	2000	2005	2010	2015	2020	2021
按销售形态分	**Grouped by Consumption Patterns**							
商品零售收入	Revenue from Commodities				87.1	86.8	87.8	87.2
餐饮收入	Revenue from Meals				12.9	13.2	12.2	12.8
货运量结构（按运输方式分）	**Structure of Freight Traffic by Means of Transportation**							
铁路	Railways	25.5	21.6	30.2	35.6	35.8	36.1	37.3
公路	Highways	74.5	78.4	69.8	64.4	64.2	63.9	62.7
航空	Civil Aviation							
管道	Pipelines							
学校在校学生结构	**Structure of Student Enrollment**							
大学生	College and University Students	1.0	1.9	6.3	10.8	13.8	15.6	16.0
中学生	Secondary School Students	35.4	43.7	49.6	47.8	43.2	40.0	39.6
小学生	Primary School Students	63.6	54.3	44.0	41.5	43.0	44.4	44.4
城镇居民消费结构	**Consumption Structure of Urban Residents**							
食 品 类	Food	48.4	34.5	31.4	30.1	28.4	28.0	26.9
衣 着 类	Clothing	16.3	14.3	15.1	15.7	11.3	8.9	7.9
居 住	Residence	6.3	8.6	10.4	9.9	17.0	21.6	20.7
用品及其他	Articles for Daily Use and Others	29.0	42.6	43.1	44.3	43.3	41.5	44.4
农牧民消费结构	**Consumption Structure of Rural Residence**							
食 品 类	Food	59.7	44.8	43.1	37.5	29.4	30.6	30.1
衣 着 类	Clothing	7.3	6.9	6.1	7.1	7.2	5.3	5.4
居 住	Residence	13.3	15.4	13.7	16.9	17.1	19.4	18.0
用品及其他	Articles for Daily Use and Others	19.7	32.9	37.1	38.5	46.4	44.7	46.4
卫生机构结构	**Structure of Health Institutions**							
医院、卫生院	Hospitals & Public Health Clinic	40.8	44.9	48.6	22.4	8.5	8.3	8.2
专科防治所站	Specialized Prevention & Treatment Centers or Stations	1.3	1.4	1.4	0.6	0.2	0.1	0.1
疾病预防控制中心	CDC	3.8	4.2	3.9	1.6	0.5	0.5	0.5
妇幼保健所站	Maternity & Child Care Centers	2.4	2.4	3.1	1.5	0.5	0.5	0.5
卫生技术人员结构	**Structure of Medical Technical Personnel**							
医生	Doctors	48.3	51.9	49.0	44.0	39.6	39.8	39.8
护师、护士	Nurses	24.1	25.6	26.4	30.6	37.7	41.2	42.0

注：2013年起,城镇居民(农牧民)消费结构数据为城乡住户一体化调查数据。
a)From 2013, Date on Consumption Structure of Urban(Rural) Residents is the household survey data integration of urban and rural.

主要统计指标解释

可比价格 指计算各种总量指标所采用的扣除了价格变动因素的价格,可进行不同时期总量指标的对比。按可比价格计算总量指标有两种方法:一种是直接用产品产量乘某一年的不变价格计算;另一种是用价格指数进行缩减。

不变价格 指以同类产品某年的平均价格作为固定价格,用于计算各年的产品价值。按不变价格计算的产品价值消除了价格变动因素,不同时期对比可以反映生产的发展速度。新中国成立后,随着工农业产品价格水平的变化,国家统计局先后五次制定了全国统一的工业产品不变价格和农业产品不变价格。从1952年到1957年使用1952年工(农)业产品不变价格。从1957年到1970年使用1957年不变价格,从1971年到1980年使用1970年不变价格,从1981年到1990年使用1980年不变价格,从1991年开始使用1990年不变价格。

平均增长速度 我国计算平均增长速度有两种方法:一种是习惯上经常使用的"水平法",又称几何平均法,是以间隔期最后一年的水平同基期水平对比来计算平均每年增长(或下降)速度;另一种是"累计法",又称代数平均法或方程法,是以间隔期内各年水平的总和同基期水平对比来计算平均每年增长(或下降)速度。在一般正常情况下,两种方法计算的平均每年增长速度比较接近,但在经济发展不平衡、出现大起大落时,两种方法计算的结果差别较大。

本《年鉴》内所列的平均增长速度,除固定资产投资用"累计法"计算外,其余均用"水平法"计算。从某年到某年平均增长速度的年份,均不包括基期年在内。如建国四十三年的平均增长速度是以1949年为基期计算的,则写为1950-1992年平均增长速度,其余类推。

企业(单位)登记注册类型 是以在工商行政管理机关登记注册的各类企业为划分对象,以工商行政管理部门对企业登记注册的类型为依据,将企业登记注册类型分为内资企业、港澳台商投资企业和外商投资企业三大类。内资企业包括国有企业、集体企业、股份合作企业、联营企业、有限责任公司、股份有限公司、私营公司和其他企业;港澳台商投资企业和外商投资企业分别包括合资经营企业、合作经营企业、独资经营企业和股份有限公司。对不在工商行政管理部门进行登记注册的行政机关、事业单位和社会团体,主要按其经费来源和管理方式进行划分。

国有企业 指企业全部资产归国家所有,并按《中华人民共和国企业法人登记管理条例》规定登记注册的非公司制的经济组织。不包括有限责任公司中的国有独资公司。

集体企业 指企业资产归集体所有,并按《中华人民共和国企业法人登记管理条例》规定登记注册的经济组织。

股份合作企业 指以合作制为基础,由企业职工共同出资入股,吸收一定比例的社会资产投资组建,实行自主经营,自负盈亏,共同劳动,民主管理,按劳分配与按股分红相结合的一种集体经济组织。

联营企业 指两个及两个以上相同或不同所有制性质的企业法人或事业单位法人,按自愿、平等、互利的原则,共同投资组成的经济组织。联营企业包括国有联营企业、集体联营企业、国有与集体联营企业和其他联营企业。

有限责任公司 指根据《中华人民共和国公司登记管理条例》规定登记注册,由两个以上、五十个以下的股东共同出资,每个股东以其所认缴的出资额对公司承担有限责任,公司以其全部资产对其债务承担责任的经济组织。有限责任公司包括国有独资公司以及其他有限责任公司。

股份有限公司 指根据《中华人民共和国公司登记管理条例》规定登记注册,其全部注册资本由等额股份构成并通过发行股票筹集资本,股东以其认购的股份对公司承担有限责任,公司以其全部资产对其债务承担责任的经济组织。

私营企业 指由自然人投资设立或由自然人控股,以雇佣劳动为基础的营利性经济组织。包括按照《公司法》、《合伙企业法》、《私营企业暂行条例》规定登记注册的私营有限责任公司、私营股份有限公司、私营合伙企业和私营独资企业。

其他内资企业 指上述企业之外的其他内资经济组织。

与港澳台商合资经营企业 指港澳台地区投资者与内地企业依照《中华人民共和国中外合资经营企业法》及有关法律的规定,按合同规定的比例投资设立、分享利润和分担风险的企业。

与港澳台商合作经营企业 指港澳台地区投资者与内地企业依照《中华人民共和国中外合作经营企业法》及有关法律的规定,依照合作合同的约定进行投资或提供条件设立、分配利润和分担风险的企业。

港澳台商独资经营企业 指依照《中华人民共和国外资企业法》及有关法律的规定,在内地由港澳台地区投资者全额投资设立的企业。

港澳台商投资股份有限公司 指根据国家有关规定,经外经贸部依法批准设立,其中港、澳、台商的股本占公司注册资本的比例达25%以上的股份有限公司。凡其中港、澳、台商的股本占公司注册资本的比例小于25%的,属于内资企业中的股份有限公司。

中外合资经营企业　指外国企业或外国人与中国内地企业依照《中华人民共和国中外合资经营企业法》及有关法律的规定，按合同规定的比例投资设立、分享利润和分担风险的企业。

中外合作经营企业　指外国企业或外国人与中国内地企业依照《中华人民共和国中外合作经营企业法》及有关法律的规定，依照合作合同的约定进行投资或提供条件设立、分配利润和分担风险的企业。

外资企业　指依照《中华人民共和国外资企业法》及有关法律的规定，在中国内地由外国投资者全额投资设立的企业。

外商投资股份有限公司　指根据国家有关规定，经外经贸部依法批准设立，其中外资的股本占公司注册资本的比例达25%以上的股份有限公司。凡其中外资股本占公司注册资本的比例小于25%的，属于内资企业中的股份有限公司。

行政机关、事业单位和社会团体　参照企业登记注册类型，主要按其经费来源和管理方式划分。具体规定如下：

(1)行政机关：包括国家机关和政党机关，原则上均列为“国有”。但有特殊规定的，如供销社等，则列为“集体”。

(2)事业单位：包括经国家机构编制部门和有关业务主管部门批准成立的各类事业单位，不包括实行企业化管理的事业单位。事业单位的划分办法如下：

①由国家财政预算拨款或列入财政预算外资金管理以及经费主要来源于国有主管部门或国有上级单位的事业单位，列为“国有”。

②经费主要来源于集体单位的事业单位，列为“集体”。

③公民个人(或个人合伙)开办的事业单位，列为“私营”。

④上述以外的其他事业单位，如果其经费来源不明确，按管理方式进行归类。

(3)社会团体：包括经民政部门批准成立以及未纳入社会团体管理条例范围的工会、妇联等各类社会团体。社会团体的划分办法如下：

①未纳入民政部社会团体管理条例范围的工会、妇联、共青团、青联、工商联、科协、侨联等社会团体，国家拨款设立的基金会或基金管理组织以及经费主要来源于国有业务主管部门或国有上级单位的社会团体，列入“国有”。

②经费主要来源于集体单位的社会团体，列为“集体”。

③公民个人(或个人合伙)开办的社会团体，划为“私营”。

④上述以外的其他社会团体，如果其经费来源不明确，改按管理方式进行归类。

Explanatory Notes on Main Statistical Indicators

Comparable Prices refer to prices that are used to remove the factors of price change in calculating economic aggregates, so as to facilitate comparison of aggregates over time. Two methods are used for calculating economic aggregates at comparable prices: 1. Multiplying the output of products by their constant prices of certain year; 2. Deflation of data at current prices by relevant price index.

Constant Price refers to the average price of a given product in certain year, which is used for comparison of output value over time. As the output value at constant prices removes the factor of price changes, it reflects the trend of production development over time. Since 1949, with the changes in general price level, the State Statistical Bureau has issued nationally unified constant prices five times; the 1952 constant prices for 1952-1957; the 1957 constant prices for 1957-1971; the 1970 constant prices for 1971-1980; the 1980 constant prices for 1981-1990; and the 1990 constant prices have been used since 1991.

Average Annual Growth Rate Two methods for calculating average annual growth rate are applied in China, one is often called "level approach" or the method of calculating geometric average, which is derived by comparing the level of the last year of the interval with that of the beginning year; the other is called accumulative approach or algebraic average or equation method, which is derived by the summation of the actual figure of each year in the interval divided by the figure in the base year. Usually the results calculated by the two methods are fairly close, but they differed sharply when uneven economic development occurred with striking fluctuations in growth.

The average annual growth rates listed in this statistical yearbook are calculated by "level approach" except for the growth rate of investment in fixed assets. The base years are not listed when the years are listed for average annual growth rates. For instance, the average annual growth rate of 43 years since 1949 is listed as average annual growth rate of 1950-1992 without listing the base year 1949. And the analogy of this is also the same for the rest of the years.

Registration Status of Enterprises Enterprises are classified into 3 categories, namely domestic- funded enterprises, enterprises with investment from Hong Kong, Macao and Taiwan, and enterprises with foreign investment, in the light of the registration status of an enterprise in industrial and commercial administration agencies. Domestic funded enterprises include state owned enterprises, collective owned enterprises, cooperative enterprises, joint ownership enterprises, limited liability corporations, share holding corporations Ltd. , private enterprises and other enterprises. Included in the enterprises with investment from Hong Kong, Macao and Taiwan and enterprises with foreign investment are joint venture enterprises, cooperative enterprises, sole investment enterprises and share holding corporations Ltd. For government agencies, institutions and social organizations which are not requested to be registered in industrial and commercial administration agencies, they are classified mainly by their sources of funds and way of management.

State-owned Enterprises refer to non- corporation economic units where the entire assets are owned by the state and which have registered in accordance with the Regulation of the People's Republic of China on the Management of Registration of Corporate Enterprises. Excluded from this category are sole state funded corporations in the limited liability corporations.

Collective-owned Enterprises refer to economic units where the assets are owned collectively and which have registered in accordance with the Regulation of the People's Republic of China on the Management of Registration of Corporate Enterprises.

Cooperative Enterprises refer to a form of collective economic units (enterprises) where capitals come mainly from employees as their shares, with certain proportion of capital from the outside, where production is organized on the basis of independent operation, independent accounting for profits and losses, joint work, democratic management, and a distribution system that integrates remuneration according to work with dividend according to capital share.

Joint Ownership Enterprises refer to economic units established by two or more corporate enterprises or corporate institutions of the same or different ownership, through joint investment on the basis of equality, voluntary participation and mutual benefits. They include state joint ownership enterprises, collective joint ownership enterprises, joint state-collective enterprises, other joint ownership enterprises.

Limited Liability Corporations refer to economic units established with investment from 2-50 investors and registered in accordance with the Regulation of the people's Republic of China on the Management of Registration of Corporations, each investor bearing limited liability to the corporation depending on its share of investment, and the corporation bearing liability to its debt to the maximum of its total assets. Limited liability corporations include exclusive state-funded limited liability corporations and other limited liability corporations.

Share-holding Corporations Ltd refer to economic units registered in accordance with the Regulation of the People's Republic of China on the Management of Registration of Corporations, with total registered capitals divided into equal shares and raised through issuing stocks. Each investor bears limited liability to the corporation depending on the holding of shares, and the corporation bears liability to its debt to the maximum of its total assets.

Private Enterprises refer to profit-making economic units invested and established by natural persons, or controlled by natural persons using employed labour. Included in this category are private limited liability corporations, private share-holding corporations Ltd. , private partnership enterprises and private funded enterprises registered in accordance with the Corporation Law, Partnership Enterprises Law and Interim Regulations on private Enterprises.

Other Domestic-funded Enterprises refer to domestic-funded economic units other than those mentioned above.

Joint-venture Enterprises with Funds from Hong Kong, Macao and Taiwan refer to enterprises jointly established by investors from Hong Kong, Macao and Taiwan with enterprises in the mainland of China in accordance with the Law of the People's Republic of China on Sino-foreign Joint Venture Enterprises and other relevant laws, where the share of investment, profits and risks is stipulated in the contract.

Cooperative Enterprises with Funds from Hong Kong, Macao and Taiwan established by investors from Hong Kong, Macao and Taiwan with enterprises in the mainland of China in accordance with the Law of the People's Republic of China on Sino-foreign Cooperative Enterprises and other relevant laws, where the investment or provision of facilities, and the share of profits and risks is stipulated in the cooperative contract.

Enterprises with Sole (exclusive) Investment from Hong Kong, Macao and Taiwan refer to enterprises established in the mainland of China with exclusive investment from investors from Hong Kong, Macao and Taiwan in accordance with the Law of the People's Republic of China on Foreign-Funded Enterprises and other relevant laws.

Share-holding Corporations Ltd. with Investment from Hong Kong, Macao and Taiwan refer to share-holding corporations Ltd. established with the approval from the Ministry of Foreign Trade and Economic Relations in line with relevant state regulations, where the share of investment from Hong Kong, Macao or Taiwan businessmen exceeds 25% of the total registered capital of the corporation. In case the share of investment from Hong Kong, Macao or Taiwan is less than 25% of the total registered capital, the enterprise is to be classified as domestic funded share holding corporation Ltd.

Joint-venture Enterprises with Foreign Investment refer to enterprises jointly established by foreign enterprises of foreigners with enterprises in the mainland of China in accordance with the Law of the People's Republic of China on Sino-foreign Joint Venture Enterprises and other relevant laws, where the share of investment, profits and risks is stipulated in the contract.

Cooperation Enterprises with Foreign Investment refer to enterprises jointly established by foreign enterprises or foreigners with enterprises in the mainland of China in accordance with the Law of the People's Republic of China on Sino-foreign Cooperative Enterprises and other relevant laws, where the investment or provision of facilities, and the share of profits and risks is stipulated in the cooperative contract.

Enterprises with Sole (exclusive) Foreign Investment refer to enterprises established in the mainland of China with exclusive investment from foreign investors in accordance with the Law of the People's Republic of China on Foreign-Funded Enterprises and other relevant laws.

Share-holding Corporations Ltd. with Foreign Investment refer to share-holding corporations Ltd. established with the approval from the Ministry of Foreign Trade and Economic Relations in line with relevant state regulations, where the share of investment from foreign investors exceeds 25% of the total registered capital of the corporation. In case the share of foreign investment is less than 25% of the total registered capital, the enterprise is to be classified as domestic - funded share - holding corporation Ltd.

Government Agencies, Institutions and Social Organizations are classified into following categories by source of funds and way of management taking reference of the registration status of enterprises:

(1) Government agencies include state and party agencies, classified in principles as " state-owned ". There are exceptions, such as supply and marketing cooperatives which are classified as "collective";

(2) Institutions: include institutions of various types

established with the approval by organization and staffing departments of the government, but exclude institutions where enterprise management system is introduced. Institutions are further classified as follows:

(a) Institutions whose main budget is listed in the Government budget appropriations or extra-budget funds, or allocated from the budget of their competent government agencies. Such institutions are classified as "state-owned";

(b) Institutions whose budget mainly comes from collective units. Such institutions are classified as "collective";

(c) Institutions Established by Individual(group of Citizen) are classified as " Private ";

(d) Institutions other than those mentioned above whose source of budget is not clear. Such institutions are classified by way of management;

(3) Social organizations: include social organizations established with the approval from the Ministry of Civil Affairs, and organizations that are not covered by social organization management regulations such as trade unions, women's federations etc. Social organizations are further classified as follows:

(a) Social organizations that are not covered by social organization management regulations of the Ministry of Civil Affairs such as trade unions, women's federations, communist youth leagues, youth associations, industrial and commerce associations, scientists associations, overseas Chinese associations, etc. , foundations and fund management organizations established with funds from the state, and social organizations whose funds mainly come from the budget of their competent government agencies. Such institutions are classified as "state-owned";

(b) Social organizations whose budget mainly comes from collective units. Such institutions are classified as "collective";

(c) Social organizations established by individual or a group of citizens, which are classified as "private";

(d) Social organizations other than those mentioned above whose source of budget is not clear. Such organizations are classified by way of management.

2 国民经济核算

National Accounts

资料整理：卢承源

Arranged By：Lu Chengyuan

2-1 生产总值

Gross Domestic Product

单位：亿元　　(100 million yuan)

年 份 Year	生产总值 Gross Domestic Product	第一产业 Primary Industry	第二产业 Secondary Industry	第三产业 Tertiary Industry	人均生产总值（元） Per Capita GDP(yuan)
1952	12.16	8.64	1.37	2.15	173
1953	15.57	10.44	2.25	2.88	211
1954	19.46	12.37	3.65	3.44	249
1955	17.49	10.25	3.53	3.71	213
1956	24.60	14.11	5.43	5.06	283
1957	21.27	11.29	5.05	4.93	232
1958	28.10	12.55	9.65	5.90	292
1959	35.76	14.75	13.41	7.60	349
1960	36.56	11.80	17.11	7.65	325
1961	25.25	11.40	7.25	6.60	215
1962	25.12	12.75	6.56	5.81	215
1963	29.02	12.71	9.90	6.41	243
1964	32.55	14.04	11.43	7.08	262
1965	35.41	15.21	12.08	8.12	275
1966	38.32	17.12	13.01	8.19	289
1967	31.80	13.87	10.43	7.50	233
1968	32.96	14.87	10.54	7.55	235
1969	32.90	14.78	10.52	7.60	227
1970	39.17	17.69	12.94	8.54	263
1971	41.61	16.82	15.99	8.80	271
1972	39.36	14.56	15.54	9.26	247
1973	44.07	16.22	18.14	9.71	269
1974	43.26	15.97	17.30	9.99	256
1975	48.55	18.15	20.02	10.38	280
1976	48.09	18.51	18.77	10.81	272
1977	51.65	18.91	21.60	11.14	287
1978	58.04	18.96	26.37	12.71	317
1979	64.14	21.03	28.37	14.74	343
1980	68.40	18.03	32.26	18.11	361
1981	77.91	27.14	32.04	18.73	407
1982	93.22	33.32	37.21	22.69	480
1983	105.88	35.90	41.98	28.00	535
1984	128.20	42.98	47.74	37.48	640
1985	163.83	53.54	56.95	53.34	809
1986	181.58	54.64	61.55	65.39	888
1987	212.27	62.21	70.42	79.64	1025
1988	270.81	90.20	85.72	94.89	1291
1989	292.69	89.08	98.96	104.65	1377

2-1 续表 Continued

单位：亿元 (100 million yuan)

年 份 Year	生产总值 Gross Domestic Product	第一产业 Primary Industry	第二产业 Secondary Industry	第三产业 Tertiary Industry	人均生产总值(元) Per Capita GDP(yuan)
1990	319.31	112.57	102.43	104.31	1478
1991	359.66	117.19	124.03	118.44	1642
1992	421.68	126.86	152.56	142.26	1906
1993	537.81	149.96	203.46	184.39	2423
1994	695.06	208.53	254.52	232.01	3094
1995	857.06	260.18	308.78	288.10	3772
1996	1023.09	312.82	364.77	345.50	4457
1997	1153.51	322.52	422.39	408.60	4980
1998	1262.54	341.62	458.86	462.06	5406
1999	1379.31	342.91	510.47	525.93	5861
2000	1539.12	350.80	582.57	605.74	6502
2001	1713.81	358.89	655.68	699.24	7210
2002	1940.94	374.69	754.78	811.47	8146
2003	2388.38	420.10	840.88	1127.40	10015
2004	2942.35	522.80	1041.21	1378.35	12315
2005	3523.70	589.56	1377.80	1556.34	14695
2006	4161.75	634.94	1722.36	1804.45	17275
2007	5166.93	762.55	2122.73	2281.65	21334
2008	6242.41	902.92	2555.05	2784.44	25620
2009	7104.22	934.88	2915.99	3253.35	28982
2010	8199.86	1097.80	3420.45	3681.61	33262
2011	9458.12	1309.72	4044.04	4104.36	38276
2012	10470.14	1453.22	4553.62	4463.29	42441
2013	11392.42	1582.87	4870.14	4939.41	46320
2014	12158.22	1638.02	5114.42	5405.77	49585
2015	12948.99	1630.21	5269.54	6049.24	52972
2016	13789.26	1650.56	5579.77	6558.93	56560
2017	14898.05	1649.77	5874.25	7374.03	61196
2018	16140.76	1750.67	6335.38	8054.70	66491
2019	17212.53	1863.26	6763.14	8586.13	71170
2020	17258.04	2028.82	6908.17	8321.06	71640
2021	20514.19	2225.23	9374.19	8914.77	85422

注：1. 本表按当年价格计算。
2. 根据第四次全国经济普查结果对2003-2018年数据进行了修订，2019-2020年为最终核实数，下表同。
3. 根据第七次全国人口普查结果对2011-2019年人均生产总值及指数进行了修订。

a)Data in value terms in this table are calculated at current prices.
b)Data in 2019-2020 are revised according to the result of the Fourth National Economic Census,and 2019 is the final verified number.The same applies to the following tables.
c)The per capita GDP and index for 2011-2019 are revised according to the result of the Seventh National Population Census.

2-2 生产总值构成

Composition of Gross Domestic Product

单位：% (%)

年 份 Year	生产总值 Gross Domestic Product	第一产业 Primary Industry	第二产业 Secondary Industry	第三产业 Tertiary Industry
1952	100	71.1	11.3	17.6
1953	100	67.1	14.5	18.4
1954	100	63.6	18.8	17.6
1955	100	58.6	20.2	21.2
1956	100	57.4	22.1	20.5
1957	100	53.1	23.7	23.2
1958	100	44.7	34.3	21.0
1959	100	41.2	37.5	21.3
1960	100	32.3	46.8	20.9
1961	100	45.1	28.7	26.2
1962	100	50.8	26.1	23.1
1963	100	43.8	34.1	22.1
1964	100	43.1	35.1	21.8
1965	100	43.0	34.1	22.9
1966	100	44.7	34.0	21.3
1967	100	43.6	32.8	23.6
1968	100	45.1	32.0	22.9
1969	100	44.9	32.0	23.1
1970	100	45.2	33.0	21.8
1971	100	40.4	38.4	21.2
1972	100	37.0	39.5	23.5
1973	100	36.8	41.2	22.0
1974	100	36.9	40.0	23.1
1975	100	37.4	41.2	21.4
1976	100	38.5	39.0	22.5
1977	100	36.6	41.8	21.6
1978	100	32.7	45.4	21.9
1979	100	32.8	44.2	23.0
1980	100	26.4	47.2	26.4
1981	100	34.8	41.1	24.1
1982	100	35.8	39.9	24.3
1983	100	33.9	39.6	26.5
1984	100	33.5	37.2	29.3
1985	100	32.7	34.8	32.5
1986	100	30.1	33.9	36.0
1987	100	29.3	33.2	37.5
1988	100	33.3	31.7	35.0
1989	100	30.4	33.8	35.8

2-2 续表 Continued

单位：% (%)

年 份 Year	生产总值 Gross Domestic	第一产业 Primary Industry	第二产业 Secondary Industry	第三产业 Tertiary Industry
1990	100	35.3	32.1	32.6
1991	100	32.6	34.5	32.9
1992	100	30.1	36.2	33.7
1993	100	27.9	37.8	34.3
1994	100	30.0	36.6	33.4
1995	100	30.4	36.0	33.6
1996	100	30.6	35.7	33.7
1997	100	28.0	36.6	35.4
1998	100	27.1	36.3	36.6
1999	100	24.9	37.0	38.1
2000	100	22.8	37.9	39.3
2001	100	20.9	38.3	40.8
2002	100	19.3	38.9	41.8
2003	100	17.6	35.2	47.2
2004	100	17.8	35.4	46.8
2005	100	16.7	39.1	44.2
2006	100	15.2	41.4	43.4
2007	100	14.7	41.1	44.2
2008	100	14.5	40.9	44.6
2009	100	13.2	41.0	45.8
2010	100	13.4	41.7	44.9
2011	100	13.8	42.8	43.4
2012	100	13.9	43.5	42.6
2013	100	13.9	42.7	43.4
2014	100	13.5	42.1	44.4
2015	100	12.6	40.7	46.7
2016	100	12.0	40.5	47.5
2017	100	11.1	39.4	49.5
2018	100	10.8	39.3	49.9
2019	100	10.8	39.3	49.9
2020	100	11.8	40.0	48.2
2021	100	10.8	45.7	43.5

注：本表按当年价格计算。
a)The data in this table are calculated at current price.

2-3 生产总值指数(上年=100）

Indices of Gross Domestic Product(last year=100)

(上年=100)　　　　(Preceding year=100)

年 份 Year	生产总值 Gross Domestic Product	第一产业 Primary Industry	第二产业 Secondary Industry	第三产业 Tertiary Industry	人均生产总值 Per Capita GDP
1953	116.3	107.5	159.9	127.4	110.6
1954	119.4	111.3	160.4	117.6	112.8
1955	90.7	83.7	97.5	107.4	86.0
1956	138.7	136.6	152.3	131.4	131.0
1957	110.9	117.5	98.3	106.2	105.3
1958	125.3	105.3	184.0	127.1	119.4
1959	122.9	112.6	139.2	125.2	115.3
1960	95.8	77.9	126.6	86.5	87.3
1961	65.3	80.7	39.3	95.5	62.3
1962	94.7	105.2	84.3	86.5	95.5
1963	119.7	108.9	148.6	115.0	117.0
1964	113.2	111.8	117.1	111.3	108.9
1965	109.8	105.9	113.6	112.6	105.8
1966	110.0	112.4	114.4	99.7	106.8
1967	83.3	81.1	81.2	91.2	81.1
1968	99.9	98.9	102.6	98.3	96.9
1969	100.8	99.5	103.4	99.8	97.7
1970	123.3	119.7	140.2	105.6	120.0
1971	102.1	95.0	106.5	108.7	99.0
1972	107.8	117.0	97.2	110.4	104.1
1973	111.7	110.8	116.8	105.0	108.3
1974	96.2	94.3	95.4	101.8	93.3
1975	111.3	111.7	115.6	103.1	108.6
1976	99.4	101.8	94.7	103.2	97.4
1977	107.0	102.2	114.5	103.7	105.2
1978	108.0	98.8	117.2	108.9	106.3
1979	109.8	107.7	108.6	116.0	107.4
1980	101.7	76.0	113.3	122.9	100.2
1981	110.6	141.8	96.3	103.4	109.4
1982	118.6	118.2	117.4	121.1	116.9
1983	109.8	105.0	109.9	116.7	107.8
1984	116.1	114.0	110.2	128.1	116.2
1985	117.2	114.1	108.2	133.0	114.6
1986	105.9	91.7	105.4	120.4	104.8
1987	109.0	106.8	107.0	112.5	107.7
1988	109.8	117.3	111.1	103.2	108.4
1989	102.7	95.1	104.9	106.8	101.4

2-3 续表 Continued

(上年=100) (Preceding year=100)

年 份 Year	生产总值 Gross Domestic Product	第一产业 Primary Industry	第二产业 Secondary Industry	第三产业 Tertiary Industry	人均生产总值 Per Capita GDP
1990	107.5	124.4	99.4	103.1	105.8
1991	107.5	104.0	110.8	107.9	106.0
1992	111.0	104.0	115.4	113.8	109.9
1993	111.7	105.0	113.9	115.7	110.4
1994	111.2	103.2	113.1	116.1	109.8
1995	110.1	103.9	111.0	114.1	108.9
1996	114.4	121.4	111.4	112.3	113.2
1997	110.8	102.0	114.0	114.3	109.8
1998	110.7	106.2	109.6	114.7	109.7
1999	108.8	101.0	110.0	112.7	108.0
2000	110.8	102.6	111.7	114.5	110.1
2001	110.7	102.0	110.9	115.5	110.2
2002	113.2	104.4	115.7	115.3	112.9
2003	116.3	106.4	120.1	117.5	116.2
2004	116.7	111.3	122.3	113.8	116.5
2005	119.6	109.1	130.3	113.1	119.2
2006	118.0	103.2	124.1	118.2	117.5
2007	118.0	103.9	122.3	118.6	117.4
2008	116.5	106.9	118.4	117.5	115.8
2009	116.0	102.3	119.2	116.5	115.3
2010	114.1	106.1	115.7	114.4	113.5
2011	113.6	106.0	116.3	113.3	113.3
2012	110.7	105.7	112.9	110.0	110.9
2013	108.7	103.7	110.1	108.7	109.0
2014	107.8	103.2	108.6	108.2	108.1
2015	107.7	103.2	107.8	108.7	108.0
2016	107.0	103.2	106.9	108.2	107.3
2017	104.0	103.3	101.5	106.4	104.2
2018	105.2	103.2	105.0	106.0	105.5
2019	105.2	102.4	105.7	105.4	105.5
2020	100.2	101.7	101.1	99.0	100.5
2021	106.3	104.8	106.1	106.7	106.6

注：本表按可比价格计算。
a)The indices in this table are calculated at comparable price.

2-4 生产总值指数(1952年=100)

Indices of Gross Domestic Product(1952=100)

1952年=100 (1952=100)

年份 Year	生产总值 Gross Domestic Product	第一产业 Primary Industry	第二产业 Secondary Industry	第三产业 Tertiary Industry	人均生产总值 Per Capita GDP
1952	100	100	100	100	100
1953	116.3	107.5	159.9	127.4	110.6
1954	138.9	119.6	256.6	149.8	124.8
1955	125.9	100.1	250.1	160.9	107.4
1956	174.6	136.8	380.9	211.3	140.7
1957	193.6	160.8	374.2	224.5	148.2
1958	242.6	169.3	688.6	285.4	176.9
1959	298.1	190.6	958.4	357.3	204.1
1960	285.6	148.5	1213.1	309.1	178.1
1961	186.4	119.9	476.5	295.1	111.0
1962	176.5	126.1	401.8	255.4	106.0
1963	211.3	137.3	597.2	293.8	124.0
1964	239.3	153.5	699.5	327.0	135.1
1965	262.7	162.5	795.0	368.3	143.0
1966	288.9	182.6	909.8	367.2	152.7
1967	240.8	148.1	739.2	334.9	123.8
1968	240.6	146.5	758.6	329.1	120.1
1969	242.6	145.7	784.6	328.3	117.3
1970	299.1	174.4	1100.0	346.6	140.7
1971	305.3	165.7	1171.8	376.6	139.2
1972	329.1	193.9	1138.9	415.8	144.9
1973	367.5	214.8	1329.8	436.5	157.0
1974	353.7	202.6	1268.7	444.4	146.5
1975	393.8	226.3	1467.3	458.4	159.1
1976	391.2	230.4	1389.9	473.1	155.0
1977	418.7	235.4	1591.6	490.7	163.1
1978	452.2	232.5	1865.3	534.2	173.4
1979	496.3	250.5	2026.3	619.5	186.3
1980	504.6	190.5	2295.8	761.5	186.7
1981	558.1	270.1	2210.8	787.4	204.2
1982	661.8	319.3	2595.1	953.9	238.8
1983	726.9	335.4	2850.8	1113.2	257.5
1984	844.4	382.4	3135.9	1425.5	299.1
1985	989.8	436.3	3399.5	1896.5	342.7
1986	1048.0	400.2	3582.7	2282.8	359.1
1987	1142.1	427.6	3832.2	2568.3	386.6
1988	1254.0	501.6	4259.3	2651.2	419.2
1989	1288.3	476.7	4470.0	2831.2	425.0

2-4 续表 Continued

1952年=100 (1952=100)

年 份 Year	生产总值 Gross Domestic	第一产业 Primary Industry	第二产业 Secondary Industry	第三产业 Tertiary Industry	人均生产总值 Per Capita GDP
1990	1385.2	593.2	4444.5	2919.0	449.5
1991	1488.7	616.9	4926.5	3149.9	476.5
1992	1652.6	641.8	5687.2	3584.0	523.7
1993	1845.3	673.9	6480.5	4145.0	578.2
1994	2051.2	695.5	7329.5	4810.9	640.1
1995	2259.3	722.6	8133.5	5490.7	697.0
1996	2584.3	877.2	9064.7	6165.5	789.3
1997	2862.1	894.8	10333.8	7046.3	866.4
1998	3167.0	950.2	11322.7	8080.3	950.8
1999	3446.7	959.7	12452.7	9105.7	1026.8
2000	3817.3	984.7	13912.2	10422.5	1130.6
2001	4225.8	1003.9	15423.1	12033.7	1246.4
2002	4782.1	1048.1	17842.6	13879.9	1407.1
2003	5561.5	1115.1	21428.9	16308.9	1635.1
2004	6490.3	1241.2	26207.6	18559.5	1904.8
2005	7762.4	1354.1	34148.5	20990.8	2270.6
2006	9159.6	1397.4	42378.3	24811.1	2667.9
2007	10808.4	1451.9	51828.6	29425.9	3132.1
2008	12591.8	1552.1	61365.1	34575.5	3627.0
2009	14606.4	1587.8	73147.2	40280.4	4181.9
2010	16666.0	1684.7	84631.3	46080.8	4746.5
2011	18932.5	1785.8	98426.2	52209.6	5377.8
2012	20958.3	1887.5	111123.2	57430.5	5964.0
2013	22781.7	1957.4	122346.7	62427.0	6500.7
2014	24558.6	2020.0	132868.5	67546.0	7027.3
2015	26449.7	2084.7	143232.2	73422.5	7589.5
2016	28301.1	2151.4	153115.2	79443.1	8143.5
2017	29433.2	2222.4	155412.0	84527.5	8485.5
2018	30963.7	2293.5	163182.6	89599.2	8952.2
2019	32573.8	2348.5	172484.0	94437.5	9444.6
2020	32639.0	2389.3	174345.1	93508.8	9491.8
2021	34683.0	2504.3	185065.2	99783.6	10117.8

注：本表按可比价格计算。
a)The indices in this table are calculated at comparable price.

2-5 主要行业增加值

Value-added of Main Sectors

单位：亿元　　(100 million yuan)

年 份 Year	农林牧渔业 Agriculture, Forestry,Animal Husbandry & Fishery	工 业 Industry	建筑业 Construction	批发零售住宿餐饮业 Wholesale, Retail & Catering Trade	交通运输、仓储和邮政业 Transport, Storage & Postal	金融业 Financial Intermediation	房地产业 Real Estate	其他服务业 Other Services
1992	126.86	120.85	31.71	35.04	32.65	16.62	8.01	49.94
1993	149.96	162.53	40.93	47.44	44.21	19.62	10.98	62.15
1994	208.53	205.98	48.53	63.14	53.93	23.14	13.47	78.34
1995	260.18	254.88	53.90	83.03	69.36	25.73	16.77	93.22
1996	312.82	304.81	59.96	103.70	89.13	29.20	18.77	104.71
1997	322.52	355.10	67.29	126.82	114.08	33.15	22.14	112.40
1998	341.62	382.44	76.42	144.96	126.06	36.19	26.27	128.58
1999	342.91	425.13	85.34	168.59	145.98	38.05	32.48	140.85
2000	350.80	484.19	98.38	195.39	175.46	40.44	40.30	154.14
2001	358.89	541.02	114.66	226.46	204.42	43.31	49.89	175.16
2002	374.69	614.89	139.89	266.54	244.28	46.46	56.17	198.02
2003	420.10	662.95	177.93	293.91	264.06	64.48	65.81	439.14
2004	522.80	823.39	217.82	352.87	304.20	72.46	78.61	570.21
2005	589.56	1101.69	276.11	417.49	349.22	87.51	108.53	593.60
2006	634.94	1395.84	326.52	489.30	395.67	113.35	154.82	651.31
2007	762.55	1737.82	384.91	562.47	458.98	149.65	223.56	886.99
2008	902.92	2090.60	464.45	658.35	539.30	192.29	330.10	1064.39
2009	934.88	2345.55	570.44	760.41	584.06	255.73	357.30	1295.85
2010	1097.80	2720.84	699.62	862.99	652.39	295.54	397.79	1472.89
2011	1309.72	3169.78	874.26	962.20	743.73	377.00	480.74	1540.69
2012	1453.22	3568.19	985.44	1098.52	819.59	437.56	527.70	1579.92
2013	1605.30	3823.57	1046.57	1226.22	862.70	489.26	586.09	1752.72
2014	1661.91	4008.33	1106.10	1337.23	910.15	547.86	646.21	1940.44
2015	1655.29	4121.20	1148.34	1430.45	936.27	627.75	664.49	2365.20
2016	1677.04	4357.10	1222.67	1523.05	976.53	730.11	705.05	2597.70
2017	1677.71	4671.95	1202.30	1621.74	1074.19	809.37	735.27	3105.47
2018	1779.76	5104.18	1231.20	1700.46	1130.05	847.02	828.88	3519.21
2019	1893.45	5458.60	1304.54	1809.88	1202.71	874.88	892.20	3776.28
2020	2059.97	5597.63	1310.54	1655.47	1142.50	849.03	830.11	3812.81
2021	2258.77	7911.88	1462.31	1874.58	1262.36	898.36	860.54	3985.39

注：本表按当年价格计算。
a)The Data in this table are calculated at current price.

2-6 主要行业增加值指数

Indices of Value-added of Main Sectors

(上年=100) (Preceding year=100)

年 份 Year	农林牧渔业 Agriculture, Forestry,Animal Husbandry & Fishery	工 业 Industry	建筑业 Construction	批发零售住宿餐饮业 Wholesale, Retail & Catering Trade	交通运输、仓储和邮政业 Transport, Storage & Postal	金融业 Financial Intermediation	房地产业 Real Estate	其他服务业 Other Services
1993	105.0	112.3	120.5	121.1	128.6	115.9	116.4	103.7
1994	103.2	114.8	106.9	116.8	119.6	116.0	114.2	113.1
1995	103.9	112.7	104.2	115.7	119.7	109.7	110.1	110.7
1996	121.4	115.2	95.5	113.3	114.4	108.7	107.7	111.9
1997	102.0	114.9	109.4	115.8	117.1	105.7	110.6	114.4
1998	106.2	110.0	107.2	115.8	116.8	111.0	120.5	111.9
1999	101.0	110.7	105.9	116.4	113.4	107.2	122.9	108.9
2000	102.6	112.2	108.9	117.0	118.4	107.5	122.5	109.0
2001	102.0	110.2	114.1	121.8	117.7	106.3	122.7	105.4
2002	104.8	113.9	124.3	116.4	120.1	106.0	111.4	110.5
2003	105.9	114.8	143.0	106.8	117.3	136.3	112.7	132.0
2004	111.3	124.2	115.6	117.5	115.2	108.1	113.8	109.0
2005	109.1	132.6	121.3	117.3	114.8	117.2	123.1	101.6
2006	103.2	126.7	113.6	116.2	113.3	126.5	115.4	121.9
2007	103.9	124.5	112.7	113.3	116.0	126.7	115.0	123.0
2008	106.9	120.3	109.1	114.3	117.5	120.2	115.6	119.2
2009	102.3	118.1	125.2	115.7	108.3	134.2	107.9	119.7
2010	106.1	116.0	114.3	111.1	111.7	110.8	112.8	118.3
2011	106.0	116.5	115.6	108.8	114.0	120.4	122.7	111.8
2012	105.7	113.2	111.6	113.0	110.2	113.4	103.2	109.5
2013	105.3	111.0	106.6	108.4	105.3	110.3	109.5	108.7
2014	103.2	109.2	105.9	108.3	105.5	111.2	106.2	109.3
2015	103.2	108.0	106.7	106.4	103.7	115.1	105.9	111.6
2016	103.2	106.9	106.9	105.9	104.3	115.9	107.0	109.5
2017	103.3	103.6	94.1	105.4	110.0	108.1	101.0	106.7
2018	103.2	106.8	97.9	103.4	105.2	101.9	101.9	110.0
2019	102.4	106.0	104.5	104.9	104.3	103.0	104.6	106.9
2020	101.7	100.9	101.9	92.3	97.8	99.3	103.8	102.0
2021	104.8	106.5	104.5	104.9	109.3	103.8	102.5	108.3

注：本表按可比价格计算。

a)The indices in this table are calculated at comparable price.

2-7 第三产业增加值

Value-added of the Tertiary Industry

单位：亿元 (100 million yuan)

行 业	Sector	2020	2021
总 计	**Total**	**8321.06**	**8914.77**
农、林、牧、渔专业及辅助性活动	Agriculture,Forestry,Animal Husbandry and Fishery Specialty and Auxiliary Activities	31.15	33.54
开采辅助活动	Support Activities for Mining		
金属制品、机械和设备修理业	Repair Service of Metal Products, Machinery and Equipment		
批发和零售业	Wholesale and Retail Trade	1362.96	1541.72
交通运输、仓储和邮政业	Transportation Storage and Postal Services	1142.50	1262.36
住宿和餐饮业	Hotel and Restaurants	292.51	332.86
信息传输、软件和信息技术服务业	Information Transmission, Software & Information Technology Services	370.97	392.49
金融业	Banking	849.03	898.36
房地产业	Real Estate	830.11	860.54
租赁和商务服务业	Leasing and Business Services	307.42	318.21
科学研究和技术服务业	Scientific Research & Technical Services	282.30	290.65
水利、环境和公共设施管理业	Water Conservancy, Environment and Public Facilities Administration	64.62	70.06
居民服务、修理和其他服务业	Resident Services, Repairs and Other Services	244.33	255.69
教育	Education	782.61	797.50
卫生和社会工作	Health Care and Social Work	511.80	538.78
文化、体育和娱乐业	Culture, Sports and Entertainment	88.25	99.92
公共管理、社会保障和社会组织	Public Administration, Social Security and Social Organizations	1160.52	1222.07
国际组织	International Organizations		

注：本表按当年价格计算。
a)Data in value terms in this table are calculated at current prices.

2-8 第三产业增加值构成

Composition of Value-added of the Tertiary Industry

单位：%　　(%)

行　业	Sector	2020	2021
总 计	**Total**	**100.0**	**100.0**
农、林、牧、渔专业及辅助性活动	Agriculture,Forestry,Animal Husbandry and Fishery Specialty and Auxiliary Activities	0.4	0.4
开采辅助活动	Support Activities for Mining		
金属制品、机械和设备修理业	Repair Service of Metal Products, Machinery and Equipment		
批发和零售业	Wholesale and Retail Trade	16.1	17.3
交通运输、仓储和邮政业	Transportation Storage and Postal Services	13.7	14.2
住宿和餐饮业	Hotel and Restaurants	3.6	3.7
信息传输、软件和信息技术服务业	Information Transmission, Software & Information Technology Services	4.4	4.4
金融业	Banking	10.5	10.1
房地产业	Real Estate	10.9	9.7
租赁和商务服务业	Leasing and Business Services	3.5	3.6
科学研究和技术服务业	Scientific Research & Technical Services	3.5	3.3
水利、环境和公共设施管理业	Water Conservancy, Environment and Public Facilities Administration	0.8	0.8
居民服务、修理和其他服务业	Resident Services, Repairs and Other Services	3.1	2.9
教育	Education	9.4	8.9
卫生和社会工作	Health Care and Social Work	5.9	6.0
文化、体育和娱乐业	Culture, Sports and Entertainment	1.1	1.1
公共管理、社会保障和社会组织	Public Administration, Social Security and Social Organizations	13.2	13.7
国际组织	International Organizations		

注：本表按当年价格计算。
a)Data in value terms in this table are calculated at current prices.

2-9 第三产业增加值指数

Indices of Value-added of the Tertiary Industry

上年=100　　(Preceding year=100)

行　业	Sector	2020	2021
总　计	**Total**	**99.0**	**106.7**
农、林、牧、渔专业及辅助性活动	Agriculture,Forestry,Animal Husbandry and Fishery Specialty and Auxiliary Activities	100.7	105.8
开采辅助活动	Support Activities for Mining	100.0	100.0
金属制品、机械和设备修理业	Repair Service of Metal Products, Machinery and Equipment	100.0	100.0
批发和零售业	Wholesale and Retail Trade	95.0	103.6
交通运输、仓储和邮政业	Transportation Storage and Postal Services	97.4	109.3
住宿和餐饮业	Hotel and Restaurants	81.8	110.9
信息传输、软件和信息技术服务业	Information Transmission, Software & Information Technology Services	116.0	122.6
金融业	Banking	99.3	103.8
房地产业	Real Estate	103.8	102.5
租赁和商务服务业	Leasing and Business Services	94.5	103.5
科学研究和技术服务业	Scientific Research & Technical Services	104.4	107.9
水利、环境和公共设施管理业	Water Conservancy, Environment and Public Facilities Administration	102.0	108.2
居民服务、修理和其他服务业	Resident Services, Repairs and Other Services	94.3	104.4
教育	Education	103.0	101.7
卫生和社会工作	Health Care and Social Work	103.4	105.7
文化、体育和娱乐业	Culture, Sports and Entertainment	82.8	118.7
公共管理、社会保障和社会组织	Public Administration, Social Security and Social Organizations	101.6	110.7
国际组织	International Organizations		

注：本表按可比价格计算。
a)The indices in this table are calculated at comparable prices.

2-10 三次产业贡献率

Share of the Contributions of the Three Strata of Industry to the Increase of the GDP

单位：%　　　　(%)

年 份 Year	生产总值 Gross Domestic Product	第一产业 Primary Industry	第二产业 Secondary Industry	第三产业 Tertiary Industry
1990	100	89.1	-2.4	13.3
1991	100	18.9	46.6	34.5
1992	100	12.4	46.5	41.1
1993	100	13.7	41.3	45.1
1994	100	8.6	41.2	50.1
1995	100	10.7	38.6	50.6
1996	100	43.7	28.5	27.8
1997	100	6.2	48.0	45.7
1998	100	17.8	33.8	48.4
1999	100	3.4	43.1	53.5
2000	100	6.7	41.7	51.6
2001	100	4.2	38.6	57.2
2002	100	7.0	45.2	47.8
2003	100	7.6	47.6	44.8
2004	100	11.9	53.3	34.8
2005	100	7.8	64.6	27.6
2006	100	3.0	52.3	44.7
2007	100	3.2	51.0	45.8
2008	100	5.4	47.5	47.1
2009	100	1.7	52.0	46.3
2010	100	4.5	49.6	45.9
2011	100	5.9	50.0	44.1
2012	100	6.7	51.4	41.9
2013	100	5.0	50.7	44.3
2014	100	4.6	48.4	47.0
2015	100	4.5	44.7	50.8
2016	100	5.6	39.9	54.5
2017	100	9.9	15.4	74.7
2018	100	7.4	37.7	54.9
2019	100	5.4	43.9	50.7
2020				
2021	100	9.0	39.3	51.7

注：本表按可比价格计算。

a)The indices in this table are calculated at comparable price.

2-11 三次产业对生产总值增长的拉动
Contribution of the Three Strata of Industry to GDP Growth

单位：百分点 (percentage points)

年 份 Year	生产总值 Gross Domestic Product	第一产业 Primary Industry	第二产业 Secondary Industry	第三产业 Tertiary Industry
1990	7.5	6.7	-0.2	1.0
1991	7.5	1.4	3.5	2.6
1992	11.0	1.4	5.1	4.5
1993	11.7	1.6	4.8	5.3
1994	11.2	1.0	4.6	5.6
1995	10.1	1.1	3.9	5.1
1996	14.4	6.3	4.1	4.0
1997	10.8	0.7	5.2	4.9
1998	10.7	1.9	3.6	5.2
1999	8.8	0.3	3.8	4.7
2000	10.8	0.7	4.5	5.5
2001	10.7	0.4	4.1	6.1
2002	13.2	0.9	6.0	6.3
2003	16.3	1.2	7.8	7.3
2004	16.7	2.0	8.9	5.8
2005	19.6	1.5	12.7	5.4
2006	18.0	0.5	9.4	8.1
2007	18.0	0.6	9.2	8.2
2008	16.5	0.9	7.8	7.8
2009	16.0	0.3	8.3	7.4
2010	14.1	0.6	7.0	6.5
2011	13.6	0.8	6.8	6.0
2012	10.7	0.7	5.5	4.5
2013	8.7	0.4	4.4	3.9
2014	7.8	0.4	3.8	3.7
2015	7.7	0.3	3.4	3.9
2016	7.0	0.4	2.8	3.8
2017	4.0	0.4	0.6	3.0
2018	5.2	0.4	2.0	2.9
2019	5.2	0.3	2.3	2.6
2020	0.2	0.2	0.4	-0.4
2021	6.3	0.6	2.5	3.2

注：本表按可比价格计算。
a) The indices in this table are calculated at comparable price.

主要统计指标解释

地区生产总值 是按市场价格计算的地区生产总值的简称。它是一个地区所有常住单位在一定时期内生产活动的最终成果。地区生产总值有三种表现形式，即价值形态、收入形态和产品形态。从价值形态看，它是所有常住单位在一定时期内所生产的全部货物和服务价值超过同期投入的全部非固定资产货物和服务价值的差额，即所有常住单位的增加值之和；从收入形态看，它是所有常住单位在一定时期内所创造并分配给常住单位和非常住单位的初次分配收入之和；从产品形态看，它是最终使用的货物和服务减去进口货物和服务。在实际核算中，地区生产总值的三种表现形态表现为三种计算方法，即生产法、收入法和支出法。三种方法分别从不同的方面反映地区生产总值及其构成。

三次产业 三次产业的划分是世界上较为常用的产业结构分类，但各国的划分不尽一致。根据国家统计局《三次产业划分规定》和《国民经济行业分类》(GB/T 4754-2017)，我国的三次产业划分是：第一产业是指农、林、牧、渔业(不含农、林、牧、渔专业及辅助性活动业)。第二产业是指采矿业(不含开采专业及辅助活动)，制造业(不含金属制品、机械和设备修理业)，电力、热力、燃气及水生产和供应业，建筑业。第三产业即服务业，是指除第一、二产业以外的其他行业。

生产总值指数 名义GDP和实际GDP的比率。反映一定时期内国内生产总值变动趋势和程度的相对数。目前本书中的国内生产总值指数有两种，一种是以1952年为基期计算的定基指数，另一种是以上一年为基期计算的指数。

人均生产总值 一个国家或地区本年GDP与常住人口的比值，得到人均生产总值，是衡量国家或地区经济发展程度和人民生活水平的重要标准。

行业贡献率 即该行业GDP增量占总的GDP增量的比重，用于分析经济增长中各行业作用大小的程度。

Explanatory Notes on Main Statistical Indicators

Gross Domestic Product (**GDP**) refers to the final products of all resident units in a region during a certain period of time. Gross domestic product is expressed in three different forms, namely value, income, and products respectively. The form of value refers to the total value of all products and services produced by all resident units during a certain period of time minus total value of intimidate input of materials and services of the nature of non-fixed assets or the summation of the value-added of all resident units; the form of income includes all the income created by all resident units and distributed primarily to all resident and non resident units; the form of products refers to the value of all final goods and services for final use by all resident units plus the value of net exports of goods and services during a given period of time. In the practice of national accounting, gross domestic product is calculated with three approaches, namely production approach, income approach, and expenditure approach, which reflect gross domestic product and its composition from different aspects.

Three Strata of Industry Classification of economic activities into three strata of industry is a common practice in the world, although the grouping varies to some extent from country to country. In China, according to Industrial classification for National Economic Activities (GB/T 4754—2011) and Dividing Basis of Three Industries, economic activities are categorized into the following three strata of industry:

Primary industry refers to agriculture, forestry, animal husbandry and fishery industries (not including services in support of agriculture, forestry, animal husbandry and fishery industries).

Secondary industry refers to mining and quarrying(not including support activities for mining), manufacturing(not including repair service of metal products, machinery and equipment), production and supply of electricity, heat, gas and water, and construction.

Tertiary industry refers to all other economic activities not included in the primary or secondary industries.

GDP Index The ratio of nominal GDP to real GDP. A relative number that reflects the changing trend and degree of GDP in a given period. There are two kinds of GDP indexes in this book. One is based on 1952, and the other is based on the previous year.

Per Capita GDP The ratio of GDP and permanent resident population of a country or region in this year, the per capita GDP, is an important standard to measure the degree of economic development of a country or region and people´s living standards.

Industry Contribution Rate That is, the proportion of GDP increment of the industry in the total GDP increment, which is used to analyze the role of each industry in economic growth.

3 人口与就业

Population and Employment

资料整理：汪欣宇　陈婧　侯玉芳
Arranged By：Wang Xinyu　Chen Jing　Hou Yufang

3-1 历次全国人口普查内蒙古人口基本情况

Basic Conditions of All Region Population Census in 1953,1964,1982,1990,2000,2010 and 2020

单位：万人　　　　(10 000 persons)

指　标	Item	1953	1964	1982	1990	2000	2010	2020
总人口	**Total Population**	**610.02**	**1233.41**	**1927.43**	**2145.65**	**2375.54**	**2470.63**	**2404.92**
男	Male	343.19	669.28	1005.29	1115.57	1228.90	1283.13	1227.53
女	Female	266.83	564.13	922.14	1030.08	1146.64	1187.50	1177.39
总户数(万户)	**Total Number of Households (10 000 households)**	**138.70**	**261.39**	**420.00**	**529.34**	**708.16**	**847.05**	**997.42**
家庭户	Family Households			418.75	527.31	695.48	817.61	948.40
集体户	Collective Households			1.25	2.03	12.68	29.44	49.02
各年龄组人口	**Population by Age**							
0-5岁	Age 0-5			237.01	246.92	151.13	134.60	125.45
6-14岁	Age 6-14			447.58	363.45	354.43	213.66	212.32
15-64岁	Age 15-64			1173.22	1449.29	1742.85	1935.56	1753.26
65岁及以上	Age 65 and Over			69.62	85.99	127.13	186.81	313.89
民族人口	**Nationality Population**							
汉族	Han Nationality	512.00	1072.94	1627.76	1729.00	1882.39	1965.07	1893.55
蒙古族	Mongolian Nationality	88.82	138.45	248.94	337.97	402.92	422.61	424.78
其他少数民族	Other Minority Nationalities	7.24	22.00	50.73	78.67	90.23	82.95	86.58
15岁及以上人口	**Population Aged 15 and Over**			**1242.84**	**1535.28**	**1869.98**	**2122.37**	**2067.15**
6岁及以上人口按受教育程度分组	**Population Aged 6 and Over by Educational Level**			**1690.42**	**1898.73**	**2224.41**	**2236.03**	**2279.46**
大学本科	Undergraduates				10.83	24.47	91.99	209.53
大学专科	College Students			11.00	20.90	65.88	160.20	239.90
中专	Specialized Secondary School				42.97	89.66		
高中	Senior Secondary School			143.68	173.07	237.22	373.69	356.27
初中	Junior Secondary School			371.99	546.55	826.65	968.93	814.33
小学	Primary School			631.58	716.68	739.60	627.99	566.13
不识字或识字很少	Illiterate and Semi-Illiterate			422.29	332.82	240.93	113.23	93.30
市镇乡村人口	**Population of Cities, Towns & Countryside**							
市镇人口	City & Town		305.10	556.14	779.69	1013.88	1372.02	1622.75
乡村人口	County		928.31	1371.29	1365.96	1361.66	1098.61	782.17

注：1953、1964、1982和1990年数据为年中数(7月1日零时)，2000、2010、2020年数据为2000、2010、2020年11月1日零时快速汇总数。

a)Data on 1953,1964,1982 and 1990 is year-middle data(at zero hour of Jul.1). The data of 2000,2010 and 2020 is the total amount of quick summary at zero hour of November 1,2000,2010 and 2020.

3-2 年末总人口数及构成

Population and Its Composition at Year-end

单位：万人 (10 000 persons)

年 份 Year	年末总人口 Total Population (year-end)	按性别分 By Sex		按城乡分 By Residence	
		男 Male	女 Female	市镇人口 Urban	乡村人口 Rural
1949	608.1	334.0	274.1	75.2	532.9
1952	715.9	394.3	321.6	91.9	624.0
1957	936.0	519.3	416.7	175.4	760.6
1965	1296.4	700.1	596.3	268.3	1028.1
1970	1491.0	799.0	692.0	320.8	1170.2
1975	1737.9	918.6	819.3	379.3	1358.6
1978	1823.4	957.8	865.6	397.5	1425.9
1980	1876.5	981.2	895.3	433.1	1443.4
1981	1902.9	994.9	908.0	445.2	1457.7
1982	1941.6	996.0	945.6	565.2	1376.4
1983	1969.8	1009.8	960.0	573.8	1396.0
1984	1993.1	1022.7	970.4	847.1	1146.0
1985	2015.9	1043.6	972.3	874.1	1141.8
1986	2040.7	1058.0	982.7	932.2	1108.5
1987	2066.4	1062.3	1004.1	1004.5	1061.9
1988	2093.9	1083.2	1010.7	1033.8	1060.1
1989	2122.2	1102.4	1019.8	1055.8	1066.5
1990	2162.6	1127.6	1035.0	781.1	1381.4
1991	2183.9	1132.8	1051.0	807.4	1376.4
1992	2206.6	1142.1	1064.5	817.1	1389.5
1993	2232.4	1149.8	1082.6	831.8	1400.6
1994	2260.5	1161.5	1099.0	849.3	1411.2
1995	2284.4	1187.6	1096.8	873.1	1411.3
1996	2306.6	1198.0	1108.6	887.2	1419.4
1997	2325.7	1207.5	1118.2	905.6	1420.1
1998	2344.9	1216.7	1128.2	936.7	1408.2
1999	2361.9	1224.6	1137.3	967.8	1394.1

3-2 续表 Continued

单位：万人 (10 000 persons)

年 份 Year	年末总人口 Total Population (year-end)	按性别分 By Sex		按城乡分 By Residence	
		男 Male	女 Female	市镇人口 Urban	乡村人口 Rural
2000	2372.4	1227.2	1145.2	1001.1	1371.3
2001	2381.4	1230.6	1150.8	1036.8	1344.6
2002	2384.1	1231.1	1153.0	1050.3	1333.8
2003	2385.8	1231.4	1154.3	1067.4	1318.4
2004	2392.7	1234.2	1158.5	1097.3	1295.4
2005	2403.1	1237.9	1165.2	1134.3	1268.8
2006	2415.1	1243.0	1172.1	1174.7	1240.4
2007	2428.8	1250.0	1178.8	1218.0	1210.8
2008	2444.3	1255.9	1188.4	1264.1	1180.2
2009	2458.2	1263.5	1194.7	1312.7	1145.5
2010	2472.2	1283.9	1188.3	1372.9	1099.3
2011	2470.1	1282.0	1188.1	1409.0	1061.2
2012	2463.9	1278.1	1185.7	1439.4	1024.5
2013	2455.3	1272.5	1182.9	1468.8	986.5
2014	2449.1	1268.1	1181.0	1493.2	955.9
2015	2440.4	1262.2	1178.2	1515.2	925.2
2016	2436.2	1259.1	1177.1	1544.6	891.7
2017	2433.4	1256.0	1177.4	1572.0	861.5
2018	2422.2	1248.6	1173.6	1586.8	835.4
2019	2415.3	1244.3	1171.0	1605.2	810.1
2020	2402.8	1226.5	1176.4	1621.5	781.3
2021	2400.0	1226.0	1174.0	1637.0	763.0

注：1985年之前为户籍统计数，2011-2019年数据为根据第七次人口普查结果修订后数据，其余年份为根据历次人口普查数据修订后数据。
a)Before 1985,the data are from household registrations.The data from 2011 to 2019 are revised according to the results of the seventh population census.The remaining data are revised according to the data of previous censuses.

3-3 人口出生率、死亡率、自然增长率

Birth Rate,Death Rate and Natural Growth Rate

单位：‰ (‰)

年 份 Year	出生率 Birth Rate	死亡率 Death Rate	自然增长率 Natural Growth Rate	人口机械增长率 Migratory Growth Rate
1956	29.5	7.9	21.6	40.0
1957	37.2	10.5	26.7	16.3
1958	28.4	7.9	20.5	31.7
1959	30.8	11.0	19.8	54.8
1960	29.4	9.4	20.0	94.1
1961	22.1	8.8	13.3	-37.1
1962	38.2	9.0	29.2	-21.7
1963	41.3	8.5	32.8	3.7
1964	41.9	11.8	30.1	0.9
1965	40.0	9.3	30.7	2.8
1966	36.1	8.1	28.0	-2.8
1967	34.9	7.7	27.2	3.5
1968	34.9	7.3	27.6	1.2
1969	32.5	6.8	25.7	8.4
1970	32.3	6.2	26.1	-5.1
1971	29.7	5.6	24.1	18.0
1972	30.7	6.6	24.1	6.3
1973	28.3	5.7	22.6	7.1
1974	25.9	6.1	19.8	12.4
1975	23.3	6.1	17.2	1.8
1976	20.1	5.5	14.6	3.3
1977	18.1	5.4	12.7	3.5
1978	18.5	5.2	13.3	0.6
1979	18.1	4.9	13.2	-0.3
1980	16.5	4.9	11.5	
1981	17.3	4.9	12.4	1.3
1982	21.2	5.7	15.5	-0.8
1983	20.0	5.5	14.5	
1984	18.9	5.5	13.4	-1.7
1985	17.2	5.7	11.5	-0.1
1986	19.1	5.9	13.2	-1.0
1987	19.7	6.1	13.6	-1.1
1988	19.0	5.7	13.3	-0.1
1989	19.3	5.8	13.5	-0.7
1990	21.2	7.2	14.0	-1.1
1991	16.8	7.0	9.8	-1.2
1992	17.1	6.7	10.3	-1.3
1993	18.5	6.8	11.7	-0.5
1994	19.0	6.5	12.5	-0.3

3-3 续表 Continued

单位：‰ (‰)

年 份 Year	出生率 Birth Rate	死亡率 Death Rate	自然增长率 Natural Growth Rate	人口机械增长率 Migratory Growth Rate
1995	17.2	6.7	10.5	-0.1
1996	16.1	6.4	9.7	0.1
1997	15.2	7.0	8.3	0.1
1998	14.4	6.2	8.2	
1999	13.3	6.1	7.2	-0.2
2000	12.1	5.9	6.1	-0.6
2001	10.8	5.8	5.0	-1.2
2002	9.6	5.9	3.7	-2.6
2003	9.2	6.2	3.1	-2.4
2004	9.5	6.0	3.6	-0.6
2005	10.1	5.5	4.6	-0.3
2006	9.9	5.9	4.0	1.0
2007	10.2	5.7	4.5	1.2
2008	9.8	5.5	4.3	2.1
2009	9.6	5.6	4.0	1.7
2010	9.3	5.5	3.8	1.9
2011	8.9	5.4	3.5	0.3
2012	9.2	5.5	3.7	-0.4
2013	9.0	5.6	3.4	-0.3
2014	9.3	5.8	3.6	-0.7
2015	7.7	5.3	2.4	0.1
2016	9.0	5.7	3.3	0.3
2017	9.5	5.7	3.7	-0.4
2018	8.4	6.0	2.4	-0.3
2019	8.2	5.7	2.6	-0.4
2020	7.2	7.3	-0.1	-7.6
2021	6.3	7.5	-1.3	0.1

3-4 年末总人口及人口变动

Population and Its Changes at Year-end

项　目	Item	2020	2021	2021年比2020年增长% Increase Rate in 2021 over 2020(%)
常住人口(万人)	**Permanent Resident Population (10 000 persons)**	**2402.83**	**2400.00**	**-0.12**
按性别分	**By Sex**			
男(万人)	Male(10 000 persons)	1226.46	1226.00	-0.04
女(万人)	Female(10 000 persons)	1176.37	1174.00	-0.20
按年龄组分	**By Age**			
0-14岁（万人）	Aged 0-14 (10 000 persons)	337.41	330.00	-2.20
15-64岁（万人）	Aged 15-64 (10 000 persons)	1751.78	1738.00	-0.79
65岁以上（万人）	Aged 65 and Over (10 000 persons)	313.64	332.00	5.85
按城乡分	**By Residence**			
市镇人口(万人)	Urban(10 000 persons)	1621.54	1637.04	0.96
乡村人口(万人)	Rural(10 000 persons)	781.29	762.96	-2.35
人口自然变动	**Population Natural Changes**			
出生人口(万人)	Births(10 000 persons)	17.30	15.03	-13.12
男	Male	8.90	7.82	-12.13
女	Female	8.40	7.21	-14.17
死亡人口(万人)	Deaths(10 000 persons)	17.60	18.11	2.90
出生率(‰)	Birth Rate(‰)	7.20	6.26	-0.94
死亡率(‰)	Death Rate(‰)	7.30	7.54	0.24
自然增长率(‰)	Natural Growth Rate(‰)	-0.10	-1.28	-1.18

3-5 民族人口及构成

Nationality Population and Its Composition

单位：人 (person)

项　目	Item	2020	2021	构成 (%) Composition 2020	构成 (%) Composition 2021
汉族	Han	18667823	18600643	76.74	76.61
蒙古族	Mongolian	4701544	4720723	19.33	19.44
回族	Hui	216873	214976	0.89	0.89
满族	Man	563602	565029	2.32	2.33
朝鲜族	Korean	22469	22298	0.09	0.09
达斡尔族	Daur	86805	86653	0.36	0.36
鄂温克族	Ewenki	33198	33240	0.14	0.14
鄂伦春族	Oroqen	4821	4851	0.02	0.02
壮族	Zhuang	2560	2598	0.01	0.01
藏族	Tibetan	2000	2023	0.01	0.01
锡伯族	Xibe	3821	3840	0.02	0.02
苗族	Miao	2388	2443	0.01	0.01
土家族	Tujia	2383	2449	0.01	0.01
彝族	Yi	2129	2169	0.01	0.01
维吾尔族	Uygur	277	301		
其他少数民族	Other Minority Nationalities	13754	13858	0.06	0.06
外国人加入中国籍	Foreigners Naturalized China	2	2		

注：本表数据为公安户籍统计数。

a) Date in the Table is Registered Statistics.

3-6 年末民族人口数

Nationality Population at Year-end

年 份 Year	在人口总数中 Total Populational Including							
	汉族 (万人) Han (10000 persons)	蒙古族 (万人) Mongolian (10000 persons)	回族 (万人) Hui (10000 persons)	满族 (万人) Man (10000 persons)	朝鲜族 (人) Korean (person)	达斡尔族 (人) Daur (person)	鄂温克族 (人) Ewenki (person)	鄂伦春族 (人) Oroqen (person)
1951	589.6	87.1	4.7	1.9	6242	18060	5546	919
1952	614.4	91.2	5.0	2.0	6590	19129	5611	929
1953	649.3	98.5	5.2	2.1	6841	19480	5667	953
1954	687.6	102.7	5.4	2.2	7120	21304	5976	989
1955	725.6	105.5	5.8	2.3	7589	21883	6313	1067
1956	775.7	108.6	6.2	2.0	10213	22253	5665	1009
1957	811.2	111.6	6.7	2.1	11247	24278	6178	949
1958	857.1	114.1	7.5	2.5	12674	27656	6723	1025
1959	930.7	115.5	8.0	3.0	13209	29884	6593	1124
1960	1049.8	121.4	9.4	3.2	14056	30420	6935	1135
1961	1021.0	123.5	10.5	2.8	12457	30918	7508	1143
1962	1023.5	129.7	10.0	3.2	11934	31201	8558	1129
1963	1061.1	134.6	10.3	3.8	11827	32509	8469	1145
1964	1091.4	140.3	11.2	5.0	11328	34819	9038	1205
1965	1129.4	144.5	11.3	5.3	11412	35980	9191	1272
1966	1158.3	148.3	11.4	5.5	11513	36620	9591	1318
1971	1358.2	169.7	13.2	6.8	13884	40440	11038	1364
1972	1401.7	172.9	13.4	6.9	13426	42966	11195	1409
1973	1444.5	178.5	13.8	7.1	13864	44971	11268	1454
1974	1493.4	182.6	14.2	7.4	14400	46420	11639	1499
1975	1521.7	186.6	14.3	7.6	14862	48333	12426	1544
1976	1549.0	189.5	14.6	7.8	15750	48967	13554	1592
1977	1573.9	193.1	14.7	7.9	15420	52733	12753	1524
1978	1592.9	198.6	15.0	8.0	15403	55372	12657	1579
1979	1617.0	202.1	14.6	8.7	20881	53954	15592	1600
1980	1632.7	209.0	15.3	10.3	16193	56399	14722	1699
1981	1651.5	215.3	15.8	11.0	16062	56801	15245	1754
1982	1637.9	253.2	17.0	23.7	17337	56883	17525	2186
1983	1657.5	260.3	17.0	24.9	17800	59500	18000	2200
1984	1671.0	268.1	17.6	26.0	18400	60500	18300	2300
1985	1686.2	274.7	17.1	27.1	18600	61500	18900	2300
1986	1696.8	285.5	17.7	29.4	19485	64129	19840	2483
1987	1706.9	297.2	18.3	32.3	19743	65167	20412	2561
1988	1721.8	307.3	18.5	34.4	20152	66462	20499	2686
1989	1729.9	315.7	18.8	35.7	21147	69579	20853	2793
1990	1749.1	328.5	18.7	40.0	22380	70959	22494	2976
1991	1758.7	333.1	19.0	40.9	22047	71598	23138	3171
1992	1766.1	338.3	19.5	41.4	22161	72432	23321	3262
1993	1779.4	343.4	19.7	42.1	21963	73574	23928	3242
1994	1791.6	349.6	19.7	42.8	22735	73354	24427	3302

3-6 续表 Continued

年 份 Year	在人口总数中 Total Population Including							
	汉族 (万人) Han (10000 persons)	蒙古族 (万人) Mongolian (10000 persons)	回族 (万人) Hui (10000 persons)	满族 (万人) Man (10000 persons)	朝鲜族 (人) Korean (person)	达斡尔族 (人) Daur (person)	鄂温克族 (人) Ewenki (person)	鄂伦春族 (人) Oroqen (person)
1995	1803.4	356.5	19.9	43.7	22741	72680	24545	3447
1996	1820.0	364.2	20.0	44.8	22772	73689	25059	3436
1997	1836.8	371.8	20.4	45.5	22759	74992	25632	3599
1998	1851.0	378.6	20.4	46.2	23068	73797	25578	3568
1999	1865.5	382.8	21.0	46.0	23825	73818	26001	3813
2000	1832.5	386.0	20.9	47.0	23278	76374	26546	3704
2001	1843.7	391.8	20.8	48.1	23841	77145	26870	3846
2002	1855.0	396.0	21.1	47.8	24009	79202	27423	3968
2003	1860.6	404.0	21.1	48.7	23863	79195	27915	3998
2004	1866.5	408.0	21.3	48.7	24117	79960	28285	4229
2005	1853.8	412.7	21.0	49.1	23503	79248	27931	4791
2006	1880.9	414.4	21.1	49.9	23800	82342	28774	4816
2007	1898.0	427.7	21.3	50.6	24117	83610	29085	5000
2008	1913.3	433.5	21.4	51.4	24353	84478	29589	5032
2009	1921.4	441.6	21.5	51.9	24318	83127	30163	4561
2010	1921.5	441.1	21.6	52.4	24184	83007	30863	4594
2011	1927.4	447.2	21.8	52.8	24017	83284	31296	4623
2012	1917.7	450.2	21.8	53.4	23784	83653	31248	4664
2013	1918.4	454.9	21.9	54.0	24172	84342	31505	4739
2014	1906.2	458.4	22.1	54.4	23809	85039	31917	4817
2015	1889.7	457.8	21.7	54.5	23105	85616	32005	4528
2016	1889.1	462.4	21.7	55.0	22990	86428	32484	4571
2017	1880.1	463.9	21.8	55.3	22883	86607	32696	4604
2018	1878.9	466.6	21.7	55.8	22804	86721	32886	4724
2019	1877.3	469.2	21.7	56.2	22593	86632	33015	4778
2020	1866.8	470.2	21.7	56.4	22469	86805	33198	4821
2021	1860.1	472.1	21.5	56.5	22298	86653	33240	4851

注：本表数据为公安户籍统计数。

a) Date in the Table is Registered Statistics.

3-7 就业基本情况

Employment

项　目	Item	2010	2015	2020	2021
就业人员总计(万人)	**Total Number of Employed Persons(10 000 persons)**	**1398.0**	**1351.0**	**1242.0**	**1218.0**
第一产业	Primary Industry	704.0	584.3	443.0	422.0
第二产业	Secondary Industry	458.0	345.2	211.0	210.0
第三产业	Tertiary Industry	237.0	421.5	588.0	586.0
按城乡分	**By Urban and Rural Areas**				
城镇就业人员	Urban Employed Persons	656.0	735.7	784.0	790.0
乡村就业人员	Rural Employed Persons	742.0	615.3	458.0	428.0
就业人员构成(总计=100)	**Composition of Employed Persons(total=100)**				
第一产业	Primary Industry	50.4	43.2	35.7	34.7
第二产业	Secondary Industry	32.8	25.5	17.0	17.2
第三产业	Tertiary Industry	16.9	31.2	47.3	48.1
城镇非私营单位就业人员（万人）	**Number of Employed Person in Urban Non-Private Units(10 000 persons)**	**249.2**	**298.3**	**270.6**	**267.7**
#女性	Female	91.6	107.7	109.1	109.0
按登记注册类型分	**By Status of Registration**				
内资	Domestic Funded	244.7	290.2	264.7	261.0
国有单位	State-owned Units	169.4	168.0	134.7	131.5
集体单位	Urban Collective-owned Units	8.9	5.9	2.4	1.8
股份合作单位	Cooperative Units	2.1	0.9	1.0	1.1
联营单位	Joint Ownership Units	0.2	0.1	0.3	0.3
有限责任公司	Limited Liability Corporations	45.5	90.8	97.8	101.3
股份有限公司	Share-holding Corporations Ltd.	17.8	23.3	27.6	23.9
其他单位	Others	0.8	1.2	0.9	1.1
港澳台商投资单位	Units with Funded from Hong Kong,Macao & Taiwan	1.6	2.5	2.4	2.2
外商投资单位	Foreign Funded Units	2.8	5.5	3.5	4.5
城镇私营单位就业人员（万人）	**Number of Employed Person in Urban Private Units(10 000 persons)**	**103.1**	**168.1**	**87.0**	**84.0**
职工人数(万人)	**Number of Staff and Workers (10 000 persons)**	**244.9**	**289.6**	**256.5**	**254.9**
国有单位	State-owned Units	166.7	164.4	130.3	126.9
城镇集体单位	Urban Collective-owned Units	8.6	5.6	2.3	1.8
其他单位	Units of Other Types of	69.6	119.6	123.8	126.2
城镇登记失业人数(万人)	**Number of Registered Unemployed Persons in Urban Areas(10 000 persons)**	**20.81**	**25.87**	**30.03**	**30.53**
城镇登记失业率(%)	**Registered Unemployment Rate in Urban Areas(%)**	**3.90**	**3.65**	**3.80**	**3.84**

注:1. 1998年及以后城镇单位就业人员、职工人数统计口径有调整,详见本篇末指标解释。

2. 2017年起,城镇私营单位就业人员使用统计部门抽样调查推算数据，2017年以前使用工商登记注册人数。

a)Statistical coverage of staff and workers employed in urban units was adjusted after 1998.Please refer to the explanatory notes at the end of this chapter.

b)Since 2017,the employed persons of urban private units use the sampling survey data of statistics department.The number of people registered for business registration shall be adopted before 2017.

3-8 按三次产业划分的年末就业人员

Number of Employed Persons at Year-end by Three Strata of Industry

年 份 Year	就业人员（万人）Employed Persons (10 000 persons)				构成(合计=100) Composition in Percentage(total=100)		
		第一产业 Primary Industry	第二产业 Secondary Industry	第三产业 Tertiary Industry	第一产业 Primary Industry	第二产业 Secondary Industry	第三产业 Tertiary Industry
1965	476.8	379.7	45.3	51.8	79.6	9.5	10.9
1970	524.4	405.2	63.6	55.6	77.3	12.1	10.6
1975	607.5	441.6	95.5	70.4	72.7	15.7	11.6
1978	652.8	438.0	120.5	94.3	67.1	18.5	14.5
1980	698.4	460.7	129.7	108.0	66.0	18.6	15.5
1981	731.2	478.8	136.4	116.0	65.5	18.7	15.9
1982	762.4	501.5	140.1	120.8	65.8	18.4	15.8
1983	798.8	515.8	146.7	136.3	64.6	18.4	17.1
1984	827.8	524.5	154.5	148.8	63.4	18.7	18.0
1985	856.6	517.8	174.8	164.0	60.5	20.4	19.2
1986	875.4	521.7	184.6	169.1	59.6	21.1	19.3
1987	891.0	490.3	188.0	212.7	55.0	21.1	23.9
1988	909.7	490.0	200.1	219.6	53.9	22.0	24.1
1989	910.3	491.3	199.1	219.9	54.0	21.9	24.2
1990	924.6	515.5	201.4	207.7	55.8	21.8	22.5
1991	962.9	537.9	208.8	216.2	55.9	21.7	22.5
1992	976.0	531.4	217.1	227.5	54.5	22.2	23.3
1993	1008.2	535.4	220.4	252.4	53.1	21.9	25.0
1994	1033.4	536.5	225.1	271.8	51.9	21.8	26.3
1995	1029.4	536.8	225.0	267.6	52.2	21.9	26.0
1996	1039.0	546.8	223.4	268.8	52.6	21.5	25.9
1997	1050.3	544.6	213.2	292.5	51.9	20.3	27.9
1998	1050.3	542.6	207.1	300.6	51.7	19.7	28.6
1999	1056.7	555.4	185.5	315.8	52.6	17.6	29.9

3-8 续表 Continued

年 份 Year	就业人员 (万人) Employed Persons (10 000				构成(合计=100) Composition in Percentage(total=100)		
		第一产业 Primary Industry	第二产业 Secondary Industry	第三产业 Tertiary Industry	第一产业 Primary Industry	第二产业 Secondary Industry	第三产业 Tertiary Industry
2000	1061.6	553.7	182.4	325.5	52.2	17.2	30.7
2001	1067.0	550.5	179.3	337.2	51.6	16.8	31.6
2002	1086.1	552.3	173.7	360.1	50.9	16.0	33.2
2003	1005.2	548.7	152.5	303.9	54.6	15.2	30.2
2004	1026.1	559.3	153.0	313.8	54.5	14.9	30.6
2005	1041.1	560.5	162.7	317.9	53.8	15.6	30.5
2006	1051.2	565.3	168.0	317.8	53.8	16.0	30.2
2007	1081.5	569.3	183.6	328.6	52.6	17.0	30.4
2008	1103.3	556.7	186.2	360.4	50.5	16.9	32.7
2009	1142.5	558.0	193.3	391.2	48.8	16.9	34.2
2010	1398.0	704.0	458.0	237.0	50.4	32.8	16.9
2011	1388.0	678.2	436.1	273.7	48.9	31.4	19.7
2012	1379.0	655.8	412.8	310.4	47.6	29.9	22.5
2013	1370.0	632.6	389.7	347.7	46.2	28.4	25.4
2014	1360.0	609.4	366.8	383.8	44.8	27.0	28.2
2015	1351.0	584.3	345.2	421.5	43.2	25.5	31.2
2016	1326.0	555.9	315.5	454.6	41.9	23.8	34.3
2017	1317.0	533.5	292.2	491.3	40.5	22.2	37.3
2018	1304.0	507.3	269.5	527.2	38.9	20.7	40.4
2019	1272.0	475.2	239.2	557.6	37.4	18.8	43.8
2020	1242.0	443.0	211.0	588.0	35.7	17.0	47.3
2021	1218.0	422.0	210.0	586.0	34.7	17.2	48.1

注：2003年以后就业人员中不包括社会自由就业人员。
a)Social total number of employed persons doesn't include social self-employed persons after 2003.

3-9 按城乡划分的年末就业人员

Number of Employed Persons at Year-end by Urban and Rural Areas

年 份 Year	就业人员 (万人) Total (10 000 persons)			构成(合计=100) Composition in Percentage(total=100)	
		城镇 Urban Area	乡村 Rural Area	城镇 Urban Area	乡村 Rural Area
1965	476.8	101.2	375.6	21.2	78.8
1970	524.4	124.8	399.6	23.8	76.2
1975	607.5	176.9	430.6	29.1	70.9
1978	652.8	227.8	425.0	34.9	65.1
1980	698.4	255.4	443.0	36.6	63.4
1985	856.6	335.6	521.0	39.2	60.8
1987	891.0	359.7	531.3	40.4	59.6
1988	909.7	373.3	536.4	41.0	59.0
1989	910.3	375.4	534.9	41.2	58.8
1990	924.6	386.6	538.0	41.8	58.2
1991	962.9	404.2	558.7	42.0	58.0
1992	976.0	415.7	560.3	42.6	57.4
1993	1008.2	434.2	574.0	43.1	56.9
1994	1033.4	453.8	579.6	43.9	56.1
1995	1029.4	440.0	589.4	42.7	57.3
1996	1039.0	434.7	604.3	41.8	58.2
1997	1050.3	444.9	605.4	42.4	57.6
1998	1050.3	443.4	606.9	42.2	57.8
1999	1056.7	435.7	621.0	41.2	58.8
2000	1061.6	430.1	631.5	40.5	59.5
2001	1067.0	434.5	632.5	40.7	59.3
2002	1086.1	435.6	650.5	40.1	59.9
2003	1005.2	352.9	652.3	35.1	64.9
2004	1026.1	350.3	675.8	34.1	65.9
2005	1041.1	350.3	690.8	33.6	66.4
2006	1051.2	365.0	686.2	34.7	65.3
2007	1081.5	383.5	698.0	35.5	64.5
2008	1103.3	414.9	688.4	37.6	62.4
2009	1142.5	439.5	703.0	38.5	61.5
2010	1398.0	656.0	742.0	46.9	53.1
2011	1388.0	671.6	716.4	48.4	51.6
2012	1379.0	687.7	691.3	49.9	50.1
2013	1370.0	704.5	665.5	51.4	48.6
2014	1360.0	720.3	639.7	53.0	47.0
2015	1351.0	735.7	615.3	54.5	45.5
2016	1326.0	743.8	582.2	56.1	43.9
2017	1317.0	759.6	557.4	57.7	42.3
2018	1304.0	773.9	530.1	59.3	40.7
2019	1272.0	778.4	493.6	61.2	38.8
2020	1242.0	784.0	458.0	63.1	36.9
2021	1218.0	790.0	428.0	64.9	35.1

3-10 按登记注册类型分城镇非私营单位就业人员

Number of Employed Person in Urban Non-Private Units by Status of Registration

单位：万人 (10 000 persons)

年份 Year	城镇非私营单位 Urban Non-Private Units	内资 Domestic Funded							港澳台商投资单位 Units with Funded from Hong Kong, Macao and Taiwan	外商投资单位 Foreign Funded Economic Units
		国有单位 State-owned Units	集体单位 Collective-owned Units	股份合作单位 Share Holding Units	联营单位 Joint-owned Units	有限责任公司 Limited Liability Corporations	股份有限公司 Share-holding Corporations Ltd.	其他单位 Others		
2001	254.2	188.9	20.5	2.2	0.5	29.3	9.3		1.7	1.8
2002	247.2	177.7	17.7	1.9	0.4	34.4	11.1	0.2	1.8	2.0
2003	244.4	169.2	15.8	2.0	0.3	40.2	12.0	0.7	1.7	2.5
2004	243.0	166.6	13.5	1.7	0.3	43.3	13.0	0.8	1.1	2.7
2005	243.0	162.0	12.4	1.8	0.3	47.0	14.3	1.1	1.6	2.5
2006	242.5	160.5	11.5	1.5	0.3	49.3	14.3	1.1	1.3	2.7
2007	246.6	162.0	11.1	1.9	0.3	48.1	17.7	1.3	1.5	2.7
2008	244.8	163.5	10.1	1.4	0.3	45.5	18.3	1.5	1.4	2.8
2009	245.8	166.7	9.2	1.9	0.2	44.5	17.9	1.1	1.5	2.9
2010	249.2	169.4	8.9	2.1	0.2	45.5	17.8	0.8	1.6	2.8
2011	262.4	173.1	8.5	1.5	0.2	53.7	19.6	1.0	1.7	3.1
2012	270.8	176.3	8.5	2.4	0.2	56.6	20.1	1.1	2.4	3.1
2013	303.8	170.8	7.3	2.0	0.1	91.4	22.8	1.8	2.2	5.4
2014	301.5	168.1	6.3	1.1	0.2	92.0	23.7	1.3	2.4	6.3
2015	298.3	168.0	5.9	0.9	0.1	90.8	23.3	1.2	2.5	5.5
2016	293.2	167.8	5.8	0.7	0.1	87.2	22.9	1.3	2.4	5.0
2017	280.6	164.3	5.0	0.7	0.1	79.5	23.8	1.2	2.5	3.7
2018	272.4	158.3	4.1	0.8	0.0	80.9	21.5	1.0	2.8	2.9
2019	280.9	138.1	1.8	1.1	0.3	99.2	28.8	6.1	2.3	3.2
2020	270.6	134.7	2.4	1.0	0.3	97.8	27.6	0.9	2.4	3.5
2021	267.7	131.5	1.8	1.1	0.3	101.3	23.9	1.1	2.2	4.5

3-11 城镇非私营单位年末就业人员(2021年)

Number of Employed Persons in Urban Non-Private Units at Year-end(2021)

单位：人 (person)

项　目	Item	合 计 Total	国有单位 State-owned Units	城镇集体单位 Urban Collective -owned Unit	其他单位 Units of Other Types of Ownership
总 计	**National Total**	**2676882**	**1315344**	**18399**	**1343140**
按执行会计标准分组	**Group by executive accounting standards**				
企业	Enterprises	1440756	95399	11275	1334082
政府	Government	1220162	1212665	4892	2605
民间非营利组织	Non Profit organizations	15726	7167	2199	6360
其他	Others	238	113	33	92
按国民经济行业分组	**Grouped by Sector**				
农、林、牧、渔业	**Farming, Forestry, Animal Husbandry and Fishery**	**76333**	**37378**	**53**	**38902**
农业	Farming	13306	11819		1487
林业	Forestry	43624	15402	41	28181
畜牧业	Animal Husbandry	7000	693	12	6295
渔业	Fishery	188	56		132
农、林、牧、渔专业及辅助性活动	Agriculture,Forestry,Animal Husbandry and Fishery Specialty and Auxiliary Activities	12215	9409		2806
采矿业	**Mining**	**103218**	**6497**		**96721**
制造业	**Manufacturing**	**335488**	**553**	**897**	**334038**
电力、燃气及水的生产和供应业	**Production and Supply of Electric Power,Gas and Water**	**155872**	**8725**	**15**	**147132**
建筑业	**Construction**	**91210**	**1472**	**267**	**89471**
房屋建筑业	Housing Construction	47262	156		47106
土木工程建筑业	Civil Engineering Construction	37611	1316	267	36028
建筑安装业	Installation of Buildings	3533			3533
建筑装饰和其他建筑业	Decoration of Buildings and Other Construction	2805			2805
批发和零售业	**Wholesale & Retail Trade**	**79203**	**7510**	**223**	**71471**
批发业	Wholesale Trade	29884	6621	26	23237
零售业	Retail Trade	49319	888	197	48234
交通运输、仓储和邮政业	**Transportation, Storage and Postal Services**	**196875**	**16328**	**606**	**179941**
铁路运输业	Railway Transport	106195	1489		104706
道路运输业	Roadway Transport	60767	11036	475	49257
水上运输业	Water Transport				
航空运输业	Air Transport	6717	624		6093
管道运输业	Pipeline Transport	185			185
多式联运和运输代理业	Multimodal and Forwarding Agency	444	24		420
装卸搬运和仓储业	Loading, Unloading and Storage	5670	1551	131	3988
邮政业	Postal Services	16898	1605		15293
住宿和餐饮业	**Quarters and Catering**	**24114**	**1316**	**162**	**22637**
住宿业	Quarters	12933	1187	76	11671
餐饮业	Catering	11181	129	86	10966
信息传输、软件和信息技术服务业	**Information Transmission, Software and IT Services**	**46021**	**8441**	**51**	**37530**
电信、广播电视和卫星传输服务	Telecommunications, Radio and Television,Satellite Transmission Services	38336	7070	13	31253
互联网和相关服务	Internet and Related Services	1030	252	38	740
软件和信息技术服务业	Software and IT Services	6655	1118		5537

3-11 续表 Continued

单位：人 (person)

项 目	Item	合 计 Total	国有单位 State-owned Units	城镇集体单位 Urban Collective-owned Unit	其他单位 Units of Other Types of Ownership
金融业	**Finance**	**181928**	**14687**	**7363**	**159879**
货币金融服务业	Monetary and Financial Services	90297	12862	7363	70073
资本市场服务业	Capital Market Services	1109	45		1064
保险业	Insurance	90058	1780		88278
其他金融活动	Others	463			463
房地产业	**Real Estate**	**52783**	**1823**	**103**	**50856**
租赁和商务服务业	**Leasing and Commercial Services**	**51872**	**13134**	**1068**	**37670**
租赁业	Leasing Services	602	85		517
商务服务业	Commercial Services	51270	13049	1068	37153
科学研究、技术服务业	**Scientific and Technical Services**	**59430**	**29859**	**395**	**29175**
研究与试验发展	Research and Development	5108	3164	22	1922
专业技术服务业	Special Technical Services	44355	20040	333	23982
科技推广和应用服务业	Science and Technology Popularization and Application Services	9966	6655	40	3271
水利、环境和公共设施管理业	**Water Conservancy, Environment and Public Facilities Administration**	**46640**	**23081**	**412**	**23147**
水利管理业	Water Conservancy	6533	5829		703
生态保护和环境治理业	Ecological Protection and Environmental Management	4910	3303		1608
公共设施管理业	Public Facilities Administration	34024	12913	412	20699
土地管理业	Land Management	1173	1036		137
居民服务、修理和其他服务业	**Resident Services, Repairs and Other Services**	**6206**	**2537**	**519**	**3150**
居民服务业	Resident Services	2761	1583	483	694
机动车、电子产品和日用产品修理业	Motor Vehicles, Electronics and Household Goods Repair Services	476	112	4	360
其他服务业	Other Services	2969	842	32	2095
教育	**Education**	**370188**	**358152**	**2789**	**9247**
卫生和社会工作	**Health and Social Work**	**203155**	**192975**	**2362**	**7818**
卫生	Health	196862	188167	2087	6607
社会工作	Social Work	6294	4808	275	1211
文化、体育和娱乐业	**Culture, Sports and Recreational Services**	**31060**	**27662**	**293**	**3105**
新闻出版业	Press	5096	4500	183	413
广播、电视、电影和影视录音制作业	Radio, Television, Film and Video Recording Industry	8465	7493		972
文化艺术业	Culture and Arts	14684	14038	95	551
体育	Sports	1070	780	15	275
娱乐业	Recreational Services	1746	851		895
公共管理、社会保障和社会组织	**Public Administration, Social Security and Social Organizations**	**565287**	**563214**	**820**	**1252**
中国共产党机关	Chinese Communist Party Agencies	32451	32451		
国家机构	Government Agencies	517131	515355	701	1074
人民政协、民主党派	People's Politics Consultative Conference and Democratic Parties	3507	3507		
社会保障	Social Security	5486	5382	41	63
群众社团、社会团体和其他成员组织	Mass society, Social Organizations and Other Organizations	6712	6519	78	115
基层群众自治组织及其他组织	Grass-roots Mass Autonomous Organization and Other Organization				

3-12 城镇非私营单位年末女性就业人员(2021年)

Number of Female Employed Persons in Urban Non-Private at Year-end by Sector(2021)

单位：人 (person)

项　目	Item	合　计 Total	国　有 单　位 State-owned Units	城镇集体单位 Urban Collective -owned Units	其　他 单　位 Units of Other Types of Ownership
总　计	**Total**	**1090145**	**641575**	**9785**	**438786**
按执行会计标准分组	**Group by executive accounting standards**				
企业	Enterprises	471427	33655	5291	432481
政府	Government	607297	603057	2883	1358
民间非营利组织	Non Profit organizations	11328	4818	1600	4910
其他	Others	93	45	11	37
按国民经济行业分组	**Grouped by Sector**				
农、林、牧、渔业	Farming, Forestry, Animal Husbandry and Fishery	14967	7400	9	7557
采矿业	Mining	13887	850		13037
制造业	Manufacturing	82213	179	321	81713
电力、燃气及水的生产和供应业	Production & Supply of Electric Power, Gas and Water	41455	2645	4	38806
建筑业	Construction	16096	359	54	15683
批发和零售业	Wholesale and Retail Trade	40676	2536	94	38045
交通运输、仓储和邮政业	Transportation, Storage and Postal Services	47611	4571	225	42815
住宿和餐饮业	Quarters and Catering	13782	766	106	12909
信息传输、软件和信息技术服务业	Information Transmission,Software and IT Services	21490	3628	15	17847
金融业	Banking	110471	7111	3562	99798
房地产业	Real Estate	25455	873	39	24544
租赁和商务服务业	Leasing and Commercial Services	15021	4536	551	9934
科学研究和技术服务业	Scientific and Technical Services	21734	11728	168	9838
水利、环境和公共设施管理业	Water Conservancy, Environment and Public Facilities Administration	18435	7834	293	10308
居民服务、修理和其他服务业	Resident Services, Repairs and Other Services	3122	1219	360	1543
教育	Education	244851	235975	1973	6903
卫生和社会工作	Health and Social Work	137719	130592	1521	5606
文化、体育和娱乐业	Culture,Sports & Recreational	15688	13979	148	1561
公共管理、社会保障和社会组织	Public Administration,Social Security and Social Organizations	205472	204793	342	337
国际组织	International Organizations				

3-13 城镇私营企业年末就业人员及工资(2021年)

Employed Persons and Wages in Urban Private Units at Year-end(2021)

项　目	Item	就业人员（人）Number of Employed Persons (persons)	工资总额（万元）Total Wage Bill (10 000 yuan)	平均工资（元）Average Wage (yuan)
总　计	**Total**	**840049**	**4352777**	**51270**
按国民经济行业分组	**Grouped by Sector**			
农、林、牧、渔业	Farming, Forestry, Animal Husbandry and Fishery	9333	49183	50476
采矿业	Mining	19434	147290	74751
制造业	Manufacturing	133611	786970	58690
电力、燃气及水的生产和供应业	Production & Supply of Electric Power, Gas and Water	13409	72044	56330
建筑业	Construction	118395	685159	54822
批发和零售业	Wholesale and Retail Trade	127941	600476	47411
交通运输、仓储和邮政业	Transportation, Storage and Postal Services	39725	222193	56058
住宿和餐饮业	Quarters and Catering	33439	140325	41647
信息传输、软件和信息技术服务业	Information Transmission, Software and IT Services	13216	76461	57691
金融业	Banking	10555	88853	76334
房地产业	Real Estate	96384	391786	41158
租赁和商务服务业	Leasing and Commercial Services	86695	476933	52734
科学研究和技术服务业	Scientific and Technical Services	39790	233296	59765
水利、环境和公共设施管理业	Water Conservancy, Environment and Public	11962	50092	36629
居民服务、修理和其他服务业	Resident Services, Repairs and Other Services	20901	82631	38820
教育	Education	42672	151591	36751
卫生和社会工作	Health and Social Work	16596	74832	46209
文化、体育和娱乐业	Culture, Sports & Recreational Services	5990	22660	39423

注：本资料由城镇私营单位抽样调查推算取得。

a)This data is derived from urban private units sample survey.

3-14 城镇就业及失业人数

Employment and Unemployment in Urban Areas

年 份 Year	当年需要安置人数(人) Number of Need Settled down (person)	登记失业人员当年就业人数(人) Registered unemployed persons in employment this year（person）	年末城镇失业人数(人) Unemployed Person in Urban Area at year-end 合 计 Total	#女 性 Female	失业女性占城镇失业人数(%) Percentage of Female Unemployed Persons to Total Unemployed Persons in Urban Areas	登记失业率(%) Registered Unemployment Rate in Urban Areas
1980	429100	202696	367280			12.62
1981	464100	344573	283181			9.39
1982	488300	202958	285369			9.11
1983	464100	179283	267539			8.18
1984	427500	198995	177568			5.34
1985	335600	178336	138773			3.97
1986	347000	207440	127726			3.51
1987	307800	161514	129753			3.48
1988	268100	140598	123579			3.69
1989	266700	116515	143681			3.78
1990	282800	124582	151916			3.49
1991	292500	140710	146319			2.68
1992	275300	154848	114894			3.49
1993	226400	107653	113405			2.62
1994	215400	88637	123660			2.86
1995	232084	87033	139713			3.17
1996	263436	86341	144107	79201	54.96	3.47
1997	258299	105927	145253	85024	58.54	3.40
1998	265256	115162	131138	70463	53.73	3.13
1999	222695	96002	123858	61124	49.35	3.10
2000	239620	106020	126478	66932	52.92	3.34
2001	274460	116527	144687	74641	51.59	3.65
2002	345500	174300	162700	83703	51.45	4.10
2003	406755	215118	175889	93556	53.19	4.50
2004	430454	245309	185118	96233	51.98	4.59
2005	451039	261359	177483	81080	45.68	4.26
2006	527624	320781	179786	88842	49.42	4.13
2007	511642	319431	184573	98785	53.52	4.00
2008	513101	314011	199167	97800	49.10	4.10
2009	492987	290897	201428	103173	51.22	4.05
2010	513615	303436	208110	85596	41.13	3.90
2011	484723	266418	218289	96117	44.03	3.80
2012	525613	294336	231277	106106	45.88	3.73
2013	479820	241773	238047	103627	43.53	3.66
2014	470258	222582	247676	116690	47.11	3.59
2015	498667	239973	258694	109340	42.27	3.65
2016	497417	230283	267134	114923	43.02	3.65
2017	488051	217232	270819	121868	45.00	3.63
2018	477919	207492	270427	135488	50.10	3.58
2019	462441	181095	281346	139377	49.54	3.70
2020	517021	216717	300304	157297	52.38	3.80
2021	536514	231233	305281	165789	54.31	3.84

注：1. 本表资料由人力资源和社会保障厅提供。

2. 2011年及以前，登记失业人员当年就业人数为当年就业人数。

a)The Statistics are provided by the Bureau of human resources and social security.

b)Before 2011,registered unemployed persons in employment is employed persons in that very year.

3-15 职工工资总额和指数

Total Wages of Employed Persons and Related Index

年 份 Year	工资总额(万元) Total Wages(10 000 yuan)				指数(上年=100) Index(preceding year=100)			
	总 计 Total	国有单位 State-owned Units	城镇集体单位 Urban Collective-owned Units	其他单位 Units of Other Types of Ownership	总 计 Total	国有单位 State-owned Units	城镇集体单位 Urban Collective-owned Units	其他单位 Units of Other Types of Ownership
1965	70670	63788	6882					
1970	77531	71047	6484					
1975	111072	99489	11583					
1978	149779	128019	21760					
1980	198255	164897	33358					
1981	210486	175079	35407		106.2	106.2	106.1	
1982	230005	189964	40041		109.3	108.5	113.1	
1983	247989	203182	44807		107.8	107.0	111.9	
1984	292787	234455	58332		118.1	115.4	130.2	
1985	339534	271875	67619	40	116.0	116.0	115.9	
1986	405310	324839	80423	48	119.4	119.5	118.9	120.0
1987	436260	350557	85628	75	107.6	107.9	106.5	156.3
1988	531584	429383	102028	173	121.9	122.5	119.2	230.7
1989	589385	475264	113791	330	110.9	110.7	111.5	190.8
1990	662156	540255	121270	631	112.3	113.7	106.6	191.2
1991	755609	615184	139230	1194	114.1	113.9	114.8	189.2
1992	897992	735751	160172	2069	118.8	119.6	115.0	173.3
1993	1090634	894747	185691	10196	121.5	121.6	115.9	492.8
1994	1410664	1178947	201545	30172	129.3	131.8	108.5	295.9
1995	1561199	1312079	208706	40414	110.7	111.3	103.6	133.9
1996	1758549	1483936	227478	47136	112.6	113.1	109.0	116.6
1997	1853641	1586052	210134	57455	105.4	106.9	92.4	121.9
1998	1747030	1375390	161525	210115	94.2	86.7	76.9	365.7
1999	1779688	1379154	141567	258967	101.9	100.3	87.6	123.3

3-15 续表 Continued

年 份 Year	工资总额(万元) Total Wages(10 000 yuan)				指数(上年=100) Index(preceding year=100)			
	总 计 Total	国有单位 State-owned Units	城镇集体单位 Urban Collective -owned Units	其他单位 Units of Other Types of Ownership	总 计 Total	国有单位 State-owned Units	城镇集体单位 Urban Collective -owned Units	其他单位 Units of Other Types of Ownership
2000	1859617	1442792	125315	291510	104.5	104.6	88.5	112.6
2001	2105277	1633364	121820	350093	113.2	113.2	97.2	120.1
2002	2374765	1791830	112018	470918	112.8	109.7	92.0	134.5
2003	2723285	1988162	115527	619597	114.7	111.0	103.1	131.6
2004	3230903	2339836	122020	769046	118.6	117.7	105.6	124.1
2005	3877342	2656826	136088	1084428	120.0	113.5	111.5	141.0
2006	4469480	3078254	141470	1249756	115.3	115.9	104.0	115.2
2007	5365887	3660690	159016	1546181	120.1	118.9	112.4	123.7
2008	6384902	4402592	190267	1792043	119.0	120.3	119.7	115.9
2009	7535111	5338087	227203	1969821	118.0	121.2	119.4	109.9
2010	8798003	6252755	261116	2284132	116.8	117.1	114.9	116.0
2011	11085738	7577309	322083	3186346	126.0	121.2	123.3	139.5
2012	12805461	8652112	373904	3779445	115.5	114.2	116.1	118.6
2013	15633371	9118184	359931	6155256	122.1	105.4	96.3	162.9
2014	16362974	9363412	325262	6674300	104.7	102.7	90.4	108.4
2015	17067037	10217897	327067	6522073	104.3	109.1	100.6	97.7
2016	17957142	10962539	352843	6641759	105.2	107.3	107.9	101.8
2017	18566500	11388004	324081	6854415	103.4	103.9	91.8	103.2
2018	19780470	11551498	315937	7913035	106.5	101.4	97.5	115.4
2019	21985868	11094034	144184	10747650	111.1	96.0	45.6	135.8
2020	22566899	11091050	203667	11272182	102.6	100.0	141.3	104.9
2021	23731313	11201634	160820	12368859	105.2	101.0	79.0	109.7

注：1998年及以后职工工资总额为在岗职工的工资总额。

a)Data on total wages since 1998 refer to wages of fully employed staff and workers.

3-16 城镇非私营单位就业人员工资总额及指数

Total Wages Bill of Employed Persons in Urban Non-Private Units and Related Indices

年 份 Year	工资总额(万元) Total Wages(10 000 yuan)				指数(上年=100) Index(preceding year=100)			
	总 计 Total	国有单位 State-owned Units	城镇集体单位 Urban Collective-owned Units	其他单位 Units of Other Types of Ownership	总 计 Total	国有单位 State-owned Units	城镇集体单位 Urban Collective-owned Units	其他单位 Units of Other Types of Ownership
2001	2124942	1648998	123737	352207				
2002	2397894	1809929	113993	473972	112.8	109.8	92.1	134.6
2003	2753832	2010459	117417	625956	114.8	111.1	103.0	132.1
2004	3274412	2368178	124003	782231	118.9	117.8	105.6	125.0
2005	3918100	2685560	138408	1094132	119.7	113.4	111.6	139.9
2006	4509269	3100490	143620	1265159	115.1	115.5	103.8	115.6
2007	5412615	3686453	160873	1565289	120.0	118.9	112.0	123.7
2008	6458546	4432468	194851	1831227	119.3	120.2	121.1	117.0
2009	7618113	5371457	228645	2018011	118.0	121.2	117.3	110.2
2010	8882364	6298574	266814	2316976	116.6	117.3	116.7	114.8
2011	11220451	7624052	330799	3265600	126.3	121.0	124.0	140.9
2012	13047294	8712131	386761	3948402	116.3	114.3	116.9	120.9
2013	15990871	9198833	370868	6421170	122.6	105.6	95.9	162.6
2014	16722710	9444189	336135	6942386	104.6	102.7	90.6	108.1
2015	17410576	10307420	338337	6764819	104.1	109.1	100.7	97.4
2016	18282117	11066123	356478	6859516	105.0	107.4	105.4	101.4
2017	18901024	11505574	335536	7059914	103.4	104.0	94.1	102.9
2018	20216168	11739395	325004	8151769	107.0	102.0	96.9	115.5
2019	22570045	11274494	145727	11149823	111.6	96.0	44.8	136.8
2020	23145398	11254549	205586	11685262	102.5	99.8	141.1	104.8
2021	24274460	11383753	162673	12728033	104.9	101.1	79.1	108.9

3-17 职工平均工资及指数

Average Wages of Employed Persons and Related Index

年份 Year	职工平均工资(元) Average Wages(yuan)				指数(上年=100) Index(preceding year=100)			
	总计 Total	国有单位 State-owned Units	城镇集体单位 Urban Collective-owned Units	其他单位 Units of Other Types of Ownership	总计 Total	国有单位 State-owned Units	城镇集体单位 Urban Collective-owned Units	其他单位 Units of Other Types of Ownership
1965	728	751	544					
1970	648	671	475					
1975	667	707	495					
1978	712	749	563					
1980	796	839	635					
1981	807	851	642		101.4	101.4	101.1	
1982	826	869	669		102.4	102.1	104.2	
1983	862	903	714		104.4	103.9	106.7	
1984	986	1047	801		114.4	115.9	112.2	
1985	1095	1169	872	1023	111.1	111.7	108.9	
1986	1239	1325	982	1034	113.2	113.3	112.6	101.1
1987	1301	1410	1053	1000	105.0	106.4	107.2	96.7
1988	1548	1641	1251	1105	119.0	116.4	118.8	110.5
1989	1685	1779	1381	1451	108.9	108.4	110.4	131.3
1990	1846	1971	1441	1858	109.6	110.8	104.3	128.0
1991	2012	2148	1573	1984	109.0	109.0	109.2	106.8
1992	2339	2493	1823	2292	116.3	116.1	115.9	115.5
1993	2796	2998	2107	2940	119.5	120.3	115.6	128.3
1994	3675	3942	2667	3299	131.4	131.5	126.6	112.2
1995	4134	4407	3001	3906	112.5	111.8	112.5	118.4
1996	4716	4996	3508	4283	114.1	113.4	116.9	109.7
1997	5124	5462	3551	4687	108.7	109.3	101.2	109.4
1998	5792	5979	4184	6367	113.0	109.5	117.8	135.8
1999	6347	6580	4548	6526	109.6	110.1	108.7	102.5

3-17 续表 Continued

年 份 Year	职工平均工资(元) Average Wages(yuan)				指数(上年=100) Index(preceding year=100)			
	总 计 Total	国有单位 State-owned Units	城镇集体单位 Urban Collective -owned Units	其他单位 Units of Other Types of Ownership	总 计 Total	国有单位 State-owned Units	城镇集体单位 Urban Collective -owned Units	其他单位 Units of Other Types of Ownership
2000	6974	7261	4826	6947	109.9	110.3	106.1	106.5
2001	8250	8737	5525	7579	118.3	120.3	114.5	109.1
2002	9683	10287	6431	8777	117.4	117.7	116.4	115.8
2003	11279	11929	7620	10391	116.5	116.0	118.5	118.4
2004	13324	14209	9010	11965	118.1	119.1	118.2	115.1
2005	15985	16598	10804	15514	120.0	116.8	119.9	129.7
2006	18469	19386	12469	17391	115.5	116.8	115.4	112.1
2007	21884	22822	14338	20980	118.5	117.7	115.0	120.6
2008	26114	27316	18809	24476	119.3	119.7	131.2	116.7
2009	30699	32326	24344	27750	117.6	118.3	129.4	113.4
2010	35507	37602	29822	31402	115.7	116.3	122.5	113.2
2011	41481	44143	37963	36578	116.8	117.4	127.3	116.5
2012	47053	49680	46309	42032	113.4	112.5	122.0	114.9
2013	51388	54592	52107	47243	109.2	109.9	112.5	112.4
2014	54460	56987	55159	51241	106.0	104.4	105.9	108.5
2015	57870	62059	58679	52303	106.3	108.9	106.4	102.1
2016	61994	67038	61963	55147	107.1	108.0	105.6	105.4
2017	67688	71419	70471	62176	109.2	106.5	113.7	112.7
2018	75601	76671	81222	73892	111.7	107.4	115.3	118.8
2019	83277	83988	83103	82558	110.2	109.5	102.3	111.7
2020	87916	85118	88996	90834	105.6	101.3	107.1	110.0
2021	93266	88900	90860	97643	106.1	104.4	102.1	107.5

注：1998年及以后平均工资为在岗职工的年平均工资。

a)Data on total wages since 1998 refer to wages of fully employed staff and workers.

3-18 城镇非私营单位就业人员平均工资及指数

Average Wage of Employed Persons in Urban Non-Private Units and Related Indices

年 份 Year	从业人员平均工资(元) Average Wages(yuan)				指数(上年=100) Index(preceding year=100)			
	总 计 Total	国有单位 State-owned Units	城镇集体单位 Urban Collective-owned Units	其他单位 Units of Other Types of Ownership	总 计 Total	国有单位 State-owned Units	城镇集体单位 Urban Collective-owned Units	其他单位 Units of Other Types of Ownership
2001	8213	8686	5542	7563				
2002	9626	10212	6415	8759	117.2	117.6	115.8	115.8
2003	11208	11837	7605	10361	116.4	115.9	118.6	118.3
2004	13233	14209	9020	11922	118.1	120.0	118.6	115.1
2005	15910	16514	10717	15471	120.2	116.2	118.8	129.8
2006	18382	19275	12404	17360	115.5	116.7	115.7	112.2
2007	21794	22711	14278	20936	118.6	117.8	115.1	120.6
2008	25949	27130	18526	24417	119.1	119.5	129.8	116.6
2009	30486	32108	24145	27597	117.5	118.3	130.3	113.0
2010	35211	37255	29287	31275	115.5	116.0	121.3	113.3
2011	41118	43788	37382	36317	116.8	117.5	127.6	116.1
2012	46557	49278	45344	41598	113.2	112.5	121.3	114.5
2013	50723	53977	50932	46680	108.9	109.5	112.3	112.2
2014	53748	56304	53766	50621	106.0	104.3	105.6	108.4
2015	57135	61290	57202	51783	106.3	108.9	106.4	102.3
2016	61067	66033	61533	54440	106.9	107.7	107.6	105.1
2017	66679	70361	67837	61393	109.2	106.6	110.2	112.8
2018	73835	74801	78282	72325	110.7	106.3	115.4	117.8
2019	80563	81973	82188	79165	109.1	109.6	105.0	109.5
2020	85310	83635	88066	86938	105.9	102.0	107.2	109.8
2021	90426	87209	89475	93524	106.0	104.3	101.6	107.6

3-19 分行业城镇非私营单位就业人员平均工资

Average Wage of Employed Persons in Urban Non-Private Units by Sector

单位：元 (yuan)

项 目	Item	2020	2021	2021年比2020年增长(%) Increase Rate in 2021 over 2020(%)
总 计	**Total**	**85310**	**90426**	**6.0**
按执行会计标准分组	**Group by Executive Accounting Standards**			
企业	Enterprises	86557	94277	8.9
政府	Government	83918	86170	2.7
民间非营利组织	Non-profit Organizations	78618	59940	-23.8
其他	Others	72310	55760	-22.9
按国民经济行业分组	**Grouped by Sector**			
农、林、牧、渔业	Farming,Forestry,Animal Husbandry and Fishery	65237	71429	9.5
采矿业	Mining	133615	142301	6.5
制造业	Manufacturing	81355	91047	11.9
电力、燃气及水的生产和供应业	Production & Supply of Electric Power,Gas and Water	113878	120748	6.0
建筑业	Construction	54997	60880	10.7
批发和零售业	Wholesale and Retail Trade	72024	79896	10.9
交通运输、仓储和邮政业	Transportation,Storage and Postal Services	95689	104584	9.3
住宿和餐饮业	Quarters and Catering	44138	48506	9.9
信息传输、软件和信息技术服务业	Information Transmission, Software and IT Services	104563	113337	8.4
金融业	Banking	88380	97446	10.3
房地产业	Real Estate	54483	59438	9.1
租赁和商务服务业	Leasing and Commercial Services	62983	70688	12.2
科学研究和技术服务业	Scientific and Technical Services	86557	92225	6.5
水利、环境和公共设施管理业	Water Conservancy,Environment and Public Facilities Administration	54348	52855	-2.7
居民服务、修理和其他服务业	Resident Services,Repairs and Other Services	42613	55730	30.8
教育	Education	91823	91871	0.1
卫生和社会工作	Health and Social Work	85734	91562	6.8
文化、体育和娱乐业	Culture,Sports & Recreational Services	81138	84989	4.7
公共管理、社会保障和社会组织	Public Administration,Social Security and Social Organizations	79423	81234	2.3
国际组织	International Organizations			

3-20 城镇非私营单位就业人员平均工资(2021年)

Average Wage of Employed Persons in Urban Non-Private Units(2021)

单位：元 (yuan)

项　目	Item	合　计 Total	在岗职工 Staff and Workers (person)	国有单位 State-owned Units	城镇集体单位 Urban Collective -owned Units	其他单位 Units of Other Types of Ownership
总　计	**Total**	**90426**	**93266**	**87209**	**89475**	**93524**
按执行会计标准分组	**Group by executive accounting standards**					
企业	Enterprises	94277	98204	99789	105644	93791
政府	Government	86170	87899	86253	74013	69863
民间非营利组织	Non Profit organizations	59940	61020	79149	38575	44996
其他	Others	55760	55262	71897	41606	40315
按国民经济行业分组	**Grouped by Sector**					
农、林、牧、渔业	Farming,Forestry,Animal Husbandry and Fishery	71429	72066	68966	49000	73819
采矿业	Mining	142301	142874	179393		139779
制造业	Manufacturing	91047	91247	60413	60943	91182
电力、燃气及水的生产和供应业	Production & Supply of Electric Power,Gas and Water	120748	121263	118428	59533	120891
建筑业	Construction	60880	61750	55058	31872	61046
批发和零售业	Wholesale and Retail Trade	79896	80714	151479	71069	72430
交通运输、仓储和邮政业	Transportation,Storage and Postal Services	104584	105698	79747	46856	107039
住宿和餐饮业	Quarters and Catering	48506	49639	49176	47569	48472
信息传输、软件和信息技术服务业	Information Transmission, Software and IT Services	113337	114319	97784	58333	116907
金融业	Banking	97446	135296	127445	134511	93293
房地产业	Real Estate	59438	60156	57707	38411	59543
租赁和商务服务业	Leasing and Commercial Services	70688	71287	67366	45676	72581
科学研究和技术服务业	Scientific and Technical Services	92225	93222	89637	51544	95414
水利、环境和公共设施管理业	Water Conservancy, Environment and Public Facilities Administration	52855	53991	62886	25272	42568
居民服务、修理和其他服务业	Resident Services,Repairs and Other Services	55730	56430	61560	43617	52929
教育	Education	91871	93233	92984	62684	57924
卫生和社会工作	Health and Social Work	91562	92610	92715	67272	70803
文化、体育和娱乐业	Culture,Sports & Recreational Services	84989	85584	86171	93472	74716
公共管理、社会保障和社会组织	Public Administration,Social Security and Social Organizations	81234	83224	81323	75072	45465
国际组织	International Organizations					

3-21 国有单位年末就业人员和工资总额(2021年)

Number and Total Wage Bill of Employed Persons in State-owned Units at Year-end(2021)

项　目	Item	就业人员(人) Number of Employed Persons (person)	#女 性 Female	在就业人员中 In Employed Persons #在岗职工（人） Staff and Workers (person)	#其他从业人员（人） Other Employed Persons (person)
总　计	**Total**	**1315344**	**641575**	**1269495**	**45849**
按执行会计标准分组	**Group by executive accounting standards**				
企业	Enterprises	95399	33655	94027	1372
政府	Government	1212665	603057	1168650	44014
民间非营利组织	Non Profit organizations	7167	4818	6732	435
其他	Others	113	45	85	28
按国民经济行业分组	**Grouped by Sector**				
农、林、牧、渔业	Farming,Forestry,Animal Husbandry and Fishery	37378	7400	36821	557
采矿业	Mining	6497	850	6497	
制造业	Manufacturing	553	179	520	33
电力、燃气及水的生产和供应业	Production & Supply of Electric Power,Gas and Water	8725	2645	8602	123
建筑业	Construction	1472	359	1472	
批发和零售业	Wholesale and Retail Trade	7510	2536	7470	40
交通运输、仓储和邮政业	Transportation,Storage and Postal Services	16328	4571	15806	523
住宿和餐饮业	Quarters and Catering	1316	766	1311	5
信息传输、软件和信息技术服务业	Information Transmission, Software and IT Services	8441	3628	8142	299
金融业	Banking	14687	7111	14497	190
房地产业	Real Estate	1823	873	1767	56
租赁和商务服务业	Leasing and Commercial Services	13134	4536	12841	293
科学研究和技术服务业	Scientific and Technical Services	29859	11728	29241	618
水利、环境和公共设施管理业	Water Conservancy,Environment and Public Facilities Administration	23081	7834	21575	1506
居民服务、修理和其他服务业	Resident Services,Repairs and Other Services	2537	1219	2413	124
教育	Education	358152	235975	348913	9239
卫生和社会工作	Health and Social Work	192975	130592	187912	5063
文化、体育和娱乐业	Culture,Sports & Recreational Services	27662	13979	27016	646
公共管理、社会保障和社会组织	Public Administration,Social Security and Social Organizations	563214	204793	536679	26536
国际组织	International Organizations				

3-21 续表 Continued

项　目	Item	就业人员工资总额(万元) Total Wage Bill of Employed Persons(10 000 yuan)	在岗职工工资总额 Staff and Workers	其他从业人员工资总额 Other Employed Persons
总　计	**Total**	**11383753**	**11201634**	**182119**
按执行会计标准分组	**Group by executive accounting standards**			
企业	Enterprises	957627	951435	6191
政府	Government	10369391	10195146	174245
民间非营利组织	Non Profit organizations	55894	54361	1533
其他	Others	841	692	150
按国民经济行业分组	**Grouped by Sector**			
农、林、牧、渔业	Farming,Forestry,Animal Husbandry and Fishery	258520	256854	1666
采矿业	Mining	117897	117897	
制造业	Manufacturing	3395	3207	188
电力、燃气及水的生产和供应业	Production & Supply of Electric Power,Gas and Water	103218	102872	346
建筑业	Construction	8385	8385	
批发和零售业	Wholesale and Retail Trade	113671	113484	187
交通运输、仓储和邮政业	Transportation,Storage and Postal Services	129611	127959	1651
住宿和餐饮业	Quarters and Catering	6703	6676	27
信息传输、软件和信息技术服务业	Information Transmission, Software and IT Services	82630	81621	1009
金融业	Banking	188168	187515	653
房地产业	Real Estate	10628	10485	143
租赁和商务服务业	Leasing and Commercial Services	90309	88985	1324
科学研究和技术服务业	Scientific and Technical Services	262328	259968	2360
水利、环境和公共设施管理业	Water Conservancy,Environment and Public Facilities Administration	151669	142842	8827
居民服务、修理和其他服务业	Resident Services,Repairs and Other Services	15418	15117	301
教育	Education	3304079	3270851	33227
卫生和社会工作	Health and Social Work	1757141	1730665	26476
文化、体育和娱乐业	Culture,Sports & Recreational Services	234209	232140	2069
公共管理、社会保障和社会组织	Public Administration,Social Security and Social Organizations	4545773	4444110	101663
国际组织	International Organizations			

3-22 城镇集体单位年末就业人员和工资总额(2021年)

Number and Total Wage Bill of Employed Persons in Urban Collective-owned Units at Year-end(2021)

单位：人 (person)

项 目	Item	就业人员 Number of Employed Persons	#女 性 Female	在就业人员中 In Employed Persons #在岗职工 Staff and Workers	#其他从业人员 Other Employed Persons
总 计	**Total**	**18399**	**9785**	**17909**	**489**
按执行会计标准分组	**Group by executive accounting standards**				
企业	Enterprises	11275	5291	11011	264
政府	Government	4892	2883	4722	171
民间非营利组织	Non Profit organizations	2199	1600	2160	39
其他	Others	33	11	17	16
按国民经济行业分组	**Grouped by Sector**				
农、林、牧、渔业	Farming,Forestry,Animal Husbandry and Fishery	53	9	50	3
采矿业	Mining				
制造业	Manufacturing	897	321	873	24
电力、燃气及水的生产和供应业	Production & Supply of Electric Power,Gas and Water	15	4	15	
建筑业	Construction	267	54	267	
批发和零售业	Wholesale and Retail Trade	223	94	200	23
交通运输、仓储和邮政业	Transportation,Storage and Postal Services	606	225	603	3
住宿和餐饮业	Quarters and Catering	162	106	162	
信息传输、软件和信息技术服务业	Information Transmission, Software and IT Services	51	15	51	
金融业	Banking	7363	3562	7184	179
房地产业	Real Estate	103	39	103	
租赁和商务服务业	Leasing and Commercial Services	1068	551	1030	39
科学研究和技术服务业	Scientific and Technical Services	395	168	392	3
水利、环境和公共设施管理业	Water Conservancy,Environment and Public Facilities Administration	412	293	392	20
居民服务、修理和其他服务业	Resident Services,Repairs and Other Services	519	360	498	21
教育	Education	2789	1973	2752	37
卫生和社会工作	Health and Social Work	2362	1521	2245	117
文化、体育和娱乐业	Culture,Sports & Recreational Services	293	148	289	5
公共管理、社会保障和社会组织	Public Administration,Social Security and Social Organizations	820	342	804	16
国际组织	International Organizations				

3-22 续表 Continued

单位：万元 (10 000 yuan)

项　目	Item	就业人员工资总额 Total Wage Bill of Employed Persons	在岗职工工资总额 Staff and Workers	其他从业人员工资总额 Other Employed Persons
总　计	**Total**	**162673**	**160820**	**1853**
按执行会计标准分组	**Group by executive accounting standards**			
企业	Enterprises	118944	117868	1076
政府	Government	35543	35028	515
民间非营利组织	Non Profit organizations	8049	7914	136
其他	Others	137	11	127
按国民经济行业分组	**Grouped by Sector**			
农、林、牧、渔业	Farming,Forestry,Animal Husbandry and Fishery	260	242	18
采矿业	Mining			
制造业	Manufacturing	5433	5316	117
电力、燃气及水的生产和供应业	Production & Supply of Electric Power,Gas and Water	89	89	
建筑业	Construction	870	870	
批发和零售业	Wholesale and Retail Trade	1594	1490	104
交通运输、仓储和邮政业	Transportation,Storage and Postal Services	2847	2841	6
住宿和餐饮业	Quarters and Catering	726	726	
信息传输、软件和信息技术服务业	Information Transmission, Software and IT Services	298	298	
金融业	Banking	98859	98120	739
房地产业	Real Estate	411	411	
租赁和商务服务业	Leasing and Commercial Services	4748	4557	191
科学研究和技术服务业	Scientific and Technical Services	2047	2026	21
水利、环境和公共设施管理业	Water Conservancy,Environment and Public Facilities Administration	1053	1014	39
居民服务、修理和	Resident Services,Repairs and Other Services	2024	1986	38
教育	Education	17126	17044	83
卫生和社会工作	Health and Social Work	15758	15330	428
文化、体育和娱乐业	Culture,Sports & Recreational Services	2741	2726	16
公共管理、社会保障和社会组织	Public Administration,Social Security and Social Organizations	5789	5736	53
国际组织	International Organizations			

3-23 其他单位年末就业人员和工资总额(2021年)

Number and Total Wage Bill of Employed Persons in Other Types of Ownership Units at Year-end(2021)

单位：人 (person)

项 目	Item	就业人员 Number of Employed Persons	在就业人员中 In Employed Persons #女 性 Female	#在岗职工 Staff and Workers	#其他从业人员 Other Employed Persons
总 计	**Total**	**1343140**	**438786**	**1261993**	**81147**
按执行会计标准分组	**Group by executive accounting standards**				
企业	Enterprises	1334082	432481	1253223	80859
政府	Government	2605	1358	2500	105
民间非营利组织	Non Profit organizations	6360	4910	6185	175
其他	Others	92	37	84	8
按国民经济行业分组	**Grouped by Sector**				
农、林、牧、渔业	Farming,Forestry,Animal Husbandry and Fishery	38902	7557	38298	604
采矿业	Mining	96721	13037	95890	831
制造业	Manufacturing	334038	81713	332456	1583
电力、燃气及水的生产和供应业	Production & Supply of Electric Power,Gas and Water	147132	38806	146426	706
建筑业	Construction	89471	15683	84164	5307
批发和零售业	Wholesale and Retail Trade	71471	38045	70092	1379
交通运输、仓储和邮政业	Transportation,Storage and Postal Services	179941	42815	177160	2781
住宿和餐饮业	Quarters and Catering	22637	12909	21456	1181
信息传输、软件和信息技术服务业	Information Transmission, Software and IT Services	37530	17847	37177	353
金融业	Banking	159879	99798	97728	62151
房地产业	Real Estate	50856	24544	49263	1593
租赁和商务服务业	Leasing and Commercial Services	37670	9934	36995	675
科学研究和技术服务业	Scientific and Technical Services	29175	9838	28397	778
水利、环境和公共设施管理业	Water Conservancy,Environment and Public Facilities Administration	23147	10308	22811	335
居民服务、修理和其他服务业	Resident Services,Repairs and Other Services	3150	1543	3105	44
教育	Education	9247	6903	8953	294
卫生和社会工作	Health and Social Work	7818	5606	7477	341
文化、体育和娱乐业	Culture,Sports & Recreational Services	3105	1561	2898	208
公共管理、社会保障和社会组织	Public Administration,Social Security and Social Organizations	1252	337	1249	3
国际组织	International Organizations				

3-23 续表 Continued

单位：万元 (10 000 yuan)

项　目	Item	就业人员工资总额 Total Remuneration	在岗职工工资总额 Wages of Fully Employed Staff & Workers	其他从业人员工资总额 Remuneration for Other Employed Persons
总　计	**Total**	**12728033**	**12368859**	**359174**
按执行会计标准分组	**Group by executive accounting standards**			
企业	Enterprises	12682144	12324077	358066
政府	Government	18097	17661	436
民间非营利组织	Non Profit organizations	27421	26767	654
其他	Others	371	354	17
按国民经济行业分组	**Grouped by Sector**			
农、林、牧、渔业	Farming,Forestry,Animal Husbandry and Fishery	288872	286867	2005
采矿业	Mining	1350871	1344194	6677
制造业	Manufacturing	2990091	2979869	10222
电力、燃气及水的生产和供应业	Production & Supply of Electric Power,Gas and Water	1784754	1781546	3208
建筑业	Construction	617523	587845	29678
批发和零售业	Wholesale and Retail Trade	519131	513317	5814
交通运输、仓储和邮政业	Transportation,Storage and Postal Services	1912334	1898819	13515
住宿和餐饮业	Quarters and Catering	111752	108576	3176
信息传输、软件和信息技术服务业	Information Transmission, Software and IT Services	439655	437461	2193
金融业	Banking	1606933	1347269	259665
房地产业	Real Estate	308525	302212	6313
租赁和商务服务业	Leasing and Commercial Services	270455	267681	2774
科学研究和技术服务业	Scientific and Technical Services	274954	270487	4467
水利、环境和公共设施管理业	Water Conservancy,Environment and Public Facilities Administration	95358	94307	1051
居民服务、修理和其他服务业	Resident Services,Repairs and Other Services	16967	16725	242
教育	Education	53889	52506	1383
卫生和社会工作	Health and Social Work	55072	52274	2798
文化、体育和娱乐业	Culture,Sports & Recreational Services	25172	21183	3988
公共管理、社会保障和社会组织	Public Administration,Social Security and Social Organizations	5726	5721	5
国际组织	International Organizations			

主要统计指标解释

人口数 指一定时点、一定地区范围内的有生命的个人的总和。年度统计的年末人口数指每年 12 月 31 日 24 时的人口数。

市镇总人口和乡村总人口

其定义有两种口径：

第一种口径(按行政建制)

市人口：市管辖区域内的全部人口(含市辖镇，不含市辖县)；

镇人口：县辖镇的全部人口(不含市辖镇)；

县人口：县辖乡人口。

第二种口径(按常住人口划分)

市人口：设区的市的区人口和不设区的市所辖的街道人口；

镇人口：不设区的市所辖镇的居民委员会人口和县辖镇的居民委员会人口；

县人口：除上述两种人口以外的全部人口。

1952-1980 年数据为第一种口径的数据，1982 年以后的数据为第二种口径的数据。

出生率(又称粗出生率) 指在一定时期内(通常为一年)平均每千人所出生的人数的比率，一般用千分率表示。计算公式为：

出生率=年出生人数/年平均人数×1000‰

式中：出生人数指活产婴儿，即胎儿脱离母体时(不管怀孕月数)，有过呼吸或其他生命现象。年平均人数指年初、年底人口数的平均数，也可用年中人口数代替。

死亡率(又称粗死亡率) 指在一定时期内(通常为一年)一定地区的死亡人数与同期平均人数(或期中人数)之比，一般用千分率表示。计算公式为：

死亡率=年死亡人数/年平均人数×1000‰

人口自然增长率 指在一定时期内(通常为一年)人口自然增加数(出生人数减死亡人数)与该时期内平均人数(或期中人数)之比，一般用千分率表示。计算公式为：

人口自然增长率=(本年出生人数-本年死亡人数)/年平均人数×1000‰

人口自然增长率=人口出生率 — 人口死亡率

经济活动人口 指在 16 岁以上，有劳动能力，参加或要求参加社会经济活动的人口；包括从业人员和失业人员。

从业人员 指从事一定社会劳动并取得劳动报酬或经营收入的人员，包括全部职工、再就业的离退休人员、私营业主、个体户主、私营和个体从业人员、乡镇企业从业人员、农村从业人员、其他从业人员(包括民办教师、宗教职业者、现役军人等)。这一指标反映了一定时期内全部劳动力资源的实际利用情况，是研究我国基本国情国力的重要指标。

各单位的从业人员 指在各级国家机关、政党机关、社会团体及企业、事业单位中工作，取得工资或其他形式的劳动报酬的全部人员。包括在岗职工、再就业的离退休人员、民办教师以及在各单位中工作的外方人员和港澳台方人员、兼职人员、借用的外单位人员和第二职业者。不包括离开本单位仍保留劳动关系的职工。各单位的从业人员反映了各单位实际参加生产或工作的全部劳动力。

城镇登记失业人员 指有非农业户口，在一定的劳动年龄内，有劳动能力，无业而要求就业，并在当地就业服务机构进行求职登记的人员。

城镇登记失业率 指城镇登记失业人数同城镇从业人数与城镇登记失业人数之和的比。计算公式为：

城镇登记失业率=城镇登记失业人数/(城镇从业人数+城镇登记失业人数)×100%

职工 指在国有经济、城镇集体经济、联营经济、股份制经济、外商和港、澳、台投资经济、其他经济单位及其附属机构工作，并由其支付工资的各类人员，包括由于学习、病伤产假等原因暂未工作，仍由单位支付工资的人员。不包括返聘的离退休人员、民办教师、在国有经济单位工作的外方人员和港、澳、台人员(1998 年以后的数据均为在岗职工数据，其他相关指标如职工工资总额，职工平均工资等指标也从 1998 年按此口径进行了相应调整)。

国有单位职工 指在国有经济单位及其附属机构工作，并由其支付工资的各类人员。

城镇集体单位职工 指在城镇集体经济单位及其管理部门工作，并由其支付工资的各类人员。

其他单位职工 指在联营经济、股份制经济、外商投资经济、港、澳、台投资经济单位工作，并由其支付工资的各类人员。

职工工资总额 指各单位在一定时期内直接支付给本单位全部职工的劳动报酬总额。工资总额的计算原则应以直接支付给职工的全部劳动报酬为根据。各单位支付给职工的劳动报酬以及其他根据有关规定支付的工资，不论是计入成本的还是不计入成本的，不论是按国家规定列入计征奖金税项目的，还是未列入计征奖金税项目的，不论是以货币形式支付的还是以实物形式支付的，均包括在工资总额内。

奖金 指支付给职工的超额劳动报酬和增收节支的劳动

报酬。

津贴和补贴 指为了补偿职工特殊或额外的劳动消耗和因其他特殊原因支付给职工的津贴,以及为了保证职工工资水平不受物价影响支付给职工的物价补贴。

职工平均工资 指企业、事业、机关单位的职工在一定时期内平均每人所得的货币工资额。它表明一定时期职工工资收入的高低程度,是反映职工工资水平的主要指标。计算公式为:

职工平均工资=报告期实际支付的全部职工工资总额/报告期全部职工平均人数

职工平均工资指数 指报告期职工平均工资与基期职工平均工资的比率,是反映不同时期职工货币工资水平变动情况的相对数。计算公式为:

职工平均工资指数=报告期职工平均工资/基期职工平均工资

职工平均实际工资指数 职工平均实际工资指扣除物价变动因素后的职工平均工资。职工平均实际工资指数是反映实际工资变动情况的相对数,表明职工实际工资水平提高或降低的程度。计算公式为:

职工平均实际工资指数=报告期职工平均工资指数/报告期城镇居民消费价格指数×100%

Explanatory Notes on Main Statistical Indicators

Total Population refers to the total number of people alive at a certain point of time within a given area. The annual statistics on total population is taken at midnight, the 31st of December.

Total Urban Population and Total Rural Population There are two definitions. The first definition (according to the administrative organizational system):

City population: Total population under the jurisdiction of city (including population of the town under the jurisdiction of city. excluding the population of counties under the jurisdiction of city).

Town population: Total population of town under the jurisdiction of county (excluding the population of town under the jurisdiction of city).

County population: The population under the jurisdiction of the county.

The second definition (classified by the permanent population):

City population: Total population of districts under the jurisdiction of city with district establishment and the population of street under the jurisdiction of city without district establishment.

Town population: Total resident committees' population of towns under the jurisdiction of city without district establishment and the resident committee's population of towns under the jurisdiction of county.

County population: Total population except city population and town population.

The data from 1952 to 1980 are the figures according to the first definition. Data since 1982 are the figure according to the second definition.

Birth Rate (or Crude Birth Rate) refers to the ratio of the number of births to the average population (or mid-period population) during a certain period (usually a year), expressed in ‰. The following formula is used:

Birth Rate = Number of Births / Average Number of Population ×1000‰

Number of births in the formula refers to live births, i. e. when a baby has breathed or showed any vital phenomena regardless of the length of pregnancy. Annual average population is the average of the number of population at the beginning of the year and that at the end of the year. Sometimes it is substituted by the mid-year population.

Death Rate (or Crude Death Rate) refers to the ratio of the number of deaths to the average population (or mid-period population) during a certain period (usually a year), expressed in ‰. The following formula is used:

Death Rate = Number of Deaths / Annual Average Number of Population ×1000‰

Natural Growth Rate of Population refers to the ratio of natural increase in population (number of births minus number of deaths) in a certain period of time (usually a year) to the average population (or mid-period population) of the same period, expressed in ‰. The following formula is applied:

Natural Growth rate of Population = (Number of Births − Number of Deaths) / Annual Average Population ×1000‰

Natural Growth Rate of Population = Birth Rate − Death Rate

Economically Active Population refers to the population aged 16 and over who are capable to work, are participating in or willing to participate in economic activities, including employed persons and unemployed persons.

Employed Persons refers to those who engage in certain social work and obtain labor remuneration or business income, including all employees, reemployed retirees, private owners, individual heads of households, private and individual employees, employees of township enterprises, rural employees, and other employees (including private teachers, religious professionals, active servicemen, etc.). This index reflects the actual utilization of all labor resources in a certain period, and is an important index to study China's basic national conditions and national strength.

Persons Employed in Various Units refers to all personnel who work in state organs, political party organs, social organizations, enterprises and institutions at all levels and obtain wages or other forms of labor remuneration. It includes the number of employed staff and workers, reemployed retirees, teacher paid by the local people, as well as the foreign staff working in each unit and Hong Kong, Macao and Taiwan staff, part-time staff, on loan from the foreign staff and the second professional. It does not include employees who leave their units and still retain labor relations. The employees of each unit reflect all the labor force actually participating in production or work.

Registered Unemployed Persons in Urban Areas refers to the persons with non-agricultural household registration at certain working ages, who are capable of working, unemployed and willing to work, and have been registered at the local employment service agencies to apply for a job.

Registered Urban Unemployment Rate refers to the ratio of the number of the registered unemployed persons to the sum of the number of employed persons and the registered unemployed persons. The formula is as follows:

Registered urban unemployment rate = number of registered urban unemployed persons / (urban employed person number + registered urban unemployed person number) ×100%.

Staff and Workers refers to all kinds of personnel who work in state-owned economy, urban collective economy, joint-venture economy, joint-stock economy, foreign investment economy, Hong Kong, Macao, Taiwan investment economy, other economic units and their affiliated institutions and are paid by them, including those who have not worked temporarily due to study, illness, maternity leave and other reasons and are still paid by their units. It does not include the retired persons invited to work in the units again, teachers in the schools run by the local people and foreigners and persons coming from Hong Kong, Macao, and Taiwan and working in the state owned economic units. (The figures since 1998 refer to those of fully employed staff and workers. Other relative figures since 1998, such as total wages of staff and workers, average wage of staff and workers, etc., were adjusted according to the standard).

Staff and Workers in State Owned-Economic Units refers to the persons who work in the state-owned economic units or their affiliated institutions and are paid by them.

Staff and Workers of Collective Owned Units in Urban Areas refers to the persons who work in collective owned units in urban areas and their administration departments and receive payment there from.

Staff and Workers in Units of Other types of Ownership refers to all kinds of personnel who work in joint-venture economy, joint - stock economy, foreign - invested economy, Hong Kong, Macao and Taiwan invested economic units and are paid by them.

Total Wage Bill refers to the total amount of labor remuneration paid directly to all employees of the unit within a certain period of time. The principle of calculating the total wage shall be based on the total labor remuneration paid directly to the staff and workers. Paid to the worker's labor compensation and other units according to the relevant provisions of the wages paid, whether it is included in the cost or not included in the cost, whether it is according to the provisions of the state on duty bonus programs, or was not included in duty bonus program, either in the form of physical or paid in monetary form, are included within the total wages.

Bonus refers to remuneration paid to employees for excessive labor and for increasing income and saving expenditure.

Allowances and subsidies refers to the allowance paid to employees for special or extra labor consumption and other special reasons, as well as the price subsidies paid to employees to ensure that their wage level is not affected by the price.

Average Wage of Employees refers to the monetary wage of the employees of enterprises, institutions and government units in a certain period of time. It shows the general level of wage income during a certain period, one major indicator to reflect the wage level. It is calculated as follows:

Average Wage of Employees = Total Wages Bill of Employed Persons in Reference Period / Average Number of Persons Employed in Reference Period

Index of Average Wage refers to the ratio of average wage of staff and workers at the report time to that at the reference time. It reflects the relative changing degree of average wage in money terms at the several of time, which is calculated as following:

Index of Average Wage = average wage of employed persons in Reference Period / average wage of employed persons in Base Period×100%.

Average Real Wage Index The average actual wage of works refers to the average wage of works after deducting the factors of price changes. The average real wage index of works is the relative number that reflects the real wage change, which indicates the degree that the real wage level of workers increases or decreases. The calculation formula is as follows:

Average Real Wage Index of Workers = Average Wage Index of Workers in Reporting Period/Consumer Price Index of Urban Residents in Reporting Period ×100%.

4 价格指数

Price Indices

资料整理：王晓娟　胡艳春　郭　松　阿茹娜

Arranged By：Wang Xiaojuan　Hu Yanchun　Guo Song

A Runa

4-1 各种价格总指数

General Price Indices

(上年=100) (preceding year=100)

年 份 Year	居民消费价格指数 General Consumer Price Index	城市居民消费价格指数 Urban Areas	农村居民消费价格指数 Rural Areas	商品零售价格指数 General Retail Price Index
1962		104.9		108.2
1965		98.6		99.6
1970		100.4		100.1
1975		101.4		100.7
1978		101.5		101.0
1979		102.3		101.9
1980		106.1		105.5
1981		101.9		101.8
1982		101.7		101.7
1983		101.2		101.0
1984	104.0	104.9	102.2	104.4
1985	109.3	108.9	110.0	108.5
1986	105.2	105.5	104.5	105.0
1987	107.8	108.5	106.0	108.1
1988	116.3	117.0	115.0	116.3
1989	115.3	114.2	118.3	115.9
1990	102.3	101.8	103.4	102.9
1991	104.6	106.0	102.5	104.5
1992	107.4	108.7	103.9	106.8
1993	114.1	114.7	112.5	112.5
1994	122.9	124.3	121.3	119.3
1995	117.5	117.1	118.0	116.8
1996	107.6	107.5	107.7	105.8
1997	104.5	104.6	104.3	102.3
1998	99.3	99.3	99.2	98.1
1999	99.8	100.3	99.1	97.7

4-1 续表 Continued

(上年=100) (preceding year=100)

年 份 Year	居民消费价格指数 General Consumer Price Index	城市居民消费价格指数 Urban Areas	农村居民消费价格指数 Rural Areas	商品零售价格指数 General Retail Price Index
2000	101.3	101.3	101.2	98.8
2001	100.6	100.6	100.5	100.0
2002	100.2	99.3	101.9	99.4
2003	102.2	101.5	103.5	99.6
2004	102.9	102.5	103.9	102.7
2005	102.4	102.0	103.3	101.5
2006	101.5	101.3	102.0	101.9
2007	104.6	104.3	105.2	103.6
2008	105.7	105.4	106.3	104.7
2009	99.7	99.7	99.8	99.5
2010	103.2	103.0	103.5	103.0
2011	105.6	105.5	105.7	104.9
2012	103.1	103.3	102.5	102.5
2013	103.2	103.4	102.8	102.6
2014	101.6	101.7	101.2	100.7
2015	101.1	101.1	101.1	100.5
2016	101.2	101.2	101.1	100.6
2017	101.7	101.7	101.6	101.2
2018	101.8	101.8	101.9	101.6
2019	102.4	102.3	102.8	101.5
2020	101.9	101.6	102.7	100.5
2021	100.9	100.8	101.1	103.8

4-2 居民消费价格分类指数(2021年)

Consumer Price Indices by Category(2021)

(上年=100) (preceding year=100)

项 目	Item	全 区 Autonomous Regional Indices	城 市 Urban Indices	农 村 Rural Indices
居民消费价格总指数	**General Consumer Price Index**	**100.9**	**100.8**	**101.1**
非食品烟酒价格指数	Non-food,Tobacco and Liquor Price Index	101.0	100.8	101.5
服务价格指数	Service Price Index	100.2	100.0	100.9
工业品价格指数	Industrial Products Price Index	101.7	101.6	102.1
鲜活食品价格指数	Fresh Food Price Index	98.8	99.0	98.0
消费品价格指数	Consumer Goods Price Index	101.2	101.2	101.2
能源价格指数	Energy Price Index	109.6	109.8	109.2
非食品价格指数	Non-food Price Index	101.1	101.0	101.4
食品烟酒	**Food Tobacco and Liquor**	**100.5**	**100.6**	**100.0**
食品	Food	99.9	99.9	99.8
茶及饮料	Tea and Beverages	99.5	100.1	97.8
烟酒	Tobacco and Liquor	101.3	101.6	100.7
在外餐饮	Dining Out	102.3	102.5	100.9
衣着	**Clothing**	**99.2**	**99.2**	**99.2**
服装	Garments	99.3	99.3	99.6
服装材料	Clothing Material			
其他衣着及配件	Other Clothing and Accessories			
衣着加工服务费	Service Charges of Clothing Processing			
鞋类	Shoes	98.7	98.9	97.8
居住	**Residence**	**100.5**	**99.9**	**102.3**
租赁房房租	Rental Housing	99.7	99.4	101.3
住房保养维修及管理	Maintenance and Management of Housing	100.9	100.9	101.0
水电燃料	Water, Electricity and Fuels	103.4	102.9	104.7
自有住房	Home Ownership	99.4	98.8	101.7
生活用品及服务	**Supplies and Services**	**99.8**	**99.8**	**99.8**
家具及室内装饰品	Furniture and Household Facilities	100.9	101.0	100.2
家用器具	Home Appliances	100.2	100.3	99.6
家用纺织品	Home Textile	99.7	99.5	100.7
家庭日用杂品	Daily Use Household Articles	99.9	99.7	100.2
个人护理用品	Personal-care Supply	98.4	98.5	97.9
家庭服务	Household Services	101.4	101.5	100.6
交通和通信	**Transportation and Communication**	**104.0**	**104.2**	**103.3**
交通	Transportation	105.3	105.6	104.4
通信	Communication	100.3	100.3	100.3
教育文化和娱乐	**Education,Culture and Recreation**	**101.0**	**101.0**	**100.9**
教育	Education	101.4	101.6	101.2
文化娱乐	Cultural and Recreational	100.1	100.1	100.0
医疗保健	**Health Care**	**100.3**	**100.2**	**100.5**
药品及医疗器具	Drug and Medical Instrument	100.0	99.7	100.8
医疗服务	Medical Service	100.5	100.5	100.4
其他用品和服务	**Other Supplies and Services**	**99.4**	**99.2**	**100.1**
其他用品类	Other Supplies	99.8	99.4	101.7
其他服务类	Other Services	98.9	99.0	98.3

4-3 商品零售价格分类指数(2021年)

Retail Price Indices by Category (2021)

(上年=100)　　(preceding year=100)

项　目	Item	全区 Autonomous Regional Indices	城市 Urban Indices	农村 Rural Indices
商品零售价格指数	**Retail Price Index**	**103.8**	**104.0**	**102.7**
食品	**Food**	**100.6**	**100.6**	**100.3**
粮食	Grain	101.5	100.9	103.4
薯类	Potato	98.4	98.1	100.1
豆类	Beans	104.8	105.1	103.7
食用油	Oil	102.7	102.2	105.3
菜	Vegetables	107.4	106.6	113.0
畜肉类	Meat of Livestock	91.3	91.9	86.9
禽肉类	Poultry Meat	98.3	98.3	98.0
水产品	Aquatic Products	112.0	112.1	111.2
蛋类	Eggs	115.1	115.4	113.1
奶类	Milk	101.7	101.6	102.3
干鲜瓜果类	Dried and Fresh Melon and Fruits	101.9	101.9	102.1
糖果糕点类	Candy and Cake	99.6	99.4	101.3
调味品	Flavoring	101.2	101.1	101.5
其他食品类	Other Foods	101.8	101.7	102.3
在外餐饮	Dining Out	102.4	102.5	101.3
饮料、烟酒	**Beverages, Tobacco and Liquor**	**101.3**	**101.4**	**100.5**
茶及饮料	Tea and Beverages	99.9	99.9	100.1
烟草	Tobacco	100.6	100.7	100.2
酒类	Liquor	103.1	103.4	101.3
服装、鞋帽	**Garments, Shoes and Hats**	**99.2**	**99.1**	**99.5**
服装	Garments	99.3	99.2	99.5
鞋帽袜	Footgear and Hat	98.6	98.5	99.5
其他衣着配件	Others	100.7	100.8	99.7
纺织品	**Textiles**	**100.3**	**100.1**	**101.0**
服装材料	Clothing Material	100.7	100.0	103.0
床上用品	Bedding	100.2	100.2	100.8
家用电器及音像器材	**Household Appliances,Music and Video Equipment**	**100.4**	**100.4**	**100.4**
家庭设备	Household Equipment	100.2	100.2	100.2
文娱用耐用消费品	Durable Consumer Goods for Culture and Recreation	100.6	100.6	100.3
专业音像器材	Professional Music and Audio Equipment	101.2	101.1	102.7

4-3 续表 Continued

(上年=100) (preceding year=100)

项 目	Item	全区 Autonomous Regional Indices	城市 Urban Indices	农村 Rural Indices
文化办公用品	**Cultural and Office Goods**	**100.0**	**100.0**	**100.2**
日用品	**Articles for Daily Use**	**99.2**	**99.1**	**99.9**
日用百货	General Merchandise for Daily Use	99.7	99.6	100.2
厨具餐具茶具	Cookware and Tableware and Tea Set	97.2	97.0	98.1
清洗用品	Cleaning Articles	100.6	100.4	101.7
其他日用品	Other Articles for Daily Use	98.7	98.6	99.6
体育娱乐用品	**Sports Entertainment Goods**	**99.0**	**98.7**	**100.3**
体育户外用品	Sports Outdoor Goods	100.2	100.2	100.5
娱乐用品	Recreation Articles	98.8	98.5	100.3
交通、通信用品	**Transportation and communication**	**99.3**	**99.3**	**99.5**
交通运输机械	Transport Machinery	99.3	99.3	99.4
通信器材	Communication Equipment	99.4	99.4	101.7
家 具	**Furniture**	**100.9**	**101.0**	**99.9**
化妆品	**Cosmetics**	**97.9**	**97.9**	**98.1**
金银饰品	**Gold and Silver Ornaments**	**99.6**	**99.3**	**102.0**
中西药品及医疗保健用品	**Traditional Chinese and Western Medicines and Health Care Articles**	**100.5**	**100.5**	**100.5**
医疗卫生器具	Medical Instrument	94.5	94.2	99.1
中药	Traditional Chinese Medicine	100.8	100.6	102.3
西药	Western Medicines	100.6	100.7	100.0
保健器具及用品	Health Care Appliances and Articles	101.6	101.7	99.9
书报杂志及电子出版物	**Books,Newspapers,Magazines and Electronic Publications**	**99.6**	**99.3**	**102.1**
教材及参考书	Teaching Materials and Reference Books	101.9	101.8	102.6
书报杂志	Books,Newspapers,Magazines	97.9	97.6	102.7
计算机办公软件	Computer Office Software	97.2	96.9	99.9
燃 料	**Fuels**	**126.1**	**126.8**	**120.0**
煤炭及制品	Coal and Products	162.5	168.8	129.2
石油及制品	Oil and Products	116.1	116.2	114.7
建筑材料及五金电料	**Building Materials and Hardwares**	**102.6**	**102.1**	**104.8**
建筑装潢材料	Building Decoration Materials	102.1	102.4	101.2
五金水暖	Hardware	103.2	101.8	116.5

4-4 主要农产品生产价格指数
Producer Price Indices for Farm Products

(上年=100) (preceding year=100)

项 目	Item	2017	2018	2019	2020	2021
综合指数	**General Indices**	**95.60**	**102.00**	**105.60**	**111.01**	**107.55**
农业	Agriculture	93.50	105.40	101.90	108.89	116.32
谷物	Cereal	91.48	109.68	100.43	110.66	122.41
马铃薯	Potato	90.79	78.25	122.61	102.57	103.44
油料	Oil-bearing Crops	96.78	104.80	104.37	97.93	105.29
豆类	Beans	92.26	101.99	94.84	110.57	110.78
甜菜	Beetroots	100.00	100.94	98.13	102.86	96.30
蔬菜	Vegetable	104.49	100.95	103.61	105.92	99.07
水果及坚果	Fruit and nut	89.66	100.62	101.24	111.26	119.65
中草药材	Chinese Medicine	82.97	108.27	100.00		
林业	Forestry	92.60	101.30	101.50	88.76	98.90
牧业	Animal Husbandry	97.70	98.70	110.40	115.91	98.82
渔业	Fishery	99.60	99.20	101.90	107.42	109.59

4-5 工业生产者购进价格指数
Purchasing Price Indices of Industrial Producers

(上年=100) (preceding year=100)

项　目	Item	2017	2018	2019	2020	2021
工业生产者购进价格总指数	**General Price Index of Industrial Producer Purchasing**	**106.3**	**102.4**	**101.1**	**99.5**	**128.0**
燃料、动力	Fuels and Energy	111.1	102.9	98.9	97.7	140.7
黑色金属材料	Ferrous Metals	105.2	105.2	103.5	100.1	118.1
#钢　材	Steel Products	105.6	106.3	102.8	99.3	121.0
有色金属材料和电线	Nonferrous Metals and Wires	114.4	103.3	98.3	97.7	121.4
化工原料	Chemical Raw Materials	109.1	102.6	92.8	91.7	124.2
木材及纸浆	Wood and Paper Pulps	101.6	101.3	100.5	97.6	109.3
建筑材料类及非金属矿	Construction Materials	109.3	105.4	99.4	96.1	112.1
其他工业原材料类及半成品	Other Industrial Raw Materials and Semi-products	100.5	99.4	102.9	102.1	107.7
农副产品类	Agricultural Products	100.1	101.1	105.1	105.6	114.3
纺织原料类	Textile Materials	102.6	104.3	103.0	88.5	93.9

4-6 工业生产者出厂价格分类指数
Producer Price Indices of Industrial Producer by Category

(上年=100) (preceding year=100)

项 目	Item	2017	2018	2019	2020	2021
全部工业品	**Total Industry Products**	**110.6**	**103.2**	**102.1**	**99.7**	**128.5**
生产资料	**Means of Production**	**112.9**	**103.8**	**101.5**	**99.0**	**130.7**
采掘工业	Mining & Quarrying Industry	116.0	105.3	107.5	103.2	162.6
原材料工业	Raw Materials Industry	110.7	101.8	99.2	97.8	121.7
加工工业	Manufacturing Industry	112.8	104.9	99.1	96.7	118.7
生活资料	**Consumer Goods**	**100.9**	**100.2**	**104.5**	**102.4**	**106.7**
食品类	Food	99.6	100.9	103.3	102.3	105.7
衣着类	Clothing	110.5	95.9	118.0	101.6	97.5
一般日用品	Articles for Daily Uses	100.2	100.2	101.8	105.9	114.0
耐用消费品	Durable Consumer Goods	99.9	96.8	90.1	91.9	116.1

主要统计指标解释

商品零售价格指数 是反映城乡商品零售价格变动趋势的一种经济指数。零售物价的调整变动直接影响到城乡居民的生活支出和国家的财政收入,影响居民购买力和市场供需平衡,影响消费与积累的比例。因此,计算零售价格指数,可以从一个侧面对上述经济活动进行观察和分析。

居民消费价格指数 是反映一定时期内城乡居民所购买的生活消费品价格和服务项目价格变动趋势和程度的相对数,是对城市居民消费价格指数和农村居民消费价格指数进行综合汇总计算的结果。利用居民消费价格指数,可以观察和分析消费品的零售价格和服务价格变动对城乡居民实际生活费支出的影响程度。

城市居民消费价格指数 是反映城市居民家庭所购买的生活消费品价格和服务项目价格变动趋势和程度的相对数。城市居民消费价格指数可以观察和分析消费品的零售价格和服务项目价格变动对职工货币工资的影响,作为研究职工生活和确立工资政策的依据。

农村居民消费价格指数 是反映农村居民家庭所购买的生活消费品价格和服务项目价格变动趋势和程度的相对数。农村居民消费价格指数可以观察农村消费品零售价格和服务项目价格变动对农村居民生活消费支出的影响,直接反映农民生活水平的实际变化情况,为分析和研究农村居民生活问题提供依据。

工业生产者出厂价格指数 是反映全部工业产品出厂价格总水平变动趋势和程度的相对数,包括工业企业售给本企业以外所有单位各种产品和直接售给居民用于生活消费的产品。通过工业品出厂价格指数能观察出厂价格变动对工业总产值的影响。

Explanatory Notes on Main Statistical Indicators

Retail Price Index reflects the general change in retail prices of commodities. The change and adjustment in retail prices directly affect the living expenditure of urban and rural residents, government revenue, purchasing power of residents and the equilibrium of market supply and demand, and the ratio of consumption to accumulation. Therefore, the calculation of retail price index is useful to analyze the changes of the above economic activities.

Consumer Price Index reflects the trend and degree of changes in prices of consumer goods and services purchased by urban and rural residents, and is a composite index derived from the urban consumer price index and the rural consumer price index. Consumer price index can be used to analyze the impact of consumer price change on actual expenditure for living cost of urban and rural residents.

Urban Consumer Price Index reflects the trend and degree of changes in prices of consumer goods and services purchased by urban households. It can be used to observe and analyze the impact of price changes in consumer goods and services on money wages of staff and workers, and provide basis for policy making concerning the living cost and wages of staff and workers.

Rural Consumer Price Index reflects the trend and degree of changes in prices of consumer goods and services purchased by rural households. It can be used to observe the impact of change in retail prices of consumer goods and service prices in rural areas on living expenditure of rural households, and to show the changes in the living standard of peasants. It provides basis for analysis and research on condition of life in rural areas.

Price Index of Industrial Products reflects the trend and degree of changes in general ex-factory prices of all industrial products, including sales of industrial products by an industrial enterprise to all units outside the enterprise, as well as sales of consumer goods to residents. It can be used to analyze the impact of ex–factory prices on gross industrial output value.

5 人民生活

People´s Living Conditions

资料整理：闫少菲　吴　萌　特日格勒　张　晶

Arranged By：Yan Shaofei　Wu Meng　Te Rigele　Zhang Jing

5-1 人民物质文化生活情况
People's Material & Cultural Life

项 目	Item	2000	2005	2010	2015	2020	2021
就 业	**Employment**						
就业人员总计(万人)	Total Number of Employed	1061.6	1041.1	1398.0	1351.0	1242.0	1218.0
城镇登记失业率(%)	Urban Unemployment Rate(%)	3.34	4.26	3.90	3.65	3.80	3.84
收 入	**Income**						
全体居民人均可支配收入(元)	Per Capita Disposable Income of Households(yuan)	3379	5985	12538	22310	31497	34108
全体居民人均可支配收入指数(2000=100)	Index of Per Capita Disposable Income of Households(2000=100)	100.0	163.2	296.3	457.4	590.6	633.9
城镇居民人均可支配收入(元)	Per Capita Disposable Income of Urban Residents(yuan)	5152	9247	18050	30594	41353	44377
城镇居民人均可支配收入指数(1978=100)	Index of Per Capita Disposable Income of Urban Residents(1978=100)	387.5	657.5	1121.0	1638.8	2035.0	2166.2
农村牧区居民人均可支配收入(元)	Per Capita Disposable Income of Rural Households(yuan)	2058	3070	5780	10776	16567	18337
农村牧区居民人均可支配收入指数(1978=100)	Index of Per Capita Net Income of Rural Households(1978=100)	536.4	703.7	1124.0	1836.5	2555.3	2797.9
城镇非私营单位从业人员平均工资(元)	Average Wages of Employed Persons in Urban Non-Private Units (yuan)		15910	35211	57135	85310	90426
城镇非私营单位在岗职工平均工资(元)	Average Wages of Staff & Workers in Urban Non-Private Units (yuan)	6974	15985	35507	57870	87916	93266
消 费	**Consumption**						
城镇居民人均消费支出(元)	Per Capita Consumption Expenditure of Urban Households(yuan)	3928	6927	13991	21876	23888	27194
农村牧区居民人均消费支出(元)	Per Capita Consumption Expenditure of Rural Households(yuan)	1694	2796	5572	10637	13594	15691
恩格尔系数(%)	Engel Coefficient(%)						
城镇居民	Urban Households	34.5	31.4	30.1	28.4	28.0	26.9
农村居民	Rural Households	44.8	43.1	37.5	29.4	30.6	30.1
储 蓄	**Savings**						
住户存款余额(亿元)	Household Deposits(100 million yuan)	876	1974	4618	8999	15303	17145
人均住户存款余额(元)	Per Capita Household Deposits(yuan)	3875	8231	18733	36811	63521	71397
住房面积(平方米)	**Per Capita Floor Space(sq.m)**						
农村牧区平均每人居住	Rural Areas	16.96	19.65	22.10	26.07	31.34	32.80
城镇平均每人居住	Urban Areas	15.54	26.09	29.84	31.39	35.25	35.30
城市公用事业	**Public Utilities in Urban Areas**						
供水普及率(%)	Coverage Rate of Tap Water Supply(%)	89.1	83.9	88.0	98.5	99.1	99.2
燃气普及率(%)	Rate of Access to Gas(%)	58.6	68.2	79.3	94.1	94.7	95.4
人均公园绿地面积(平方米)	Per Capital Area of Green Park (sq.m)	7.0	7.8	12.4	19.3	19.9	20.7
文 化	**Culture**						
广播综合人口覆盖率(%)	Broadcast Covering Rate (%)	85.58	92.60	96.60	99.10	99.66	99.74
电视综合人口覆盖率(%)	TV Covering Rate of Population(%)	81.42	90.20	95.40	99.10	99.68	99.74
每人每年拥有报纸(份)	Newspapers Per Capita(copy)	7.56	25.92	11.05	13.42	10.15	9.68
每人每年拥有图书杂志(册)	Books & Magazines Per Capita(copy)	3.79	4.31	3.07	3.50	3.09	3.06
教 育	**Education**						
学龄儿童入学率(%)	Enrollment Ratio of School Age Children(%)	99.50	99.40	99.99	100.00	100.00	100.00
每万人口中在校大学生数(人)	Number of University Students Per 10 000 Persons(person)	29.60	96.15	151.76	172.13	202.00	211.05
卫 生	**Public Health**						
每万人口卫生机构床位数(张)	Number of Beds in Health Care Institutions Per 10 000 Persons(bed)	28.2	29.1	40.4	53.3	67.5	69.4
每万人有卫生机构数(个)	Number of Health Institutions Per 10 000 Persons(unit)	1.87	1.58	3.32	9.51	10.24	10.40
每万人有医生数(人)	Doctors Per 10 000 Persons(person)	22	21	22	26	34	35

注：1.(人均)住户存款余额2010年以前为(人均)城乡居民储蓄存款余额,2011—2014年为(人均)个人储蓄存款余额。

2.本表人均可支配收入口径同5-2表。

a)Before 2010,(per capita) the Household deposits is called (per capita) resident saving deposit in urban & rural.During 2011-2014,(per capita) the Household deposits is called (per capita) personal balance of savings deposits.

b)The coverage of per capita disposable income is same as the 5-2 table.

5-2 居民家庭人均收入及指数

Per Capita Income of Household and Related Index

年 份 Year	全体居民人均可支配收入 Per Capita Disposable Income of Households		城镇居民人均可支配收入 Per Capita Disposable Income of Urban Households		农牧民可支配收入 Per Capita Disposable Income of Rural Households	
	绝对数(元) Value(yuan)	指数(2000=100) Index	绝对数(元) Value(yuan)	指数(1978=100) Index	绝对数(元) Value(yuan)	指数(1978=100) Index
1978			301	100.0	100	100.0
1979			350	113.7	126	122.4
1980			407	124.6	181	166.6
1981			449	134.8	225	203.1
1982			453	133.6	273	242.3
1983			474	138.3	294	258.0
1984			549	152.5	336	288.2
1985			686	175.1	360	281.0
1986			774	187.2	340	253.2
1987			820	182.9	389	273.4
1988			916	174.7	500	305.7
1989			1053	175.9	478	246.7
1990			1149	188.6	607	303.4
1991			1294	200.2	618	301.3
1992			1495	212.9	672	315.5
1993			1893	235.0	778	324.3
1994			2498	249.6	970	333.4
1995			2863	244.3	1208	352.1
1996			3432	272.4	1602	433.4
1997			3945	299.1	1780	461.5
1998			4360	332.9	1988	519.7
1999			4785	364.5	2016	531.7

5-2 续表 Continued

年 份 Year	全体居民人均可支配收入 Per Capita Disposable Income of Households		城镇居民人均可支配收入 Per Capita Disposable Income of Urban Households		农牧民可支配收入 Per Capita Disposable Income of Rural Households	
	绝对数(元) Value(yuan)	指数(2000=100) Index	绝对数(元) Value(yuan)	指数(1978=100) Index	绝对数(元) Value(yuan)	指数(1978=100) Index
2000	3379	100.0	5152	387.5	2058	536.4
2001			5568	416.6	1999	518.2
2002			6096	459.5	2120	539.4
2003			7076	525.6	2312	568.6
2004			8208	595.0	2667	631.7
2005	5985	163.2	9247	657.5	3070	703.7
2006	6876	184.7	10499	736.4	3444	774.1
2007	8340	214.3	12566	845.4	4089	873.1
2008	9923	241.3	14676	936.7	4834	970.9
2009	11015	268.6	16140	1033.2	5143	1035.0
2010	12538	296.3	18050	1121.0	5780	1124.0
2011	14715	329.5	20813	1225.3	6942	1276.9
2012	16800	365.1	23611	1345.3	7956	1427.6
2013	18693	393.6	26004	1432.8	8985	1567.5
2014	20559	426.3	28350	1535.9	9976	1719.5
2015	22310	457.4	30594	1638.8	10776	1836.5
2016	24127	488.5	32975	1745.4	11609	1955.8
2017	26212	521.7	35670	1857.1	12584	2086.9
2018	28376	555.1	38305	1959.2	13803	2247.6
2019	30555	583.7	40782	2039.0	15283	2420.9
2020	31497	590.6	41353	2035.0	16567	2555.3
2021	34108	633.9	44377	2166.2	18337	2797.9

注：本表2013-2021年人均可支配收入来源于住户收支与生活状况调查，1978-2012年数据是根据历史数据按住户收支与生活状况调查可比口径推算获得。可支配收入绝对数按当年价计算，指数按可比价计算。

a) The data of year 2013-2021 are compiled on the basis of the household survey on income and expenditure and living conditions, the data of year 1978-2012 are reckoned at comparable coverage by the household survey on income and expenditure and living conditions. The absolute amounts of disposable income are calculated at annual price, the index is calculated at comparable prices.

5-3 城乡居民家庭人均生活消费支出

Per Capita Consumption Expenditure of Urban and Rural Households

年 份 Year	全体居民生活消费支出 The Living Expenditure of All the Residents		城镇居民生活消费支出 The Living Expenditure of Urban Households		农牧民生活消费支出 The Living Expenditure of Rural Households	
	绝对数(元) Value(yuan)	恩格尔系数 Engel Coefficient	绝对数(元) Value(yuan)	恩格尔系数 Engel Coefficient	绝对数(元) Value(yuan)	恩格尔系数 Engel Coefficient
1978			269			
1979			351			
1980			353		157	
1981			378		177	
1982			397		205	
1983			411		227	
1984			449		246	
1985			595		291	
1986			680		307	
1987			712		349	
1988			844		404	
1989			913		448	
1990	670		982		492	
1991			1081		571	
1992			1254		600	
1993			1585		695	
1994			2111		835	
1995			2482		1180	
1996			2768		1438	58.1
1997			3032		1560	55.9
1998			3106		1602	55.0
1999			3469		1582	50.5
2000	2648	37.7	3928	34.5	1694	44.8
2001			4195	33.9	1656	43.7
2002			4859	31.5	1784	43.4
2003			5418	31.5	1950	41.3
2004			6218	32.5	2337	42.7
2005	4746	33.1	6927	31.4	2796	43.1
2006	5385	30.8	7665	30.2	3225	39.0
2007	6578	30.6	9280	30.4	3860	39.3
2008	7706	32.4	10826	32.8	4364	41.0
2009	8873	30.1	12367	30.5	4870	39.8
2010	10209	29.0	13991	30.1	5572	37.5
2011	11920	29.7	15874	31.3	6880	37.5
2012	13475	29.1	17712	30.8	7972	37.3
2013	14878	29.0	19244	28.3	9080	30.9
2014	16258	29.2	20885	28.7	9972	30.5
2015	17179	28.6	21876	28.4	10637	29.4
2016	18072	28.6	22744	28.3	11462	29.3
2017	18946	27.5	23638	27.4	12184	27.8
2018	19665	27.1	24437	26.9	12661	27.5
2019	20743	26.6	25383	26.4	13816	27.3
2020	19794	28.7	23888	28.0	13594	30.6
2021	22658	27.8	27194	26.9	15691	30.1

5-4 全体居民人均收支情况

Per Capita Income and Expenditure of All Households

单位：元 (yuan)

项 目	Item	2020	2021	2021年比上年增长% Increase Rate in 2021 over 2020(%)
可支配收入	**Disposable Income**	**31497**	**34108**	**8.3**
工资性收入	Income of Wages and Salaries	16325	17515	7.3
经营净收入	Net Business Income	8147	9204	13.0
第一产业净收入	Net Income of Primary Industry	3814	4271	12.0
第二产业净收入	Net Income of Secondary Industry	456	482	5.7
第三产业净收入	Net Income of Third Industry	3877	4451	14.8
财产净收入	Net Income from Property	1624	1780	9.6
转移净收入	Net Income from Transfer	5402	5609	3.8
消费性支出	**Consumption Expenditure**	**19794**	**22658**	**14.5**
食品烟酒	Food,Tobacco and Liquor	5686	6299	10.8
衣着	Clothing	1568	1641	4.7
居住	Residence	4149	4533	9.3
生活用品及服务	Articles for Daily Use and Service	1119	1215	8.6
交通和通讯	Transport and Communications	3099	3488	12.6
交通	Transport	2415	2780	15.1
通信	Communications	685	708	3.4
教育文化娱乐	Education,Cultural and Recreation	1836	2544	38.6
教育	Education	1292	1935	49.8
文化娱乐	Cultural and Recreation	544	608	11.8
医疗保健	Health Care and Medical Service	1892	2355	24.5
其他用品和服务	Other Commodities and Services	446	585	31.2

5-5 城镇常住居民人均收支情况

Per Capita Income and Expenditure of Urban Permanent Households

单位:元 (yuan)

项 目	Item	2020	2021	2021年比上年增长% Increase Rate in 2021 over 2020(%)
可支配收入	**Disposable Income**	**41353**	**44377**	**7.3**
工资性收入	Income of Wages and Salaries	24888	26574	6.8
经营净收入	Net Business Income	7697	8698	13.0
第一产业净收入	Net Income of Primary Industry	1002	1219	21.7
第二产业净收入	Net Income of Secondary Industry	737	740	0.4
第三产业净收入	Net Income of Third Industry	5958	6740	13.1
财产净收入	Net Income from Property	2366	2631	11.2
转移净收入	Net Income from Transfer	6401	6474	1.1
消费性支出	**Consumption Expenditure**	**23888**	**27194**	**13.8**
食品烟酒	Food,Tobacco and Liquor	6691	7326	9.5
衣着	Clothing	2124	2153	1.4
居住	Residence	5149	5643	9.6
生活用品及服务	Articles for Daily Use and Service	1473	1547	5.0
交通和通讯	Transport and Communications	3724	4063	9.1
交通	Transport	2950	3278	11.1
通信	Communications	774	785	1.4
教育文化娱乐	Education,Cultural and Entertainment	2100	3087	47.0
教育	Education	1369	2268	65.7
文化娱乐	Cultural and Entertainment	731	818	11.9
医疗保健	Health Care and Medical Service	2040	2618	28.3
其他用品和服务	Other Commodities and Services	588	758	28.9

5-6 农村牧区常住居民人均收支情况
Per Capita Income and Expenditure of Rural Households

单位：元 (yuan)

项 目	Item	2020	2021	2021年比上年增长% Increase Rate in 2021 over 2020(%)
可支配收入	**Disposable Income**	**16567**	**18337**	**10.7**
工资性收入	Income of Wages and Salaries	3353	3603	7.5
经营净收入	Net Business Income	8828	9980	13.1
第一产业净收入	Net Income of Primary Industry	8075	8958	10.9
农业净收入	Net Income of Agriculture	5009	5577	11.3
牧业净收入	Net Income of Animal-husbandry	3040	3359	10.5
第二产业净收入	Net Income of Secondary Industry	30	86	186.7
第三产业净收入	Net Income of Third Industry	723	936	29.5
财产净收入	Net Income from Property	498	473	-5.0
转移净收入	Net Income from Transfer	3888	4281	10.1
消费性支出	**Consumption Expenditure**	**13594**	**15691**	**15.4**
食品烟酒	Food,Tobacco and Liquor	4164	4721	13.4
衣着	Clothing	727	854	17.5
居住	Residence	2633	2828	7.4
生活用品及服务	Articles for Daily Use and Service	583	704	20.7
交通和通讯	Transport and Communications	2152	2606	21.1
交通	Transport	1603	2015	25.7
通信	Communications	549	590	7.6
教育文化娱乐	Education,Cultural and Entertainment	1436	1710	19.1
教育	Education	1174	1424	21.3
文化娱乐	Cultural and Entertainment	262	286	9.2
医疗保健	Health care and Medical Service	1667	1951	17.0
其他商品和服务	Other Commodities and Services	231	318	37.7

5-7 农村牧区常住居民家庭住房基本情况

Housing Conditions of Rural Resident Households

项 目	Item	2020	2021
年末使用房屋	**Rooms Used at the End of Year**		
居住面积(平方米/人)	Per Capita Floor Space(sq.m/person)	31.34	32.80
钢筋混凝土结构(%)	Reinforced Concrete Structures	3.24	6.04
砖混材料(%)	Brick Concrete Structure	28.71	36.19
砖木结构(%)	Brick and Wood Structure	63.45	55.61
自建住房(%)	Self-built housing	90.80	91.70
购买商品房(%)	Buy real estate	3.36	2.20
房屋价值(万元/户)	Value per Room(10 000 yuan/household)	10.83	3.98
本年新建房屋面积(平方米/户)	**Area of New Houses Built this Year(sq.m/household)**	**0.18**	**0.30**
每平方米价值(元)	Value Per Square Meter(yuan)	1155.50	1213.40

注：本表为农村抽样调查资料。

a)Data in this table are obtained from the sample surveys on rural households.

5-8 城镇居民家庭平均每人全年购买的主要商品数量

Per Capita Annual Purchases of Major Commodities in Urban Households

项 目	Item	1990	1995	2000	2005	2010	2015	2021
粮 食(千克)	Grain(kg)	134.98	101.17	77.72	80.99	91.47	99.74	132.90
薯 类(千克)	Starches & Tubers(kg)			25.40	18.89	11.91	23.60	4.67
豆 类(千克)	Beans and the Products(kg)						8.53	8.92
食用植物油(千克)	Edible Vegetable Oil(kg)	4.45	5.82	5.56	6.14	6.28	9.62	6.93
猪 肉(千克)	Pork(kg)	11.43	11.82	11.59	11.61	12.16	15.93	23.92
牛 羊 肉(千克)	Beef and Mutton(kg)	6.39	5.02	6.61	8.33	10.23	15.69	6.23
家 禽(千克)	Poultry(kg)	0.59	1.77	3.25	3.82	5.01	5.85	7.21
水 产 品(千克)	Aquatic Products(kg)		3.44	4.30	4.29	5.19	6.47	7.45
鲜 蛋(千克)	Fresh Eggs(kg)	2.31	7.92	9.67	8.71	8.23	10.41	13.60
鲜 菜(千克)	Fresh Vegetables(kg)	162.03	125.87	107.45	103.85	98.92	100.90	105.41
食 糖(千克)	Sugar(kg)	1.44	1.14	1.08	0.90		1.30	0.99
卷 烟(盒)	Cigarettes(pack)	38.06	29.71	26.13	21.69		27.81	32.65
白 酒(千克)	Strong White Spirit(kg)	3.77	3.78	3.17	2.75	3.43	4.42	3.51
啤 酒(千克)	Beer(kg)	3.91	6.31	4.95	6.25	5.60	6.78	6.49
茶 叶(千克)	Tea(kg)	0.34		0.24	0.17	0.29	0.32	0.30
鲜 瓜 果(千克)	Fresh Melons and Fruits(kg)	41.50	42.77	63.11	61.19	55.34	58.48	71.94
鲜 奶(千克)	Fresh Milk(kg)	2.80	5.83	12.58	20.71	16.64	21.70	21.40
鞋 类(双)	Shoes(pair)				2.93	3.33	3.09	2.53
移动电话机(部)	Mobile phones(set)						0.17	0.12
煤 炭(千克)	Coal(kg)	480.64		205.07	224.54	169.16	235.49	124.50
液化石油气(千克)	Liquefied Gas(kg)	2.17		8.27	12.53	8.84	13.23	4.40
汽 油(升)	Gasoline(L)						76.72	159.10

5-9 农村牧区常住居民家庭平均每人主要消费品消费量

Per Capita Consumption of Major Consumer Goods in Rural Resident Households

项 目	Item	2020	2021
粮食(千克)	Grain(kg)	221.64	198.29
蔬菜(千克)	Fresh Vegetables(kg)	86.29	96.06
食油(千克)	Edible Oil(kg)	7.18	7.67
猪牛羊肉(千克)	Pork, Beef and Mutton(kg)	28.50	40.49
家禽(千克)	Poultry(kg)	7.76	7.59
蛋及制品(千克)	Eggs and Related Products(kg)	12.77	13.46
水产品(千克)	Aquatic Products(kg)	4.66	4.74
食糖(千克)	Sugar(kg)	1.66	1.78
酒(千克)	Liquor(kg)	19.18	20.60
#白酒 (千克)	Spirit(kg)	7.09	7.01

5-10 农村牧区常住居民家庭平均每百户耐用消费品年末拥有量

Durable Consumer Goods Owned Per 100 Rural Resident Households at Year-end

品 名	Item	2020	2021
家用汽车(辆)	Automobile(unit)	30.12	28.95
摩托车(辆)	Motorcycle(unit)	51.73	50.08
移动电话(部)	Telephone(unit)	236.29	238.20
洗衣机(台)	Washing Machine(unit)	95.01	97.08
家用电冰箱(台)	Refrigerator(unit)	106.01	107.84
热水器(台)	Water Heater(unit)	29.58	31.98
彩色电视机(台)	Color TV Set(unit)	106.69	104.76
计算机(台)	Computer(set)	21.78	19.80
其中：接入互联网	Access to the Internet	20.14	18.60

主要统计指标解释

住户成员 指居住在一个住宅内,所有与本住户分享生活开支或收入的人员。还包括:①由本住户供养的在外学生(包括大中专学生和研究生);②未分家的农村外出从业人员和随迁家属,无论其外出时间长短;③轮流居住的老人;④因探亲访友、旅游、住医院、培训或出差等原因临时外出的人员。

常住成员 指住户成员中,经常在家居住、或者调查期内居住时间超过一半的人员,以及本住户供养的学生。常住成员是住户收支的调查对象。

总收入 是调查期内全部收入的总和,其中未扣除为获得收入所发生的支出(生产费用)。包括工资性收入、经营性收入、财产性收入、转移性收入、非收入所得、借贷性所得。

可支配收入 指调查户在调查期内获得的、可用于最终消费支出和储蓄的总和,即调查户可以用来自由支配的收入。可支配收入既包括现金,也包括实物收入。按照收入的来源,可支配收入包含:工资性收入、经营净收入、财产净收入、转移净收入。

工资性收入 指就业人员通过各种途径得到的全部劳动报酬和各种福利,包括受雇于单位或个人、从事各种自由职业、兼职和零星劳动得到的全部劳动报酬和福利。

经营净收入 指住户或住户成员从事生产经营活动所获得的净收入,是全部经营收入中扣除经营费用、生产性固定资产折旧和生产税净额(生产税减去生产补贴)之后得到的净收入。计算公式具体为:经营净收入 = 经营收入 - 经营费用 - 生产性固定资产折旧- 生产税净额(生产税-生产补贴)。

财产净收入 指住户或住户成员将其所拥有的金融资产和自然资源交由其他机构单位、住户或个人支配而获得的回报并扣除相关的费用之后得到的净收入。财产净收入包括利息净收入、红利收入、储蓄性保险净收益和转让承包土地经营权租金净收入等。

转移净收入 指国家、单位、社会团体对住户的各种经常性转移支付和住户之间的经常性收入转移,并扣除相关的支出和费用之后得到的净收入。包括政府、非行政事业单位、社会团体对居民转移的养老金或退休金、社会救济和补助、政策性生活补贴、救灾款、经常性捐赠和赔偿以及报销医疗费等;住户之间的赡养收入、经常性捐赠和赔偿以及农村地区(村委会)在外(含国外)工作的本住户非常住成员寄回带回的收入等。

总支出 指住户用于生产、生活和再分配的全部支出。包括消费支出、生产经营费用支出、财产性支出、转移性支出、购置资产及非经常性转移支出、借贷性支出。

消费支出 指住户用于满足家庭日常生活消费需要的全部支出,包括用于消费品的支出和用于服务性消费的支出。根据用途不同,消费支出可划分为食品烟酒、衣着、居住、生活用品及服务、交通通信、教育文化娱乐、医疗保健、其他用品及服务八大类。根据来源不同,消费支出可划分为现金消费支出、实物消费支出(含自产自用、来自单位、来自政府和其他社会组织)。

Explanatory Notes on Main Statistical Indicators

Household Members refers to Live in a House, all personnel and tenants share living expenses or income. Also included: ①the students out of household support (including college students and graduate students); ② going out is not the separation of rural practitioners and the accompanying family members, regardless of the length of their out ; ③ alternated between old ; ④By visiting friends and relatives, travel, hospital, training or business reasons such as temporarily absent persons.

Permanent Members refers to members in the household, often at home , or lived for more than half of the officers in the period of investigation, as well as the household dependent student. Permanent member are the investigation object of household income and expenditure.

General Income refers to the sum of total income in the survey period, before deduction for income/ expenditure incurred (production costs). Income includes wages, business-income, property-income, income from transfer, not income-gains, loan proceeds.

Disposable Income refers to the households received in the survey period for the sum of final consumption expenditure and savings that investigation can be used for discretionary income. Disposable income including cash, including income in kind. According to the source of income, disposable income includes wage, business-income, property-income, net income from transfer.

Income from Wages and Salaries refers to remuneration and benefits of all kinds of employed persons, including those employed by other units or individuals, freelance workers, part-time jobs, and sporadic workers.

Net Business Income refers to net income earned by households and their members engaged in production and operating activities, is deducted from the total operating income operating expenses, of productive fixed assets depreciation and net taxes on production (taxes on production less subsidies) received after net income. Formula in particular to: Net-operations income = operating revenue - operating expenses - productive fixed assets depreciation, net taxes on production (taxes on production-production subsidies).

Net Income from Properties refers to the net income received as returns by households or members through lending of their financial assets, non-financial assets such as housing, to other institutions, households or individuals, minus relevant costs. It includes net income of interest, bonus income, net income of savings insurance, and net income from transferring management right of contract land, and so on.

Net Income from Transfer refers to countries, organizations, social organizations, current transfers between households and for households of the regular transfer of income and the net income after deduction of the expenses and costs related to the get. Including Government, non-administrative public institutions, social groups and the residents of the old-age pension or pensions, social assistance and benefits, policy-related subsidies, disaster relief, regular donations and reimbursed for medical expenses and compensation; maintenance of incomes between households, recurring donation and compensation, as well as in rural areas (village) (including foreign) returned back to the tenants who are living members of earnings.

Total Expenditure Refers to household production, living and redistribution of all expenditures. Includes consumer spending, production and operating expenses, property expenditure, transfer expenditures, acquire assets and non-recurring expenses, loan payments.

Consumption Expenditure Refers to households to meet the daily consumption needs of all expenditure, including expenditure on consumer goods and spending on services. According to different uses, consumer spending can be divided into food and alcoholic drinks and tobacco, clothing, housing, daily necessities and services, transport and communications, education, culture and entertainment, healthcare, other supplies and services. According to different sources, Consumption expenditure can be divided into cash consumption expenditure and real consumption expenditure (self-produced, from units, from Government and other social organizations).

6 财 政

Government Finance

资料整理：郭雪佩 孙志宇

Arranged By：Guo Xuepei Sun Zhiyu

6-1 地方财政分项收入

Local Government Revenue by Source

单位：万元 (10 000 yuan)

年 份 Year	地 方 财政总收入 Local Government Revenue	一般公共 预算收入 General Public Budget Revenue	#契税和耕 地占用税 Deed Tax and Farm Land Occupation Tax	#企业所得税 Corporate Income Tax	#国有资本 经营收入 Operation Income of State-owned Assets Enterprises
1947	9	9		1	
1948	110	110		20	
1949	739	739		196	
1950	5347	5347		1568	
1951	5376	5376		1306	
1952	13335	13335		5049	
1953	8657	8657		2550	
1954	18503	18503		5260	
1955	21090	21090		6324	
1956	27597	27597		9328	
1957	31385	31385		9409	
1958	42764	42764		17065	
1959	70269	70269		39150	
1960	89917	89917		52872	
1961	49529	49529		24238	
1962	33590	33590		7788	
1963	38345	38345		9734	
1964	43219	43219		12499	
1965	45967	45967		13144	
1966	48455	48455		16086	
1967	40232	40232		9058	
1968	38882	38882		7549	
1969	27680	27680		1509	
1970	44088	44088		6076	
1971	36543	36543		-1820	
1972	31314	31314		-5822	
1973	34123	34123		-9309	
1974	26863	26863		-16136	
1975	27375	27375		-21044	
1976	26587	26587		-25703	
1977	29339	29339		-29193	
1978	69046	69046		3234	
1979	45553	45553		-20749	
1980	41284	41284		-26724	
1981	41585	41585		-32579	
1982	51842	51842		-35624	
1983	69891	69891		-25171	
1984	84556	84556		-20618	
1985	131789	131789		36495	7429
1986	160206	160206		37092	706
1987	194326	194326		35797	9344
1988	241343	241343		41206	11050
1989	286679	286679		40045	3193

6-1 续表 Continued

单位：万元 (10 000 yuan)

年 份 Year	地 方 财政总收入 Local Government Revenue	一般公共预算收入 General Public Budget Revenue	#契税和耕地占用税 Deed Tax and Farm Land Occupation Tax	#企业所得税 Corporate Income Tax	#国有资本经营收入 Operation Income of State-owned Assets Enterprises
1990	329763	329763		40954	17895
1991	393966	393966		39320	16833
1992	390775	390775		38992	12382
1993	561177	561177		37311	9745
1994	682167	362969		43005	4900
1995	763458	437028		62222	4070
1996	932401	572572		56853	5230
1997	1041750	660777		60554	5964
1998	1191237	776654		50815	12083
1999	1294373	865714		80821	13766
2000	1399410	950320		105983	12815
2001	1498119	994313		151985	19489
2002	1867550	1128546		90287	40610
2003	2340265	1387157		71615	60521
2004	3231515	1967589		86995	147494
2005	4787260	2774553		193550	147758
2006	5945906	3433774	148893	272831	188849
2007	8354929	4923615	134741	419186	234394
2008	11072572	6506764	241064	592789	415549
2009	13777018	8508588	502465	748129	707123
2010	17381337	10699776	594367	1016492	589245
2011	22618058	13566701	675788	1561016	512220
2012	24972839	15527453	1008121	1798497	460204
2013		17209843	1400299	1552566	590800
2014		18436736	2470558	1096419	1038577
2015		19644820	3190394	1017711	780747
2016		20164334	3104470	969304	873475
2017		17032095	1236936	1288208	111199
2018		18576493	911961	1650850	75000
2019		20596940	1211116	1816507	118549
2020		20511952	1361811	1611004	135938
2021		23499451	1259803	2339999	55355

注：1.1984年以前企业所得税包括国有企业上缴利润和国有企业亏损补贴。
2.1994年以来地方财政收入为分税制财政体制统计口径。
a)Before 1984, Enterprises income tax including payed profits and planned subsidies for the losses of the state-owned enterprises.
b)Since 1994, Revenue of the local governments has been counted by the classification of the structure of the government finance.

6-2 一般公共预算主要收入项目

Main Items of General Public Budget Revenue

单位:万元　　(10 000 yuan)

项　目	Item	2020	2021
一般公共预算收入	**General Public Budget Revenue**	**20511952**	**23499451**
税收收入	**Tax Revenue**	**14577614**	**16710501**
增值税	Value-added Tax	4559975	5418143
企业所得税	Corporate Income Tax	1611004	2339999
个人所得税	Individual Income Tax	583751	593264
资源税	Resource Tax	3007923	3851191
城市维护建设税	City Maintenance and Construction Tax	663834	795205
房产税	House Property Tax	513700	467454
印花税	Stamp Tax	236359	275535
城镇土地使用税	Urban Land Use Tax	824439	646659
土地增值税	Land Appreciation Tax	755220	600615
车船税	Tax on Vehicles and Boat Operation	234923	252902
耕地占用税	Farm Land Occupation Tax	737967	495289
契税	Deed Tax	623844	764514
烟叶税	Tobacco Leaf Tax	1183	992
环境保护税	Environment Protection Tax	197588	183331
其他税收	Other Tax	25904	25408
非税收入	**Non-Tax Revenue**	**5934338**	**6788950**
专项收入	Special Program Receipts	1226100	1509635
行政事业性收费收入	Charge of Administrative and Institutional Units	1312835	1175733
罚没收入	Penalty Receipts	1280628	1909629
国有资本经营收入	Operating Income from Government Capital	135938	55355
国有资源（资产）有偿使用收入	Income from Use of State-owned Resources(Assets)	1725088	1886545
其他收入	Other Revenue	253749	252053

6-3 一般公共预算支出及主要支出项目

General Public Budget Expenditures by Accounting Item

单位：万元 (10 000 yuan)

项 目	Item	2020	2021
一般公共预算支出	**General Public Budget Expenditure**	**52701616**	**52395652**
一般公共服务	General Public Services	3967086	3961028
外交	Foreign Affairs	277	
国防	National Defense	41308	42530
公共安全	Public Security	2541292	2497931
教育	Education	6421745	6412883
科学技术	Science and Technology	323823	352819
文化旅游体育与传媒	Culture,Tourism,Sports and Media	1236412	1073305
#文化与旅游	Culture and Tourism	576227	476560
新闻出版电影	Press Film	63281	55784
广播电视	Radio and Television	261624	268415
社会保障和就业	Social Security and Employment	8548295	8747746
#社会福利	Social Welfare	209203	177313
卫生健康	Hygiene and Health	3750451	3627255
节能环保	Energy Saving and Environmental Protection	1493671	1438673
城乡社区事务	City and Countryside Community Business	4879301	4968439
农林水事务	Expenses of Agriculture,Forestry,Water	8675910	8188391
交通运输	Transportation	3345135	3459872
其他支出	Others	7476910	7624780

6-4 财政用于科学技术的支出

Government Expenditure for Scientific and Technological

单位：万元 (10 000 yuan)

项 目	Item	2020	2021
合计	**Total**	**323823**	**352819**
科学技术管理事务	Administrative Affairs of Scientific and Technological	16969	16686
基础研究	Basic Research	9816	13169
应用研究	Applied Research	40136	43286
技术研究与开发	Technological Research and Development	81088	104499
科技条件与服务	Condition and Service of Scientific and Technological	16366	16520
社会科学	Social Sciences	9612	8155
科学技术普及	Scientific and Technological Popularization	26524	23400
科技交流与合作	Scientific and Technological International Exchange and Cooperation	701	7134
其他	Others	122611	119970

6-5 财政用于教育支出

Government Expenditure for Education

单位：万元　　(10 000 yuan)

项 目	Item	2020	2021
合计	**Total**	**6421745**	**6412883**
教育管理事务	Administrative Affairs of Education	114472	105929
普通教育	General Education	5157127	4968310
职业教育	Vocational Education	603068	701891
成人教育	Adult Education	350	856
广播电视教育	Radio and Television Education	8157	7679
特殊教育	Special Education	34146	33847
进修及培训	Further Education and Train	131307	123830
教育费附加安排的支出	The Expenditure of Education Surtax Arrangements	282192	318058
其他	Others	90926	152483

6-6 财政用于社会保障和就业的支出

Government Expenditure for Social Security and Employment

单位：万元　　(10 000 yuan)

项 目	Item	2020	2021
合计	**Total**	**8548295**	**8747746**
人力资源和社会保障管理事务	Human Resources and Social Security Management Services	172280	252293
民政管理事务	Administrative Affairs of Civil Affairs	107210	119819
财政对社会保险基金的补助	Subsidy of Social Insurance Fund from Government Finance	2994598	2863756
行政事业单位养老支出	Pension Expenditure of Administrative Institutions	3080705	3317182
企业改革补助	Subsidy of Enterprise Reform	1367	6393
就业补助	Subsidy of Employment	281267	289578
抚恤	Pensions for Disable and Bereaved Families	218271	239436
退役安置	Retirement Places	274654	229162
社会福利	Social Welfare	209203	177313
残疾人事业	Disabled Persons Enterprise	142039	147462
红十字事业	Red Cross	16410	14973
最低生活保障	Receiving Minimum Living Allowance	646771	685948
其他	Others	403520	404431

6-7 财政用于农林水事务支出

Government Expenditure for Agriculture,Forestry and Water Conservation

单位：万元 (10 000 yuan)

项 目	Item	2020	2021
合计	**Total**	**8675910**	**8188391**
农业农村	Agriculture and Rural Areas	3169072	3132661
林业和草原	Forestry and Prairies	1361180	1133531
水利	Water Conservation	911582	961874
扶贫	Poverty Alleviation	1457842	1239557
农村综合改革	Comprehensive Rural Reform	394887	332120
普惠金融发展支出	Financial Inclusion Development Expenditure		382520
目标价格补贴	Target Price Subsidy		876400
其他	Others	1381347	129728

6-8 财政用于文化旅游体育与传媒支出

Government Expenditure for Culture,Tourism,Physical Education and Media

单位：万元 (10 000 yuan)

项 目	Item	2020	2021
合计	**Total**	**1236412**	**1073305**
文化与旅游	Culture and Tourism	576227	476560
文物	Cultural Relic	127262	101518
体育	Physical Education	119431	85585
新闻出版电影	Press Film	63281	55784
广播电视	Radio and Television	261624	268415
其他	Others	88587	85443

主要统计指标解释

财政收入　指国家财政参与社会产品分配所取得的收入，是实现国家职能的财力保证。财政收入所包括的内容几经变化，目前主要包括：

（1）各项税收：包括增值税、消费税、土地增值税、城市维护建设税、资源税、城市土地使用税、印花税、个人所得税、企业所得税、关税、农牧业税和耕地占用税等。

（2）专项收入：包括征收排污费收入、征收城市水资源费收入、教育费附加收入等。

（3）其他收入：包括基本建设贷款归还收入、基本建设收入、捐赠收入等。

（4）国有企业计划亏损补贴：这项为负收入，冲减财政收入。

财政支出　国家财政将筹集起来的资金进行分配使用，以满足经济建设和各项事业的需要，主要包括：

（1）基本建设支出：指按国家有关规定，属于基本建设范围内的基本建设有偿使用、拨款、资本金支出以及经国家批准对专项和政策性基建投资贷款，在部门的基建投资额中统筹支付的贴息支出。

（2）企业挖潜改造资金：指国家预算内拨给的用于企业挖潜、革新和改造方面的资金。包括各部门企业挖潜改造资金和企业挖潜改造贷款资金，为农业服务的县办"五小"企业技术改造补助，挖潜改造贷款利息支出。

（3）地质勘探费用：指国家预算用于地质勘探单位的勘探工作费用，包括地质勘探管理机构及其事业单位经费、地质勘探经费。

（4）科技三项费用：指国家预算用于科技支出的费用，包括新产品试制费、中间试验费、重要科学研究补助费。

（5）支援农村生产支出：指国家财政支援农村集体（户）各项生产的支出。包括对农村举办的小型农田水利和打井、喷灌等的补助费，对农村水土保持措施的补助费，对农村举办的小水电站的补助费，特大抗旱的补助费，农村开荒补助费，扶持乡镇企业资金，农村农技推广和植保补助费，农村草场和畜禽保护补助费，农村造林和林木保护补助费，农村水产补助费，发展粮食生产专项资金。

（6）农林水利气象等部门的事业费用：指国家财政用于农垦、农场、农业、畜牧、农机、林 业、森工、水利、水产、气象、乡镇企业的技术推广、良种推广（示范）、动植物（畜禽、森 林）保护、水质监测、勘探设计、资源调查、干部训练等项费用，园艺特产补助费，中等专业学校经费，飞播牧草试验补助费，营林机构、气象机构经费，渔政费以及农业管理事业费等。

（7）工业交通商业等部门的事业费：指国家预算支付给工交商各部门用于事业发展的经费，包括勘探设计费、中等专业学校经费、技术学校经费、干部训练费。

（8）文教科学卫生事业费：指国家预算用于文化、出版、文物、教育、卫生、中医、公费医疗、体育、档案、地震、海洋、通讯、电影电视、计划生育、党政群干部训练、自然科学、社会科学、科协等项事业的经费支出和高技术研究专项经费。主要包括工资、补助工资、福利费、离退休费、助学金、公务费、设备购置费、修缮费、业务费、差额补助费。

（9）抚恤和社会福利救济费：指国家预算用于抚恤和社会福利救济事业的经费。包括由民政部门开支的烈士家属和牺牲病残人员家属的一次性、定期抚恤金，革命伤残人员的抚恤金，各种伤残 补助费，烈军属、复员退伍军人生活补助费，退伍军人安置费，优抚事业单位经费，烈士纪念建筑物管理、维修费，自然灾害救济事业费和特大自然灾害灾后重建补助费等。

（10）行政事业单位离退休支出：指实行归口管理的行政事业单位离退休经费。

（11）社会保障补助支出：指国家预算用于社会保障的补助支出，包括对社会保障基金的补助、促进就业补助、国有企业下岗职工补助、补充全国社会保障基金等。

（12）国防支出：指国家预算用于国防建设和保卫国家安全的支出，包括国防费、国防科研事业费、民兵建设以及专项工程支出等。

（13）行政管理费：包括行政管理支出，党派团体补助支出，外交支出、公安安全支出，司法 支出、法院支出，检察院支出和公检法办案费用补助。

（14）政策性补贴支出：指经国家批准，由国家财政拨给的政策性补贴支出。主要包括粮、棉、油差价补贴，平抑物价和储备糖补贴，农业生产资料价差补贴，粮食风险基金，副食品风险基金，地方煤炭风险基金等。

（15）债务利息支出：指国家预算中用于偿还国内外债务利息的支出。

中央一般公共预算收入和地方一般公共预算收入　属于中央一般公共预算的收入包括关税，进口货物增值税和消费税，出口货物退增值税和消费税，消费税，铁道部门、各银行总行、各保险公司总公司等集中缴纳的城市维护建设税，增值税50%部分，纳入共享范围的企业所得税60%部分，未纳入共享范围的中央企业所得税、中央企业上交的利润，个人所得税

60%部分，车辆购置税，船舶吨税，证券交易印花税，海洋石油资源税，中央非税收入等。属于地方一般公共预算的收入包括地方企业上缴利润，城市维护建设税（不含铁道部门、各银行总行、各保险公司总公司集中缴纳的部分），房产税，城镇土地使用税，土地增值税，车船税，耕地占用税，契税，烟叶税，印花税（不含证券交易印花税），增值税 50%部分，纳入共享范围的企业所得税 40%部分，个人所得税 40%部分，海洋石油资源税以外的其他资源税，地方非税收入等。

中央一般公共预算支出和地方一般公共预算支出　指根据政府在经济和社会活动中的不同职责，划分中央和地方政府的责权，按照政府的责权划分确定的支出。中央一般公共预算支出包括一般公共服务，外交支出，国防支出，公共安全支出，以及中央政府调整国民经济结构、协调地区发展、实施宏观调控的支出等。地方一般公共预算支出包括一般公共服务，公共安全支出，地方统筹的各项社会事业支出等。

预算外资金收支　预算外资金指国家机关、事业单位和社会团体为履行或代行政府职能，依据国家法律、法规和具有法律效力的规章而收取、提取和安排使用的未纳入国家预算管理的各种财政性资金。其范围主要包括：法律、法规规定的行政事业性收费、基金和附加收入等；国务院或省级人民政府及其财政、计划（物价）部门审批的行政事业性收费；国务院及财政部审批建立的基金、附加收入等；主管部门所属单位集中上缴资金 ；用于乡镇政府开支的乡自筹和乡统筹资金；其他未纳入预算管理的财政性资金。社会保障基金在国家财政尚未建立社会保障预算制度以前，先按预算外资金管理制度进行管理，专款 专用。财政部门在银行开设统一的专户，用于预算外资金收入和支出管理。部门和单位的预算外收入必须上缴同级财政专户，支出由同级财政按预算外资金收支计划和单位财务收支计划统筹安排，从财政专户中拨付，实行收支两条线管理。

Explanatory Notes on Main Statistical Indicators

Government Revenue refers to the revenue of the government finance by means of participating in the distribution of the social products, which are the financial resources for ensuring the government to function. The contents of government revenue have been changed several times. Now it includes the following main items:

(1) Various tax revenues: including value added tax, consumption tax, land value added tax, tax on city maintenance and construction, resources tax, tax on use of urban land, stamp tax, personal income tax, enterprise income tax, tariff, tax on agriculture and animal husbandry and tax on occupancy of cultivated l and, etc;

(2) Special revenues: including revenue collected from imposing fee on sewage treatment, revenue collected from imposing fee on urban water resources, and extra charges for education, etc;

(3) Other revenues: including revenue from the repayment of capital construction l loan, revenue from capital construction projects, and donations and grants;

(4) Planned subsidies for the losses of the state owned enterprises: this is s an item of negative revenue, used to eat up part of the government revenue.

Government Expenditure refers to the distribution and use of the funds the government finance has raised, so as to meet the needs of economic construction and various causes. It includes the following main items:

(1) Expenditure for capital construction: refers to the non gratuitous use and appropriation of funds for capital construction in the range of capital construction, outlay of capital as well as the loans on capital construction approved by the government for special purpose or policy purpose and the expenditure with discount paid in an overall way within the amount of the funds appropriated to the departments for capital construction;

(2) Innovation funds of the enterprises: refer to the funds appropriated from the government budget for the enterprises to tap the latent power, upgrade the technology and carry out innovation, including the innovation fund of the departments, loan of the enterprises for innovation, subsidies on the innovation of the small fertilizer plant, small cement plant, small coal mines, small machinery plant and small steel plant, the expenditure of interest for the loan for innovation;

(3) Geological prospecting expenses: refer to the expenses appropriated from the government budget to the geological prospecting units for the expenditure of the prospecting work, including the expenditures of the administrative agencies for geological prospecting and their institutional units as well as the geologic al prospecting expenditure;

(4) Expenditures for science and technology promotion: refer to the expenses appropriated from the government budget for the scientific and technological expenditure, including new products development expenditure, expenditure for intermediate trial and subsidies on important scientific researches;

(5) Expenditure for supporting rural production: refers to the expenditures appropriated from the government budget for supporting the various expenditures of the rural collective units or households for production, including the subsidies to the small water conservancy projects and well drilling, sprinkling irrigation projects run by the villages; subsidies on the rural water and soil conserving measures; subsidies to the small power stations run by the villages; subsidies to the expenditure for fighting against particularly severe draughts; subsidies on the rural was the land exclamation; fund for supporting the township enterprises; subsidies to the expenditure for popularization of the agricultural technologies and plant protection in the rural areas; subsidies to the expenditure for the protection of grasslands and cattle and fowls; subsidies on afforestation and forest protection in rural areas; subsidies on the rural aquatic products industry; special fund for developing grain production;

(6) Operating expenses of the departments of farming, forestry, water conservancy and meteorology etc. : refer to the expenses appropriated from the government budget for the expenditures of agricultural exclamation, farms, agriculture, animal husbandry, agricultural machinery, forestry, timber industry, water conservancy, aquatic products industry, meteorology, technology popularization in township enterprises, popularization (demonstration) of improved varieties, plant (cattle and fowls, forest) protection, water quality monitoring, prospecting and designing, resources investigation, cadres training, subsidies to horticulture

gardens, expenditure of specialized secondary schools, subsidies on the experiments of sowing herbage seeds by flights, expenditures of afforestation agencies and meteorology agencies, expenses for fishery administration and operating expenses for agricultural administration, etc;

(7) Operating expenses of the departments of industry, transport and commerce: refer to the expenses appropriated from the government budget to the departments of industry, transport and commerce for the expenditure of business development, including expenses for prospecting and designing, expenditures of specialized secondary schools, expenditures of the technical training schools and expenditures or cadres training, etc;

(8) Operating expenses of the departments of culture, education, science and public health: refer to the expenses appropriated from the government budget for the expenditures of the causes of culture, publication, cultural relics, education, public health, traditional Chinese medical science, free medical services, sports, archives, earthquake, ocean, communications, broadcasting, film and television, family planning; expenditure for training of cadres of government, party and mass organization; expenditures for natural sciences, social sciences, associations for science and technology and the special expenditure for the high tech researches. They include mainly wages, extra wages, welfare funds, pension for the retirees, stipend, expenses for official business, expenses for equipment purchases, expenses for repairs, business expenses and subsidies to the units which are unable to support their expenditures by their own earnings;

(9) Pension for the disabled or for the families of the bereaved and relief funds for social welfare: refer to the funds appropriated from the government bud get for the expenditures of pension for the disabled or for the families of the bereaved and relief funds for social welfare, including the lump sum or regular pension paid by the departments of civil affairs to the members of martyrs families and families of those who died for the public interest, pension to the revolutionary disabled, subsidies for permanent disability of various kinds, subsidies to the military martyrs dependents and the demobilized servicemen, expenditure for settling down the demobilized servicemen, operating expenses of the consoling institutions, expenses for management and repair of the commemorative buildings for the martyrs, the expenses managed by the departments of civil affairs for the retirees and those who have quitted their work, expenses for social relief in rural and urban areas, operating expenses for providing relief to the areas of natural calamity and subsidies on the reconstruction after the particularly severe natural calamities, etc;

(10) Expenditures on retiree : refer to the expenditures of government agencies and institutions that covered by the state budget;

(11) Expenditures on subsidies to social security system: refer to expenditure from the state budget for subsidies to the social insurance fund, subsidies to promoting employment, subsidies to laid-off workers of state-owner enterprises, supplement to national social security funds, etc;

(12) Expenditures for national defence: refer to the funds appropriated from the government budget for the expenditures for building up national defence and safeguarding national security, including expenses of national defence, expenses o f scientific researches on national defence, expenses for building up people´s militia and expenditure for special projects, etc;

(13) Administrative expenses: include expenditure for administration, subsidies to the parties and mass organizations, diplomatic expenditure, expenditure for public security, judicial expenditure, law court expenditure, procuratorial expenditure and subsidies to the expenses for treating the cases by the public security departments, procuratorial organs and law courts;

(14) Expenditure for price subsidies: refer to the expenditure appropriated, with the approval of the government, from the government budget for the policy subsidies to price adjustment, including the fund for the increase of grain prices, the subsidies to the difference between the selling prices and purchasing prices o f grains, cotton and edible oil, awards in addition to the purchasing prices of cotton, risk fund for non staple food, subsidies on the prices of meat and meat products, subsidies on the price difference for curbing the high market prices of meat, meat products and vegetables and the subsidies approved by the government on the prices of textbooks and newsprint of newspapers and periodicals;

(15) Expenditure on interest of debts: refer to expenses from the state budget on paying interest of domestic and foreign debts.

Revenue from the Central and Local General Public Budgets The revenue of the central government public budgets includes tariff, consumption tax and value added tax on imported goods, consumption tax and value added tax refund on exports , consumption tax, railways, head offices of banks, head office of insurance company, which are handed over to the government in a centralized way, tax on city maintenance and construction, 50% of value-added tax, 60% of enterprise income tax included in the

Shared scope, central enterprise income tax not included in the Shared scope, profits paid by central enterprises, 60% of individual income tax, vehicle purchase tax, tonnage tax, stamp tax on securities trading, offshore oil resource tax, and non-tax revenue of the central government. The revenue of the local governments public budgets includes the profits by local enterprises, urban maintenance and construction tax (excluding the railway department, each bank head office, each insurance company pay part), the property tax, urban land use tax, land value-added tax, vehicle tax, cultivated land usage tax, deed tax, tobacco tax, stamp duty (excluding securities transaction stamp tax), 50% VAT, included in Shared scope, 40% corporate income tax 40% of personal income tax, resource tax, other than the ocean petroleum resource tax non-tax revenue, etc.

Expenditures from the Central and Local General Public Budgets according to the different functions of the central government and local governments in the economic and social activities, the rights of affairs administration are classified between the central government and local governments; and the classification of the expenditure between the central government and local governments are made on the basis of the classification of the rights of affairs administration between them. Expenditure in the central government's general public budget includes expenditure on general public services, foreign affairs, national defense and public security, as well as expenditure by the central government on adjusting the structure of the national economy, coordinating regional development and implementing macro-control. Local general public budget expenditure includes general public services, public security expenditure and social undertakings expenditure under the local plan.

Extra-budgetary Revenue and Expenditure Extrabudgetary funds refer to all kinds of fiscal funds not included in the national budget management that are collected, withdrawn and arranged for use by state organs, institutions and social organizations in order to perform or act on behalf of government functions according to national laws, regulations and rules with legal effect. Its scope mainly includes: administrative charges, funds and additional income stipulated by laws and regulations; Administrative institutional fees examined and approved by the State Council or the provincial people's government and its financial and planning (commodity price) departments; Funds and additional income approved and established by the State Council and the Ministry of Finance; The units subordinate to the competent departments shall centralize the funds to be handed over; Funds raised by and under the overall planning of the township government; Other fiscal funds not included in budget management. Before social security fund has not established social security budget system in national finance, manage according to management system of extrabudgetary fund first, special fund is special. The financial department shall open a unified special account in the bank for the management of the income and expenditure of extrabudgetary funds. The extrabudgetary income of departments and units must be turned over to the special fiscal account at the same level, and the expenditure shall be arranged by the financial department at the same level according to the plan of extrabudgetary funds and the plan of financial revenue and expenditure of the unit, and appropriated from the special fiscal account, so as to implement the management of revenue and expenditure along two lines.

7 资源、环境与能源

Resurces, Environment and Energy

资料整理：赵 鹍 赵 欢

Arranged By：Zhao Kun Zhao Huan

7-1 资源环境、自然灾害及供水用水情况
Resources Environment,National Disasters,Water Supply and Use

项　目	Item	2020	2021
水资源总量(亿立方米)	Total Water Resources Volume(100 million cu.m)	503.93	942.86
#地表水资源量	Surface Water Volume	354.19	788.75
地下水资源量	GroundWater Volume	243.94	238.60
煤保有资源量(亿吨)	Coal Ensured Reserves(100 million tons)	5179.13	5286.56
铁矿石保有资源量(亿吨)	Iron Ore Ensured Reserves(100 million tons)	42.15	45.35
磷矿石保有资源量(亿吨)	Phosphate Ore Ensured Reserves(100 million tons)	2.90	2.91
铜保有资源量(万吨)	Copper Ensured Reserves(10 000 tons)	748.18	670.93
铅保有资源量(万吨)	Lead Ensured Reserves(10 000 tons)	1879.00	1864.70
锌保有资源量(万吨)	Zinc Ensured Reserves(10 000 tons)	3975.22	3964.50
盐保有资源量(万吨)	Salt Ensured Reserves(10 000 tons)	13648.11	16015.48
累计水土流失治理面积(千公顷)	Area of Soil Erosion under Control (1 000 hectares)	15188	15959
累计除涝面积(千公顷)	Area with Flood Prevention Measures (1 000 hectares)	277	277
地质灾害次数(次)	Number of Geological Disasters(time)	6	2
地质灾害直接经济损失(万元)	Direct Economic Loss(10 000 yuan)	449.00	10.40
林业无公害防治率(%)	Forestry Pollution-free Prevention Rate(%)	55.78	59.37
突发环境事件次数(次)	Number of Environmental Emergencies(time)	3	6
供水总量(亿立方米)	Water Supply(100 million cu.m)	194.42	191.66
地表水	Surface Water	105.71	105.65
地下水	Groundwater	84.06	79.37
其　他	Others	4.65	6.63
用水总量(亿立方米)	Water Use(100 million cu.m)	194.41	191.66
农业	Agriculture	139.98	137.48
工业	Industry	13.41	13.36
生活	Consumption	11.61	11.69
生态环境补水	Ecological Protection	29.41	29.13
人均用水量(立方米/人)	Per Capita Water Use(cu.m/person)	807.0	798.1
人均水资源量(立方米/人)	Per Capita Water Resources(cu.m/person)	2091.8	3926.3

注：地表水资源量与地下水资源量之和不等于水资源总量，有重复计算部分。

a)Total Water Resources Volume is not equal to Surface Water Volume plus Ground Water Volume,there is Duplicated Measurement between Surface Water and Ground Water.

7-2 能源生产总量及构成

Total Production of Energy and Its Composition

年 份 Year	能源生产总量 (万吨标准煤) Total Energy Production (10 000 tons of SCE)	占能源生产总量的比重(%)As Percentage of Total Energy Production(%)			
		原 煤 Raw Coal	原 油 Crude Oil	天然气 Natural Gas	水电、核电和其他能源 Hydro Power, Nuclear Power and Other Energy
1978	1070.63	99.83			
1980	1078.94	99.81			
1985	2027.75	99.99			
1986	2007.72	99.85			
1987	2092.12	99.82			
1988	2252.60	99.88			
1989	2688.70	99.90			
1990	2821.61	99.81			
1991	3069.14	99.81			
1992	3221.65	95.43			
1993	3647.44	94.05	3.96		
1994	3994.00	94.27	5.69		
1995	4642.02	94.55	5.41		
1996	4767.47	95.48	4.49		
1997	5354.63	96.46	3.53		
1998	5019.91	96.28	3.66		
1999	4566.42	96.34	3.59		
2000	4701.23	95.90	2.75		
2001	6047.84	96.40	2.01	1.41	
2002	8428.61	97.21	1.40	1.22	
2003	10814.13	97.14	1.22	1.30	
2004	15586.70	97.32	1.04	1.34	
2005	19072.62	95.90	1.10	2.69	0.31
2006	22284.77	95.39	1.10	3.17	0.34
2007	26690.38	94.84	0.90	3.51	0.75
2008	33403.84	94.62	0.75	4.00	0.63
2009	40091.53	93.09	0.67	4.85	1.39
2010	49616.94	92.58	0.53	5.44	1.46
2011	58216.99	92.49	0.50	5.69	1.32
2012	57661.82	91.74	0.49	5.98	1.79
2013	58554.29	91.25	0.47	6.15	2.14
2014	60205.75	91.04	0.46	6.21	2.29
2015	56237.69	89.81	0.45	6.88	2.86
2016	52662.94	89.21	0.47	6.87	3.45
2017	54581.45	90.48	0.33	5.25	3.94
2018	58130.40	95.40	0.03	0.34	4.23
2019	64214.69	95.36	0.03	0.42	4.19
2020	60906.77	94.65	0.03	0.51	4.81

注：1. 水电、核电和其他能源发电折算标准煤系数根据当年平均火力发电煤耗计算。

2. 根据全国第四次经济普查结果，对2005-2018年能源生产总量和比重数据进行了调整。

a) The coefficient for conversion of Hydropower, nuclear power and other power into SCE(standard coal equivalent)is calculated on the basic of the average thermal coal in the same year.

b)According to the results of the fourth national economic census, the data on the total and proportion of energy production from 2005 to 2018 have been adjusted.

7-3 能源消费总量及构成

Total Consumption of Energy and Its Composition

年 份 Year	能源消费总量 (万吨标准煤) Total Energy Consumption (10 000 tons of SCE)	占能源消费总量的比重(%) As Percentage of Total Energy Consumption(%)					
		煤品燃料	油品燃料	天然气	一次电力	电力 净调入(+)、 调出(-)量	其他能源
2005	8772.61	103.63	9.89	0.96	0.66	-15.74	0.53
2006	10092.89	106.51	9.92	1.89	0.75	-19.61	0.51
2007	11373.67	107.14	9.20	3.10	1.76	-21.94	0.74
2008	12410.26	108.11	9.93	3.27	1.69	-24.04	0.91
2009	13401.14	106.66	9.92	3.11	4.15	-23.97	0.13
2010	14573.57	104.95	9.80	2.98	4.80	-22.68	0.15
2011	16140.03	106.96	9.94	3.07	4.77	-24.74	0.00
2012	16912.92	106.02	9.22	3.34	5.87	-24.69	0.23
2013	17544.17	105.80	8.25	3.33	7.13	-24.71	0.21
2014	18167.46	105.94	7.54	3.30	7.58	-24.66	0.32
2015	18783.71	105.63	6.55	2.10	8.30	-22.84	0.26
2016	19309.66	103.72	6.53	1.83	9.19	-21.50	0.23
2017	19763.44	103.80	7.07	2.31	10.69	-24.07	0.19
2018	23068.47	102.59	5.77	2.25	10.54	-21.29	0.14
2019	25345.57	103.94	5.29	2.09	10.62	-22.07	0.13
2020	27133.65	101.86	4.83	2.55	10.80	-20.18	0.14

注：1. 根据全国第四次经济普查结果，对2005-2018年能源消费总量和比重进行了调整。
2. 能源消费总量为等价值数据。

a)According to the results of the fourth national economic census, the data on the total and proportion of energy consumption from 2005 to 2018 have been adjusted.

b)Energy consumption data using the equivalent value.

7-4 综合能源平衡表

Overall Energy Balance

单位：万吨标准煤 (10 000 tons of SCE)

项 目	Item	1995	2000	2005	2010	2015	2020
可供消费的能源总量	**Total Energy Available for Consumption**	**2922.20**	**3996.41**	**8599.23**	**14506.86**	**18783.71**	**27133.65**
一次能源生产量	Primary Energy Output	4642.02	4701.23	19072.62	49616.94	56237.69	60906.77
外省(区、市)调入量	Transfer From Other Province(Region、City)			1735.18	1902.45	2063.23	8222.57
境内飞机、轮船在境外加油量	Oil-charge overseas of Plane & Ships in country						
进口量	Imports	4.56		228.02	1160.11	1059.72	2136.51
本省(区、市)调出量	Transfer to Other Province(Region、City)			-12400.65	-35336.54	-40381.84	-43897.56
出口量	Exports	-48.38	-141.96	-11.21	-390.77	-99.98	-43.21
境外飞机、轮船在境内加油量	Oil-charge inland of Plane & Ships out of the country						
年初年末库存差额	Stock Changes in the Year	-61.74	47.81	-416.06	-2445.33	-95.11	-191.34
能源消费总量	**Total Energy Consumption**	**3268.44**	**3937.54**	**8772.61**	**14573.57**	**18783.71**	**27133.65**
在总量中：	Consumption by Sector						
农、林、牧、渔业	Farming, Forestry, Animal Husbandry & Fishery	100.09	128.62	301.98	491.54	561.39	424.58
工业	Industry	1338.90	2059.93	6171.36	9703.46	13728.83	21707.03
建筑业	Construction	35.69	57.57	104.48	284.10	302.36	461.13
交通运输、仓储及邮电通信业	Transportation,Storage,Post & Telecommunications Services	154.58	151.07	625.18	1050.38	1035.27	978.75
批发、零售业和住宿餐饮业	Wholesale，Retail Trade, Quarters & Catering	73.44	92.87	303.40	971.40	801.66	557.64
其他	Others	128.19	80.27	268.17	456.79	816.98	953.79
生活消费	Residential Consumption	155.45	225.40	998.04	1615.90	1537.23	2050.74
在总量中：	Consumption by Usage						
终端消费	Final Consumption	1986.38	2795.70	7938.21	13389.78	17798.96	25811.71
# 工业	Industry	1338.90	2059.93	5336.96	8519.67	12744.07	20386.97
加工转换损失量	Losses in Processing & Transformation	905.20	1119.59	827.02	1183.80	984.75	1034.00
# 炼焦	Coking	36.52	16.30	255.60	302.94	398.14	574.63
炼油及煤制油损失	Petroleum Refining & CTL losses	1.11	24.69	4.12	46.15	138.72	286.02
损失量	Other Losses	376.86	22.25	7.38			287.94
平衡差额	**Balance**	**-346.24**	**58.87**	**-173.38**	**-66.71**	**0.00**	**0.00**

7-5 能源生产弹性系数

Elasticity Ratio of Energy Production

年 份 Year	能源生产比上年增长(%) Growth Rate of Energy Production over Preceding Year (%)	电力生产比上年增长(%) Growth Rate of Electricity Production over Preceding Year (%)	能源生产弹性系数 Elasticity Ratio of Energy Production	电力生产弹性系数 Elasticity Ratio of Electricity Production
1984	10.15	14.35	0.62	0.89
1985	20.49	15.69	1.15	0.91
1986	-0.99	39.54	-0.17	6.30
1987	4.20	13.76	0.47	1.53
1988	7.67	9.33	0.78	0.95
1989	19.36	11.12	7.17	4.12
1990	4.94	10.51	0.66	1.40
1991	8.77	11.31	1.17	1.51
1992	4.97	17.63	0.45	1.60
1993	13.22	5.82	1.13	0.50
1994	9.50	11.07	0.85	0.99
1995	16.22	6.61	1.61	0.65
1996	2.70	16.32	0.19	1.13
1997	12.32	5.62	1.14	0.52
1998	-6.25	2.39	-0.58	0.22
1999	-9.03	8.62	-1.03	0.98
2000	2.95	16.87	0.27	1.56
2001	28.64	5.98	2.68	0.56
2002	39.37	11.27	2.98	0.85
2003	27.99	25.05	1.72	1.42
2004	44.13	26.09	2.64	1.25
2005	22.43	31.01	1.14	1.30
2006	16.84	38.13	0.94	2.12
2007	19.77	30.36	1.10	1.69
2008	25.15	11.45	1.52	0.69
2009	20.02	9.35	1.25	0.58
2010	23.76	14.30	1.69	1.01
2011	17.33	20.72	1.27	1.52
2012	-0.95	7.63	-0.09	0.71
2013	1.55	6.75	0.18	0.78
2014	2.82	8.23	0.36	1.06
2015	-6.59	1.62	-0.86	0.21
2016	-6.36	0.68	-0.91	0.10
2017	3.64	12.31	0.91	3.08
2018	6.50	11.80	1.25	2.27
2019	10.47	10.80	2.01	2.08
2020	-5.15	5.75	-25.75	28.75

注:能源生产增长速度按等价值计算。
a)The growth rate of energy production by equivalent value.

7-6 能源消费弹性系数

Elasticity Ratio of Energy Consumption

年 份 Year	能源消费比上年增长(%) Growth Rate of Energy Consumption over Preceding Year (%)	电力消费比上年增长(%) Growth Rate of Electricity Consumption over Preceding Year (%)	能源消费弹性系数 Elasticity Ratio of Energy Consumption	电力消费弹性系数 Elasticity Ratio of Electricity Consumption
1986	1.97	7.94	0.33	1.35
1987	5.95	9.70	0.66	1.08
1988	3.48	14.15	0.36	1.44
1989	10.03	13.95	3.71	5.17
1990	8.21	13.55	1.09	1.81
1991	3.37	3.87	0.45	0.52
1992	1.98	10.65	0.18	0.97
1993	4.74	39.43	0.41	3.37
1994	5.08	-17.23	0.46	-1.54
1995	16.22	-18.43	1.60	-1.82
1996	-3.80	49.76	-0.26	3.46
1997	17.96	4.68	1.67	0.43
1998	-7.25	-10.42	-0.68	-0.97
1999	5.66	24.91	0.64	2.83
2000	8.33	8.15	0.77	0.75
2001	13.10	9.22	1.22	0.87
2002	16.54	14.57	1.26	1.10
2003	27.41	26.89	1.68	1.53
2004	30.08	31.72	1.80	1.52
2005	15.09	24.67	0.77	1.04
2006	15.05	32.48	0.84	1.80
2007	12.69	31.11	0.71	1.73
2008	9.11	5.20	0.55	0.32
2009	7.98	5.52	0.50	0.35
2010	8.75	19.33	0.62	1.37
2011	10.75	19.31	0.79	1.42
2012	4.79	9.99	0.45	0.93
2013	3.73	8.19	0.43	0.94
2014	3.55	10.76	0.46	1.38
2015	3.39	5.22	0.44	0.68
2016	2.80	2.45	0.40	0.35
2017	2.35	11.01	0.59	2.75
2018	16.72	15.96	3.22	3.07
2019	9.87	8.93	1.90	1.72
2020	7.05	9.48	35.25	47.40

注：能源消费增长速度按等价值计算。

a)The growth rate of energy consumption by equivalent value.

7-7 能源加工转换效率

Efficiency of Energy Conversion

单位：%　　　　　　　　　　　　　　　　　　　　　　　　　　　　　　　　　　　(%)

年 份 Year	总效率 Total Efficiency	发电及供热 Electricity Generation and Heating	炼 焦 Coking	炼油及煤制油 Petroleum Refining and Coal to oil
1983	69.9	36.9	91.2	99.2
1984	69.2	37.0	90.1	99.2
1985	68.3	36.9	90.8	99.1
1986	68.3	36.7	90.6	99.0
1987	67.5	36.8	90.5	98.8
1988	66.5	36.3	90.8	98.8
1989	66.5	36.7	90.3	98.6
1990	66.5	37.3	91.3	90.2
1991	65.9	37.6	89.9	98.1
1992	66.0	37.8	92.7	96.8
1993	67.3	39.9	98.1	98.5
1994	65.2	39.4	89.6	97.5
1995	71.1	37.3	92.0	97.7
1996	70.2	36.6	94.1	97.5
1997	69.8	35.9	94.0	97.4
1998	69.3	37.1	95.0	96.4
1999	69.3	37.0	96.1	97.5
2000	69.4	37.8	96.2	97.3
2001	69.7	38.2	96.5	97.6
2002	69.0	38.7	96.6	96.7
2003	69.4	38.5	96.1	96.4
2004	70.6	38.6	97.1	96.5
2005	71.1	39.0	97.1	96.9
2006	70.9	39.1	97.0	96.9
2007	71.2	39.8	97.5	97.2
2008	71.5	40.5	98.5	96.2
2009	72.4	41.2	98.0	96.7
2010	72.5	42.0	96.4	97.0
2011	72.2	42.1	96.3	97.4
2012	72.7	42.8	95.7	97.1
2013	73.0	43.1	95.6	97.7
2014	70.2	43.5	87.9	86.7
2015	67.8	43.9	89.8	84.4
2016	67.4	44.6	89.7	84.7
2017	66.0	44.8	92.9	83.8
2018	67.3	45.5	94.1	79.8
2019	67.8	45.8	92.3	79.7
2020	69.5	46.4	89.4	77.2

7-8 主要城市气温(2021年)

Monthly Average Temperature of Major Cities(2021)

单位：摄氏度 (°C)

城市	City	1月 Jan.	2月 Feb.	3月 Mar.	4月 Apr.	5月 May	6月 June	7月 July	8月 Aug.	9月 Sept.	10月 Oct.	11月 Nov.	12月 Dec.	年平均 Annual Average
呼和浩特	Hohhot	-10.8	-2.3	4.1	8.8	15.3	21.0	23.2	19.4	17.4	7.0	-2.0	-8.8	7.7
包头	Baotou	-9.7	-1.8	4.7	9.9	17.0	21.8	24.5	20.6	18.1	7.2	-2.0	-9.7	8.4
海拉尔	Hailaer	-24.5	-18.5	-4.0	3.6	9.9	18.0	21.1	17.9	11.4	2.2	-8.6	-19.2	0.8
乌兰浩特	Ulanhot	-16.1	-9.6	1.7	8.7	15.7	20.1	23.4	19.8	15.2	6.9	-2.8	-11.0	6.0
通辽	Tongliao	-14.4	-6.3	3.9	11.0	17.9	22.0	25.8	22.0	17.7	9.3	-1.6	-8.5	8.2
赤峰	Chifeng	-12.4	-3.7	4.0	10.4	16.4	21.5	23.9	19.9	16.4	8.6	0.2	-5.6	8.3
锡林浩特	Xilinhot	-20.3	-11.5	-0.7	7.3	12.9	18.7	22.4	18.3	14.7	4.3	-5.9	-12.7	4.0
集宁	Jining	-11.9	-4.1	1.9	7.1	12.7	18.5	20.8	17.6	15.1	4.7	-3.4	-8.6	5.9
东胜	Dongsheng	-8.1	0.4	4.7	8.1	15.4	20.6	23.6	20.0	17.5	7.3	-0.3	-5.4	8.7
临河	Linhe	-8.0	0.0	5.7	10.8	17.6	22.2	25.5	21.7	18.3	7.2	-0.6	-6.7	9.5
乌海	Wuhai	-8.5	0.7	6.5	11.7	18.9	24.1	28.0	23.6	20.3	8.3	-1.1	-6.1	10.5
巴彦浩特	Bayanhot	-7.2	1.6	6.8	9.9	17.4	22.4	26.7	22.4	19.2	9.0	-0.3	-5.1	10.2

7-9 主要城市平均相对湿度(2021年)

Monthly Average Relative Humidity of Major Cities(2021)

单位：% (%)

城市	City	1月 Jan.	2月 Feb.	3月 Mar.	4月 Apr.	5月 May	6月 June	7月 July	8月 Aug.	9月 Sept.	10月 Oct.	11月 Nov.	12月 Dec.	年平均 Annual Average
呼和浩特	Hohhot	46.0	38.0	44.0	47.0	35.0	44.0	61.0	61.0	60.0	47.0	53.0	53.0	49.1
包头	Baotou	52.0	51.0	56.0	55.0	39.0	50.0	65.0	68.0	69.0	57.0	63.0	68.0	57.8
海拉尔	Hailaer	71.0	69.0	60.0	50.0	61.0	66.0	78.0	74.0	76.0	65.0	71.0	73.0	67.8
乌兰浩特	Ulanhot	47.0	45.0	37.0	35.0	42.0	66.0	87.0	81.0	74.0	48.0	58.0	51.0	55.9
通辽	Tongliao	58.0	50.0	43.0	36.0	39.0	61.0	75.0	76.0	74.0	48.0	64.0	55.0	56.6
赤峰	Chifeng	51.0	43.0	42.0	32.0	36.0	49.0	71.0	72.0	71.0	45.0	52.0	39.0	50.3
锡林浩特	Xilinhot	70.0	66.0	56.0	39.0	37.0	52.0	67.0	64.0	65.0	49.0	64.0	64.0	57.8
集宁	Jining	49.0	43.0	47.0	45.0	41.0	47.0	67.0	64.0	64.0	51.0	55.0	47.0	51.7
东胜	Dongsheng	38.0	34.0	45.0	48.0	34.0	41.0	51.0	53.0	56.0	48.0	43.0	39.0	44.2
临河	Linhe	42.0	42.0	39.0	46.0	31.0	44.0	54.0	53.0	58.0	53.0	49.0	51.0	46.8
乌海	Wuhai	41.0	37.0	35.0	44.0	28.0	36.0	42.0	44.0	50.0	50.0	49.0	44.0	41.7
巴彦浩特	Bayanhot	35.0	29.0	27.0	43.0	25.0	34.0	34.0	38.0	45.0	40.0	36.0	38.0	35.3

7-10 主要城市降水量(2021年)

Monthly Precipitation of Major Cities(2021)

单位：毫米 (millimeters)

城市	City	1月 Jan.	2月 Feb.	3月 Mar.	4月 Apr.	5月 May	6月 June	7月 July	8月 Aug.	9月 Sept.	10月 Oct.	11月 Nov.	12月 Dec.	全年 Annual Total
呼和浩特	Hohhot	0.0	2.6	16.3	30.5	7.1	55.5	122.6	111.7	27.4	11.3	4.9	0.8	390.7
包头	Baotou	0.4	5.6	10.4	26.0	16.4	59.2	42.4	62.0	6.9	2.3	4.9	4.1	240.6
海拉尔	Hailaer	2.4	2.1	3.1	26.2	40.9	38.2	175.3	63.0	75.2	21.7	2.9	1.9	452.9
乌兰浩特	Ulanhot	4.9	6.5	3.8	27.3	21.8	119.2	111.8	145.8	109.6	3.5	16.9	1.6	572.7
通辽	Tongliao	4.7	4.1	7.3	22.9	3.5	34.2	124.3	153.5	102.0	0.0	91.0	0.1	547.6
赤峰	Chifeng	0.5	5.2	10.1	1.8	14.5	16.6	94.8	87.8	104.7	11.4	24.1	0.3	371.8
锡林浩特	Xilinhot	4.9	10.2	9.1	9.4	19.3	49.2	127.9	36.8	58.0	4.8	10.9	4.1	344.6
集宁	Jining	0.0	2.0	9.2	0.0	36.4	62.7	81.9	67.3	30.6	13.7	18.7	0.0	322.5
东胜	Dongsheng	0.3	4.6	26.8	17.0	23.9	101.9	44.2	27.3	23.6	11.8	10.5	2.7	294.6
临河	Linhe	0.0	0.9	16.6	5.6	2.6	11.9	9.9	2.0	20.7	3.8	0.4	1.2	75.6
乌海	Wuhai	0.2	2.7	40.6	10.5	0.0	21.1	10.7	2.4	16.9	1.6	8.0	0.0	114.7
巴彦浩特	Bayanhot	0.6	2.1	17.6	26.4	2.9	35.9	54.3	5.9	71.1	1.5	8.3	0.7	227.3

7-11 主要城市有效可照时数(2021年)

Monthly Effective Sunshine Hours of Major Cities(2021)

单位：小时 (hours)

城市	City	1月 Jan.	2月 Feb.	3月 Mar.	4月 Apr.	5月 May	6月 June	7月 July	8月 Aug.	9月 Sept.	10月 Oct.	11月 Nov.	12月 Dec.	全年 Annual Total
呼和浩特	Hohhot	208.0	216.5	218.8	221.5	258.5	269.1	243.7	242.1	190.5	216.5	210.4	231.8	2727.4
包头	Baotou	223.9	225.9	222.8	229.6	299.0	280.9	302.7	276.5	230.3	224.3	221.9	241.1	2978.9
海拉尔	Hailaer	185.2	198.9	224.5	260.1	227.7	264.7	232.8	176.9	175.7	218.1	170.5	191.6	2526.7
乌兰浩特	Ulanhot	210.0	213.6	263.5	262.4	295.5	256.1	126.5	191.8	191.8	247.2	181.7	207.3	2647.4
通辽	Tongliao	196.4	208.5	248.1	236.0	253.2	228.8	172.2	175.0	171.9	230.0	171.0	189.9	2481.0
赤峰	Chifeng	230.4	221.4	241.0	224.6	255.2	248.9	168.4	222.9	183.4	224.5	194.0	229.1	2643.8
锡林浩特	Xilinhot	200.6	203.6	228.8	263.0	242.7	262.7	241.6	219.6	220.3	232.5	198.9	209.1	2723.4
集宁	Jining	215.4	210.1	211.8	221.9	259.5	270.1	225.0	218.6	211.8	214.0	206.6	238.6	2703.4
东胜	Dongsheng	225.5	223.5	217.4	221.3	296.2	262.6	287.7	238.3	207.5	204.5	230.2	242.2	2856.9
临河	Linhe	215.3	201.7	222.8	242.5	306.4	281.7	311.9	274.3	222.3	213.0	213.0	212.6	2917.5
乌海	Wuhai	209.7	205.3	207.9	219.7	300.9	210.6	330.7	255.2	218.6	206.0	229.7	224.5	2818.8
巴彦浩特	Bayanhot	218.0	228.3	218.2	204.4	292.8	257.1	324.9	248.3	242.2	195.7	237.7	225.3	2892.9

主要统计指标解释

国土 指一个主权国家管辖下的领土、领海和领空。

气候 指地球与大气之间长期能量交换与质量交换所形成的一种自然环境状态,它是多种因素综合作用的结果。气候既是人类生活和生产的环境要素之一,又是供给人类生活和生产的重要资源。气温、降水、湿度等气象要素的多年平均值是用来描述一个地区气候状况的主要参数,而各种气象要素某年、某月的平均值(或总量)则可以反映出该时期天气气候状况的重要特征。

自然资源 指人类可以直接从自然界获得,并用于生产和生活的物质资源。自然资源一般可以分成可再生资源和非再生资源两大类。可再生资源指在较短时间内可以再生、可以循环利用的资源,包括土地资源、水资源、气候资源、生物资源和海洋资源等。非再生资源指在使用后不能再生的资源,包括矿产资源和地热能源。

土地资源 土地指陆地的表层部分,它主要由岩石、岩石的风化物和土壤构成。土地资源按利用类型可以分为农用地、建筑用地和未利用地。农用地包括耕地、园地、林地、牧草地和水面。建筑用地包括居民点及工矿用地、交通用地和水利设施用地。未利用地指农用地和建筑用地以外的土地,包括滩涂、荒漠、戈壁、冰川和石山等。

水资源 水在自然界中以固体、液体和气态三种聚集状态存在,分布于海洋、陆地(包括土壤)以及大气之中,通过水循环形成水资源。水资源包括经人类控制并直接可供灌溉、发电、给水、航运、养殖等用途的地表水和地下水,以及江河、湖泊、井、泉、潮汐、港湾和养殖水域等。水资源是发展国民经济不可缺少的重要自然资源。

地表水和地下水 陆地上的水因空间分布不同,可以分为地表水和地下水。地表水指分别存在于河流、湖泊、沼泽、冰川和冰盖等水体中水分的总称,又称陆地水。地下水指储存在地面以下饱和岩土孔隙、裂隙及溶洞中的水。

矿产资源 矿产指由地质作用形成,富集于地壳中或出露于地表达到工农业利用要求的有用矿物。矿产是一种重要的自然资源,是社会发展的重要物质基础。从某种意义上讲,一个国家对矿产资源开发利用的广度和深度,可以作为这个国家经济发展水平的标志。

矿产保有储量 指探明的矿产储量(包括工业储量和远景储量),扣除已开采部分和地下损失量后的年末实有储量,是反映国家矿产资源现状的重要指标。

一次能源生产总量 指一定时期内,全国一次能源生产量的总和。该指标是观察全国能源生产水平、规模、构成和发展速度的总量指标。包括:原煤、原油、天然气、水电、核能及其他动力能(如风能、地热能等)发电量等,不包括低热值燃料生产量和由一次能源加工转换而成的二次能源产量。

能源消费总量 指一定地域内,国民经济各行业和居民家庭在一定时期内消费的各种能源的总和。包括:原煤、原油、天然气、水能、核能、风能、太阳能、地热能、生物质能等一次能源;一次能源通过加工转换产生的洗煤、焦炭、煤气、电力、热力、成品油等二次能源和同时产生的其他产品;其他化石能源、可再生能源和新能源。其中水能、风能、太阳能、地热能、生物质能等可再生能源,是指人们通过一定技术手段获得的,并作为商品能源使用的部分。在核算过程中,一次能源、二次能源消费不能重复计算。能源消费总量分为终端能源消费量、能源加工转换损失量和能源损失量三部分。

(1)终端能源消费量:指一定时期内,用于消费(而非用于加工转换产出其他能源)的各种能源之和。

(2)能源加工转换损失量:指一定时期内,全国投入加工转换的各种能源数量之和与产出各种能源产品之和的差额。该指标是观察能源在加工转换过程中损失量变化的指标。

(3)能源损失量:指一定时期内,能源在输送、分配、储存过程中发生的损失和由客观原因造成的各种损失量,不包括各种气体能源放空、放散量。

能源生产弹性系数 是研究能源生产增长速度与国民经济增长速度之间关系的指标。计算公式为:

$$能源生产弹性系数=\frac{能源生产量年平均增长速度}{国民经济年平均增长速度}$$

国民经济年平均增长速度,可根据不同的目的或需要,用国民生产总值、国内生产总值等指标来计算,本书是采用国内生产总值指标计算。

电力生产弹性系数 是研究电力生产增长速度与国民经济增长速度之间关系的指标。计算公式为:

$$电力生产弹性系数=\frac{电力生产量年平均增长速度}{国民经济年平均增长速度}$$

能源消费弹性系数 反映能源消费增长速度与国民经济增长速度之间关系的指标。计算公式为:

$$能源消费弹性系数=\frac{能源消费量年平均增长速度}{国民经济年平均增长速度}$$

电力消费弹性系数 反映电力消费增长速度与国民经济增长速度之间关系的指标。计算公式为:

$$电力消费弹性系数=\frac{电力消费量年平均增长速度}{国民经济年平均增长速度}$$

能源加工转换效率 指一定时期内,能源经过加工、转换后,产出的各种能源产品的数量与同期内投入加工转换的各种能源数量的比率。该指标是观察能源加工转换装置和生产工艺先进与落后、管理水平高低等的重要指标。计算公式为:

$$能源加工转换效率=\frac{能源加工转换产出量}{能源加工转换投入量}\times100\%$$

气温 指空气的温度,我国一般以摄氏度(0℃)为单位表示。气象观测的温度表是放在离地面约 1.5 米处通风良好的百叶箱里测量的。因此,通常说的气温指的是离地面 1.5 米处百叶箱中的温度。其统计计算方法为:

月平均气温是将全月各日的平均气温相加,除以该月的天数而得。

年平均气温是将 12 个月的月平均气温累加后除以 12 而得。

相对湿度 指空气中实际水气压与当时气温下的饱合水气压之比。其统计方法与气温相同。

降水量 指从天气降落到地面的液态或固态(经融化后)水,未经蒸发、渗透、流失而在地面上积聚的深度。其统计计算方法为:

月降水量是将全月各日的降水量累加而得。

年降水量是将 12 个月的月降水量累加而得。

日照时数 指太阳实际照射地面的时间。其统计方法与降水量相同。

综合能源消费量 指工业生产企业在报告期内实际消费的各种能源扣除能源加工转换产出量和能源回收利用等重复因素的总和。计算综合能源消费量时,需要将各种能源品种的消费量按折标煤系数换算成标准计量单位吨标准煤计量的消费量。

Explanatory Notes on Main Statistical Indicators

Territory refers to territorial land, sea and air space under the administration of a sovereign state.

Climate refers to the natural environmental status formed by the long-time exchange of energy and mass between the earth and the air, and is the results of interaction of many factors. Climate is both one of the environment factors and the important resources for the living and production activities of the human being. The average values across several years of meteorological factors such as temperature, rainfall and humidity are used as important parameters to describe the climate of a region, while the average values (or total values) of a given year or month of meteorological factors reflect the key characteristics of climate for that period of time.

Natural Resources refer to material resources that could be obtained from the nature by human being and used for production and living. Natural resources in general can be classified as renewable resources and non-renewable resources. Renewable resources refer to resources that could be renewed and recycled during a relatively short period of time, including land resource, water resource, climate resource, biology resource and marine resource. Non-renewable resources include resources that could not be renewed, such as minerals and geothermal resource.

Land Resource refers to the surface of the earth, consisting of mainly rocks and its weathering and earth. Land resource can be classified, by its utilization, as land for agriculture, land for construction and unused land. Land for agriculture includes cultivated land, plantation land, forestland, grassland and waters. Land for construction includes land for residential purpose, for manufacturing and mining, for transportation and for water conservancy projects. Unused land refers to land other than land for agriculture and construction, including beaches, deserts, Gobi, glaciers and Rock Mountains.

Water Resource water exists in the nature in solid, liquid and gaseous states, is distributed in the ocean, land (including earth) /and air, and constitutes the water resource through the circulation of water. Water resource includes the surface water and underground water that is controlled by the human being for irrigation, power-generation, water supply, navigation and cultivation. It also includes rivers, lakes, wells, springs, tides, gulf and water area for cultivation. Water resource as an important natural resource is indispensable for the development of the national economy.

Surface Water and Underground Water water on earth can be divided into surface water and underground water according to its distribution. Surface water refers to moisture exists in rivers, lakes, swamps, glaciers, icecaps and so on. It is also called land water. The underground water refers to water deposited underground in the cranny and the hole of saturated rock soil and in the water-eroded cave.

Mineral resources refer to useful minerals formed by geological processes, enriched in the earth′s crust or exposed on the surface to meet the requirements of industrial and agricultural utilization. Mineral is an important natural resource and an important material basis for social development. In a sense, the breadth and depth of a country′s development and utilization of mineral resources can be used as a symbol of the country′s economic development level.

Ensured Mineral Reserves refer to the actual mineral reserves, which equal to the proven mineral reserves (including industrial reserves and prospective reserves) minus extracted parts and underground losses. This indicator shows the current condition of the mineral resources of a country.

Total Primary Energy Production refers to the total national primary energy production in a certain period of time. This indicator is a total indicator for observing the level, scale, composition and development speed of national energy production. Including: power generation of raw coal, crude oil, natural gas, hydropower, nuclear energy and other power energy (such as wind energy, geothermal energy, etc.), excluding the production of low calorific value fuel and the production of secondary energy converted from primary energy processing.

Total Energy Consumption refers to the sum of all kinds of energy consumed by various industries of the national economy and households in a certain period of time in a certain region. Including: raw coal, crude oil, natural gas, hydropower, nuclear energy, wind energy, solar energy, geothermal energy, biomass energy and other primary energy; Coal washing, coke, gas, electric power, heat, refined oil and other secondary energy and other products generated simultaneously through processing and conversion of primary energy; Other fossil energy, renewable energy and new energy. Among them, renewable energy such as hydropower, wind energy, solar energy, geothermal energy and biomass energy refers to the part obtained by people through certain technical means and used as commercial energy. In the accounting process, the consumption of primary energy and secondary energy cannot be calculated repeatedly. The total energy consumption is divided into three parts: terminal energy consumption, energy processing and conversion loss and energy loss.

(1) Terminal Energy Consumption: refers to the sum of all kinds of energy used for consumption (rather than for processing and conversion to produce other energy) in a certain period of time;

(2) Energy Processing and Conversion Loss: refers to the difference between the sum of various energy quantities input for processing and conversion and the sum of various energy products output in a certain period of time. This index is used to observe the change of energy loss in the process of processing and conversion;

(3) Energy Loss: refers to the loss of energy in the process of transmission, distribution and storage and various losses caused by objective reasons within a certain period of time, excluding the venting and emission of various gas energy.

Elasticity Coefficient of Energy Production is an index to study the relationship between the growth rate of energy production and the growth rate of national economy. The calculation formula is:

Elasticity coefficient of energy production = Average annual growth rate of energy production/Average annual growth rate of national economy

The average annual growth rate of the national economy can be calculated according to different purposes or needs with GNP, GDP and other indicators. This book uses GDP indicators.

The Elasticity Coefficient of Power Production is an index to study the relationship between the growth rate of power production and the growth rate of national economy. The calculation formula is:

The elasticity coefficient of power production = Average annual growth rate of power production/Average annual growth rate of national economy

The Elasticity Coefficient of Energy Consumption is an index reflecting the relationship between the growth rate of energy consumption and the growth rate of national economy. The calculation formula is:

The elasticity coefficient of energy consumption = Average annual growth rate of electric power production/Average annual growth rate of national economy

The Elasticity Coefficient of Power Consumption is an index reflecting the relationship between the growth rate of power consumption and the growth rate of national economy. The calculation formula is:

The elasticity coefficient of power consumption = Annual average growth rate of power consumption/Average annual growth rate of national economy

Energy Processing and Conversion Efficiency refers to the ratio of the quantity of various energy products produced after energy processing and conversion in a certain period of time to the quantity of various energy input for processing and conversion in the same period. This index is an important index to observe the advanced and backward energy processing and conversion equipment and production technology, high and low management level. The calculation formula is:

Energy processing conversion efficiency = Energy processing conversion output/ Energy processing and conversion input×100%

Temperature refers to the air temperature. China uses centigrade (0℃) as the unit. The thermometry used for weather observation is put in a breezy shutter, which is 1. 5 meters high from the ground. Therefore, the commonly used temperature refers to the temperature in the breezy shutter 1. 5 meters away from the ground. The calculation method is as follows:

Monthly average temperature is the summation of average daily temperature of one month divided by the actual days of that particular month.

Annual average temperature is the summation of monthly average of a year divided by 12 months.

Relative Humidity refers to the ratio of actual water vapor pressure to the saturation water vapor pressure under the current temperature. The calculation method is the same as that of temperature.

Volume of Precipitation refers to the deepness of liquid state or solid state (thawed) water falling from the sky to the ground that has not been evaporated, infiltrated or run off. The calculation method is as follows:

Monthly precipitation is the summation of daily precipitation of a month.

Annual precipitation is the summation of 12 months , precipitation of a year.

Sunshine Hours refer to the actual hours of sun irradiating the earth. The calculation method is the same as that of the precipitation.

Integrated Energy Consumption refers to the total amount of various energy actually consumed by industrial production enterprises during the reporting period minus the output of energy processing and conversion, energy recycling and utilization and other repetitive factors. In the calculation of comprehensive energy consumption, it is necessary to convert the consumption of various types of energy into the consumption measured by standard unit ton of standard coal according to the conversion coefficient of standard coal.

8 农牧业

Agriculture and Animal Husbandry

资料整理：张文军　曹源源　赵嘉玮　闫　寒　李　珊
李　婷　闫少菲　吴　萌　特日格勒

Arranged By：Zhang Wenjun　Cao Yuanyuan　Zhao Jiawei
Yan Han　Li Shan　Li Ting　Yan Shaofei
WuMeng　Te Rigele

8-1 农林牧渔业总产值

Gross Output Value of Farming,Forestry,Animal Husbandry and Fishery

单位：万元 (10 000 yuan)

年 份 Year	农林牧渔业总产值 Total	#农 业 Farming	#林 业 Forestry	#畜 牧 业 Animal Husbandry	#渔 业 Fishery
1957	112000	82992	1792	26992	224
1962	170500	116281	2387	50639	1193
1965	194000	129980	4656	58200	1164
1970	240000	158160	9360	72000	480
1975	308300	198545	8016	101122	617
1978	283500	187961	10490	84200	849
1979	315800	206533	11369	97266	632
1980	306844	197403	13460	95199	782
1981	394274	255550	22848	114744	1132
1982	471608	307328	31393	131391	1496
1983	524301	347389	38108	136887	1917
1984	612772	408789	44356	157230	2397
1985	731955	465638	48284	214048	3985
1986	772500	483567	43670	239908	5355
1987	877426	544449	36254	290178	6545
1988	1223765	729359	38582	447432	8392
1989	1267208	763517	39968	453357	10366
1990	1569192	1031256	62298	464131	11507
1991	1640837	1066021	66705	494474	13637
1992	1802705	1156550	78040	552787	15328
1993	2208047	1420784	91549	677461	18253
1994	3093195	1892180	103350	1070005	27659
1995	3735936	2311734	121176	1271609	31417
1996	4653285	2995270	139653	1485617	32745
1997	5043396	3142026	152632	1712322	36416
1998	5343765	3353206	168785	1773911	47863
1999	5323166	3187204	210062	1871452	54448

8-1 续表 Continued

单位：万元 (10 000 yuan)

年 份 Year	农林牧渔业总产值 Total	#农 业 Farming	#林 业 Forestry	#畜 牧 业 Animal Husbandry	#渔 业 Fishery
2000	5431600	3083645	236071	2054581	57349
2001	5559041	3075703	260696	2162426	60216
2002	5869716	3321447	288371	2205642	54256
2003	6663815	3359567	479357	2671028	49373
2004	8513045	4115399	465808	3746932	59527
2005	9802100	4738918	397888	4445801	72420
2006	10584953	5422303	490057	4392499	91053
2007	12766370	6230865	636860	5571761	109486
2008	15256202	7228196	727163	6933047	117788
2009	15703719	7414492	782452	7116847	127069
2010	18444700	9160975	765727	8076660	158585
2011	22052434	10809020	931636	9759935	235197
2012	24502560	12027821	977552	10889659	260801
2013	27026896	13688840	961409	11708651	290411
2014	27865379	14579360	964358	11628846	290686
2015	27615600	14745418	994184	11146265	307518
2016	28035460	14775582	986357	11497481	330299
2017	28135356	14347260	999140	12005587	312995
2018	29853157	15124986	1003117	12943050	292484
2019	31763422	16063407	1008945	13904597	278248
2020	34723600	16990067	897800	16033558	277905
2021	38151191	18795543	940580	17552655	298199

注：本表绝对数按当年价格计算。 依据第三次全国农业普查数据对2007年至2017年常规年报进行修订。
a)Data value terms in this table are calculated at current prices. According to the result of the Third National Agriculture Census revised the regular annual data of 2007-2017.

8-2 主要年份农林牧渔业总产值指数

Indices of Gross Output Value of Farming, Forestry,Animal Husbandry and Fishery

上年=100 (Preceding year=100)

年 份 Year	农林牧渔业总产值 Total	#农 业 Farming	#林 业 Forestry	#畜 牧 业 Animal Husbandry	#渔 业 Fishery
1980	87.1	81.4	87.1	96.9	96.3
1981	120.2	123.2	151.9	112.2	131.1
1982	115.8	115.2	113.8	111.9	101.6
1983	107.2	106.8	120.4	99.6	109.7
1984	112.1	110.1	113.3	105.1	106.7
1985	110.3	113.0	104.2	113.6	129.5
1986	94.7	88.9	85.8	104.1	121.6
1987	104.1	103.3	83.2	104.6	105.6
1988	114.2	120.2	95.6	109.0	109.6
1989	98.3	91.9	101.5	108.5	121.6
1990	120.2	133.7	114.1	102.4	100.8
1991	104.0	101.3	104.3	108.8	112.8
1992	105.8	106.8	113.0	105.2	110.0
1993	107.1	123.4	111.4	104.3	115.7
1994	103.3	99.3	104.7	108.4	124.7
1995	103.5	99.9	106.7	110.9	111.7
1996	123.7	131.4	103.8	114.9	99.7
1997	104.0	98.7	110.1	112.7	103.9
1998	106.5	108.5	105.3	103.1	126.2
1999	101.3	97.4	111.6	106.3	113.6
2000	102.5	100.3	115.0	104.1	104.8
2001	102.0	99.3	109.5	104.9	105.5
2002	104.9	106.5	110.8	102.0	102.2
2003	106.2	94.8	110.1	122.0	87.2
2004	114.9	109.4	93.0	126.0	107.4
2005	111.2	110.6	82.6	115.2	116.0
2006	103.7	107.9	112.8	97.5	116.1
2007	104.0	100.7	117.1	106.0	117.9
2008	107.6	109.2	106.1	106.1	104.1
2009	102.3	97.9	105.1	106.5	107.9
2010	106.2	107.5	95.1	106.0	111.1
2011	105.8	109.4	105.3	101.7	108.2
2012	105.8	106.5	104.9	105.2	103.6
2013	104.9	110.4	102.2	99.0	107.0
2014	103.2	103.4	100.1	103.1	105.0
2015	102.6	106.7	103.5	97.3	104.4
2016	103.2	103.6	100.3	103.0	102.8
2017	103.2	103.5	102.4	103.1	99.0
2018	102.9	103.9	100.7	102.0	100.3
2019	102.1	103.4	101.0	100.9	93.3
2020	101.8	100.3	93.8	104.2	99.5
2021	105.1	104.8	106.2	105.4	102.7

注：按可比价格计算。依据第三次全国农业普查数据对2007年至2017年常规年报进行修订。

a)Indices are calculated at comparable prices. According to the result of the Third National Agriculture Census revised the regular annual data of 2007-2017.

8-3 年末主要农牧业机械拥有量

Major Machinery for Farming & Animal Husbandry at Year-end

项 目	Item	2020	2021
农牧业机械总动力(万千瓦)	Total Power of Machinery for Farming & Animal Husbandry (10 000 kw)	4057.14	4239.42
柴油发动机动力	Diesel Engine Power	3634.42	3810.01
汽油发动机动力	Gasoline Engine Power	23.49	23.60
电动机动力	Motor Power	393.92	400.50
其他机械动力	Other Machinery Power	5.30	5.30
小型拖拉机(台)	Mini -Tractors (unit)	834040	824481
大中型拖拉机(台)	Large and Medium-sized Tractor (unit)	357416	387035
大型拖拉机(台)	Large Tractor (unit)	33674	36799
拖拉机配套农具(台)	Tractor Towing Farm Machinery (unit)	2275609	2308698
机动脱粒机(台)	Motorized Threshing Machines (unit)	128666	129292
水产养殖机械（台）	Aquaculture Machinery (unit)	4814	5155
水产捕捞机械（台）	Aquaculture Fishing Machinery (unit)	1	84
节水灌溉机械（台）	Water-saving Irrigation Machinery (unit)	80851	81684
农用水泵（台）	Water Pumps for Agricultural Use (unit)	440227	440568
水稻插秧机（台）	Rice Transplanting Machine (unit)	13033	13321
畜牧机械（套）	Livestock Machinery (set)	298553	307225
农产品初加工作业机械（台）	Machinery for Processing Agricultural Products (unit)	69544	70678
农用航空器（套）	Agricultural Aircraft (set)	1207	1539
牧草收割机(部)	Forage Harvester(unit)	122446	121671
饲草料粉碎机(部)	Smashing Machines for Feed (unit)	144409	144764
机动剪毛机(台)	Motorized Shearing Machine (unit)	9346	9442

注：本表数据取自于农牧业厅农机局。

a)Data in this table are obtained from Agricultural Machinery Bureau.

8-4 农业生产条件、水库和治理水土情况

Agricultural Production Basic Conditions,Reservoirs and Governance of Water and Soil

项 目	Item	2020	2021
有效灌溉面积(万公顷)	Effective Irrigated Areas(10 000 hectares)	319.58	318.40
#灌区有效灌溉面积	Effective Irrigated Areas in Irrigation Area	152.06	155.05
化肥施用量(万吨)	Consumption of Chemical Fertilizers(10 000 tons)	207.69	241.90
氮肥	Nitrogenous Fertilizer	77.11	87.56
磷肥	Phosphate Fertilizer	36.04	46.75
钾肥	Potash Fertilizer	17.10	19.93
复合肥	Compound Fertilizer	77.45	87.67
农用塑料薄膜使用量（万吨）	Use of Agricultural Plastic Film(10 000 tons)	9.53	10.03
#地膜使用量	Ground Film Usage	8.33	8.91
地膜覆盖面积（万公顷）	Ground Film Coverage Areas (10 000 hectares)	142.95	170.85
农用柴油使用量（万吨）	Use of Diesel Fuel for Agriculture (10 000 tons)	78.10	80.75
农药使用量（万吨）	Pesticide use (10 000 tons)	2.34	2.67
农村牧区用电量(万千瓦时)	Electricity Consumed in Rural Area and Pastoral Areas (10 000 kwh)	932132	991025
水库个数(座)	Number of Reservoirs(unit)	538	522
大型水库	Large	16	17
中型水库	Medium-sized	88	89
小型水库	Small	434	416
水库容量(亿立方米)	Capacity of Reservoirs(100 million cu.m)	108.42	185.16
大型水库	Large	66.06	142.75
中型水库	Medium-Sized	32.36	32.84
小型水库	Small	10.00	9.57
治理水土面积(万公顷)	Areas of Soil Erosion under Control(10 000 hectares)	1518.80	1595.92

注：本表“灌溉面积”、“水库个数”、“水库容量”、“治理水土面积”及其中项取自水利厅，其他为国家统计局反馈数。

a) "Irrigated Areas" and "Number of Reservoirs" and "Capacity of Reservoirs"and "Areas of Soil Erosion under Control"and their items are from Department of Water Resources,others are from the feedback of the National Bureau of statistics.

8-5 农牧民家庭平均每户年末固定资产原价

Original Value of Fixed Assets Owned Per Rural Household at Year-end

单位：元 (yuan)

项　目	Item	2020	2021
年末生产性固定资产原价	**Original Value of Productive Fixed Assets at year-end**	**63428.70**	**40627.75**
农业生产性固定资产原价	Original Value of Agriculture Productive Fixed Assets	22726.20	38646.39
生产用房	Building for Productive Purpose	6778.38	2026.89
农业设施	Agricultural facilities	1882.76	560.04
农业机械	Agricultural Machinery	12826.90	4515.72
役畜	Draught Animals	449.78	215.00
产品畜	Commodity Animals	24548.43	18190.46
非农产业固定资产原价	Original Value of Nonagricultural	5081.03	1981.31

8-6 农牧民家庭平均每百户年末拥有固定资产数量

Number of Fixed Assets Owned Per 100 Rural Households at Year-end

项　目	Item	2020	2021
生产性用房及建筑物(平方米)	Production houses and buildings(sq.m)	6355.01	4536.21
大中型农用拖拉机(台)	Large and Medium Tractors(unit)	11.87	13.97
小型农用拖拉机(台)	Mini - tractors and Walking Tractors(unit)	55.18	47.77
农用排灌动力机械(台)	Drainage and Irrigation Machinery(unit)	2.09	3.56
插秧机(台)	Rice Transplanter(unit)	0.79	1.08
收割机(台)	Harvesters(unit)	3.31	4.67
脱粒机(台)	Thresher(unit)	5.83	5.64
产品畜(头)	Commodity Animals(head)	183.08	36.70

8-7 农业机械化、电气化情况

Basic Statistics on Agricultural Mechanization and Electrification

项 目	Item	2020	2021
农业机械化程度	**Level of Agricultural Mechanization**		
机耕地面积(万公顷)	Areas of Tractor Plowing(10 000 hectares)	720.60	694.23
占耕地面积的比重(%)	Percentage to Cultivated Areas(%)		
机械播种面积(万公顷)	Areas of Mechine Sowing(10 000 hectares)	800.40	787.38
占农作物总播种面积的比重(%)	Percentage to Total Sown Areas(%)	90.37	90.06
机械收割面积(万公顷)	Areas of Machine Harvesting(10 000 hectares)	670.38	662.02
占农作物总播种面积的比重(%)	Percentage to Total Sown Areas(%)	76.50	75.72
农业电气化情况	**Level of Agricultural Electrification**		
农村牧区用电量(亿千瓦小时)	Electricity Consumption by Rural Area and Pastoral Areas (100 million kwh)	93.21	99.10
小水电站（5万千瓦以下）(个)	Small Hydropower Stations (Below 50 000 kw)(unit)	41	36
小水电站发电量(万千瓦时)	Generation of Small Hydropower Stations (10 000 kwh)	10551	27467

注：本表数据取自于农牧业厅农机局与水利厅。

a)Data in this table are obtained from Agricultural Machinery Bureau and Department of Water Resources.

8-8 草原建设及利用情况

Basic Statistics on Construction and Utilization of Grasslands

项 目	Item	2020	2021
草场面积(万公顷)	**Areas of Grasslands(10 000 hectares)**	**8800**	**8800**
#承包到户面积	Areas Contracted with Households	6520	6520
草库伦面积(围栏草场面积)(万公顷)	**Areas of Fenced Grasslands(10 000 hectares)**	**3065**	**3064**
#当年新增面积	Annual Newly Increased Areas	67	53
人工种草保有面积(万公顷)	**Areas of Grasslands Planted and Surviving (10 000 hectares)**	**216**	**286**
#当年种草面积	Annual Areas of Planted Grasslands	113	105
飞机播种面积	Aircraft Sowing	4.0	0.1
天然草原冷季可食牧草储量(万吨)	**Cool-season Grasses Edible Natural Grassland Reserves(10 000 units)**	**1226**	**1257**
畜棚面积(万平方米)	Areas of Animal Sheds(10 000 sq.m)	14500	14900
畜圈面积(万平方米)	Areas of Animal Corrals(10 000 sq.m)	22700	22700

8-9 耕地面积、造林面积和播种面积

Cultivated Areas, Afforested Areas and Sown Areas

单位：万公顷 (10 000 hectares)

年 份 Year	年末实有耕地面积 Cultivated Areas at Year end	水田 Paddy Fields	旱地 Dry Fields	#水浇地 Irrigated Fields	当年造林面积 Annual Afforested Hilly Areas	总播种面积 Total Sown Areas	粮食作物播种面积 Sown Areas of Grain Crops	经济作物播种面积 Sown Areas of Industrial Crops
1947	396.7	0.8	395.9	29.5		347.9	318.9	20.4
1948	417.0	0.9	416.1	31.6		372.7	337.2	27.1
1949	433.1	1.4	431.7	32.1		389.6	352.8	28.0
1950	472.6	2.0	470.6	33.5	0.53	423.8	388.8	28.3
1951	506.3	1.8	504.5	39.8	1.66	469.7	416.0	46.2
1952	517.4	1.5	515.9	52.9	4.43	494.9	436.0	49.7
1953	531.9	1.6	530.3	54.3	3.68	477.6	428.7	40.5
1954	531.6	1.1	530.5	55.5	3.93	484.9	437.8	36.6
1955	542.3	1.4	540.9	57.9	3.73	488.6	435.8	41.9
1956	569.9	3.3	566.6	68.0	12.79	531.0	472.9	42.8
1957	571.5	4.3	567.2	64.5	8.27	527.9	463.2	48.6
1958	555.3	9.4	545.9	104.1	37.13	505.5	445.2	40.9
1959	539.3	9.7	529.6	100.1	31.93	487.0	414.2	56.6
1960	602.0	9.8	592.2	108.3	39.10	575.0	486.2	56.1
1961	609.7	7.0	602.7	78.3	7.41	580.0	503.1	43.8
1962	586.7	4.0	582.7	55.4	4.73	544.6	484.7	39.0
1963	554.2	3.6	550.6	56.3	5.23	526.1	471.6	36.4
1964	561.4	3.1	558.3	67.4	15.86	534.2	478.4	39.5
1965	561.5	1.9	559.6	86.9	20.00	528.1	470.9	37.9
1966	548.0	1.7	546.3	110.7	16.32	510.0	449.4	33.7
1967	540.3	1.7	538.6	99.4	15.55	510.2	448.5	35.9
1968	531.2	2.3	528.9	91.5	11.10	497.1	443.4	34.0
1969	534.3	2.9	531.4	87.0	9.61	499.3	445.7	35.7
1970	545.0	2.8	542.2	93.6	11.71	508.4	453.5	35.3
1971	544.1	1.9	542.2	95.1	16.33	503.5	451.0	32.2
1972	542.7	2.1	540.6	100.5	16.20	499.8	444.1	33.9
1973	541.2	1.7	539.5	107.0	18.77	498.9	441.0	35.5
1974	537.7	1.5	536.2	113.1	20.59	496.3	436.1	36.4
1975	534.1	1.5	532.6	124.7	23.68	490.9	429.0	37.7
1976	526.7	2.0	524.7	130.3	26.19	480.7	410.1	42.9
1977	525.1	2.7	522.4	122.8	34.52	478.1	406.5	44.7
1978	532.6	1.7	530.9	120.9	29.79	482.4	409.4	44.9
1979	534.7	1.7	533.0	115.2	30.47	488.1	404.2	52.8
1980	525.2	1.5	523.7	106.0	29.81	479.7	388.2	61.1
1981	518.6	1.7	516.9	103.2	38.12	466.2	385.4	55.6
1982	510.9	1.6	509.3	101.1	51.65	464.1	384.3	58.2
1983	506.5	1.7	504.8	100.5	60.94	463.1	383.7	58.5
1984	500.6	1.9	498.7	96.1	69.91	463.1	376.2	63.9
1985	493.0	2.3	490.7	94.2	70.41	454.9	342.2	91.4

8-9 续表 Continued

单位：万公顷 (10 000 hectares)

年 份 Year	年末实有耕地面积 Cultivated Areas at Year end	水田 Paddy Fields	旱地 Dry Fields	#水浇地 Irrigated Fields	当年造林面积 Annual Afforested Hilly Areas	总播种面积 Total Sown Areas	粮食作物播种面积 Sown Areas of Grain Crops	经济作物播种面积 Sown Areas of Industrial Crops
1986	489.5	2.7	486.8	97.9	22.6	455.6	358.1	71.6
1987	485.1	2.8	482.3	101.0	24.8	447.4	355.6	64.3
1988	487.1	3.6	483.5	104.3	26.6	455.9	363.6	66.8
1989	491.2	5.1	486.1	110.2	23.7	457.6	372.1	61.9
1990	496.6	7.6	489.0	117.3	29.8	472.2	387.5	62.6
1991	500.5	8.7	491.8	123.6	41.1	476.8	387.9	68.9
1992	508.1	9.5	498.6	127.3	51.8	485.4	392.5	72.4
1993	517.1	7.4	509.7	130.8	39.7	486.8	398.7	67.3
1994	531.0	6.5	524.5	132.1	37.2	492.5	402.7	66.3
1995	549.1	8.4	540.7	135.8	40.3	507.9	414.3	71.3
1996	592.4	9.1	583.3	146.5	43.6	529.1	442.4	64.9
1997	746.3	11.3	735.0	173.5	46.4	583.8	490.6	80.4
1998	722.4	11.3	711.0	171.7	47.8	602.7	503.1	85.9
1999	752.4	11.6	740.8	191.9	53.4	607.7	495.1	97.2
2000	731.7	12.1	719.6	194.6	59.0	591.4	443.6	122.9
2001	709.1	11.1	698.0	195.5	73.2	570.7	438.3	92.4
2002	709.1	11.6	697.5	202.1	90.7	588.7	434.3	104.0
2003	686.3	10.1	676.3	207.9	83.6	574.9	405.1	103.6
2004	711.5	10.9	700.6	244.7	63.1	592.4	418.1	100.0
2005	735.5	9.3	726.2	249.4	67.8	621.6	437.4	104.0
2006	713.3	8.3	525.9	179.1	48.0	659.0	493.7	87.8
2007	714.8	8.3	526.6	179.9	59.0	653.5	503.4	150.1
2008	714.9	8.4	514.4	192.1	71.9	675.1	529.5	145.5
2009	714.9	8.4	514.4	192.1	86.2	689.6	564.4	125.2
2010	714.9	8.4	514.4	192.1	62.5	736.2	584.6	151.6
2011	714.9	8.4	514.4	192.1	73.2	754.0	597.9	156.0
2012	910.9	8.7	621.8	280.4	78.2	767.1	612.4	154.7
2013	912.2	8.7	621.9	281.7	80.5	782.3	625.3	157.0
2014	915.5	8.7	622.7	284.1	55.6	807.9	638.9	169.0
2015	916.2	8.7	623.1	284.4	66.8	842.4	658.0	184.4
2016	925.9	8.7	631.4	285.9	61.8	895.7	680.3	215.4
2017	927.1	8.8	626.5	291.9	68.1	901.4	678.1	223.3
2018	927.2	8.8	626.2	292.3	60.0	882.4	679.0	203.4
2019	1150.4	15.9	582.9	551.6	68.8	888.5	682.8	205.8
2020	1150.4	16.1	580.7	553.7	65.0	888.3	683.3	205.0
2021					36.8	874.3	688.4	185.9

注：1.2006年以后耕地面积为自然资源厅提供的数据；且耕地面积=水田+旱地+水浇地。

2.自2012年始，总播种面积=粮食作物播种面积+经济作物播种面积。

a)The Cultivated Areas after 2006 are Provided by the Bureau of Land and Resource,Cultivated Area=Paddy Field+Dry Field+Irrigated Field.

b)from 2012,Total Sown Areas=Sown Areas of Grain +Sown Areas of Industrial Crops.

8-10 主要粮食作物播种面积

Sown Areas of Major Grain Crops

单位：万公顷 (10 000 hectares)

年份 Year	农作物总播种面积 Total Sown Area	粮食作物播种面积 Sown Areas of Grain Crops	谷物 Cereal	小麦 Wheat	玉米 Corn	稻谷 Rice	豆类 Beans	#大豆 Soybean	薯类 Tubers
1947	347.9	318.9		22.6	19.1	0.8		14.7	15.1
1948	372.7	337.2		25.0	20.1	0.9		14.9	16.2
1949	389.6	352.8		26.7	22.4	1.4		16.5	16.6
1950	423.8	388.8		29.6	24.7	2.0		11.7	17.1
1951	469.7	416.0		33.9	19.1	1.6		11.1	21.8
1952	494.9	436.0		43.9	22.9	1.5		15.8	22.1
1953	477.6	428.7		47.6	24.4	0.8		21.7	21.1
1954	484.9	437.8		58.0	26.4	1.0		22.7	20.6
1955	488.6	435.8		60.2	31.9	1.4		26.9	19.8
1956	531.0	472.9		60.1	50.6	2.9		24.2	21.9
1957	527.9	463.2		64.0	36.2	4.0		26.8	22.4
1958	505.5	445.2		57.9	57.6	8.9		21.2	39.4
1959	487.0	414.2		59.7	35.1	8.9		20.5	27.1
1960	575.0	486.2		73.7	52.2	8.9		23.0	29.6
1961	580.0	503.1		80.8	48.7	6.3		23.1	31.2
1962	544.6	484.7		67.1	50.1	3.9		23.5	26.7
1963	526.1	471.6		67.1	45.0	3.5			27.1
1964	534.2	478.4		71.4	47.7	3.4		26.6	26.0
1965	528.1	470.9		72.5	50.1	1.8		24.4	24.2
1966	510.0	449.4		71.4	66.4	1.6		21.7	32.2
1967	510.2	448.5		74.1	62.3				24.4
1968	497.1	443.4		72.3	56.2				23.7
1969	499.3	445.7		78.3	53.3				22.5
1970	508.4	453.5		84.8	52.4				21.8
1971	503.5	451.0		85.7	63.5				22.9
1972	499.8	444.1		83.8	61.6				23.6
1973	498.9	441.0		86.9	59.7				25.6
1974	496.3	436.1		87.0	66.5				25.6
1975	490.9	429.0		92.1	70.9				26.9
1976	480.7	410.1		105.5	70.7				25.3
1977	478.1	406.5		108.4	65.2				26.6
1978	482.4	409.4		108.6	66.8				29.2
1979	488.1	404.2		95.2	67.0	1.6		18.3	27.7
1980	479.7	388.2		95.7	65.3	1.5		17.1	25.2
1981	466.2	385.4		90.3	59.2	1.6		19.4	23.2
1982	464.1	384.3		87.8	50.5	1.6		23.9	24.3
1983	463.1	383.7		91.1	49.4	1.7		21.9	25.4
1984	463.1	376.2		93.2	46.4	1.8		19.3	24.6
1985	454.9	342.2		92.7	43.4	2.4		21.9	22.7

8-10 续表 Continued

单位：万公顷 (10 000 hectares)

年 份 Year	农作物总播种面积 Total Sown Area	粮食作物播种面积 Sown Areas of Grain Crops	谷 物 Cereal	小 麦 Wheat	玉 米 Corn	稻 谷 Rice	豆 类 Beans	#大 豆 Soybean	薯 类 Tubers
1986	455.6	358.1		93.7	54.8	2.7		26.4	22.5
1987	447.4	355.6		92.1	66.0	2.8		27.5	22.9
1988	455.9	363.6		97.4	66.9	3.5		31.1	25.3
1989	457.6	372.1		100.8	69.6	5.3		31.8	24.7
1990	472.2	387.5		115.4	77.4	7.9		30.1	24.6
1991	476.8	387.9		119.2	81.2	8.8		30.1	23.9
1992	485.4	392.5	318.8	133.4	77.5	9.4	48.7	35.6	25.0
1993	486.8	398.7	293.6	118.9	76.2	7.3	78.8	57.1	26.3
1994	492.5	402.7	292.1	103.4	83.7	6.8	85.3	60.4	25.3
1995	507.9	414.3	300.9	101.7	99.2	7.9	77.9	55.7	35.5
1996	529.1	442.4	323.2	109.4	111.6	9.0	77.6	55.5	41.6
1997	583.8	490.6	339.0	116.5	127.9	12.2	105.2	75.8	46.4
1998	602.7	503.1	340.5	109.3	147.1	11.8	112.5	77.1	50.1
1999	607.7	495.1	330.9	93.8	157.2	11.7	106.0	73.7	58.2
2000	591.4	443.6	264.8	61.7	129.8	11.8	113.7	79.4	65.0
2001	570.7	438.3	263.8	51.6	151.9	8.6	117.9	75.5	56.7
2002	588.7	434.3	271.8	46.5	156.2	9.0	104.6	59.6	58.0
2003	574.9	405.1	243.4	31.8	159.1	6.7	108.2	69.7	53.6
2004	592.4	418.1	258.3	41.9	167.6	8.1	107.0	75.3	52.8
2005	621.6	437.4	273.4	46.1	180.6	8.4	107.7	79.7	56.2
2006	659.0	493.7	302.4	48.4	191.6	9.1	131.8	97.3	59.5
2007	653.5	503.4	331.1	54.5	207.4	10.5	112.9	73.0	59.4
2008	675.1	529.5	359.6	46.3	240.2	9.9	110.2	72.9	59.8
2009	689.6	564.4	377.6	55.3	256.0	10.5	121.2	93.1	65.7
2010	736.2	584.6	395.4	59.0	271.0	9.5	122.0	94.3	67.2
2011	754.0	597.9	415.3	59.9	295.7	9.5	115.6	84.6	66.9
2012	767.1	612.4	445.5	65.9	317.5	9.7	103.2	80.0	63.7
2013	782.3	625.3	470.3	61.8	353.4	8.2	98.0	79.6	57.0
2014	807.9	638.9	501.6	61.9	382.9	8.6	88.9	74.5	48.4
2015	842.4	658.0	517.8	61.7	393.8	8.8	94.9	81.3	45.3
2016	895.7	680.3	526.6	65.9	384.4	10.9	108.7	92.3	45.0
2017	901.4	678.1	517.7	67.4	371.6	12.2	117.1	98.9	43.2
2018	882.4	679.0	513.1	59.7	374.2	15.0	130.7	109.4	35.2
2019	888.5	682.8	513.4	53.8	377.6	16.1	139.4	119.0	30.0
2020	888.3	683.3	517.2	47.9	382.4	16.1	138.1	120.2	28.0
2021	874.3	688.4	557.2	44.2	420.5	15.5	104.2	89.3	27.0

8-11 主要经济作物播种面积

Sown Areas of Major Industrial Crops

单位：万公顷 (10 000 hectares)

年 份 Year	经济作物播种面积 Sown Areas of Industrial Crops	油料 Oil bearing Crops	葵花籽 Sunflower Seeds	胡麻籽 Flax Seeds	油菜籽 Rape Seeds	甜菜 Beet-roots	烟叶 Tob-acco	麻类 Fiber Crops	蔬菜 Vege-table	果用瓜 Melons (use on Fruit)	其他作物播种面积 Sown Areas of other Crops	#青饲料 Green Fodder
1947	20.4	18.7		7.8	2.3		0.2	0.8	2.3		8.6	
1948	27.1	25.0		8.5	2.4		0.2	1.0	4.7		8.4	
1949	28.0	25.8		9.2	1.9		0.2	1.0	5.0		8.8	
1950	28.3	25.0		9.4	3.4		0.1	0.8	3.7		6.6	
1951	46.2	36.4		14.3	5.0		0.2	0.9	4.2		7.5	
1952	49.7	46.6		17.7	6.9		0.2	1.5	5.1		9.3	
1953	40.5	38.4		17.2	6.0		0.2	1.2	4.7		8.3	
1954	36.6	34.9		17.3	4.8		0.2	0.9	5.6		10.4	
1955	41.9	39.6		21.5	4.8	0.8	0.3	0.9	6.0		11.0	
1956	42.8	39.8		21.6	5.6	1.0	0.3	0.9	6.3		15.3	
1957	48.6	43.1		22.7	5.4	1.4	0.3	1.7	6.6		16.1	
1958	40.9	35.9		18.9	4.6	1.6	0.3	1.6	7.4		19.4	
1959	56.6	48.6		23.8	5.8	2.4	0.4	2.1	8.8		16.1	
1960	56.1	48.1		21.8	8.1	3.7	0.3	2.0	15.2		32.7	
1961	43.8	38.3		16.6	7.3	1.9	0.5	1.9	19.1		33.1	
1962	39.0	34.4		14.3	6.3	0.7	0.5	2.1	12.2		20.8	
1963	36.4	31.8		14.9	4.5	0.8	0.4	2.1	9.5		18.1	
1964	39.5	33.5		14.8	5.1	1.5	0.4	1.9	8.1		16.3	
1965	37.9	31.4		14.7	4.7	1.9	0.3	1.8	7.9		19.3	
1966	33.7	27.8		13.1	4.1	2.2	0.3	1.6	8.2		26.9	
1967	35.9	28.9				2.8					25.8	
1968	34.0	27.4				2.8					19.7	
1969	35.7	28.3				3.1					17.9	
1970	35.3	28.9				2.9					19.6	
1971	32.2	26.7				2.4					20.3	
1972	33.9	27.2				3.6					21.8	
1973	35.5	27.2				4.6					22.4	
1974	36.4	28.4				4.1					23.8	
1975	37.7	28.8				4.7					24.2	
1976	42.9	32.4				5.7					27.7	
1977	44.7	34.2				5.3					26.9	
1978	44.9	34.8				4.8					28.1	
1979	52.8	41.9	5.7	19.1	7.1	4.5	0.4	1.6	8.9	2.0	31.1	15.3
1980	61.1	52.0	16.3	18.9	7.9	5.6	0.3	1.2	8.5	1.4	30.4	14.0

8-11 续表 Continued

单位：万公顷 (10 000 hectares)

年份 Year	经济作物播种面积 Sown Areas of Industrial Crops	油料 Oil bearing Crops	葵花籽 Sunflower Seeds	胡麻籽 Flax Seeds	油菜籽 Rape Seeds	甜菜 Beet-roots	烟叶 Tob-acco	麻类 Fiber Crops	蔬菜 Vege-table	果用瓜 Melons (use on Fruit)	其他作物播种面积 Sown Areas of other Crops	#青饲料 Green Fodder
1981	55.6	46.9	14.3	14.6	8.1	5.7	0.4	0.9	7.3	1.6	25.2	10.4
1982	58.2	49.3	15.0	16.4	7.8	6.1	0.5	0.4	6.8	1.5	21.6	9.7
1983	58.5	49.0	15.4	16.3	6.8	6.1	0.2	0.3	6.7	1.3	20.9	9.6
1984	63.9	54.3	21.5	15.4	6.9	6.1	0.2	0.2	6.1	1.7	23.0	11.8
1985	91.4	76.6	30.1	18.3	8.8	10.0	0.4	0.3	5.8	2.0	21.4	11.4
1986	71.6	60.4	25.8	15.6	6.7	7.5	0.4	0.3	5.7	2.0	26.0	14.4
1987	64.3	54.6	22.3	16.6	6.6	7.5	0.3	0.1	6.4	1.6	27.4	16.7
1988	66.8	53.7	19.0	17.4	7.3	10.3	0.5	0.1	6.1	1.7	25.6	14.6
1989	61.9	51.1	17.7	16.4	4.9	8.2	0.7	0.1	6.3	1.2	23.6	13.0
1990	62.6	51.8	17.2	16.8	6.0	9.5	0.5	0.3	6.4	0.9	22.2	12.4
1991	68.9	55.1	19.7	17.2	7.5	11.9	0.7	0.4	5.9	0.9	20.1	11.2
1992	72.4	58.2	22.6	16.9	9.1	10.8	0.4	0.5	7.8	1.5	20.5	9.8
1993	67.3	50.3	18.3	15.2	7.9	10.9	0.4	0.1	8.2	1.5	20.9	9.5
1994	66.3	53.1	20.7	15.2	10.8	11.8	0.2	0.4	7.1	1.3	23.5	10.6
1995	71.3	55.7	20.7	15.1	13.5	14.0	3.0	0.8	1.3	1.3	22.3	
1996	64.9	50.6	18.9	14.6	11.8	12.7	0.8	0.4	8.8	1.5	21.8	8.4
1997	80.4	49.9	21.6	13.5	11.7	12.6	1.6	0.4	11.8	1.8	14.4	9.8
1998	85.9	56.7	27.1	11.5	15.6	11.7	0.6	0.3	11.5	2.6	15.3	9.3
1999	97.2	68.0	35.1	10.5	17.5	6.6	0.7	0.6	16.4	4.1	15.4	9.0
2000	122.9	87.9	36.3	10.1	29.5	5.9	0.8	0.1	20.9	4.8	25.0	13.1
2001	92.4	60.8	32.0	3.8	19.9	5.8	0.6	0.3	18.2	3.5	40.0	33.3
2002	104.0	68.9	34.5	7.6	22.5	7.1	0.5	0.4	20.8	3.6	50.4	43.8
2003	103.6	72.3	32.8	6.8	28.0	3.7	0.7	0.5	19.2	3.8	66.2	56.5
2004	100.0	67.1	29.5	5.9	27.8	3.6	0.6	0.8	20.4	3.5	74.3	65.5
2005	104.0	69.5	35.6	5.6	25.6	3.8	0.8	1.0	22.1	3.9	80.2	72.2
2006	87.8	59.2	25.7	4.9	23.0	3.0	0.4	0.7	17.2	5.3	77.5	62.4
2007	150.1	57.2	30.3	4.1	17.7	4.1	0.5	0.4	19.6	3.9	62.3	47.9
2008	145.5	71.2	41.1	4.7	22.6	4.7	0.5	0.3	21.3	4.4	40.6	25.5
2009	125.2	60.6	41.0	4.6	11.9	3.1	0.4	0.1	21.6	4.4	32.9	19.0
2010	151.6	73.4	42.8	4.7	23.4	3.3	0.4		24.9	5.7	41.3	29.2
2011	156.0	77.0	45.4	5.4	23.6	3.6	0.4		25.7	5.5	41.3	22.4
2012	154.7	79.7	41.0	5.7	28.8	3.9	0.4		26.7	5.5	35.8	22.9
2013	157.0	84.8	43.8	6.2	31.1	4.1	0.3		24.1	5.3	35.5	23.8
2014	169.0	92.5	48.0	7.2	34.0	3.4	0.3		25.3	5.0	37.9	22.6
2015	184.4	99.5	55.0	6.8	34.3	4.3	0.3		24.7	4.2	45.5	25.0
2016	215.4	111.2	71.1	7.5	30.2	6.7	0.3		22.9	6.1	59.2	32.6
2017	223.3	111.3	71.3	6.3	31.0	8.3	0.2	0.1	21.9	6.7	63.0	35.3
2018	203.4	89.1	56.4	5.0	24.6	12.2	0.1	0.1	19.0	5.8	62.9	38.4
2019	205.8	93.1	58.8	4.5	25.9	12.7	0.1	0.1	20.1	6.0	61.3	37.1
2020	205.0	90.9	57.1	3.7	24.6	12.6	0.1	0.1	19.8	5.0	62.8	38.0
2021	185.9	81.6	48.4	3.9	22.4	7.6	0.1		18.2	3.6	63.2	40.4

注：2011年前，经济作物播种面积不包含其他作物播种面积。

a)Before 2011,sown areas of industrial crops not include sown areas of other crops.

8-12 主要农产品产量

Yield of Major Farm Crops

单位：万吨 (10 000 tons)

年份 Year	粮食 Grain	谷物 Cereal	#小麦 Wheat	玉米 Corn	稻谷 Rice	豆类 Beans	#大豆 Soybean	薯类 Tubers
1957	302.5		52.5	34.5	4.2		14.6	29.2
1965	382.0		59.5	81.0	2.8		16.0	22.2
1970	469.5		66.0	101.0				25.0
1975	519.5		93.5	157.0				37.5
1978	499.0		88.0	173.5	3.6			42.0
1980	396.5		82.7	139.2	4.1		12.4	30.0
1981	510.0		99.8	142.6	4.0		19.3	37.6
1982	530.0		126.7	105.9	4.7		24.3	41.6
1983	560.2		120.9	142.9	4.2		24.3	41.9
1984	594.4		144.2	148.3	6.0		24.3	49.9
1985	604.1		148.5	159.8	7.8		28.8	48.2
1986	528.5		130.8	192.7	8.3		41.0	36.4
1987	607.0		125.7	273.3	7.7		36.7	33.7
1988	738.3		163.4	305.5	12.0		47.5	61.2
1989	677.9		187.5	285.1	19.2		36.9	42.5
1990	973.0		261.7	393.1	31.1		47.7	61.3
1991	958.5		280.2	413.7	35.2		45.1	46.5
1992	1046.8	937.4	330.3	435.4	41.4	50.7	40.0	58.7
1993	1108.3	930.9	298.5	453.9	33.0	113.6	90.1	63.8
1994	1083.5	910.4	234.8	482.3	30.5	117.8	94.0	55.3
1995	1055.4	914.1	262.2	518.4	39.6	67.0	52.5	74.3
1996	1535.3	1301.7	318.9	751.5	51.0	109.6	83.4	124.0
1997	1421.0	1188.0	307.9	677.9	70.6	118.7	97.4	114.4
1998	1575.4	1319.9	282.7	839.8	60.3	128.5	93.8	127.0

8-12 续表1 Continued

单位：万吨 (10 000 tons)

年份 Year	粮食 Grain	谷物 Cereal	#小麦 Wheat	玉米 Corn	稻谷 Rice	豆类 Beans	#大豆 Soybean	薯类 Tubers
1999	1428.5	1210.6	273.1	771.4	68.8	107.2	82.5	110.7
2000	1241.9	947.9	181.8	629.2	72.2	109.7	85.8	184.3
2001	1239.1	1016.5	127.1	757.0	56.7	113.8	83.4	108.8
2002	1406.1	1097.7	121.5	821.5	56.0	139.9	96.4	168.5
2003	1360.7	1092.3	79.0	888.7	45.0	93.9	53.6	174.5
2004	1505.4	1180.4	110.5	948.0	54.5	135.1	103.1	189.8
2005	1662.2	1342.1	143.6	1066.2	62.1	164.1	130.9	156.0
2006	1806.7	1486.0	172.2	1134.6	65.3	142.1	103.7	178.6
2007	1768.2	1523.0	171.1	1175.2	75.7	110.3	74.0	134.8
2008	2100.9	1773.7	150.8	1442.3	69.7	168.0	119.1	159.2
2009	2128.9	1820.6	188.4	1488.3	65.6	152.2	124.5	156.1
2010	2344.3	1983.3	174.3	1643.7	67.4	173.5	149.4	187.5
2011	2573.4	2221.3	171.9	1858.5	69.0	162.4	135.4	189.8
2012	2739.8	2401.8	186.3	2016.0	66.2	154.5	130.7	183.5
2013	3070.5	2748.3	184.3	2397.6	53.5	143.5	128.6	178.7
2014	3112.4	2833.1	174.8	2503.2	50.8	127.1	115.0	152.2
2015	3292.6	3012.2	179.1	2652.2	50.6	139.4	126.7	141.0
2016	3263.3	2960.1	187.7	2563.1	69.8	168.7	150.8	134.5
2017	3254.5	2930.8	189.1	2497.4	85.2	186.2	162.6	137.5
2018	3553.3	3197.8	202.3	2700.0	121.9	205.7	179.4	149.8
2019	3652.6	3261.8	182.7	2722.3	136.2	251.6	226.0	139.1
2020	3664.1	3281.6	170.8	2742.7	123.1	256.4	234.7	126.1
2021	3840.3	3529.1	157.2	2994.2	115.3	186.8	168.5	124.4

8-12 续表2 Continued

单位：万吨 (10 000 tons)

年 份 Year	油 料 Oilbearing Crops	葵花籽 Sunflower Seeds	胡麻籽 Flax Seeds	油菜籽 Rape -seeds	甜 菜 Beet-roots	烟 叶 Tob-acco	麻 类 Fiber Crops	蔬 菜 Vege-tables	果用瓜 Melons (Use on Fruit)
1957	13.0		7.5	1.5	22.1	0.2	0.6	66.4	
1965	9.0		4.7	0.9	20.9	0.2	0.5	110.7	
1970	10.5				34.0				
1975	10.5				37.1				
1978	12.5				43.1				
1980	25.0	16.5	4.6	1.8	81.2	0.2	0.4	157.6	9.7
1981	36.5	23.7	4.7	2.2	82.3	0.6	0.4	147.1	17.5
1982	49.0	32.0	8.2	3.0	115.2	0.9	0.2	156.8	16.3
1983	54.0	38.7	5.7	1.5	135.1	0.3	0.1	199.0	19.4
1984	60.0	42.1	8.4	3.0	141.0	0.3	0.1	158.5	23.3
1985	79.5	49.5	10.8	4.6	254.2	0.6	0.3	182.7	33.4
1986	66.0	48.4	7.6	2.2	159.0	0.6	0.2	220.9	36.9
1987	54.0	38.6	6.4	2.2	167.8	0.4	0.1	195.4	34.1
1988	56.5	35.0	10.3	3.2	219.0	0.8	0.1	203.0	36.3
1989	48.6	33.8	6.0	1.7	177.6	0.9	0.1	226.8	30.0
1990	69.4	41.7	11.5	4.4	236.4	0.8	0.7	243.3	22.8
1991	71.8	50.1	10.8	3.3	302.8	1.2	0.8	220.5	27.9
1992	81.4	56.8	11.1	5.5	260.1	0.8	1.4	271.2	50.9
1993	72.6	49.8	9.6	5.7	278.6	1.3	0.2	327.6	44.5
1994	65.0	44.5	8.7	8.3	233.6	0.9	0.9	267.9	121.8
1995	70.2	47.2	8.0	9.5	263.5	0.5	1.5	308.3	40.5
1996	81.4	53.9	11.2	10.5	320.7	1.8	1.0	365.4	49.6
1997	73.1	53.5	8.5	8.9	306.4	4.1	0.6	420.4	61.9
1998	90.3	59.4	10.6	14.1	259.2	1.3	0.3	433.4	84.4

8-12 续表3 Continued

单位：万吨 (10 000 tons)

年 份 Year	油 料 Oil-bearing Crops	葵花籽 Sunflower Seeds	胡麻籽 Flax Seeds	油菜籽 Rape -seeds	甜 菜 Beet-roots	烟 叶 Tob-acco	麻 类 Fiber Crops	蔬 菜 Veget-ables	果用瓜 Melons (Use on Fruit)
1999	100.9	71.6	7.2	18.5	136.8	1.6		594.9	121.8
2000	116.4	69.1	6.5	30.5	141.3	1.4	0.1	759.9	161.7
2001	80.6	61.0	1.9	13.0	133.1	1.0	0.4	768.7	106.9
2002	108.9	70.4	6.5	28.2	195.0	1.0	1.0	755.3	120.8
2003	102.3	62.6	6.9	25.3	99.4	1.6	1.2	846.8	103.2
2004	103.7	58.9	7.3	31.3	96.3	1.3	1.9	872.8	109.6
2005	122.2	85.3	4.6	28.3	138.3	2.0	2.5	1009.1	156.8
2006	101.1	56.7	5.6	23.5	105.5	2.6	1.7	1171.4	190.8
2007	96.3	69.9	2.9	15.9	171.5	1.5	1.4	1045.4	154.9
2008	135.1	97.8	4.7	27.5	192.8	1.4	2.8	1050.9	176.8
2009	122.7	94.0	2.7	22.1	103.7	1.2	1.0	1083.4	152.7
2010	138.1	110.0	2.7	22.3	145.1	1.5	0.1	1326.1	220.8
2011	149.0	114.9	3.0	27.8	141.4	1.5		1388.6	207.8
2012	142.2	104.3	3.1	31.7	149.4	1.4		1354.8	198.6
2013	161.8	120.1	3.8	34.5	161.3	1.3		1300.1	165.7
2014	180.7	130.4	4.5	41.6	143.9	1.1		1318.9	185.3
2015	206.3	154.2	5.9	42.8	200.5	1.2		1284.9	158.3
2016	228.8	173.7	7.7	41.7	268.4	0.9	0.2	1251.8	242.2
2017	240.7	191.5	5.9	35.6	344.3	0.6	0.7	1111.3	267.5
2018	201.5	147.6	6.3	39.8	515.9	0.6	0.2	1006.5	225.2
2019	228.7	172.8	5.9	39.0	629.6	0.4	0.3	1090.8	230.2
2020	217.3	168.2	4.8	28.3	620.7	0.5	0.3	1075.1	191.9
2021	213.9	151.5	4.5	32.2	362.0	0.3	0.1	993.7	136.6

8-13 主要农产品产量及单位面积产量

Yield of Major Farm Crops and Yield of Major Farm Crops Per Hectare

年 份	Item	2020		2021	
		总产量 (万吨) Total Yield (10000 tons)	单位面积产量 (千克/公顷) Yield Per Hectare (kg/hectare)	总产量 (万吨) Total Yield (10000 tons)	单位面积产量 (千克/公顷) Yield Per Hectare (kg/hectare)
粮 食	**Grain**	**3664.1**	**5362**	**3840.3**	**5578**
谷 物	Cereal	3281.6	6345	3529.1	6334
#稻 谷	Rice	123.1	7655	115.3	7432
小 麦	Wheat	170.8	3566	157.2	3556
玉 米	Corn	2742.7	7173	2994.2	7121
豆 类	Beans	256.4	1857	186.8	1792
#大 豆	Soybean	234.7	1953	168.5	1887
薯 类	Tubers	126.1	4495	124.4	4601
油 料	**Oil bearing Crops**	**217.3**	**2389**	**213.9**	**2622**
#葵花籽	Sunflower Seeds	168.2	2944	151.5	3129
油菜籽	Rape seeds	28.3	1151	32.2	1440
胡麻籽	Flax Seeds	4.8	1281	4.5	1148
甜 菜	**Beetroots**	**620.7**	**48788**	**362.0**	**47553**
棉 花	**Cotton**	**0.01**	**1442**	**0.00**	**1583**
麻 类	**Fiber Crops**	**0.3**	**3299**	**0.1**	**2057**
蔬 菜	**Vegetables**	**1075.1**	**54385**	**993.7**	**54623**
瓜类(果用瓜)	**Melons(Use on Fruit)**	**191.9**	**38602**	**136.6**	**37915**
园林水果	**Garden fruits**	**46.8**	**4759**	**54.3**	**5185**

8-14 林业基本情况
Basic Statistics on Forestry

单位：万公顷、个 (10 000 hectares,unit)

项 目	Item	2020	2021
营造林面积	**Total Area of Afforestation**	**130.08**	**70.31**
造林面积	**Afforestation Area**	**65.00**	**36.77**
人工造林	Artificial Afforestation	30.15	15.95
飞播造林	Afforestation by Plane	2.87	2.27
当年封山育林面积	Area of Closing Hill for Afforestation this Year	12.99	7.14
退化林修复及人工更新	Restoration of Degraded Forest and Artificial Regeneration	18.99	11.40
森林抚育面积	**Tending of Woods**	**65.08**	**33.54**
造林面积按经济成份分	**Afforestation by Sector of the Economy**		
#公有经济造林	Forestation by Publicty-owned	33.78	18.93
国有经济造林	Forestation by State-owned	15.84	9.67
集体经济造林	Forestation by Collective-owned	17.94	9.26
非公有经济造林	Forestation by Non-publicty-owned	9.49	4.06
造林面积按林种分	**Areas of Afforestation classified by sorts of forests**		
#用材林	Timber Forest	1.20	0.20
经济林	Economic Forest	2.56	0.37
防护林	Shelter Forest	39.50	22.43
薪炭林	Firewood Forest		
其他林	Others		
自然保护区个数	**Number of Nature Reserves**	**216**	**182**
#国家级	National Nature Reserves	29	29
自然保护区面积	**Area of Nature Reserves**	**1294.66**	**1267.00**
森林覆盖率(%)	**Forest Cover Rate(%)**	**23.00**	**23.00**

8-15 年末牲畜总头数

Total Number of Livestock at Year-end

单位：万头(只) (10 000 heads)

项 目	Item	2020	2021
牲畜总头数	**Total Number of Livestock**	**7433.66**	**7574.69**
大牲畜	**Large Animals**	**825.41**	**871.31**
牛	Cattle	671.11	732.47
马	Horses	70.69	73.99
驴	Donkeys	61.26	43.29
骡	Mules	5.40	2.89
骆驼	Camels	16.96	18.68
羊	**Sheep and Goats**	**6074.15**	**6138.17**
绵羊	Sheep	4444.89	4579.59
山羊	Goats	1629.26	1558.59
猪	**Hogs**	**534.10**	**565.20**

8-16 牲畜总头数

Total Number of Livestock

单位：万头(只)　　(10 000 heads)

年 份 Year	年中数 Year-middle				年末数 Year-end			
	合 计 Total	大牲畜 Large Animals	羊 Sheep & Goats	猪 Hogs	合 计 Total	大牲畜 Large Animals	羊 Sheep & Goats	猪 Hogs
1947	931.9	271.0	570.8	90.1	851.8	262.9	510.8	78.1
1948	949.9	286.5	571.6	91.8	869.1	277.9	511.6	79.6
1949	1058.6	313.7	642.6	102.3	968.6	304.3	575.6	88.7
1950	1191.4	343.1	731.8	116.5	1068.4	331.1	636.3	101.0
1951	1418.1	388.0	902.0	128.1	1278.6	372.5	795.0	111.1
1952	1749.9	450.6	1143.2	156.1	1467.6	430.3	902.0	135.3
1953	2105.2	504.5	1434.4	166.3	1844.7	442.5	1235.0	167.2
1954	2428.6	558.4	1672.2	198.0	1959.0	494.7	1292.6	171.7
1955	2501.3	586.9	1724.4	190.0	1912.3	514.7	1232.9	164.7
1956	2635.2	591.6	1874.9	168.7	2094.4	496.9	1451.2	146.3
1957	2438.9	552.7	1713.9	172.3	1809.9	450.5	1210.0	149.4
1958	2674.0	550.7	1879.7	243.6	2184.9	468.1	1505.6	211.2
1959	3070.8	589.0	2244.2	237.6	2576.7	537.2	1833.5	206.0
1960	3315.5	612.9	2431.7	270.9	2709.4	553.5	1921.0	234.9
1961	3305.4	623.4	2494.8	187.2	2671.2	550.5	1958.4	162.3
1962	3497.3	643.3	2621.0	233.0	2801.4	568.1	2031.3	202.0
1963	3981.7	699.7	3005.5	276.5	3242.4	628.3	2374.4	239.7
1964	4282.5	750.1	3242.1	290.3	3315.5	664.6	2399.2	251.7
1965	4488.4	787.9	3388.3	312.2	3606.1	716.2	2619.2	270.7
1966	4012.8	748.5	2969.0	295.3	3231.4	680.4	2295.0	256.0
1967	4164.6	730.0	3140.6	294.0	3469.4	680.9	2531.0	257.5
1968	4150.7	750.2	3067.6	332.9	3288.2	679.8	2349.0	259.4
1969	3844.5	721.7	2823.1	299.7	3213.0	665.1	2311.2	236.7
1970	3865.2	726.4	2840.3	298.5	3319.6	689.1	2356.4	274.1
1971	4032.5	754.3	2922.0	356.2	3419.7	712.2	2363.4	344.1
1972	4197.2	775.6	2985.5	436.1	3478.5	717.2	2372.3	389.0
1973	4317.2	781.3	3092.7	443.2	3654.6	738.2	2519.4	397.0
1974	4425.5	805.8	3160.3	459.4	3707.0	752.3	2532.6	422.1
1975	4628.5	820.3	3307.9	500.3	3757.6	766.8	2638.1	352.7
1976	4465.4	808.4	3058.0	599.0	3649.0	748.7	2397.8	502.5
1977	4428.6	784.1	3056.4	588.1	3643.4	715.3	2394.6	533.5
1978	4162.3	697.5	2860.5	604.3	3586.5	659.3	2378.1	549.1
1979	4513.4	724.6	3177.6	611.2	3873.1	685.3	2633.2	554.6
1980	4656.8	741.3	3317.0	598.5	3753.3	681.3	2553.4	518.6
1981	4565.6	723.2	3307.2	535.2	3817.2	678.9	2670.0	468.3
1982	4721.9	744.3	3474.0	503.6	3903.9	708.0	2735.0	460.9
1983	4413.6	739.9	3177.9	495.8	3539.8	694.7	2418.0	427.1
1984	4259.5	740.9	3053.7	464.9	3488.3	698.2	2377.3	412.8
1985	4341.8	775.3	3060.7	505.8	3667.4	736.6	2468.4	462.4

8-16 续表 Continued

单位：万头(只) (10 000 heads)

年 份 Year	年中数 Year-middle				年末数 Year-end			
	合 计 Total	大牲畜 Large Animals	羊 Sheep & Goats	猪 Hogs	合 计 Total	大牲畜 Large Animals	羊 Sheep & Goats	猪 Hogs
1986	4434.5	799.5	3082.7	552.3	3734.5	751.3	2502.2	481.0
1987	4555.2	811.5	3219.9	523.8	3731.0	730.8	2544.7	455.5
1988	4685.9	792.3	3408.8	484.8	4093.8	734.6	2892.8	466.4
1989	5301.5	812.7	3945.0	543.8	4215.4	718.6	3009.5	487.3
1990	5307.5	784.9	3955.2	567.4	4254.4	707.5	3023.9	523.0
1991	5568.2	783.8	4160.0	624.4	4220.5	699.8	2960.9	559.8
1992	5558.0	774.4	4067.4	716.2	4168.4	690.2	2856.7	621.5
1993	5577.9	771.8	3942.1	864.0	4231.9	685.7	2860.3	685.9
1994	5711.3	756.6	4038.9	915.8	4450.7	682.4	3028.1	740.2
1995	6065.7	783.8	4302.5	979.4	4795.0	708.3	3321.0	765.7
1996	6697.7	825.5	4804.3	1067.9	5066.8	734.9	3561.8	770.1
1997	7112.4	840.8	5164.8	1106.8	5180.4	714.0	3656.7	809.7
1998	7387.2	817.8	5383.5	1185.9	5206.3	677.3	3712.9	816.1
1999	7436.2	802.8	5491.6	1141.7	5147.6	667.4	3702.6	777.6
2000	7300.5	803.3	5406.2	1090.9	4912.0	622.1	3551.6	738.3
2001	7135.0	702.3	5427.8	1004.9	4817.6	536.3	3515.9	765.4
2002	7260.1	652.0	5675.2	932.9	5176.9	543.4	3951.7	681.8
2003	7799.9	758.4	6215.2	826.3	5713.3	615.4	4450.1	647.7
2004	8843.6	927.9	7071.4	844.4	6722.9	718.2	5318.5	686.2
2005	9825.3	1098.5	7900.3	826.4	6903.5	783.2	5420.0	700.3
2006	9628.8	912.3	7882.7	833.8	6531.0	787.4	5123.4	620.2
2007	9272.5	842.8	7657.7	771.9	6554.4	815.5	5116.5	622.5
2008	9105.6	1014.3	7285.8	805.5	6720.8	858.7	5231.6	630.5
2009	9193.4	1137.7	7210.8	845.0	6842.6	851.0	5359.8	631.8
2010	8927.7	1148.5	6994.0	785.2	6983.4	853.1	5498.4	631.9
2011	8829.5	1206.1	6891.2	732.2	6907.4	819.9	5497.3	590.2
2012	8879.2	1178.0	6935.1	766.1	6870.8	807.9	5470.8	592.1
2013	9099.2	1166.7	7178.9	753.6	6968.9	788.6	5629.6	550.6
2014	9709.3	1037.4	7977.9	694.0	7359.0	804.3	6046.0	508.6
2015	9972.9	995.9	8346.7	630.3	7657.2	846.3	6337.1	473.7
2016	9663.7	935.2	8161.9	566.6	7352.0	796.4	6101.6	454.0
2017	8829.5	943.0	7388.8	497.7	7441.9	824.4	6111.9	505.6
2018	8387.8	951.2	6902.4	534.2	7277.9	778.7	6001.9	497.3
2019	8292.6	1065.0	6712.1	515.5	7192.4	786.9	5975.9	429.6
2020	8916.8	1212.1	7094.3	610.4	7433.7	825.4	6074.2	534.1
2021	9559.6	1376.1	7430.2	753.3	7574.7	871.3	6138.2	565.2

8-17 主要畜禽产品产量
Output of Major Livestock and Poultry

项 目	Item	2020	2021
畜禽出栏数(万头、万只)	The Number of Livestock and Poultry Out(10 000 heads)		
猪	Slaughtered Fattened Hogs	742.08	812.90
牛	Cattle and Buffaloes	396.99	410.35
羊	Goats and Sheep	6674.12	6705.36
活家禽	Live Poultry	10252.46	10456.95
肉类总产量(万吨)	Output of Meat (10 000 tons)	267.95	277.32
#猪肉	Pork	61.35	67.39
牛肉	Beef	66.25	68.71
羊肉	Mutton	112.97	113.65
禽肉	Poultry Meat	20.09	20.50
奶类产量(万吨)	Milk (10 000 tons)	617.87	680.04
#牛 奶	Cow Milk	611.48	673.24
山羊毛产量(吨)	Goat Wool (ton)	12336.63	12527.70
山羊粗毛	Goat Coarse Wool	5619.00	6418.56
山羊绒产量	Cashmere	6717.63	6109.14
绵羊毛产量(吨)	Sheep Wool (ton)	117124.83	120553.89
#细羊毛	Fine Wool	47291.63	41149.41
半细羊毛	Medium Fine Wool	17981.73	16889.63
天然蜂蜜产量(吨)	Honey (ton)	2402.03	2053.62
禽蛋产量(万吨)	Poultry Eggs (10 000 tons)	60.44	61.56
#鸡蛋	Egg	58.55	59.15
蚕茧产量（吨）	Silkworm Cocoons (ton)	6293.60	6101.50
水 产 品(吨)	Aquatic Products (ton)	117565.00	106834.00

主要统计指标解释

农林牧渔业总产值 农林牧渔业总产值是以货币表现的农林牧渔业的全部产品总量和对农林牧渔业生产活动进行的各种支持性服务活动的价值。它反映一定时期内农林牧渔业生产总规模和总成果，是观察农林牧渔业生产水平和发展速度，研究农林牧渔业内部比例关系、农林牧渔业与工业、农林牧渔业与国家建设、人民生活比例关系的重要指标，同时也是计算农林牧渔业劳动生产率和农林牧渔业增加值的基础资料。

乡村从业人员 指乡村人口中16岁以上实际参加生产经营活动并取得实物或货币收入的人员，既包括劳动年龄内经常参加劳动的人员，也包括超过劳动年龄但经常参加劳动的人员。但不包括户口在家的在外学生、现役军人和丧失劳动能力的人，也不包括待业人员和家务劳动者。从业人员年龄为16岁以上。从业人员按从事主业时间最长（时间相同按收入）分为农业从业人员、工业从业人员、建筑业从业人员、交运仓储及邮政从业人员、信息传输、计算机服务和软件业从业人员、批发与零售业从业人员、住宿和餐饮业从业人员、其他行业从业人员。

粮食产量 指农业生产经营者日历年度内生产的全部粮食数量。按收获季节包括夏收粮食、早稻和秋收粮食，按作物品种包括谷物、薯类和豆类。其产量计算方法：谷物按脱粒后的原粮计算，豆类按去豆荚后的干豆计算；薯类（包括甘薯和马铃薯，不包括芋头和木薯）1963年以前按每4公斤鲜薯折1公斤粮食计算，从1964年开始改为按5公斤鲜薯折1公斤粮食计算，2014年开始按鲜薯计算；城市郊区作为蔬菜的薯类（如马铃薯等）按鲜品计算，并且不作粮食统计。1989年以前全国粮食产量数据主要靠全面报表取得，1989年开始使用抽样调查数据。

油料产量 指全部油料作物的生产量。包括花生、油菜籽、芝麻、向日葵籽、胡麻籽（亚麻籽）和其他油料。不包括大豆，木本油料和野生油料。花生以带壳干花生计算。

水产品产量 指渔业（捕捞和养殖）生产活动的最终有效成果，包括全部海水和淡水鱼类、甲壳类（虾、蟹）、贝类、头足类、藻类和其他类渔业产品的最终产量。水产品产量是通过各级水产部门逐级上报取得数据。1995年及以前，贝类中牡蛎按鲜肉计算；蛆、蛤、蛙按5斤鲜品折1斤计算。1996年以后则统一按鲜品计算。

农作物播种面积 指农业生产经营者应在日历年度内收获农作物在全部土地（耕地或非耕地）上的播种或移植面积。凡是本年内收获的农作物，无论是本年还是上年播种，都算为播种面积，但不包括本年播种，下年收获的农作物面积。

机耕面积 指当年使用拖拉机或其他动力机械耕作过的农作物面积，包括耕翻、旋耕、深松等，不包括在实施保护性耕作的耕地上的深松。年内一公顷耕地上种植两茬作物，且都进行了机械耕作，按二公顷统计，种植多茬作物的类推。但对同一茬作物，当年不论耕作几次仍按一公顷统计。

有效灌溉面积 指具有一定的水源，地块比较平整，灌溉工程或设备已经配套，在一般年景下当年能够进行正常灌溉的耕地面积。

农用化肥施用量 指本年内实际用于农业生产的化肥数量，包括氮肥、磷肥、钾肥和复合肥。化肥施用量要求按折纯量计算数量。折纯量是指把氮肥、磷肥、钾肥分别按含氮、含五氧化二磷、含氧化钾的百分之百成分进行折算后的数量。复合肥按其所含主要成分折算。公式为：

折纯量=实物量×某种化肥有效成分含量的百分比

农业机械总动力 指全部农业机械动力的额定功率之和。农业机械是指用于种植业、畜牧业、渔业、农产品初加工、农用运输和农田基本建设等活动的机械及设备。

牲畜总增头数 是反映牲畜的总体增长情况、牲畜头数增殖情况和死亡损失情况的一项数量指标，以大畜、小畜和猪分畜种计算。

总增头数=期内繁殖成活仔畜头数—期内成幼畜死亡头数

肉类总产量 指调查期内各种牲畜及家禽、兔等动物肉产量总计。猪、牛、羊、马、驴、骡、骆驼肉产量按去掉头蹄下水后带骨肉的胴体重量计算，兔禽肉产量按屠宰后去毛和内脏后的重量计算。猪牛羊禽四个品种肉产量由主要畜禽监测抽样调查获得，马、驴、骡、骆驼、兔肉产量由全面统计获得，其他特种养殖肉产量可用住户调查资料推算获得。

Explanatory Notes on Main Statistical Indicators

Gross Output Value of Farming, Forestry, Animal Husbandry and Fishery refers to the total value of products of farming, forestry, animal husbandry and fishery, which reflects the total scale and result of agricultural production during a given period. It is an important indicator to observe the production level and development speed of agriculture, forestry, animal husbandry and fishery, and to study the internal proportion relationship between agriculture, forestry, animal husbandry and fishery, agriculture, animal husbandry and fishery and industry, agriculture, animal husbandry and fishery and national construction, as well as the basic data to calculate the labor productivity of agriculture, forestry, animal husbandry and fishery and the added value of agriculture, animal husbandry and fishery.

Rural Employed Person refers to the rural population over the age of 16 actually participate in production and management activities and obtain physical or monetary income, including both the working age within the regular participation in labor personnel, also includes over the working age but often participate in labor personnel. However, it does not include the registered permanent residence of students outside the home, active military and disabled people, also does not include unemployed personnel and domestic workers. The employees are over 16 years old. Workers, according to the main business the longest (time according to the same income) into agricultural professionals, industry professionals, construction workers, shipment, warehousing and postal workers, information transmission, computer services and software industry practitioners, wholesale and retail industry practitioners, accommodation and catering industry workers, and other industry professionals.

Grain Output refers to the total output of grains produced by agricultural producers within a calendar year. It includes summer grain, early rice and autumn grain if classified by harvest seasons; it covers cereal, tubers and beans if classified by type of crops. Output of cereal should be limited to husked grain only. Output of beans refers to dry beans without pods. The output of tubers (sweet potatoes and potatoes, not including taros and cassava) are converted into that of grain at the ratio 4:1, i. e. 4 kilograms of fresh tubers were equivalent to 1 kilogram of grain up to 1963. Since 1964 the ratio for conversion has been 5:1, and Starting from 2014, the ratio for conversion has been 1:1. Tubers supplied as vegetables (such as potatoes) in cities and suburbs are calculated as fresh vegetables and their output is not included in the output of grain. Data on grain production before 1989 were obtained through the Comprehensive Statistical Reporting System. Since 1989, data from sample surveys are used.

Output of Oil-bearing Crops refers to the total production of oil-bearing crops of various kinds, including peanuts (dry, in shell), rapeseeds, sesame, sunflower seeds, flax seeds, and other oil-bearing crops. Soybeans, oil-bearing woody plants, and wild oil-bearing crops are not included.

Output of Aquatic Products refers to final output actually yielded from fishing production (fishery and breeding), including all output of marine and freshwater fish, crustaceans (shrimps, crabs), shellfish, cephalopod, seaweed and other fishery products. Data on output of aquatic products are reported by aquatic product agencies level by level. Before 1995, among the shellfish, oyster was counted as fresh meat; 5 kilograms of ark shell, clams and frogs are equivalent to 1 kilogram of fresh aquatic products; they have all been counted as fresh aquatic products since 1996.

Sown Area of Crops refers to area of all land (cultivated or non-cultivated area) sown or transplanted with crops that are harvested within the calendar year by agricultural producers. All crops harvested within the year are counted as sown area, regardless of being sown in this year or the previous year. Crops sown this year but will be harvested in the coming year are excluded.

Machine-cultivated Area refers to the area of crops cultivated by tractors or other power machines in the current year, including ploughing, rotary tillage, deep tillage, etc., excluding deep tillage on cultivated land under conservation tillage. Two crops were planted on one hectare of land during the year, and both were mechanically tilled. However, for the same crop, no matter how many times it was cultivated that year, it was still counted as one hectare.

Irrigated Area refers to area of land that are effectively irrigated, i. e. relatively level land, where there are water sources or complete sets of irrigation facilities to lift and move adequate water for irrigation purpose under normal conditions.

Consumption of Chemical Fertilizers in Agriculture refers to the quantity of chemical fertilizers applied in agriculture in the year, including nitrogenous fertilizer, phosphate fertilizer, potash fertilizer, and compound fertilizer. The consumption of chemical fertilizers is calculated in terms of volume of effective components by means of converting the gross weight of the respective fertilizers into weight containing effective component (e. g. nitrogen content in nitrogenous fertilizer, phosphorous pentoxide contents in phosphate fertilizer, and potassium oxide contents in potash fertilizer). Compound fertilizer is converted in regard to its major components. The formula is:

Volume of effective component = physical quantity × effective component of certain chemical fertilizer (%)

Total Power of Agricultural Machinery refers to the total rated capacity of all agricultural machinery. Agricultural machinery refers to the machineries and equipments which are used for activities of planting, animal husbandry, fishery, primary processing of agricultural products, agricultural transport and infrastructure construction of farmland.

Total Number of Livestock Added is a kind of numeral index which reflects the total statistics of increase, breeding and death of livestock, it is calculated at large, small and pig species.

Total Number of Livestock Added = Survival Number of Newborn Livestock in the given Period − Death Number of Livestock

Output of Meat refers to the total meat production of various livestock, poultry, rabbits and other animals during the survey period. The meat yield of pigs, cattle, sheep, horses, donkeys, mules and camel is calculated according to the carcass weight with bones and meat after hoofs and water are removed, and the meat yield of rabbits and poultry is calculated according to the weight after hair and viscera are removed after slaughter. The meat production of pig, cattle, sheep and poultry was obtained from the monitoring sampling survey of major livestock and poultry, and that of horse, donkey, mule, camel and rabbit was obtained from the comprehensive statistics.

9 工 业

Industry

资料整理：杨晓楠　渠志芳　刘鑫晨　路林燕　胡立锐

Arranged By：Yang Xiaonan　Qu Zhifang　Liu Xinchen　Lu Linyan　Hu Lirui

9-1 工业总产值指数

Indices of Gross Industrial Output Value

(上年=100)　　(preceding year=100)

年份 Year	工业总产值 Total Industry	按轻重工业分 Grouped by Light & Heavy Industry		按经济类型分 Grouped by Ownership			
		轻工业 Light Industry	重工业 Heavy Industry	国有及国有控股企业 State-owned or Controlling Share Hold Industry	集体企业 Collective-owned Industry	个体企业 Individual-Owned Industry	其他经济类型企业 Industry of Other Types of Ownership
1979	106.7	101.5	110.3	108.4	112.9		
1980	104.8	112.3	99.9	104.0	107.5		
1981	100.6	110.9	92.9	102.7	92.8	191.7	300.0
1982	115.1	107.9	121.1	114.9	115.5	200.5	96.7
1983	109.6	108.4	110.5	110.3	106.3	173.2	120.0
1984	108.1	107.4	108.6	108.0	107.1	252.9	87.0
1985	116.6	116.8	116.6	113.9	93.6	444.7	157.5
1986	109.6	112.8	107.2	107.7	146.0	168.3	188.7
1987	112.5	115.6	110.0	111.5	113.5	130.8	136.2
1988	113.9	116.1	112.2	110.7	121.1	152.1	229.2
1989	112.6	107.7	116.7	110.7	117.0	122.1	217.9
1990	104.1	102.8	105.0	104.1	100.7	120.7	134.0
1991	108.1	108.1	108.0	106.4	107.8	138.4	156.1
1992	111.3	108.0	113.5	107.9	118.4	133.8	148.5
1993	113.8	106.0	117.2	105.1	124.5	143.9	272.5
1994	114.0	118.0	113.2	103.7	122.1	142.0	295.0
1995	112.0	115.5	111.0	107.2	97.0	186.8	126.3
1996	111.5	112.5	110.1	101.6	124.6	158.9	161.1
1997	115.0	117.2	112.0	101.5	118.0	127.4	140.0
1998	110.0	109.7	110.4	106.5	86.6	114.8	145.3
1999	111.0	117.2	105.9	109.6	91.3	111.1	123.6
2000	112.0	120.7	106.8	106.7	67.2	125.5	135.6
2001	111.1	114.1	108.6	106.3	76.6	110.3	125.4
2002	114.0	116.8	112.5	115.1	108.4	112.4	137.4
2003	125.0	123.6	125.9	109.1	119.9	108.3	146.1
2004	129.7	127.5	130.8	126.2	68.0	93.1	149.6
2005	130.7	126.0	133.2	134.7	113.4	111.0	133.6
2006	132.1	126.1	134.7	122.6	126.9	115.4	153.9
2007	127.8	122.3	130.1	125.0	129.6	129.9	141.1
2008	123.1	113.7	125.5	117.0	133.5	125.7	136.9
2009	120.6	123.4	119.8	113.5	118.7	131.8	121.9
2010	118.8	116.6	119.3	119.6	114.3	128.5	118.9
2011	119.0	112.5	120.5	112.6	115.7	128.9	119.1
2012	114.8	114.4	114.9	112.4	120.0	125.3	115.2
2013	112.0	111.3	112.2	110.6	110.3	123.2	114.7
2014	110.0	110.6	109.8	103.7	97.2	112.1	110.6
2015	108.6	111.3	108.0	103.2	107.2	110.5	109.4
2016	107.2	105.9	107.5	101.4	100.9	109.8	108.6
2017	103.1	90.3	105.4	115.3	44.8	106.4	102.8
2018	107.1	98.6	108.2	107.8	112.8	102.9	107.8
2019	106.1	100.2	106.7	103.5	107.3		189.8
2020	100.7	106.8	100.6	103.5	43.4		
2021	106.0	105.8	106.1	104.8	87.0		

注：本表按可比价格计算，以上年为100。

a)Data in this table are calculated at comparable prices, preceding year=100.

9-2 规模以上工业企业工业总产值

Gross Industrial Output Value of Industrial Enterprises above Designated Size

单位：万元 (10 000 yuan)

行 业	Item	2021年工业总产值(现价) Gross Industrial Output Value in 2021 (at current prices)
总 计	**Total**	**218767433**
按经济类型分	**Grouped by Ownership**	
在总计中：	Of the Total:	
国有及国有控股企业	State-owned Enterprises(including with controlling share hold by the state)	98004386
在总计中：	Of the Total:	
集体企业	Collective-owned Enterprises	33756
股份制企业	Joint-stock Company	206548245
外商投资企业	Foreign Funded Enterprises	6910612
港澳台商投资企业	Enterprises Funded by Entrepreneurs from Hong Kong, Macao and Taiwan	4329951
按轻重工业分	**Grouped by Light & Heavy Industry**	
轻工业	Light Industry	18434313
重工业	Heavy Industry	200333120
按企业规模分	**Grouped by Size of Enterprises**	
大型企业	Large	107746485
中型企业	Medium-sized	55301645
小型企业	Small	51474280
微型企业	Tiny	4245022
按行业分	**Grouped by Sector**	
煤炭开采和洗选业	Coal Mining & Processing	47962141
石油和天然气开采业	Petroleum & Natural Gas Pumped	3326244
黑色金属矿采选业	Mining & Dressing of Ferrous Metals	2563598
有色金属矿采选业	Mining & Dressing of Nonferrous Metals	2442967
非金属矿采选业	Mining & Dressing of Nonmetal Minerals	381995
开采辅助活动	Support Activities for Mining	
其他采矿业	Mining of Other Mineral	
农副食品加工业	Processing of Agricultural Sideline Food	5665225
食品制造业	Food Manufacturing	6481433
酒、饮料和精制茶制造业	Wine, Beverage and Refined Tea Manufacturing	688800
烟草制品业	Tobacco Products	1367262
纺织业	Textile Industry	293134

9-2 续表 Continued

单位：万元 (10 000 yuan)

行 业	Item	2021年工业总产值(现价) Gross Industrial Output Value in 2021 (at current prices)
纺织服装、服饰业	Textile, Apparel Industry	406098
皮革、毛皮、羽毛及其制品和制鞋业	Leather, Fur, Feathers and Their Products and Footwear	59850
木材加工和木、竹、藤、棕、草制品业	Timber Processing, Bamboo, Cane, Palm Fiber & Straw Products	46380
家具制造业	Furniture Manufacturing	
造纸和纸制品业	Paper-making & Paper Products	936382
印刷和记录媒介复制业	Printing and Record Medium Reproduction	34602
文教、工美、体育和娱乐用品制造业	Manufacturing of Cultural,Educational & Arts, Crafts & Sports and Entertainment Goods	
石油加工、炼焦和核燃料加工业	Petroleum Processing,Coke Products & Processing of Nuclear Fuel	15944699
化学原料和化学制品制造业	Raw Chemical Materials & Chemical Products	21030015
医药制造业	Medicine Manufacturing	2086523
化学纤维制造业	Chemical Fiber Manufacturing	3192
橡胶和塑料制品业	Rubber and Plastic Products	194866
非金属矿物制品业	Nonmetal Mineral Products	11756369
黑色金属冶炼和压延加工业	Smelting & Pressing of Ferrous Metals	23871009
有色金属冶炼和压延加工业	Smelting & Pressing of Nonferrous Metals	28125011
金属制品业	Metal Products	3302303
通用设备制造业	Manufacturing of General-Purpose Equipment	423413
专用设备制造业	Special Purposes Equipment Manufacturing	444168
汽车制造业	Automotive Manufacturing	1223795
铁路、船舶、航空航天和其他运输设备制造业	Railroad,Ships,Aerospace and Other Transportation Equipment Manufacturing	648559
电气机械和器材制造业	Electric Equipment & Machinery	1428625
计算机、通信和其他电子设备制造业	Manufacturing of Computer,Communications and Other Electronic Equipment	2451302
仪器仪表制造业	Manufacturing of Instrument	4681
其他制造业	Others	66790
废弃资源综合利用业	Comprehensive Utilization of Waste Resources	817998
金属制品、机械和设备修理业	Metal Products,Machinery and Equipment Repair	57098
电力、热力生产和供应业	Production & Supply of Electric Power & Heat Power	28546215
燃气生产和供应业	Production & Supply of Gas	3057116
水的生产和供应业	Production & Supply of Water	627578

注：规模以上工业是指全部年主营业务收入2000万元及以上的工业法人企业(下同)。

a)Industrial enterprises above designated size refer to the indusitral enterprises with an annual operating income of over 20 million yuan (The next table is the same).

9-3 规模以上工业企业可比价增加值增速

Growth Rate of Comparable Value Added of Industrial Enterprises above Designated Size

单位：%　　　　(%)

项 目	Item	2020	2021
总 计	**Total**	**0.7**	**6.0**
按登记注册类型分	**Grouped by Ownership**		
国有	State-owned	12.1	-14.3
集体	Collective-owned	-56.6	-13.0
股份制企业	Joint-stock Company	1.3	6.1
其他	Other Ownership	-15.6	25.5
按行业分	**Grouped by Sector**		
采矿业	**Mining**	**-7.1**	**3.4**
煤炭开采和洗选业	Coal Mining & Processing	-6.8	2.1
石油和天然气开采业	Petroleum & Natural Gas Pumped	19.8	8.9
黑色金属矿采选业	Mining & Dressing of Ferrous Metals	33.8	9.9
有色金属矿采选业	Mining & Dressing of Nonferrous Metals	3.8	8.4
非金属矿采选业	Mining & Dressing of Nonmetal Minerals	-7.5	8.8
开采辅助活动	Support Activities for Mining		
其他采矿业	Mining of Other Mineral		
制造业	**Manufacturing**	**8.4**	**11.3**
农副食品加工业	Processing of Agricultural Sideline Food	-1.3	3.2
食品制造业	Food Manufacturing	7.1	6.0
酒、饮料和精制茶制造业	Wine,Beverage and Refined Tea Manufacturing	7.0	-11.8
烟草制品业	Tobacco Products	38.6	3.5
纺织业	Textile Industry	-42.5	24.6
纺织服装、服饰业	Textile,Apparel Industry	-23.1	17.0
皮革、毛皮、羽毛及其制品和制鞋业	Leather,Fur,Feathers and Their Products and Footwear	-9.4	5.2
木材加工和木、竹、藤、棕、草制品业	Timber Processing,Bamboo,Cane, Palm Fiber & Straw Products	2.9	-8.3
家具制造业	Furniture Manufacturing	136.0	-96.9
造纸及纸制品业	Paper-making & Paper Products	4.7	9.6
印刷和记录媒介复制业	Printing and Record Medium Reproduction	39.4	0.8
文教、工美、体育和娱乐用品制造业	Manufacturing of Cultural,Educational & Arts, Crafts & Sports and Entertainment Goods		
石油加工、炼焦和核燃料加工业	Petroleum Processing,Coke Products & Processing of Nuclear Fuel	1.4	14.2

9-3 续表 Continued

项 目	Item	2020	2021
化学原料和化学制品制造业	Raw Chemical Materials & Chemical Products	5.1	6.0
医药制造业	Medicine Manufacturing	11.1	20.0
化学纤维制造业	Chemical Fiber Manufacturing	123.3	14.2
橡胶和塑料制品业	Rubber and Plastic Products	9.6	9.3
非金属矿物制品业	Nonmetal Mineral Products	25.3	62.8
黑色金属冶炼和压延加工业	Smelting & Pressing of Ferrous Metals	7.7	-1.2
有色金属冶炼和压延加工业	Smelting & Pressing of Nonferrous Metals	8.4	15.4
金属制品业	Metal Products	26.3	-20.1
通用设备制造业	Manufacturing of General-Purpose Equipment	3.3	-38.0
专用设备制造业	Special Purposes Equipment Manufacturing	64.4	5.8
汽车制造业	Automotive Manufacturing	-4.7	0.5
铁路、船舶、航空航天和其他运输设备制造业	Railroad,Ships,Aerospace and Other Transportation Equipment Manufacturing	131.4	0.9
电气机械和器材制造业	Electric Equipment & Machinery	196.9	11.4
计算机、通信和其他电子设备制造业	Manufacturing of Computer,Communications and Other Electronic Equipment	50.1	21.3
仪器仪表制造业	Manufacturing of Instrument	1214.4	
其他制造业	Others	4.7	87.5
废弃资源综合利用业	Comprehensive Utilization of Waste Resources	9.2	16.0
金属制品、机械和设备修理业	Metal Products,Machinery and Equipment Repair	63.9	34.2
电力、燃气及水的生产和供应业	**Production & Supply of Electric Power,Gas & Water**	**3.7**	**1.3**
电力、热力生产和供应业	Production & Supply of Electric Power & Heat Power	3.2	0.2
燃气生产和供应业	Production & Supply of Gas	3.7	23.8
水的生产和供应业	Production & Supply of Water	1.3	4.8

9-4 规模以上工业企业主要经济指标（2021年）

单位：万元

项 目	Item	企业单位数（个）Number of Enterprises (unit)
总 计	**Total**	**3291**
在总计中 ：	Of the Total:	
亏损企业	Enterprises at Lose	807
按轻重工业分	**Grouped by Light & Heavy Industry**	
轻工业	Light Industry	618
重工业	Heavy Industry	2673
按行业分	**Grouped by Sector**	
采矿业	Mining	561
制造业	Manufacturing	1908
#高技术制造业	High-tech Manufacturing	111
电力、热力、燃气及水生产和供应业	Production & Supply of Electric Power,Heat Power Gas & Water	822
按企业规模分	**Grouped by Size of Enterprises**	
大型企业	Large	160
中型企业	Medium-sized	462
小型企业	Small	2043
微型企业	Tiny	626
按登记注册类型分组	**Grouped by Registration Status**	
内资企业	Domestic-funded Enterprises	3157
国有企业	State-owned Enterprises	10
中央企业	Central Enterprises	5
地方企业	Local Enterprises	5
集体企业	Collective-owned Enterprises	5
股份合作企业	Cooperative Enterprises	
联营企业	Joint Ownership Enterprises	
国有联营企业	State Joint Ownership Enterprises	
集体联营企业	Collective Joint Ownership Enterprises	
国有与集体联营企业	Joint State Collective Enterprises	
其他联营企业	Other Joint Ownership Enterprises	
有限责任公司	Limited Liability Corporations	1471
#国有独资公司	Exclusive State-funded Limited Liability Corporations	220
股份有限公司	Share-holding Corporations Ltd.	61
私营企业	Private Enterprises	1610
其他企业	Other Enterprises	
港澳台商投资企业	Enterprises Funded by Entrepreneurs from Hong Kong, Macao and Taiwan	50
外商投资企业	Enterprises Funded by Foreigners	84

Main Indicators of Industrial Enterprises above Designated Size(2021)

(10 000 yuan)

工业总产值(现价) Gross Industrial Output Value (at current prices)	资产合计 Total Assets	流动资产合计 Circulating Funds	应收账款 Accounts Receivable	存货 Inventories	负债合计 Total Liabilities
218767433	**388245168**	**144616329**	**28560275**	**22058078**	**224312854**
38430250	76900065	21091830	4485702	3469865	62771701
18434313	37091868	18106481	2537937	4084340	19080564
200333120	351153300	126509848	26022338	17973738	205232290
56676945	116446950	49299223	6783092	2447623	55690256
129859579	174999164	72290031	12277204	18735118	104351510
5080350	9610783	4106821	1252345	978448	5478337
32230909	96799055	23027075	9499979	875336	64271088
107746485	200770718	68536946	7666385	10799258	105243605
55301645	79081091	30051299	5632114	5574367	49997874
61016	74501	73231	2218	19052	44326
4245022	19151634	7171729	3622186	441667	13761639
207526870	357455604	133206236	26869099	20542996	209782617
447224	1201752	629063	136279	56156	646301
261964	650594	311499	94348	49052	401803
185260	551158	317565	41931	7104	244498
33756	37449	25419	6477	2947	30181
138925338	246160457	83690309	18009287	11238991	148036901
18121956	44092418	14308024	3573409	1087227	27681763
15222295	47275582	16060626	1984380	3221026	22445867
52898257	62780364	32800819	6732677	6023876	38623368
4329951	6851302	2364261	614038	524888	3687206
6910612	23938263	9045833	1077137	990194	10843031

9-4 续表

单位：万元

项 目	Item	所有者权益 Creditors Equity
总 计	**Total**	**163952466**
在总计中 ：	Of the Total:	
亏损企业	Enterprises at Lose	14172148
按轻重工业分	**Grouped by Light & Heavy Industry**	
轻工业	Light Industry	18011296
重工业	Heavy Industry	145941170
按行业分	**Grouped by Sector**	
采矿业	Mining	60756689
制造业	Manufacturing	70624027
#高技术制造业	High-tech Manufacturing	4132446
电力、热力、燃气及水生产	Production & Supply of Electric Power,Heat Power Gas & Water	32571750
按企业规模分	**Grouped by Size of Enterprises**	
大型企业	Large	95527113
中型企业	Medium-sized	29127002
小型企业	Small	33931969
微型企业	Tiny	5366383
按登记注册类型分组	**Grouped by Registration Status**	
内资企业	Domestic-funded Enterprises	147693139
国有企业	State-owned Enterprises	555451
中央企业	Central Enterprises	248791
地方企业	Local Enterprises	306660
集体企业	Collective-owned Enterprises	7268
股份合作企业	Cooperative Enterprises	
联营企业	Joint Ownership Enterprises	
国有联营企业	State Joint Ownership Enterprises	
集体联营企业	Collective Joint Ownership Enterprises	
国有与集体联营企业	Joint State Collective Enterprises	
其他联营企业	Other Joint Ownership Enterprises	
有限责任公司	Limited Liability Corporations	98167335
#国有独资公司	Exclusive State-funded Limited Liability Corporations	16454443
股份有限公司	Share-holding Corporations Ltd.	24806109
私营企业	Private Enterprises	24156976
其他企业	Other Enterprises	
港澳台商投资企业	Enterprises Funded by Entrepreneurs from Hong Kong, Macao and Taiwan	3164095
外商投资企业	Enterprises Funded by Foreigners	13095231

Continued

(10 000 yuan)

营业收入 Revenues From Business	营业成本 Cost of Business	营业利润 Business Profits	利润总额 Total Profits
248364092	**190278296**	**34373464**	**33781906**
41307144	40956859	-3885588	-3935111
27181899	21240381	2652401	2685989
221182193	169037915	31721063	31095917
64085154	33982419	20606311	19955663
149072092	124917898	12205917	12151853
5089384	3877326	454477	478014
35206846	31377979	1561236	1674389
127540037	97532920	19028599	18604883
57900292	45333219	6744951	6721563
57070057	42997870	7933078	7806253
5853706	4414287	666836	649206
228538352	174636472	31222836	30640011
520147	338955	108881	121133
338128	275294	33466	33776
182020	63662	75414	87357
36407	27515	1134	1564
149120257	112502727	20628308	20365565
21318644	15741424	3307548	3347772
21666287	16658384	3382237	3184618
57195253	45108891	7102277	6967131
4563620	3644765	450087	455249
15262120	11997059	2700540	2686645

9-5 国有及国有控股工业企业主要经济指标（2021年）

单位：万元

项 目	Item	企业单位数（个）Number of Enterprises (unit)	工业总产值（现价）Gross Industrial Output Value (at current prices)
总 计	**Total**	**803**	**98004386**
在总计中:亏损企业	Of the Total:Enterprises at Lose	158	22263005
在总计中:轻工业	Of the Total:Light Industry	52	3112002
重工业	Heavy Industry	751	94892384
在总计中:	Of the Total:		
采矿业	Mining	107	26873871
制造业	Manufacturing	205	45566800
电力、热力、燃气及水的生产和供应业	Production & Supply of Electric Power,Heat Power,Gas & Water	491	25563716
在总计中:	Of the Total:		
大型企业	Large	87	69704797
中型企业	Medium-sized	153	18174404
小型企业	Small	353	8933851
微型企业	Tiny	210	1191334

9-5 续表

单位：万元

项 目	Item	负债合计 Total Liabilities	所有者权益 Creditors Equity
总 计	**Total**	**121828475**	**83903744**
在总计中:亏损企业	Of the Total:Enterprises at Lose	37051068	8099370
在总计中:轻工业	Of the Total:Light Industry	1310252	1506590
重工业	Heavy Industry	120518223	82397155
在总计中:	Of the Total:		
采矿业	Mining	31376117	36251434
制造业	Manufacturing	41669520	24541147
电力、热力、燃气及水的生产和供应业	Production & Supply of Electric Power,Heat Power,Gas & Water	48782838	23111163
在总计中:	Of the Total:		
大型企业	Large	71894739	59516850
中型企业	Medium-sized	21266185	9578528
小型企业	Small	21285238	11718745
微型企业	Tiny	7382314	3089621

Main Indicators on Economic Benefit of State-owned and State Holding Majority Shares Industrial Enterprises(2021)

(10 000 yuan)

资产合计 Total Assets	流动资产合计 Circulating Funds	应收账款 Accounts Receivable	存货 Inventories
205688434	**61298128**	**12879007**	**9040040**
45106650	8870021	2052611	1089388
2816842	1656518	165742	622248
202871592	59641611	12713265	8417791
67627551	22118776	2493279	962641
66210668	24293920	3425394	7542402
71850216	14885433	6960334	534996
131411588	40611539	4534700	6752659
30800924	8810719	2008708	1466763
33003984	8996587	4456723	800798
10471937	2879284	1878876	19819

Continued

(10 000 yuan)

营业收入 Revenues From Business	营业成本 Cost of Business	营业利润 Business Profits	利润总额 Total Profits
108484169	**83034722**	**13740588**	**13461070**
23184092	23558754	-2421836	-2385044
3228370	1858881	195395	199610
105255798	81175841	13545192	13261459
29591669	15062637	9721800	9364324
51128840	42927565	3403269	3403916
27763660	25044520	615518	692830
78090555	59395469	10890888	10587616
18673457	14711186	1493800	1512436
10024825	7911057	967846	980042
1695332	1017010	388054	380976

9-6 规模以上民营工业企业主要经济指标（2021年）

单位：万元

项 目	Item	企业单位数(个) Number of Enterprises (unit)	工业总产值(现价) Gross Industrial Output Value (at current prices)
总 计	**Total**	**2401**	**114083055**
在总计中:亏损企业	Of the Total:Enterprises at Lose	631	15617134
在总计中:轻工业	Of the Total:Light Industry	532	12141495
重工业	Heavy Industry	1869	101941560
在总计中:	Of the Total:		
采矿业	Mining	450	28546908
制造业	Manufacturing	1642	79586599
电力、热力、燃气及水的生产和供应业	Production & Supply of Electric Power,Heat Power,Gas & Water	309	5949548
在总计中:	Of the Total:		
大型企业	Large	67	35151846
中型企业	Medium-sized	294	34992166
小型企业	Small	1635	40997695
微型企业	Tiny	405	2941348

9-6 续表

单位：万元

项 目	Item	负债合计 Total Liabilities	所有者权益 Creditors Equity
总 计	**Total**	**92661152**	**69917788**
在总计中:亏损企业	Of the Total:Enterprises at Lose	24342682	5886912
在总计中:轻工业	Of the Total:Light Industry	13203706	11783106
重工业	Heavy Industry	79457446	58134682
在总计中:	Of the Total:		
采矿业	Mining	21537074	21082730
制造业	Manufacturing	56934672	40359253
电力、热力、燃气及水的生产和供应业	Production & Supply of Electric Power,Heat Power,Gas & Water	14189407	8475805
在总计中:	Of the Total:		
大型企业	Large	27295773	28433740
中型企业	Medium-sized	27320615	18883521
小型企业	Small	31879104	20520811
微型企业	Tiny	6165661	2079716

Main Indicators on Economic Benefit of Above-scale Private Industrial Enterprises(2021)

(10 000 yuan)

资产合计 Total Assets	流动资产合计 Circulating Funds	应收账款 Accounts Receivable	存货 Inventories
162602573	**74723810**	**14578256**	**12154358**
30229598	11813687	2319130	2291483
24986820	11313578	1706585	2886233
137615754	63410232	12871671	9268125
42619809	25199821	4243953	1410640
97317550	42016079	8114898	10445824
22665215	7507910	2219405	297894
55729514	21706761	2597218	3653030
46204139	20316396	3492651	3860946
52399935	28594639	6877034	4221160
8268986	4106014	1611354	419221

Continued

(10 000 yuan)

营业收入 Revenues From Business	营业成本 Cost of Business	营业利润 Business Profits	利润总额 Total Profits
124940414	**95138240**	**18963190**	**18648427**
17499488	16763895	-1296447	-1387704
15195527	12260696	1711293	1737103
109744887	82877544	17251898	16911323
30793368	16066437	10087016	9798106
87541989	73451729	7990625	7932287
6605057	5620074	885550	918034
38521485	29426882	6659104	6544147
37101551	28806018	5183707	5144109
45289217	33593368	6868405	6720913
4028162	3311971	251975	239257

9-7 规模以上工业企业分行业主要经济指标(2021年)

单位：万元

行 业	Item	企业单位数(个) Number of Enterprise (unit)
总计	**Total**	**3291**
采矿业	**Mining**	
煤炭开采和洗选业	Coal Mining & Processing	385
石油和天然气开采业	Petroleum & Natural Gas Pumped	6
黑色金属矿采选业	Mining & Dressing of Ferrous Metals	63
有色金属矿采选业	Mining & Dressing of Nonferrous Metals	59
非金属矿采选业	Mining & Dressing of Nonmetal Minerals	48
开采辅助活动	Support Activities for Mining	
其他采矿业	Mining of Other Mineral	
制造业	**Manufacturing**	
农副食品加工业	Processing of Agricultural Sideline Food	294
食品制造业	Food Manufacturing	83
酒、饮料和精制茶制造业	Wine,Beverage and Refined Tea Manufacturing	47
烟草制品业	Tobacco Products	2
纺织业	Textile Industry	38
纺织服装、服饰业	Textile,Apparel Industry	22
皮革、毛皮、羽毛及其制品和制鞋业	Leather,Fur,Feathers and Their Products and Footwear	3
木材加工和木、竹、藤、棕、草制品业	Timber Processing, Bamboo,Cane,Palm Fiber & Straw Products	13
家具制造业	Furniture Manufacturing	
造纸及纸制品业	Paper-making & Paper Products	19
印刷和记录媒介复制业	Printing and Record Medium Reproduction	6
文教、工美、体育和娱乐用品制造业	Manufacturing of Cultural,Educational & Arts, Crafts & Sports and Entertainment Goods	
石油加工、炼焦和核燃料加工业	Petroleum Processing,Coke Products & Processing of Nuclear Fuel	81
化学原料和化学制品制造业	Raw Chemical Materials & Chemical Products	283
医药制造业	Medicine Manufacturing	63
化学纤维制造业	Chemical Fiber Manufacturing	1
橡胶和塑料制品业	Rubber and Plastic Products	25
非金属矿物制品业	Nonmetal Mineral Products	319
黑色金属冶炼和压延加工业	Smelting & Pressing of Ferrous Metals	184
有色金属冶炼和压延加工业	Smelting & Pressing of Nonferrous Metals	148
金属制品业	Metal Products	61
通用设备制造业	Manufacturing of General-Purpose Equipment	39
专用设备制造业	Special Purposes Equipment Manufacturing	31
汽车制造业	Automotive Manufacturing	19
铁路、船舶、航空航天和其他运输设备制造业	Railroad,Ships,Aerospace and Other Transportation Equipment Manufacturing	6
电气机械和器材制造业	Electric Equipment & Machinery	42
计算机、通信和其他电子设备制造业	Manufacturing of Computer,Communications and Other Electronic Equipment	41
仪器仪表制造业	Manufacturing of Instrument	2
其他制造业	Others	3
废弃资源综合利用业	Comprehensive Utilization of Waste Resources	27
金属制品、机械和设备修理业	Metal Products,Machinery and Equipment Repair	6
电力、燃气及水的生产和供应业	**Production & Supply of Electric Power,Gas & Water**	
电力、热力生产和供应业	Production & Supply of Electric Power & Heat Power	682
燃气生产和供应业	Production & Supply of Gas	72
水的生产和供应业	Production & Supply of Water	68

Main Indicators of Industrial Enterprises above Designated Size by Industrial Branch(2021)

(10 000 yuan)

工业总产值(现价) Gross Industrial Output Value (at current prices)	资产合计 Total Assets	流动资产合计 Circulating Funds	应收账款 Accounts Receivable	存货 Inventories	负债合计 Total Liabilities
218767433	**388245168**	**144616329**	**28560275**	**22058078**	**224312854**
47962141	91853374	43757290	6034980	1774120	44392599
3326244	8730109	469076	6710	48168	2834659
2563598	9524231	3206457	480416	247498	5516696
2442967	5680764	1513018	135676	293374	2509255
381995	658473	353382	125311	84464	437048
5665225	5931432	3362820	523573	1343448	3922326
6481433	19200299	9280404	956823	972941	9220081
688800	2067264	966510	47267	445716	1062457
1367262	963750	778446	44103	294764	203062
293134	409687	267557	85428	119363	347353
406098	2362551	833971	184189	227764	785492
59850	27140	18623	8284	5798	11594
46380	69059	41794	6135	15172	44036
936382	520681	319177	98787	122336	291983
34602	82816	30464	7550	8363	54309
15944699	17367841	6691345	792831	1431809	11201349
21030015	38426502	9008846	1306062	1987989	23101867
2086523	4609961	1799374	464344	408192	2733175
3192	1619	1034	148	707	3410
194866	368980	205448	66468	59423	196694
11756369	14994192	6366641	1375676	1524375	8841302
23871009	28622790	11801302	1901256	3882772	16593425
28125011	21625156	10079315	1708699	3797437	13389914
3302303	6249384	3921494	402292	755982	4628402
423413	623651	475568	208859	141035	419507
444168	709067	535921	145022	170360	367513
1223795	2509654	1454512	544835	113975	2624596
648559	1065014	799567	278781	74117	702129
1428625	1516534	1181921	438305	272642	1231762
2451302	4095450	1702216	525517	482845	2083400
4681	3266	2896	1798	185	1603
66790	56224	48442	32301	3556	35793
817998	428993	251898	91343	57778	213726
57098	90205	62526	30528	14278	39251
28546215	85813690	20092019	8935120	726745	56624125
3057116	6647147	1616988	174280	128453	5094823
627578	4338219	1318068	390578	20138	2552139

9-7 续表

单位：万元

行 业	Item	所有者权益 Creditors Equity
总计	**Total**	**163952466**
采矿业	**Mining**	
煤炭开采和洗选业	Coal Mining & Processing	47460772
石油和天然气开采业	Petroleum & Natural Gas Pumped	5895450
黑色金属矿采选业	Mining & Dressing of Ferrous Metals	4007535
有色金属矿采选业	Mining & Dressing of Nonferrous Metals	3171508
非金属矿采选业	Mining & Dressing of Nonmetal Minerals	221424
开采辅助活动	Support Activities for Mining	
其他采矿业	Mining of Other Mineral	
制造业	**Manufacturing**	
农副食品加工业	Processing of Agricultural Sideline Food	2009102
食品制造业	Food Manufacturing	9980217
酒、饮料和精制茶制造业	Wine,Beverage and Refined Tea Manufacturing	1004806
烟草制品业	Tobacco Products	760688
纺织业	Textile Industry	62335
纺织服装、服饰业	Textile,Apparel Industry	1577059
皮革、毛皮、羽毛及其制品和制鞋业	Leather,Fur,Feathers and Their Products and Footwear	15546
木材加工和木、竹、藤、棕、草制品业	Timber Processing, Bamboo,Cane,Palm Fiber & Straw Products	25022
家具制造业	Furniture Manufacturing	
造纸及纸制品业	Paper-making & Paper Products	228698
印刷和记录媒介复制业	Printing and Record Medium Reproduction	28507
文教、工美、体育和娱乐用品制造业	Manufacturing of Cultural,Educational & Arts, Crafts & Sports and Entertainment Goods	
石油加工、炼焦和核燃料加工业	Petroleum Processing,Coke Products & Processing of Nuclear Fuel	6142886
化学原料和化学制品制造业	Raw Chemical Materials & Chemical Products	15324631
医药制造业	Medicine Manufacturing	1876786
化学纤维制造业	Chemical Fiber Manufacturing	-1791
橡胶和塑料制品业	Rubber and Plastic Products	172286
非金属矿物制品业	Nonmetal Mineral Products	6152886
黑色金属冶炼和压延加工业	Smelting & Pressing of Ferrous Metals	12029364
有色金属冶炼和压延加工业	Smelting & Pressing of Nonferrous Metals	8235243
金属制品业	Metal Products	1620980
通用设备制造业	Manufacturing of General-Purpose Equipment	204143
专用设备制造业	Special Purposes Equipment Manufacturing	311551
汽车制造业	Automotive Manufacturing	-114942
铁路、船舶、航空航天和其他运输设备制造业	Railroad,Ships,Aerospace and Other Transportation Equipment Manufacturing	362886
电气机械和器材制造业	Electric Equipment & Machinery	284771
计算机、通信和其他电子设备制造业	Manufacturing of Computer,Communications and Other Electronic Equipment	2012050
仪器仪表制造业	Manufacturing of Instrument	1663
其他制造业	Others	20431
废弃资源综合利用业	Comprehensive Utilization of Waste Resources	215267
金属制品、机械和设备修理业	Metal Products,Machinery and Equipment Repair	50954
电力、燃气及水的生产和供应业	**Production & Supply of Electric Power,Gas & Water**	
电力、热力生产和供应业	Production & Supply of Electric Power & Heat Power	29233349
燃气生产和供应业	Production & Supply of Gas	1552323
水的生产和供应业	Production & Supply of Water	1786078

Continued

(10 000 yuan)

营业收入 Revenues From Principal Business	营业成本 Cost of Principal Business	营业利润 Business Profits	利润总额 Total Profits
248364092	**190278296**	**34373464**	**33781906**
55284486	28688790	18302573	17895229
3231656	2141770	756891	575028
2798938	1826124	729992	692216
2372499	1081224	775900	750750
397575	244512	40955	42441
6179023	5654101	99492	112364
14652648	11603586	1579541	1576701
746303	560997	15620	27891
1405233	349085	108580	102683
313272	289507	-1022	1670
422123	304603	505988	505454
57942	49836	4287	4247
51014	42788	2144	1907
811674	667743	73969	70963
36366	28219	1036	2034
18105039	15332100	570141	513297
21612831	16291221	3394489	3368549
2062264	1308304	271610	285172
3125	2689	322	300
251727	226342	8193	8613
12719401	10311986	1526696	1528282
27736421	24907978	1336561	1316076
30510965	26851998	2367341	2346408
3513713	3134721	120934	130618
539433	474681	19029	25651
475783	376835	11883	12495
1366964	1317844	-68727	-61235
656415	599860	28346	28839
1330384	1242362	-18315	-16358
2486930	2073892	184450	194235
5250	4164	250	250
66424	59272	701	733
895633	808773	59386	60563
57793	42410	2993	3455
31191618	27929478	1368942	1452132
3321211	2985487	143260	150912
694018	463014	49034	71345

9-8 国有及国有控股工业企业分行业主要经济指标(2021年)

单位:万元

行 业	Item	企业单位数(个) Number of Enterprise (unit)
总计	**Total**	**803**
采矿业	**Mining**	
煤炭开采和洗选业	Coal Mining & Processing	71
石油和天然气开采业	Petroleum & Natural Gas Pumped	3
黑色金属矿采选业	Mining & Dressing of Ferrous Metals	7
有色金属矿采选业	Mining & Dressing of Nonferrous Metals	22
非金属矿采选业	Mining & Dressing of Nonmetal Minerals	4
开采辅助活动	Support Activities for Mining	
其他采矿业	Mining of Other Mineral	
制造业	**Manufacturing**	
农副食品加工业	Processing of Agricultural Sideline Food	8
食品制造业	Food Manufacturing	10
酒、饮料和精制茶制造业	Wine,Beverage and Refined Tea Manufacturing	14
烟草制品业	Tobacco Products	2
纺织业	Textile Industry	1
纺织服装、服饰业	Textile,Apparel Industry	1
皮革、毛皮、羽毛及其制品和制鞋业	Leather,Fur,Feathers and Their Products and Footwear	
木材加工和木、竹、藤、棕、草制品业	Timber Processing, Bamboo,Cane,Palm Fiber & Straw Products	
家具制造业	Furniture Manufacturing	
造纸及纸制品业	Paper-making & Paper Products	2
印刷和记录媒介复制业	Printing and Record Medium Reproduction	2
文教、工美、体育和娱乐用品制造业	Manufacturing of Cultural,Educational & Arts, Crafts & Sports and Entertainment Goods	
石油加工、炼焦和核燃料加工业	Petroleum Processing,Coke Products & Processing of Nuclear Fuel	15
化学原料和化学制品制造业	Raw Chemical Materials & Chemical Products	29
医药制造业	Medicine Manufacturing	7
化学纤维制造业	Chemical Fiber Manufacturing	
橡胶和塑料制品业	Rubber and Plastic Products	
非金属矿物制品业	Nonmetal Mineral Products	25
黑色金属冶炼和压延加工业	Smelting & Pressing of Ferrous Metals	7
有色金属冶炼和压延加工业	Smelting & Pressing of Nonferrous Metals	33
金属制品业	Metal Products	8
通用设备制造业	Manufacturing of General-Purpose Equipment	4
专用设备制造业	Special Purposes Equipment Manufacturing	7
汽车制造业	Automotive Manufacturing	9
铁路、船舶、航空航天和其他运输设备制造业	Railroad,Ships,Aerospace and Other Transportation Equipment Manufacturing	3
电气机械和器材制造业	Electric Equipment & Machinery	11
计算机、通信和其他电子设备制造业	Manufacturing of Computer,Communications and Other Electronic Equipment	2
仪器仪表制造业	Manufacturing of Instrument	
其他制造业	Others	
废弃资源综合利用业	Comprehensive Utilization of Waste Resources	3
金属制品、机械和设备修理业	Metal Products,Machinery and Equipment Repair	2
电力、燃气及水的生产和供应业	**Production & Supply of Electric Power,Gas & Water**	
电力、热力生产和供应业	Production & Supply of Electric Power & Heat Power	435
燃气生产和供应业	Production & Supply of Gas	15
水的生产和供应业	Production & Supply of Water	41

Main Indicators on Economic Benefit of State-owned and State Holding Majority Shares Industrial Enterprises by Industrial Branch(2021)

(10 000 yuan)

工业总产值(现价) Gross Industrial Output Value (at current prices)	资产合计 Total Assets	流动资产合计 Circulating Funds	应收账款 Accounts Receivable	存货 Inventories	负债合计 Total Liabilities
98004386	**205688434**	**61298128**	**12879007**	**9040040**	**121828475**
21424701	49132091	19018819	2048737	656336	23184539
3299917	8622346	429309	148	46628	2795674
967243	7057200	1857884	320684	90715	4049183
1122878	2699054	732421	97014	158337	1239503
59132	116860	80343	26696	10625	107219
174669	230819	135203	20119	69740	212650
1112059	602757	246126	48650	73490	373169
160994	465442	239761	4417	100939	236197
1367262	963750	778446	44103	294764	203062
11864	21949	10497	848	4768	8437
4801	16886	13835	5459	5999	3913
67857	74373	50582	12418	17577	42096
9597	47124	13697	4009	2377	27736
6024286	5513661	2239543	56939	540198	3180116
7364731	15009364	2141812	151674	581161	10396137
156292	258655	98762	13426	35418	123172
1346306	2626989	645526	175093	138385	1644154
8934814	18472778	5603800	953356	1969762	9885905
13244069	11613773	5449994	585511	2632942	6955092
2550597	5427032	3382970	232127	651084	4125975
65840	139490	83080	17882	23737	79441
256070	376735	279996	66134	96414	195866
1013705	2340592	1345327	492439	85391	2532936
632578	1028596	769135	268725	70252	689888
816042	754806	604763	189636	126720	662551
43269	42528	39112	37253	1058	36541
177516	127675	80023	22829	9382	26171
31582	54894	41933	22348	10842	28316
24387940	65946451	13798596	6798290	485330	44311273
804310	2990571	268975	11842	33608	2703481
371466	2913194	817861	150202	16058	1768085

9-8 续表

单位:万元

行 业	Item	所有者权益 Creditors Equity
总计	**Total**	**83903744**
采矿业	**Mining**	
煤炭开采和洗选业	Coal Mining & Processing	25947553
石油和天然气开采业	Petroleum & Natural Gas Pumped	5826672
黑色金属矿采选业	Mining & Dressing of Ferrous Metals	3008017
有色金属矿采选业	Mining & Dressing of Nonferrous Metals	1459551
非金属矿采选业	Mining & Dressing of Nonmetal Minerals	9641
开采辅助活动	Support Activities for Mining	
其他采矿业	Mining of Other Mineral	
制造业	**Manufacturing**	
农副食品加工业	Processing of Agricultural Sideline Food	18169
食品制造业	Food Manufacturing	229588
酒、饮料和精制茶制造业	Wine,Beverage and Refined Tea Manufacturing	229245
烟草制品业	Tobacco Products	760688
纺织业	Textile Industry	13512
纺织服装、服饰业	Textile,Apparel Industry	12973
皮革、毛皮、羽毛及其制品和制鞋业	Leather,Fur,Feathers and Their Products and Footwear	
木材加工和木、竹、藤、棕、草制品业	Timber Processing, Bamboo,Cane,Palm Fiber & Straw Products	
家具制造业	Furniture Manufacturing	
造纸及纸制品业	Paper-making & Paper Products	32278
印刷和记录媒介复制业	Printing and Record Medium Reproduction	19388
文教、工美、体育和娱乐用品制造业	Manufacturing of Cultural,Educational & Arts, Crafts & Sports and Entertainment Goods	
石油加工、炼焦和核燃料加工业	Petroleum Processing,Coke Products & Processing of Nuclear Fuel	2333545
化学原料和化学制品制造业	Raw Chemical Materials & Chemical Products	4613226
医药制造业	Medicine Manufacturing	135483
化学纤维制造业	Chemical Fiber Manufacturing	
橡胶和塑料制品业	Rubber and Plastic Products	
非金属矿物制品业	Nonmetal Mineral Products	982834
黑色金属冶炼和压延加工业	Smelting & Pressing of Ferrous Metals	8586873
有色金属冶炼和压延加工业	Smelting & Pressing of Nonferrous Metals	4658681
金属制品业	Metal Products	1301057
通用设备制造业	Manufacturing of General-Purpose Equipment	60050
专用设备制造业	Special Purposes Equipment Manufacturing	180869
汽车制造业	Automotive Manufacturing	-192344
铁路、船舶、航空航天和其他运输设备制造业	Railroad,Ships,Aerospace and Other Transportation Equipment Manufacturing	338708
电气机械和器材制造业	Electric Equipment & Machinery	92255
计算机、通信和其他电子设备制造业	Manufacturing of Computer,Communications and Other Electronic Equipment	5987
仪器仪表制造业	Manufacturing of Instrument	
其他制造业	Others	
废弃资源综合利用业	Comprehensive Utilization of Waste Resources	101504
金属制品、机械和设备修理业	Metal Products,Machinery and Equipment Repair	26579
电力、燃气及水的生产和供应业	**Production & Supply of Electric Power,Gas & Water**	
电力、热力生产和供应业	Production & Supply of Electric Power & Heat Power	21678964
燃气生产和供应业	Production & Supply of Gas	287090
水的生产和供应业	Production & Supply of Water	1145108

Continued

(10 000 yuan)

营业收入 Revenues From Business	营业成本 Cost of Principal Business	营业利润 Business Profits	利润总额 Total Profits
108484169	**83034722**	**13740588**	**13461070**
24134548	11584388	8310252	8169627
3205624	2123596	757295	575397
1132203	736838	394226	368397
1062473	574722	261424	250517
56822	43092	-1397	386
192851	184269	-5382	-3916
1158148	990698	79901	79222
189736	125653	10732	15720
1405233	349085	108580	102683
11943	8667	2074	2062
5720	5042	-934	-926
61269	56074	-446	-14
10394	6631	640	1530
6784628	5425705	371715	364354
7514204	5633562	972714	974601
141892	95018	16939	18374
1528116	1331329	128236	130192
11745647	10752725	425104	420678
14645403	12745037	1229418	1222633
2533195	2245822	101316	107747
83293	74479	2817	2973
258284	212587	-6981	-6695
1153968	1124872	-73985	-66815
637789	586389	27513	27853
734434	695150	-22994	-22803
96828	95842	-238	-69
204282	160817	34829	32642
31582	22113	1704	1892
26489667	23909357	661342	717537
872844	829430	-15265	-16078
401148	305733	-30559	-8628

9-9 规模以上民营工业企业分行业主要经济指标(2021年)

单位:万元

行 业	Item	企业单位数(个) Number of Enterprise (unit)
总计	**Total**	**2401**
采矿业	**Mining**	
煤炭开采和洗选业	Coal Mining & Processing	310
石油和天然气开采业	Petroleum & Natural Gas Pumped	3
黑色金属矿采选业	Mining & Dressing of Ferrous Metals	56
有色金属矿采选业	Mining & Dressing of Nonferrous Metals	37
非金属矿采选业	Mining & Dressing of Nonmetal Minerals	44
开采辅助活动	Support Activities for Mining	
其他采矿业	Mining of Other Mineral	
制造业	**Manufacturing**	
农副食品加工业	Processing of Agricultural Sideline Food	275
食品制造业	Food Manufacturing	66
酒、饮料和精制茶制造业	Wine,Beverage and Refined Tea Manufacturing	27
烟草制品业	Tobacco Products	
纺织业	Textile Industry	37
纺织服装、服饰业	Textile,Apparel Industry	20
皮革、毛皮、羽毛及其制品和制鞋业	Leather,Fur,Feathers and Their Products and Footwear	3
木材加工和木、竹、藤、棕、草制品业	Timber Processing, Bamboo,Cane,Palm Fiber & Straw Products	13
家具制造业	Furniture Manufacturing	
造纸及纸制品业	Paper-making & Paper Products	14
印刷和记录媒介复制业	Printing and Record Medium Reproduction	4
文教、工美、体育和娱乐用品制造业	Manufacturing of Cultural,Educational & Arts, Crafts & Sports and Entertainment Goods	
石油加工、炼焦和核燃料加工业	Petroleum Processing,Coke Products & Processing of Nuclear Fuel	64
化学原料和化学制品制造业	Raw Chemical Materials & Chemical Products	245
医药制造业	Medicine Manufacturing	51
化学纤维制造业	Chemical Fiber Manufacturing	1
橡胶和塑料制品业	Rubber and Plastic Products	25
非金属矿物制品业	Nonmetal Mineral Products	289
黑色金属冶炼和压延加工业	Smelting & Pressing of Ferrous Metals	176
有色金属冶炼和压延加工业	Smelting & Pressing of Nonferrous Metals	110
金属制品业	Metal Products	52
通用设备制造业	Manufacturing of General-Purpose Equipment	35
专用设备制造业	Special Purposes Equipment Manufacturing	23
汽车制造业	Automotive Manufacturing	10
铁路、船舶、航空航天和其他运输设备制造业	Railroad,Ships,Aerospace and Other Transportation Equipment Manufacturing	3
电气机械和器材制造业	Electric Equipment & Machinery	29
计算机、通信和其他电子设备制造业	Manufacturing of Computer,Communications and Other Electronic Equipment	37
仪器仪表制造业	Manufacturing of Instrument	2
其他制造业	Others	3
废弃资源综合利用业	Comprehensive Utilization of Waste Resources	24
金属制品、机械和设备修理业	Metal Products,Machinery and Equipment Repair	4
电力、燃气及水的生产和供应业	**Production & Supply of Electric Power,Gas & Water**	
电力、热力生产和供应业	Production & Supply of Electric Power & Heat Power	233
燃气生产和供应业	Production & Supply of Gas	52
水的生产和供应业	Production & Supply of Water	24

Main Indicators on Economic Benefit of Above-scale Private Industrial Enterprises by Industrial Branch(2021)

(10 000 yuan)

工业总产值(现价) Gross Industrial Output Value (at current prices)	资产合计 Total Assets	流动资产合计 Circulating Funds	应收账款 Accounts Receivable	存货 Inventories	负债合计 Total Liabilities
114083055	**162602573**	**74723810**	**14578256**	**12154358**	**92661152**
25281274	36521693	22757846	3940383	1043442	18430995
26328	107763	39768	6562	1539	38985
1596355	2467031	1348572	159732	156783	1467513
1320089	2981710	780597	38662	135037	1269752
322863	541613	273039	98615	73839	329829
4927170	5174265	2875849	466397	1168346	3346379
4287505	11530305	4980151	516819	688756	5656571
412918	1432915	658944	35544	317502	742204
281271	387738	257060	84580	114595	338915
398235	2345030	819816	178716	221578	780898
59850	27140	18623	8284	5798	11594
46380	69059	41794	6135	15172	44036
194479	126661	89719	47418	23357	74695
25005	35692	16768	3541	5986	26572
9544262	11242961	4288121	735891	849700	7452504
13375873	22847695	6683971	1124973	1394150	12567365
1192621	3186674	1243225	273133	225108	1876649
3192	1619	1034	148	707	3410
194866	368980	205448	66468	59423	196694
10257593	11772922	5537860	1186090	1365707	6940040
14919995	10121881	6185908	947858	1903065	6685345
14253037	9735888	4413752	1111894	1106454	6278842
738899	804009	526156	166561	99889	493979
357573	484161	392488	190977	117298	340067
163177	241145	169008	60452	51495	149687
210090	169062	109185	52396	28584	91660
15981	36418	30432	10056	3865	12241
598965	733145	566062	241771	143467	545474
2390197	4046063	1660899	488004	480249	2042964
4681	3266	2896	1798	185	1603
66790	56224	48442	32301	3556	35793
640482	301319	171875	68514	48396	187556
25516	35311	20593	8180	3435	10935
3647204	18258001	5965870	1969007	208139	11300772
2077179	3166781	1166664	128858	86072	2208510
225165	1240432	375376	121540	3683	680125

9-9 续表

单位:万元

行　业	Item	所有者权益 Creditors Equity
总计	**Total**	**69917788**
采矿业	**Mining**	
煤炭开采和洗选业	Coal Mining & Processing	18090695
石油和天然气开采业	Petroleum & Natural Gas Pumped	68778
黑色金属矿采选业	Mining & Dressing of Ferrous Metals	999518
有色金属矿采选业	Mining & Dressing of Nonferrous Metals	1711957
非金属矿采选业	Mining & Dressing of Nonmetal Minerals	211783
开采辅助活动	Support Activities for Mining	
其他采矿业	Mining of Other Mineral	
制造业	**Manufacturing**	
农副食品加工业	Processing of Agricultural Sideline Food	1827882
食品制造业	Food Manufacturing	5873734
酒、饮料和精制茶制造业	Wine,Beverage and Refined Tea Manufacturing	690710
烟草制品业	Tobacco Products	
纺织业	Textile Industry	48823
纺织服装、服饰业	Textile,Apparel Industry	1564132
皮革、毛皮、羽毛及其制品和制鞋业	Leather,Fur,Feathers and Their Products and Footwear	15546
木材加工和木、竹、藤、棕、草制品业	Timber Processing, Bamboo,Cane,Palm Fiber & Straw Products	25022
家具制造业	Furniture Manufacturing	
造纸及纸制品业	Paper-making & Paper Products	51966
印刷和记录媒介复制业	Printing and Record Medium Reproduction	9120
文教、工美、体育和娱乐用品制造业	Manufacturing of Cultural,Educational & Arts, Crafts & Sports and Entertainment Goods	
石油加工、炼焦和核燃料加工业	Petroleum Processing,Coke Products & Processing of Nuclear Fuel	3766851
化学原料和化学制品制造业	Raw Chemical Materials & Chemical Products	10280326
医药制造业	Medicine Manufacturing	1310025
化学纤维制造业	Chemical Fiber Manufacturing	-1791
橡胶和塑料制品业	Rubber and Plastic Products	172286
非金属矿物制品业	Nonmetal Mineral Products	4832878
黑色金属冶炼和压延加工业	Smelting & Pressing of Ferrous Metals	3436534
有色金属冶炼和压延加工业	Smelting & Pressing of Nonferrous Metals	3457045
金属制品业	Metal Products	310029
通用设备制造业	Manufacturing of General-Purpose Equipment	144093
专用设备制造业	Special Purposes Equipment Manufacturing	91458
汽车制造业	Automotive Manufacturing	77402
铁路、船舶、航空航天和其他运输设备制造业	Railroad,Ships,Aerospace and Other Transportation Equipment Manufacturing	24178
电气机械和器材制造业	Electric Equipment & Machinery	187671
计算机、通信和其他电子设备制造业	Manufacturing of Computer,Communications and Other Electronic Equipment	2003099
仪器仪表制造业	Manufacturing of Instrument	1663
其他制造业	Others	20431
废弃资源综合利用业	Comprehensive Utilization of Waste Resources	113763
金属制品、机械和设备修理业	Metal Products,Machinery and Equipment Repair	24375
电力、燃气及水的生产和供应业	**Production & Supply of Electric Power,Gas & Water**	
电力、热力生产和供应业	Production & Supply of Electric Power & Heat Power	6957228
燃气生产和供应业	Production & Supply of Gas	958270
水的生产和供应业	Production & Supply of Water	560306

Continued

(10 000 yuan)

营业收入 Revenues From Principal Business	营业成本 Cost of Principal Business	营业利润 Business Profits	利润总额 Total Profits
124940414	**95138240**	**18963190**	**18648427**
27449821	14251057	9194825	8932368
26032	18174	-404	-369
1666735	1089286	335766	323819
1310026	506501	514476	500233
340754	201420	42352	42055
5417940	4987879	68688	82979
6751986	5116023	930580	921435
396587	312666	-847	4984
301329	280839	-3096	-392
408454	291385	507233	506686
57942	49836	4287	4247
51014	42788	2144	1907
202750	180297	7876	7935
25971	21589	396	504
10944347	9581446	251019	202520
13792574	10437330	2361547	2333575
1209647	646429	187815	198397
3125	2689	322	300
251727	226342	8193	8613
11018358	8855214	1359874	1359434
15966317	14132831	910661	894546
15177437	13437258	1132144	1117317
965336	875017	19510	22742
456140	400202	16212	22678
169285	139543	3697	3992
212995	192972	5258	5580
18626	13470	832	986
580708	534821	4940	6688
2372156	1961174	184545	194169
5250	4164	250	250
66424	59272	701	733
691351	647956	24557	27921
26211	20297	1289	1562
4147675	3535214	689690	713154
2199654	1955871	121163	129775
257728	128989	74697	75105

9-10 规模以上工业企业平均用工人数

Average Number of Employees in Industrial Enterprises above Designated Size

单位：万人 (10 000 persons)

项 目	Item	2021
总 计	**Total**	**91.57**
按登记注册类型分	**Grouped by Ownership**	
国有	State-owned	0.30
集体	Collective-owned	0.09
股份制企业	Joint-stock Company	85.31
其他	Other Ownership	5.87
按行业分	**Grouped by Sector**	
采矿业	**Mining**	**21.49**
煤炭开采和洗选业	Coal Mining & Processing	17.36
石油和天然气开采业	Petroleum & Natural Gas Pumped	0.45
黑色金属矿采选业	Mining & Dressing of Ferrous Metals	1.54
有色金属矿采选业	Mining & Dressing of Nonferrous Metals	1.69
非金属矿采选业	Mining & Dressing of Nonmetal Minerals	0.46
开采辅助活动	Support Activities for Mining	
其他采矿业	Mining of Other Mineral	
制造业	**Manufacturing**	**53.75**
农副食品加工业	Processing of Agricultural Sideline Food	3.31
食品制造业	Food Manufacturing	4.45
酒、饮料和精制茶制造业	Wine, Beverage and Refined Tea Manufacturing	1.16
烟草制品业	Tobacco Products	0.24
纺织业	Textile Industry	0.41
纺织服装、服饰业	Textile, Apparel Industry	0.67
皮革、毛皮、羽毛及其制品和制鞋业	Leather, Fur, Feathers and Their Products and Footwear	0.17
木材加工和木、竹、藤、棕、草制品业	Timber Processing,Bamboo,Cane,Palm Fiber & Straw Products	0.14
家具制造业	Furniture Manufacturing	
造纸及纸制品业	Paper-making & Paper Products	0.44
印刷和记录媒介复制业	Printing and Record Medium Reproduction	0.08
文教、工美、体育和娱乐用品制造业	Manufacturing of Cultural,Educational & Arts, Crafts & Sports and Entertainment Goods	
石油加工、炼焦和核燃料加工业	Petroleum Processing,Coke Products & Processing of Nuclear Fuel	4.39
化学原料和化学制品制造业	Raw Chemical Materials & Chemical Products	9.74
医药制造业	Medicine Manufacturing	2.25
化学纤维制造业	Chemical Fiber Manufacturing	
橡胶和塑料制品业	Rubber and Plastic Products	0.24
非金属矿物制品业	Nonmetal Mineral Products	5.37
黑色金属冶炼和压延加工业	Smelting & Pressing of Ferrous Metals	8.57
有色金属冶炼和压延加工业	Smelting & Pressing of Nonferrous Metals	5.68
金属制品业	Metal Products	2.53
通用设备制造业	Manufacturing of General Purpose Equipment	0.39
专用设备制造业	Special Purposes Equipment Manufacturing	0.44
汽车制造业	Automotive Manufacturing	0.70
铁路、船舶、航空航天和其他运输设备制造业	Railroad,Ships,Aerospace and Other Transportation Equipment Manufacturing	0.31
电气机械和器材制造业	Electric Equipment & Machinery	0.51
计算机、通信和其他电子设备制造业	Manufacturing of Computer,Communications and Other Electronic Equipment	1.19
仪器仪表制造业	Manufacturing of Instrument	0.01
其他制造业	Others	0.01
废弃资源综合利用业	Comprehensive Utilization of Waste Resources	0.21
金属制品、机械和设备修理业	Metal Products, Machinery and Equipment Repair	0.14
电力、燃气及水的生产和供应业	**Production & Supply of Electric Power,Gas & Water**	**16.33**
电力、热力生产和供应业	Production & Supply of Electric Power & Heat Power	13.72
燃气生产和供应业	Production & Supply of Gas	1.24
水的生产和供应业	Production & Supply of Water	1.37

9-11 主要工业产品产量

Output of Major Industrial Products

项　目	Item	2020	2021
原 煤(万吨)	Coal(10 000 tons)	102550.86	106990.45
焦 炭(万吨)	Coke(10 000 tons)	4222.53	4657.93
原 油(万吨)	Crude Petroleum Oil(10 000 tons)	125.44	149.12
汽 油(万吨)	Gasoline(10 000 tons)	167.02	169.50
柴 油(万吨)	Diesel Oil(10 000 tons)	168.40	160.35
发电量(亿千瓦小时)	Electricity(100 million kwh)	5810.97	6119.93
铁矿石原矿量(万吨)	Crude iron Ore(10 000 tons)	4272.63	4831.38
精制食用植物油(万吨)	Edible Vegetable Oil(10 000 tons)	10.33	11.45
乳 制 品(万吨)	Dairy Products(10000 tons)	337.29	367.99
液体乳(万吨)	Liquid Dairy(10 000 tons)	318.92	348.95
啤 酒(千升)	Beer(1000 litres)	585243.30	590740.30
白 酒(千升)	Liquor(1000 litres)	25849.30	29511.00
饲 料(万吨)	Forage(10 000 tons)	295.91	371.16
卷 烟(万支)	Cigarettes(10000 pcs)	3051000.00	3121000.00
服 装(万件)	Garments(10 000 pcs)	526.80	755.80
胶合板(万立方米)	Plywood(10 000cu·m)	5.14	5.98
精甲醇(万吨)	Purified Carbinol(10 000 tons)	1286.21	1697.23
碳化钙(电石)(万吨)	Calcium Carbide(10 000 tons)	1029.23	965.70
硫 酸(万吨)	Sulfuric Acid(10 000 tons)	494.87	542.80
烧碱(氢氧化钠)(万吨)	Caustic Soda(10 000 tons)	332.19	350.76
纯碱(无水碳酸钠)(万吨)	Soda Ash(10 000 tons)	4.23	41.33
农用化学肥料(万吨)	Chemical Fertilizer(10 000 tons)	424.17	394.96
氮 肥(万吨)	Nitrogen Fertilizers(10 000 tons)	373.78	344.56
磷 肥(万吨)	Phosphate Fertilizers(10 000 tons)	38.82	39.28
合成氨(万吨)	Synthetic Ammonia(10 000 tons)	319.59	310.71
化学药品原药(万吨)	Chemical Pesticide(10 000 tons)	7.71	12.65
单晶硅(万千克)	Monocrystalline Silicon(10 000 kg)	17596.33	32733.11
多晶硅（万千克）	Polycrystalline silicon(10 000 kg)	6281.47	6656.49
稀土化合物（万千克）	Rare-earth Compound(10 000 kg)	3341.32	8735.52
水 泥(万吨)	Cement(10 000 tons)	3610.88	3667.92
平板玻璃(万重量箱)	Plate Glass(10 000 weight cases)	1041.24	1065.60
生 铁(万吨)	Pig Iron(10 000 tons)	2380.83	2347.43
粗 钢(万吨)	Crude Steel(10 000 tons)	3119.87	3117.89
钢 材(万吨)	Rolled Steel (10 000 tons)	2883.92	2957.55
铁合金(万吨)	Ferroalloy(10 000 tons)	1126.71	987.01
十种有色金属(万吨)	Ten Kinds of Nonferrous Metals(10 000 tons)	725.71	745.82
铝(万吨)	Aluminum(10 000 tons)	574.21	579.21
精炼铜(万吨)	Refined Copper(10 000 tons)	55.48	72.02
汽 车(万辆)	Cars(10 000 units)	2.90	5.45
铁路货车(万辆)	Railway Freight Coaches(10 000 units)	0.30	0.24
智能电视(万台)	Color Television Sets(10 000 sets)	173.24	183.71

9-12 主要工业产品产量

年 份 Year	原煤 (万吨) Coal (10000 tons)	原盐 (万吨) Salt (10000 tons)	发电量 (亿千瓦小时) Electricity (100 million kwh)	粗钢 (万吨) Crude Steel (10000 tons)	钢材 (万吨) Rolled Steel (10000 tons)	生铁 (万吨) Pig Iron (10000 tons)	水泥 (万吨) Cement (10000 tons)	木材 (万立方米) Timber (10000 cu·m)	平板玻璃 (万重量箱) Plate Glass (10000 Weight cases)	小型拖拉机 (台) Small Tractors (unit)
1957	217.00	43.89	0.92					186.67		
1965	806.00	8.16	12.55	34.00	1.76	51.00	3.06	391.36		
1970	1215.00	63.58	22.01	81.00	16.02	66.00	11.14	244.43		
1975	1699.00	38.03	28.26	49.00	27.44	50.00	57.64	378.65	6.74	361
1978	2194.00	65.18	37.78	99.00	36.23	107.00	91.91	378.17	11.83	193
1980	2211.00	43.00	49.05	133.00	41.32	138.00	109.85	414.55	23.66	537
1981	2180.00	45.53	54.50	132.00	37.71	137.00	104.40	427.15	23.99	370
1982	2382.00	48.79	58.40	129.00	54.94	137.00	124.43	448.71	40.75	1365
1983	2487.00	61.61	60.82	134.00	60.47	151.00	145.88	480.48	121.60	6196
1984	2740.00	62.74	69.55	149.00	74.80	160.00	151.40	478.47	175.53	12118
1985	3204.00	66.34	80.46	170.00	100.14	182.00	185.11	502.07	112.84	16025
1986	3292.00	99.13	111.24	186.00	106.85	214.00	207.97	626.99	154.54	12045
1987	3410.00	97.29	126.54	216.00	130.53	257.00	218.84	596.00	157.41	17073
1988	3734.00	86.88	138.47	221.00	137.70	227.00	239.62	594.74	118.82	23780
1989	4382.00	109.97	153.72	242.00	157.27	255.00	250.55	527.89	235.32	12488
1990	4762.00	93.28	169.54	273.00	175.47	281.00	227.97	525.96	250.20	12464
1991	4923.00	100.66	189.04	269.00	179.69	271.00	270.60	483.87	254.92	14520
1992	5039.00	116.05	222.29	309.00	210.97	302.00	319.61	494.19	163.64	12852
1993	5514.00	111.93	235.23	346.11	244.58	329.95	371.50	500.02	341.07	3700
1994	6052.00	107.09	261.27	335.75	267.11	328.88	312.00	500.00	393.55	4522
1995	7055.00	76.13	278.54	355.36	257.77	345.78	349.27	504.35	445.42	7903
1996	7317.00	83.22	324.01	431.95	291.44	428.12	399.84	540.73	388.14	3948
1997	8303.00	100.00	342.23	453.32	339.94	450.84	465.76	524.15	399.77	5070
1998	7769.00	148.28	350.41	404.36	342.10	408.74	486.82	486.86	339.49	2881
1999	7071.00	132.07	380.61	416.30	365.80	424.86	549.70	379.23	390.93	5809
2000	7247.29	126.68	439.22	423.60	378.91	440.84	630.00	321.65	371.58	8419
2001	8163.00	136.75	465.50	453.75	388.39	476.06	698.00	280.72	464.33	5266
2002	11470.69	149.18	517.98	515.58	484.71	556.12	787.22	274.61	752.61	4175
2003	14706.82	148.72	647.73	576.83	560.36	606.90	947.86	255.35	852.49	1335
2004	21235.21	161.82	816.75	626.54	604.62	678.46	1282.83	377.75	1074.45	572
2005	25607.69	215.84	1056.59	805.49	747.77	922.69	1632.25	340.96	1144.59	
2006	29759.63	206.45	1416.00	861.86	823.97	1108.33	2215.59	350.52	999.52	
2007	35437.94	246.45	1931.95	1040.36	912.32	1260.09	2871.17	416.66	1395.72	16730
2008	47269.66	236.81	2136.00	1211.03	1047.34	1256.55	3424.06	342.39	1458.32	17750
2009	60375.46	216.98	2242.57	1261.94	1294.87	1437.07	4333.75	393.23	1564.89	11750
2010	78913.14	278.42	2483.90	1232.84	1341.41	1358.97	5454.30	320.55	1214.12	1080
2011	98440.55	310.99	2972.85	1669.75	1417.32	1431.07	6499.28	217.88	1259.53	816
2012	106602.81	253.46	3116.89	1734.14	1661.82	1326.43	5872.06	208.83	549.07	2559
2013	99054.54	243.02	3567.14	1978.56	1797.74	1367.23	6497.96	196.22	521.63	2430
2014	99391.26	193.67	3857.81	1661.48	1763.16	1330.72	6310.12	187.29	629.31	2450
2015	90957.05	164.57	3928.77	1735.11	1897.18	1461.40	5830.75	142.62	1014.00	2230
2016	84558.88	154.90	3949.81	1813.24	2016.81	1469.37	6313.56	81.70	1001.23	2186
2017	90597.26	125.34	4435.94	1983.51	2002.67	1550.43	3073.90	83.52	988.37	
2018	99101.53	119.32	4961.16	2307.58	2259.46	1744.28	3052.30	74.55	1037.70	
2019	109068.12	121.16	5495.13	2653.69	2563.77	2303.12	3377.71	82.26	992.60	
2020	102550.86	102.31	5810.97	3119.87	2883.92	2380.83	3610.88	88.14	1041.24	
2021	106990.45	138.33	6119.93	3117.89	2957.55	2347.43	3667.92		1065.60	

注:1979年以后化肥产量按折合100%计算。

Output of Major Industrial Products

化肥 (万吨) Chemical Fertilizer (10000 tons)	机制纸及纸板 (万吨) Machine-made Paper and Paperboard (10000 tons)	合成洗涤剂 (吨) Synthetic Detergents (ton)	糖 (万吨) Sugar (10000 tons)	彩色电视机 (台) Color Television Sets (unit)	自行车 (辆) Bicycle (unit)	纱 (吨) Yarn (ton)	布 (万米) Cloth (10000 m)
0.49	0.69		1.83			104	37
0.88	1.83		4.17			706	238
2.91	1.88		5.80			10267	5562
8.19	3.08	1352	3.28			8559	4741
16.65	4.25	2042	4.23			14278	7604
4.00	4.24	2646	6.92		1121	14814	7950
6.22	4.02	2641	10.93		18189	15328	8270
9.54	4.67	3322	9.58		13559	14884	8448
10.16	2.50	4851	12.87	3000	6206	13475	8202
10.81	7.16	6417	17.28	8676	15317	12851	7168
9.81	9.53	7898	17.88	66889	25074	14951	7104
10.16	10.70	8261	20.60	84448	62038	16860	8109
12.13	10.92	11919	17.15	108858	61500	19334	8814
12.84	11.73	19354	15.22	135286	51276	21612	10313
12.18	13.02	16353	19.76	134548	44004	22581	10548
13.48	13.59	11936	16.37	157331	19110	23950	10785
12.50	15.05	9530	23.54	170647	7732	24090	10826
13.44	15.64	10454	29.23	213085	10552	20912	9537
13.03	14.45	11686	26.43	229200	5000	17742	8782
17.92	14.90	13130	18.34	305285	10000	19343	9232
17.35	19.15	17326	17.07	270907	600	19105	8548
20.95	20.14	10588	27.21	170210	2524	18921	8728
16.87	16.03	7730	26.70	115779	1955	19782	8271
21.12	13.76	4240	20.12	34307	1548	18241	7197
43.72	14.27	2252	11.95	125396	1627	18312	6191
35.54	12.19	1929	12.04	518000	504	15718	3287
39.58	14.33	1064	19.67	961388		20523	4078
48.70	18.59	127	18.77	1267016		23814	5275
50.93	18.92	329	14.74	1342993		22560	4685
57.87	25.17		10.67	2374871		22171	4203
65.58	25.74		14.75	2390900		32194	8337
68.95	19.73	1994	25.88	3337425		14512	13576
84.30	25.88	263	19.46	8302633		45580	14810
89.05	35.53		22.37	8667513		16762	5537
259.13	77.97		15.42	2174236		20250	8030
180.82	28.84		12.04	2043662		20629	9813
126.06	30.91		18.00	2610853		20340	10192
123.03	14.97		31.14	3832302		10929	4153
113.69	11.91		42.35	3737574		3466	3
126.08	29.06		51.11	3497783		4267	
292.96	12.32		67.33	2664795		5167	
250.19	12.27		72.25	1096335		4949	
438.25	12.86		36.87	1374348		8091	
428.45	12.72		35.95	1340540		2560	
515.42	7.90		52.59	1642782		2509	
424.17	7.37	85963	81.51	1732392		2250	
394.96	9.58		67.75	1837061		2428	

a)The output of chemical fertilizer is calculated on the basis of 100% effective content since 1979.

9-13 规模以上工业主要产品生产能力

Production Capacity of Major Industrial Products above Designated Size

产品名称	Item	2021
原煤(万吨)	Coal(10 000 tons)	110353.81
焦炭(万吨)	Coke(10 000 tons)	5517.00
天然原油(万吨)	Crude Oil(10 000 tons)	481.19
发电设备容量总计(万千瓦)	Capacity Of Generator (10 000 kw)	13479.07
卷烟(万支)	Cigarettes(10 000 pieces)	3731710.00
农用氮磷钾化学肥料(万吨)	Chemical Fertilizer(10 000 tons)	519.50
碳化钙(电石)(万吨)	Calcium Carbide (10 000 tons)	1118.20
初级塑料形态(万吨)	Primary Plastic (10 000 tons)	938.10
水泥(万吨)	Cement(10 000 tons)	9012.40
平板玻璃(万重量箱)	Plate Glass(10 000 weight cases)	1097.94
生铁(万吨)	Pig Iron(10 000 tons)	2708.60
粗钢(万吨)	Steel(10 000 tons)	3526.00
钢材(万吨)	Rolled Steel(10 000 tons)	3879.23
铁合金(万吨)	Ferroalloy(10 000 tons)	1512.54
原铝(万吨)	Aluminum(10 000 tons)	644.20
汽车(辆)	Vehicle(unit)	100000
电视机(万台)	Television Sets(10 000 sets)	270.00

主要统计指标解释

工业　指从事自然资源的开采,对采掘品和农产品进行加工和再加工的生产活动部门。具体包括:(1)对自然资源的开采,如采矿、晒盐、森林采伐等(但不包括禽兽捕猎和水产捕捞)(2)对农副产品的加工、再加工,如粮油加工、食品加工、轧花、缫丝、纺织、制革等;(3)对采掘品的加工、再加工,如冶金加工、石油加工、化工加工、机械加工、木材加工等,以及电力、热力、自来水、煤气的生产和供应等;(4)对工业品的修理、翻新,如机器设备的修理,交通运输设备的修理等,不包括属于局面服务业的日用品修理、摩托车修理、汽车修理和自行车修理。

轻工业　指主要提供生活消费品和制作手工工具的工业。按其所使用的原料不同,可分为两大类:(1)以农产品为原料的轻工业,是指直接或间接以农产品为基本原料的轻工业。主要包括食品制造、饮料制造、烟草加工、纺织、缝纫、皮革和毛皮制作、造纸以及印刷等工业;(2)以非农产品为原料的轻工业,是指以工业品为原料的轻工业。主要包括文教体育用品、化学药品制造、合成纤维制造、日用化学制品、日用玻璃制品、日用金属制品、手工工具制造、医疗器械制造、文化和办公用机械制造等工业。

重工业　是指为国民经济各部门提供物质技术基础的主要生产资料的工业。按其生产性质和产品用途,可以分为下列三类:(1)采掘(伐)工业,是指对自然资源的开采,包括石油开采、煤炭开采、金属矿开采、非金属矿开采和木材采伐等工业;(2)原材料工业,指向国民经济各部门提供基本材料、动力和燃料的工业。包括金属冶炼及加工、炼焦及焦炭、化学、化工原料、水泥、人造板以及电力、石油和煤炭加工等工业;(3)加工工业,是指对工业原材料进行再加工制造的工业。包括装备国民经济各部门的机械设备制造工业、金属结构、水泥制品等工业,以及为农业提供的生产资料如化肥、农药等工业。

根据上述划分原则,修理业中以重工业产品为修理作业对象的划为重工业,反之划为轻工业。

工业总产值　指工业企业在报告期内生产的以货币形式表现的工业最终产品和提供工业劳务活动的总价值量。它包括:企业在报告期内生产,并在报告期内不再进行加工,经检验合格、包装入库的已经销售和准备销售的全部工业成品(包括半成品)价值,对外加工费收入,自制半成品在制品期末期初差额价值。工业总产值遵循"工厂法"原则。即以法人工业企业作为一个整体计算工业总产值,是其报告期内生产的最终产品和提供劳务的总价值量。

实收资本　指企业各投资者实际投入的资本(或股本)总额,包括货币、实物、无形资产等各种形式的投入。实收资本按投资主体可分为国家资本、集体资本、法人资本、个人资本、港澳台资本和外商资本。

资产合计　指企业过去的交易或者事项形成的、由企业拥有或者控制的、预期会给企业带来经济利益的资源。包括企业拥有的土地、办公楼、厂房、机器、运输工具、存货等实物资产和现金、存款、应收账款和预付账款等金融资产。资产一般按流动性(资产的变现或耗用时间长短)分为流动资产和非流动资产。其中流动资产可分为货币资金、交易性金融资产、应收票据、应收账款、预付款项、其他应收款、存货等;非流动资产可分为长期股权投资、固定资产、无形资产及其他非流动资产等。

负债合计　指企业过去的交易或者事项形成的,预期会导致经济利益流出企业的现时义务。包括银行贷款、借款、应付账款、应付职工工资、应付职工福利费、应交税金等企业负有偿还责任的债务。负债一般按偿还期长短分为流动负债和非流动负债。

所有者权益　指企业资产扣除负债后由所有者享有的剩余权益。公司的所有者权益又称股东权益。包括实收资本、资本公积、盈余公积、未分配利润等。

流动资产　资产满足以下条件之一应归为流动资产:(1)预计在一个正常营业周期中变现、出售或耗用,主要包括存货、应收账款等;(2)主要为交易目的而持有;(3)预计在资产负债表日起一年内(含一年)变现;(4)自资产负债表日起一年内,交换其他资产或清偿负债的能力不受限制的现金或现金等价物。包括货币资金、应收票据、应收账款、存货等项目。

营业收入　指企业从事销售商品、提供劳务和让渡资产使用权等生产经营活动形成的经济利益流入。

营业成本　指企业从事销售商品、提供劳务和让渡资产使用权等生产经营活动发生的实际成本。

营业利润　指企业从事生产经营活动所取得的利润。

利润总额　指企业在一定会计期间的经营成果,是生产经营过程中各种收入扣除各种耗费后的盈余,反映企业在报告期内实现的盈亏总额。

Explanatory Notes on Main Statistical Indicators

Industry refers to the material production sector which is engaged in extraction of natural resources and processing and reprocessing of minerals and agricultural products, including (1) extraction of natural resources, such as mining, salt production, logging (but not including hunting and fishing) ; (2) processing and reprocessing of farm and sideline produces, such as grain and oil? processing, food processing, cotton ginning, silk reeling, spinning and weaving, and leather making; (3) processing and reprocessing of mineral products, such as metallurgical processing, petroleum processing, chemicals manufacturing, machine building, wood processing, production and supply of electricity, heat, water and gas; (4) Repairing and renovating of industrial products such as the machinery and transportation equipment, etc. , does not include the repair of daily necessities, motorcycles, automobiles and bicycles, which are part of the service sector.

Light Industry refers to the industry that produces consumer goods and hand tools. It consists of two categories, depending on the materials used: (1) Light industries using farm products as raw materials. These are branches of light industry which directly or indirectly use farm products as basic raw materials, including the manufacture of food and beverages, tobacco processing, textile, sewing, fur and leather manufacturing, paper making printing, etc. (2) Industries using non-farm products as raw materials. These are branches of light industry which use manufactured goods as raw materials, including the manufacture of cultural, educational articles and sports goods, chemicals, synthetic fiber, chemical products for daily use, glass products for daily use, metal products for daily use, hand tools, medical apparatus and instruments, and the manufacture of cultural and clerical machinery.

Heavy Industry refers to the industry which produces capital goods, and provides various sectors of the national economy with necessary material and technical basis. It consists of the following three branches according to the purpose of production or the use of products: (1) Mining, quarrying and logging industry refers to the industry that extracts natural resources, including extraction of petroleum, coal, metal and non metal and logging; (2) Raw materials industry refers to the industry that provides various sectors of the national economy with raw materials, fuels and power. It includes smelting and processing of metals, coking and coke chemistry, chemical materials ,cement, plywood, and power, petroleum refining and coal dressing; (3) Processing industry refers to the industry that processes raw materials. It includes machine building industry which equips sectors of the national economy, industries of metal structure and cement products, industries producing means of agricultural production, such as chemical fertilizers and pesticides.

According to the above principle of classification, the repairing trades which are engaged primarily in repairing products of heavy industry are classified into heavy industry, otherwise classified into light industry.

Gross Industrial Output Value refers to the industrial final product that industrial enterprise produces in reporting period with monetary form and the total value quantity that provides industrial labor service activity. It includes: the enterprise produces in the reporting period, and does not process in the reporting period, the value of all the industrial finished products (including semi-finished products) that have been sold and ready for sale after passing the inspection and put into storage, the income from external processing fees, and the balance value of the self-made semi-finished products in process at the end of the period . The gross industrial output value is calculated with "factory method". The industrial enterprise with legal person calculates industrial gross output value as a whole namely, it is the total value quantity of the final product that its report period produces and offer labor service.

Paid-in Capital The total amount of capital (or equity) actually invested by each investor in the enterprise, including money physical intangible assets and other forms of input.

Total Assets It refers to the resource that is owned or controlled by the enterprise and is expected to bring economic benefits to the enterprise, including the land owned by enterprises, office buildings, factories, machinery, transportation vehicles, inventory and other physical assets and financial assets such as cash deposits, receivables and prepayments. Assets are generally classified into current assets and non-current assets according to liquidity (the realization or consumption of assets). Current assets can be classified into monetary funds, trading financial assets, notes receivable, accounts receivable, prepayments, other receivables, inventories, etc. Non-current assets can be divided into long-term equity investment fixed assets intangible assets and other non-current assets .

Total Liabilities refers to the past transactions or events formed by the enterprise, which are expected to lead to the outflow of economic benefits. The current obligations of the enterprise include bank loans, loans, accounts payable, employees′ wages, employees′ benefits, taxes, etc. The debts and liabilities for which the enterprise is liable are generally divided into current liabilities and non-current liabilities according to the length of the repayment period.

Owner′s Equity refers to the residual equity enjoyed by the owner after deducting the liabilities from the assets of the enterprise. The owner′s equity of a company is also called shareholder ′s equity. Including paid in capital, capital reserve, surplus reserve, undistributed profit, etc.

Circulating Assets Assets meet one of the following conditions shall be classified as current assets:(1)Expected to be sold or consumed during a normal operating cycle, mainly including inventory receivables, etc;(2) Held primarily for trading purposes: (3) It is expected to be realized within one year including one year from the balance sheet date. (4) Unrestricted cash or cash equivalents, including monetary funds, notes receivable, accounts receivable, inventory, etc. , within one year from the balance sheet date.

Operating Income refers to the inflow of economic interests formed by the production and operation activities such as selling goods, providing services and transferring the right to use assets.

Operating Cost refers to the actual costs incurred by enterprises in production and operation activities such as selling goods, providing services and transferring the right to use assets.

Operating profit refers to the profits obtained by an enterprise from its production and business operations.

Profit Total refers to the operating result that points to an enterprise to be in certain accountant period, it is the surplus after all sorts of income deducts all sorts of consumption in production management process, reflect the profit and loss that the enterprise realizes inside report period total.

10 投资与建筑业

Investment and Construction

资料整理：程旭嵘　安　园　嘎　陆
Arranged By：Cheng Xurong　An Yuan　Ga Lu

10-1 固定资产投资比上年增长(2021年)

Investment in Fixed Assets Growth Rate over Preceding Year(2021)

单位：% (%)

指　标	Item	全社会投资 Total Investment in the whole Society	不含农户投资 Excluding Investment of Rural Households
投资增速	**investment Growth**	**9.5**	**9.8**
#房地产开发	Real Estate Development	4.9	4.9
按登记注册类型分	**Grouped by Registration**		
内资投资	Domestic Investment	9.3	9.3
国有	State-owned	-6.9	-6.9
集体	Collective-owned	-66.3	-66.3
股份合作	Cooperative	-42.8	-42.8
联营	Joint-ownership	9.0	9.0
#国有联营	State Joint-ownership	-24.5	-24.5
集体联营	Collective Joint-ownership	37.3	37.3
国有与集体联营	State-owned and Collective joint		
有限责任公司	Limited Liability Corporations	14.1	14.1
#国有独资	Solely State-funded	-3.5	-3.5
股份有限公司	Share-holding Corporations	34.5	34.5
私营	Private Enterprises	11.2	11.2
其他	Others	-34.6	-34.6
港澳台商投资	Funded from Hong Kong.Macao and Taiwan	75.9	75.9
外商投资	Foreign Funded	26.4	26.4
个人投资	Individuals Investment	2.2	46.7
#农村个人（农户）	Rural Individuals (Rural Households)	1.8	
按产业分	**Grouped by Three Strata of Industry**		
第一产业	Primary Industry	3.9	2.4
第二产业	Secondary Industry	21.1	21.1
第三产业	Tertiary Industry	2.2	2.4
按构成分	**Grouped by Use of Funds**		
建筑安装工程	Construction and Installation	10.7	10.8
设备工器具购置	Purchase of Equipment and Instruments	2.1	1.9
其他费用	Others	13.5	14.4
按隶属关系分	**Grouped by Administrative Relationship**		
中央项目	Central Government Projects	5.9	5.9
地方项目	Local Projects	9.9	10.2
#农户	Rural Households	1.8	

注：1. 投资统计范围为城乡计划总投资500万元及以上建设项目。

2. 全社会固定资产投资包括农户投资。

a)Investment statistics range for urban and rural planning total investment of 6 million yuan and above construction projects.

b)The whole society fixed assets investment includes the rural households investment.

10-2 国民经济各行业固定资产投资占比(2021年)

The Proportion of Fixed Assets Investment in Various Sectors of the National Economy(2021)

单位：% (%)

行 业	Sector	固定资产投资行业占比 The Proportion of Fixed Assets Investment by Sector	民间投资行业占比 The Proportion of Private Investment by Sector
全 区	**Autonomous Regional Total**	**100**	**100**
农、林、牧、渔业	Agriculture,Forestry,Animal Husbandry & Fishery	4.6	4.4
采矿业	Mining	6.2	3.4
制造业	Manufacturing	20.4	31.8
电力、燃气及水的生产和供应业	Production & Supply of Electricity Heat, Gas & Water	16.8	8.9
建筑业	Construction		
批发和零售业	Wholesale & Retail Trade	0.3	0.5
交通运输、仓储和邮政业	Transport, Storage & Postal	8.6	2.7
住宿和餐饮业	Hotels& Catering Services	0.3	0.2
信息传输、软件和信息技术服务业	Information Transmission,Software and Information Technology	0.9	0.5
金融业	Finance Intermediation		
房地产业	Real Estate	26.4	42.6
租赁和商务服务业	Leasing & Business Services	0.7	0.5
科学研究、技术服务业	Scientific Research and Technical Services	0.3	0.3
水利、环境和公共设施管理业	Management of Water Conservancy, Environment & Public Facilities Administration	9.9	3.3
居民服务、修理和其他服务业	Services to Households, Repairs and Other Services	0.1	0.1
教育	Education	2.0	0.4
卫生、社会工作	Health and Social Service	1.2	0.2
文化、体育和娱乐业	Culture, Sports &Entertainment	0.7	0.3
公共管理、社会保障和社会组织	Public Management，Social Security and Social Organizations	0.5	
国际组织	International Organizations		

注：此表未包括农户投资。

a)Data in this table excluding rural households.

10-3 房地产开发情况

Main Indicators of Real Estate Development

指　标	Item	2020	2021
企业个数(个)	**Number of Enterprises(unit)**	**1638**	**1713**
内资	Domestic Funded	1637	1712
#国有	State-owned Enterprises	4	2
集体	Collective-owned Enterprises		
股份有限公司	Share-holding Corporations Ltd.	31	1
私营	Private Enterprises	1005	1361
港、澳、台商投资	Funded by Entrepreneurs From H.K,Macao & Taiwan	1	
外商投资	Foreign Funded		1
平均从业人员(人)	**Average Number of Employed Persons(person)**	**33397**	**31973**
内资	Domestic Funded	33315	31891
#国有	State-owned Enterprises	94	58
集体	Collective-owned Enterprises		
股份有限公司	Share-holding Corporations Ltd.	607	58
私营	Private Enterprises	17502	21045
港、澳、台商投资	Funded by Entrepreneurs From H.K,Macao & Taiwan	82	
外商投资	Foreign Funded		82
土地开发及购置	**Land Development and Purchase**		
土地购置费(万元)	Land Space Purchased Costs(10 000 yuan)	2815982	2471146
待开发土地面积(万平方米)	Land Space Needed to Development(10 000 sq.m)	693.21	745.49
本年土地购置面积(万平方米)	Land Space Purchased This Year(10 000 sq.m)	430.27	268.21
房地产开发建设投资总规模及完成投资(万元)	**General Scale of & Actually Completed Investment in Real Estate Development(10 000 yuan)**		
实际需要总投资	Total Investment Actually Needed	93177461	99387612
自开始建设至本年底累计完成投资	Accumulative Investment Actually Made Since Starting of Construction up to the End This Year	57467988	59578092
#本年完成投资	Investment Made This Year	11764822	12341346
按用途分的房地产开发完成投资额(万元)	**Actually Completed Investment of Enterprises for Real Estate Development by Use(10 000 yuan)**		
本年完成投资额	Investment Made This Year	11764822	12341346
住宅	Residential Buildings	9072288	9713557
办公楼	Office Buildings	77010	78503
商业营业用房	Houses for Business Use	1180959	1082784
其他	Others	1434565	1466502

10-3 续表 Continued

指 标	Item	2020	2021
房屋建筑面积(万平方米)	**Floor Space of Buildings(10 000 sq.m)**		
施工面积	Floor Space under Construction	15310.96	16394.65
竣工面积	Floor Space Completed	841.28	1052.25
#住宅	Residential Buildings	614.19	789.82
竣工房屋价值(万元)	Value of Buildings Completed(10 000 yuan)	2332099	3031584
按用途分新开工房屋面积(万平方米)	**Floor Space Started by Use(10 000 sq.m)**		
本年新开工房屋面积	Floor Space of Selling House	3287.84	2911.77
住 宅	Residential Buildings	2485.53	2261.80
办公楼	Office Buildings	13.60	10.89
商业营业用房	Houses for Business Use	296.77	199.86
其 他	Others	491.93	43.92
商品房屋销售情况	**Selling of Commercial Houses**		
房屋销售面积(万平方米)	Floor Space of Selling House(10 000 sq.m)	2045.89	1858.95
#住宅	Residential Buildings	1867.47	1713.36
商品房销售额(万元)	Total Sales of Commercial House (10 000 yuan)	13654815	12147659
#住宅	Residential Buildings	12425834	11163772
房地产开发企业资产负债(万元)	**Asset Balance of Enterprises (10 000 yuan)**		
资产总计	Total Assets	91514726	93542480
累计折旧	Total Depreciation	417449	454891
#本年折旧	Depreciation This Year	72149	85653
负债合计	Total Liabilities	81597729	84438047
所有者权益合计	Owners' Equity	9916997	9104433
#实收资本	Paid-in Capital	7741263	7628641
经营收入(万元)	**Revenue(10 000 yuan)**	**10474521**	**11102902**
#土地转让收入	Land Transferred	17188	15452
资金来源(万元)	**Source of Funds(10 000 yuan)**	**15610074**	**15505069**
#国内贷款	Domestic Loans	691529	581928
利用外资	Foreign Investment		
自筹资金	Fund Raising	6510535	6431028
其他资金来源	Others	8408010	8492113

10-4 按登记注册类型分的房地产开发投资(2021年)

Investment in Real Estate Development by Type of Registration(2021)

指 标	Item	总计 Total	内资 Domestic-funded Enterprises #国有 State-owned Units	有限责任公司 Limited Liability Corp.
企业个数(个)	**Number of Enterprises(unit)**	**1713**	**2**	**348**
#亏损企业个数	Loss-Making Enterprises	1038		211
本年完成投资额(万元)	**Investment Completed This Year (10 000 yuan)**	**12341346**	**3084**	**5947749**
按构成分	Grouped by Use of Funds			
建筑工程	Construction Projects	8392062	3084	3660273
安装工程	Installation Projects	583966		247304
设备工器具购置	Purchase of Equipment, Tools and Instruments	90448		17549
其他费用	Other Funds	3274870		2022623
#土地购置费	Purchase of Land	2471146		1583652
按工程用途分	Grouped by Use of Project			
住宅	Residential Buildings	9713557	2349	4805571
办公楼	Office Buildings	78503		23203
商业营业用房	Business Buildings	1082784	260	422221
其他	Others	1466502	475	696754
本年新增固定资产(万元)	**Newly Increased This Year(10 000 yuan)**	**3263267**		**803693**
资金来源(万元)	**Finance Sources(10 000 yuan)**	**15505069**	**681**	**7935149**
国内贷款	Domestic Loans	581928		484285
利用外资	Foreign Investment			
自筹资金	Fund Raising	6431028	681	2833331
定金及预收款	Deposit and Pre Payment	5739730		3172086
个人按揭贷款	Individual Mortgage Loans	2371714		1326336
其他到位资金	Others	380669		119111
土地开发(平方米)	**Land Development (sq.m)**			
待开发土地面积	Area of Land to be Developed	7454931	215236	2612480
本年土地购置面积	Area of Land Purchased This Year	2682123	82945	1086941
本年土地成交价款(万元)	Value of Land Transaction(10 000 yuan)	678949	28515	436480

10-4 续表 Continued

指 标	Item	内资 Domestic-funded Enterprises 股份有限公司 Share-holding Corp.Ltd.	私营 Private Enterprises	港澳台商投资 Economic Units Funded by Entrepreneurs from HK,Macao & Taiwan	外商投资 Foreign Funded Economic Units
企业个数(个)	**Number of Enterprises(unit)**	**1**	**1361**		**1**
#亏损企业个数	Loss-Making Enterprises	1	826		
本年完成投资额(万元)	**Investment Completed This Year(10 000 yuan)**	**22454**	**6333630**		**34429**
按构成分	Grouped by Use of Funds				
建筑工程	Construction Projects	21042	4680620		27043
安装工程	Installation Projects		336662		
设备工器具购置	Purchase of Equipment,Tools and Instruments	659	72240		
其他费用	Other Funds	753	1244108		7386
#土地购置费	Purchase of Land		887494		
按工程用途分	Grouped by Use of Project				
住宅	Residential Buildings	16281	4863534		25822
办公楼	Office Buildings	49	55251		
商业营业用房	Business Buildings	390	653001		6912
其他	Others	5734	761844		1695
本年新增固定资产(万元)	**Newly Increased This Year (10 000 yuan)**		**2251040**		**208534**
资金来源(万元)	**Finance Sources(10 000 yuan)**	**22246**	**7387298**		**159695**
国内贷款	Domestic Loans	10819	97643		
利用外资	Foreign Investment				
自筹资金	Fund Raising	139375	3549203		47813
定金及预收款	Deposit and Pre Payment	8554	2468413		90677
个人按揭贷款	Individual Mortgage Loans	13692	1010481		21205
其他到位资金	Others	155	261558		
土地开发(平方米)	**Land Development (sq.m)**				
待开发土地面积	Area of Land to be Developed	54353	4842451		
本年土地购置面积	Area of Land Purchased This Year	87839	1595182		
本年土地成交价款(万元)	Value of Land Transaction (10 000 yuan)	16236	242469		

10-5 建筑业企业主要经济指标
Main Economic Indicators on Construction Enterprices

指　标	Item	2020	2021
建筑业企业个数(个)	Number of Construction Enterprises(unit)	1171	1190
签订的合同额(万元)	Value of Contracts(10 000 yuan)	35024702.40	42059400.00
建筑业总产值(万元)	Gross Output Value(10 000 yuan)	11344400.00	12793753.00
其中：装饰装修产值	Output of Decoration	239229.80	249878.00
其中：在外省完成的产值	Output Value Outside the Province	2755174.70	4072392.00
竣工产值(万元)	Output of Buildings Completed(10 000 yuan)	4763398.10	4472106.00
房屋建筑施工面积(万平方米)	Floor Space of Constructing(10 000 sq.m)	7016.65	7497.49
房屋建筑竣工面积(万平方米)	Floor Space of Buildings Completed(10 000 sq.m)	1411.01	1320.68
房屋建筑面积竣工率(%)	Rate of Floor Space of Buildings Completed(%)	20.11	17.61
自有机械设备净值(万元)	Machinery & Equipment Owned (net valued)(10 000 yuan)	386533.30	324328.00
自有机械设备总台数(万台)	Machinery and Equipment Owned(10 000 sets)	4.79	4.42
自有机械设备总功率(万千瓦)	Total Power of Machinery and Equipment Owned(10 000 kw)	151.17	147.02
技术装备率(元/人)	Value of Machines per Laborer(yuan/person)	21454	20938
动力装备率(千瓦/人)	Power of Machines per Laborer(kw/person)	8.39	9.49
按总产值计算的劳动生产率(元/人)	Overall Labor Productivity by Gross Output Value(yuan/person)	473094	521443
年末从业人员(万人)	Number of Persons Engaged(10 000 persons)	18.02	15.49
其中：工程技术人员	Engineering Technical Personel	3.89	3.93
利润总额(万元)	Total Profits(10 000 yuan)	228477.30	195271.00
税金总额(万元)	Total Tax(10 000 yuan)	405260.80	428733.40
产值利润率(%)	Ratio of Profit to Gross Output Value(%)	2.01	1.53
产值利税率(%)	Ratio of Pre-tax Profit to Gross Output Value(%)	5.59	4.88

注：除企业个数以外的其他建筑业指标是指有施工活动的具有资质等级的总承包或专业承包建筑业企业数据，下同。
a)The indicators of construction except for the number of construction enterprises refer to the data of general constraction contractors or professional contractors which possess qualification grades with construction activities.Same as follow.

10-6 建筑施工企业主要生产指标(2021年)

项 目	Item	建筑业企业个数(个) Enterprises (unit)	签订的合同额(万元) Value of Contracts (10 000 yuan)	上年结转合同额 Signed in Last year	本年新签合同额 Signed in this Year
总 计	**Total**	**1190**	**42059400**	**24147263**	**17912137**
按企业登记注册类型分	**Grouped by Type Registered**				
内资企业	Domestic Investment	1190	42059400	24147263	17912137
国有企业	State-owned	1	167039	167039	
集体企业	Collective-owned				
股份合作企业	Share Holding Cooperative	7	93551	19102	74449
联营企业	Joint-owned				
有限责任公司	Limited-liability Company	182	26403909	16378025	10025884
股份有限公司	Share Holding Company	3	903705	484775	418930
私营企业	Private	997	14491197	7098323	7392874
其他企业	Others				
港、澳、台商投资企业	Hong kong, Macao & Taiwan Funded				
外商投资企业	Foreign Funded				
按行业类别分	**Grouped by Sector**				
房屋建筑业	Housing Construction Industry	627	31080753	19183480	11897274
土木工程建筑业	Civil Engineering Industry	396	9858382	4666792	5191590
建筑安装业	Construction and Installation Industry	97	602652	194479	408173
建筑装饰、装修和其他建筑业	Construction Decoration and Other Construction Industries	70	517613	102513	415100
按企业资质等级分	**Grouped by Intelligent Grade**				
施工总承包	General Contractors	1049	41383615	23916625	17466991
特 级	Special Grade	4	22450685	14475206	7975480
一 级	First	97	9258388	4967091	4291298
二 级	Second	360	5778876	2836349	2942528
三 级	Third	587	3895666	1637980	2257686
其 他	Others	1			
专业承包	Professional Contractors	141	675785	230638	445147
一 级	First	23	161207	53037	108170
二 级	Second	70	384071	156349	227722
三 级	Third	47	130507	21252	109255
其 他	Others	1			

注：该表数据包含具有总承包和专业承包资质的建筑业法人单位。

Main Production Indicators on Construction Enterprises(2021)

建筑业总产值(万元) Gross Output Value (10 000 yuan)	其中：装饰装修产值 Decoration	其中：在外省完成的产值 Outside the Province	建筑业总产值按构成分 By Composition of Gross Value of Construction 建筑工程产值 Building	安装工程产值 Installation	其他产值 Others
12793753	**249878**	**4072392**	**11503035**	**688864**	**601854**
12793753	249878	4072392	11503035	688864	601854
27274			27274		
64799			64598	202	
6115814	122918	3575125	5620215	428859	66740
190048		3160	94672		95376
6395817	126960	494107	5696276	259804	439737
8142775	174073	3534168	7830571	199347	112857
3889449	32380	495326	3152068	317344	420038
322418	4354	39791	143673	164038	14707
439111	39071	3107	376723	8135	54253
12357252	214875	4053484	11302507	475004	579741
4133561	127538	3443474	3942964	144236	46361
3558866	56741	499897	3178763	160525	219579
2587145	22494	75105	2375178	91263	120704
2077680	8102	35008	1805603	78980	193097
436500	35003	18907	200528	213860	22113
100035	24360	4342	26231	67390	6413
248985	9513	4022	128659	107723	12603
87481	1130	10544	45638	38747	3096

a)Date in this chapter include the construction legal entities with general contracting and professional contracting qualifications.

10-6 续表

项 目	Item	竣工产值 (万元) Output of Buildings Completed (10 000 yuan)	房屋建筑施工面积 （万平方米） Floor Space Constructing Buildings (10 000 sq.m)
总 计	**Total**	**4472106**	**7497.49**
按企业登记注册类型分	**Grouped by Type Registered**		
内资企业	Domestic Investment	4472106	7497.49
国有企业	State-owned		
集体企业	Collective-owned		
股份合作企业	Share Holding Cooperative	21442	45.73
联营企业	Joint-owned		
有限责任公司	Limited-liability Company	1486071	4392.97
股份有限公司	Share Holding Company	2094	
私营企业	Private	2962499	3058.80
其他企业	Others		
港、澳、台商投资企业	Hong kong, Macao & Taiwan Funded		
外商投资企业	Foreign Funded		
按行业类别分	**Grouped by Sector**		
房屋建筑业	Housing Construction Industry	2873305	7141.51
土木工程建筑业	Civil Engineering Industry	1248111	282.59
建筑安装业	Construction and Installation Industry	161519	72.66
建筑装饰、装修和其他建筑业	Construction Decoration and Other Construction Industries	189171	0.73
按企业资质等级分	**Grouped by Intelligent Grade**		
施工总承包	General Contractors	4267070	7496.26
#特 级	Special Grade	933812	4060.68
一 级	First	1391119	1314.24
二 级	Second	1117315	1409.52
三 级	Third	824824	711.82
其 他	Others		
专业承包	Professional Contractors	205036	1.23
#一 级	First	27943	
二 级	Second	142992	0.10
三 级	Third	34101	1.13
其 他	Others		

Continued

房屋建筑竣工面积 （万平方米） Buildings Completed (10 000 sq.m)	自有机械设备 Machinery & Equipment Owned 净值 (万元) net valued (10 000 yuan)	总台数 (万台) Number (10 000 sets)	总功率 (万千瓦) Numbers (10 000 kw)	期末从业人数 （万人） Engaged Persons at Year-end (10 000 persons)
1320.68	**324328**	**4.42**	**147.02**	**15.49**
1320.68	324328	4.42	147.02	15.49
	4500		0.29	0.06
18.01	4691	0.34	2.33	0.15
407.92	115415	1.36	33.33	4.90
	4366	0.02	1.92	0.17
894.75	195357	2.69	109.15	10.22
1225.95	142157	3.25	78.25	7.99
67.85	112991	0.88	31.22	5.90
26.80	17698	0.13	3.38	0.62
0.08	51482	0.15	34.17	0.98
1319.89	304226	4.32	144.76	14.63
335.41	10839	0.39	10.68	1.64
326.18	144523	1.92	55.45	5.46
404.35	86875	1.44	49.64	4.43
253.95	61990	0.58	28.98	3.11
0.78	20102	0.09	2.26	0.86
	709	0.01	0.06	0.22
0.08	13480	0.06	1.33	0.45
0.71	5913	0.03	0.87	0.18

10-7 建筑施工企业主要财务指标(2021年)

单位:万元

项 目	Item	资产总计 Total Assets	流动资产合计 Total Circul-ating Assets	#存 货 Stock
总 计	**Total**	**25315774**	**19306195**	**3303275**
按企业登记注册类型分	**Grouped by Type Registered**			
内资企业	Domestic Investment	25315774	19306195	3303275
国有企业	State-owned	49607	46515	6435
集体企业	Collective-owned			
股份合作企业	Share Holding Cooperative	71982	67600	49189
联营企业	Joint-owned			
有限责任公司	Limited-liability Company	10844768	7519843	1246089
股份有限公司	Share Holding Company	1269819	856096	34171
私营企业	Private	13079599	10816141	1967391
其他企业	Others			
港、澳、台商投资企业	Hong kong, Macao & Taiwan Funded			
外商投资企业	Foreign Funded			
按行业类别分	**Grouped by Sector**			
房屋建筑业	Housing Construction Industry	10980680	9342527	2152647
土木工程建筑业	Civil Engineering Industry	12899523	8831788	1002408
建筑安装业	Construction and Installation Industry	800266	648074	116239
建筑装饰、装修和其他建筑业	Construction Decoration and Other Construction Industries	635304	483806	31981
按企业资质等级分	**Grouped by Intelligent Grade**			
施工总承包	General Contractors	24187965	18617880	3173133
特 级	Special Grade	3137057	2737008	510466
一 级	First	7197504	5929179	719322
二 级	Second	8540302	5653101	1018928
三 级	Third	5313102	4298593	924417
其 他	Others			
专业承包	Professional Contractors	1127809	688315	130142
一 级	First	457564	203478	39167
二 级	Second	463183	342040	72485
三 级	Third	207062	142798	18490
其 他	Others			

注：该表数据包含具有总承包和专业承包资质的建筑业法人单位。

Main Financial Indicators on Construction Enterprises with Independent Accounting System(2021)

(10 000yuan)

固定资产原价 Original Value of Fixed Assets	累计折旧 Accumulative Depreciation	#本年折旧 Of this Year	在建工程 Under Construction	负债合计 Total Liabilities	流动负债合计 Total Liquid Liabilities	所有者权益合计 Total Owners' Equity	#实收资本 Paid-in Capital
2431354	**1217310**	**151960**	**306738**	**17286118**	**16648504**	**8029656**	**4258175**
2431354	1217310	151960	306738	17286118	16648504	8029656	4258175
21323	18932	153		135463	135443	-85856	20100
6958	2601	428		62917	59805	9065	13276
890314	443014	48404	33150	7187865	6921234	3656903	1536275
38760	16474	2869	4605	715263	626176	554556	220458
1473999	736288	100106	268984	9184610	8905846	3894989	2468066
811952	375577	40456	227251	8325919	8051353	2654761	1585995
1227831	670633	77102	68162	8046200	7696575	4853323	2362323
188925	75260	9673	7156	509810	502438	290456	149788
202646	95840	24729	4170	404189	398138	231115	160070
2141516	1094618	135260	298127	16718173	16099347	7469792	4091453
158021	74289	8011		2563272	2455002	573785	180749
842956	458081	38333	74038	5198115	5053909	1999389	1316064
600355	301419	40389	105283	5636397	5438705	2903906	1266764
540183	260831	48527	118806	3320389	3151731	1992712	1327875
289839	122692	16700	8612	567945	549157	559864	166722
48439	24165	2762	910	172941	171780	284624	46629
155348	70265	8906	6581	266543	250913	196641	79899
86052	28262	5032	1120	128462	126463	78600	40195

a)Date in this chapter include the construction legal entities with general contracting and professional contracting qualifications.

10-7 续表

单位：万元

项 目	Item	主营业务收入 Revenue from Principal Business	主营业务成本 Costs of Principal Business
总 计	**Total**	**13935647**	**13008642**
按企业登记注册类型分	**Grouped by Type Registered**		
内资企业	Domestic Investment	13935647	13008642
国有企业	State-owned	50723	69873
集体企业	Collective-owned		
股份合作企业	Share Holding Cooperative	58718	54215
联营企业	Joint-owned		
有限责任公司	Limited-liability Company	5999792	5591582
股份有限公司	Share Holding Company	250751	167663
私营企业	Private	7575663	7125309
其他企业	Others		
港、澳、台商投资企业	Hong kong, Macao & Taiwan Funded		
外商投资企业	Foreign Funded		
按行业类别分	**Grouped by Sector**		
房屋建筑业	Housing Construction Industry	8424927	8032571
土木工程建筑业	Civil Engineering Industry	4554533	4153893
建筑安装业	Construction and Installation Industry	446032	382017
建筑装饰、装修和其他建筑业	Construction Decoration and Other Construction Industries	510156	440161
按企业资质等级分	**Grouped by Intelligent Grade**		
施工总承包	General Contractors	13389925	12548260
特 级	Special Grade	3743345	3537461
一 级	First	4085067	3898631
二 级	Second	3132840	2954100
三 级	Third	2428673	2158068
其 他	Others		
专业承包	Professional Contractors	545723	460382
一 级	First	151060	131181
二 级	Second	288146	240418
三 级	Third	106518	88783
其 他	Others		

Continued

(10 000yuan)

主营业务税金及附加 Taxes and Other Charges on Principal	其他业务利润 Profits from Other Business	管理费用 Administrative Expenses	财务费用 Financial Expenses	#利息支出 Interest Expenditure	营业利润 Operating Profits	利润总额 Total Profits	应付职工薪酬 Remuneration Payable to Staff	应交增值税 Value added Tax Payable
69210	**35279**	**596168**	**111755**	**79919**	**204923**	**195271**	**1129745**	**354415**
69210	35279	596168	111755	79919	204923	195271	1129745	354415
183		5600	52		-24985	-25162	3397	1347
298	2	1730	316	1	2170	2277	7569	1740
23042	14594	249703	58655	38293	66095	67320	491980	109961
2176	16859	17672	21823	22111	40123	36899	16017	16624
43511	3823	321464	30909	19514	121520	113938	610782	224742
38492	7934	224043	46170	35912	106829	103372	643691	200533
26631	26797	289369	61630	41209	59592	55407	365053	134445
2233	250	48483	1296	730	9024	10410	61974	10469
1853	298	34273	2659	2068	29479	26082	59028	8968
65454	32697	515520	110916	79391	203204	193978	1054265	338287
8305	2727	66742	28935	28129	64210	64747	126799	35716
20986	7624	161893	21084	16596	27187	32216	452581	111943
20412	4818	152404	27741	6728	5501	6742	281946	104897
15751	17529	134481	33156	27938	106307	90272	192939	85732
3756	2582	80648	839	528	1719	1293	75480	16128
887	50	15587	291	159	-1292	-2204	14424	4546
2040	2532	50951	460	299	-276	152	50742	7624
829		14110	88	70	3286	3346	10314	3958

10-8 建筑业企业基本情况

Basic Statistics on Construction Enterprises

年份 Year	企业单位数（个） Number of Enterprises (unit)				年末从业人员数（万人） Number of Persons Engaged (10 000 persons)				建筑业总产值（亿元） Gross Output Value (100 million yuan)			
	总计 Total	国有 State-owned	城镇集体 Urban Collective -owned	其他经济 Others	总计 Total	国有 State-owned	城镇集体 Urban Collective -owned	其他经济 Others	总计 Total	国有 State-owned	城镇集体 Urban Collective -owned	其他经济 Others
2002	726	56	67	603	27.68	5.00	1.88	20.80	220.02	50.53	13.68	155.81
2003	674	39	31	604	26.63	2.10	0.67	23.86	257.66	36.34	9.92	211.40
2004	674	18	9	647	27.53	1.69	0.15	25.69	354.51	29.42	2.44	322.65
2005	676	20	14	642	26.35	1.57	0.32	24.46	381.30	38.78	3.10	339.42
2006	703	17	7	679	29.62	2.84	0.14	26.64	467.00	38.17	2.74	426.09
2007	734	18	11	705	38.62	3.88	0.22	34.52	681.10	76.64	2.53	601.93
2008	790	14	7	769	42.80	4.74	0.24	37.82	780.05	69.90	4.13	706.02
2009	820	14	9	797	49.89	4.83	0.37	44.69	964.73	66.60	6.21	891.91
2010	873	16	8	849	44.34	1.87	0.18	42.30	1125.58	72.71	4.52	1048.35
2011	896	14	5	877	41.05	1.35	0.05	39.65	1394.68	50.85	0.40	1343.43
2012	917	11	4	902	36.89	1.06	0.03	35.80	1441.00	50.48	0.54	1389.97
2013	951	6	1	944	39.58	0.33		39.25	1571.16	13.05	0.04	1558.07
2014	960	5	1	954	33.70	0.26		33.44	1401.91	8.99	0.02	1392.91
2015	955	7	1	947	28.64	0.25		28.39	1123.21	7.69	0.02	1115.51
2016	991	3	1	987	27.06	0.21		26.85	1220.81	4.26		1216.55
2017	1010	3	1	1006	27.82	0.20		27.61	1122.19	1.58		1120.61
2018	1147	2		1145	25.45	0.11		25.34	1040.12	4.06		1036.06
2019	1189	5		1184	20.53	0.30		20.23	1086.06	16.92		1069.14
2020	1171	9		1162	18.02	0.61		17.41	1134.44	42.76		1091.68
2021	1190	1		1189	15.49	0.06		15.43	1279.38	2.73		1276.65

注：该表数据包含具有总承包或专业承包资质的建筑业法人单位。

a)Date in this chapter include the construction legal entities with general contracting or professional contracting qualifications,the same as in the following tables.

主要统计指标解释

全社会固定资产投资 是以货币形式表现的在一定时期内全社会建造和购置固定资产的工作量以及与此有关的费用的总称。该指标是反映固定资产投资规模、结构和发展速度的综合性指标，又是观察工程进度和考核投资效果的重要依据。全社会固定资产投资按登记注册类型可分为国有、集体、联营、股份制、私营和个体、港澳台商、外商、其他等。

固定资产投资(不含农户) 指城镇和农村各种登记注册类型的企业、事业、行政单位及城镇个体户进行的计划总投资500万元及500万元以上的建设项目投资和房地产开发投资，包含原口径的城镇固定资产投资加上农村企事业组织项目投资。

房地产开发投资 指房地产开发公司、商品房建设公司及其他房地产开发法人单位和附属于其他法人单位实际从事房地产开发或经营的活动单位统一开发的包括统代建、拆迁还建的住宅、厂房、仓库、饭店、宾馆、度假村、写字楼、办公楼等房屋建筑物和配套的服务设施，土地开发工程(如道路、给水、排水、供电、供热、通讯、平整场地等基础设施工程)的投资；不包括单纯的土地交易活动。

固定资产投资按国民经济行业分 指根据其从事的社会经济活动性质对各类单位进行的分类。应根据建设项目建成投产后的主要产品种类或主要用途及社会经济活动种类来划分，不能根据项目单位本身的行业类别来划分。如果项目投资产后有几种产品，应根据主要产品来来确定行业类别。一般情况下，一个建设项目只能属于一种国民经济行业。

固定资产投资按隶属关系分 是按建设单位或企业、事业、行政单位的主管上级机关确定的。

(1)中央 是指中共中央、人大常委会和国务院各部、委、局、总公司以及直属机构直接领导的建设项目和企业、事业、行政单位。这些单位的固定资产投资计划由国务院各部门直接编制和下达，统一组织或委托下级实施。包括有中央垂直管理的部门(如国家统计局各级调查队)和中央直属企业、事业单位(如工商银行、中国电信、中国石油)等。

(2)地方 是由省(自治区、直辖市)、地(区、市、州、盟)、县(区、市、旗)三级政府及业务主管部门直接领导和管理的建设项目、企业、事业、行政单位。地方项目还包括不隶属以上各级政府及主管部门的建设项目和企业、事业单位，如外商投资企业和无主管部门的企业等。

固定资产投资按构成分

(1)建筑工程 指各种房屋、建筑物的建造工程，又称建筑工作量。这部分投资额必须兴工动料，通过施工活动才能实现，是固定资产投资额的重要组成部分。

(2)安装工程 指各种设备、装置的安装工程，又称安装工作量。

在安装工程中，不包括被安装设备本身价值。

(3)设备工具器具购置 指报告期内购置或自制的，达到固定资产标准的设备、工具、器具的价值。新建单位及扩建单位的新建车间，按照设计或计划要求购置或自制的全部设备、工具、器具，不论是否达到固定资产标准均计入"设备工器具购置"中。

(4)其他费用 指在固定资产建造和购置过程中发生的，除建筑安装工程和设备、工器具购置投资完成额以外的应当分摊计入固定资产投资的费用，不指经营中财务上的其他费用。

土地购置费 指房地产开发企业通过各种方式取得土地使用权而支付的费用，土地购置费包括：(1)通过划拨方式取得的土地使用权所支付的土地补偿费、附着物和青苗补偿费、安置补偿费及土地征收管理费等；(2)通过"招、拍、挂"等出让方式取得土地使用权所支付的资金。

待开发土地面积 指经有关部门批准，通过各种方式获得土地使用权，但尚未开工建设的土地面积。

本年土地购置面积 指在本年内通过各种方式获得土地使用权的土地面积。

本年土地成交价款 指进行土地使用权交易活动的最终金额。在土地一级市场，是指土地最后的划拨款、"招拍挂"价格和出让价；在土地二级市场是指土地转让、出租、抵押等最后确定的合同价格。土地成交价款与土地购置面积同口径，可以计算土地的平均购置价格。

自开始建设累计完成投资 指房地产开发企业在建的房屋建设工程或正在开发的土地开发工程从开始建设到本期止累计完成的全部投资。

本年完成投资 指各种登记注册类型的房地产开发法人单位统一开发的住宅、厂房、仓库、饭店、宾馆、度假村、写字楼、办公楼等房屋建筑物，配套的服务设施，土地开发工程(如道路、给水、排水、供电、供热、通讯、平整场地等基础设施工程)和土地购置的投资；不包括单纯的土地开发和交易活动。

房屋施工面积 指报告期内施工的全部房屋建筑面积。包括本期新开工的房屋建筑面积、上期跨入本期继续施工的房屋建筑面积、上期停缓建在本期恢复施工的房屋建筑面积、本期竣工的房屋建筑面积以及本期施工后又停缓建的房屋建筑面积。多层建筑应填各层建筑面积之和。

房屋竣工面积　指报告期内房屋建筑按照设计要求已全部完工，达到住人和使用条件，经验收鉴定合格或达到竣工验收标准，可正式移交使用的各栋房屋建筑面积的总和。

房屋新开工面积　指报告期内新开工建设的房屋建筑面积，以单位工程为核算对象，即整栋房屋的全部建筑面积，不能分割计算。不包括在上期开工跨入报告期继续施工的房屋建筑面积和上期停缓建而在本期恢复施工的房屋建筑面积。房屋的开工应以房屋正式开始破土刨槽（地基处理或打永久桩）的日期为准。

商品房销售面积　指房地产开发企业本年出售商品房屋的合同总面积（即双方签署的正式买卖合同中所确定的建筑面积）。

商品房销售额　指房地产开发企业本年出售商品房屋的合同总价款（即双方签署的正式买卖合同中所确定的合同总价）。

本年实际到位资金　指房地产开发企业实际拨入的，用于房地产开发的各种货币资金。包括国内贷款、利用外资、自筹资金、定金及预收款、个人按揭贷款和其他资金。

签订合同额　指建筑业企业在报告期直接同建设单位签订的各种国内工程合同的总价款和以前年度同建设单位签订的各种国内工程合同的未完工程跨入本年度继续施工工程合同的总价款余额。

上年结转合同额　指以前年度同建设单位签订合同的未完工程跨入本年度继续施工工程合同的总价款余额。

本年新签合同额　指建筑业企业在报告期内同建设单位直接新签订的各种国内工程合同的总价款，不包括与其他建筑业企业新签的分包合同额。

建筑业总产值　指以货币表现的建筑业企业在一定时期内生产的建筑业产品和服务的总和。建筑业总产值包括建筑工程产值、安装工程产值和其他产值三部分内容。

装饰装修产值　包括装饰、装修两部分产值。装修装饰指对新旧房屋及建筑物进行的内外装修装饰；对新建房屋及建筑物经过施工后，尚未完全达到使用标准，而进行的二次装修装饰；以及对原有房屋经使用若干年后进行的二次内外装饰。包括抹灰、门窗、玻璃、吊顶、隔断、饰面板（砖）、涂料、裱糊、刷浆、花饰等。

在外省完成的产值　指建筑业企业在其他省份施工所完成的建筑业产值。

房屋建筑面积　指房屋全部平面面积的总和。它从房屋的外墙线算起，包括可供使用的有效面积和墙柱等结构占用面积。多层房屋按各层（包括地下室）面积总合计算。旧房加层或改造，只计算增加的建筑面积；旧房拆除重建，计算其全部面积；临时房屋不计算建筑面积。

房屋竣工价值　指报告期内按规定已经上报竣工的房屋本身的建造价值。一般按房屋设计和预算规定的内容计算。包括竣工房屋本身的基础、结构、屋面、装修以及水、电、卫等附属工程的建筑价值；也包括作为房屋建筑组成部分而列入房屋建筑工程预算内的设备（如电梯、通风设备等）的购置和安装费用。不包括厂房内的工艺设备、工艺管线的购置和安装，工艺设备基础的建造；室外的水、暖、电、卫、道路工程、挡土墙等环境工程的费用；办公和生活用家具的购置等费用；购置土地的费用；迁移补偿费和场地平整的费用及城市建设配套投资。

房屋竣工价值不仅包括该竣工房屋在报告期内完成的价值，也包括跨年施工的房屋在本期以前完成的价值。未竣工而转让给其他单位的房屋建筑工程，出让单位不计算竣工价值，待接受单位继续施工并符合竣工条件后，由接受单位计算其竣工价值，包括出让单位在出让前所完成的价值。房屋竣工价值一般按结算价格（或中标价）计算。

年末自有施工机械设备净值　指本企业（或单位）自有施工机械设备经过使用、磨损后实际存在的价值，即原值减去折旧后的净额。

年末自有施工机械设备总台数　指年末本企业（或单位）自有的直接用于工程施工的各种机械设备的台数。但不包括附属辅助生产机械设备、运输机械设备、生产试验机械设备的台数。

年末自有施工机械设备总功率　指年末本企业（或单位）自有的直接用于工程施工的各种机械设备年末总功率，按设定能力或查定能力计算。包括施工机械本身的动力和为该机械服务的单独动力设备，如电动机等。但不包括附属辅助生产机械设备、运输机械设备、生产试验机械设备的功率。计量单位用千瓦，动力换算可按 1 马力 = 0.735 千瓦折合成千瓦数。电焊机、变压器、锅炉不计算动力。

建筑业企业期末人数　指报告期末最后一日 24 时在本单位工作并取得劳动报酬或收入的期末实有人员数。期末从业人员包括在各单位工作的外方人员和港澳台方人员、兼职人员、再就业的离退休人员、借用的外单位人员和第二职业者，企业下属产业活动单位期末人员，还包括分包给一些非独立核算的零散的建筑业包工队（组）等。但不包括离开本单位仍保留劳动关系的职工，如：下岗、内退、停薪留职等人员；建筑业整建制使用的人员。

Explanatory Notes on Main Statistical Indicators

Total Investment in Fixed Assets in the Whole Country refers to the volume of activities in construction and purchases of fixed assets of the whole country and related fees, expressed in monetary terms during the reference period. It is a comprehensive indicator which shows the size, structure and growth of the investment in fixed assets, providing a basis for observing the progress of construction projects and evaluating results of investment. Total investment in fixed assets in the whole country includes, by type of ownership, the investment by State-owned units, collective-owned units, joint ownership units, share-holding units, private units, individuals as well as investments by entrepreneurs from Hong Kong, Macao and Taiwan, foreign investors and others.

Investment in Fixed Assets (Excluding Rural Households) refers to the total planned investment of 5 million yuan or more in construction projects and real estate development investments made by various registered enterprises, public institutions and urban self-employed individuals in urban and rural areas, including the original caliber investment in urban fixed assets plus investment in rural enterprises and institutions.

Investment in Real Estate Development refers to real estate development company commercial housing construction and other real estate development company legal person units and is attached to other legal person unit actually engaged in real estate development or business activities of unified development including the system construction demolition also built residential premises warehouse hotel resort hotel office building and other buildings and supporting service facilities, land development projects such as roads indoor water supply heating communication flat ground and other infrastructure engineering) of the investment; Does not include simple land transactions.

Investment in Fixed Assets by Sector refers to the classification of investment by the nature of social economic activities the investing units are engaged in. The classification of construction projects by sector is determined by the major products or the purpose of the projects when they are put into production or use, and by the nature of their social economic activities, instead of being determined by industrial classification of the project enterprises. The project will be classified according to major product if there are several kinds of products yielded. In general, one project can only be classified into one sector.

Investment in Fixed Assets by Jurisdiction of Management refers to the classification of investment by the competent authorities under which investment is made by construction units, enterprises, institutions or administrative units.

(1) Central investment refers to the investment in projects or by enterprises, institutions or administrative units which are under the direct leadership and management of the State Council and of the national commissions, ministries, agencies and State-owned large corporations. Various ministries and departments of the State Council prepare and implement plans through unified organization or lower-level commissions, which include departments direct under central government (i. e. survey offices at all level of the National Bureau of Statistics) and enterprises and institutions directly under central government (like the Industrial and Commercial Bank of China, China Telecom and China National Petroleum Corporation);

(2) Local investment refers to the investment in projects or by enterprises, institutions or administrative units which are under the direct leadership and management of competent departments and governments at the level of province (autonomous regions and municipalities directly under the Central Government), prefecture (prefectures, cities and leagues) and county (districts, cities and banners). Also included are projects by foreign-invested enterprises and enterprises without competent managing authorities.

Investment in Fixed Assets by Structure

(1) Construction refers to the construction of houses and buildings, also known as work volume of construction. This part of investment can only be achieved through construction activities, it is the major component of the total investment in fixed assets;

(2) Installation refers to the installation of various kinds of equipment and instruments, also known as work volume of installation;

The value of equipment installed itself is not included in the value of installation projects.

(3) Purchase of equipment and instruments refers to the total value of equipment, tools, and instruments purchased or self-produced which come up to the cut-off point for fixed assets during the reference period. Equipment, tools and instruments purchased or self-produced for new workshops by newly established

or expanded units are categorized as "purchase of equipment and instruments" no matter whether they come up to the cut-off point for fixed assets;

(4) Other expenses refer to expenses arising during the construction or purchase of fixed assets other than those expenses on construction, installation and purchase of equipment and instruments. Other financial expenses arising in operation are not included.

Land purchase fees It refers to the fees paid by real estate development enterprises for obtaining the right to use the land through various means. Land purchase fees include : (1) land compensation fees paid for the right to use the land obtained through the transfer method; (2) obtain the funds paid for the land use right through auction, auction and other transfer methods.

Land Space Pending Development refers to the area of land with its use rights already approved by authorities and obtained by real estate development companies but the land development not yet starts.

Land Space Purchased in the Year refers to the area of land with its use rights already obtained in the year by real estate development companies.

Land Transaction Price of This Year refers to the final amount of land use right trading activities in the primary land market, refers to the final allocation of land auction listing price and transfer price; In the land secondary market is the land transfer rental mortgage and other final determined contract price land transaction price and land purchase area the same caliber, can calculate the average purchase price of land.

Accumulative Investment Actually Completed Since Starting of Construction refers to all the investment accomplished by real estate development companies in the construction of building or the development of land from the beginning to the end of the year.

Investment Completed This Year refers to the residential buildings, factory buildings, warehouses, hotels, resorts, office buildings and other buildings, supporting service facilities, land development projects (such as road, water supply, drainage, power supply, heat supply, communication, leveling sites and other infrastructure projects) and land purchase investments developed by various registered real estate development legal entity; Exclusive land development and trading activities are excluded.

Floor Space Under Construction refers to total floor space of all buildings under construction during the reference period, including floor space of newly started buildings during the reference period, floor space of construction extended from the previous period to the current period, floor space of construction suspended during the previous period and resumed in the current period, floor space of construction completed in the current period, and floor space of construction started and then suspended in the current period. Multistory building should fill the sum of each floor area.

Floor Space of Buildings Completed refers to the floor space of buildings completed in the reference period, which have come up to the designed standards and have been put into use.

Floor Space of Buildings Started This Year refers to the total floor space area of the buildings started in the year by real estate development companies. It excludes the buildings started in previous years and continued in the year, and the buildings suspended in previous years but restarted in the year.

Area of Commercialized Housing Sold refers to total contracted area of commercialized housing (i. e. area of floor space as designated in the formal contracts signed by both sides) sold by real estate development companies during the reference time.

Value of Commercialized Housing Sold refers to the total contracted value (i. e. value of sales/purchase for selling/purchase of commercialized housing as designated in the contract signed by both sides) received from the sales of the buildings by real estate development companies during the reference time.

The Actual Capital in Place This Year refers to the real estate development enterprise actually dials in, USES in the real estate development each kind of monetary fund including the domestic loan USES the foreign capital to raise the fund earnest money and receives the money in advance individual mortgage loan and other funds.

Contract amount The total cost that points to all sorts of domestic project contract that construction enterprise signs with construction unit directly in report period and the unfinished project that all sorts of domestic project contract that year signs with construction unit before crossed into the total cost balance that this year continues construction project contract.

Contract Amount Carried Forward from Last Year refers to the balance of the total price of the unfinished project signed a contract with the construction unit in the previous year and entered into the contract of continuing construction project in the current year.

Amount of New Contract Signed this Year refers to the total price of all kinds of domestic engineering contracts directly signed by construction enterprises with construction units during the reporting period, excluding the amount of subcontract newly signed with other construction enterprises.

Gross Output Value of Construction It refers to the total output value of construction products and services produced by the construction enterprise in a certain period of time, including the output value of construction engineering, the output value of installation engineering and other output values.

Output Value of Decoration Including two parts of the value of decoration decoration refers to the new and old houses and buildings on the inside and outside decoration decoration; After the construction of the new buildings and buildings have not fully met the standards of use, and the second decoration; And the original house after several years of use for the second interior and exterior decoration including plastered doors and windows glass ceiling partition panel (brick) painting painting brush flower decoration.

Output value completed in Other Provinces refers to the output value of construction industry completed by construction enterprises in other provinces.

Floor Space of Buildings under Construction and Completed refers to total floor space in each story of buildings calculated from the outside line of building walls, including both usable space and the space occupied by constructions like pillars or walls. The floor space of multi story buildings includes the total floor space of each story (including basement). Old house add a layer or transform, calculate the floor area that increases only; Demolish and rebuild the old house, and calculate its whole area; Temporary housing does not calculate the floor area.

Value of Buildings Completed It refers to the construction value of the completed house in the reporting period, which has been reported according to the regulations. Generally, the construction value of the completed house is calculated according to the content stipulated by the house design and budget, including the basic structure roof decoration of the completed house and the building value of ancillary projects such as water, electricity and sanitation. It also includes the purchase and installation of equipment (such as elevator ventilation equipment, etc.) included in the housing construction project budget as a part of the housing construction. The cost of environmental engineering such as road retaining wall of outdoor water heating electrical sanitation; Purchase of office and living furniture; The cost of acquiring land; Migration compensation and site formation costs and urban construction supporting investment.

House completion value includes not only the completion of the value of the completion of the reporting period, also includes the construction of houses across in the value of this finish unfinished and transferred to other units of housing construction project, completed transfer unit is not calculated value, to accept an unit to continue and conform to the conditions after completion of construction, calculated by the accepting unit, its completion value, including transfer unit in the value of the assignment done before building complete value generally according to the settlement price (or price) in the calculation.

Net Value of Its Own Construction Machinery and Equipment at the End of the Year refers to the actual value of construction machinery and equipment owned by the enterprise (or unit) after wear and tear, that is, the original value minus depreciation.

Total Number of Machinery and Equipment Owned by the End of Year refers to the number of machines and equipment owned by the enterprises, and listed as the fixed assets of the enterprises by the end of the year, including machinery and equipment for construction, production and transportation.

Total Power of Machinery and Equipment Owned by the End of Year refers to the total power of machinery and equipment owned by the enterprises, and listed as the fixed assets of the enterprises by the end of the year, including machinery and equipment for construction, production and transportation. The power of the machinery is calculated on basis of the designed or verified capacity, covering the power of the machinery/equipment and the separate power equipment serving the machinery/equipment (such as electric motors), but excluding welders, transformers and boilers. The unit used for the calculation of power is kilowatt, with horsepower converted to kilowatt by 1 horse power = 0.735 kilowatt.

Final Number of Employees of Construction Enterprises refers to the actual number of employees who work in the unit at 24 hours on the last day of the end of the report period and obtain labor remuneration or income. The employees at the end of the period include the foreign personnel working in various units, Hong Kong, Macao and Taiwan personnel, part-time personnel, reemployed retired personnel, borrowed personnel from other units and second professionals, the employees at the end of the period of the subordinate industrial activity units of the enterprise, as well as the scattered construction contractors (groups) subcontracted to some non-independent accounting. However, it does not include the staff and workers who still retain labor relations after leaving the unit, such as the staff who are laid off, retired from the company, and those who remain on duty without pay; Persons employed in the construction industry.

11 国内贸易

Domestic Trade

资料整理：沙仁高娃　柳美玲

Arranged By：Sa Rengaowa　Liu Meiling

11-1 社会消费品零售总额(按销售单位所在地和行业分)

Total Retail Sales of Consumer Goods by Location of Retailers and by Sector

单位：万元 (10 000 yuan)

年 份 Year	社会消费品零售总额 Total Retail Sales of Consumer Goods	市 City	县 County	县以下 Under County Level
1978	368336	109765	173880	84691
1979	396306	115097	212109	69100
1980	443085	134370	234472	74243
1981	473558	151209	220104	102245
1982	521169	168509	184330	168330
1983	576479	213026	190936	172517
1984	682854	272508	219274	191072
1985	827012	379587	242756	204669
1986	926482	459731	255630	211121
1987	1054027	539840	281796	232391
1988	1304955	675461	350485	279009
1989	1385861	743528	367718	274615
1990	1462149	804703	378731	278715
1991	1631688	950829	424749	256109
1992	1865604	1082284	465677	317643
1993	2184728	1252559	511580	420588
1994	2566325	1503056	591671	471598
1995	2974522	1696879	725665	551978
1996	3400357	1909436	873232	617688
1997	3825673	2287579	905263	632831
1998	4235987	2554775	985583	695629
1999	4718079	2900404	1074203	743472
2000	5298286	3293306	1203661	801320
2001	5955570	3771942	1326233	857395
2002	6940941	4419923	1518230	1002788
2003	7903731	5131505	1683147	1089079
2004	9468857	6298541	1956279	1214037
2005	10891997	7286995	2256033	1348968
2006	12838418	8712403	2623496	1502519
2007	15217773	10410692	3034257	1772824
2008	18760643	12916128	3689669	2154846
2009	21366075	14626736	4209165	2530174

注：本部分资料根据第四次全国经济普查结果对1993-2018年数据进行了修订，下同。
a)The date of 1993-2018 have been revised based on the results of the Fourth National Economic Census,the same applies to the table following.

11-1 续表 Continued

单位：万元 (10 000 yuan)

年 份 Year	批发零售贸易业 Wholesale and Retail Sale Trade	住宿餐饮业 Hotels and Catering	制 造 业 Manufacturing	农业生产者 Agriculture	其 他 行 业 Others
1978	324557	9176	18424	4500	11679
1979	349203	9873	19823	4806	12601
1980	377210	12425	26812	11745	14893
1981	395242	13436	32747	12613	19520
1982	429129	15383	40642	16000	20015
1983	468060	17180	49112	18419	23708
1984	540456	21996	64587	28201	27614
1985	639621	26309	83076	43560	34446
1986	717482	31180	83815	51319	42686
1987	822095	37134	84602	60161	50035
1988	1022036	45026	110832	72734	54327
1989	1097906	44454	121209	81943	40349
1990	1154732	46081	126464	93257	41615
1991	1277458	54716	138160	111773	49581
1992	1424440	61275	166494	138677	74718
1993	1781310	270141			133277
1994	2108185	315230			142910
1995	2428808	376277			169437
1996	2773285	441088			185983
1997	3118271	516796			190605
1998	3431588	593837			210562
1999	3795454	696302			226322
2000	4244592	819323			234371
2001	4765992	943288			246290
2002	5558386	1133849			248706
2003	6315567	1323821			264343
2004	7511090	1653252			304515
2005	8646361	1896459			349177
2006	10161912	2286002			390504
2007	11999795	2853128			364850
2008	16058026	2306518			396099
2009	18189375	2697333			479367

11-2 社会消费品零售总额(按销售单位所在地和消费形态分)

Total Retail Sales of Consumer Goods by Location of Retailers and by Consumption Patterns

单位：万元 (10 000 yuan)

年 份 Year	社会消费品零售总额 Total Retail Sales of Consumer Goods	按销售单位所在地分 Grouped by Location of Retailers				按消费形态分 Grouped by consumption patterns	
		城镇 Cities	城区 City	镇区 Towns	乡村 Village	商品零售收入 Revenue from Commodities	餐费收入 Revenue from Meals
2010	24864017	22302481	15903762	6398718	2561536	21649535	3214482
2011	28785735	25789224	18766440	7022785	2996511	25205998	3579738
2012	32392014	28987088	21243610	7743478	3404926	28361874	4030140
2013	35591887	31812944	22921855	8891089	3778943	31123661	4468226
2014	38667581	34548857	24549307	9999550	4118724	33738048	4929533
2015	41035114	36621788	25997716	10624073	4413326	35627379	5407735
2016	44158761	39366533	27869551	11496982	4792228	38228178	5930583
2017	46426440	41272515	29207290	12065225	5153925	40024902	6401539
2018	48522936	43047233	30404788	12642445	5475702	41705948	6816988
2019	50511064	44691637	31547517	13144120	5819427	43358167	7152897
2020	47604546	42058150	29705465	12352685	5546396	41797743	5806803
2021	50603125	44712880	31139769	13573110	5890246	44146369	6456756

11-3 社会消费品销售额

Total Sales Volume Grand of Consumer Goods

单位：万元 (10 000 yuan)

指 标	Item	2020	2021
销售额（营业额）总计	**Sales Volume (Turnover) Grand Total**	**112609295**	**130939318**
销售额	**Sales Volume**	**106949580**	**124181444**
批发业	Whole-sale Trade	73130339	86114519
零售业	Retail Sale Trade	33819241	38066925
营业额	**Turnover**	**5659715**	**6757874**
住宿业	Hotels Trade	820465	936567
餐饮业	Catering Trade	4839250	5821307

11-4 限额以上住宿业企业经营情况(2021年)

Above Designated Size Hotel Enterprises Trade(2021)

单位：万元 (10 000 yuan)

指 标	Item	营业额 Business Revenue	#客房收入 Revenue from Hotel Rooms	#餐费收入 Revenue from Meals	#商品销售额 Revenue from Commodities
总 计	**Total**	**328903**	**186740**	**114883**	**2690**
旅游饭店	Tourist Hotel	232964	124990	87524	1443
一般旅馆	General Hotel	93806	60352	27055	1242
民宿服务	Homestay				
其他住宿服务	Others	2133	1398	304	5

11-5 限额以上餐饮业企业经营情况(2021年)

Above Designated Size Catering Enterprises Trade(2021)

单位：万元 (10 000 yuan)

指 标	Item	营业额 Business Revenue	#商品零售额 Retail Sales of Commodities
总 计	**Total**	**407797**	**332407**
正餐服务	Dinner Services	367211	297078
快餐服务	Fast Food Services	30797	30338
饮料及冷饮服务	Cold Drink Services		
餐饮配送及外卖送餐服务	Catering Distribution and Delivery Service	8300	3502
其他餐饮服务	Others	1489	1489

11-6 亿元以上商品交易市场情况(2021年)

Statistics on Commodity Exchange Markets of Transaction Value Over Million Yuan(2021)

指　标	Item	市场数(个) Markets (unit)	总摊位数(个) Booths (unit)	年末出租摊位(个) Rent Booths At Year-end (unit)	成交额(万元) Turn Over (10000 yuan)
总　计	**Total**	**40**	**35324**	**25323**	**6825164**
综合市场	**Integrated Markets**	**12**	**12933**	**7546**	**3109792**
生产资料	Production Markets				
工业消费品	Industrial Markets	1	3315	1830	29862
农产品	Farm Produce Markets	9	6490	4307	2801099
其他	Others	2	3128	1409	278831
专业市场	**Special Markets**	**28**	**22391**	**17777**	**3715372**
生产资料	Production Markets	4	1554	1373	734864
农业生产用具	Agricultural Implements				
农用生产资料	Agricultural Production				
煤炭	Coal and Charcoal				
木材	Wood				
建材	Building Materials	2	804	626	22300
化工材料及制品	Chemical Materials				
金属材料	Metal Materials	1	72	69	594768
机械设备	Mechanical Equipment				
其他生产资料	Others	1	678	678	117796
农产品	Farm Produce Markets	12	10182	9073	1665317
粮油	Grain & Oil	2	144	127	151550
肉禽蛋	Meat,Poultry & Eggs	1	550	309	10000
水产品	Aquatic Products				
蔬菜	Vegetables	3	4156	3766	420549
干鲜果品	Dried & Fresh Fruits				
棉麻土畜、烟叶	Cotton,Local& Livestock and Tobacco	2	1110	800	103249
其他农产品	Others	4	4222	4071	979969
食品、饮料及烟酒	Food,Beverages,Tobacco & Liquor	1	39	7	650
纺织、服装、鞋帽	Textile,Garments,Footwear& Hat Wear	4	2865	2328	64400
日用品及文化用品	Commodity & Cultural Articles				
黄金、珠宝、玉器等首饰	Gold,Jewelry and Jade				
电器、通讯器材、电子设备	Electrical Equipment	1	385	365	35200
医药、医疗用品及器材	Medicament				
家具、五金及装饰材料	Furniture,Hardware,Decorating				
汽车、摩托车及零配件	Autocar,Motorcycles,Accessories				
花、鸟、鱼、虫	Flower,Bird,Fish & Insect				
旧货	Second Hand				
其他专业市场	Others	6	7366	4631	1214941

11-7 限额以上批发和零售业、住宿和餐饮业企业基本情况 (2021年, 按登记注册类型分)

Basic Conditions of Enterprises above Designated Size of Wholesale,Retail Sale,Hotels,Catering Trades by Registration(2021)

指 标	Item	法人企业(个) Number of Corporation Unit (unit)	从业人数(人) Persons Engaged (person)
总 计	**Total**	**3096**	**163269**
一、批发业合计	**Wholesale Trade**	**1386**	**45262**
内资企业	**Domestic Funded Enterprises**	**1381**	**45117**
国有企业	State-owned Enterprises	26	5610
集体企业	Collective-owned Enterprises		
股份合作企业	Cooperative Enterprises		
联营企业	Joint Ownership Enterprises		
国有联营公司	State Joint Ownership Enterprises		
集体联营企业	Collective Joint Ownership Enterprises		
国有与集体联营企业	Joint State Collective Enterprises		
其他联营企业	Other Joint Ownership Enterprises		
有限责任公司	Limited Liability Corporations	263	16034
国有独资企业	State Sole Funded Corporations	50	3813
其他有限责任公司	Other Limited Liability Corporations	213	12221
股份有限公司	Share-holding Corporations Ltd.	11	1092
私营企业	Private Enterprises	1081	22381
私营独资企业	Private-funded Enterprises	9	88
私营合伙企业	Private Partnership Enterprises		
私营有限责任公司	Private Limited Liability Corporations	1064	22060
私营股份有限公司	Private Share-holding Corporations Ltd.	8	233
其他企业	Other Enterprises		
港、澳、台商投资企业	**Enterprises with Investment from Hong Kong,Macao & Taiwan**	**3**	**71**
港澳台资合资经营	Joint-venture Enterprises		
港澳台资合作经营	Cooperative Enterprises	1	16
港澳台商独资企业	Sole Investment	1	3
港澳台商投资股份有限公司	Share-holding Co.,Ltd	1	52
其他港澳台投资	Others		
外商投资企业	**Enterprises With Foreign Investment**	**2**	**74**
中外合资经营	Joint-venture Enterprises		
中外合作经营	Cooperative Enterprises		
外资企业	Enterprises with Sole	2	74
外商投资股份有限公司	Share-holding Co., Ltd.		
其他外商投资	Others		
二、零售业合计	**Retail Trade**	**1146**	**78218**
内资企业	**Domestic Funded Enterprises**	**1129**	**75876**
国有企业	State-owned Enterprises	2	15
集体企业	Collective-owned Enterprises	2	52
股份合作企业	Cooperative Enterprises	1	25
联营企业	Joint Ownership Enterprises		
国有联营公司	State Joint Ownership Enterprises		
集体联营企业	Collective Joint Ownership Enterprises		
国有与集体联营企业	Joint State Collective Enterprises		
其他联营企业	Other Joint Ownership Enterprises		
有限责任公司	Limited Liability Corporations	241	27874
国有独资企业	State Sole funded Corporations	13	1844
其他有限责任公司	Other Limited Liability Corporations	228	26030
股份有限公司	Share-holding Corporations Ltd.	14	8810

11-7 续表1 Continued

指 标	Item	法人企业(个) Number of Corporation Unit (unit)	从业人数(人) Persons Engaged (person)
私营企业	Private Enterprises	869	39100
私营独资企业	Private-funded Enterprises	20	268
私营合伙企业	Private Partnership Enterprises	2	82
私营有限责任公司	Private Limited Liability Corporations	842	37513
私营股份有限公司	Private Share holding Corporations Ltd.	5	1237
其他企业	Other Enterprises		
港、澳、台商投资企业	**Enterprises with Investment**	**9**	**1465**
港澳台资合资经营	Joint-venture Enterprises	2	224
港澳台资合作经营	Cooperative Enterprises		
港澳台商独资企业	Sole Investment Funds	7	1241
港澳台商投资股份有限公司	Share-holding Co.,Ltd.from		
其他港澳台投资	Others		
外商投资企业	**Enterprises With Foreign Investment**	**8**	**877**
中外合资经营企业	Joint venture Enterprises		
中外合作经营企业	Cooperative Enterprises		
外资企业	Enterprises with Sole Foreign Investment	8	877
外商投资股份有限公司	Share-holding Co., Ltd.		
其他外商投资	Others		
三、住宿业合计	**Hotels**	**337**	**18560**
内资企业	**Domestic Funded Enterprises**	**332**	**17784**
国有企业	State-owned Enterprises	6	590
集体企业	Collective-owned Enterprises	1	22
股份合作企业	Cooperative Enterprises		
联营企业	Joint Ownership Enterprises		
国有联营公司	State Joint Ownership Enterprises		
集体联营企业	Collective Joint Ownership Enterprises		
国有与集体联营企业	Joint State Collective Enterprises		
其他联营企业	Other Joint Ownership Enterprises		
有限责任公司	Limited Liability Corporations	79	6089
国有独资企业	State Sole Funded Corporations	12	1202
其他有限责任公司	Other Limited Liability Corporations	67	4887
股份有限公司	Share holding Corporations Ltd.	1	49
私营企业	Private Enterprises	245	11034
私营独资企业	Private-funded Enterprises	13	446
私营合伙企业	Private Partnership Enterprises	2	61
私营有限责任公司	Private Limited Liability Corporations	229	10485
私营股份有限公司	Private Share holding Corporations Ltd.	1	42
其他企业	Other Enterprises		
港、澳、台商投资企业	**Enterprises with Investment**	**3**	**616**
港澳台资合资经营	Joint-venture Enterprises		
港澳台资合作经营	Cooperative Enterprises		
港澳台商独资企业	Sole Investment	3	616
港澳台商投资股份有限公司	Share-holding Co.,Ltd.		
其他港澳台投资	Others		
外商投资企业	**Enterprises With Foreign Investment**	**2**	**160**
中外合资经营企业	Joint venture Enterprises		
中外合作经营企业	Cooperative Enterprises		
外资企业	Enterprises with Sole Foreign Investment	2	160
外商投资股份有限公司	Share-holding Co., Ltd.		
其他外商投资	Others		

11-7 续表2 Continued

指 标	Item	法人企业(个) Number of Corporation Unit (unit)	从业人数(人) Persons Engaged (person)
四、 餐饮业合计	**Catering Trade**	**227**	**21229**
内资企业	**Domestic Funded Enterprises**	**225**	**20251**
国有企业	State-owned Enterprises		
股份合作企业	Cooperative Enterprises		
联营企业	Joint Ownership Enterprises		
国有联营公司	State Joint Ownership Enterprises		
集体联营企业	Collective Joint Ownership Enterprises		
国有与集体联营企业	Joint State Collective Enterprises		
其他联营企业	Other Joint Ownership Enterprises		
有限责任公司	Limited Liability Corporations	52	6240
国有独资企业	State Sole Funded Corporations	7	1435
其他有限责任公司	Other Limited Liability Corporations	45	4805
股份有限公司	Share-holding Corporations Ltd.	1	752
私营企业	Private Enterprises	172	13259
私营独资企业	Private-funded Enterprises	11	703
私营合伙企业	Private Partnership Enterprises		
私营有限责任公司	Private Limited Liability Corporations	161	12556
私营股份有限公司	Private Share-holding Corporations Ltd.		
其他企业	Other Enterprises		
港、澳、台商投资企业	**Enterprises with Investment**	**1**	**131**
港澳台资合资经营	Joint-venture Enterprises		
港澳台资合作经营	Cooperative Enterprises		
港澳台商独资企业	Sole Investment	1	131
港澳台商投资股份有限公司	Share-holding Co.,Ltd.		
其他港澳台投资	Others		
外商投资企业	**Enterprises With Foreign Investment**	**1**	**847**
中外合资经营企业	Joint-venture Enterprises		
中外合作经营企业	Cooperative Enterprises		
外资企业	Enterprises with Sole Foreign Investment	1	847
外商投资股份有限公司	Share-holding Co., Ltd.		
其他外商投资	Others		

11-8 限额以上批发零售业企业商品销售总额(2021年,按行业分)

Total Sales of Enterprise above Designated Size in Wholesale, Retail Trade (2021)

单位：万元 (10 000 yuan)

指 标	Item	销售总额 Total Sales	批 发 Wholesale	零 售 Retail
总 计	**Total**	**74428977**	**61696353**	**12732624**
批发业合计	**Wholesale Trade**	**60701612**	**60071817**	**629795**
农、林、牧产品	Agriculture, Forestry,Husbandry Products	2953949	2940053	13896
#谷物、豆及薯类	Cereal,Beans & Tubers	2408025	2394386	13639
食品、饮料及烟草制品	Food, Beverages & Tobaccos	5535932	5410488	125445
#米、面制品及食用油	Grains & Edible Oil	110943	110620	323
果品、蔬菜	Fruits & Vegetables	38833	32581	6251
肉、禽、蛋、奶及水产品	Meat, poultry, eggs, milk and aquatic	1030444	935183	95261
纺织、服装及家庭用品	Textile, Clothing and Household Goods	332226	268266	63960
#纺织品、针织品及原料	Textile,Knitwear	3040	3040	
服装	Garment	230927	168041	62886
文化、体育用品及器材	Cultural,Sports & Equipment	189471	178655	10816
医药及医疗器材	Medicines & Medical Appliances	3021264	3001523	19741
矿产品、建材及化工产品	Minerals,Building & Chemicals	45485456	45163404	322053
#煤炭及制品	Coal & Related Products	32029514	31886003	143512
石油及制品	Petroleum & Related Products	3761974	3613519	148455
化肥	Chemical Materials	852449	852413	36
机械设备、五金产品及电子产品	Machinery, Metal and Electronic Products	2210833	2143232	67601
#农业机械	Agricultural Machinery	207495	198312	9183
贸易经纪与代理	Trading Brokerage & Agency			
其他	Others	972480	966197	6283
零售业合计	**Retail Trade**	**13727365**	**1624536**	**12102829**
综合零售	Comprehensive Retail	1495928	4534	1491395
#百货	Consumer Goods	794910	1544	793367
食品、饮料及烟草制品	Food, Drink & Tobaccos	138042	15017	123026
#粮油	Grains & Edible Oil	3621	821	2800
纺织、服装及日用品	Textile , Garment & Household	211735	1019	210716
#纺织品及针织品	Textile & Knitwear Products	1311		1311
服装	Garments	156406	1019	155387
鞋帽	Shoes & Hats	1650		1650
文化、体育用品及器材	Cultural,Sports Goods	272315	22895	249420
#文具用品	Cultural Goods	1918		1918
体育用品及器材	Sporting Goods and Equipment	36340	20211	16129
图书、报刊	Books, Newspapers and Magazines	181344	812	180532
医药及医疗器材	Medicines & Medical Appliances	729912	75552	654360
汽车、摩托车、燃料及零配件	Auto,Motorbikes,Fuel & Accessory	9958645	1323820	8634825
#汽车新车零售	Retail of new cars	4787521	121161	4666359
家用电器及电子产品	Electronic Products	788593	164430	624163
#计算机、软件及辅助设备	Computers, Software	142803	16164	126639
五金、家具及室内装修材料	Hardware,Furniture & Home Decoration Material	19034	8013	11021
货摊、无店铺及其他零售	Stall, NOn-Shop and Other Retails	113160	9256	103904

11-9 限额以上批发零售业商品分类销售额

Total Sales of Enterprises above Designated Size in Wholesale and Retail Sale by Category of Main Commodities

单位：万元 (10 000 yuan)

项 目	Item	合计 Total		批发 Wholesale		零售 Retail Sale	
		2020	2021	2020	2021	2020	2021
粮油、食品类	Grain and Oil, Food	4545195	4249751	3821263	3394744	723931	855007
饮料类	Beverages	99538	107185	35303	36494	64235	70691
烟酒类	Tobacco and Liquor	3278656	3526079	3134769	3338170	143886	187909
服装、鞋帽、针纺织品类	Clothing, Shoes, Hats and Textiles	807284	819304	183974	213309	623310	605995
化妆品类	Cosmetics	166661	170532	10653	10520	156008	160011
金银珠宝类	Gold, Silver and Jewelry	219361	270026	99148	117651	120213	152374
日用品类	Articles for Daily Use	140152	161958	23665	23390	116487	138568
五金、电料类	Hardware and Electrical Materials	131712	128012	121360	117613	10352	10399
体育、娱乐用品类	Sports and Recreation Articles	10869	11480	595	650	10274	10830
书报杂志类	Newspapers and Magazines	220521	240442	86107	64428	134414	176014
电子出版物及音像制品类	E-journal and Video Products	395	1779			395	1779
家用电器和音像器材类	Household Appliances and Video Appliances	601306	662982	131755	190056	469551	472927
中西药品类	Traditional Chinese and Western Medicines	2715189	3084317	2093967	2422067	621222	662251
文化办公用品类	Cultural and Official Goods	139692	173515	41613	60481	98080	113034
家具类	Furniture	21145	13950	1732	807	19413	13143
通讯器材类	Communication Appliances	801492	565136	729085	465249	72407	99887
煤炭及制品类	Coal and Related Product	18844944	30708120	18843747	30708001	1197	119
木材及制品类	Wood and Wooden Product	488464	456695	488464	456695		
石油及制品类	Petroleum and Related Product	7936420	8344117	4680788	4353959	3255631	3990158
化工材料及制品类	Raw Chemical Materials and Related Products	2846712	4322978	2846712	4322978		
金属材料类	Metal Materials	2811693	4614516	2811693	4614516		
建筑及装潢材料类	Building and Decoration Materials	170275	316944	161780	313015	8495	3928
机电产品及设备类	Mechanical and Electrical Products	531129	828089	526058	823829	5071	4260
汽车类	Automobile	4106096	4975366	577124	723070	3528972	4252296
种子饲料类	Seed and Feedstuff	147984	114293	147984	114293		
棉麻类	Cotton and Hemp		2768450		2697731		70719

11-10 限额以上批发零售业企业资产及负债(2021年,按登记注册类型分)

Assets and Liability of Enterprises above Designated Size in Wholesale and Retail Sale by Registration(2021)

单位：万元 (10 000 yuan)

指　标	Item	资产总计 Total Assets	#流动资产 Circulating Funds	#固定资产净额 Fixed Asset	负债合计 Total Liabilities
总　计	**Total**	**46478258**	**29517658**	**2662311**	**32187519**
一、批发业合计	**Wholesale Trade**	**40306538**	**25813569**	**1510168**	**27076575**
内资企业	**Domestic-Funded Enterprises**	**39873435**	**25433510**	**1504371**	**26721094**
国有企业	State-owned	1071452	940798	107938	139936
集体企业	Collective-owned				
股份合作企业	Cooperative				
联营企业	Joint Ownership				
国有联营公司	State Joint Ownership				
集体联营企业	Collective Joint Ownership				
国有与集体联营企业	Joint State Collective				
其他联营企业	Other Joint Ownership				
有限责任公司	Limited Liability Co.	27018792	15229822	810765	18424435
国有独资企业	State Sole Funded	7374068	5737649	270024	5198551
其他有限责任公司	Other Limited Liability Co.	19644724	9492173	540741	13225885
股份有限公司	Share-holding Co. Ltd.	539315	470900	53322	337387
私营企业	Private Enterprises	11243876	8791990	532345	7819337
私营独资企业	Private-funded	59920	59472	447	54970
私营合伙企业	Private Partnership				
私营有限责任公司	Private Limited Liability Co.	10672749	8434258	527455	7536748
私营股份有限公司	Private Share-holding Co. Ltd.	511207	298260	4443	227619
其他企业	Other Enterprises				
港、澳、台商投资企业	**Enterprises with Investment**	**406249**	**354230**	**5099**	**340841**
港澳台资合资经营	Joint-venture				
港澳台资合作经营	Cooperative	96970	96901	10	88773
港澳台商独资企业	Sole Investment	288229	251229		239628
港澳台商投资股份有限公司	Share-holding Co.Ltd.	21050	6100	5089	12441
其他港澳台投资	Others				
外商投资企业	**Enterprises With Foreign Investment**	**26854**	**25828**	**699**	**14640**
中外合资经营企业	Joint-venture				
中外合作经营企业	Cooperative				
外资企业	Enterprises with Sole	26854	25828	699	14640
外商投资股份有限公司	Share-holding Co. Ltd.				
其他外商投资	Others				

11-10 续表 Continued

指 标	Item	资产总计 Total Assets	#流动资产 Circulating Funds	#固定资产净额 Fixed Asset	负债合计 Total Liabilities
二、 零售业合计	**Retail Trade**	**6171721**	**3704090**	**1152143**	**5110944**
内资企业	**Domestic Funded Enterprises**	**5863355**	**3624155**	**1074797**	**4873075**
国有企业	State-owned	1243	1160	83	256
集体企业	Collective-owned	1523	1520	2	153
股份合作企业	Cooperative	1051	325	396	173
联营企业	Joint Ownership				
国有联营公司	State Joint Ownership				
集体联营企业	Collective Joint Ownership				
国有与集体联营企业	Joint State Collective				
其他联营企业	Other Joint Ownership				
有限责任公司	Limited Liability Co.	2600534	1626442	417986	1950265
国有独资企业	State Sole Funded	289183	205376	77493	243852
其他有限责任公司	Other Limited Liability Co.	2311350	1421066	340493	1706413
股份有限公司	Share-holding Co. Ltd.	521399	-66662	340077	675501
私营企业	Private Enterprises	2737606	2061370	316253	2246727
私营独资企业	Private-funded	11977	10458	611	10044
私营合伙企业	Private Partnership	2727	1492	532	1069
私营有限责任公司	Private Limited Liability Co.	2687751	2080267	278540	2180271
私营股份有限公司	Private Share-holding Co. Ltd.	35150	-30848	36569	55342
其他企业	Other Enterprises				
港、澳、台商投资企业	**Enterprises with Investment from Hong Kong, Macao & Taiwan**	**102686**	**41081**	**33138**	**80853**
港澳台资合资经营	Joint-venture	26774	14342	8988	12393
港澳台资合作经营	Cooperative				
港澳台商独资企业	Sole Investment	75912	26739	24149	68460
港澳台商投资股份有限公司	Share-holding Co.Ltd.				
其他港澳台投资	Others				
外商投资企业	**Enterprises With Foreign Investment**	**205680**	**38854**	**44208**	**157016**
中外合资经营企业	Joint-venture				
中外合作经营企业	Cooperative				
外资企业	Enterprises with Sole	205680	38854	44208	157016
外商投资股份有限公司	Share-holding Co. Ltd.				
其他外商投资	Others				

11-11 限额以上批发零售业企业资产及负债(2021年,按行业分)

Assets and Liability of Enterprises above Designated Size in Wholesale and Retail by Sector(2021)

单位：万元 (10 000 yuan)

指　标	Item	资产总计 Total Assets	#流动资产 Circulating Funds	#固定资产净额 Fixed Asset	负债合计 Total Liabilities
总 计	**Total**	**46478258**	**29517658**	**2662311**	**32187519**
批发业合计	**Wholesale Trade**	**40306538**	**25813569**	**1510168**	**27076575**
农、林、牧、渔产品	Agriculture,Forestry,Husbandry and Fish Products	2832550	2285241	336647	2160060
#谷物、豆及薯类	Cereal,Beans & Tubers	2394970	1955214	295870	1899688
食品、饮料及烟草制品	Food,drink & Tobaccos	2009174	1747443	114190	896170
#米、面制品及食用油	Grains & Edible Oil	120751	94941	3372	84370
果品、蔬菜	Fruits & Vegetables	23173	14982	7587	12228
肉、禽、蛋、奶及水产品	Meat,poultry,eggs,milk and aquatic	271419	244107	7191	262975
纺织、服装及家庭用品	Textile,Clothing and Household Goods	378508	313095	1753	360693
#纺织品、针织品及原料	Textile,knitwear & Material	458	458		329
服装	Garment	261765	208479	811	269675
文化、体育用品及器材	Cultural,Sports Goods & Equipment	388297	314600	27956	184145
医药及医疗器材	Medicines & Medical Appliances	2148048	1987391	62131	1659578
矿产品、建材及化工产品	Minerals,Building Materials & Chemicals	30275307	17332204	809093	19859071
#煤炭及制品	Coal & Related Products	17806552	10851694	496249	11744050
石油及制品	Petroleum & Related Products	931535	760146	128462	732906
化肥	Chemical Materials	481619	417737	9509	417421
机械设备、五金产品及电子产品	Machinery,Metal and Electronic Products	1788051	1492239	108485	1542994
#农业机械	Agricultural Machinery	188593	156029	10792	142720
贸易经纪与代理	Trading Brokerage & Agency				
其他	Others	486603	341357	49913	413865
零售业合计	**Retail Trade**	**6171721**	**3704090**	**1152143**	**5110944**
综合零售	Comprehensive Retail	1695493	963175	287728	1284929
#百货	Consumer Goods	1160673	696686	209835	761722
食品、饮料及烟草制品	Food,Drink & Tobaccos	102713	88524	6799	63886
#粮油	Grains & Edible Oil	1164	1046	40	816
纺织、服装及日用品	Textile,Garment & Household	126295	97400	17108	114286
#纺织品及针织品	Textile & Knitwear Products	767	766	1	
服装	Garments	99486	74030	15579	97106
鞋帽	Shoes & Hats	515	513	1	578
文化、体育用品及器材	Cultural,Sports Goods	347269	272553	40882	262356
#文具用品	Cultural Goods	807	806		543
体育用品及器材	Sporting Goods and Equipment	6655	5396	121	5626
图书、报刊	Books,Newspapers and Magazines	267905	220315	37647	216732
医药及医疗器材	Medicines & Medical Appliances	432722	327415	17765	357705
汽车、摩托车、零配件和燃料及其他动力销售	Motor Vehicles,Motorbikes,Parts,and Fuel and Other Powers	2883465	1526875	713954	2601286
#汽车新车零售	New Motor Vehicles	1890736	1509851	230603	1527693
家用电器及电子产品	Electronic Products	484390	360073	60505	352575
#计算机、软件及辅助设备	Computers,Software	96080	88303	2950	49349
五金、家具及室内装修材料	Hardware,Furniture & Home Decoration Material	33696	18209	83	11843
货摊、无店铺及其他零售	Stall,NOn-Shop and Other Retails	65678	49866	7321	62078

11-12 限额以上住宿业企业资产及负债 (2021年,按登记注册类型和行业分)

Assets and Liability of Enterprises above Designated Size in Hotel by Registration and by Sector(2021)

单位：万元 (10 000 yuan)

指 标	Item	资产总计 Total Assets	#流动资产 Circulating Funds	#固定资产净额 Fixed Asset	负债合计 Total Liabilities
总 计	**Total**	**1186224**	**351325**	**531602**	**1091368**
按登记注册类型分	**By Status of Registration**				
内资企业	**Domestic Funded Enterprises**	**1080254**	**343169**	**436639**	**1024518**
国有企业	State-owned	10775	4065	5527	8611
集体企业	Collective-owned	165	162	3	18
股份合作企业	Cooperative				
联营企业	Joint Ownership				
国有联营公司	State Joint Ownership				
集体联营企业	Collective Joint Ownership				
国有与集体联营企业	Joint State Collective				
其他联营企业	Other Joint Ownership				
有限责任公司	Limited Liability Co.	530700	98633	243832	512977
国有独资企业	State Sole funded Co.	96943	18018	49799	61889
其他有限责任公司	Other Limited Liability Co.	433758	80615	194033	451088
股份有限公司	Share-holding Co. Ltd.	480	303	163	280
私营企业	Private Enterprises	538133	240006	187114	502632
私营独资企业	Private-funded	12028	4775	5282	14409
私营合伙企业	Private Partnership	4905	172	3135	2251
私营有限责任公司	Private Limited Liability Co.	517205	231064	178696	482035
私营股份有限公司	Private Share-holding Co. Ltd.	3995	3995		3938
其他企业	Other Enterprises .				
港、澳、台商投资企业	**Enterprises with Investment from HK, Macao & Taiwan**	**66855**	**6656**	**57856**	**44659**
港澳台资合资经营	Joint-venture Enterprises (HK,Macao & Taiwan)				
港澳台资合作经营	Cooperative Enterprises (HK,Macao & Taiwan)				
港澳台商独资企业	Sole Investment from HK,Macao & Taiwan	66855	6656	57856	44659
港澳台商投资	Share-holding Co.,Ltd.from HK,Macao & Taiwan				
其他港澳台投资	Others				
外商投资企业	**Enterprises With Foreign Investment**	**39116**	**1500**	**37107**	**22192**
中外合资经营企业	Joint-venture				
中外合作经营企业	Cooperative				
外资企业	Enterprises with Sole Foreign Investment	39116	1500	37107	22192
外商投资股份有限公司	Share-holding Co.Ltd. with Foreign Investment				
其他外商投资	Others				
按国民经济行业分	**By Sector**				
旅游饭店	Tourist Hotel	840155	226973	416251	727569
一般旅馆	General Hotel	339641	119422	115333	356760
其他住宿业	Others	6428	4930	19	7039

11-13 限额以上餐饮业企业资产及负债(2021年,按登记注册类型和行业分)

Assets and Liability of Enterprises above Designated Size in Catering Trades by Registration and by Sector(2021)

单位：万元　　(10 000 yuan)

指　标	Item	资产总计 Total Assets	#流动资产 Circulating Funds	#固定资产净额 Fixed Asset	负债合计 Total Liabilities
总 计	**Total**	**828547**	**323430**	**295934**	**698120**
按登记注册类型分	**By Status of Registration**				
内资企业	**Domestic Funded Enterprises**	**765541**	**285226**	**288651**	**638394**
国有企业	State-owned				
集体企业	Collective-owned	548	49		2333
股份合作企业	Cooperative				
联营企业	Joint Ownership				
国有联营公司	State Joint Ownership				
集体联营企业	Collective Joint Ownership				
国有与集体联营企业	Joint State Collective				
其他联营企业	Other Joint Ownership				
有限责任公司	Limited Liability Co.	380883	116080	169933	304493
国有独资企业	State Sole Funded Co.	149104	21847	103446	48569
其他有限责任公司	Other Limited Liability Co.	231779	94233	66487	255924
股份有限公司	Share-holding Co. Ltd.	26078	3862	9202	17221
私营企业	Private Enterprises	358032	165235	109516	314347
私营独资企业	Private-funded	38197	15761	5172	33450
私营合伙企业	Private Partnership				
私营有限责任公司	Private Limited Liability Co.	319836	149474	104344	280897
私营股份有限公司	Private Share-holding Co. Ltd.				
其他企业	Other				
港、澳、台商投资企业	**Enterprises with Investment from HK, Macao & Taiwan**	**1765**	**1309**		**703**
港澳台资合资经营	Joint-venture Enterprises (HK,Macao & Taiwan)				
港澳台资合作经营	Cooperative Enterprises (HK,Macao & Taiwan)				
港澳台商独资企业	Sole Investment from HK,Macao & Taiwan	1765	1309		703
港澳台商投资股份有限公司	Share-holding Co.,Ltd.from HK,Macao & Taiwan				
其他港澳台投资	Other Enterprises				
外商投资企业	**Enterprises With Foreign Investment**	**61241**	**36895**	**7282**	**59023**
中外合资经营企业	Joint-venture				
中外合作经营企业	Cooperative				
外资企业	Enterprises with Sole Foreign Investment	61241	36895	7282	59023
外商投资股份有限公司	Share-holding Co.Ltd.with Foreign Investment				
其他外商投资	Others				
按国民经济行业分	**By Sector**				
正餐服务	Dinner Services	802727	312256	289685	681652
快餐服务	Fast Food Services	20133	5883	6104	13226
餐饮配送及外卖送餐服务	Catering Distribution and Delivery Service	4774	4376	144	2458
饮料及冷饮服务	Cold Drink Services				
其他餐饮服务	Others	914	914		784

11-14 限额以上批发零售业企业主要财务指标(2021年,按登记注册类型分)

Main Financial Indicators of Enterprises above Designated Size in Wholesale and Retail Sale by Registration(2021)

单位：万元　　(10 000 yuan)

指　标	Item	营业收入 Business Revenue	营业成本 Business Cost	税金及附加 Tax and Extra Changes	销售费用 Selling Expenses	营业利润 Operating Profit
批发零售贸易业总计	**Total**	**67146093**	**62456206**	**535273**	**2068247**	**1738584**
一、批发业合计	**Wholesale Trades**	**54636775**	**51318950**	**493978**	**1224742**	**1664075**
内资企业	**Domestic Funded Enterprises**	**53824673**	**50545500**	**492697**	**1198224**	**1656882**
国有企业	State-owned	2933327	2174253	390726	59418	258832
集体企业	Collective-owned					
股份合作企业	Cooperative					
联营企业	Joint Ownership					
国有联营公司	State Joint Ownership					
集体联营企业	Collective Joint Ownership					
国有与集体联营企业	Joint State Collective					
其他联营企业	Other Joint Ownership					
有限责任公司	Limited Liability Co.	31530923	30428463	61327	371857	382667
国有独资企业	State Sole Funded Co.	17576429	17072484	33308	94341	123977
其他有限责任公司	Other Limited Liability Co.	13954494	13355979	28019	277516	258690
股份有限公司	Share-holding Corporations Ltd.	2161343	2178639	479	20959	-24341
私营企业	Private Enterprises	17199080	15764146	40166	745990	1039724
私营独资企业	Private-funded	113803	103812	259	2886	5027
私营合伙企业	Private Partnership					
私营有限责任公司	Private Limited Liability Co.	16819537	15411195	39257	738035	994165
私营股份有限公司	Private Share-holding Co. Ltd.	265740	249139	650	5070	40531
其他企业	Other Enterprises					
港、澳、台商企业	**Enterprises from HK, Macao & Taiwan**	**708790**	**674365**	**1026**	**24288**	**6492**
港澳台资合资经营	Joint-venture Enterprises (HK,Macao & Taiwan)					
港澳台资合作经营	Cooperative Enterprises (HK,Macao & Taiwan)	288914	281250	603	826	5609
港澳台商独资企业	Sole Investment from HK, Macao & Taiwan	414317	388788	155	23006	1422
港澳台商投资股份有限公司	Share-holding Co.,Ltd.from HK,Macao & Taiwan	5559	4327	268	456	-539
其他港澳台投资	Others					
外商投资企业	**Enterprises with Foreign Investment**	**103312**	**99085**	**255**	**2229**	**701**
中外合资经营企业	Joint-venture					
中外合作经营企业	Cooperative					
外资企业	Sole Foreign Investment	103312	99085	255	2229	701
外商投资股份有限公司	Share-holding Co. Ltd.with Foreign Investment					
其他外商投资	Others					

11-14 续表 Continued

单位：万元 (10 000 yuan)

指　标	Item	营业收入 Business Revenue	营业成本 Business Cost	税金及附加 Tax and Extra Changes	销售费用 Selling Expenses	营业利润 Operating Profit
二、零售企业合计	**Retail Sale Trades**	**12509318**	**11137256**	**41295**	**843505**	**74509**
内资企业	**Domestic Funded Enterprises**	**11692793**	**10391733**	**38452**	**798222**	**64121**
国有企业	State-owned	2703	2263	5	194	148
集体企业	Collective-owned	1510	695	14	641	25
股份合作企业	Cooperative	3363	2841	15	150	162
联营企业	Joint Ownership					
国有联营公司	State Joint Ownership					
集体联营企业	Collective Joint Ownership					
国有与集体联营企业	Joint State Collective					
其他联营企业	Other Joint Ownership					
有限责任公司	Limited Liability Co.	3356796	2832552	16763	330166	50937
国有独资企业	State Sole Funded Co.	293450	237307	1593	25093	14593
其他有限责任公司	Other Limited Liability Co.	3063346	2595245	15169	305073	36344
股份有限公司	Share-holding Corporations Ltd.	2947773	2736805	6270	175646	15184
私营企业	Private Enterprises	5380648	4816578	15385	291425	-2334
私营独资企业	Private-funded	26098	22689	88	1068	403
私营合伙企业	Private Partnership	7173	4724	26	438	1392
私营有限责任公司	Private Limited Liability Co.	4983959	4452679	14415	266930	-4944
私营股份有限公司	Private Share-holding Co. Ltd.	363417	336486	856	22990	816
其他企业	Other Enterprises					
港、澳、台商投资企业	**Enterprises with Investment from Hong Kong, Macao & Taiwan**	**328412**	**287915**	**1923**	**23179**	**9769**
港澳台资合资经营	Joint-venture Enterprises (HK,Macao & Taiwan)	116649	101398	1328	4893	7457
港澳台资合作经营	Cooperative Enterprises (HK,Macao & Taiwan)					
港澳台商独资企业	Sole Investment from HK, Macao & Taiwan	211763	186517	595	18286	2312
港澳台商投资股份有限公司	Share-holding Co.,Ltd.from HK,Macao & Taiwan					
其他港澳台投资	Others					
外商投资企业	**Enterprises With Foreign Investment**	**488113**	**457608**	**920**	**22105**	**619**
中外合资经营企业	Joint-venture					
中外合作经营企业	Cooperative					
外资企业	Sole Foreign Investment	488113	457608	920	22105	619
外商投资股份有限公司	Share-holding Co. Ltd.with Foreign Investment					
其他外商投资	Others					

11-15 限额以上批发零售业企业主要财务指标(2021年,按行业分)

Main Financial Indicators of Enterprises above Designated Size in Wholesale and Retail Sale by Sector(2021)

单位：万元　　　　(10 000 yuan)

指 标	Item	营业收入 Business Revenue	营业成本 Business Cost
总 计	**Total**	**67146093**	**62456206**
批发业合计	**Wholesale Trade**	**54636775**	**51318950**
农、林、牧、渔产品	Agriculture,Forestry,Husbandry and Fishery Products	2781202	2632388
#谷物、豆及薯类	Cereal,Beans & Tubers	2247917	2147947
食品、饮料及烟草制品	Food,Beverages & Tobaccos	4958316	3904957
#米、面制品及食用油	Grains & Edible Oil	105682	96525
果品、蔬菜	Fruits & Vegetables	36824	34637
肉、禽、蛋、奶及水产品	Meat,poultry,eggs,milk and aquatic	945892	741337
纺织、服装及家庭用品	Textile,Clothing and Household Goods	295990	247358
#纺织品、针织品及原料	Textile,Knitwear	2691	2511
服装	Garment	205758	162721
文化、体育用品及器材	Cultural,Sports & Equipment	176789	162803
医药及医疗器材	Medicines & Medical Appliances	2717181	2449929
矿产品、建材及化工产品	Minerals,Building & Chemicals	40734751	39155624
#煤炭及制品	Coal & Related Products	29321729	28082727
石油及制品	Petroleum & Related Products	3327897	3281956
化肥	Chemical Materials	760473	724689
机械设备、五金产品及电子产品	Machinery,Metal and Electronic Products	2072962	1911910
#农业机械	Agricultural Machinery	211789	189236
贸易经纪与代理	Trading Brokerage & Agency		
其他	Others	899585	853982
零售业合计	**Retail Trade**	**12509318**	**11137256**
综合零售	Comprehensive Retail	1375569	1042105
#百货	Consumer Goods	679750	492298
食品、饮料及烟草制品	Food,Drink & Tobaccos	127959	104198
#粮油	Grains & Edible Oil	3491	3084
纺织、服装及日用品	Textile ,Garment & Household	204771	154904
#纺织品及针织品	Textile & Knitwear Products	1160	1602
服装	Garments	155030	120321
鞋帽	Shoes & Hats	1460	1686
文化、体育用品及器材	Cultural,Sports Goods	263904	194521
#文具用品	Cultural Goods	1698	1461
体育用品及器材	Sporting Goods and Equipment	31883	28534
图书、报刊	Books,Newspapers and Magazines	182839	127221
医药及医疗器材	Medicines & Medical Appliances	676815	524089
汽车、摩托车、零配件和燃料及其他动力销售	Motor Vehicles,Motorbikes,Parts,and Fuel and Other Powers	9021118	8376752
#汽车新车零售	New Motor Vehicles	4397158	4082825
家用电器及电子产品	Electronic Products	720161	636154
#计算机、软件及辅助设备	Computers,Software	133117	111072
五金、家具及室内装修材料	Hardware,Furniture & Home Decoration Material	17154	15464
货摊、无店铺及其他零售	Stall,NOn-Shop and Other Retails	101867	89069

11-15 续表 Continued

单位：万元 (10 000 yuan)

指　标	Item	税金及附加 Tax and Extra Changes	销售费用 Selling Expenses	营业利润 Operating Profit
总 计	**Total**	**535273**	**2068247**	**1738584**
批发业合计	**Wholesale Trade**	**493978**	**1224742**	**1664075**
农、林、牧产品	Agriculture, Forestry,Husbandry Products	5141	95002	-7536
#谷物、豆及薯类	Cereal,Beans & Tubers	4315	67893	-17437
食品、饮料及烟草制品	Food, Beverages & Tobaccos	395056	280189	290358
#米、面制品及食用油	Grains & Edible Oil	153	2337	316
果品、蔬菜	Fruits & Vegetables	136	632	-856
肉、禽、蛋、奶及水产品	Meat, poultry, eggs, milk and aquatic	2203	182869	357
纺织、服装及家庭用品	Textile, Clothing and Household Goods	612	43082	-15812
#纺织品、针织品及原料	Textile,Knitwear	6	152	-85
服装	Garment	474	38871	-13135
文化、体育用品及器材	Cultural,Sports & Equipment	611	4680	22221
医药及医疗器材	Medicines & Medical Appliances	8650	109754	64331
矿产品、建材及化工产品	Minerals,Building & Chemicals	75815	599733	1279277
#煤炭及制品	Coal & Related Products	57904	415602	1279737
石油及制品	Petroleum & Related Products	3078	43654	-23567
化肥	Chemical Materials	900	15875	2946
机械设备、五金产品及电子产品	Machinery, Metal and Electronic Products	5193	76549	19519
#农业机械	Agricultural Machinery	417	8897	5424
贸易经纪与代理	Trading Brokerage & Agency			
其他	Others	2899	15752	11718
零售业合计	**Retail Trade**	**41295**	**843505**	**74509**
综合零售	Comprehensive Retail	11640	190997	3675
#百货	Consumer Goods	8858	80961	25718
食品、饮料及烟草制品	Food, Drink & Tobaccos	417	10263	6356
#粮油	Grains & Edible Oil	4	242	74
纺织、服装及日用品	Textile , Garment & Household	1446	34452	-1657
#纺织品及针织品	Textile & Knitwear Products	20	46	-527
服装	Garments	1188	25221	-3625
鞋帽	Shoes & Hats	3	129	-476
文化、体育用品及器材	Cultural,Sports Goods	1757	22878	23088
#文具用品	Cultural Goods	6	1	59
体育用品及器材	Sporting Goods and Equipment	74	3039	-18
图书、报刊	Books, Newspapers and Magazines	550	17187	24115
医药及医疗器材	Medicines & Medical Appliances	1924	107825	12216
汽车、摩托车、零配件和燃料及其他动力销售	Motor Vehicles,Motorbikes,Parts,and Fuel and Other Powers	21583	424744	26823
#汽车新车零售	New Motor Vehicles	12187	157278	4052
家用电器及电子产品	Electronic Products	2216	43420	3120
#计算机、软件及辅助设备	Computers, Software	408	5491	2609
五金、家具及室内装修材料	Hardware,Furniture & Home Decoration Material	52	729	137
货摊、无店铺及其他零售	Stall, NOn-Shop and Other Retails	260	8198	752

11-16 限额以上住宿业企业主要财务指标 (2021年,按登记注册类型和行业分)

Main Financial Indicators of Enterprises above Designated Size in Hotel by Registration and by Sector(2021)

单位：万元 (10 000 yuan)

指 标	Item	营业收入 Operating Income	营业成本 Operating Costs	税金及附加 Tax and Surcharges	销售费用 Selling Expenses	营业利润 Operating Profit
总 计	**Total**	**315368**	**120450**	**3915**	**114948**	**-49812**
按登记注册类型分	**By Status of Registration**					
内资企业	**Domestic Funded Enterprises**	**297042**	**107509**	**3450**	**110858**	**-47356**
国有企业	State-owned	6493	3618	50	2899	-2680
集体企业	Collective-owned	312	79	1	112	89
股份合作企业	Cooperative					
联营企业	Joint Ownership					
国有联营公司	State Joint Ownership					
集体联营企业	Collective Joint Ownership					
国有与集体联营企业	Joint State Collective					
其他联营企业	Other Joint Ownership					
有限责任公司	Limited Liability Co.	101979	36754	1259	40882	-22307
国有独资企业	State Sole Funded Co.	17485	7008	330	6444	-1815
其他有限责任公司	Other Limited Liability Co.	84494	29746	930	34438	-20492
股份有限公司	Share-holding Co.Ltd.	266	174		44	3
私营企业	Private Enterprises	187992	66884	2140	66920	-22460
私营独资企业	Private-funded	6728	2477	73	2589	-30
私营合伙企业	Private Partnership	841	694	18	0	-12
私营有限责任公司	Private Limited Liability Co.	179792	63683	2049	63964	-22158
私营股份有限公司	Private Share-holding Co. Ltd.	631	31	1	367	-261
其他企业	Other Enterprises					
港、澳、台商投资企业	**Enterprises with Investment from HK,Macao & Taiwan**	**15695**	**11736**	**272**	**1453**	**-553**
港澳台资合资经营	Joint-venture Enterprises (HK,Macao & Taiwan)					
港澳台资合作经营	Cooperative Enterprises (HK,Macao & Taiwan)					
港澳台商独资企业	Sole Investment from HK,Macao & Taiwan	15695	11736	272	1453	-553
港澳台商投资股份有限公司	Share-holding Co.,Ltd.from HK, Macao & Taiwan					
其他港澳台投资	Others					
外商投资企业	**With Foreign Investment**	**2631**	**1206**	**193**	**2637**	**-1903**
中外合资经营企业	Joint-venture					
中外合作经营企业	Cooperative					
外资企业	Sole Foreign Investment	2631	1206	193	2637	-1903
外商投资股份有限公司	Share-holding Co. Ltd. with Foreign Investment					
其他外商投资	Others					
按国民经济行业分	**By Sector**					
旅游饭店	Tourist Hotel	223631	86875	2995	83387	-32793
一般旅馆	General Hotel	89699	32729	892	31113	-16435
民宿服务	Homestay					
其他住宿服务	Others	2038	846	28	447	-584

11-17 限额以上餐饮业企业主要财务指标(2021年,按登记注册类型和行业分)

Main Financial Indicators of Enterprises above Designated Size in Catering Trades by Registration and by Sector(2021)

单位：万元 (10 000 yuan)

指　标	Item	营业额 Operating Income	营业成本 Operating Costs	税金及附加 Tax and Surcharges	销售费用 Selling Expenses	营业利润 Operating Profit
总 计	**Total**	**388547**	**199319**	**2534**	**129400**	**-42779**
按登记注册类型分	**By Status of Registration**					
内资企业	**Domestic Funded Enterprises**	**359130**	**180087**	**2413**	**121944**	**-37210**
国有企业	State-owned					
集体企业	Collective-owned	262	124	25	87	-53
股份合作企业	Cooperative					
联营企业	Joint Ownership					
国有联营公司	State Joint Ownership					
集体联营企业	Collective Joint Ownership					
国有与集体联营企业	Joint State Collective					
其他联营企业	Other Joint Ownership					
有限责任公司	Limited Liability Co.	106805	57139	1145	34471	-21674
国有独资企业	State-funded Co.	17533	14102	362	8581	-9452
其他有限责任公司	Other Limited Liability Co.	89272	43037	782	25890	-12222
股份有限公司	Share-holding Co.Ltd.	26115	14024	135	10796	-1472
私营企业	Private Enterprises	225948	108800	1108	76591	-14010
私营独资企业	Private funded	8575	4069	46	2653	-176
私营合伙企业	Private Partnership					
私营有限责任公司	Private Limited Liability Co.	217373	104730	1063	73938	-13834
私营股份有限公司	Private Share-holding Co. Ltd.					
其他企业	Other Enterprises					
港、澳、台商投资企业	**Enterprises with Investment**	**2868**	**1126**		**1744**	**-163**
港澳台资合资经营	Joint-venture Enterprises (HK,Macao & Taiwan)					
港澳台资合作经营	Cooperative Enterprises (HK,Macao & Taiwan)					
港澳台商独资企业	Sole Investment from HK,Macao & Taiwan	2868	1126		1744	-163
港澳台商投资股份有限公司	Share-holding Co.,Ltd.from HK, Macao & Taiwan					
其他港澳台投资	Others					
外商投资企业	**Enterprises With Foreign Investment**	**26548**	**18106**	**121**	**5712**	**-5407**
中外合资经营企业	Joint-venture					
中外合作经营企业	Cooperative					
外资企业	Sole Foreign Investment	26548	18106	121	5712	-5407
外商投资股份有限公司	Share-holding Co. Ltd.					
其他外商投资	Others					
按国民经济行业分	**By Sector**					
正餐服务	Dinner Services	350376	182039	2420	110939	-41123
快餐服务	Fast Food Services	29083	9776	45	18061	-1179
餐饮配送及外卖送餐服务	Catering Distribution and Delivery Service	7683	6101	61	400	-468
饮料及冷饮服务	Cold Drink Services					
其他餐饮服务	Others	1406	1403	8		-9

主要统计指标解释

社会消费品零售总额 指国民经济各行业直接售给城乡居民和社会集团的消费品总额。它是反映各行业通过多种商品流通渠道向居民和社会集团供应的生活消费品总量，是研究国内零售市场变动情况、反映经济景气程度的重要指标。

社会消费品零售总额包括：(1)售给城乡居民作为生活用的商品和修建房屋用的建筑材料；(2)售给社会集团的各种办公用品和公用消费品；(3)售给机关、团体、学校、部队、企业、事业单位的职工食堂和旅店(招待所)附设专门供本店旅客食用，不对外营业的食堂的各种食品、燃料；企业、单位和国营农场直接售给本单位职工和职工食堂的自己生产的产品；(4)售给部队干部、战士生活用的粮食、副食品、衣着品、日用品、燃料；(5)售给来华的外国人、华侨、港澳台同胞的消费品；(6)居民自费购买的中、西药品、中药材及医疗用品；(7)报社、出版社直接售给居民和社会集团的报纸、图书、杂志，集邮公司出售的新、旧纪念邮票、特种邮票、首日封、集邮册、集邮工具等；(8)旧货寄售商店自购、自销部分的商品；(9)煤气公司、液化石油气站售给居民和社会集团的煤气灶具和罐装液化石油气；(10)农民售给非农业居民和社会集团的商品。不包括售给国民经济各部门企业、事业单位(包括国有经济的农场)生产经营用的各种原材料、燃料、设备、工具等和售给批发零售贸易业、餐饮业作为转卖用的商品，旧货寄售商店受托寄售卖出的商品，服务业的营业收入，邮局出售邮票的收入，自来水、电力、煤气生产(供应)单位的产品供应收入，也不包括农民之间的商品销售。

商品销售额 指对本企业(单位)以外的单位和个人出售(包括对境外直接出口)的商品总额。它反映批发零售贸易业在国内市场上销售商品以及出口商品的总量。商品销售额包括：(1)售给个人和社会集团消费用的商品；(2)售给工业、农业、建筑业、运输邮电业、批发零售贸易业、餐饮业、服务业等作为生产、经营使用的商品；(3)售给批发零售贸易业作为转卖或加工后转卖的商品；(4)对国(境)外直接出口的商品。不包括出售本企业(单位)自用的废旧包装用品；未通过买卖行为付出的商品；经本单位介绍，由买卖双方直接结算，本单位只收取手续费的业务；购货退出的商品以及商品损耗和损失等。

餐饮业营业额 指餐饮企业的全部营业额，包括商品零售额和其他服务性收入。其主要反映餐饮企业的经营状况及发展变化趋势。

餐饮业商品零售额 指餐饮企业直接对居民和社会集团零售的各种商品。包括：(1)经烹饪、调制加工后出售的各种食品，如主食、炒菜、凉拌菜等；(2)不经加工直接转卖的各种外购商品，如卷烟、酒、饮料、熟食、水果等；(3)附设非独立核算的销售商品的小卖部出售的各种食品及其他商品。

商品交易市场成交额 指从事生活消费品、生产资料等现货商品交易以及提供相关服务的交易场所的全年商品交易额。包括各类消费市场、生产资料市场等。

Explanatory Notes on Main Statistical Indicators

Total Retail Sales of Consumer Goods refer to the sum of retail sales of consumer goods sold by all sectors of the national economy to urban and rural residents and social groups. This indicator is used to show the supply of consumer goods through various channels to households and institutions, and is very important for the study on changes at the domestic retail market, and on economic cycles.

The retail sales of consumer goods include: (1) commodities sold to urban and rural residents for their daily use and building materials sold to them for the construction or repair of houses; (2) office appliances and supplies sold to institutions; (3) food and fuels sold to canteens of institutions, enterprises, schools, military units and to canteens of hotels and hostels that only serve their guests, and commodities produced by enterprises, institutions or state farms and sold directly to their employees or their canteens; (4) grain and non staple food, clothing, daily articles and fuels sold to military personnel; (5) consumer goods sold to foreigners, overseas Chinese, and Chinese compatriots from Taiwan, Hong Kong and Macao during their stay in the mainland of China; (6) Chinese and western medicines, herbs and medical facilities purchased by residents; (7) newspapers, books and magazines directly sold to residents and social groups by publishers, new and old commemorative stamps, special stamps, first day covers, stamp albums and other stamp collection articles sold by stamp companies; (8) consumer goods purchased and then sold by second hand shops; (9) stoves and other heating facilities and liquefied gas sold by gas companies to households and institutions; and (10) commodities sold by farmers to non agricultural residents and social groups. Excluded under this heading are: raw materials, fuels, equipment, tools sold to enterprises, institutions and state farms for production purpose; commodities sold to trade establishments for reselling; commissioned sales at second hand shops; operational income of urban public utilities; stamps sold at post offices; income of water, power, gas production and supply establishments from the supply of their products; and sales of commodities among farmers.

Total Sales of Commodities refer to value of commodities sold by the establishments to other establishments and individuals (including direct export). This indicator is used to show the total value of sales of commodities at domestic markets and export. The total sales include: (1) goods sold to individuals and social groups for consumption; (2) commodities sold to establishments in industry, agriculture, construction, transportation, post and telecommunications, wholesale and retail trades, catering trade and public utility for their production and operation; (3) commodities sold to wholesale and retail establishments for reselling, with or without further processing; and (4) commodities for direct export to other countries. Excluded are selling of waste packaging materials used by the establishments (units) themselves, commodities transferred without buying or selling procedures, commission income from brokerage in transactions whose settlement is directly handled by buyers and sellers, rejected commodities in the purchase, loss in commodities, etc.

BusinessRevenue of Catering refers to the total turnover of catering enterprises, including retail sales of commodities and other services income. It mainly reflects the management situation and development trend of catering enterprises.

Retail Sales of Commodities in Catering Industry refers to the catering enterprises directly to the residents and social groups retail of various goods. Including: (1) various food sold after cooking and processing, such as: staple food, cooked dishes, cold and dressed dishes and so on. (2) reselling commodities without further processing, such as: cigarettes, liquor, beverage, cooked food, fruits and so on. (3) various food and other commodities sold in and ascent buffets with dependant accounting system.

Turnover in commodity markets refers to the annual turnover of commodities traded on spot commodities such as consumer goods and Means of production, as well as on trading venues providing related services. Including various consumer markets, Means of production markets, etc.

12 对外经济和旅游

Foreign Economics and Tourism

资料整理：郭　琦

Arranged By：Guo Qi

12-1 对外经济贸易
Foreign Trade and Economic

指 标	Item	2005	2010	2015	2020	2021
进出口总额(万元)	**Total Imports and Exports (RMB10 000 yuan)**	**4165757**	**5774292**	**7925407**	**10516252**	**12364898**
出口总额	Total Exports	1666408	2208571	3515123	3490556	4781203
进口总额	Total Imports	2499349	3565721	4410284	7025696	7583695
进出口总额(万美元)	**Total Imports and Exports(USD 10 000)**	**516190**	**871894**	**1278391**	**1518466**	**1913631**
出口总额	Total Exports	206489	333485	567344	504014	740098
进口总额	Total Imports	309701	538409	711047	1014452	1173533
同“一带一路”国家进出口总额(万美元)	**Total Imports and Exports of Belt and Road Countries(USD 10 000)**				**913177**	**1117644**
出口总额	Total Exports				287247	397347
进口总额	Total Imports				625930	720296
外商投资企业进出口额(万美元)	**Total Imports and Exports of Foreign-funded Enterprises(USD 10 000)**	**82872**	**161034**	**132100**	**92777**	**128277**
出口总额	Total Exports	41547	96009	70500	44385	63315
进口总额	Total Imports	41325	65025	61600	48392	64962
实际使用外资额(万美元)	**Total Amount of Foreign Capital Actually Used (USD 10 000)**	**140007**	**355876**	**336629**	**182240**	**31587**
外商投资企业基本情况	**Registered Foreign-funded Enterprises**					
年底登记户数(户)	Number of Registered Enterprises(unit)	914	3693	2967	3329	3200
投资总额(万美元)	Total Investment(USD 10 000)	1264645	2324266	3514212	5608426	6061543
注册资本(万美元)	Registered Capital(USD 10 000)	627138	1223998	1730106	2084437	2373822
#外方	Capital from Foreign Partners	407333	910119	1061594	1367089	1652073

12-2 外贸进出口贸易总额及实际使用外资额

Total Foreign Trade Imports and Exports and Amount of Foreign Investment Actually Used

年 份 Year	按人民币计算(万元) RMB 10 000 Yuan			按美元计算(万美元) USD 10 000			实际使用外资额（万美元） Total Amount of Foreign Capital Actually Used
	进出口总额 Total Imports & Exports	出口总额 Total Exports	进口总额 Total Imports	进出口总额 Total Imports & Exports	出口总额 Total Exports	进口总额 Total Imports	
1965				333		333	
1970				554	158	396	
1975				925	394	531	
1978	2674	1768	906	1552	1026	526	
1980	6555	3970	2585	4397	2663	1734	
1981	10676	8100	2576	6008	4558	1450	
1982	15733	13881	1852	8173	7211	962	
1983	17615	11176	6439	9001	5711	3290	
1984	28557	20661	7896	10912	7895	3017	178
1985	59053	43880	15173	18448	13708	4740	530
1986	89086	63656	25430	23937	17104	6833	664
1987	113130	84310	28820	30398	22654	7744	1120
1988	141303	109390	31913	37968	29393	8575	961
1989	161191	125158	36033	43312	33630	9682	3050
1990	252898	169483	83415	48430	32456	15974	2530
1991	321692	224597	97095	59964	41865	18099	5532
1992	507068	319168	187901	93555	58887	34668	7910
1993	1041650	561843	479807	120283	64878	55405	19213
1994	914685	513373	401312	106128	59565	46563	29086
1995	937671	506785	430886	112310	60840	51470	61801
1996	1038914	569132	469782	124981	68590	56391	38355
1997	1086188	609458	476730	131027	73519	57508	44209
1998	1147173	681635	465538	138581	82343	56238	44253
1999	1330986	750028	580958	160786	90605	70181	40133
2000	1687811	847114	840697	203596	102185	101411	54819
2001	2109035	943996	1165039	254819	114056	140763	47342
2002	2487279	1134776	1352503	300494	137095	163399	58211
2003	2576975	1192581	1384394	311353	144089	167264	66529
2004	3350865	1391710	1959155	404865	168152	236713	89664
2005	4165757	1666408	2499349	516190	206489	309701	140007
2006	4643967	1672155	2971812	594717	214140	380577	196863
2007	5657121	2152965	3504156	774460	294741	479719	238780
2008	6105451	2446445	3659006	893315	357950	535365	285556
2009	4618493	1581088	3037405	676395	231556	444839	318019
2010	5774292	2208571	3565721	871894	333485	538409	355876
2011	7522708	2953377	4569331	1193910	468723	725187	404125
2012	7074817	2495428	4579389	1125667	397045	728622	417665
2013	7311689	2495199	4816490	1199247	409257	789990	484258
2014	8940400	3928200	5012200	1455400	639500	815900	417182
2015	7925407	3515123	4410284	1278391	567344	711047	336629
2016	7727800	2952600	4775300	1170100	447100	723000	396672
2017	9408596	3309115	6099481	1387352	487796	899556	314951
2018	10343500	3786401	6557099	1569027	574660	994367	315869
2019	10977989	3768379	7209610	1594380	546873	1047508	206105
2020	10516252	3490556	7025696	1518466	504014	1014452	182240
2021	12364898	4781203	7583695	1913631	740098	1173533	31587

注：1.本表2003年以后外贸部分数据由呼和浩特海关提供（下同）。

2.从2021年起全区外资工作口径改为商务部统计口径，与之前数据不可比，下表同。

a) Data after 2003 in this table were obtained from the Hohhot Customs statistics.The same as in the following table.

b) Starting from 2021, the caliber of foreign investment work in the region will be changed to the statistical caliber of the Ministry of Commerce, which is not comparable with the previous data,The following table is the same.

12-3 内蒙古同“一带一路”主要沿线国家海关进出口总额(2021年)

Inner Mongolia with “The Belt and Road”Along the Main National Customs Import and Export Volume(2021)

单位：万美元 (USD 10 000)

项 目	Item	进出口总额 Total Imports & Exports	出口总额 Total Exports	进口总额 Total Imports
总计	**Total**	**1117644**	**397347**	**720296**
蒙古	Mongolia	484152	59340	424811
俄罗斯联邦	Russia	267126	54813	212313
越南	Vietnam	56984	56564	420
马来西亚	Malaysia	56858	13767	43090
泰国	Thailand	36325	32471	3855
印度	India	35523	30923	4599
菲律宾	Philippines	24024	14791	9233
印度尼西亚	Indonesia	21377	20640	737
土耳其	Turkey	17246	16894	352
乌克兰	Ukraine	11965	1520	10445
阿联酋	United Arab Emirates	11895	11832	63
沙特阿拉伯	Saudi Arabia	11691	11687	4
埃及	Egypt	9305	9277	28
孟加拉国	Bangladesh	8773	8773	
伊拉克	Iraq	7580	7580	
巴基斯坦	Pakistan	6770	6153	617
以色列	Israel	6729	6727	2
缅甸	Myanmar	5009	4994	15
伊朗	Iran	4365	4230	135
亚美尼亚	Armenia	3391		3391
新加坡	Singapore	2699	2566	134
老挝	Laos	2677	43	2634
乌兹别克斯坦	Uzbekistan	2404	2404	
波兰	Poland	2158	2075	83
柬埔寨	Cambodia	1992	1971	20
哈萨克斯坦	Kazakhstan	1968	945	1023
白俄罗斯	Belarus	1954	1308	646
吉尔吉斯斯坦	Kyrgyzstan	1786	1783	3
约旦	Jordan	1743	1593	150
斯里兰卡	Sri Lanka	1458	1458	
阿曼	Oman	1054	1054	
匈牙利	Hungary	1016	1013	3

12-4 按主要国别(地区)分海关进出口总额(2021年)

Total Value of Imports and Exports by Main Country (Region)(2021)

单位：万美元 (USD 10 000)

项 目	Item	进出口总额 Total Imports & Exports	出口总额 Total Exports	进口总额 Total Imports
总计	**Total**	**1913631**	**740098**	**1173533**
蒙古	Mongolia	484152	59340	424811
俄罗斯联邦	Russia	267126	54813	212313
澳大利亚	Australia	182530	13391	169139
美国	United States	93103	52458	40645
韩国	South Korea	74682	62263	12419
越南	Vietnam	56984	56564	420
马来西亚	Malaysia	56858	13767	43090
日本	Japan	44747	29438	15309
新西兰	New Zealand	42165	1040	41125
中国台湾	Taiwan,China	37961	10292	27669
泰国	Thailand	36325	32471	3855
印度	India	35523	30923	4599
秘鲁	Peru	34464	7051	27412
智利	Chile	29204	6326	22878
德国	Germany	26987	12958	14029
巴西	Brazil	24940	20513	4427
菲律宾	Philippines	24024	14791	9233
中国香港	Hong Kong, China	22264	22250	13
印度尼西亚	Indonesia	21377	20640	737
荷兰	Netherlands	18595	14580	4015
土耳其	Turkey	17246	16894	352
南非	South Africa	16674	4066	12608
瑞典	Sweden	16156	1982	14173
意大利	Italy	14767	11414	3354
墨西哥	Mexico	14503	5617	8886
乌克兰	Ukraine	11965	1520	10445
阿联酋	United Arab Emirates	11895	11832	63
沙特阿拉伯	Saudi Arabia	11691	11687	4
埃及	Egypt	9305	9277	28
英国	United Kingdom	8998	7158	1840
孟加拉国	Bangladesh	8773	8773	
尼日利亚	Nigeria	8771	8771	

12-5 进出口货物分类金额(2021年)

Value of Imports and Exports of Goods by HS Section and Division(2021)

单位：万美元 (USD 10 000)

项 目	Item	出口 Exports	进口 Imports
商品类章	**HS Section and Division**		
矿砂、矿渣及矿灰	Ores,Slag and Ash	14	588291
矿物燃料、矿物油及其蒸馏产品；沥青物质；矿物蜡	Mineral Fuels,Mineral Oils and Products of Their Distillation;Bituminous Substances;Mineral Waxes	13526	212443
有机化学品	Organic Chemicals	170975	3540
钢铁	Iron and Steel	137701	354
木及木制品；木炭	Wood and Articles of Wood;Wood Charcoal	2493	95078
塑料及其制品	Plastics and Articles Thereof	60953	17969
含油子仁及果实；杂项子仁及果仁；工业用或药用植物；稻草、秸秆及饲料	Oil Seeds and Oleaginous Fruits;Miscellaneous Grains,Seeds and Fruit;Industrial or Medicinal Plants;Straw and Fodder	49252	28271
电机、电气设备及其零件；录音机及放声机、电视图像、声音的录制和重放设备及其零件、附件	Electrical Machinery and Equipment and Parts Thereof;Sound Recorders and Reproducers,Television Image and Sound Recorders and Reproducers,and Parts and Accessories of Such Articles	37773	32010
核反应堆、锅炉、机器、机械器具及零件	Nuclear Reactors,Boilers,Machinery and Mechanical Appliances;Parts Thereof	26904	30269
乳品；蛋品；天然蜂蜜；其他食用动物产品	Dairy Produce;Birds' Eggs;Natural Honey;Other Edible Animal Products	1138	47088
无机化学品；贵金属、稀土金属、放射性元素及其同位素的有机及无机化合物	Inorganic Chemicals;Organic or Inorganic Compounds of Precious Metals,of Rare-Earth Metals,of Radioactive Elements or of Isotopes	19821	20822
车辆及其零件、附件，但铁道及电车道车辆除外	Vehicles Other Than Railway or Tramway Rolling-Stock,and Parts and Accessories Thereof	32431	854
肥料	Fertilizers	9303	20180
光学、照相、电影、计量、检验、医疗或外科用仪器及设备、精密仪器及设备；上述物品的零件、附件	Optical,Photographic,Cinematographic,Measuring, Checking,Precision Medical or Surgical Instruments and Apparatus;Parts and Accessories Thereof	19973	6657
羊毛、动物细毛或粗毛；马毛纱线及其机织物	Wool,Fine or Coarse Animal Hair; Horsehair Yarn and Woven Fabric	14489	7086
针织或钩编的服装及衣着附件	Articles of Apparel and Clothing Accessories, Knitted or Crocheted	16981	161
谷物	Preparations of Cereals	866	14539
铝及其制品	Pharmaceutical Products	13861	1288
纸及纸板；纸浆、纸或纸板制品	Paper and Paperboard;Articles of Paper Pulp,of Paper or Paperboard	847	10097
食用蔬菜、根及块茎	Edible Vegetables and Certain Roots and Tubers	10049	6
钢铁制品	Articles of Iron or Steel	8741	868
非针织或非钩编的服装及衣着附件	Articles of Apparel and Clothing Accessories,not Knitted or Crocheted	9390	124
药品	Pharmaceutical Products	8434	453
蔬菜、水果、坚果或植物其他部分的制品	Fish and Crustaceans Molluscs and Other Aquatic Invertebrates	7614	29

12-6 按登记注册类型及行业分实际使用外资额

Total Amount of Foreign Investment Actually Utilized by Status of Registration and Sector

单位：万美元 (USD 10 000)

行 业	Item	2020	2021
总计	**Total**	**182240**	**31587**
按登记注册类型分	**By Status of Registration**		
合资经营企业	Joint Ventures Enterprises	4189	5034
合作经营企业	Cooperative Operation Enterprises	7	
外资企业	Foreign Investment Enterprises	71889	26553
外商投资股份制企业	Foreign Investment Share Enterprises	93388	
合作开发	Cooperative Development		
其 他	Others	12766	
按国民经济行业分	**By Sector**		
农、林、牧、渔业	Farming,Forestry,Animal Husbandry and Fishery	24468	17290
采矿业	Mining	43504	
制造业	Manufacturing	98375	6571
电力、燃气及水的生产和供应业	Production & Supply of Electric Power,Gas and Water	3841	4488
建筑业	Construction		
批发和零售业	Wholesale and Retail Trade	1862	1875
交通运输、仓储和邮政业	Transportation,Storage and Postal Services	16	
住宿和餐饮业	Hotels and Catering Services		15
信息传输、软件和信息技术服务业	Information Transmission,Software and IT Services	1689	
金融业	Banking	843	
房地产业	Real Estate	7642	
租赁和商务服务业	Leasing and Commercial Services		
科学研究和技术服务业	Scientific and Technical Services		1146
水利、环境和公共设施管理业	Water Conservancy,Environment and Public Facilities Administration		
居民服务、修理和其他服务业	Resident Services,Repairs and Other Services		184
教育	Education		
卫生和社会工作	Health and Social Work		18
文化、体育和娱乐业	Culture,Sports & Recreational Services		
公共管理、社会保障和社会组织	Public Administration， Social Security and Social Organizations		
国际组织	International Organizations		

12-7 年末登记外商投资企业行业分布(2021年)

Registration Status of Foreign Funded Enterprises by Sector at Year-end(2021)

行 业	Sector	企业数(户) Number of Registered Enterprises (unit)	投资总额 (万美元) Total Investment (USD 10 000)	注册资本 (万美元) Registers Capital (USD 10 000)	#外 方 Capital Invested by Foreign Partner
总 计	**Total**	**3200**	**6061543**	**2373822**	**1652073**
农、林、牧、渔业	Farming,Forestry,Animal Husbandry and Fishery	77	834741	379607	327624
采矿业	Mining	54	278731	173246	112202
制造业	Manufacturing	246	1055162	516127	348358
电力、热力、燃气及水的生产和供应业	Production and Supply of Electricity, Heat,Gas and Water	88	704373	386556	149033
建筑业	Construction	14	215547	177550	87145
批发和零售业	Wholesale and Retail Trade	525	653230	401470	367380
交通运输、仓储和邮政业	Transportation,Storage and Postal Services	49	141914	63180	39914
住宿和餐饮业	Hotels and Catering Services	245	30978	15301	15020
信息传输、软件和信息技术服务业	Information Transmission, Software and IT Services	1462	16779	7964	6357
金融业	Banking	80	6484	4549	4120
房地产业	Real Estate	27	36161	20541	18295
租赁和商务服务业	Leasing and Commercial Services	184	1740870	138904	107492
科学研究和技术服务业	Scientific and Technical Services	84	217602	62069	50582
水利、环境和公共设施管理业	Water Conservancy,Environment and Public Facilities Administration	18	14315	8263	7118
居民服务、修理和其他服务业	Resident Services,Repairs and Other Services	26	22327	9514	4153
教育	Education	2			
卫生和社会工作	Health and Social Work	9	90342	5342	5141
文化、体育和娱乐业	Culture,Sports & Recreational Services	9	1987	3639	2139
其他	Others	1			

12-8 按国别(地区)分实际使用外资额

Total Amount of Foreign Investment Actually Utilized by Countries or Regions

单位：万美元 (USD 10 000)

项 目	Item	2021
总计	**Total**	**31587**
中国香港	Hong Kong,China	25915
新加坡	Singapore	4919
法国	France	655
日本	Japan	15
意大利	Italy	1
蒙古国	Mongolia	63
俄罗斯	Russia	1
德国	Germany	18

12-9 国内旅游人均花费

Per Capita Spending of Domestic Tourism

项 目	Item	2020	2021
国内旅游过夜游人均花费(元/天)	**Per Capita Spending of Domestic Overnight Tourism (yuan/day)**	**810.23**	**827.00**
交通费	Long Distance Transportation	142.11	179.54
飞机	Air	13.77	32.87
火车高铁	Railway	58.66	44.17
长途汽车	Highway	12.48	6.05
私家车	Private Cars	57.12	96.45
住宿	Accommodation	157.99	132.57
餐饮	Cater	175.58	178.55
景区游览	Visiting	78.51	93.62
娱乐	Entertainment	60.36	40.27
购物	Shopping	125.67	154.90
其他	Other	69.92	47.64

12-10 旅游业基本情况
Basic Statistics on Tourism

指 标	Item	2005	2010	2015	2020	2021
旅行社总数(个)	**Total Number of Agencies(unit)**	**404**	**716**	**969**	**1202**	**1227**
#边境社	Border Agency	13	15	41	49	89
#旅行社分社	Travel Agencies Bureaus		31	163	251	262
旅行社职工人数(人)	**Number of Staff and Workers of Travel Agencies(person)**	**2051**	**6309**	**7050**	**5354**	**4114**
星级宾馆个数(个)	**Total Number of Stars Hotel(unit)**	**202**	**263**	**318**	**235**	**226**
入境旅游人数(人次)	**Total Number of International Tourists Inbound (person-times)**	**1001635**	**1428015**	**1607816**	**86833**	
外国人	Foreigners	995007	1400197	1533523	81879	
港澳同胞	Compatriots from Hong Kong and Macao	5550	17823	45176	4249	
台湾同胞	Compatriots from Taiwan	1078	9995	29117	705	
旅行社组织出境旅游总人数（人次）	**Number of Outbound Tourism of Travel Agency(person-times)**	**25808**	**31100**	**147433**		
国内旅游人数(万人次)	**Number of Domestic Tourism (10 000 person times)**	**2062**	**4478**	**8352**	**12494**	**13127**
旅游总收入(亿元)	**Income of Tourism (100 million yuan)**	**208.09**	**732.70**	**2257.10**	**2406.00**	
国际旅游外汇收入(万美元)	Foreign Exchange Earnings from International Tourism(USD 10 000)	35207	60190	96249	3401	
国内旅游收入(万元)	Earnings from Domestic Tourism (10 000 yuan)	1797200	6929200	21937700	24040647	14604900
国内旅游过夜游人均花费(元/天)	Per Capita Spending of Domestic Overnight Tourism (yuan/day)	363	520	799	810	827

注：由于新冠肺炎疫情影响，2020年旅行社组织出境旅游统计未开展，入境旅游数据统计时间为2020年1月1日-3月27日，2021年旅行社组织出入境旅游统计未开展，下表同。

a)Due to the COVID-19 epidemic ,statistics on outbound tourism organized by travel agencies was not carried out in 2020.The statistical time of inbound tourism data was from January 1,2020 to March 27,2020.Statistics on outbound tourism organized by travel agencies was not carried out in 2021.The following table is the same.

12-11 旅游事业发展情况

Development of Tourism

年 份 Year	旅行社总数（个） Total Number of Agencies (unit)	旅游接待人数（万人次） Number of Tourist Reception(10 000 person-times) 合 计 Total	接待入境旅游者人数 Total Number of International Tourists Inbound	国内旅游人数 Number of Domestic Tourism	旅游总收入 Income of Tourism 合 计 (亿元) Total (100 million yuan)	国际旅游外汇收入（万美元） Earnings from International	国内旅游收入 (亿元) Earnings from Domestic Tourism
1980		0.98	0.98		0.04	50	
1981		1.05	1.05		0.05	55	
1982		1.02	1.02		0.05	64	
1983		1.06	1.06		0.05	61	
1984		1.03	1.03		0.06	70	
1985		1.43	1.43		0.07	82	
1986		1.20	1.20		0.06	73	
1987		1.93	1.93		0.09	108	
1988		1.71	1.71		0.12	141	
1989		0.78	0.78		0.06	68	
1990		1.23	1.23		0.11	137	
1991		146.11	6.11	140	2.21	1220	1.20
1992		220.13	10.13	210	3.78	2026	2.10
1993		338.87	18.87	320	6.13	3773	3.00
1994		381.65	31.65	350	11.76	8750	4.50
1995	23	410.09	30.09	380	13.21	9052	5.70
1996	31	431.48	31.48	400	13.76	9350	6.00
1997	39	514.84	34.84	480	16.88	10700	8.00
1998	27	616.89	36.89	580	20.42	12550	10.00
1999	41	687.15	37.15	650	21.98	12027	12.00
2000	88	774.19	39.20	735	42.72	12645	32.23
2001	141	947.99	39.99	908	62.60	13740	51.33
2002	149	1196.94	43.94	1153	82.20	14935	70.04
2003	220	1035.36	41.36	994	94.74	13836	83.29
2004	293	1590.98	79.99	1511	145.01	25313	124.09
2005	404	2162.20	100.16	2062	208.09	35207	179.72
2006	501	2574.95	123.25	2451.70	279.70	40379	248.24
2007	589	3057.45	149.45	2908.00	390.77	54485	351.01
2008	652	3352.93	154.93	3198.00	468.85	57718	429.50
2009	616	4008.96	128.96	3880.00	611.35	55831	573.22
2010	716	4620.35	142.80	4477.55	732.70	60190	692.92
2011	786	5329.47	151.52	5177.95	889.55	67097	847.28
2012	833	6046.48	159.17	5887.31	1128.51	77196	1080.65
2013	879	6774.61	161.61	6613.00	1403.46	96229	1343.73
2014	897	7582.00	167.12	7414.88	1805.29	100295	1744.97
2015	969	8512.61	160.78	8351.83	2257.10	96249	2193.77
2016	976	9805.32	177.91	9627.41	2714.70	113903	2635.56
2017	1433	11646.02	184.83	11461.19	3440.11	124556	3358.59
2018	1156	13044.15	188.08	12856.07	4011.37	127210	3924.01
2019	1143	19512.48	195.83	19316.65	4651.49	134009	4558.52
2020	1202	12503.07	8.68	12494.39	2406.00	3401	2404.06
2021	1227			13126.81			1460.49

主要统计指标解释

进出口总额 海关进出口总额指实际进出我国国境的货物总金额。包括对外贸易实际进出口货物,来料加工装配进出口货物,国家间、联合国及国际组织无偿援助物资和赠送品,华侨、港澳台同胞和外籍华人捐赠品,租赁期满归承租人所有的租赁货物,进料加工进出口货物,边境地方贸易及边境地区小额贸易进出口货物(边民互市贸易除外),中外合资经营企业、中外合作经营企业、外商独资企业进出口货物和公用物品,到日离岸价格在规定限额以上的进出口货样和广告品(无商业价值、无使用价值和免费提供出口的除外),从保税仓库提取在中国境内销售的进口货物,以及其他进出口货物。进出口总额用以观察一个国家在对外贸易方面的总规模。我国规定出口货物按离岸价格统计,进口货物按到岸价格统计。

商品经营单位所在地进、出口额 指所在地海关注册登记的有进出口经营权的企业实际进、出口额。

利用外资 指我国各级政府、部门、企业和其他经济组织通过对外 借款、吸收外商直接投资以及用其他方式筹措的境外现汇、设备、技术等。

对外借款 是我国利用外资的重要部分。指通过对外正式签订借款 协议,从境外筹措的资金 ,包括外国政府贷款、国际金融组织贷款、外国银行商业贷款、出口信贷以及对外发行债券等。1996 年及以前还包括对外发行股票。

外商直接投资 指外国企业和经济组织或个人(包括华侨、港澳台胞以及我国在境外注册的企业)按我国有关政策、法规,用现汇、实物、技术等在我国境内开办外商独资企业、与我国境内的企业或经济组织共同举办中外合资经营企业,合作经营企业或合作开发资源的投资(包括外商投资收益的再投资),以及经政府有关部门批准的项目投资总额内企业从境外借入的资金。

外商其他投资 指除对外借款和外商直接投资以外的各种利用外资的形式。包括企业在境内外股票市场公开发行的以外币计价的股票(目前主要是在香港证券市场发行的 H 股和在境内证券市场发行的 B 股)发行价总额,国际租赁进口设备的应付款,补偿贸易中外商提供的进口设备、技术、物料的价款,加工装配贸易中外商提供的进口设备、物料的价款。

对外承包工程 指各对外承包公司以招标议标承包方式承揽的下列业务:(1)承包国外工程建设项目,(2)承包我国对外经援项目,(3)承包我国驻外机构的工程建设项目,(4)承包我国境内利用外资进行建设的工程项目,(5)与外国承包公司合营或联合承包工程项目时我国公司分包部分,(6)对外承包兼营的房屋开发业务。对外承包工程的营业额是以货币表现的本期内完成的对外承包工程的工作量,包括以前年度签订的合同和本年度新签订的合同在报告期内完成的工作量。

对外劳务合作 指以收取工资的形式向业主或承包商提供技术和劳动服务的活动。我国对外承包公司在境外开办的合营企业,中国公司同时又提供劳务的,其劳务部分也纳入劳务合作统计。劳务合作营业额按报告期向雇主提交的结算数(包括工资、加班费和奖金等)统计。

对外设计咨询 指以服务成果向业主收费的技术服务项目。包括承担地形地貌测绘,地质资源勘探与普查,建设区域规划,提供设计文件、图纸、生产工艺技术资料和工程技术经济咨询,工程项目的可行性考察、研究和评估,进行技术指导和培训人员等;也包括承担国(境)内利用外资进行建设的工程项目的上述规定的设计咨询项目的收取外币部分。

旅游人数 包括入境国际旅游者人数、出境居民人数和国内旅游者人数。

(1)入境国际旅游者人数:指来中国参观、访问、旅行、探亲、访友、休养、考察、参加会议和从事经济、科技、文化、教育、宗教等活动的外国人、华侨、港澳同胞和台湾同胞的人数。不包括外国在我国的常驻机构,如使领馆、通讯社、企业办事处的工作人员;来我国常住的外国专家、留学生以及在岸逗留不过夜人员。

(2)出境居民人数:指大陆居民因公务活动或私人事务短期出境的人数。公务活动出境居民人数包括在国际交通工具上的中国服务员工,因私出境居民人数不包括在国际交通工具上的中国服务员工。

(3)国内旅游者人数:指我国大陆居民和在我国常住 1 年以上的外国人、华侨、港澳台同胞离开常住地在境内其他地方的旅游设施内至少停留一夜,最长不超过 6 个月的人数。

国际旅游(外汇)收入 指入境旅游的外国人、华侨、港澳同胞和台湾同胞在中国大陆旅游过程中发生的一切旅游支出,对于国家来说就是国际旅游(外汇)收入。

国际旅行社 指经营对外招徕并接待外国人、华侨、港澳同胞和台湾同胞来中国、归国或回内地旅游业务的旅行社。

国内旅行社 指负责经营招徕、组团、接待国内旅客的旅游业务,以及不对外招徕,负责经营接待国际旅行社或其他涉外部门组织的外国人、华侨、港澳同胞和台湾同胞来中国、归国或回内地的旅游业务的旅行社。

星级饭店 指已评定星级的饭店。

Explanatory Notes on Main Statistical Indicators

Total Imports and Exports at Customs refer to the value of commodities imported into and exported from the boundary of China. They include the actual imports and exports through foreign trade, imported and exported goods under the processing and assembling trades and materials, supplies and gifts as aid given gratis between governments and by the United Nation and other international organizations, and contributions donated by over seas Chinese, compatriots in Hong Kong and Macao and Chinese with foreign citizenship, leasing commodities owned by tenant at the expiration of leasing period, the imported and exported commodities processed with imported materials, commodities trading in border areas(excluding mutual exchange goods), the imported and exported commodities and articles for public use of the Sino foreign joint ventures, cooperative enterprises and ventures exclusively with foreign own investment. Also included are import or export of samples and advertising goods for whose CIF or FOB value are beyond the permitted ceiling (excluding goods of no trading or use value and free commodities for export), imported goods sold in China from bonded warehouses and other imported or exported goods. The indicator of the total imports and exports at customs can be used to observe the total size of external trade in a country. In accordance with the stipulation of the Chinese government, imports are calculated at CIF, while exports are calculated at FOB.

Import and Export Value by Location of China′s Foreign Trade Managing Units refers to actual value of imports and exports carried out by corporations which have been registered by the local customhouse and are vested with right to run import export business.

Utilization of Foreign Capital refers to remittance, equipment and technology financed from abroad, by loans, foreign direct investment and other forms undertaken by the Chinese governments at all levels by various departments, enterprises and other economic units.

Foreign Borrowings an important part of China′s utilization of foreign capital, it refers to funds borrowed from abroad through formal signing of borrowing agreements with foreign institutions, including loans of foreign governments, loans of international financial institutions, commercial loans of foreign banks, export credit, and funds raised by Chinese bonds (and shares before 1996) issued abroad.

Direct Investment by Foreign Entrepreneurs refers to the investments inside China by foreign enterprises and economic organizations or individuals (including overseas Chinese, compatriots from Hong Kong and Macao, and Chinese enterprises registered abroad), following the relevant policies and laws of China, for the establishment of ventures exclusively with foreign own investment, Sino-foreign joint ventures and cooperative enterprises or for cooperative exploration of resources with enterprises or economic organizations in China. It includes the reinvestment of the foreign entrepreneurs with the profits gained from the investment and the funds that enterprises borrow from abroad in the total investment of projects which are approved by the relevant department of the government.

Other Investment by Foreign Entrepreneurs refers to all forms of utilization of foreign capitals other than foreign borrowings and foreign direct investment. It includes the total value of stock shares in foreign currencies issued by enterprises at domestic or foreign stock exchanges (now mainly consisting of H shares issued at Hong Kong Security Market and B shares issued at domestic security markets), rent payable for the imported equipment through international leasing arrangement, cost of imported equipment, technology and materials provided by foreign counterparts in compensation trade and processing and assembly trade.

Contracted Projects with Foreign Countries refer to projects undertaken by Chinese contractors (project contracting companies) through bidding process. They include: (1) overseas civil engineering construction projects financed by foreign investors; (2) overseas projects financed by the Chinese government through its foreign aid programs; (3) construction projects of Chinese diplomatic missions, trade offices and other institutions stationed abroad; (4) construction projects in China financed by foreign investment; (5) subcontracted projects to be taken by Chinese contractors through a joint umbrella project with foreign contractor; (6) housing development projects. The business income from international contracted projects is the work volume of contracted projects completed during the reference period, expressed in monetary terms, including completed work on projects signed in previous years.

Service Cooperation with Foreign Countries refers to the activities of providing technology and labour services to employers or contractors in the forms of receiving salaries and wages. Labour services providing by contractual joint ventures of Chinese international contracting corporations should be included in the statistics of service cooperation with foreign countries. The business income of labour service co-operation is the income in the form of wages and salaries, over time pay, bonuses and other remuneration received from the employers during the reference period.

Overseas Design and Consultation Service refers to projects with charges for technical services from overseas operators. It includes geographic and topographic mapping, geological resource prospecting and survey, planning of construction areas, provision of design documents, blueprints, materials on production process and techniques, as well as engineering, technical and economic consultation, and feasibility study, research and evaluation of projects. Also included under this category are the abovementioned services of foreign financed projects in China that are paid in foreign currencies.

Number of Tourists Include international tourists entering into China, Chinese residents going abroad and domestic tourists.

(1) International tourists refer to foreigners, overseas Chinese, Chinese compatriots from Hong Kong, Macao and Taiwan coming to China for sightseeing, visits, tours, family reunions, vacations, study tours, conferences and other activities of a business, scientific and technological, cultural, educational and religious nature. It does not include representatives and employees of resident institutions of foreign countries in China such as embassies, consulates, news agencies and offices of foreign companies and organizations, nor does it include long term foreign experts or students residing in China, or persons in transition without spending a night in China;

(2) Chinese residents going abroad refer to Chinese residents going abroad for short terms for either public business or private purposes. Chinese employees working on international transport carriers are included in those going abroad for public business purpose, not in those for private purpose;

(3) Domestic tourists refer to residents of the mainland of China who stay for one night at least, but no more than 6 months at tourist facilities in other places than their permanent residence within the territory of the Chinese mainland, including foreigners, overseas Chinese and Chinese compatriots from Hong Kong, Macao and Taiwan who have resided in China for over one year.

Foreign Exchange Earnings from International Tourism refer to the total expenditures of foreigners, overseas Chinese, Chinese compatriots from Hong Kong, Macao and Taiwan during their stay in the mainland of China, which are earnings of foreign exchange from international tourism from the point of view from China.

International Travel Agencies refer to travel agencies engaged in the promotion, solicitation, organization and reception of tours to the mainland of China by foreigners, overseas Chinese, Chinese compatriots from Hong Kong, Macao and Taiwan.

Domestic Travel Agencies refer to travel agencies engaged in the promotion, solicitation, organization and reception of domestic tourists, and in the reception of foreigners, overseas Chinese, Chinese compatriots from Hong Kong, Macao and Taiwan organized by international travel agencies or other departments concerned, without their own promotion and solicitation programs.

Star-hotels refer to hotels rated with stars.

13 金融和保险

Finance and Insurance

资料整理：郭雪佩　田英辉　塔米尔

Arranged By：Guo Xuepei　Tian Yinghui　Ta Mier

13-1 银行业金融机构、人员数(2021年末)

Number of Financial Institutions and Employed Persons in Banking(End of 2021)

项 目	Item	机构数(个) Number of Institutions	年末人数(人) Employed Persons (person)
总计	**Total**	**5679**	**95114**
政策性银行	**Policy-related Bank**	**87**	**2065**
国家开发银行	State Development Bank	1	202
进出口银行	Export-import Bank	1	47
中国农业发展银行	Agricultural Development Bank of China	85	1816
国有商业银行	**State-owned Commercial Bank**	**1529**	**36247**
中国工商银行	Industrial and Commercial Bank of China	365	10490
中国农业银行	Agricultural Bank of China	540	10874
中国银行	Bank of China	261	6023
中国建设银行	Construction Bank of China	337	8051
交通银行	Bank of Communications	26	809
股份制商业银行	**Joint-stock Commercial Bank**	**191**	**4831**
中信银行	China Citic Bank	34	854
中国光大银行	China Everbright Bank	20	568
华夏银行	Hua Xia Bank	18	456
招商银行	China Merchants Bank	23	637
上海浦东发展银行	Shanghai Pudong Development Bank	27	560
兴业银行	Industrial Bank	40	863
民生银行	Min Sheng Bank	20	396
渤海银行	Bohai Bank	4	188
平安银行	Ping An Bank	4	182
浙商银行	China Zheshang Bank	1	127
邮政储蓄银行	**Postal Savings Bank**	**811**	**7339**
城市商业银行	**City Commercial Bank**	**527**	**9952**
农村合作金融机构	**Rural Cooperative Financial Institutions**	**2521**	**33699**
农村信用社	Rural Credit Cooperatives	1172	14063
农村商业银行	Rural Commercial Bank	1036	13569
农村合作银行	Rural Cooperative Bank	64	764
村镇银行	Rural and Town Bank	249	5303
农村资金互助社	Rural Fund Cooperation Society		
非银行金融机构	**Non-bank Finance Institutions**	**8**	**568**
企业集团财务公司	Corporate Finance Companies	6	200
信托公司	Trust Corporation	2	368
资产管理公司	**Asset Management Corporation**	**3**	**173**
消费金融公司	**Consumer Financial Company**	**1**	**235**
外资金融机构	**Foreign Financial Institutions**	**1**	**5**

13-2 金融机构人民币信贷收支年末余额

Balance Sheet of Credit Funds of Financial Institutions at Year-end

单位：万元 (10 000 yuan)

项 目	Item	2021
各项存款	**Deposits**	**275340305**
境内存款	**Domestic Deposits**	**275253630**
住户存款	Deposits of Households	171452388
活期存款	Demand	61932602
定期及其他存款	Time Deposit and Others	109519786
非金融企业存款	Deposit of Non-financial Enterprises	57379338
活期存款	Demand	31968628
定期及其他存款	Time Deposit and Others	25410710
广义政府存款	Broad Government Deposit	41368406
机关团体存款	Deposits of Government Departments&Organizations	36264358
财政性存款	Fiscal Deposit	5104048
非银行业金融机构存款	Non-banking Financial Institutions Deposits	5053499
境外存款	**Overseas Deposit**	**86675**
各项贷款	**Loans**	**249650130**
境内贷款	**Domestic Loans**	**249638851**
住户贷款	Household Loans	78137439
短期贷款	Short-term Loans	30025867
消费贷款	Consumer Loans	8494135
经营贷款	Business Loans	21531733
中长期贷款	Medium-term & Long-term Loans	48111572
消费贷款	Consumer Loans	39031949
经营贷款	Business Loans	9079622
企（事）业单位贷款	Business Unit Loans	171501412
短期贷款	Short-term Loans	34951464
中长期贷款	Medium-term&Long-term Loans	122356718
票据融资	Circulated Fund by Bills	13878834
融资租赁	Renting by Circulated Fund	
各项垫款	Money Advanced	314396
非银行业金融机构贷款	Non-banking Financial Institutions Loans	
境外贷款	**Overseas Loans**	**11278**

13-3 大型商业银行人民币信贷收支年末余额

Balance Sheet of Credit Funds of Large Commercial Banks at Year-end

单位：万元 (10 000 yuan)

项 目	Item	2021
各项存款	**Total Deposits**	**144841076**
境内存款	**Domestic Deposits**	**144791105**
个人存款	Individual Deposit	93357845
#活期储蓄存款	Demand	39847630
定期储蓄存款	Time	29710373
结构性存款	Structured Deposits	1194015
单位存款	Corporate Deposit	49818236
#活期存款	Demand	29658405
定期存款	Time	2655904
保证金存款	Margin Deposit	1383930
结构性存款	Structured Deposits	610415
国库定期存款	Treasury Deposit	
非存款类金融机构存款	Non-deposit Financial Institutions Deposit	1615024
境外存款	**Overseas Deposit**	**49971**
各项贷款	**Total Loans**	**140761894**
境内贷款	**Domestic Loans**	**140751056**
短期贷款	Short-term Loans	22219166
个人贷款及透支	Personal Loans & Overdraw	9229637
#个人消费贷款	Personal Consumption Loans	4921542
单位贷款及透支	Unit Loans & Overdraw	12989529
经营贷款及透支	Business Loans& Overdraw	11866575
固定资产贷款	Fixed Assets Loans	131343
并购贷款	M&A Loans	
贸易融资	Trade Financing	991611
非存款类金融机构贷款	Non-deposit Financial Institutions Loans	
中长期贷款	Medium-term & Long-term Loans	113854760
个人贷款	Personal Loans	29726236
#个人消费贷款	Personal Consumption Loans	27776150
单位贷款	Unit Loans & Overdraw	84128524
经营贷款	Business Loans	11311084
固定资产贷款	Fixed Assets Loans	72451521
并购贷款	M&A Loans	362130
贸易融资	Trade Financing	3789
非存款类金融机构贷款	Non-deposit Financial Institutions Loans	
票据融资	Circulated Fund by Bills	4672796
融资租赁	Renting by Circulated Fund	
各项垫款	Money Advanced	4335
境外贷款	**Overseas Loans**	**10838**

13-4 金融机构人民币存、贷款年末余额

RMB Deposits and Loans of Financial Institutions at Year-end

单位：万元 (10 000 yuan)

年 份 Year	各项存款余额合计 Deposits	#企业存款 Deposits of Enterprises	#城乡储蓄存款 Urban and Rural Savings Deposits	各项贷款余额合计 Loans	#工业贷款 Loans to Industrial Enterprises	#商业贷款 Loans to Commercial Enterprises	#农业贷款 Agricultural Loans
1949	140	120		195	92	91	12
1950	1525	635	119	767	75	459	233
1951	4227	1619	219	3312	402	2163	747
1952	9034	3161	397	7089	593	5017	1479
1953	9937	3543	590	16492	1367	13360	1765
1954	12477	4223	1256	33777	2146	29908	1723
1955	17259	4126	1235	40223	2445	36242	1536
1956	15456	6427	2426	40576	3745	30496	6330
1957	19212	5527	3456	45042	3536	36810	4696
1958	50202	14707	5481	66279	12923	48083	5273
1959	62204	11976	7776	140589	49725	86119	4745
1960	83174	14756	10272	177063	85910	84703	6450
1961	76297	19608	5616	173300	59865	105884	7551
1962	66097	31248	3708	140530	37211	93696	9623
1963	63565	27446	4144	107154	25294	73514	8346
1964	86304	19796	5885	98027	25451	72465	111
1965	76946	22060	6913	102246	24133	77336	777
1966	91036	29410	7386	134554	30299	92977	11278
1967	85323	29687	7814	146590	44634	89084	12872
1968	94204	34411	8380	154190	51580	89045	13565
1969	84049	33112	7068	174312	61467	97906	14939
1970	98931	35109	7844	233001	68242	150137	14622
1971	105614	39136	9504	268530	82034	172315	14181
1972	102931	40288	11994	260678	77738	165836	17104
1973	127154	51746	14163	279108	88418	167532	23158
1974	123097	50332	15959	292432	91734	174258	26440
1975	148439	68452	17464	318410	92559	196711	29140
1976	153865	70737	18552	345268	95167	216124	33977
1977	162209	67821	21908	367586	97370	231722	38494
1978	164678	67214	25307	403314	110930	246495	45889
1979	206997	75522	33092	436393	120396	256689	52236

13-4 续表1 Continued

单位：亿元 (100 million yuan)

年 份 Year	各项存款余额合计 Deposits	#企业存款 Deposits of Enterprises	#城乡储蓄存款 Urban & Rural Savings Deposits	各项贷款余额合计 Loans	#工业贷款 Loans to Industrial Enterprises	#商业贷款 Loans to Commercial Enterprises	#农业贷款 Agricultural Loans	#基建贷款 Loans for Capital Construction	#技改贷款 Loans for Technical Innovation
1980	23.12	8.27	4.86	49.29	12.96	29.00	6.75		0.57
1981	29.61	10.40	6.31	55.87	14.18	33.04	6.82		1.47
1982	36.46	11.48	8.45	62.02	14.87	35.50	7.34	1.56	2.64
1983	44.21	12.20	11.26	71.06	17.53	40.23	7.57	2.48	2.85
1984	50.06	16.98	15.56	80.91	21.90	43.47	8.67	2.48	3.23
1985	56.08	16.54	21.01	90.54	27.57	49.05	8.90	2.25	4.29
1986	78.21	29.13	29.07	129.14	37.34	59.02	9.94	4.89	8.25
1987	97.12	33.80	38.97	152.02	43.63	68.95	11.49	9.35	18.90
1988	119.85	40.13	50.83	180.21	53.70	81.92	12.69	6.61	11.92
1989	136.09	38.21	67.96	212.76	68.18	94.41	13.99	7.85	13.98
1990	169.77	42.47	93.44	272.92	86.94	127.22	15.85	10.91	15.87
1991	205.78	48.39	119.36	326.85	101.73	144.76	18.84	22.92	20.16
1992	262.82	78.30	149.72	395.16	115.37	168.38	22.98	35.37	27.59
1993	350.54	77.36	232.14	529.72	137.90	203.31	42.77	60.36	32.79
1994	457.76	113.60	318.32	674.37	161.75	229.02	22.92	105.44	38.24
1995	566.34	130.36	410.82	819.87	187.94	256.67	42.89	153.54	46.63
1996	703.77	165.15	505.38	1002.98	221.58	302.56	51.05	201.19	54.71
1997	845.53	199.33	605.01	1172.17	251.89	346.80	58.27	256.55	58.79
1998	996.61	223.33	707.52	1318.75	281.36	376.43	53.35	288.55	65.29
1999	1092.37	251.22	797.63	1364.17	264.98	379.44	61.43	300.53	63.63
2000	1270.13	304.12	875.74	1340.74	231.32	356.59	69.23	251.36	57.74
2001	1498.79	375.06	986.73	1470.75	257.07	343.71	87.41	304.13	59.47
2002	1735.26	422.71	1138.10	1649.78	279.60	340.25	104.13	428.02	13.98
2003	2090.98	544.24	1355.66	1924.13	326.46	312.17	113.66	534.28	22.24
2004	2576.37	690.07	1603.88	2239.76	333.06	295.63	141.30	689.77	30.22
2005	3298.15	844.82	1973.60	2588.57	321.62	346.53	175.01	884.17	35.83
2006	4036.56	1032.68	2271.34	3205.19	456.11	354.90	192.13	1150.37	25.96
2007	4953.70	1364.57	2541.92	3767.74	495.38	376.40	229.43	1321.65	18.84
2008	6341.03	1752.62	3211.66	4527.86	544.71	419.65	313.81	1595.39	41.09
2009	8373.70	2659.09	3913.95	6292.52	640.82	490.81	451.50	2310.23	66.88
2010	10278.69	3107.29	4618.11	7919.47					

13-4 续表2 Continued

单位：亿元 (100 million yuan)

年 份	各项存款余额合计 Deposits	#单位存款 Corporate Deposit	#活期存款 Demand	#个人存款 Individual Deposit	#储蓄存款 Savings Deposit	各项贷款余额合计 Loans	#短期贷款 Short-term Loans	#中长期贷款 Medium-term & Long-term Loans
2010						7919.47	2709.41	5136.53
2011	12063.72	5797.88	3849.84	5431.10	5423.06	9727.70	3567.30	6070.41
2012	13612.72	6200.63	3984.59	6656.64	6597.22	11284.20	4366.00	6771.67
2013	15205.69	6830.96	4268.91	7661.19	7455.17	12944.17	5242.18	7467.34
2014	16217.57	7093.01	4270.59	8317.32	8013.74	14947.07	5974.90	8593.58

13-4 续表3 Continued

单位：亿元 (100 million yuan)

年 份	各项存款余额合计 Deposits	#住户存款 Household Deposits	#活期存款 Demand	#非金融企业存款 Non-financial Enterprises and Organizations Deposits	#广义政府存款 The General Government Deposits	各项贷款余额合计 Loans	#住户贷款 Household Loans	#企（事）业单位贷款 Business Unit Loans
2015	18077.60	8999.44	4302.72	4959.57	3517.66	17140.67	4223.58	12908.12
2016	21165.62	9960.13	4836.60	5959.17	4315.96	19361.01	4618.74	14739.93
2017	22952.80	10730.04	5061.89	6748.14	4286.49	21456.03	5220.06	16234.84
2018	23261.35	11966.08	5185.78	6222.61	4427.79	22085.22	5837.77	16240.25
2019	23645.13	13587.32	5626.33	5178.61	4232.71	23085.12	6510.29	16570.46
2020	24969.98	15302.78	5944.95	5089.62		23249.19	7005.04	16243.78
2021	27534.03	17145.24	6193.26	5737.93	4136.84	24965.01	7813.74	17150.14

13-5 社会融资规模情况

Basic Statistics on Aggregate Financing to the Real Economy

单位：亿元 (100 million yuan)

项　目	Item	2020	2021
社会融资规模增量（亿元）	**AFRE(flow)(100 million yuan)**	**1095.01**	**2329.75**
#人民币贷款	RMB Loans	168.08	1715.06
外币贷款(折合人民币)	Foreign Currency-denominated Loans(RMB equivalent)	-0.92	9.18
委托贷款	Entrusted Loans	15.55	93.79
信托贷款	Trust Loans	-40.01	-95.71
未贴现银行承兑汇票	Undiscounted Bankers'Acceptances	-113.47	-258.48
企业债券	Net Financing of Corporate Bonds	-292.61	-178.53
地方政府专项债券	Local Government Special Bonds	967.95	580.53
非金融企业境内股票融资	Equity Financing on the Domestic Stock Market by Non-financial Enterprises	24.49	163.11

13-6 金融机构人民币法定存款基准利率

Official Interest Rates of Deposits of Financial Institutions

单位：年利率% (annual interest rate%)

项　目	Item	2015年3月1日 Mar. 1,2015	2015年5月11日 May. 11,2015	2015年6月28日 June. 28,2015	2015年8月26日 Aug. 26,2015	2015年10月24日 Oct. 24,2015
活期存款	**Demand**	**0.35**	**0.35**	**0.35**	**0.35**	**0.35**
定期存款	**Time**					
#整存整取	Lump-sum time					
三个月	3-Months	2.10	1.85	1.60	1.35	1.10
半年	6-Months	2.30	2.05	1.80	1.55	1.30
一年	1-Year	2.50	2.25	2.00	1.75	1.50
二年	2-Year	3.10	2.85	2.60	2.35	2.10
三年	3-Year	3.75	3.50	3.25	3.00	2.75
#零存整取、整存零取、存本取息	Installment fixed deposits admission is the entire deposit					
一年	1-Year	2.10	1.85	1.60	1.35	1.10
三年	3-Year	2.30	2.05	1.80	1.55	1.30
五年	5-Year	2.50				
#定活两便	Time-demand Deposit	一年内定期整存整取同档次利率打六折				
协定存款	**Negotiated Deposit**	**1.15**	**1.15**	**1.15**	**1.15**	**1.15**
通知存款	**Call Deposit**					
一天	1-day	0.80	0.80	0.80	0.80	0.80
七天	7-day	1.35	1.35	1.35	1.35	1.35

13-7 金融机构人民币法定贷款基准利率

Official Interest Rates of Loans of Financial Institutions

单位：年利率% (annual interest rate%)

项 目	Item	2014年11月12日 Nov. 12,2014	2015年3月1日 Mar. 1,2015	2015年5月11日 May. 11,2015	2015年6月28日 June. 28,2015	2015年8月26日 Aug. 26,2015	2015年10月24日 Oct. 24,2015
短期贷款	**Short-term Loans**						
一年以内（含一年）	Less than 1 year (Include 1 year)	5.60	5.35	5.10	4.85	4.60	4.35
中长期贷款	**Medium-term & Long-term Loans**						
一至五年（含五年）	1 to 5 years (Include the fifth year)	6.00	5.75	5.50	5.25	5.00	4.75
五年以上	longer than 5-year	6.15	5.90	5.65	5.40	5.15	4.90
贴现	**Discounting**	以再贴现利率为下限加点确定					
个人住房公积金贷款	**Personal Housing Accumulation Fund Loan**						
五年以下（含五年）	Less than 5-year (Include the fifth year)	3.75	3.50	3.25	3.00	2.75	2.75
五年以上	longer than 5-year	4.25	4.00	3.75	3.50	3.25	3.25

13-8 委托贷款金额

Amount of Entrusted Loan

单位：万元 (10 000 yuan)

项 目	Item	2021
委托贷款总计	**Total Entrusted Loan**	**19446276**
一般委托贷款	**General Entrusted loan**	**17967826**
受金融机构委托发放的委托贷款	**Entrusted Loans Granted by Financial Institutions**	**463334**
发放给广义政府的委托贷款	Entrusted Loan to Broad Government	
发放给金融机构的委托贷款	Entrusted Loan to Financial Institution	
发放给企业及各类组织的委托贷款	Entrusted Loan to Enterprise and Various Organizations	459705
发放给个人的委托贷款	Entrusted Loan to Individuals	3629
受非金融机构委托发放的委托贷款	**Entrusted Loans Granted by Non-financial Institutions**	**17504492**
发放给广义政府的委托贷款	Entrusted Loan to Broad Government	51704
发放给金融机构的委托贷款	Entrusted Loan to Financial Institution	5000
发放给企业及各类组织的委托贷款	Entrusted Loan to Enterprise and Various Organizations	5881397
发放给个人的委托贷款	Entrusted Loan to Individuals	11566390
现金管理项下委托贷款	**Entrusted Loans Under Cash Management**	**1478450**

13-9 新上市公司股票发行筹资情况

Issuing Summary for Stocks of New Listed Companies

年 份 Year	股票发行量 (万股) Amount Issued (10 000 shares)	A股 A Share	B股 B Share	A、B股配股 A & B Shares Rights Issued	H股 H Share	股票筹资额 (亿元) Raised Capital (100 million yuan)	A股 A Share	B股 B Share	A、B股配股 A & B Shares Rights Issued	H股 H Share
1989	1820	1820				0.50	0.50			
1994	5000	5000				1.95	1.95			
1995	11000		11000			4.38	4.38			
1996	6520	5020		1500		3.46	2.86		0.60	
1997	51800	22200	16600	13000		25.36	10.83	5.61	8.92	
1998	32852	13100	19752	23		8.37		14.35		
1999	13095			13095		9.71		9.71		
2000	38230	30800		7430		32.58	24.10		8.48	
2001	44720	43000		1720		33.84	31.57		2.27	
2002	15896	15896				17.95	17.95			
2003	1258			1258		7.84			7.84	
2004	40000	5000			35000	17.78	3.49			14.29
2005	14000	14000				4.68	4.68			
2006										
2007	7800	7800				7.64	7.64			
2008						57.21	57.21			
2009						47.88	47.88			
2010	1900	1900				5.50	5.50			
2011	13900	13900				31.71	31.71			
2012	6159	6159				8.95	8.95			
2013	2500	2500				2.27	2.27			
2014										
2015										
2016										
2017										
2018										
2019										
2020										
2021		30732					29.51			

注：数据来源于中国证券监督管理委员会内蒙古监督局，H股数据不掌握。
a)Data is from Inner Mongolia Regulatory Bureau of China Securities Regulatory Commission,data on H share is lacking.

13-10 保险公司主要指标(2021年)

Main Indicators of Insurance Companies (2021)

项 目	Item	原保险保费收入(万元) Premium of Primary Insurance (10 000 yuan)	赔付支出(万元) Payment (10 000 yuan)
总 计	**Total**	**7566270.74**	**2585148.37**
财产保险公司	**Property Insurance Companies**	**2343057.33**	**1526459.51**
企业财产保险	Enterprise Property Insurance	78766.01	50252.69
家庭财产保险	Family Property Insurance	9317.08	5130.13
机动车辆保险	Motor Vehicle Insurance	1122195.10	760931.65
工程保险	Construction and Installation Projects	11879.24	7608.09
责任保险	Liability Insurance	131702.48	60995.83
信用保险	Credit Insurance	1623.42	13716.09
保证保险	Guarantee Insurance	141301.08	94190.08
船舶保险	Ship Insurance	2494.47	489.84
货物运输保险	Freight Transport Insurance	7520.33	2965.62
特殊风险保险	Other Property Insurance	296.79	811.68
农业保险	Agriculture Insurance	538872.46	336247.85
健康保险	Health Insurance	198025.31	161247.72
意外伤害保险	Unforeseen Human Injury Insurance	91277.29	26146.16
其他保险	Other Insurance	7786.28	5725.77
人寿保险公司	**Life Insurance Companies**	**5223213.41**	**1058688.86**
人寿保险	Life Insurance	3900024.50	732440.17
健康保险	Health Insurance	1254027.24	303964.71
意外伤害保险	Unforeseen Human Injury Insurance	69161.67	22283.98

13-11 银行卡业务基本情况

Basic Conditions of Bank Card Business

项　目	Item	2020	2021
银行卡年度活卡量（万张）	**Annual Number of Active Bank Card(10 000 pieces)**	**29733220**	**25347488**
信用卡	Credit Card	13683665	12829203
银行卡	Bank Card	11272636	10709889
其他	Others	2411029	2119314
借记卡	Debit Card	16049555	12518285
银行卡	Bank Card	15535504	12285227
其他	Others	514051	233058
银行卡受理商户、机具	**Accepting Bank Card Business, Equipment**		
特约商户(户)	Special Merchant(enterprise)	390237	370565
销售终端(台)	POS(set)	429712	420345
自动柜员机(台)	ATM(set)	21877	12335
银行卡跨行交易量（本年累计）	**Volume of Inter Bank Trading (Accumulative Total for The year)**		
清算笔数(万笔)	Settlement Amount(10 000 items)	46815.70	33563.01
ATM交易量	Volume of ATM	1683.63	1435.88
POS机交易量	Volume of POS	23893.14	20646.65
非传统渠道交易量	Volume of Non traditional channel	21238.93	11480.48
清算金额(亿元)	Amount of Settlement(100 million yuan)	18944.16	12226.28
ATM交易量	Volume of ATM	392.03	349.34
POS机交易量	Volume of POS	10525.01	10622.89
非传统渠道交易量	Volume of Non traditional channel	8027.12	1254.05

13-12 银行卡清算金额情况

Amount of Settlement of Bank Cards

单位：亿元 (100 million yuan)

项 目	Item	2020	2021
宾馆类	Hotel	593.85	658.25
餐饮类	Dining	653.48	830.56
珠宝、工艺类	Jewelry	669.50	529.47
娱乐类	Recreation	739.29	782.18
房地产类	Real Estate	564.68	464.07
汽车销售类	Car Sales	254.66	315.70
典当拍卖信托类	Pawning Auction Trust	6580.62	
旅游售票类	Travel Ticket Sales	237.13	209.03
日用百货类	General Merchandise for Daily Use	3427.82	3805.63
食品药品类	Food and Drug	388.14	443.28
一般服务类	General Services	1563.70	1449.15
专业服务类	Professional Services	841.98	610.70
一般票据类	General Bills	445.95	399.15
批发类	Wholesale	504.05	526.25
加油类	Oil	159.66	64.11
超市类	Supermarket	196.88	79.67
大型家电专卖类	Large Household Appliance Monopoly	132.50	144.51
航空售票类	Air Ticket Sales	4.51	3.39
铁路售票类	Railway Ticket Sales	0.24	0.16
其他客运类	Other Passenger Transport	1.59	2.72
信用卡还款类	Credit Card Repayment	83.60	73.05
保险类	Insurance	42.93	2.12
公共事业类	Public Services	65.80	49.39
政府类	Government	526.38	407.52
便民类	Convenient For People	13.25	13.67
医疗机构类	Medical Institutions	107.75	87.44
教育机构类	Educational Institutions	10.03	9.98
慈善与社会服务类	Philanthropy and Social Services	6.04	7.95
烟草类	Tobacco	125.92	213.74
其他类	Other Category	2.21	2.82

主要统计指标解释

信贷资金 指金融机构以信用方式积聚和分配的货币资金。金融机构信贷资金的来源有各项存款、对国际金融机构负债、流通中货币、银行自有资金及当年结益等;信贷资金的运用有各项贷款、黄金占款、外汇占款、财政借款及在国际金融机构中的资产等。

存款 指企业、机关、团体或居民根据资金必须收回的原则,把货币资金存入银行或其他信用机构保管并取得一定利息的一种信用活动形式。根据存款对象的不同可划分为企业存款、财政存款、机关团体存款、基本建设存款、城镇储蓄存款、农村存款等科目。它是银行信贷资金的主要来源。

贷款 指银行或其他信用机构根据资金必须归还的原则,按一定利率,为企业、个人等提供资金的一种信用活动形式。我国银行贷款分为流动资金贷款、固定资产贷款、城乡个体工商户贷款以及农业贷款等科目。

中资保险公司 指中国公民、法人或其他组织出资(含外资参股)设立的保险公司。

保险金额 指保险人承担赔偿或者给付保险金责任的最高限额。

保费 指投保人为取得保险人在约定范围内所承担赔偿责任而支付给保险人的费用。

赔款 指保险人根据保险合同的规定,向被保险人支付的赔偿保险责任损失的金额。

给付 包括死伤医疗给付和满期给付。死伤医疗给付是指保险人根据人寿保险及长期健康保险合同的规定,因被保险人在保险期内发生保险责任范围内的保险事故支付给被保险人(或受益人)的金额。满期给付是指被保险人生存期满,保险人按人寿保险合同规定支付给被保险人的满期保险金额。

Explanatory Notes on Main Statistical Indicators

Credit Funds refer to the funds issued as loans by banking institutions. The sources of credit funds of the banking institutions included deposits, Liabilities to international financial institutions, currency in circulation, self-owned funds and current retained profits, etc. The credit funds can be used in forms of loans, gold, foreign exchange, government debt and assets in the international financial institutions.

Deposit is a form of credit by which enterprises, institutions, organizations or households can put money into banks and other credit institutions for safekeeping and interest earning under the principle of free withdrawal. According to different depositors, deposits are divided into enterprise deposits, treasury deposits, deposits of government agencies and organizations, capital construction deposits, urban savings deposits, rural deposits and other deposits. Deposits are major sources of the credit funds of banks.

Loan is a form of credit by which banks and other credit institutions provide funds at certain interest rate to enterprises and individuals in the light of the principle of unconditional repayment. Loans from Chinese banks include circulating capital loans, fixed assets loans, loans to urban and rural individuals engaged in industrial and commercial business and agricultural loans.

Insurance Companies Funded with Chinese Capital refer to insurance companies established with capitals from Chinese citizens, corporate institutions or other organizations (including companies with shares from foreign capital).

Amount Insured refers to the maximum that the insurant will get for the claim of the case insured.

Premium is the fee paid by the insurant to the insurer to obtain the obligation of compensation from the insurance within the agreed terms.

Settled Claim is the compensation paid by the insurer to the insurant in accordance with the insurance contract.

Payment includes payment for death, injury or medical treatment and mature payment. Payment for death, injury or medical treatment refers to the money paid to the insurant (or the beneficiary) in accordance with the life or health insurance contract when the insurant encounters accidents within the insured period covered in the contract. Mature payment refers to the mature payment to the insurant in accordance with the life insurance contract at the end of the insured period.

14 交通运输与邮电

Transport,Postal and Telecommunication Services

资料整理：杜勇慧

Arranged By：Du Yonghui

14-1 交通运输业基本情况
Basic Conditions of Transportation

指 标	Item	2020	2021
运输线路长度(公里)	**Length of Transportation Routes(km)**	**226810**	**229215**
铁路营业里程	Railways in Operation	14190	14209
公路里程	Highways	210217	212603
等级公路	Expressway and Class I to IV Highways	205314	208632
#高速公路	Expressway	6985	6985
一级公路	First Class	8785	8984
二级公路	Second Class	19912	20817
等外路	Highway Below Class IV	4903	3972
内河	Navigable Inland Waterways	2403	2403
客运量总计(万人)	**Total Passenger Traffic(10 000 persons)**	**7395**	**7272**
铁路	Railways	3298	3597
公路	Highways	3224	2686
民用航空	Civil Aviation	873	989
旅客周转量总计(亿人公里)	**Total Passenger Kilometers(100 million passenger-km)**	**164.90**	**164.82**
铁路	Railways	115.50	130.62
公路	Highways	49.40	34.20
货运量总计(万吨)	**Total Freight Traffic(10 000 tons)**	**170550**	**211904**
铁路	Railways	61545	79053
公路	Highways	109002	132847
民用航空	Civil Aviation	3.26	3.60
货物周转量总计(亿吨公里)	**Total Freight Ton-kilometers(100 million ton-km)**	**4431.47**	**4891.69**
铁路	Railways	2542.68	2673.19
公路	Highways	1888.79	2218.50
民用汽车拥有量(辆)	**Number of Civil Motor Vehicles Owned(unit)**	**6301175**	**6737394**
#载客汽车辆数(辆)	Number of Buses and Cars(unit)	5409977	5784739
载货汽车辆数(辆)	Number of Trucks(unit)	858726	917303
登记注册船舶(艘)	**Registered Ships(unit)**	**849**	**926**

注：1. 公路部门营运汽车统计口径为全社会营运汽车。

2. 表中民用航空客运量为机场旅客发运量，民用航空货运量为机场货物发送量，下同。

3. 2013年-2018年铁路数据为各铁路分局加总数据，2020年使用国家反馈数，2019年数据按照国家反馈结果进行了调整，下表同。

a)The statistical coverage of the vehicles under operation by highway departments refer to the vehicles under operation of all society.

b)The passenger traffic of civil aviation in this table refer to the airport passengers,the freight traffic of civil aviation refer to the freight throughput of airport.same as follow.

c)The railway data from 2013 to 2018 are the aggregate data of each railway branch, and the national feedback data are used in 2020, and the data of 2019 are adjusted according to the national feedback results,same as follow.

14-2 主要交通运输工具和线路里程

Major Tools and Length of Transports

年 份 Year	载货汽车 (辆) Trucks (unit)	载客汽车 (辆) Buses and Cars (unit)	铁 路 Railways		铁路线路里程 (公里) Length of the Railway Lines(km)	公路线路里程 (公里) Total Length of Highways (km)
			机 车(台) Locomotives (unit)	客 车(辆) Passenger Coaches (unit)		
1947	76	18			1557	1974
1948	81	25			1557	1872
1949	89	25			1557	2394
1950	227	53			1557	3259
1951	343	78			1557	4037
1952	344	101			1574	4821
1953	617	173			1574	5495
1954	1066	269			1912	6253
1955	1750	391			1912	8325
1956	2459	496			2106	11501
1957	2828	641			2404	13020
1958	3492	797			2644	18020
1959	4100	996			3091	18752
1960	5198	1061			3222	21131
1961	5446	970			3219	21131
1962	5595	1003			3222	22804
1963	5398	1033			3190	22195
1964	5871	1000			3299	22103
1965	6335	1348			3541	25688
1966	7335	1718			3635	25180
1967	6905	1605			3496	24407
1968	7110	1669			3496	25234
1969	7007	1781			3590	25676
1970	8174	2027			3593	27605
1971	9140	2316			3491	31355
1972	11061	2852			3537	34676
1973	14388	3733			3747	29043
1974	15496	4237			3747	30308
1975	19611	5172			3747	31362
1976	23281	6046			3697	33414
1977	25001	6448			3755	36471
1978	29027	7669			3803	37535
1979	33011	8476			3760	23769
1980	38647	9969			4361	35016
1981	42482	11842	341	601	4379	35856
1982	47125	13254	500	910	4360	36828
1983	49674	14087	507	955	4360	37939
1984	51663	15405	562	1003	4355	37456
1985	57354	19078	532	838	4364	38198
1986	66258	23409	627	1121	4416	40380
1987	68618	24883	667	1282	4832	41984
1988	71856	29940	706	1275	4836	42800
1989	77909	32634	691	1339	4916	43080

14-2 续表 Continued

年 份 Year	载货汽车(辆) Trucks (unit)	载客汽车(辆) Buses and Cars (unit)	铁 路 Railways		铁路线路里程(公里) Length of the Railway Lines(km)	公路线路里程(公里) Total Length of Highways (km)
			机 车(台) Locomotives (unit)	客 车(辆) Passenger Coaches (unit)		
1990	87161	35763	676	1471	5001	43274
1991	95489	41081	686	1522	5001	43396
1992	103757	47958	661	1473	5034	43704
1993	115807	58084	641	1561	5034	43789
1994	118985	65374	668	1661	4991	44202
1995	131055	85825	759	1802	5935	44753
1996	111675	94187	789	1802	6027	45744
1997	130350	118978	650	1771	6049	49992
1998	142255	144216	745	1694	6049	58430
1999	157377	169241	838	1595	6140	63824
2000	167004	188154	883	1818	5967	67346
2001	180481	241364	865	1886	6027	70408
2002	182971	237719	898	1903	6191	72673
2003	202306	286481	912	1757	6204	74135
2004	240591	341371	892	1753	6108	75976
2005	248809	384575	892	1753	6373	124465
2006	284285	513375	980	1492	6525	128762
2007	305163	643648	1123	1324	6006	138610
2008	338015	811922	1715	2033	7222	147288
2009	421962	1061527	837	1391	7630	150756
2010	485141	1371936	700	1528	9175	157994
2011	545221	1761036	726	1678	8745	160995
2012	477214	2159439	831	1692	9788	163763
2013	499608	2544640	1410	1693	10411	167515
2014	511683	2886157	1362	1747	10423	172167
2015	492265	3220350	1227	1956	11890	175374
2016	514168	3646836	1335	2052	12164	196061
2017	559673	4217186	1264	2031	12395	199423
2018	609978	4682082	1399	2011	12486	202641
2019	664736	5073147	1508	1978	13016	206089
2020	858726	5409977			14190	210217
2021	917303	5784739			14209	212603

14-3 客货运输量
Passenger Traffic and Freight Traffic

年份 Year	客运量 (万人) Passenger Traffic (10 000 persons)	铁路 Railways	公路 Highways	航空 Civil Aviation	货运量 (万吨) Freight Traffic (10 000 tons)	铁路 Railways	公路 Highways	航空 Civil Aviation
1949			0.6			0.2	0.2	
1950			0.8		0.2		0.2	
1951			3.0		396	391	5	
1952			16		447	417	30	
1953			39		755	526	229	
1954			58		1168	694	474	
1955			87		1433	496	937	
1956			131		2093	622	1471	
1957			189		2224	739	1485	
1958			181		3390	1039	2351	
1959	1238	993	245		6911	2657	4254	
1960	1754	1456	298		5986	3289	2697	
1961	2022	1723	299		3749	2355	1394	
1962	1869	1585	284		2729	1754	975	
1963	1416	1118	298		2235	1434	801	
1964	1268	914	354		2756	1640	1116	
1965	1320	852	468		3614	2060	1554	
1966	1463	836	627		4160	2425	1735	
1967	1688	978	710		4409	2881	1528	
1968	1651	990	661		3284	1889	1395	
1969	1546	1046	500		3200	1792	1408	
1970	1688	1016	672		4625	2882	1743	
1971	1865	1080	785		4964	2749	2215	
1972	2223	1164	1059		5387	2859	2528	
1973	2338	1199	1139		5377	2668	2709	
1974	2364	1161	1203		5453	2604	2849	
1975	2599	1324	1275		6325	3190	3135	
1976	2588	1300	1288		6487	3114	3373	
1977	3017	1564	1453		7399	3529	3870	
1978	3422	1753	1669		8213	3861	4352	
1979	3470	1689	1781		8046	3924	4122	
1980	4162	1994	2164	4	7653	4142	3511	0.05
1981	4250	2071	2176	3	7305	3989	3316	0.05
1982	4926	2288	2635	3	8314	4317	3997	0.04
1983	5703	2556	3145	2	9103	4542	4561	0.04
1984	6313	2738	3573	2	10149	4957	5192	0.03
1985	6673	2784	3884	5	11588	5510	6078	0.13
1986	7612	2833	4775	4	15348	5638	9710	0.06
1987	8493	2965	5509	19	16979	6065	10914	0.06
1988	9518	3242	6242	34	18533	5296	13237	0.06
1989	9411	2997	6405	9	22515	6678	15837	0.06

14-3 续表 Continued

年 份 Year	客运量 (万人) Passenger Traffic (10 000 persons)	铁路 Railways	公路 Highways	航空 Civil Aviation	货运量 (万吨) Freight Traffic (10 000 tons)	铁路 Railways	公路 Highways	航空 Civil Aviation
1990	10475	2433	8012	30	26676	6909	19767	0.17
1991	9148	2565	6543	40	25678	7027	18651	0.24
1992	10406	2801	7567	38	29126	7198	21928	0.34
1993	11165	3014	8108	43	31708	7587	24121	0.41
1994	15294	3042	12162	90	31386	7812	23573	0.90
1995	18273	2909	15248	116	32732	8347	24384	1.13
1996	18099	2563	15418	118	34321	9435	24885	1.15
1997	19148	2735	16287	126	39008	9960	29047	1.27
1998	20205	2542	17552	111	39564	8227	31336	1.17
1999	21498	2824	18576	98	41652	8747	32903	1.90
2000	23549	3378	20061	110	44629	9648	34979	2.00
2001	24133	2956	21041	136	45962	9816	36145	0.90
2002	25376	2824	22421	132	47879	10639	37239	1.00
2003	23521	2552	20831	138	50046	11513	38532	1.10
2004	28954	3235	25510	209	61259	18560	42697	1.60
2005	32114	3259	28604	251	73082	22060	51020	2.00
2006	35512	3437	31817	258	84137	25157	58978	1.98
2007	38781	3489	35039	253	102907	29605	73300	1.79
2008	20259	3876	16207	176	100012	39070	60941	1.07
2009	22259	4093	17998	168	116508	45675	70832	1.00
2010	24343	4136	19830	377	132205	47040	85162	3.11
2011	26420	4156	21807	457	146589	42934	103651	3.63
2012	28188	4273	23310	605	168078	42813	125260	4.68
2013	21751	4866	16184	701	173909	76849	97058	2.07
2014	19034	4797	13495	742	204299	77593	126704	2.24
2015	16986	5117	11017	852	186160	66653	119500	2.89
2016	16697	5394	10347	956	200471	69855	130613	2.78
2017	16061	5452	9421	1188	227455	79969	147483	2.86
2018	14613	5451	7822	1340	247870	87849	160018	2.91
2019	13601	5640	6518	1443	182707	71828	110875	3.62
2020	7395	3298	3224	873	170550	61545	109002	3.26
2021	7272	3597	2686	989	211904	79053	132847	3.60

注：2013年以后,民航货运量为货邮发运量口径。
a) After 2013, the statistical coverage of the freight traffic of civil aviation refer to the freight volume coverage.

14-4 客货周转量

Passenger-kilometers and Freight Ton-kilometers

年 份 Year	旅客周转量 (亿人公里) Passenger-kilometers (100 million passenger-km)	铁 路 Railways	公 路 Highways	货物周转量 (亿吨公里) Freight Ton-kilometers (100 million ton km)	#铁 路 Railways	#公 路 Highways
1980	43.19	31.84	11.35	174.92	164.78	10.14
1981	45.70	34.33	11.22	252.36	243.98	8.38
1982	52.06	37.50	14.40	299.40	288.62	10.78
1983	61.41	43.92	17.36	348.97	335.57	13.40
1984	70.76	50.29	20.34	391.94	376.45	15.49
1985	82.53	58.34	23.86	442.51	424.30	18.20
1986	90.85	62.57	28.03	470.56	449.30	21.26
1987	100.92	65.55	33.78	492.62	469.12	23.50
1988	115.69	74.49	37.58	491.93	466.08	25.85
1989	111.29	68.18	39.84	579.63	501.93	77.70
1990	99.01	57.54	38.07	621.90	519.41	102.49
1991	104.90	60.64	40.06	608.08	505.15	102.93
1992	113.60	69.24	40.26	655.89	515.18	137.56
1993	152.95	74.44	74.03	697.86	546.50	151.36
1994	174.86	75.09	89.55	734.25	586.94	143.85
1995	173.58	71.97	89.85	785.12	625.56	159.56
1996	167.10	63.79	90.68	832.66	658.96	170.11
1997	180.27	69.14	97.69	881.49	695.86	182.18
1998	187.91	76.13	100.44	844.35	657.08	187.27
1999	205.50	88.00	108.18	898.80	701.00	197.75
2000	219.10	92.30	116.30	1041.20	828.60	211.80
2001	225.30	89.70	121.90	1090.10	869.70	220.30
2002	236.80	92.70	130.70	1132.00	900.50	231.40
2003	222.06	85.74	122.14	1218.22	976.18	241.91
2004	290.24	108.63	155.28	1441.39	1171.39	269.84
2005	323.12	113.22	178.98	1604.31	1280.75	323.35
2006	354.24	122.20	199.47	1798.35	1414.03	384.12
2007	377.11	134.75	219.46	2121.40	1629.40	492.00
2008	351.43	154.77	179.66	3548.36	1911.00	1637.36
2009	377.29	161.84	198.38	3963.12	2077.87	1885.25
2010	387.74	169.54	218.20	3949.24	1688.12	2261.12
2011	409.37	168.21	241.16	5138.15	2400.55	2737.60
2012	435.00	171.00	264.00	5582.00	2283.00	3299.00
2013	371.12	197.67	173.45	4514.15	2641.44	1872.71
2014	363.25	201.85	161.40	4550.29	2446.82	2103.47
2015	371.27	210.93	160.34	4263.86	2023.90	2239.96
2016	375.21	222.46	152.75	4453.18	2029.54	2423.64
2017	362.75	220.10	142.65	5206.49	2442.02	2764.47
2018	336.74	214.31	122.43	5644.16	2658.53	2985.63
2019	313.25	211.61	101.64	4586.84	2632.33	1954.51
2020	164.90	115.50	49.40	4431.47	2542.68	1888.79
2021	164.82	130.62	34.20	4891.69	2673.19	2218.50

14-5 民用车辆船舶年末拥有量

Figure of Civil Vehicles and Shipping at Year-end

项　目	Item	2020	2021
民用汽车(辆)	**Number of Civil Motor Vehicles(unit)**	**6301175**	**6737394**
载货汽车(辆)	Number of Trucks(unit)	858726	917303
载客汽车(辆)	Buses and Cars(unit)	5409977	5784739
轮胎式拖拉机(台)	**Type Tractors(unit)**	**1225224**	**1248328**
摩托车(辆)	**Motors(unit)**	**543342**	**487492**
#两轮摩托车	Two-wheel Motors	437302	397469
载货车挂车(辆)	**Trailer(unit)**	**111072**	**132474**
登记注册船舶(艘)	**Registered Ships(unit)**	**849**	**926**
客船	Passenger Vessels	486	497
货船	Cargo Vessels	49	48
顶推船拖轮	Push Boat Tug	16	16
驳船	Barges	127	104
非运输船	Non-transport Vessels	171	261
飞行架次（架次）	**Number of Flight(sortie)**	**286387**	**304393**
#国际航线	International Routes	458	96
#国内航线	Domestic Routes	178449	191897

14-6 邮电通信水平

Level of Postal and Telecommunications Services

指　标	Item	2000	2005	2010	2015	2020	2021
全区邮电通信水平	**Autonomous Regional Level**						
平均每人每年发函件数(件)	Annual Average Number of Letters Mailed per Capita(piece)	4.09	1.32	1.37	0.58	0.26	0.28
平均每百人每年订报刊数(份)	Annual Average Number of Newspaper and Magazine Subscribed per 100 Persons(copy)	16.69	8.13	9.82	13.90	13.43	7.60
平均每百人拥有本地网电话机部数(部)	Number of Local Telephone Sets Owned per 100 Persons(set)	8.75	22.70	16.80	12.76	7.80	8.47

14-7 邮电业务基本情况
Basic Conditions of Post and Telecommunications Services

指 标	Item	2020	2021
邮政业务总量(亿元)	Business Volume of Post Service(10 000yuan)	63.7	62.9
电信业务总量(亿元)	Business Volume of Telecommunications Service(10 000yuan)	2584.6	296.9
函件(万件)	Number of Letters(10 000 pcs)	623	672
包裹(万件)	Number of Parcels(10 000 pcs)	21	17
快递业务收入(亿元)	Revenue from Express Service(10 000yuan)	42	52
快递(万件)	Pieces of Express Mail Services(10 000 pcs)	19558	26086
报刊期发数(万份)	Number of Newspapers and Magazines Circulation(10 000 copies)	182	183
固定电话主叫通话时长(万分钟)	Length of Local Telephone Calls (10 000 minutes)	109147.1	93871.7
移动电话主叫通话时长(万分钟)	Length of Mobile Telephone Calls (10 000 minutes)	4559263.6	4375710.8
年末固定电话用户(万户)	Access to Telephone Subscribers at year-end(10 000 subscribers)	198.7	203.7
年末移动电话用户(万户)	Number of Mobile Telephone Subscribers at Year-end (10 000 subscribers)	2962.2	3016.9
移动短信业务量(万条)	Short Message Services (10 000 messages)	1963330.2	1833467.2
年末互联网用户(万户)	Number of Subscribers of Internet Service at Year-end (10 000 subscribers)	3297.2	3461.4
互联网宽带用户	Broadband Subscribers of Internet	722.9	796.2
移动互联网用户	Mobile Internet Subscribers	2574.3	2665.2
移动互联网接入流量（万G）	Flow Accessed to Mobile Internet(10 000 G)	326112.4	405069.2
邮电局所(处)	Number of Post &Telecommunications Offices(unit)	1512	1513
邮路总长度(公里)	Length of Postal Routes (km)	199955	205388
#汽车邮路	Highway Routes	91796	104708
铁路邮路	Railway Routes	2384	654

注：邮政业务总量和电信业务总量2000年及以前按1990年不变价格计算；2001-2009年按2000年不变价格计算;2010-2015年按2010年不变价计算;2016年-2020年,电信业务总量按2015年不变价格计算,邮政业务总量按2010年不变价格计算，从2021年起，邮政业务总量按2020年不变价计算，电信业务总量按上年不变价计算。

a)The total volume of postal services and telecommunications services in 2000 and before were calculated at 1990 constant prices; 2001-2009 at constant 2000 prices;2010-2015 is calculated at the 2010 constant price; From 2016 to 2020,the total amount of telecom business will be calculated at the 2015 constant price,while the total amount of postal business will be calculated at the 2010 constant price. Starting from 2021,the total amount of postal business will be calculated at the 2020 constant price, and the total amount of telecom business will be calculated at the last year's constant price.

14-8 邮电局所和邮递线路

Number of Post and Telecommunications Offices and Postal Delivery Routes

年 份 Year	邮电局所(处) Number of Telecommunications Offices (unit)	城 市 Urban	乡 村 Rural	每万人口中邮电局所(处) Number of Post and Telecoms Offices per 10 000 Person (unit)	信筒信箱(处) Number of Post Boxes (unit)	邮路总长度(公里) Length of Postal Routes (km)	#汽车邮路 Highway Routes	#铁路邮路 Railway Routes	农村投递线路(公里) Rural Delivery Routes (km)
1978	857					94978	19250	2674	
1980	1515	212	1303	0.81	3220	70944	35115	5740	
1985	1603	232	1371	0.80	3557	59292	36174	6726	117800
1986	1634	254	1380	0.80	3554	60831	37480	7023	110363
1987	1615	229	1386	0.78	3671	60591	36485	7174	111786
1988	1632	236	1396	0.78	3721	59203	35843	7024	110093
1989	1636	232	1404	0.77	3637	63017	36037	7025	116686
1990	1638	225	1413	0.76	3549	64495	36666	6802	109926
1991	1645	230	1415	0.75	3600	67048	37235	6772	108231
1992	1648	228	1420	0.75	3496	66966	37230	6772	107295
1993	1651	233	1418	0.74	3590	66139	36401	6772	105501
1994	1765	247	1518	0.78	3561	67551	39339	7050	101706
1995	1804	419	1385	0.79	3576	68751	41030	6929	102757
1996	1831	424	1407	0.80	3641	68873	43729	6929	104694
1997	1837	407	1430	0.79	3616	71006	45955	6623	103991
1998	1815	414	1401	1.20	3471	69261	44286	5936	107262
1999	1739	413	1326	0.74	3059	64183	43747	5173	107280
2000	1728	417	1311	0.73	3096	63759	43232	5514	106539
2001	1671	446	1215	0.70	4502	72499	42969	5838	111394
2002	1671	521	1150	0.70	3478	62307	42558	5764	111395
2003	1678	551	1127	0.71	3022	62344	42799	5764	111636
2004	1672	559	1113	0.70	5541	57762	43074	5699	110812
2005	1743	600	1143	0.73	8630	60713	43895	6196	109398
2006	1711	615	1096	0.72	8767	58523	44027	5946	109635
2007	1702	617	1085	0.71	2567	61900	43851	5946	111007
2008	1570	516	1054	0.65	2565	67905	43746	5836	111911
2009	1599	561	1038	0.66	2521	72245	46726	6403	112612
2010	1588	549	1039	0.64	2455	58391	44277	6205	114545
2011	1483	506	977	0.60	2368	59125	49983	5720	112903
2012	1509	572	937	0.61	2397	64421	58624	4066	109253
2013	1479	557	922	0.59	2361	65695	61496	2718	109302
2014	1506	523	983	0.60	2174	75186	70809	2718	115219
2015	1505	505	1000	0.60	1229	76350	72941	2720	114098
2016	1541	494	1047	0.61	1381	72980	70207	2316	114414
2017	1462	498	964	0.58	1540	77596	74944	2426	122016
2018	1497	493	1004	0.59	1600	80400	76144	3941	161655
2019	1504	504	1000	0.59	1536	150098	83811	3941	157263
2020	1512	507	1005	0.63	1538	199955	91796	2384	159645
2021	1513	501	1012	0.63	1538	205388	104708	654	152126

14-9 邮电业务量及电信主要通信能力

Business Volume of Postal & Telecommunications Services and Main Communication Capacity of Telecommunications

年 份 Year	邮政业务总量（万元） Business Volume of Post (10 000 yuan)	电信业务总量（万元） Business Volume of Telecommu-nications (10 000 yuan)	函 件 (万件) Number of Letters (10 000 pcs)	快递 (万件) Pieces of Express Mail Services (10 000 pcs)	报刊期发数 (万份) Newspapers & Magazines Circulation (10 000 copies)	集邮业务 (万元) Philately (10 000 yuan)
1980			7146		329	
1985			9416		605	
1986			9589		507	
1987			9778		596	
1988			9946	1	515	287
1989			8637	1	342	
1990	7373	13821	8080			1373
1991	8126	16970	7782	3	419	2149
1992	10093	22102	8001	9	412	3959
1993	11866	34943	9539	28	560	4829
1994	15317	54371	10858	55	567	4944
1995	19031	77521	16728	95	486	4935
1996	21677	107169	10277	153	625	6248
1997	25413	148588	9479	157	650	10173
1998	29003	218759	8521	115	408	11158
1999	34591	356700	8332	100	341	10024
2000	39463	523000	9677	111	395	7830
2001	76007	504515	12249	147	268	11768
2002	80448	823400	14002	167	249	12527
2003	85115	1000359	22066	205	249	7095
2004	86250	1480000	6229	230	218	4833
2005	89351	1907895	3143	251	194	4996
2006	98860	2446600	4273	272	215	2759
2007	107785	3532312	4270	322	246	5301
2008	118798	4457238	4186	410	224	11303
2009	116468	5422021	3675	579	233	8901
2010	119844	1887096	3389	401	242	12693
2011	99580	2313885	3031	405	285	15985
2012	112076	2590863	2433	406	230	18990
2013	175177	2937100	1865	2839	248	19713
2014	194664	3183783	1639	4364	262	10611
2015	232307	3770605	1455	5410	194	10172
2016	272479	2496428	871	8471	181	10292
2017	343185	4825858	738	11035	176	9180
2018	443521	12687932	671	15182	204	6968
2019	503669	20758053	620	14263	207	4305
2020	636800	25845500	623	19558	182	4271
2021	628567	2969242	672	26086	183	5285

注：1. 自2013年起，邮政业务总量、特快专递数据来源于邮政管理局，包含内蒙古邮政公司及其他快递公司的数据。

2. 邮政业务总量和电信业务总量2000年及以前按1990年不变价格计算；2001-2009年按2000年不变价格计算；2010-2015年按2010年不变价格计算；2016年-2020年，电信业务总量按2015年不变价格计算，邮政业务总量按2010年不变价格计算，从2021年起，邮政业务总量按2020年不变价计算，电信业务总量按上年不变价计算。

a)Since 2013,the total amount of postal business and express delivery data have come from the Postal Administration,including the data of Inner Mongolia Post Company and other express delivery companies.

b)The total volume of postal services and telecommunications services in 2000 and before were calculated at 1990 constant prices; 2001-2009 at constant 2000 prices;2010-2015 is calculated at the 2010 constant price; From 2016 to 2020,the total amount of telecom business will be calculated at the 2015 constant price,while the total amount of postal business will be calculated at the 2010 constant price. Starting from 2021,the total amount of postal business will be calculated at the 2020 constant price, and the business volume of telecommunications will be calculated at the last year's constant price.

14-9 续表1 Continued

年 份 Year	移动电话用户(户) Number of Mobile Telephone Subscribers (subscriber)	# 3G移动电话用户(户) 3G Mobile Phone Subscribers (subscriber)	#4G移动电话用户(户) 4G Mobile Phone Subscribers (subscriber)	移动电话普及率(部/百人) Popularization Rate of Mobile Telephone (sets/100 persons)	互联网络用户(户) Number of Subscribers of Internet Service (subscriber)	互联网宽带用户(户) Broadband Subscribers of Internet (subscriber)	移动互联网用户(户) Mobile Internet Subscribers (subscriber)	移动互联网接入流量(万G) Flow Accessed to Mobile Internet (万G)
1991	70							
1992	636							
1993	2298							
1994	8351							
1995	21852							
1996	52388				25			
1997	127630				382			
1998	258881				1454			
1999	533000				10306			
2000	1153000				56556			
2001	2090000				161420			
2002	3172000				330133			
2003	4790500				547046			
2004	5945700				824000			
2005	7123000				1061143			
2006	8741300				1432319			
2007	10469307				1417322			
2008	13444000				1390000			
2009	16159900	38430			1760000			
2010	20340000	1459409			1910000			
2011	23161610	2509687			14982141			
2012	25501300	4512665			18260800			
2013	26906162	4743279			18322255			
2014	26346056	8714770	1359818		19892147			
2015	24253440	7427838	6277048		22081983			
2016	24707776	3382779	13179402	98	24623386	4181800	20451600	12853
2017	28411813	2886013	18811413	113	28542635	4940000	23602700	44887
2018	30444400	3066500	22309100	120	31363400	6282800	25080600	142977
2019	30116600	622500	23865100	119	32886500	6825000	26061500	244419
2020	29622400	524000	24046000	117	32971600	7229000	25742600	326112
2021	30169200		20664800	125	34614300	7962400	26651900	405069

注：本表中互联网络用户2010年以前不包括移动互联网用户。
a)Internet users in this table do not include mobile Internet users before 2010.

14-9 续表2 Continued

年 份 Year	固定电话年末用户(户) Number of Subscribers of Local Telephone at Year-end (subscriber)	# 住宅电话(户) Residential Telephone Subscribers (subscribe)	本地电话局用交换机容量(门) Capacity of Local-office Telephone Exchanges (line)	光缆线路长度(公里) Length of Optical Cable Lines (km)	长途光缆线路长度(公里) Length of Long Distance Optical Cable Lines (km)
1980	60483		104050		
1985	86230	733	156280		
1986	97947	2096	163960		
1987	110409	3047	179070		
1988	127372	6484	193155		
1989	147108	24732	222675		
1990	168328	32003	241305		
1991	184856	41193	268605		
1992	211796	64151	351793		
1993	280512	118788	449154		950
1994	440361	265776	682979		3274
1995	658577	441383	1059151		8074
1996	859754	615126	1284301		9282
1997	1056355	697425	1554614		9846
1998	1254391	845015	1889691		11416
1999	1552582	1027119	2119776		11625
2000	2069000	1339000	2543000		16420
2001	2580000	1620000	3034400		15890
2002	3112000	1884000	3463000		25018
2003	4300400	2607300	3705538		28597
2004	5019600	3223000	7224000		31114
2005	5419000	3455000	4304500		35400
2006	5408300	3341200	4277900	103700	38031
2007	5252301	3224093	7230000	106300	34416
2008	4624600	3431200	7290000	154300	48146
2009	4415923	2642711	7137435	174784	42626
2010	4140000	2377786	7114721	204179	46831
2011	3795159	1886621	6826400	271019	55514
2012	3682000	1840900	8635286	310453	56775
2013	3772185	1917926	8085838	338832	57600
2014	3590789	1735678	6673726	386759	66400
2015	3205263	1412999	3984618	432981	68583
2016	2680993	1071413	3274000	586797	77483
2017	2323189	865993	2380900	985571	77865
2018	2134600	855500	1814500	876328	75109
2019	2143800	533600	1760300	1309859	76429
2020	1987300			1538619	70781
2021	2037400			1577828	68051

主要统计指标解释

铁路营业里程 又称营业长度(包括正式营业和临时营业里程),指办理客货运输业务的铁路正线总长度。凡是全线或部分建成双线及以上的线路,以第一线的实际长度计算;复线、站线、段管线、岔线和特殊用途线以及不计算运费的联络线都不计算营业里程。铁路营业里程是反映铁路运输业基础设施发展水平的重要指标,也是计算客货周转量、运输密度和机车车辆运用效率等指标的基础资料。

铁路正线延展里程 指正线第一线、第二线、第三线和其他正线建筑里程之和,不包括站线、段管线、岔线及特殊用途线的延展里程。它是作为计算铁路上钢轨、枕木及路基砂石需要量的主要依据。

公路里程 指在一定时期内实际达到《公路工程技术标准 JTJ01-88》规定的等级公路,并经公路主管部门正式验收交付使用的公路里程数。包括大中城市的郊区公路以及通过小城镇街道部分的公路里程和桥梁、渡口的长度,不包括大中城市的街道、厂矿、林区生产用道和农业生产用道的里程。两条或多条公路共同经由同一路段,只计算一次,不得重复计算里程长度。它是反映公路建设发展规模的重要指标,也是计算运输网密度等指标的基础资料。

内河航道里程 也称内河通航里程,指在一定时期内,能通航运输船舶及排筏的天然河流、湖泊水库、运河及通航渠道的长度。包括全年季节性通航累计三个月以上的航道,不包括仅供零散流放竹、木排的河道。它是内河水运网规模、水平和发展情况的主要指标。

货(客)运量 指在一定时期内,各种运输工具实际运送的货物(旅客)数量。它是反映运输业为国民经济和人民生活服务的数量指标,也是制定和检查运输生产计划、研究运输发展规模和速度的重要指标。货运按吨计算,客运按人计算。货物不论运输距离长短、货物类别,均按实际重量统计。旅客不论行程远近或票价多少,均按一人一次客运量统计;半价票、小孩票也按一人统计。

货物(旅客)周转量 指在一定时期内,由各种运输工具运送的货物(旅客)数量与其相应运输距离的乘积之总和。它是反映运输业生产总成果的重要指标,也是编制和检查运输生产计划,计算运输效率、劳动生产率以及核算运输单位成本的主要基础资料。计算货物周转量通常按发出站与到达站之间的最短距离,也就是计费距离计算。计算公式为:

货物(旅客)周转量 = ∑货物(旅客)运输量×运输距离

登记注册船舶 指报告期末在水路运输管理部门注册登记的从事水上客、货运输活动的内蒙古自治区企业或私人拥有的营业性运输船舶(含我国企业或私人拥有的悬挂外国旗的船舶)数量。不包括非运输船舶及农业、渔业生产船舶。

飞行架次 指专、包机飞行,按任务和架次统计。一项任务和一项包机,是由一架飞机完成的,按一架次统计;由两架飞机或由一架飞机两次完成的,按两架次统计。

固定电话用户 指在电信企业登记注册,且在报告期末实际已经接入电信企业固定电话网(包括局用电话交换机、接入网设备、软交换用户接入设备、无线市话设备)上的全部电话用户。包括普通电话用户、无线接入电话用户、公用电话用户、窄带综合业务数字网(N-ISDN)用户、集中用户交换机(CENTREX)用户、模拟中继线用户等。

移动电话用户 指在移动电话营业部门登记,通过移动电话交换机进入电话网、占有移动电话号码的电话用户。用户数量以实际办理登记手续进入邮电部门移动电话网的户数进行计算,一部或一台移动电话统计为一户。

住宅电话用户 指私人付费或安装在居民住宅并按照住宅电话用户登记注册和收费的各类电话用户。不包括安装在居民住宅,属于经营性的电话用户。住宅电话用户按行政区划分为城市住宅电话用户和农村住宅电话用户。

互联网宽带用户 指报告期末在电信企业登记注册,通过 xDSL、FTTx+LAN、FTTH/O 以及其他宽带接入方式和普通专线接入公众互联网的用户。

移动互联网用户 指报告期内通过移动通信网络接入公众互联网或 WAP 网站的用户。

移动互联网接入流量 指本企业移动电话用户(含无线上网卡用户)通过移动通信网络接入公共互联网或 WAP 网站发生的计费流量,包括上行流量和下行流量。

长途光缆线路长度 指用以实现光信号传输的长途光缆线路的实际长度。架空的光缆按实际杆路长度统计;埋设于地下、管道、水底、海底的光缆按沟长统计。

局用交换机容量 指安装在电信企业内用于接续本地固定电话的交换机容量,不含接入网设备容量。

函件 指邮政企业为用户传递以书面信息为主的邮件,包括信件、印刷品和邮送广告等。

包裹 指符合准寄范围,按一般时限规定传递处理的物品。

快递业务量 指企业收寄的各类快递业务总数量,由受理用户委托的企业负责统计。包括国内同城快递业务量、国内异地快递业务量、港澳台快递业务量、国际快递业务量。

Explanatory Notes on Main Statistical Indicators

Length of Railways in Operation refers to the total length of the trunk line for passenger and freight transportation (including both full operation and temporary operation). The calculation is based on the actual length of the first line even if this line has a full or partial double track or more tracks, excluding double tracks, station sidings, tracks under the charge of station, branch lines, special purpose lines and the non payable connecting lines, The length of railways in operation is an important indicator to show the development of the infrastructure for the railway transport, and also the essential data to calculate volume of passenger freight transport, traffic density and utilization efficiency of the locomotives and carriages.

Extenuation Length of Trunk Lines refers to the sum of the first, the second, the third lines and other constructed length of the trunk railways, excluding the extenuation length of the station lines, lines under the jurisdiction of depots, sidings and lines for special purpose. It provides important information for the calculation of the needs for rails, sleepers, sand and stone for the construction of railways.

Length of Highways refers to the length of highways which are built in conformity with the grades specified by the highway engineering standard formulated by the Ministry of Communications, and have been formally checked and accepted by departments of highways and put into use. The length of highways includes that of the suburb highways at large and medium sized cities, highways passing through streets at small cities and towns, and also the length of bridges and ferries. It does not include the length of streets in big and medium sized cities and highways built for the production purpose at factories, mines, forest areas and agricultural areas. If two or more highways go the same section of the way, the length of the section is only calculated for once and no duplication is allowed. The length of highways is an important indicator to show the development of the highway construction and to provide essential information to calculate the transport network density.

Length of Navigable Inland Waterways refers to the length of natural rivers, lakes, reservoirs and canals and ditches that are open to navigation for ships and rafts during a given period. It includes the channels open to navigation for more than 3 months in a year ,yet this does not include the river courses which are only used to float odd logs and bamboo rafts. It is the main index of the scale, level and development of inland waterway network.

Freight (Passenger) Traffic refers to the weight of freight (number of passenger) transported with various means within a specific period of time. This indicator reflects the service of the transport industry towards the national economy and people's living conditions, as well as an important indicator used in formulating and monitoring transport production plans and research into the scale and pace of transport development. Freight transport is calculated in tons and passenger traffic is calculated in terms of number of persons. Freight transport is calculated in terms of the actual weight of the goods and takes no account of the type of freight and distance of travel. Passenger traffic is calculated by the principle that one person can be counted only once in one trip and takes no account of the travelling distance and ticket price. The passengers who travel with a half price ticket or a child's ticket is also calculated as one person.

Freight Ton-kilometres (Passenger-kilometres) refers to the sum of the product of the volume of transported cargo (passengers) multiplied by the transport distance. It is an important indicator to reflect the achievement of the transportation industry. This is an important indicator to show the total results of the transport industry; to prepare and examine the transport plan; and to serve as the main basic data for calculating the efficiency, labour productivity and unit cost of transport. Normally, the shortest distance between the departure station and the destination station (i.e., the payable distance) is the basis in calculating the freight ton-kilometres. The formula is as follows:

Freight Ton-kilometers (Passenger-kilometers) = {Freight (Passenger) Traffic × Distance of Transportation}

Registered Ship refers to the number of commercial transport vessels (including vessels with foreign national flags owned by Chinese enterprises or individuals) in Inner Mongolia autonomous region that are engaged in maritime passenger and cargo transport activities registered in water transport administration department at the end of the reporting period. Excluding non-transport vessels and agricultural and fishery production vessels.

Sorties refers to special and chartered flights counted by mission and sorties. A mission and a charter flight performed by one aircraft are counted by one. Completed by two aircraft or twice by one aircraft counted as two sorties.

Local telephone subscribers refer to all subscribers who have gone through registration , procedures in the operation points of enterprises engaged in telecommunications , and in the reporting period have access to the actual telecommunications business fixed telephone network (including central office telephone switches, access equipment, Softswitch subscriber access equipment, PHS device) on all phone users. Included are general subscribers, wireless local telephone subscribers, public telephones subscribers, N-ISDN subscribers , centralized user switch (CENTREX) users, analog trunk users.

Mobile Telephone Subscribers refer to persons who have gone through registration procedures in the operation points of enterprises engaged in telecommunications and are hence connected with the mobile telephone communication network through the mobile telephone switchboards and occupy mobile phone numbers. The number of subscribers is calculated only when the subscribers who have gone through all the register formalities and entered into the mobile telephone network. One mobile telephone is treated as a subscriber.

Household Telephone Subscribers refer to all kinds of subscribers with telephone sets paid privately or installed in the dwelling units of residents, and registered as private subscribers or residence subscribers for payment. Installation is not included in the residential, pertaining to the operation of phone users. Residential telephone subscribers by administrative divided into urban residential telephone users and rural residential telephone users.

Internet Broadband User refers to at the end of the reporting period, the users who are registered in the telecommunications enterprise and access to the public Internet through xDSL, FTTx+LAN, FTTH/O and other broadband access methods and ordinary private lines.

Mobile Internet User refers to the users accessing the public Internet or WAP websites through mobile communication networks during the reporting period.

Mobile Internet Access Traffic refers to the chargeable traffic generated by mobile phone users (including wireless network card users) accessing public Internet or WAP website through mobile communication network, including uplink traffic and downlink traffic.

Long-distance fiber optic line length refers to the actual length of the optical signal transmission to achieve long-distance optical cable lines. Overhead cable length according to the actual path length of the lever statistics; buried in the ground, pipes, underwater, undersea cable channel length according to the statistics.

Capacity of Office Telephone Exchanges refers to the capacity (measured in gate) of telephone exchanges installed in the offices of telecommunication service providers for communication between fixed telephones. It is not includes the capacity of access network equipment .

Letter refers to postal companies passed in writing information to the user' s mail, including letters, printed and mailed advertising.

Package refers to send prospective range, as stipulated in the General limit of delivery service items.

Delivery Volume refers to the total number of all kinds of delivery business received and posted by enterprises, which shall be counted by the enterprises entrusted by users. Including domestic city express delivery business volume, domestic remote express delivery business volume, Hong Kong, Macao and Taiwan express delivery business volume, international express business volume.

15 城市概况

Overview of Cities

资料整理：田英辉　曹　洋

Arranged By：Tian Yinghui　Cao Yang

15-1 城市社会经济指标

Main Social and Economic Indicators of Cities

指　标	Item	2020	2021
行政区域土地面积(万平方公里)	**Total Area (10 000 sq.km)**	**66.45**	**66.45**
年末常住人口（万人)	**Permanent Resident Population Year-end(10 000 persons)**	**2124.34**	**2121.35**
#城镇人口	Urban	1443.08	1456.38
年末户籍人口(万人)	**The Registered Population Year-end(10 000 persons)**	**2146.76**	**2047.86**
#城镇人口	Urban	961.73	961.68
年末城镇单位就业人员数(万人)	**Employed Persons in Urban Units at Year-end(10 000 persons)**	**230.53**	**310.18**
第一产业	Primary Industry	6.52	27.55
第二产业	Secondary Industry	62.15	87.83
第三产业	Tertiary Industry	161.86	194.80
社会消费品零售总额(亿元)	**Total Retail Sales of Consumer Goods (100 million yuan)**	**2777.88**	**3107.30**
进出口总额(亿元)	**Total Value of Imports and Exports (RMB 100 million yuan)**	**844.84**	**1021.33**
运输邮电通信	**Transportation, Postal and Telecom**		
公路客运量(全社会)(万人)	Highway Passenger Traffic (10 000 persons)	3343.10	2341.50
公路货运量(全社会)(万吨)	Highway Freight Traffic (10 000 tons)	138742.70	122790.50
年末邮政局(所)数	Number of Post Office Year-end	350	350
互联网宽带接入用户数（万户）	Broadband Subscribers of Internet (10 000 subscribers)	775.04	852.94
学校数(所)	**Number of School (unit)**	**978**	**966**
普通高等学校数	Number of Regular Institutions of Higher Education	51	49
成人高等学校数	Adult HEI	10	10
中等职业教育学校数	Secondary Vocational Education	52	48
普通中学学校数	Regular Secondary School	360	348
普通小学学校数	Regular Primary School	505	511
医疗卫生机构数(个)	**Number of Hospitals (unit)**	**7263**	**7649**
医疗卫生机构床位数(万张)	**Number of Beds in Hospitals (10 000 units)**	**7.55**	**8.24**
卫生技术人员数(万人)	**Number of Medical Technical Personnel in Hospitals(10 000 persons)**	**9.79**	**11.14**
在岗职工工资总额(亿元)	**Total Wages of Staff and Workers (100 million yuan)**	**1893.10**	**2014.82**
住户存款余额(亿元)	**The Balance of Savings Deposits of Households(100 million yuan)**	**8804.69**	**12029.67**
地方一般公共预算收入(亿元)	**General Public Budget Revenue(100 million yuan)**	**481.36**	**509.88**

注:1. 本表指标包含9个地市级数据,不含县级市。

2. 本表土地面积、人口数、年末城镇单位就业人员数、公路客、货运量、在岗职工工资总额为全市口径,其他的指标为市辖区统计数。

a)Indicators in this table include data od 9 prefecture-level cities,excluding county-level cities.

b)The number of area, population,employed persons in urban units, highway passenger traffic,freight traffic,total wages of staff and workers are the total's city data.

15-2 城市公用事业基本情况

Basic Statistics on Urban Public Utilities

项 目	Item	2020	2021
城市建设	**Cities Areas and Floor Space of Buildings**		
城区面积(平方公里)	Urban Area (sq.km)	2351.71	2238.62
建成区面积(平方公里)	Area of Built Districts(sq.km)	998.00	1004.68
城市现状建设用地面积(平方公里)	Area of Land Used for Urban Construction(sq.km)	898.28	901.73
城市人口密度(人/平方公里)	Population Density of Urban Districts(person/sq.km)	1368.00	1378.43
供水、供气及供热	**Water Supply, Gas Supply and Heating**		
公共供水总量（万立方米）	Total Volume of Tap Water Supply(10 000 cu.m)	73096.11	62071.57
#居民家庭用水量	Household Water Consumption	21514.10	21894.11
平均每人日生活用水(升)	Per Capita Water Consumption for Residential use(liter)	78.48	106.92
供水普及率(%)	Coverage Rate of Tap Water Supply(%)	99.05	99.24
煤气供气量(万立方米)	Coal Gas Supply(10 000 cu.m)	3170.87	3304.70
#家庭用量	Consumption of Coal Gas for Residential Use	2445.78	2326.16
天然气供气量(万立方米)	Natural Gas Supply(10 000 cu.m)	202777.62	216679.20
#家庭用量	Consumption of Natural Gas for Residedtial Use	81835.18	84063.55
液化石油气供气量(吨)	Liquefied Petroleum Gas(ton)	40130.20	52440.43
#家庭用量(吨)	Consumption of Liquefied Gas for Residential use(ton)	29520.00	34902.00
燃气普及率(%)	Percentage of Population with Access to Gas(%)	94.72	95.37
集中供热面积(万平方米)	Heated Area(10 000 sq.m)	52293.00	53632.79
市政工程	**Municipal Engineering**		
铺装道路长度(公里)	Length of Paved Roads(km)	8043.52	8878.34
平均每万人拥有道路长度(公里)	Length of Paved Roads per 10000 Population(km)	12.37	12.45
铺装道路面积(万平方米)	Area of Paved Roads(10 000 sq.m)	17562.65	18522.49
人均城市道路面积(平方米)	Area of Paved Roads per Population(sq.m)	26.01	27.58
排水管道长度(公里)	Length of Sewer Pipelines(km)	11156.52	11622.26
公共交通	**Public Traffic**		
年末实有公共汽（电）车营运车辆数(辆)	Number of Public Vehicles under Operation at Year-end(units)	7720	11098
平均每万人拥有(辆)	Number of Public Transportation Vehicles Per 10 000 Population(unit)	12.01	13.13
年末实有出租汽车运营车数(辆)	Number of Taxi under Operation at Year-end (units)	35143	28422
城市绿化	**Afforestation in Cities**		
绿地面积(公顷)	Area of Green Land (hectare)	56264.00	58260.46
人均公园绿地面积(平方米)	Per Capita Area of Parks and Green Land(sq.m)	19.85	20.74
公园个数(个)	Number of Parks(unit)	259	308
公园面积(公顷)	Area of Parks(hectare)	11961.00	12911.12
建成区绿化覆盖率(%)	Green Covered Area as % of Completed Area(%)	38.85	39.62
环境卫生	**Environmental Sanitation**		
污水处理厂集中处理率(%)	Centralized Treatment Rate of Waste-water Treatment Plants(%)	97.33	97.43
生活垃圾无害化处理率(%)	Domestic Garbage Harmless Treatment Rate(%)	99.00	99.43
生活垃圾清运量(万吨)	Volume of Garbage Disposal(10 000 tons)	304.58	288.04
每万人拥有公厕(座)	Public Lavatories per 10 000 Population(unit)	8.13	8.32

15-3 分地区城市行政区划和人口规模(2021年)

Division of Administrative Areas and Population Size of Citys by Region(2021)

地 区	Region	行政区域土地面积（万平方公里）Area of Adminis tration (10 000 Sq.km)	所辖行政区划数(个) Number of Divisions of Adminis-trative Areas (unit)	所辖行政县（旗）数（个）Number of Counties (Qi) (unit)	所辖行政县级市数（个）Number of Cities at County Level (unit)	常住人口(万人) Resident Population (10 000 persons)	常住人口城镇化率（%）Urbani-zation Rate of Resident Population (%)	年末户籍人口（万人）The Registered Population Year-end (10 000 persons)	户籍人口城镇化率（%）Urbaniz-ation Rate of Household Registration Population (%)
呼和浩特市	Hohhot City	1.72	4	5		349.56	79.68	255.08	64.00
包 头 市	Baotou City	2.78	6	3		271.78	86.73	224.08	67.61
呼伦贝尔市	Hulunbeier City	26.16	2	7	5	221.39	74.76	249.60	64.53
通 辽 市	Tongliao City	5.96	1	6	1	285.31	50.63	314.92	30.24
赤 峰 市	Chifeng City	9.00	3	9		401.91	53.70	454.35	30.63
乌兰察布市	Wulanchabu City	5.45	1	9	1	165.95	60.81	263.75	32.69
鄂尔多斯市	Erdos City	8.69	2	7		216.84	78.08	70.67	35.65
巴彦淖尔市	Bayannaoer City	6.51	1	7		152.80	60.61	171.76	38.40
乌 海 市	Wuhai City	0.18	3			55.81	95.88	43.65	92.49

注：此表为全市口径数据。

a)This data in this table is the total's city data.

15-4 分地区城市主要经济指标(2021年)

Main Economic Indicators of urban areas by region(2021)

地 区	Region	地方一般公共预算收入（万元）General Public Budget Revenue (10 000 yuan)	地方一般公共预算支出（万元）General Public Budget Expenditure (10 000 yuan)	公路客运量（全社会）（万人）Highways Passenger Traffic (The whole society) (10 000 persons)	公路货运量（全社会）（万吨）Highways Freight Traffic (The whole society) (10 000 tons)	住户存款余额（亿元）Deposit of Households (100 million yuan)
呼和浩特市	Hohhot City	1153707	862379	306.40	13714.70	2893.10
包 头 市	Baotou City	1384027	2711261	293.30	12757.20	2290.59
呼伦贝尔市	Hulunbeier City	166207	490221	234.00	7869.80	361.14
通 辽 市	Tongliao City	100500	450500	302.00	9025.00	1202.71
赤 峰 市	Chifeng City	680000	502089	550.20	20568.80	1106.01
乌兰察布市	Wulanchabu City	120159	319360	59.90	11277.10	399.79
鄂尔多斯市	Erdos City	704359	1242933	131.60	29414.70	2705.76
巴彦淖尔市	Bayannaoer City	156569	458513	170.00	11688.00	420.39
乌 海 市	Wuhai City	633284	1133334	294.10	6475.20	650.18

15-5 分地区城市建设情况(2021年)

Statistics on City Construction by Region(2021)

地 区	Region	城市规划用地建设面积（平方公里）Area of Land Used for Urban Planning (sq.km)	建成区面积(平方公里) Developed Areas (sq.km)	市区人口密度(人/平方公里) Population Density of Urban Districts (person/sq.km)	城市现状建设用地面积（平方公里）Area of Land Used for Urban Construction (sq.km)
呼和浩特市	Hohhot City	310.00	272.66	7885	242.75
包 头 市	Baotou City	302.00	211.62	2153	195.79
呼伦贝尔市	Hulunbeier City	35.00	31.50	2353	31.50
通 辽 市	Tongliao City	67.30	62.50	6102	62.50
赤 峰 市	Chifeng City	212.40	119.83	2070	108.30
乌兰察布市	Wulanchabu City	102.00	75.40	3846	61.49
鄂尔多斯市	Erdos City	203.45	117.87	2627	103.87
巴彦淖尔市	Bayannaoer City	60.43	51.00	5033	40.42
乌 海 市	Wuhai City	144.18	62.30	7856	55.11

15-6 分地区城市供水情况(2021年)

Basic Statistics on Tap Water Supply in Cities by Region(2021)

地 区	Region	公共供水综合生产能力(万立方米/日) Production Capacity of Tap Water Supply (year-end) (10 000 cu.m/day)	用水总量(万立方米) Total water use (10000 cu.m)	#居民家庭用水 For Residential Use	#生产运营用水 For Productive	用水人口(万人) Number of Residents with Access to Tap Water (10 000 Persons)	人均日生活用水量(升) Per Capita Daily Consumption of Tap Water for Residential Use (liter)
呼和浩特市	Hohhot City	72.51	17243.00	5462.00	5322.00	214.11	97.66
包 头 市	Baotou City	97.00	19331.00	4283.00	8205.00	190.51	88.10
呼伦贝尔市	Hulunbeier City	12.00	2545.73	1356.20	175.62	31.86	190.99
通 辽 市	Tongliao City	15.00	6267.22	2068.85	77.65	45.98	178.20
赤 峰 市	Chifeng City	31.90	7810.00	3314.50	2150.26	91.67	128.00
乌兰察布市	Wulanchabu City	7.40	2696.78	1139.13	502.08	28.43	136.49
鄂尔多斯市	Erdos City	17.30	4154.25	1759.45	813.19	52.76	116.90
巴彦淖尔市	Bayannaoer City	12.80	2185.98	976.17	458.73	40.03	87.22
乌 海 市	Wuhai City	27.25	5076.03	1534.81	2351.01	52.77	113.39

15-7 分地区城市燃气情况(2021年)

Basic Statistics on Supply of Gas in Cities by Region(2021)

地 区	Region	管道长度(公里) Length of Gas Pipelines(km)		全年供气总量 Total Gas Supply			用气人口(万人) Population with Access to Gas(10 000 persons)		
		人工煤气 Coal Gas	天然气 Natural Gas	人工煤气(万立方米) Coal Gas (10 000 cu.m)	液化石油气(吨) Liquefied Petroleum Gas(ton)	天然气(万立方米) Natural Gas (10 000 cu.m)	人工煤气 Coal Gas	液化石油气 Liquefied Petroleum Gas	天然气 Natural Gas
呼和浩特市	Hohhot City		4323.66		15086	63912.00		13.02	197.94
包　头　市	Baotou City	285.00	2754.81	3304.70	7845	110233.68	14.66	0.83	175.02
呼伦贝尔市	Hulunbeier City		887.12		4078	14079.81		22.41	52.29
通　辽　市	Tongliao City		470.00		302	4453.40		1.75	28.51
赤　峰　市	Chifeng City		1000.68		15577	3062.64		62.60	43.75
乌兰察布市	Wulanchabu City		334.00		2832	3300.80		2.54	22.00
鄂尔多斯市	Erdos City		71.59		3360	1776.20		0.90	9.46
巴彦淖尔市	Bayannaoer City		112.98		2900	4521.67		1.90	38.62
乌　海　市	Wuhai City		334.00		460	3296.30		0.11	22.40

15-8 分地区城市集中供热(2021年)

Basic Statistics on Heating in Cities by Region(2021)

地 区	Region	供热能力 Heating Capacity		供热总量 Volume Supplied		管道长度(公里) Length of Pipelines (km)	集中供热面积(万平方米) Heated Area (10 000 sq.m)
		蒸汽(吨/小时) Steam (ton/hour)	热水(兆瓦) Hot Water (mw)	蒸汽(万吉焦) Steam (10 000 GJ)	热水(万吉焦) Hot Water (10 000 GJ)		
呼和浩特市	Hohhot City		12341		12660	6495	16806
包　头　市	Baotou City		6910		3896	3119	10327
呼伦贝尔市	Hulunbeier City		2341		1510	1040	2850
通　辽　市	Tongliao City		3555		3467	2639	5600
赤　峰　市	Chifeng City	180	2845	153	2156	1092	3782
乌兰察布市	Wulanchabu City		2034		1569	1054	3254
鄂尔多斯市	Erdos City	710	3035	429	2107	517	2734
巴彦淖尔市	Bayannaoer City		1466		1980	2969	2993
乌　海　市	Wuhai City		2034		1569	1054	3254

15-9 分地区城市市政工程(2021年)

Basic Statistics on Municipal Engineering in Cities by Region(2021)

地 区	Region	年末实有铺装道路长度(公里) Length of Paved Roads (year-end) (km)	年末实有铺装道路面积(万平方米) Area of Paved Roads (year-end) (10 000 sq.m)	城市桥梁(座) Number of Bridges (unit)	城市排水管道长度(公里) Length of Sewer Pipelines (km)	污水处理厂日处理能力(万立方米) Daily Disposal Capacity of Sewage (10 000 cu.m)	道路照明灯盏数(盏) Number of Road Lighting Lamps (lamp)
呼和浩特市	Hohhot City	1204.04	3109.70	173	2154.06	64.00	82769
包头市	Baotou City	1749.71	3371.05	72	2643.66	43.85	126643
呼伦贝尔市	Hulunbeier City	274.16	739.59	9	352.57	10.00	33580
通辽市	Tongliao City	550.44	1246.15	17	787.94	20.00	29958
赤峰市	Chifeng City	853.30	2360.75	46	1118.27	31.00	45810
乌兰察布市	Wulanchabu City	604.01	1132.05	19	753.80	7.50	72696
鄂尔多斯市	Erdos City	1257.91	2996.33	43	2229.00	15.50	63160
巴彦淖尔市	Bayannaoer City	723.81	1155.56	10	1296.90	10.00	21087
乌海市	Wuhai City	1660.96	2411.31	16	286.06	11.00	40331

15-10 分地区城市公共汽车、出租汽车(2021年)

Basic Statistics on Buses and Taxis in Cities by Region(2021)

地 区	Region	年末实有公共汽（电）车运营车辆数(辆) Number of Public Vehicles under Operation at Year-end(units)	公共汽（电）车客运总量(万人次) Total Passenger Volume of Buses (10 000 person-time)	年末实有出租汽车运营车辆数(辆) Number of Taxi under Operation at Year-end (units)
呼和浩特市	Hohhot City	2750	18663.5	6568
包头市	Baotou City	1237	14229.4	5827
呼伦贝尔市	Hulunbeier City	279	3138.7	2432
通辽市	Tongliao City	562	4294.0	2859
赤峰市	Chifeng City	688	6041.8	3873
乌兰察布市	Wulanchabu City	477	2567.0	2176
鄂尔多斯市	Erdos City	610	3799.2	2325
巴彦淖尔市	Bayannaoer City	240	894.2	1238
乌海市	Wuhai City	370	2006.0	1124

15-11 分地区城市园林绿化(2021年)

Basic Statistics on Parks,Gardens and Green Areas in Cities by Region(2021)

地 区	Region	绿地面积(公顷) Area of Green Land (hectare)	#公园绿地面积 Park Green Area	公园(个) Number of Parks (unit)	公园面积(公顷) Area of Parks (hectare)	建成区绿化覆盖率（%） Green Covered Area as % of Completed Area(%)
呼和浩特市	Hohhot City	16959	4219	56	3380	43.21
包头市	Baotou City	9720	2975	43	2490	44.71
呼伦贝尔市	Hulunbeier City	1105	491	4	423	37.33
通辽市	Tongliao City	2512	979	7	863	42.62
赤峰市	Chifeng City	4596	1879	76	1762	40.79
乌兰察布市	Wulanchabu City	7243	991	29	991	39.10
鄂尔多斯市	Erdos City	11544	1975	57	1858	43.09
巴彦淖尔市	Bayannaoer City	1685	465	17	406	36.90
乌海市	Wuhai City	2897	1196	19	738	48.89

15-12 分地区城市公共卫生(2021年)

Basic Statistics on Urban Sanitation in Cities by Region(2021)

地 区	Region	道路清扫保洁面积(万平方米) Area Under Cleaning Program (10 000 sq.m)	生活垃圾清运量(万吨) Volume of Garbage Disposal (10 000 tons)	生活垃圾无害化处理量(万吨) Volume of Garbage Treated (10 000 tons)	市容环卫专用车辆设备总数(辆) Number of Special Vehicles for Environment (unit)	公共厕所(座) Number of Public Lavatories (unit)
呼和浩特市	Hohhot City	5190	71.97	71.97	1897	2457
包头市	Baotou City	4170	76.93	76.93	836	1114
呼伦贝尔市	Hulunbeier City	757	11.08	11.08	170	98
通辽市	Tongliao City	1320	25.40	25.40	332	248
赤峰市	Chifeng City	2073	36.93	36.93	701	462
乌兰察布市	Wulanchabu City	986	10.68	10.68	251	233
鄂尔多斯市	Erdos City	3167	16.93	16.93	277	498
巴彦淖尔市	Bayannaoer City	1126	12.98	12.98	742	322
乌海市	Wuhai City	1847	25.15	25.15	388	339

15-13 分地区城市设施水平(2021年)

Level of Public Facilities in Cities by Region(2021)

地 区	Region	供水普及率 (%) Percentage of Population with Access to Tap Water (%)	城市燃气普及率 (%) Percentage of Population with Access to Gas (%)	每万人拥有公共汽车辆 (标台) Number of Public Buses per 10 000 Persons (st.set)	人均城市道路面积 (平方米) Per Capita Area of Paved Roads (sq.m)	人均公园绿地面积 (平方米) Per Capita Area of Parks and Green Land (sq.m)	每万人拥有公共厕所 (座) Number of Public Lavatories per 10 000 Population (unit)
呼和浩特市	Hohhot City	99.59	98.12	12.76	14.46	19.62	11.43
包 头 市	Baotou City	100.00	100.00	7.12	17.69	15.62	8.31
呼伦贝尔市	Hulunbeier City	99.94	99.97	7.05	23.20	15.41	3.04
通 辽 市	Tongliao City	99.63	98.59	10.36	27.00	21.21	7.02
赤 峰 市	Chifeng City	99.32	98.71	7.96	25.58	20.35	4.15
乌兰察布市	Wulanchabu City	98.03	86.00	13.34	39.04	34.17	7.13
鄂尔多斯市	Erdos City	100.00	100.00	10.28	56.79	37.43	7.91
巴彦淖尔市	Bayannaoer City	98.79	100.00	6.79	28.52	11.49	8.38
乌 海 市	Wuhai City	100.00	99.30	6.44	45.69	22.66	6.10

15-14 分地区城市环境情况(2021年)

Basic Statistics on environment in Cities by Region(2021)

地 区	Region	污水处理率 (%) Waste water Treatment Rate(%)	污水处理厂集中处理率 (%) Centralized Treatment Rate of Waste-water Treatment Plants(%)	生活垃圾无害化处理率 (%) Treatment Rate of Consumption Wastes(%)
呼和浩特市	Hohhot City	98.49	98.49	100.00
包 头 市	Baotou City	96.33	96.33	100.00
呼伦贝尔市	Hulunbeier City	100.00	100.00	100.00
通 辽 市	Tongliao City	98.60	98.60	100.00
赤 峰 市	Chifeng City	96.96	96.96	100.00
乌兰察布市	Wulanchabu City	96.28	96.28	100.00
鄂尔多斯市	Erdos City	99.34	99.34	100.00
巴彦淖尔市	Bayannaoer City	99.10	99.10	100.00
乌 海 市	Wuhai City	100.00	100.00	100.00

15-15 分地区城市就业和居民收支情况(2021年)

Basic Statistics on Employment and Household Income And Expenditure in Cities by Region(2021)

地 区	Region	在岗职工平均工资（元）Average Wage of Staff and Workers (yuan)	在岗职工平均人数（万人）Average Number of Staff and Workers (10 000 persons)	在岗职工工资总额（亿元）Total Wage Bill of Staff and Workers (100 million yuan)	城镇居民人均可支配收入（元）Per Capita Disposable Income of Urban Households (yuan)	城镇居民人均消费支出（元）Per Capita Consumption Expenditure of Urban Households (yuan)
呼和浩特市	Hohhot City	98467	45.22	445.29	53026	32437
包头市	Baotou City	94042	31.36	294.92	54448	32547
呼伦贝尔市	Hulunbeier City	82901	26.80	219.20	38447	22557
通辽市	Tongliao City	86379	20.93	180.75	37475	21505
赤峰市	Chifeng City	82653	30.10	248.82	37468	21828
乌兰察布市	Wulanchabu City	82646	14.84	122.64	35915	19332
鄂尔多斯市	Erdos City	108265	30.48	330.00	53676	33208
巴彦淖尔市	Bayannaoer City	89012	11.25	100.12	36350	22482
乌海市	Wuhai City	100489	7.27	73.08	48637	32254

注：此表为全市口径数据。
a)This data in this table is the total's city data.

15-16 分地区城市社会保障(2021年)

Statistics of Social Security in Cities by Region(2021)

单位：人 (person)

地 区	Region	城镇职工基本养老保险参保人数 Urban Employees Basic Pension Insurance	城乡居民基本养老保险参保人数 Basic Pension Insurance for Urban and Rural Residents	城镇职工基本医疗保险参保人数 Urban Employees Basic Medical Care Insurance	城乡居民基本医疗保险参保人数 Residents Basic Medical Care Insurance
呼和浩特市	Hohhot City	870910	98077	686974	780289
包头市	Baotou City	1024766	90971	865086	710764
呼伦贝尔市	Hulunbeier City	123052	22658	126657	124066
通辽市	Tongliao City	51549	198863	60469	518246
赤峰市	Chifeng City	156309	285432	206578	861361
乌兰察布市	Wulanchabu City	89328	41332	42435	184786
鄂尔多斯市	Erdos City	246622	41066	103480	243179
巴彦淖尔市	Bayannaoer City	108447	148212	52985	385117
乌海市	Wuhai City	224010	9357	215787	181339

主要统计指标解释

年末自来水生产能力 指年底城建部门管理的自来水厂和自备水源的社会单位取水、净化、送水、出厂输水干管等环节的实际生产能力。

年末供水管道长度 指从送水泵到用户水表之间所有管道的长度。全年供水总量指公用自来水厂和自备水源的社会单位全年的供水总量,包括有效供水量及损失水量。

年末供水总量 指报告期供水企业(单位)供出的全部水量,包括有效供水量及损失水量。

生活用水量 指居民日常生活与公共福利设施的用水量,包括居民、饮食店、旅馆、医院、理发店、浴池、洗衣店、游泳池、商店、学校、机关、部队等单位的用水量。

城市人口用水普及率 指城市用水的非农业人口数(不包括临时人口和流动人口)与城市非农业人口总数之比。计算公式为:

用水普及率=城市用水的非农业人口数/城市非农业人口数×100%

人工煤气生产能力 指城市煤气厂制气、净化、输送等环节的综合实际生产能力。

输气管道长度 指由压缩机、鼓风机、储气罐的出口到用户煤气表之间的全部管道长度。

全年供气总量 指全年售给各类用户的全部煤气量,包括工业用量、家庭用量和其他用量。

城市用气普及率 指使用煤气(包括人工煤气、液化石油气、天然气)的城市非农业人口数(不包括临时人口和流动人口)与城市非农业人口总数之比。计算公式为:

城市煤气普及率=城市用气的非农业人口数/城市非农业人口总数×100%

城市供热能力 指热电厂、热力公司和达到标准的集中采暖锅炉房和城市输送的供热源的设计能力,即每小时向城市输送蒸汽、热水的能力。

城市供热总量 指热电厂、热力公司和达到标准的集中采暖锅炉房向城市输送的全部蒸汽、热水量。

城市供热管道长度 指热电厂、热力公司和达到标准的集中采暖锅炉房管理的集中供热热源到用户之间的全部供气、供热水的管道长度。

年底实有铺装道路长度 指除土路外,路面经过铺装宽度在3.5米以上的道路,包括高级、次高级道路和普通道路。

城市排水管道总长度 指所有排水总管、干管、支管及暗渠、检查井、连接井进出水口等长度之和。

城市污水日处理能力 指污水处理厂每昼夜处理污水量的设计能力。

年末实有公共汽车 指年底可参加营运的全部车辆数,包括营运车辆数和库存查封未参加营运的车辆。不包括非营运车辆,如架线车、油罐车、工程车、货车及其他专用车辆和借入的客运车辆。

城市园林绿地面积 指城市公共绿地、专用绿地、生产绿地、防护绿地、郊区风景名胜区的全部面积。

Explanatory Notes on Main Statistical Indicators

Production Capacity of Tap Water at the Year-end refers to the actual comprehensive production capacity of the waterworks administered by the urban construction department and those owned by enterprises or institutions, taking the capacity of the main links, such as water inflow, purification, conveyance and outflow of the trunk pipelines into account.

Length of Water Supply Pipelines at the Year- end refers to the total length of all the pipelines between the water pumps and the users water meters.

Annual Volume of Water Supply refers to the total volume of water supplied by the public water works and those owned by individual enterprises and institutions during the whole year, including both the effective water supply and loss during the water supply.

Consumption of Water for Residential Use refers to the water consumption of households for daily life and the water consumption of public welfare facilities, including the consumption of resident, restaurants, hotels, hospitals, barber shops, public bathhouses, laundries, swimming pools, shops, schools, office, army units and other units.

Percentage of Urban Population with Access to Tap Water refers to the ratio of the urban non-agricultural population (excluding temporary and mobile population) with access to tap water to the total urban non-agricultural population. The formula is:

Percentage of Population with Access to Tap Water = Urban Non-agricultural Population with Access to Tap Water ÷ Urban Non-agricultural Population×100%

Production Capacity of Gasworks Gas refers to the actual comprehensive production capacity of the urban gasworks in gas generation, purification and delivery.

Length of Gas Pipelines refer to the total length of pipelines between the outlet of the compressor, blower or gas tank and the gas meters of users.

Total Annual Volume of Gas Supply refers to the total volume of gas sold to users in a year, including the volume for industrial use, residential use and other uses.

Percentage of Urban Population with Access to the Gas refers to ratio of the urban non-agricultural population with access to gas (including gasworks gas, liquefied petroleum gas and natural gas) to the urban non agricultural population (excluding temporary and mobile population). The formula is:

Percentage of Population with Access to Gas = Urban Non-agricultural Population with Access to Gas ÷ Urban Non-agricultural Population×100%

Heating Capacity in Urban Area refers to the capacity of hourly supply of steam and hot water to cities by thermal power plants, heating corporations and centralized heating boiler rooms which meet certain standard.

Heating Volume in Urban Area refers to the total volume of steam and hot water supplied to cities every year by thermal power plants, heating corporations, centralized heating boiler rooms which meet certain standard.

Length of Urban Heating Pipelines refers to the total length of pipelines for centralized supply of steam and hot water from the thermal power plants, heating corporations and centralized heating boiler rooms which meet certain standard to the users.

Length of Paved Roads at the Year-end refers to the length of roads with a paved surface, and with a width of more than 3. 5 meters, including advanced, sub-advanced and ordinary roads.

Total Length of Urban Drainage Pipes refer to the sum of the length of all drainage main pipes, main pipes, branch pipes, culverts, inspection wells, connecting wells, inlets and outlets, etc.

Daily Disposal Capacity of Urban Sewage refers to the designed 24-hour capacity of sewage disposal at the sewage treatment works.

Number of Public Vehicles at the Year-end refers to the total number of operational buses available at the year-end, including the year-end operational vehicles and vehicles in stock. Non-operational vehicles such as stringing car, tank cars, machine shop cars, trucks and other special vehicles and the borrowed passenger vehicles are excluded.

Area of Urban Gardens and Green Areas refer to the total area of urban public green land, special green land, production green land, protection green land and suburban scenic spots.

16 教育、科技和文化

Education, Science and Technology, Culture

资料整理：毅 茹 初卓耕 李雅静 蒋思楠 塔米尔

Arranged By：Yi Ru Chu Zhuogeng Li Yajing Jiang Sinan Ta Mier

16-1 教育事业基本情况
Basic Statistics on Education

项 目	Item	2020	2021
学校数(所)	**Number of Schools(unit)**	**7434**	**7431**
普通高等学校	Regular Institutions of Higher Education	54	54
普通中等学校	Secondary Schools	1247	1226
#中等职业学校	Secondary vocational schools	231	200
普通中学	Regular Secondary Schools	1016	1026
高 中	Senior Secondary Schools	305	307
初 中	Junior Secondary Schools	711	719
小 学	Primary Schools	1652	1661
幼儿园	Kindergartens	4428	4436
特殊教育学校	Special Education Schools	53	54
专任教师(人)	**Number of Full time Teachers(person)**	**294962**	**294135**
普通高等学校	Regular Institutions of Higher Education	28025	28492
普通中等学校	Secondary Schools	111903	116601
#中等职业学校	Secondary vocational schools	13535	14375
普通中学	Regular Secondary Schools	98368	102226
高 中	Senior Secondary Schools	37519	39273
初 中	Junior Secondary Schools	60849	62953
小 学	Primary Schools	105222	97235
幼儿园	Kindergartens	48066	49992
特殊教育学校	Special Education Schools	1746	1815
招生数(人)	**New Student Enrollment(person)**	**1026617**	**1000993**
普通高等学校	Regular Institutions of Higher Education	151812	158001
普通中等学校	Secondary Schools	430910	425523
#中等职业学校	Secondary vocational schools	67926	67352
普通中学	Regular Secondary Schools	362984	358171
高 中	Senior Secondary Schools	143101	138161
初 中	Junior Secondary Schools	219883	220010
小 学	Primary Schools	239951	248555
幼儿园	Kindergartens	201774	167889
特殊教育学校	Special Education Schools	2170	1025
在校学生(人)	**Student Enrollment(person)**	**3735952**	**3781296**
普通高等学校	Regular Institutions of Higher Education	486647	506809
普通中等学校	Secondary Schools	1242947	1255167
#中等职业学校	Secondary vocational schools	175446	178668
普通中学	Regular Secondary Schools	1067501	1076499
高 中	Senior Secondary Schools	405893	410955
初 中	Junior Secondary Schools	661608	665544
小 学	Primary Schools	1381519	1408464
幼儿园	Kindergartens	610972	604183
特殊教育学校	Special Education Schools	13867	6673
毕业生数(人)	**Graduates(person)**	**995602**	**962907**
普通高等学校	Regular Institutions of Higher Education	130772	130344
普通中等学校	Secondary Schools	421136	397650
#中等职业学校	Secondary vocational schools	56234	48568
普通中学	Regular Secondary Schools	364902	349082
高 中	Senior Secondary Schools	142672	132419
初 中	Junior Secondary Schools	222230	216663
小 学	Primary Schools	220333	220777
幼儿园	Kindergartens	221352	213243
特殊教育学校	Special Education Schools	2009	893

注：1.普通中学的高中学校数包括高级中学和完全中学。
2.毕业生数、招生数、在校学生数不包括成人高校附设普通班学生数。
a)Number of senior secondary schools in regular secondary schools include senior secondary schools & whole secondary schools.
b)The number of graduates,new student enrollment and student enrollment studying in general class except adult university.

16-2 在校学生民族构成

Composition of Student Enrollment by Nationality

单位：人　(person)

项 目	Item	2020	2021
普通高等教育	**Regular Institutions of Higher Education**	**486647**	**506809**
汉族	Han Nationality	353174	366345
少数民族	Minority Nationality	133473	140464
高等教育中研究生	Postgraduate Students Enrollment	29728	33897
汉族	Han Nationality	21812	24911
少数民族	Minority Nationality	7916	8986
成人高等教育	**Adult higher education**	**21444**	**24220**
汉族	Han Nationality		17639
少数民族	Minority Nationality		6581
中等职业学校	**Specialized Secondary Schools**	**169824**	**178668**
汉族	Han Nationality	129447	135874
少数民族	Minority Nationality	40377	42794
普通中学	**Regular Secondary Schools**	**1067501**	**1076499**
汉族	Han Nationality	735864	736966
少数民族	Minority Nationality	331637	339533
高 中	Senior	405893	410955
汉族	Han Nationality	276406	278370
少数民族	Minority Nationality	129487	132585
初 中	Junior	661608	665544
汉族	Han Nationality	459458	458596
少数民族	Minority Nationality	202150	206948
小学	**Primary Schools**	**1381519**	**1408464**
汉族	Han Nationality	948833	961453
少数民族	Minority Nationality	432686	447011

注：普通高等教育指普通本专科。

a)Secondary specialized school does not contain adult technical secondary school.

16-3 普通高等学校分类情况(2021年)

Basic Statistics of Colleges and Universities by Different Types(2021)

项　目	Item	学校数(所) Number (unit)	毕业生数(人) Graduates (person)	招生数(人) New Student Enrollment (person)	在校学生(人) Student Enrollment (person)
普通高校	**Colleges and Universities**	**54**	**130344**	**158001**	**506809**
综合大学	Comprehensive Universities	24	59205	70843	236000
理工院校	Science and Engineering	15	34252	40396	123055
农业大学	Agricultural Universities	1	8171	13663	38629
医药院校	Medicinal Universities	2	4813	5675	19538
师范院校	Normal Universities	3	13094	13146	44569
语文院校	Language Colleges	1	135	453	837
财经院校	Economics and Finance	3	8502	8547	30581
政法院校	Law Universities	1	516	992	2837
体育院校	Physical Universities	1	124	352	876
艺术院校	Arts Universities	3	1532	3934	9887

注：毕业生、在校生数不含成人高校附设普通班学生数。

a)The number of student does not include the number of student who as studying in general class belonging to adult university.

16-3 续表 Continued

项　目	Item	教职工合计(人) Number of Staff and Workers (person)	#专任教师 Teachers	正、副教授 Professors and Aso.Prof.	讲 师 Lecturers	助教、教员 Assistants and Instructors
普通高校	**Colleges and Universities**	**41852**	**28492**	**11978**	**10933**	**5581**
综合大学	Comprehensive Universities	20367	13715	5747	5067	2901
理工院校	Science and Engineering	9190	6870	2622	2728	1520
农业大学	Agricultural Universities	2681	1691	858	718	115
医药院校	Medicinal Universities	1937	1226	680	377	169
师范院校	Normal Universities	3603	2393	1029	1068	296
语文院校	Language Colleges	168	106	31	61	14
财经院校	Economics and Finance	2179	1466	725	614	127
政法院校	Law Universities	245	182	65	37	80
体育院校	Physical Universities	165	112	21	30	61
艺术院校	Arts Universities	1317	731	200	233	298

16-4 普通高等院校基本情况(2021年)
Basic Statistics of Colleges and Universities(2021)

项　目	Item	毕业生数(人) Graduates (person)	招生数(人) New Student Enrollment (person)	在校生数(人) Student Enrollment (person)
内蒙古大学	Inner Mongolia University	4450	4420	17407
内蒙古科技大学	Inner Mongolia Sci. & Tech. University	11867	11698	46646
内蒙古工业大学	Inner Mongolia Eng. University	5898	5547	22690
内蒙古农业大学	Inner Mongolia Agriculture University	8171	13663	38629
内蒙古医科大学	Inner Mongolia Medical University	3210	2966	13063
内蒙古师范大学	Inner Mongolia Normal University	8321	7866	29548
内蒙古民族大学	Inner Mongolia Nationality University	5105	5895	21489
赤峰学院	Chifeng College	3313	3540	13329
内蒙古财经大学	Inner Mongolia Finance University	5605	5804	21435
呼伦贝尔学院	Hulunbeier College	3247	4128	14386
内蒙古建筑职业技术学院	Inner Mongolia Pro. And Tech. College	2071	3086	9523
集宁师范学院	Jining Teacher Training Academy	3597	3827	11346
内蒙古丰州职业学院	Inner Mongolia Fengzhou College	1158	904	2492
河套学院	Hetao College	3440	3911	10376
呼和浩特民族学院	Inner Mongolia Nationality Academy	1947	3252	10225
包头职业技术学院	Baotou Pro.& Tech. College	2478	2917	9102
兴安职业技术学院	Xingan Pro. & Tech. College	1855	2641	9023
呼和浩特职业学院	Hohhot Vocational College	4263	4947	14528
包头轻工职业技术学院	Baotou Light Industry Professional and Technical College	3562	4056	11270
内蒙古电子信息职业技术学院	Inner Mongolia Electronics College	2891	3020	9049
内蒙古机电职业技术学院	Inner Mongolia Machinery & Electronics Professional and Technical College	2832	3172	9857
内蒙古化工职业学院	Inner Mongolia Chemical Eng. College	2434	2930	10708
内蒙古商贸职业学院	Inner Mongolia Trade College	2897	2743	9146
锡林郭勒职业学院	Xilinguole Vocational College	3384	3931	10613
内蒙古警察职业学院	Inner Mongolia Police College	516	992	2837
内蒙古体育职业学院	Inner Mongolia Sport College	124	352	876
乌兰察布职业学院	Wulanchabu Vocational College	2440	2247	8783
通辽职业学院	Tongliao Vocational College	2533	3828	10064
科尔沁艺术职业学院	Keerqin Arts Vocational College	277	2427	4515
内蒙古交通职业技术学院	Inner Mongolia Transport Tech College	2382	1701	6229
包头钢铁职业技术学院	Baotou Iron and Steel Vocational College	1349	3589	6671
乌海职业技术学院	Wuhai Vocational College	1794	1981	6151
内蒙古科技职业学院	Inner Mongolia Technical and Vocational College	509	331	1342
内蒙古北方职业技术学院	Inner Mongolia North Tech College	886	764	2688
赤峰职业技术学院	Chifeng Vocational College			
内蒙古经贸外语职业学院	Inner Mongolia Trade & Language College			
包头铁道职业技术学院	Baotou Railway Vocational & Tech College	3082	3385	9178
内蒙古大学创业学院	Pioneer College of Inner Mongolia University	1914	2178	8554
内蒙古鸿德文理学院	Inner Mongolia Honder University of Arts and Science	3274	4652	14388
乌兰察布医学高等专科学校	Wulanchabu Medicine Academy	1603	2709	6475
鄂尔多斯职业学院	Erdos Vocational College	1209	2305	5208
内蒙古工业职业学院	Inner Mongolia Gongye Vocational College			
呼伦贝尔职业技术学院	Hulunbeier Pro.And Tech College	1421	1990	5595
满洲里俄语职业学院	Manzhouli Russian College	135	453	837
内蒙古能源职业学院	Inner Mongolia Energy Vocational College	586	599	1721
赤峰工业职业技术学院	Chifeng College of Industry Technology	1115	1357	3682
阿拉善职业技术学院	Alashan Pro.And Tech College	516	1191	2488
内蒙古美术职业学院	Inner Mongolia Vocational College of Fine Arts	306	347	913
内蒙古民族幼儿师范高等专科学校	Inner Mongolia National Kindergarten Teachers College	1176	1453	3675
鄂尔多斯生态环境职业学院	Erdos Ecological Environment of Career Academy	569	751	2016
内蒙古艺术学院	Inner Mongolia University of Arts	949	1160	4459
鄂尔多斯应用技术学院	Erdos College,Inner Mongolia University	781	1795	6036
扎兰屯职业学院	Zhalantun Vocational College	902	1269	3999
赤峰应用技术职业学校	Chifeng College of Applied Technology		1331	1549

注：学生数中不含成人高校附设普通班学生数。

a)The number of student does not include the number of student who was studying in general class belonging to adult university.

16-4 续表 Continued

项 目	Item	教职工总数(人) Number of Staff & Workers (person)	#专任教师 Teacher	#本部中级及以上职称教师 Intermediate or above professional title
内蒙古大学	Inner Mongolia University	1973	1214	1203
内蒙古科技大学	Inner Mongolia Sci. & Tech. University	3803	2667	2265
内蒙古工业大学	Inner Mongolia Eng. University	2102	1482	1361
内蒙古农业大学	Inner Mongolia Agriculture University	2681	1691	1576
内蒙古医科大学	Inner Mongolia Medical University	1556	958	902
内蒙古师范大学	Inner Mongolia Normal University	2435	1511	1447
内蒙古民族大学	Inner Mongolia Nationality University	2020	1286	1249
赤峰学院	Chifeng College	1651	1012	929
内蒙古财经大学	Inner Mongolia Finance University	1538	1009	973
呼伦贝尔学院	Hulunbeier College	1263	808	677
内蒙古建筑职业技术学院	Inner Mongolia Pro. And Tech. College	589	483	429
集宁师范学院	Jining Teacher Training Academy	855	630	553
内蒙古丰州职业学院	Inner Mongolia Fengzhou College	190	122	70
河套学院	Hetao College	1111	592	465
呼和浩特民族学院	Inner Mongolia Nationality Academy	623	463	421
包头职业技术学院	Baotou Pro.& Tech. College	726	522	441
兴安职业技术学院	Xingan Pro. & Tech. College	617	468	338
呼和浩特职业学院	Hohhot Vocational College	1190	780	678
包头轻工职业技术学院	Baotou Light Industry Professional and Technical College	909	705	552
内蒙古电子信息职业技术学院	Inner Mongolia Electronics College	546	413	268
内蒙古机电职业技术学院	Inner Mongolia Machinery & Electronics Professional and Technical College	580	436	339
内蒙古化工职业学院	Inner Mongolia Chemical Eng. College	567	440	370
内蒙古商贸职业学院	Inner Mongolia Trade College	598	453	365
锡林郭勒职业学院	Xilinguole Vocational College	1215	829	390
内蒙古警察职业学院	Inner Mongolia Police College	245	182	102
内蒙古体育职业学院	Inner Mongolia Sport College	165	112	51
乌兰察布职业学院	Wulanchabu Vocational College	566	418	266
通辽职业学院	Tongliao Vocational College	741	476	295
科尔沁艺术职业学院	Keerqin Arts Vocational College	290	178	82
内蒙古交通职业技术学院	Inner Mongolia Transport Tech College	580	451	272
包头钢铁职业技术学院	Baotou Iron and Steel Vocational College	369	233	204
乌海职业技术学院	Wuhai Vocational College	306	272	199
内蒙古科技职业学院	Inner Mongolia Technical and Vocational College	142	83	41
内蒙古北方职业技术学院	Inner Mongolia North Tech College	178	101	46
赤峰职业技术学院	Chifeng Vocational College			
内蒙古经贸外语职业学院	Inner Mongolia Trade & Language College	43	4	1
包头铁道职业技术学院	Baotou Railway Vocational & Tech College	721	536	345
内蒙古大学创业学院	Pioneer College of Inner Mongolia University	295	207	78
内蒙古鸿德文理学院	Inner Mongolia Honder University of Arts and Science	667	561	420
乌兰察布医学高等专科学校	Wulanchabu Medicine Academy	381	268	155
鄂尔多斯职业学院	Erdos Vocational College	331	260	173
内蒙古工业职业学院	Inner Mongolia Gongye Vocational College			
呼伦贝尔职业技术学院	Hulunbeier Pro.And Tech College	684	521	358
满洲里俄语职业学院	Manzhouli Russian College	168	106	92
内蒙古能源职业学院	Inner Mongolia Energy Vocational College	135	95	23
赤峰工业职业技术学院	Chifeng College of Industry Technology	473	354	243
阿拉善职业技术学院	Alashan Pro.And Tech College	388	324	64
内蒙古美术职业学院	Inner Mongolia Vocational College of Fine Arts	114	87	26
内蒙古民族幼儿师范高等专科学校	Inner Mongolia National Kindergarten Teachers College	313	252	97
鄂尔多斯生态环境职业学院	Erdos Ecological Environment of Career Academy	256	188	131
内蒙古艺术学院	Inner Mongolia University of Arts	913	466	325
鄂尔多斯应用技术学院	Erdos College,Inner Mongolia University	472	339	235
扎兰屯职业学院	Zhalantun Vocational College	442	321	223
赤峰应用技术职业学校	Chifeng College of Applied Technology	136	123	103

16-5 科技活动基本情况

Basic Statistics on Scientific and Technological Activities

项 目	Item	2020	2021
科技活动	**Scientific and Technological Activities**		
研究与试验发展人员(人)	Research and Experimental Development(person)	46947	50166
#研究人员	Researchers	24538	26131
研究与试验发展折合全时当量(人年)	Number of Full-time Persons in Research and Development Activities(man-year)	27914	26427
#研究人员	Researchers	13789	13141
大中型工业企业	**Large and Medium-sized Industrial Enterprises**		
单位数(个)	Number of units(unit)	593	624
#有R&D活动单位数	Units Having Activities of R&D	210	235
R&D人员(人)	Persons in R&D(person)	26147	24268
R&D人员全时当量(人年)	Full-time Equivalent of R&D Personnel(man-year)	15902	13044
#研究人员	Researchers	5771	4327
按活动类型分	According to active type		
基础研究	Fundamental Research	34	381
应用研究	Applied Research	880	644
试验发展	Experiment and Development	14988	12020
专利(件)	**Patent (piece)**		
专利申请量	Number of Patent Applications	24317	29462
专利授权量	Number of Patent Granted	17958	24362
有效专利量	Number of Patent Validity	49902	68268

16-6 地方国有单位各类专业技术人员

Special Technical Personnel of State-owned Units

单位：人 (person)

年 份 Year	总 计 Total	#工程技术人员 Engineering	#农业技术人员 Agriculture	#科学研究人员 Scientific Research	#卫生技术人员 Health Care	#教学人员 Teaching
1986	298360	50544	16026	1561	43130	137854
1987	344667	58353	17665	1794	44962	166079
1988	385181	66901	18436	1646	47332	158905
1989	428612	71848	18649	1845	49311	175621
1990	442659	75686	19644	1803	51184	180408
1991	453193	78705	20168	1839	53585	184784
1992	461901	79224	20710	2174	54257	187739
1993	454591	77474	18534	2043	54236	192023
1994	463501	77624	19096	2026	54873	199488
1995	471197	78640	18781	1877	56045	205952
1996	476610	78450	18946	1832	56854	214200
1997	477411	77127	19010	1792	60806	218651
1998	476012	74538	18499	1762	60990	223704
1999	504045	78903	19246	1992	65578	242551
2000	509470	77348	19076	2002	68954	250740
2001	497202	69548	18979	2084	69156	257165
2002	486215	64635	18288	1927	68725	260445
2003	514746	68669	22202	2029	72508	274565
2004	532891	65362	26978	2631	80287	286581
2005	534906	62700	27393	2401	81181	291842
2006	536071	59529	27465	1985	81658	300322
2007	553733	70527	27645	2160	82346	303470
2008	559013	67777	32659	2431	86965	302841
2009	556413	64790	32144	2205	88058	305803
2010	543015	60725	27792	1864	87458	304574
2011	559597	63173	33396	2346	90276	306684
2012	559502	65166	31234	2883	92393	308157
2013	553400	63919	28404	3183	90202	311647
2014	545108	64970	24058	3166	89489	302635
2015	540633	62363	25537	3539	90166	301568
2016	546717	65784	24839	3362	91353	301504
2017	540579	63719	24095	3686	92093	298676
2018	535844	59577	19285	2866	88361	296646
2019	541319	61584	21288	3030	86261	296475
2020	550703	66043	18894	3383	86855	294802
2021	577083	82724	17640	4520	90059	295570

16-7 科学研究和技术服务业科技统计事业单位基本情况(2021年)

Basic situation of Science and Technology Statistical Institutions in Scientific Research and Technical Services by Region(2021)

项 目	Item	中央部门属 Central department	地方部门属 Local Department	#自治区属 Autonomous region	#盟市属 Cities
机构数（个）	Institutions(unit)	6	128	60	63
从业人员（人）	Staff & workers(person)	815	11984	7497	4424
#科技活动人员	Scientific & Tech Activities	784	10078	6416	3601
#本科及以上学历	Scientists & Engineers	593	7896	5218	2638
#高级职称	Senior title of professional	197	3134	2022	1105
经费收入总额（万元）	Total Expenditure Income(10 000 yuan)	45086	388903	277441	110206
#科技活动收入	Income from Science and Technology Activities	42018	331019	242029	87735
#政府资金	Government Funds	36904	284904	199755	83968
经费内部支出总额（万元）	Total Internal Expenditure of Funds(10 000 yuan)	40198	381100	270419	109273
#科技经费内部支出	Internal Expenditure of Science and Technology Funds	37461	328397	235666	91340
#资产性支出	Asset Expenditures(10 000 yuan)	5385	32951	22604	10000
课题数（个）	Project(Unit)	444	1221	866	346
#R&D课题	R&D Project	285	885	628	249
课题经费内部支出（万元）	Internal Expenditure of Project Funds(10 000 yuan)	7379	58909	45362	13158
课题人员折合全时工作量（人年）	The Project Staff Reduced Their Full-time Workload(man-year)	252	3267	2079	1178
R&D人员（人）	R&D Personnel	312	3702	2272	1408
R&D人员折合全时工作量（人年）	Full-time Equivalent of R&D Personnel(man-year)	224	2669	1584	1075
#研究人员	Researcher	104	1601	903	690
按活动类型分	By Activity Type				
基础研究	Basic Research	41	302	257	45
应用研究	Applied Research	73	634	444	190
试验发展	Experimental Development	110	1733	883	840
专利申请受理数（件）	Patent Applications Accepted(Piece)	106	355	231	116
#发明专利	Patent for Invention	33	151	100	45
专利授权数（件）	Number of patents granted(piece)	99	196	105	88
#发明专利	Patent for Invention	18	96	55	39
科技论文（篇）	Scientific Papers(piece)	210	1226	929	297
#国外发表	Published Abroad	35	40	29	11
科技著作（种）	Science and technology works(kind)	20	60	48	12
软件著作权数（件）	Number of Software Copyright(piece)	49	108	103	5

16-8 高等学校科技活动基本情况

Basic Statistics on Scientific and Technological Activities of Colleges and Universities

项　目	Item	2020	2021
单位数(个)	**Number of units(unit)**	**87**	**93**
#有R&D活动单位数	Units Having Activities of R&D	78	85
研究与试验发展人员(人)	**Research and Experimental Development(person)**	**10436**	**13051**
#研究人员	Researchers	9474	11627
R&D人员全时当量(人年)	**Persons in R&D into Full-time(man-year)**	**4487**	**5379**
#研究人员	Researchers	4206	4916
按活动类型分	According to active type		
基础研究	Fundamental Research	1587	2202
应用研究	Applied Research	2525	2798
试验发展	Experiment and Development	375	379

16-9 科技创新情况

Scientific and Technological Innovation

项 目	Item	2021
国家重点研发计划项目数（个）	Number of National Key R&D Projects(unit)	3
国家自然科学基金资助项目数（个）	Number of Projects Supported by National Natural Science Foundation(unit)	294
国家重点实验室（个）	National Key Laboratory(unit)	1
认定登记技术合同数（项）	Number of Technology Contracts Recognized and Registered (project)	1534
认定登记技术合同成交额（万元）	The Transaction Amount of Recognized and Registered Technology Contracts (10 000 yuan)	461202
有效期内高新技术企业数（个）	Number of High-tech Enterprises in Validity Period(Unit)	1223
国家级科技企业孵化器数量（个）	The Number of Incubators of National Technology Enterprise (Unit)	12
国家备案众创空间数量（个）	The Number of Maker Spaces Recorded by the Nation (unit)	51

注:认定登记技术合同数及成交额包括引进国外技术合同数及成交额。

a)Number of the technology contracts and the transaction amount of recognized and registered including the imported foreign technology contracts and transaction amount.

16-10 科技成果获奖

Number of Achievements in Scientific and Technological Research and National Prizes Won

单位：项 (item)

年 份 Year	国家发明奖 Number of National Invention Prizes Awarded	国家科技进步奖 Number of National Scientific & Technological Prizes Awarded	国家自然科学奖 Number of National Natural Sciences Prizes Awarded	自治区科技进步奖 Number of Autonomous Regional Scientific & Technological Prizes Awarded	一等奖 First Class Prize	二等奖 Second Class Prize	三等奖 Third Class Prize	自治区自然科学奖 Number of Natural Science Reward	一等奖 First Class Prize	二等奖 Second Class Prize	三等奖 Third Class Prize
1985	1	4		167	12	36	119				
1986				96	8	20	68				
1987			1	121	12	35	74				
1988	2	3		103	3	22	78				
1989		4		102	7	20	75				
1990		3		103	5	20	78				
1991		2	1	130	6	14	110				
1992		4		105	3	15	87				
1993	1	3		123	3	18	102				
1994				104	4	14	86				
1995	1	2		124	7	22	95				
1996		3		129	5	21	103				
1997		2		115	3	25	87				
1998		1		123	4	22	97				
1999	1	3	2	142	4	20	118				
2000		1		89	5	16	68				
2001		1		100	5	20	75				
2002				93	4	20	69				
2003		1		80	5	18	57				
2004		1		83	7	21	55				
2005		1		100	8	23	69				
2006		1		98	8	24	66				
2007		1		100	12	26	62	16	3	5	8
2008		1		107	14	22	71	15	3	5	7
2009		1		91	8	21	62	13	2	6	5
2010		2		100	6	23	71	14	2	7	5
2011				104	9	25	70	13	2	7	4
2012		1		101	10	25	66	13	2	5	6
2013		1		93	8	29	56	13	1	8	4
2014				102	9	23	70	10	2	3	5
2015		1		85	9	27	49	13	3	7	3
2016		1		108	8	35	65	16	3	5	8
2017		1		86	8	27	51	13	2	3	8
2018				94	11	33	50	17	4	7	6
2019				104	16	43	45	17	5	3	9
2020				106	17	32	57	18	4	9	5

16-11 三种专利申请量、授权量及有效量

Three Types of Patent Applications ,Granted and Validity

单位：件 (piece)

年份 Year	专利申请量合计 Number of Patent Applications	发明 Inventions	实用新型 Utility Models	外观设计 Designs	专利授权量合计 Number of Patent Granted	发明 Inventions	实用新型 Utility Models	外观设计 Designs	有效专利量合计 Number of Patent Validity	发明 Inventions	实用新型 Utility Models	外观设计 Designs
1986	90	31	48	11	17		16	1				
1987	154	39	108	7	48	3	36	9				
1988	228	46	176	6	63	7	53	3				
1989	231	43	179	9	128	10	110	8				
1990	347	54	270	23	170	5	158	7				
1991	431	86	310	35	153	6	130	17				
1992	510	102	366	42	242	14	212	16				
1993	601	137	438	26	438	14	381	43				
1994	731	124	474	133	337	7	296	34				
1995	647	117	449	81	415	8	293	114				
1996	859	215	507	137	326	6	265	55				
1997	940	244	534	162	372	11	264	97				
1998	785	125	519	141	523	12	375	136				
1999	971	198	557	216	723	17	521	185				
2000	1138	234	602	302	775	60	530	185				
2001	1089	185	664	240	743	73	440	230				
2002	1202	233	643	326	679	53	428	198				
2003	1394	242	716	436	816	82	419	315				
2004	1457	286	699	472	831	108	437	286				
2005	1455	307	708	440	845	98	452	295				
2006	1946	430	915	601	978	108	543	327	2494	358	1458	678
2007	2015	565	966	484	1313	120	788	405	2727	400	1425	902
2008	2221	695	980	546	1328	140	866	322	3711	481	2120	1110
2009	2484	719	1266	499	1494	178	762	554	4188	600	2353	1235
2010	2912	932	1406	574	2096	262	1276	558	5935	838	3367	1730
2011	3841	1267	2034	540	2262	364	1415	483	7162	1112	4081	1969
2012	4732	1492	2566	674	3090	570	1900	620	8996	1650	5106	2240
2013	6388	1935	3213	1240	3836	549	2494	793	11421	2114	6623	2684
2014	6359	1924	3562	873	4031	458	2908	665	13734	2411	8375	2948
2015	8876	2254	5609	1013	5522	797	3757	968	16799	3051	10769	2979
2016	10672	2878	6401	1393	5846	871	3981	994	20007	3734	12936	3337
2017	11701	2845	7468	1388	6271	848	4453	970	23846	4505	15592	3749
2018	16426	3757	11051	1618	9625	864	7530	1231	29496	5076	20238	4182
2019	21069	4889	13895	2285	11059	911	8768	1380	36257	5895	25529	4833
2020	24317	4887	17494	1936	17958	1162	14423	2373	49902	6943	36714	6545
2021	29462	5998	21215	2249	24362	1651	20737	1974	68268	7942	53211	7115

注：1. 专利申请量、专利授权量为当年数，有效专利量为累计数。

2. 自2016年起，国家知识产权局将专利申请受理量改为专利申请量。

a)The data of patent application and granted is the current year.The data of patent validity is the current year.

b)Since 2016,the State Intellectual Property Office changed the number of patent applications accepted into the number of patent applications.

16-12 文化旅游和文物事业机构、人员(2021年)

Number of Institutions and Personnel in Culture, Tourism and Cultural Relics(2021)

机构类别	Category of Institution	机构数(个) Number of Institutions (unit)	从业人数(人) Number of Persons Engaged (person)
文化事业单位合计	**Total Cultural Institutions**	**1712**	**18375**
艺术事业	Art Institutions	105	6112
艺术表演团体	Art Performance Troupes	91	6003
话剧、儿童剧、滑稽剧团	Drama,Children Plays,Comedy		
歌舞音乐类	Song and Dance,Music	10	862
乌兰牧骑	Ulanmuqi	74	3045
地方戏曲类	Local Opera	1	49
京剧类	Local Beijing Opera Troupes		
曲杂类	Folk Arts		
综合性艺术表演团体	Comprehensive performing arts	6	2047
艺术表演场所	Art Centers	14	109
剧场、影剧院	Theaters and Music Halls	12	94
书场、曲艺场	Storytelling Places, Recitation		
杂技、马戏场	Acrobatics,Circus Places		
音乐厅	Concert Halls		
图书馆事业	Libraries	117	1813
群众文化事业	Mass Culture	1201	4936
文化馆	Cultural Centers	118	1837
文化站	Cultural Stations	1083	3099
#乡镇文化站	Township Cultural Stations	869	2412
其他文化事业	Other Cultural Institutions	289	5514
#文化和旅游部门教育机构	Educational Institutions of Cultural and Tourism	4	409
文化和旅游科研机构	Art Research Institutions of Cultural and Tourism	6	161
艺术展览创作机构	Art Exhibition and Creative Institutions	28	216
#美术馆	Art Gallery	27	211
文化和旅游行政部门	Cultural and Tourism Administration	118	2614
其他文化和旅游机构	Other Cultural and Tourism Institutions	133	2114
#文化市场执法机构	Institutions of Law Enforcement of Culture and	104	1749
文物事业单位合计	**Total Cultural Institutions**	**261**	**3759**
文物保护管理机构	Agency of Historical Relics Preservation	83	638
文物科研机构	Scientific and Research Historical Relics	2	106
博物馆	Museums	168	2978
综合性博物馆	Comprehensive Museum	93	1856
历史类博物馆	Special Museum	43	659
自然科技类博物馆	Nature Science and Technology Museum	4	236
其他博物馆	Memorial Museum	28	227
其他文物机构	Other Historical Relics Agency	8	37

16-13 图书、杂志、报纸出版
Books, Magazines and Newspapers Published

项 目	Item	2020	2021
图 书	**Books Published**		
种 数(种)	Number of Publications(kind)	3524	3049
新 出(种)	New Books(kind)	1317	1179
重 印(种)	Republication(kind)	2207	1870
总印数(万册)	Total Printed Copies(10 000 copies)	6322	6261
总印张数(万印张)	Printed Sheets(10 000 sheets)	53212	6109
定价总金额(万元)	Total of Fixed Price(10 000 yuan)	76202	73258
杂 志	**Magazines Published**		
种 数(种)	Number of Publications(kind)	150	150
总印数(万册)	Total Printed Copies(10 000 copies)	1129	1082
总印张数(万印张)	Printed Sheets(10 000 sheets)	5767	5433
定价总金额(万元)	Total of Fixed Price(10 000 yuan)	6354	6111
报 纸	**Newspapers Published**		
种 数(种)	Number of News Published(kind)	55	53
总印数(万份)	Total Printed Copies(10 000 copies)	24449	23238
总印张数(万印张)	Printed Signatures(10 000 sheets)	45671	43696
定价总金额(万元)	Total of Fixed Price(10 000 yuan)	26963	26923

16-14 广播电视事业
Statistics on Broadcasting and Television Stations

项　目	Item	2020	2021
广播	**Broadcasting**		
调频转播发射台座数(座)	Transmission Stations of Frequency Modulation(set)	649	622
中短波转播发射台座数(座)	Transmission Stations of Short and medium Wave(set)	56	55
广播节目综合人口覆盖率(%)	Population Coverage Rate of Radio Programs (%)	99.66	99.74
节目套数(套)	Number of Programs(set)	126	126
广播节目全年播出情况	**Annual Statistics on Broadcasting**	**697336:46**	**685125:04**
新闻资讯类(小时：分)	News Programs(hour:minute)	132203:14	124240:25
专题服务类(小时：分)	Special Subject Programs(hour:minute)	133950:47	135284:12
综艺益智类(小时：分)	Variety and puzzle programs(hour:minute)	201266:06	208030:26
影视剧类(小时：分)	film and television play(hour:minute)	39792:13	41955:11
广告类(小时：分)	Programs of Advertisment(hour:minute)	34737:46	31439:13
其他类(小时：分)	Other Programs(hour:minute)	155386:40	144175:37
广播节目全年制作情况	**Annual Statistics on Production of Broadcasting**	**299321:58**	**308706:25**
新闻资讯类(小时：分)	News Programs(hour:minute)	52758:01	45321:44
专题服务类(小时：分)	Special Subject Programs(hour:minute)	92727:39	95448:13
综艺益智类(小时：分)	Variety and puzzle programs(hour:minute)	93446:02	101436:50
影视剧类(小时：分)	film and television play(hour:minute)	9321:05	10292:48
广告类(小时：分)	Programs of Advertisement(hour:minute)	16577:18	17657:32
其他类(小时：分)	Other Programs(hour:minute)	34491:53	38549:18
电视	**Television**		
调频、电视转播发射台座数(座)	Transmission and Relaying Stations(set)	649	622
卫星地球站(座)	Satellits Television Station(set)	1	1
电视节目综合人口覆盖率(%)	Population Coverage Rate of TV Programs (%)	99.68	99.74
公共电视节目套数(套)	Number of TV Programs (set)	120	120
电视节目全年播出情况	**Annual Statistics on Dissemination of TV Programs**	**684933:24**	**689257:03**
新闻资讯类(小时：分)	News Programs(hour:minute)	95857:49	93257:08
专题服务类(小时：分)	Special Subject Programs(hour:minute)	81270:18	81348:56
综艺益智类(小时：分)	Variety and puzzle programs(hour:minute)	46010:55	48841:44
影视剧类(小时：分)	film and television play(hour:minute)	312152:58	317006:55
广告类(小时：分)	Programs of Advertisement(hour:minute)	53227:23	54281:20
其他类(小时：分)	Other Programs(hour:minute)	96414:01	94521:00
电视节目全年制作情况	**Annual Statistics on Production of TV Programs**	**85290:46**	**79660:08**
新闻资讯类(小时：分)	News Programs(hour:minute)	32281:81	32201:20
专题服务类(小时：分)	Special Subject Programs(hour:minute)	23117:48	19290:45
综艺益智类(小时：分)	Variety and puzzle programs(hour:minute)	8601:30	7495:59
影视剧类(小时：分)	film and television play(hour:minute)	52:28	0:0
广告类(小时：分)	Programs of Advertisment(hour:minute)	13514:12	11421:44
其他类(小时：分)	Other Programs(hour:minute)	7705:40	9250:20
播出机构	**Broadcasters**		
省级(座)	Provincial(set)	1	1
地级(座)	Municipal(set)	13	13
县级(座)	County(set)	77	77

主要统计指标解释

普通高等学校 指通过国家普通高等教育招生考试,招收高中毕业生为主要培养对象,实施高等学历教育的全日制大学、独立设置的学院、独立学院和高等专科学校、高等职业学校及其他机构。

大学、独立设置的学院主要实施本科及本科层次以上的教育。独立学院主要实施本科层次的教育。高等专科学校、高等职业学校实施专科层次的教育。其他机构是指承担国家普通招生计划任务不计校数的机构,包括普通高等学校分校、大专班等。

成人高等学校 指通过国家成人高等教育招生考试,招收具有高中毕业或同等学力的人员为主要培养对象,利用函授、业余、脱产等多种形式,对其实施高等学历教育的学校。包括:职工高等学校、农民高等学校、管理干部学院、教育学院、独立函授学院、广播电视大学、其他机构。其他机构是指承担国家成人招生计划任务不计校数的机构。

小学学龄儿童净入学率 指调查范围内已入小学学习的学龄儿童占校内外学龄儿童总数的比重。计算公式为:

科技活动 指在自然科学、农业科学、医药科学、工程与技术科学、人文与社会科学领域(简称科学技术领域)中与科技知识的产生、发展、传播和应用密切相关的有组织的活动。为核算科技投入的需要,科技活动可分为科学研究与试验发展(R&D)、科学研究与试验发展成果应用及相关的科技服务三类活动。

科技活动人员 指直接从事科技活动、以及专门从事科技活动管理和为科技活动提供直接服务,累计的实际工作时间占全年制度工作时间10%及以上的人员。(1)直接从事科技活动的人员包括:在独立核算的科学研究与技术开发机构、高等学校、各类企业及其他事业单位内设的研究室、实验室、技术开发中心及中试车间(基地)等机构中从事科技活动的研究人员、工程技术人员、技术工人及其他人员;虽不在上述机构工作,但编入科技活动项目(课题)组的人员;科技信息与文献机构中的专业技术人员;从事论文设计的研究生等。(2)专门从事科技活动管理和为科技活动提供直接服务的人员,包括:独立核算的科学研究与技术开发机构、科技信息与文献机构、高等学校、各类企业及其他事业单位主管科技工作的负责人,专门从事科技活动的计划、行政、人事、财务、物资供应、设备维护、图书资料管理等工作的各类人员,但不包括保卫、医疗保健人员、司机、食堂人员、茶炉工、水暖工、清洁工等为科技活动提供间接服务的人员。该指标用来反映投入科技活动人力的规模。

专业技术人员 指从事专业技术工作和专业技术管理工作的人员,即企事业单位中已经聘任专业技术职务从事专业技术工作和专业技术管理工作的人员,以及未聘任专业技术职务,现在专业技术岗位上工作的人员。包括工程技术人员,农业技术人员,科学研究人员,卫生技术人员,教学人员,经济人员,会计人员,统计人员,翻译人员,图书资料、档案、文博人员,新闻出版人员,律师、公证人员,广播电视播音人员,工艺美术人员,体育人员,艺术人员及企业政治思想工作人员,共十七个专业技术职务类别。用来反映科技人力资源情况。

研究与试验发展(R&D) 指在科学技术领域,为增加知识总量,以及运用这些知识去创造新的应用进行的系统的创造性的活动,包括基础研究、应用研究、试验发展三类活动。国际上通常采用R&D活动的规模和强度指标反映一国的科技实力和核心竞争力。

科技活动经费筹集 指从各种渠道筹集到的计划用于科技活动的经费,包括政府资金、企业资金、事业单位资金、金融机构贷款、国外资金和其他资金等。反映各社会经济主体对促进科技进步所做的努力。

专利 是专利权的简称,是发明创造经审查合格后,由国务院专利行政部门申请人对该项发明创造享有的专有权。发明创造是指发明、实用新型和外观设计。

发明(专利) 指对产品、方法或者其改进所提出的新的技术方案。

实用新型(专利) 指对产品的形状、构造或者其结合所提出的适于实用的新的技术方案。

外观设计(专利) 指对产品的形状、图案或者其结合以及色彩分形状、图案相结合所作出的富有美感并适于工业应用的新设计。

文化事业机构 指从事专业文化工作和为专业文化工作服务的独立建制的单位。不包括这些单位另外举办独立核算的其他机构和各部门的业余文化组织。

艺术表演团体 指由文化部门主办或实行行业管理(经文化行政部门审批或已申报登记并领取相关许可证),专门从事表演艺术等活动的各类专业艺术表演团体,含民间职业剧团。不包括群众业余文艺表演团体。

Explanatory on Main Statistical Indicators

General Institutes of Higher Education refer to pass national average higher education recruit students to take an examination of, recruit high school graduate to be main cultivate an object, implement the full-time university of education of higher record of formal schooling, the college that sets independently, independent institute and college of higher specialized subject, higher vocational school and other organizitions.

Universities and independent colleges mainly carry out undergraduate and higher education. Independent colleges mainly carry out undergraduate education. Colleges and vocational schools carry out education at the specialized level. Other institutions refer to the institutions that undertake the tasks of the national general enrollment plan without counting the number of schools, including the branch schools of ordinary colleges and universities, Junior college class and so on.

Adult High School refer to pass national adult higher education recruit students an examination, recruit the personnel that has high school graduates or equivalent educational ability to be main cultivate an object, use correspondence, spare time, off-job and other forms. Carry out the school of education of higher record of formal schooling to its. These include: institutions of higher learning for workers and staff, institutions of higher learning for farmers, administrative cadre institutes, educational institutes, independent correspondence institutes, radio and television universities and other institutions. Other institutions are those that undertake the task of the national adult enrollment program without counting the number of schools.

The Net Enrollment Rate in Primary Schools refer to the proportion of school - age children who have entered primary school in the survey area in the total number of school-age children in and out of school. The formula is:

Net enrollment rate of primary school-age children = (Total Primary School age Children at Schools) ÷ (Total Primary School age Children Both at and Outside Schools) ×100%

Scientific and Technological Activities (S&T Activities) refer to organized activities which are closely related with the creation, development, dissemination and application of the scientific and technical knowledge in the fields of natural sciences, agricultural science, medical science, engineering and technological science, humanities and social sciences (referred to as scientific and technological fields). S&T activities can be classified in to 3 categories: research and development (R&D) activities, application of R&D results, and related S&T services. This statistical definition is made by UNICHIEF for scientific and technological activities to meet the need of carrying out statistical work in this field for its member countries in particular those developing countries.

Personnel Engaged in S&T Activities refer to personnel directly engaged in S&T activities, in the management of S&T activities, and in providing direct service to S&T activities, who spend over 10% of the total working hours in a year in S&T activities. (1) Personnel directly engaged in S&T activities include researchers, engineers, technicians and other related personnel engaged in S&T activities in independent-accounting R&D institutions, institutions of higher learning, and in research institutes, laboratories, technology development centers and central experiment workshops under enterprises and institutions. Also included are people working in S&T research project teams, professional and technical personnel working in S&T information archiving institutes, and graduate students working on the design of their thesis. (2) Personnel engaged in the management of S&T activities and in providing direct service to S&T activities include senior management people responsible for S&T activities in independent-accounting R&D institutions, S&T information archiving institutes, institutions of higher learning, and in enterprises and institutions where S&T activities are undertaken. Also included are people responsible for the planning, administration, personnel management, financial management, logistics supply, equipment maintenance, information and library management that are related with S&T activities. People providing indirect services are excluded, such as security, medical service, drivers, plumbers, cleaners and those providing catering and related service. This indicator reflects the size of personnel engaged in S&T activities.

Professional and Technical Personnel refer to persons engaged in professional and technical work or in the management of professional and technical activities, i. e. , people with professional or technical positions who are engaged in professional and technical work or in the management of professional and technical activities, and people without professional or technical positions but are working on professional or technical posts. They include professionals and technicians working in 17 categories of technical occupations including engineering, agriculture, scientific researches, medical service, teaching, economic research and application, accounting, statistics, translation, libraries, archives, cultural and museum service, journalism and publication, lawyers, notarization service, radio and television broadcasting, handicraft and fine arts, sports, performing art, and political workers in enterprises. This indicator reflects the condition of human resources in S&T.

Research and Development (**R&D**) refers to in the field of science and technology, systematic and creative activities, including basic research, applied research and experimental development, to increase the total amount of knowledge and to create new applications of such knowledge. Internationally, the scale and intensity of R&D activities are usually used to reflect a country´s scientific and technological strength and core competitiveness.

Funding for S&T Activities refers to funds obtained from various sources for S&T activities, including government funds, self-raised funds by enterprises, self-raised funds by institutions, loans from financial institutions, foreign funds and other funds. This indicator reflects the efforts made by various social economic entities in promoting the development of S&T.

Patent is an abbreviation for the patent right and refers to the exclusive right of ownership by the inventors or designers for the creation or inventions, given from the patent offices after due process of assessment and approval in accordance with the Patent Law. Patents are granted for inventions, utility model sand designs. This indicator reflects the achievements of S&T and design with in dependent intellectual property.

Inventions (**Patent**) refer to the inventions as specified by the patent law and its detailed rules and regulations for implementation. They refer to the new technical proposals to the products or methods or their modifications.

Utility Models (**Patent**) refer to the utility models as specified by the patent law and its detailed rules and regulations for implementation. They refer to the practical and new technical proposals on the shape and structure of the product or the combination of both.

Designs (**Patent**) refer to the designs as specified by the Patent law and its detailed rules and regulation for implementation. They refer to the aesthetics and industry applicable new designs for the shape, pattern and color of the product, or their combinations.

Cultural Institutions refer to units which have their own organizational system and independent accounting system and specialize in or serve cultural development. They exclude other establishments run by these cultural institutions and amateur cultural groups established by various departments.

Art Troupe refers to all kinds of professional art performance organizations, including folk professional troupes, sponsored by cultural departments or under industrial management (approved by cultural administrative departments or registered and obtained relevant licenses), specializing in performing arts and other activities. Mass amateur art performance groups are not included.

17 卫生和体育

Public Health and Sports

资料整理：毅 茹 初卓耕 蒋思楠 沈 莉 王苑陶
Arranged By：Yi Ru Chu Zhuogeng Jiang Sinan
Shen Li Wang Yuantao

17-1 等级运动员分项发展情况(2021年)

Development of Athletes in Grade By Type of Sports(2021)

单位：人 (person)

项 目	Item	合 计 Total	国际级健将 International Master of Sports	国家级运动健将 National Master of Sports	一 级 First Grade Sportsmen	二 级 Second Grade Sportsmen
总计	**Total**	**1908**			**530**	**1378**
田径	Track and Field	522			20	407
篮球	Basketball	226			30	125
乒乓球	Table Tennis	218			50	99
足球	Football	133				108
橄榄球	Rugby	133			63	37
拳击	Boxing	100			21	52
游泳	Swimming	91			21	45
摔跤	Wrestling	74			18	48
排球	Volleyball	106			44	30
网球	Tennis	99			5	57
曲棍球	Hockey	75			15	41
柔道	Judo	65			18	33
跆拳道	Taekwondo	60			17	27
武术	Wu Shu	48				43
羽毛球	Badminton	92			25	38
马术	Horsemanship	35			3	26
射箭	Archery	43			17	12
速度滑冰	Speed Skating	31			4	19
竞走	Race Walking	25				20
五人制足球	Five-a-side football	28				19
散打	Sanda	19				19
射击	Shooting	23			8	10
举重	Weightlifting	16			1	14
自行车	Bicycle	45			24	11
短道速滑	Short Track Speed Skating	11			6	3
铁人三项	Triathlon	11			2	7
体操	Gym	17			2	8
高尔夫球	Golf	12			6	2
中国式摔跤	Chinese-style Wrestling	7			6	
空手道	Karate	3			2	
滑板	Skateboarding	3			1	1
现代五项	Modern Pentathlon	16			11	

17-2 运动员获奖牌情况(2021年)

Medals Won by Athletes(2021)

单位：枚 (piece)

项 目	Item	金牌 Gold Medal	银牌 Silver Medal	铜牌 Copper Medal
总 计	**Total**	**88**	**62**	**87**
国际比赛	International Race	2	1	4
国内比赛	National Race	86	61	83

17-3 等级裁判员分项发展情况(2021年)

Development of Referees in Grades by Type of Sports(2021)

单位：人 (person)

项 目	Item	合计 Total	国际裁判 International Referees	国家级 National Referees	一级 First Grade Referees	二级 Second Grade Referees
总计	**Total**	**1130**			**434**	**696**
篮球	Basketball	141				141
马术	Horsemanship	121			73	48
羽毛球	Badminton	103				103
跆拳道	Taekwondo	90			42	48
自行车	Bicycle	86			30	56
田径	Track and Field	69				69
排球	Volleyball	68			50	18
汽车	Racing Car	61				61
游泳	Swimming	60			32	28
冬季两项	Biathlon	54			54	
摔跤	Wrestling	44			25	19
冰壶	Curling	42			37	5
冰球	Ice Hockey	39			18	21
足球	Football	35				35
拳击	Boxing	31			22	9
高山滑雪	Alpine Skiing	29			29	
乒乓球	Table Tennis	17				17
越野滑雪	Cross-country Skiing	12			12	
单板滑雪	Snowboarding	8			8	
门球	Gateball	7				7
网球	Tennis	5				5
台球	Billiards	4				4

17-4 医疗卫生事业
Basic Statistics of Public Health

项　目	Item	2020	2021
卫生机构(个)	**Health Institutions(unit)**	**24605**	**24948**
#医院	Hospitals	777	806
乡镇卫生院	Health Center at Town	1257	1251
社区卫生服务中心(站)	Health Service Center for Community	1200	1230
疗养院、所	Sanatoriums	3	5
门诊部	Clinics	588	772
妇幼保健所、站	Maternity and Child Care Centers	114	114
疾病预防控制机构	CDC(Center for Disease Control)	120	121
专科疾病防治院(所、站)	Disease Prevention Specialist Hospital	29	14
诊所、医务室、卫生所及护理站	Clinics,Infirmaries,Health Clinics and Nursing Stations	7202	7466
床位(张)	**Beds(unit)**	**162072**	**166581**
#医院	Hospitals	130166	133841
乡镇卫生院	Health Center at Town	21481	21359
社区卫生服务中心(站)	Health Service Center for Community	5185	5023
疗养院、所	Sanatoriums	332	77
门诊部	Outpatient Departments	103	882
妇幼保健所、站	Maternity and Child Care Centers	4433	4481
专科疾病防治院(所、站)	Disease Prevention Specialist Hospital	372	336
职工人数(人)	**Persons Engaged in Health Institution(person)**	**254843**	**267937**
#卫生技术人员	Medical Technical Personnel	202317	211671
#执业医师	Permitted Doctors	68672	71969
执业助理医师	Practicing Physician Assistant	11898	12251
注册护师、护士	Registered Senior and Junior Nurses	83443	88930
药剂人员	Pharmacists	11224	11616
检验人员	Laboratory Technical	7076	7295
其他技术人员	Other Technical Personnel	11725	13503
管理人员	Administration Staffs	12174	15763
工勤人员	Logistics Workers	13040	13844

注：本表中数据包含村卫生室数据。
a) Data in the table includes the village clinics.

17-5 卫生机构

Number of Health Care Institutions

单位：个 (unit)

年 份 Year	总 计 Total	医院、乡镇卫生院 Hospitals & Health Center at Town	疗养院、所 Sanatoriums	专科疾病防治院(所、站) Disease Prevention Specialist Hospital	疾病预防控制中心 CDC	妇幼保健所、站 Maternity and Child Care Centers	每万人口拥有卫生机构数 Number of Health Institutions Per 10 000 Population
1952	538	103	9	14	5	93	0.75
1957	2152	136	3	28	59	234	2.30
1965	3820	436	16	18	116	116	2.95
1970	4952	1582	4	4	88	50	3.32
1975	3621	1612	9	8	113	110	2.08
1978	4000	1723	8	26	118	117	2.19
1979	4146	1743	8	34	117	116	2.24
1980	4350	1760	9	39	126	118	2.32
1981	4630	1794	12	42	136	120	2.43
1982	4660	1796	14	43	138	121	2.41
1983	4632	1819	14	45	135	120	2.37
1984	4711	1841	14	53	139	121	2.37
1985	4749	1763	14	55	141	120	2.37
1986	4905	1770	13	57	140	122	2.42
1987	4991	1780	12	60	143	123	2.42
1988	5120	1787	13	61	144	123	2.45
1989	5152	1810	11	62	150	118	2.43
1990	5161	1856	12	64	153	122	2.39
1991	5172	1927	12	66	155	122	2.37
1992	5253	1928	12	61	157	120	2.38
1993	4932	1987	11	64	190	119	2.21
1994	4918	2000	11	65	189	119	2.18
1995	4915	2003	11	64	188	117	2.16
1996	5037	2016	11	53	143	107	2.19
1997	4863	1991	11	63	183	113	2.10
1998	4641	1991	11	63	182	110	1.99
1999	4468	1982	11	63	183	108	1.89

17-5 续表 Continued

单位:个 (unit)

年 份 Year	总 计 Total	医院、乡镇卫生院 Hospitals & Health Center at Town	疗养院、所 Sanatoriums	专科疾病防治院(所、站) Disease Prevention Specialist Hospital	疾病预防控制中心 CDC	妇幼保健所、站 Maternity and Child Care Centers	每万人口拥有卫生机构数 Number of Health Institutions Per 10 000 Population
2000	4427	1988	11	63	185	108	1.87
2001	4296	1892	11	61	187	107	1.85
2002	3768	1857	10	58	147	118	1.58
2003	3595	1819	9	57	146	117	1.51
2004	3715	1831	9	54	147	117	1.56
2005	3774	1834	9	54	146	116	1.58
2006	3693	1820	8	51	140	113	1.54
2007	7853	1815	8	54	140	114	3.30
2008	7423	1799	6	54	137	115	3.09
2009	7919	1803	6	50	133	116	3.29
2010	8052	1807	6	50	127	117	3.32
2011	22931	1818	6	50	121	117	9.24
2012	23046	1848	6	52	119	117	9.26
2013	23264	1898	6	53	119	116	9.31
2014	23426	1974	6	53	119	117	9.35
2015	23885	2024	6	53	119	114	9.51
2016	23998	2041	5	54	117	113	9.52
2017	24217	2087	4	51	119	113	9.58
2018	24613	2119	4	50	118	114	9.71
2019	24564	2065	3	43	119	114	9.67
2020	24605	2034	3	29	120	114	10.24
2021	24948	2057	5	14	121	114	10.40

注：卫生机构2010年以前不包含村卫生室,下表同。
a)Number of Health Care Institutions does not include the village clinics before 2010,Same in the following tables.

17-6 卫生机构床位

Number of Beds in Health Institutions

单位：张 (unit)

年 份 Year	总 计 Total	医院、乡镇卫生院 Hospitals & Health Center at Town	疗养院、所 Sanatoriums	专科疾病防治院(所、站) Disease Prevention Specialist Hospital	疾病预防控制中心 CDC	妇幼保健所、站 Maternity and Child Care Centers	每万人口卫生机构床位数 Number of Beds in Health Care Institutions Per 10 000 Population
1949	726	639	70				1.05
1952	2890	1274	1567				1.78
1957	7733	5700	194				6.09
1965	23241	15820	1669				12.20
1970	25614	24833	280				16.66
1975	22198	21089	500				21.87
1978	25023	24079	500				24.23
1979	48769	46495	1290				25.11
1980	49630	47271	1295				25.19
1981	51319	47942	1948				25.19
1982	51002	47339	2270				24.44
1983	52436	48739	2217				24.92
1984	52911	49307	2274				24.84
1985	53572	50567	2194				25.20
1986	54726	51566	2053			344	25.41
1987	57651	54354	1933	6		401	26.30
1988	59414	55867	2143	36		421	26.68
1989	60090	56776	1863	88		402	26.75
1990	60727	57558	1871	87		404	26.62
1991	62929	59268	2182	66	4	452	27.14
1992	64446	60730	2182	66	4	514	27.52
1993	65221	60893	2062	97	12	584	27.28
1994	65464	61425	2007	65		500	27.17
1995	66515	61933	2124	144	15	574	27.25
1996	65247	61667	2260	105	4	716	26.86
1997	65387	61918	2260	123		749	26.73
1998	65794	62499	2080	83		766	26.76
1999	66367	62832	2102	147		740	28.10

17-6 续表 Continued

单位：张 (unit)

年 份 Year	总 计 Total	医院、乡镇卫生院 Hospitals & Health Center at Town	疗养院、所 Sanatoriums	专科疾病防治院(所、站) Disease Prevention Specialist Hospital	疾病预防控制中心 CDC	妇幼保健所、站 Maternity and Child Care Centers	每万人口卫生机构床位数 Number of Beds in Health Care Institutions Per 10 000 Population
2000	66903	63156	1984	176		1000	28.24
2001	66682	63071	1884	191	25	1580	28.75
2002	64742	61909	1773	409	54	1944	27.30
2003	65072	60438	1768	224	26	1920	27.37
2004	66699	61155	1757	174	95	2269	28.00
2005	69440	64002	1554	234	77	2422	29.10
2006	70284	64816	1397	253	150	2388	29.38
2007	73830	65780	1217	202		2441	30.76
2008	81407	73205	670	201	24	2600	33.85
2009	87321	77702	910	246		2921	36.05
2010	97811	87882	640	250		2716	40.38
2011	100805	89954	640	227		2895	40.80
2012	110788	99761	640	286		3075	44.50
2013	120065	109474	640	304		3272	48.07
2014	129011	118010	690	340		3471	51.51
2015	133892	124676	844	354		3474	53.32
2016	139190	129678	516	393		3848	55.23
2017	150335	140504	552	373		3950	59.45
2018	159006	148821	507	349		3989	62.75
2019	161128	150914	332	391		4363	63.45
2020	162072	151647	332	372		4433	67.45
2021	166581	155200	77	336		4481	69.41

注：医院、卫生院2002年以前为医院口径。

a)The Data about Hospitals and Public Health Clinic Refer to Date of Hospitals before 2002.

17-7 卫生机构人员

Number of Persons Engaged in Health Institutions

单位：人 (person)

年 份 Year	总 计 Total	卫生技术人员 Medical Technical Personnel	#医生 Doctors	#执业医师 Certified Doctors	#执业助理医师 Practicing Physician Assistant	#注册护师、护士 Registered Senior and Junior Nurses	每万人口医生数 Number of Doctors per 10 000 Population
1952	12233	10727	6097			552	9
1957	21848	18290	10556			1977	11
1965	40695	33215	18027			4664	14
1970	42097	33333	17101			6490	11
1975	60529	47845	22114			7932	13
1978	75123	59277	26724			8225	15
1979	82855	65615	28417			7949	16
1980	88188	70022	31068			9129	17
1981	98165	77647	32184			10426	17
1982	101637	80450	32975			10969	17
1983	104446	82873	33456			11768	17
1984	107234	85185	34903			12264	18
1985	109210	87130	36467			12598	18
1986	112011	89257	38103			13427	19
1987	115164	91437	37781			14458	18
1988	117779	94095	42794			18605	20
1989	119044	94969	44579			21310	21
1990	121443	96764	41453			22123	19
1991	123935	97984	42520			22797	19
1992	126859	100365	46612			23157	21
1993	127494	99878	47171			23425	21
1994	129101	102220	48962			24575	22
1995	129483	102187	49345			24617	22
1996	130368	103606	50263			25313	22
1997	129306	102983	52438			25953	22
1998	129765	104890	56384			26163	24
1999	125632	101312	51602			25766	22

17-7 续表 Continued

单位：人 (person)

年 份 Year	总 计 Total	卫生技术人员 Medical Technical Personnel	#医生 Doctors	#执业医师 Certified Doctors	#执业助理医师 Practicing Physician Assistant	#注册护师、护士 Registered Senior and Junior Nurses	每万人口医生数 Number of Doctors per 10 000 Population
2000	124362	100688	52299			25726	22
2001	131931	109147	53021			26755	22
2002	120628	100665	48866	39901	8965	25740	21
2003	120264	101073	49304	40241	9063	25555	21
2004	120253	101730	50177	41252	8925	26517	21
2005	121180	102587	50308	41646	8662	27052	21
2006	120571	102336	50409	42116	8293	27601	21
2007	126155	105790	48403	40398	8005	29732	20
2008	131879	110042	49806	41990	7816	31652	21
2009	139488	117197	51947	43964	7983	34895	22
2010	146610	123232	54161	46148	8013	37765	22
2011	175563	131806	57214	48399	8815	42522	23
2012	183875	139876	59528	50100	9428	46774	24
2013	195943	148176	62055	52500	9555	52358	25
2014	202999	154483	62182	52624	9558	56723	25
2015	212500	162328	64239	54863	9376	61224	26
2016	221338	170466	66435	57030	9405	66461	26
2017	233075	180401	70322	60478	9844	71871	28
2018	241309	188051	73426	63263	10163	76435	29
2019	249272	196407	78096	66186	11910	80434	30
2020	254843	202317	80570	68672	11898	83443	34
2021	267937	211671	84220	71969	12251	88930	35

主要统计指标解释

等级运动员人数 指经考核正式批准授予等级运动员称号的人数。运动员等级分为国际级运动健将,运动健将、一级运动员、二级运动员、三级运动员、少年级运动员。

等级裁判员人数 指经考核正式批准授予等级裁判员称号的人数。裁判员等级分为国际裁判、国家级裁判、一级裁判、二级裁判、三级裁判。

体育场 指有400米跑道(中心含足球场),有固定道牙,跑道6条以上,并有固定看台的室外田径场地。体育场按看台容纳观众人数分为:甲级25000人以上,乙级15000-25000人,丙级5000-15000人,丁级5000人以下。

体育馆 指有固定看台,可供篮球、排球、羽毛球、乒乓球、体操等项目训练比赛活动用的室内运动场地。体育馆按看台容纳观众人数分为:甲级6000人以上,乙级4000-6000人,丙级2000-4000人,丁级2000人以下。

医疗卫生机构 指从卫生(卫生计生)行政部门取得《医疗机构执业许可证》《计划生育技术服务许可证》,或从民政、工商行政、机构编制管理部门取得法人单位登记证书,为社会提供医疗服务、公共卫生服务或从事医学科研和医学在职培训等工作的单位。医疗卫生机构包括医院、基层医疗卫生机构、专业公共卫生机构、其他医疗卫生机构。

医院 包括综合医院、中医医院、中西医结合医院、民族医院、各类专科医院和护理院,不包括专科疾病防治院、妇幼保健院和疗养院,包括医学院校附属医院。

卫生技术人员 包括执业医师、执业助理医师、注册护士、药师(士)、检验技师(士)、影像技师、卫生监督员和见习医(药、护、技)师(士)等卫生专业人员。不包括从事管理工作的卫生技术人员(如院长、副院长、党委书记等)。

医生 指在医疗、预防保健机构工作且取得《执业医师证书》的执业医师和执业助理医师。

Explanatory Notes on Main Statistical Indicators

Number of Athletes in Grades refers to the number of athletes who have been given titles through examination. The titles of athletes include international masters of sports, masters of sports, first grade, second grade and third grade sportsmen and young athletes.

Number of Referees in Grades refers to the number of referees who have been given titles after examination. They are classified as international referees, national referees and referees of the first, second and third grades.

Stadiums refer to stadiums for track and field events with six lane 400 meter tracks around soccer fields, permanent track marks and permanent bleachers. Stadiums are classified according to seating capacity. They include: Class A stadiums seating 25000 people each. Class B stadiums seating 15000 to 25000 people each. Class C stadiums seating 5000 to 15000 people each, and Class D stadiums seating fewer than 5000 people.

Gymnasiums refer to indoor sports grounds with permanent seats in which basketball, volleyball, Badminton, table tennis and gymnastics competitions can be held. Gymnasiums are classified according to seating capacity. They include Class A gymnasiums seating over 6000 people. Class B gymnasiums seating 4000 to 6000 people. Class C gymnasiums seating 2000 to 4000 people, and Class D gymnasiums seating fewer than 2000 people.

Medical and Health Care Institutions refer to the units which have been qualified the Certification of Health Care Institution, certification of family planning technical service by the administration of public health (family planning), or qualified the Certification of Corporate Unit by the civil affairs, administration for industry and commerce, commission office for public sector reform, and engaging in medical health care services, public health services, or medicine research and on-job training, etc., including: hospitals, health care institutions at grass-root level, specialized public health institutions, and other medical and health care institutions.

Hospitals include general hospitals, hospitals specialized in traditional Chinese medicine, hospitals of integrated traditional Chinese and western medicine, ethnic hospitals, specialized hospitals and nursing hospitals, excluding specialized disease prevention and treatment institutes, maternal and child health care hospitals and convalescent hospitals, including affiliated hospital of medical college.

Medical Technical Personnel refer to the professional staff engaged in health care, including licensed doctors, licensed assistant doctors, registered nurses, pharmacists, laboratory technicians, imaging staff, health care supervisors and intern doctors, pharmacists, nurses, and technical personnel, excluding the medical technical personnel engaged in managerial job (e. g. president, vice president and secretary of the party committee etc).

Doctor refer to certified physicians and certified assistant physicians with certifications working in medical and health care and prevention agencies.

18 公共管理和社会保障

Public Management and Social Security

资料整理：毅　茹　初卓耕　蒋思楠　沈　莉　王苑陶

Arranged By：Yi Ru　Chu Zhuogeng　Jiang Sinan
Shen Li　Wang Yuantao

18-1 公安机关受理和查处治安案件数(2021年)

Cases of Offence Against Public Order Handled by Public Security Organs(2021)

案件类别	Category of Cases	受理(起) Number of Cases Accepted to be Treaded (case)	查处(起) Number of Cases Investigated and Treaded (case)	每万人口受理案件数(起/万人) Number of Cases Accepted per 10 000 population (case/10 000 persons)
合计	**Total**	**108218**	**96576**	**55.21**
扰乱单位秩序	Disturbing Business Orders	916	892	0.38
扰乱公共场所秩序	Disturbing the Orders in Public Places	295	287	0.12
寻衅滋事	Causing Quarrels and Making Troubles	2652	2542	1.09
阻碍执行职务	Obstructing Government Workers in Performing Their Duties	553	541	0.23
非法携带枪支、弹药、管制工具	Violation of Firearms Control Regulations	503	498	0.21
违反危险物质管理规定	Violation of Explosives Control Regulations	411	397	0.17
殴打他人	Battering Other Persons	38951	36246	16.01
故意伤害	Willfully Injuring	2884	2710	1.19
盗窃	Stealing Property	16929	11873	7.00
敲诈勒索	Extortion and Blackmail	211	182	0.09
抢夺	Robbery and Snatch	52	38	0.02
盗窃、损毁公共设施	Stealing and Damaging Public Facilities	512	439	0.21
伪造、变造、倒卖有价票证、凭证	Forge/alter/scalp Valuable Coupons or Certificates	9	8	
违反旅馆业管理	Violating the Hotel Management Regulations	1378	1373	0.57
违反房屋出租管理	Violating the Rent Control Regulations	141	141	0.06
诈骗	Swindling,Seizing and Extorting Property	3084	2060	1.27
卖淫、嫖娼	Prostitution or Soliciting Prostitutes	1585	1574	0.65
赌博	Gambling	7014	7046	2.88
毒品违法活动	Illegal Drug Related Action	2363	2374	0.97
其他	Others	27775	25355	11.42

18-2 公安机关立案的刑事案件及构成(2021年)

Criminal Cases Registered in Security Organs and Its Composition(2021)

案件类别	Category of Cases	立案(起) Number of Cases Registered(case)	构成(%) Composition(%)
合计	**Total**	**76819**	**100.00**
杀人	Homicide	201	0.26
伤害	Injury	1280	1.67
抢劫	Robbery	150	0.20
强奸	Rape	753	0.98
拐卖妇女儿童	Abducting Women or Children	36	0.05
盗窃	Larceny	22204	28.90
诈骗	Fraud	31914	41.54
走私	Smuggling		
伪造、变造货币,出售、购买、运输、持有、使用假币	Forging Currency, Selling, Buying, Transporting,Holding and Using Counterfeit Currency	3	
其他	Others	20278	26.40

18-3 人民检察院审查逮捕、审查起诉情况(2021年)

Arrests and Prosecution Approved by People's Procuratorate(2021)

案件分类	Category of Cases	批捕、决定逮捕合计(件) Total of Arrests(case)	决定起诉合计(件) Total of Public Prosecutions (case)
合计	**Total**	**9381**	**27848**
危害公共安全案	Offences Against Public Security	687	13446
破坏社会主义市场经济秩序案	Offences Against Socialist Economic Order	664	1045
侵犯公民人身、民主权利案	Offences Against Citizens'Personal and Democratic Rights	1963	3015
侵犯财产案	Offences Against Properties	3104	4563
妨害社会管理秩序案	Offences Against Social Management of Order	2920	5169
危害国防利益案	Offences Against National Defense	6	4
军人违反职责案	Offences on Dereliction of Duty by Servicemen		
贪污贿赂案	Offences on Corruption and Bribery	6	527
渎职侵权案	Offences on Abuse and Dereliction of Duty	29	76
其他	Others	2	3

18-4 人民检察院纠正违法情况
Law-breaking Cases Rectified by People's Procuratorate

项 目		2020	2021
书面提出纠正件次合计(件次)	**Total of Written Rectification(case-times)**	**3352**	**3390**
立案监督小计	Sub-total of Supervision of Cases Filing	1552	838
监督立案	Supervision of Cases Filing	812	324
监督撤案	Supervision of Cases Withdrawer	740	514
侦查监督小计	Sub-total of Supervision of Investigation	1737	2374
刑事审判监督	Supervision of Criminal Trial	63	178
刑罚执行监督人次小计(人次)	**Sub-total of Supervision of Punishment Execution(person-time)**	**2581**	**1191**
监管活动	Administration of Prison and Custody	760	283
超期羁押	Excessive Custody	9	
减刑、假释、暂予监外执行	Commutation of Sentence,Parole and Temporary Stay of Absence from Prison	1812	908
已纠正件次合计 (件次)	**Total of Rectified(case-times)**	**2701**	**2762**
立案监督小计	Sub-total of Supervision of Cases Filing	1058	412
监督立案	Supervision of Cases Filing	397	98
监督撤案	Supervision of Cases Withdrawer	661	314
侦查监督小计	Sub-total of Supervision of Investigation	1583	2188
刑事审判监督	Supervision of Criminal Trial	60	162
刑罚执行监督人次小计(人次)	**Sub-total of Supervision of Punishment Execution(person-time)**	**2437**	**1227**
监管活动	Administration of Prison and Custody	723	288
超期羁押	Excessive Custody	15	5
减刑、假释、暂予监外执行	Commutation of Sentence,Parole and Temporary Stay of Absence from Prison	1699	934

18-5 人民法院审理刑事一审案件情况(2021年)

First Trial Criminal Cases Accepted and Settled by Courts(2021)

单位：件 (case)

项 目	Item	收案 Cases Accepted	结案 Cases Settled
合计	**Total**	**29359**	**28667**
危害公共安全罪	Offences Against Public Security	12925	12834
破坏社会主义市场经济秩序罪	Offences Against Socialist Economic Order	2090	2044
侵犯公民人身权利民主权利罪	Offences Against Citizens'Personal and Democratic Rights	3305	3245
侵犯财产罪	Offences Against Properties	5005	4792
妨害社会管理秩序罪	Offences Against Social Management of Order	5375	5146
危害国防利益罪	Offences Against National Defense	11	11
贪污贿赂罪	Offences on Corruption and Bribery	552	496
渎职罪	Offences on Dereliction of Duty	89	91
其他	Others	7	8

注：合计中含自诉案件，自诉案件收案224起，结案206起。

a)The total includes private prosecution cases, 224 of which were settled and 206 of which were closed.

18-6 人民法院审理民事一审案件情况(2021年)

First Trial Cases of Contract Disputes Accepted and Settled by Courts(2021)

单位：件 (case)

项 目	Item	收案 Cases Accepted	结案 Cases Settled	判决 Judgment	不予受理 Not Accepted	驳回起诉 Rejecting Prosecution	撤诉 With-drawal	调解 Mediation	其他 Others
合计	**Total**	**442514**	**419671**	**171448**	**960**	**18894**	**98624**	**101476**	**28269**
人格权纠纷	Personality Disputes	5751	5392	2561	7	103	1119	1424	178
婚姻家庭、继承纠纷	Disputes of Marriage, Family and Inheritance	41426	39789	12312	27	587	9793	14580	2490
物权纠纷	Property Rights Disputes	13465	12533	4995	64	1174	3658	2085	557
合同、无因管理、不当得利纠纷	Contract,Non-cause Management,Improper Profit Disputes	333784	317494	127552	613	14990	76541	74691	23107
知识产权与竞争纠纷	Intellectual Property Rights and Competition Disputes	1884	1795	518	2	46	1034	116	79
劳动争议、人事争议	Labor Disputes, Personnel Disputes	8213	7825	4086	61	505	1287	1501	385
与公司、证券、保险、票据等有关的民事纠纷	Civil Disputes Relating to Companies,Securities, Insurance,Bills,etc	9528	8900	4830	113	557	1058	1733	609
侵权责任纠纷	Tort Liability Dispute	24765	22544	12224	64	548	3739	5330	639
其他	Others	3698	3399	2370	9	384	395	16	225

18-7 公证业务分类情况

Notarial Services by Type

单位：件 (case)

项　目	Item	2021
合计	**Total**	**374081**
#国内公证数	Domestic Notarization	352910
涉外公证数	Foreign-related Notarization	20935
按业务类型分	By Type of Services	
合同（协议）	Contracts(Agreements)	46520
继承	Inheritance	42795
其中：小额继承	Small Inheritance	7482
委托	Power of Attorney	89877
声明	Declaration	29415
赠予	Gift	2719
遗嘱	Testaments	1815
现场监督	Field Supervision	2141
婚姻状况、亲属关系、收养关系	Marital Status,Kinship Confirmation, Adoptive Relationship	3294
出生、生存、死亡	Births,Survival,Deaths	2097
身份、经历、学历、学位、职务、职称	Identity,Resume,Education Background, Academic Degree,Professional Titles	1062
有无违法犯罪记录	Illegal and Criminal Record Check	2210
公司章程	Corporation Constitutions	18
保全证据	Evidence Preservation	12062
证书、执照	Certificate,Licence	8297
签名、印鉴	Signature,Seal	3007
文本相符	Conformity of Documentation	5906
赋予强制执行效力	Executor Force	109625
执行证书	Certificate of Execution	6332
抵押登记	Mortgage Registration	337
提存	Drawing	485
保管	Storage	49
其他	Others	4018

注：2020年以前数据取自公证行政管理和行业管理系统，2021年数据取自司法部统计管理系统，二者口径不同。

a)Before 2020, data are obtained from Notary Administration System and Industry Management System,data for 2021 are obtained from Statistical Management System of the Ministry of Justice,They have different Statistical caliber.

18-8 社会保障基本情况

Basic Statistics on Social Security

项　目	Item	2020	2021
最低生活保障	**Minimum Standard of Living for Residents**		
城市居民(万人)	Urban Residents(10 000 persons)	31.45	28.34
城市居民(万户)	Urban Residents(10 000 households)	19.92	18.39
农村居民(万人)	Rural Residents(10 000 persons)	133.40	130.56
农村居民(万户)	Rural Residents(10 000 households)	85.66	84.50
社会福利事业	**Social Welfare**		
收养性单位(个)	Adopting Social Welfare Institutions(unit)	305	276
福利类单位	Welfare Unit	60	60
养老服务机构	Old-age Service Institutions	243	215
其他社会福利机构	Others	2	1
收养性单位床位数(张)	Adopting Social Welfare Institutions(bed)	40622	39455
福利类单位	Welfare Unit	11883	12711
养老服务机构	Old-age Service Institutions	28705	26720
其他社会福利机构	Others	34	24
年末收养人数(人)	Persons Adopted at the Year-end(person)	20187	20673
福利类单位	Welfare Unit	6566	7146
养老服务机构	Old-age Service Institutions	13595	13503
其他社会福利机构	Others	26	24
社会服务经费实际支出(万元)	Actual Expenditure for Social Services(10 000 yuan)	1329015	1274615
#社会福利	Social Welfare	317497	287321
社会救助	Social Assistance	867317	861966
社区服务（个）	**Community Service(unit)**		
社区服务机构数和设施	Community Service Institutions and Facilities	2585	2653
社区服务指导中心	Community Service Guidance Centers	4	4
社区服务中心	Community Service Centers	852	860
社区服务站	Community Service Stations	1524	1544
社区专项服务机构和设施	Community Specialized Service Institutions and Facilities	205	245
社区养老服务机构和设施	Community Nursing Homes and Facilities	2538	2587

注：1. 从2019年起，社会福利事业中不含优抚类单位情况。养老服务机构不区分城乡；
2. 从2019年起，社会福利事业支出不含抚恤和自然灾害生活救助两项。

a)Since 2019,entitled groups will not be included in social welfare programs.Old-age Service Institutions do not distinguish between urban and rural areas.

b)Since 2019,Expenditure for Social Welfare not include pensions and natural disaster relief.

18-8 续表 Continued

项　目	Item	2020	2021
社会保障	**Social Security**		
基本养老保险	**Basic Pension Insurance**		
城镇职工基本养老保险参保人数(万人)	Persons Joined(10 000 persons)	785.87	823.08
#参加基本养老保险离退休人数(万人)	Retirees Joined(10 000 persons)	311.27	319.98
城乡居民养老保险参保人数(万人)	Contributors of Urban(10 000 persons)	784.68	791.71
城镇职工基本养老保险基金当年支出额(亿元)	Expenses of Insurance Fund(100 million yuan)	1792.34	1379.64
城乡居民养老保险基金当年支出额(亿元)	Expenses of Insurance Fund(100 million yuan)	59.60	64.09
失业保险	**Unemployment Insurance**		
参加失业保险人数(万人)	Persons Joined(10 000 persons)	276.46	290.86
年末领取失业保险金人数(万人)	Beneficiaries of Unemployment Insurance Fund (10 000 persons)	2.68	2.89
失业保险基金当年支出额(亿元)	Expenses of Insurance Fund(100 million yuan)	24.94	19.91
医疗保险	**Basic Medical Insurance**		
参加基本医疗保险人数(万人)	Persons Joined(10 000 persons)	2183.94	2192.21
城镇职工基本医疗保险参保人数(万人)	Contributors of Urban Employed Person (10 000 persons)	552.99	564.71
城乡居民基本医疗保险参保人数(万人)	Contributors of Urban and Rural Residents (10 000 persons)	1630.95	1627.50
城镇职工基本医疗保险基金当年支出额(亿元)	Expenses of Insurance Fund(100 million yuan)	197.02	209.23
城镇居民基本医疗保险基金当年支出额(亿元)	Expenses of Insurance Fund(100 million yuan)	113.06	133.31
工伤保险	**Work Injury Insurance**		
参加工伤保险人数(万人)	Persons Joined(10 000 persons)	336.00	338.19
工伤保险基金当年支出额(亿元)	Expenses of Insurance Fund(100 million yuan)	16.32	15.14
生育保险	**Maternity Insurance**		
参加生育保险人数(万人)	Persons Joined(10 000 persons)	334.77	345.34
社会保险基金收支情况	**Revenue and Expenses of Social Insurance Fund**		
社会保险基金收入(亿元)	Revenue of Social Insurance Fund(100 million yuan)	1196.32	1433.04
社会保险基金支出(亿元)	Expenses of Social Insurance Fund(100 million yuan)	1372.29	1478.77
社会保险基金累计节余(亿元)	Balance of Social Insurance Fund(100 million yuan)	686.59	640.85

注：1.社会保险基金收支情况包含城乡居民养老、医疗保险基金情况。
2.2016年起,城镇便民利民服务网点数统计口径变化,与以前年度不可比,下表同。
3.2017年起,医疗保险、生育保险数据来源为自治区医保局。

a)The balance of social insurance funds including pension, medical insurance fund for urban and rural residents.
b)Since 2016,number of urban service points for civilian in table are not compared.The following table is the same.
c)Since 2017,data of basic medical insurance and maternity insurance are from the Medical Security Bureau of Inner Mongolia Autonomous Region.

18-9 社会服务机构基本情况

Basic Statistics on Social Service Institutions

项　目	Item	机构(个) Number of Institutions or Enterprises (unit)		工作人员(人) Number of Persons Engaged (person)	
		2020	2021	2020	2021
社会服务	**Social**	**36456**	**37134**	**276897**	**263408**
社会工作	**Social Work**	**5907**	**6010**	**33069**	**30139**
提供住宿的社会服务机构	Social Welfare Institutions with Accommodations	743	730	9699	9133
养老机构	Institutions for the Aged	677	665	8185	8123
精神疾病服务机构	Institutions for Mental illness	5	5	736	324
儿童福利和救助保护机构	Institutions for Children Welfare and Assistance	14	13	466	374
其他提供住宿机构	Other Institutions with Accommodations	47	47	312	312
不提供住宿的社会服务机构	Social Welfare Institutions without Accommodations	5164	5280	23370	21006
成员组织和其他社会服务机构	**Membership Organizations and Other Social Service**	**30528**	**31103**	**243612**	**233057**
其他	**Others**	**21**	**21**	**216**	**212**

18-10 享受补助、救济人员情况

Persons Receiving Subsidies or Relief Funds

单位：人、户、人次　　　　(person)(household)(person-time)

项　目	Item	2020	2021
城市社会救济情况	**Social Relief in Urban Area**		
城市居民最低生活保障人数	Number of Persons Receiving Minimum Living Allowance in Urban Area	314469	283412
城市居民最低生活保障家庭数	Number of Households Receiving Minimum Living Allowance in Urban Area	199188	183892
城市特困人员救助供养人数	Number of Persons Extreme Poverty Supported by Aid in Urban Area	11555	11686
农村社会救济情况	**Social Relief in Rural Area**		
农村居民最低生活保障人数	Number of Persons Receiving Minimum Living Allowance in Rural Area	1334022	1305594
农村居民最低生活保障家庭数	Number of Households Receiving Minimum Living Allowance in Rural Area	856578	844955
农村特困人员救助供养人数	Number of Persons Receiving Assistance and Providing Support in Rural Area	84802	84231
生活无着人员救助	**Persons in need of Assistance**		
站内救助人次数	Number of Rescuers in the Station	8223	7176
其中：儿童救助人次数	Number of Rescuers of Children	416	465
站外救助人次数	Number of Rescuers outside the Station	556	1218
临时救济人次数	**Number of Persons Receiving Temporary Relief**	**199820**	**184571**

18-11 收养性社会福利事业单位基本情况(2021年)

Basic Statistics on Social Welfare Institutions(2021)

项 目	Item	院数(个) Homes (unit)	工作人员(人) Staff and Workers (person)	床位(张) Beds (unit)	年末收养人数(人) Persons Housed Year-end (person)
全区总计	**Autonomous Regional Total**	**276**	**4916**	**39455**	**20673**
福利类收养性单位	Adopting Institutions of the welfare	60	2183	12711	7146
社会福利院	Social Welfare Homes	48	1066	9130	4697
儿童福利机构	Baby Welfare Homes	7	351	1851	982
社会福利医院	Social Welfare Hospitals	5	766	1730	1467
养老服务机构	Old-age Service Institutions	215	2721	26720	13503
其他社会福利机构	Others	1	12	24	24

18-12 火灾、交通事故情况(2021年)

Basic Statistics on Fires and Traffic Accidents(2021)

项 目	Item	发 生(起) Occured (case)	死 亡(人) Death (person)	受 伤(人) Injuries (person)	财产损失(万元) Property Loss (10 000 yuan)
火灾事故情况	**Fires**	**20283**	**89**	**110**	**16733.4**
特别重大	Extraordinarily				
重 大	Serious				
较 大	Larger	4	15	16	43.9
一 般	Ordinary	20279	74	94	16689.5
交通事故情况	**Traffic Accidents**	**3581**	**899**	**3529**	**2396.8**
死亡事故	Deaths	824	899	461	786.8
伤人事故	Injuries	2305		3068	1249.0
财产损失事故	Property Loss	452			361.0

18-13 民间组织管理情况

Statistics on Non Governmental Organizations

单位：个、人 (unit)(person)

项 目	Item	2020	2021
社团管理	**Mass Organizations**		
年末实有社团数	The Number of Mass Organizations at Year-end	928	994
社团负责人	The Number of Leaders of Mass Organizations	5381	5672
#女性	Female	1168	1293
民办非企业单位	**Private Non-enterprise Units**		
年末实有民办非企业单位	Private Non-enterprise Units at Year-end	522	566
民办非企业单位负责人	Leaders of Private Non-enterprise Units	2270	2368
#女性	Female	627	609

主要统计指标解释

人民检察院直接立案侦查案件　指按照管辖的规定，由人民检察院直接立案侦查的贪污贿赂犯罪、渎职犯罪、国家机关工作人员利用职权实施的侵犯公民人身权利和民主权利的犯罪以及经省级人民检察院决定立案侦查的国家机关工作人员利用职权实施的其他重大犯罪案件。

立案监督　指人民检察院对侦查机关刑事立案活动的监督。包括对应当立案而不立案的监督和不应立案而立案的监督。

监督立案　包括侦查机关接到要求说明不立案理由后主动立案和执行通知立案两个内容。

监管活动　指人民检察院对监狱等监管改造场所的管理活动进行的监督。

公证文书　指公证处根据当事人申请，依照事实和法律，按照法定程序制作的，具有法律效力的司法证明文书。

社会服务

1. **社会福利事业单位**　指集中收养社会孤老、残、幼的机构，包括由民政部门管理的社会福利院、儿童福利院、精神病人福利院和城镇集体举办的福利院及农村集体举办的敬老院以及优抚医院和具有收养能力的社区服务中心等。该指标主要反映我国在社会福利性单位投入的水平。

2. **社会福利事业单位收养人数**　包括民政部门管理和城镇、农村集体举办的社会福利事业单位中收养的老人、少年儿童、缺乏生活自理能力的残疾人员和精神病人。

3. **社会福利企业单位**　指以安置城镇有一定劳动能力的盲、聋、哑和肢体残疾人员就业为目的，享受国家减免税待遇的国有或集体企业。包括福利工厂、福利商业和服务业、假肢厂和安置农场等单位。

4. **农村五保户**　指农村中既无劳动能力，又无经济来源的老、弱、孤、残的农民，其生活由集体供养，实行保吃、保穿、保住、保医、保葬（孤儿保教），简称"五保"。享受五保待遇的家庭叫五保户。

城镇职工基本养老保险

1. **参保职工人数**　指报告期末按照国家法律、法规和有关政策规定参加城镇职工基本养老保险并在社保经办机构已建立缴费记录档案的职工人数，包括中断缴费但未终止养老保险关系的职工人数，不包括只登记未建立缴费记录档案的人数。

2. **离退休人员人数**　指报告期末参加城镇职工基本养老保险的离休、退休和退职人员的人数。

3. **基金收入**　指根据国家有关规定，由纳入职工基本养老保险范围的缴费单位和个人按国家规定的缴费基数和缴费比例缴纳的养老保险费，以及通过其他方式取得的形成基金来源的收入。包括单位和职工个人缴纳的基本养老保险费、基本养老保险基金利息收入、委托投资收益、上级补助收入、下级上解收入、转移收入、财政补贴和其他收入。

4. **基金支出**　指按照国家政策规定的开支范围和开支标准从职工基本养老保险基金中支付给参加职工基本养老保险的个人养老保险待遇支出，以及由于保险关系转移、上下级之间补助、上解等原因而发生的支出。其他支出包括基本养老金、医疗补助金、丧葬补助金和抚恤金、病残津贴、补助下级支出、上解上级支出、转移支出和其他支出等。

5. **基金累计结余**　指职工基本养老保险基金收支相抵后的期末累计余额。

城乡居民基本养老保险

1. **参保人数**　指报告期末，参加城乡居民养老保险（在经办机构参保登记并已建立缴费记录以及制度实施当年已经年满60周岁并在经办机构参保登记）的人数（不包括已经办理注销登记手续的人数）。

2. **基金收入**　指根据国家有关规定，由参加城乡居民基本养老保险的个人按规定缴费的城乡居民基本养老保险费，以及通过集体补助、财政补助等其他方式取得的形成基金来源的收入。包括个人缴费收入、集体补助收入、政府补贴收入、利息收入、委托投资收益、转移收入、上级补助收入、下级上解收入和其他收入。

3. **基金支出**　指按照国家政策规定的开支范围和开支标准从城乡居民基本养老保险基金中支付给参加城乡居民基本养老保险的个人养老保险待遇支出，以及由于参保人员跨统筹地区或跨制度流动而发生的支出等。包括养老保险待遇支出、转移支出、补助下级支出、上解上级支出和其他支出。

4. **基金累计结余**　指城乡居民基本养老保险基金收支相抵后的期末累计余额。

基本医疗保险

1. **参保人数**　指报告期末按国家有关规定参加职工基本医疗保险和城乡居民基本医疗保险人员的合计。

2. **基金收入**　指由用人单位和个人按照国家规定的缴费基数、缴费比例或缴费标准缴纳的基本医疗保险费，财政补贴资金以及通过其他方式取得的形成基金来源的款项，包括：单位缴纳收入、个人缴纳收入、财政补贴收入、利息收入、上级补助收入、下级上解收入和其他收入。

3. **基金支出** 指按照国家政策规定的开支范围和开支标准,从基本医疗保险基金中支付给参保人员的医疗保险待遇支出,以及其他支出。包括住院费用支出、门诊费用支出、大病保险支出、生育保险与职工基本医疗保险合并实施的统筹地区生育待遇支出、补助下级支出、上解上级支出和其他支出。

4. **基金累计结余** 指基本医疗保险基金收支相抵后的期末累计结余金额。

失业保险

1. **参保人数** 指报告期末按照国家法律、法规和有关政策规定参加了失业保险的城镇企业、事业单位的职工及地方政府规定参加失业保险的其他人员的人数。

2. **基金收入** 指报告期内筹集的失业保险基金的总额,包括失业保险费收入、利息收入、财政补贴收入、其他收入、转移收入、上级补助收入、下级上解收入。

3. **基金支出** 指报告期内为保障失业人员基本生活、促进其再就业等支出的基金总额,包括失业保险金支出、医疗补助金支出、丧葬补助金和抚恤金支出、职业培训和职业介绍补贴支出、农民合同制工人一次性生活补助支出、其他支出、转移支出、上级补助支出、下级上解支出。

4. **基金累计结余** 指截至报告期末失业保险基金收支相抵后的累计余额。

工伤保险

1. **参保人数** 指报告期末依据国家有关规定参加工伤保险的职工人数和有雇工的个体工商户的雇工数。

2. **享受工伤保险待遇人数** 指年报告期内因工伤或职业病而享受工伤保险待遇的职工人数。为享受工伤医疗待遇中未评定等级的人数、享受伤残待遇人数以及享受因工死亡待遇人数之和。

3. **基金收入** 指根据国家有关规定,由参加工伤保险的单位按国家规定的缴费基数和缴费比例缴纳的及难以直接按照工资总额计算缴纳工伤保险费的部分行业企业按规定方式缴纳工伤保险费,以及通过其他形式取得的形成基金来源的款项。包括:工伤保险费收入、财政补贴收入、利息收入、上级补助收入、下级上解收入和其他收入。

4. **基金支出** 指按照国家政策规定的开支范围和开支标准从工伤保险基金中支付给参加工伤保险的人员及供养直系亲属工伤保险待遇支出及其他支出。包括工伤医疗待遇支出、伤残待遇支出、工亡待遇支出、劳动能力鉴定支出、工伤预防费用支出、补助下级支出、上解上级支出和其他支出。

5. **基金累计结余** 指工伤保险基金收支相抵后的期末累计结余金额。

生育保险

1. **参保人数** 指报告期末依据有关规定参加生育保险的人数。

2. **基金收入** 指根据国家有关规定,由参加生育保险的单位按照国家规定的缴费基数和缴费比例缴纳的生育保险费,以及通过其他方式取得的形成基金来源的款项,包括:生育保险费收入、财政补贴收入、利息收入、上级补贴收入、下级上解收入和其他收入。

3. **基金支出** 指按照国家政策规定的开支范围和开支标准,从生育保险基金中支出的生育保险待遇支出及其他支出。包括:生育津贴、医疗费用支出、补助下级支出、上解上级支出及其他支出。

4. **基金累计结余** 指生育保险基金收支相抵后的期末累计结余金额。

Explanatory Notes on Main Statistical Indicators

Cases Registered and Handled Directly by People' s Procuratorate Offices refer to those serious criminal cases that, according to the functional jurisdiction, are registered and handled by the People' s Procuratorate Offices, including the ones on bribery and corruption, the ones on abuse and dereliction of duty, offenses against citizens' personal and democratic rights by government officials abusing their powers; and that are registered and handled by the provincial Procuratorate offices in relation to other major crimes committed by government officials by abusing their powers.

Supervision of Case Registered refers to the actions made by the People´s Procuratorate to supervise the criminal cases registered by investigative authorities, including supervision of the cases which have wrongly not been registered and have wrongly been registered.

Supervision of Case Registration includes both the supervision of the registrations by the investigatory authorities and the supervision of the implementation of the notifications to register after the investigatory authorities are requested to state reasons for not registering a case.

Supervisory Activities refers to the supervision of the People' s Procuratorate over the management of prisons as well as other places of criminal reformation.

Notary Documents refer to legally binding judicial notary documents developed at the request of the interested party based on facts and the law following certain legal proceedings.

Social Work

1. **Social Welfare Institutions** refer to institutions taking care of old people without children, handicapped people and orphans. They include social welfare institutions run by civil affairs departments, children welfare institutions, social welfare institutions for mental patients, collective-owned old peoples homes in rural areas, convalescent homes and community service centers with the capacity of receiving those people. This indicator reflects the input in social welfare institutions;

2. **Number of People Taken in by Social Welfare Institutions** refers to the number of old people, children, totally dependent handicapped people and mental patients taken in by social welfare institutions run by civil affairs departments and those run by collective units in urban and rural areas;

3. **Social Welfare Enterprises** are collective-owned enterprises which employ the blind, deaf mute, and other handicapped people who are able to work in cities and towns and enjoy exemption from state taxes, including welfare plants, welfare commercial services, artificial limb plants and farms, etc;

4. **Rural Households with Livelihood Guaranteed in Five Aspects** refer to the households in which there are old people without child, orphans and handicapped people who are unable to work and without financial resources in rural areas. They are taken care of by the collective units and their food, clothing, housing, medical care, funeral expenses (or schooling for orphans) are guaranteed to be provided for.

Basic Pension Insurance for Urban Staff and Workers

1. **Number of staff and workers covered** refers to staff and workers participating in the basic pension insurance for urban staff and workers programme according to national laws, regulations and related policies at the end of the reference period, who have already had payment records in social security management agencies, including those who have interrupt payment without terminating the insurance programme. Those who have registered in the programme but with no payment records are not included;

2. **Number of Retirees** refers to the number of retirees participating in the basic pension insurance for urban staff and workers programmes by the end of the reference period;

3. **Revenue of the Basic Pension Insurance Programme** refers to payments made by employers and individuals participating in the pension insurance programme of staff in accordance with the basis and proportion stipulated in State regulations, and income from other sources that become the source of pension insurance fund, including the premium paid by employers and staff and workers, interest income, entrusted investment income, subsidies from higher level agencies, income as transfer from subordinate agencies, transferred income, government financial subsidies and other income;

4. **Expenditure of Basic Pension Insurance Programme** refer to personal pension insurance payment made on pensions subsidies to those covered in pension insurance programmes of staff according to related national policies on scope and standard

of expenditure, also included are expenditure which arises due to shift of the insurance relationship or adjustment of funds among agencies, transfer to agencies at higher level. Other expenditure includes: basic pension insurance, medical fees, funeral subsidies, compensation payments, disability allowance, expenses on subsidies to lower subordinates, expenses as transfer to agencies at higher level, transferred expenditure and other expenditure;

5. **Balance of Basic Pension Insurance Programme** refers to the balance of staff basic pension insurance funds at the end of the reference period after deducting expenses from revenue.

Basic Pension Insurance for Urban and Rural Residents

1. **Number of Participants** refers to people participating in the basic pension insurance for urban and rural residents programme who registered with the participation and established payment records, and who were 60 years old or above when the system was established and registered with the participation. Those who cancelled their registration are not included;

2. **Revenue of the Insurance Programme** refers to the revenue from the payments made, in accordance with related regulations of the government, by individuals participating in the basic pension insurance for urban and rural residents programme and from the subsidies contributed by collective subsidies, public finance and other sources. It includes the payment by individual participants, collective subsidies, government subsidies, interest income, entrusted investment income, transferred income, subsidies from higher levels, contributions from lower levels, and income from other sources;

3. **Expenditure of the Insurance Programme** refers to payment made to those covered in the basic pension insurance for urban and rural residents according to related national policies on scope and standard of expenditure. Also included are expenditures which arise due to movement of participants among different locations or system. It includes the payment to the individual participants, transferred expenditures, expenses on subsidies to lower subordinates, expenses as transfer to agencies at higher level, and other expenditures;

4. **Balance of Insurance Programme** refers to the balance of basic pension insurance funds for urban and rural residents at the end of the reference period after deducting expenses from revenue.

Basic Medical Care Insurance

1. **Number of People Participating in the Insurance Programme** refers to the total number of basic medical insurance for employees and the basic medical insurance for urban and rural residents participating in the basic medical care insurance programme according to related regulations at the end of the reference period;

2. **Revenue of the Insurance Programme** refers to payments made by employers and individuals participating in the medical care insurance programme in accordance with the basis and proportion stipulated in State regulations, government subsidies and income from other sources that become the source of medical insurance fund, including payment by employers and individuals, financial subsidies, interest income, subsidies from higher level agencies, income as transfer from subordinate agencies, and other incomes;

3. **Expenditure of the Insurance Programme** refers to medical care payment made to people covered in basic medical care insurance programme within the scope and standards of expenditure according to related national policies, and other expenses, including combined regional maternity expenditure of medical expenses of hospital inpatients, medical expenses for outpatients patients, serious illness insurance expenditure, maternity insurance, basic medical insurance for staff and workers, and other expenditure;

4. **Balance of the Basic Medical Care Insurance Programme** refers to the balance of medical care insurance funds at the end of the reference period after deducting expenses from revenue.

Unemployment Insurance

1. **Number of People Covered** refers to staff and workers in urban enterprises or institutions who have participated in the unemployment insurance programme according to relevant policies and regulations, and other people who have participated according to local government regulations at the end of the reference period;

2. **Revenue of the Unemployment Insurance Programme** refers to the total unemployment insurance funds raised in the reference period, including unemployment insurance premium, interest income, financial subsidies, other incomes, transferred income, subsidies from higher level agencies and income as transfer from subordinate agencies;

3. **Expenditure of the Unemployment Insurance Programme** refers to total expenses during the reference period to guarantee the basic livelihood of unemployed people, and to encourage their re-employment. Included are unemployment relief, medical fees, funeral subsidies, compensation payments, training expenses, job placement expenses, one-time subsistence allowance for contracted migrant workers, other expenditures, trans-

furred expenditure, expenses as transfer to higher level agencies and subsidies to lower level agencies;

4. **Balance of the Unemployment Insurance Programme** refers to the balance of revenue of the programme after deducting expenses at the end of the reference period.

Work Injury Insurance

1. **Number of People Covered** refers to staff and workers who have participated in the work injury insurance programme and employees who work for the self employed and have participated in the work injury insurance programme according to relevant national regulations at the end of the reference period;

2. **Number of Beneficiaries** refers to number of employee benefited from work injury insurance, as a result of work injury or occupational disease. It is the sum of beneficiaries of medical treatment of unrated work injuries, disability benefits for work injuries and compensation for deaths at work places;

3. **Revenue of the Work Injury Insurance Programme** refers to payments made by employers participating in the work injury insurance programme in accordance with the basis and proportion stipulated in State regulations and enterprises of part industries difficult to calculate the injury insurance premium directly according to the total wage in accordance with stipulated way, and income from other sources that become source of work injury insurance fund, including income of injury insurance, government financial subsidies, interest income, subsidies from higher level agencies, income as transfer from subordinate agencies, and other incomes;

4. **Expenditure of the Work Injury Insurance Programme** refers to payments made from work injury insurance funds to those who participated in the work injury insurance programme and their direct dependents within the scope and standards of expenditure according to related national policies, and other expenditure, including medical fees for work injury, injury and disability subsidies, death subsidies, labor capacity appraisal, injury prevention fees, expenses on subsidies to lower subordinates, expenses as transfer to agencies at higher level, and other expenditure;

5. **Balance of the Work Injury Insurance Programme** refers to the balance of the work injury funds at the end of the reference period.

Maternity Insurance

1. **Number of People Covered** refers to people who have participated in the maternity insurance programme according to relevant regulation at the end of the reference period;

2. **Revenue of Maternity Insurance Programme** refers to payments made by employers participating in the maternity insurance programme in accordance with the basis and proportion stipulated in State regulations, and income from other sources that become source of maternity insurance fund, including income of maternity insurance, government financial subsidies, interest income, subsidies from higher level agencies, income as transfer from subordinate agencies, and other income;

3. **Expenditure of the Maternity Insurance Programme** refers to payments made from maternity insurance funds to staff and workers who participate in the maternity insurance programme within the scope and standards of expenditure in accordance with related national policies, including allowance for child bearing, medical fees, expenses on subsidies to lower subordinates, expenses as transfer to agencies at higher level, and other expenditure;

4. **Balance of the Maternity Programme** refers to the balance of the maternity insurance funds at the end of the reference period.

19 盟市资料

Statistics of Leagues and Cities

资料整理：杨力英　孙志宇

Arranged By：Yang Liying　Sun Zhiyu

19-1 各盟市行政区域土地面积和城市建设(2021年)

Administrative Areas and Construction in Cities by Region(2021)

地 区	Region	行政区域土地面积(万平方公里) Gross Area (10 000 sq.km)	城市面积(平方公里) Areas of City (sq.km)	城市建成区面积(平方公里) Urban Developed Area (sq.km)	公园个数(个) Parks (unit)	公园面积(公顷) Area of Parks (hectare)	建成区绿化覆盖面积(公顷) Green Coverage Developed Area(hectare)
全 区	**Total**	**118.30**	**10044.34**	**2277.33**	**869**	**24947.52**	**90225.53**
呼和浩特市	Hohhot City	1.72	410.86	342.75	94	3881.78	14261.63
包 头 市	Baotou City	2.77	953.50	247.14	59	2738.07	10763.32
呼伦贝尔市	Hulunbeier City	25.30	2381.42	204.11	52	1188.13	7609.60
兴 安 盟	Xingan League	5.98	404.33	110.71	54	1183.71	4041.55
通 辽 市	Tongliao City	5.95	278.88	164.62	45	1892.47	6670.61
赤 峰 市	Chifeng City	9.00	1992.42	268.77	147	3122.55	10232.49
锡林郭勒盟	Xilinguole League	20.26	480.46	184.32	44	1450.59	5605.66
乌兰察布市	Wulanchabu City	5.50	395.40	225.55	99	2551.57	8200.95
鄂尔多斯市	Erdos City	8.68	588.99	277.01	156	4126.84	12445.66
巴彦淖尔市	Bayannaoer City	6.44	1199.91	132.19	83	1308.35	5029.88
乌 海 市	Wuhai City	0.17	67.17	62.30	19	738.37	3045.79
阿 拉 善 盟	Alashan League	27.02	891.00	57.86	17	765.09	2318.39

19-2 各盟市年末常住人口(2021年)

Number of Population at Year-end by Region(2021)

单位：万人 (10 000 persons)

地 区	Region	年末常住人口 Total Population	男 Male	女 Female	市镇人口 Urban	乡村人口 Rural
呼和浩特市	Hohhot City	349.56	176.65	172.91	278.53	71.03
包 头 市	Baotou City	271.78	137.93	133.85	235.71	36.07
呼伦贝尔市	Hulunbeier City	221.39	111.81	109.58	165.51	55.88
兴 安 盟	Xingan League	140.54	71.12	69.42	75.58	64.96
通 辽 市	Tongliao City	285.31	143.94	141.37	144.45	140.86
赤 峰 市	Chifeng City	401.91	204.28	197.63	215.83	186.08
锡林郭勒盟	Xilinguole League	111.57	57.65	53.92	83.16	28.41
乌兰察布市	Wulanchabu City	165.95	84.50	81.45	100.91	65.04
鄂尔多斯市	Erdos City	216.84	116.41	100.43	169.31	47.53
巴彦淖尔市	Bayannaoer City	152.80	77.99	74.81	92.61	60.19
乌 海 市	Wuhai City	55.81	29.16	26.65	53.51	2.30
阿 拉 善 盟	Alashan League	26.54	14.10	12.44	21.93	4.61

19-3 各盟市生产总值(2021年)

Gross Domestic Product by Region(2021)

单位:亿元 (100 million yuan)

地 区	Region	生产总值 Gross Domestic Product	第一产业 Primary Industry	第二产业 Secondary Industry	工 业 Industry	建筑业 Construction	第三产业 Tertiary Industry	人均生产总值(元) Per Capita GDP(yuan)
呼和浩特市	Hohhot City	3121.4	137.1	1052.6	818.4	234.2	1931.7	89828
包 头 市	Baotou City	3293.0	114.4	1571.2	1220.9	350.3	1607.4	121331
呼伦贝尔市	Hulunbeier City	1354.8	327.1	450.2	380.5	69.7	577.5	60887
兴 安 盟	Xingan League	601.8	209.3	157.6	111.3	46.3	234.8	42702
通 辽 市	Tongliao City	1411.4	333.3	449.9	350.4	99.5	628.2	49346
赤 峰 市	Chifeng City	1975.1	376.0	670.2	478.0	192.1	929.0	49069
锡林郭勒盟	Xilinguole League	1014.7	147.4	497.9	435.8	62.1	369.5	91235
乌兰察布市	Wulanchabu City	903.6	149.2	375.1	315.0	60.1	379.4	53871
鄂尔多斯市	Erdos City	4715.7	148.4	3077.9	2839.6	238.3	1489.4	218118
巴彦淖尔市	Bayannaoer City	982.7	244.9	328.0	275.8	52.2	409.8	64144
乌 海 市	Wuhai City	718.7	6.5	510.9	482.7	28.3	201.2	128923
阿 拉 善 盟	Alashan League	363.6	19.8	226.0	198.2	27.8	117.8	137663

注：本表按当年价格计算。
a)Data in value terms in this table are calculated at current prices.

19-4 各盟市生产总值构成(2021年)

Composition of Gross Domestic Product by Region(2021)

单位:% (%)

地 区	Region	生产总值 Gross Domestic Product	第一产业 Primary Industry	第二产业 Secondary Industry	工 业 Industry	建筑业 Construction	第三产业 Tertiary Industry
呼和浩特市	Hohhot City	100	4.4	33.7	26.2	7.5	61.9
包 头 市	Baotou City	100	3.5	47.7	37.1	10.6	48.8
呼伦贝尔市	Hulunbeier City	100	24.1	33.2	28.1	5.1	42.6
兴 安 盟	Xingan League	100	34.8	26.2	18.5	7.7	39.0
通 辽 市	Tongliao City	100	23.6	31.9	24.8	7.0	44.5
赤 峰 市	Chifeng City	100	19.0	33.9	24.2	9.7	47.0
锡林郭勒盟	Xilinguole League	100	14.5	49.1	42.9	6.1	36.4
乌兰察布市	Wulanchabu City	100	16.5	41.5	34.9	6.7	42.0
鄂尔多斯市	Erdos City	100	3.1	65.3	60.2	5.1	31.6
巴彦淖尔市	Bayannaoer City	100	24.9	33.4	28.1	5.3	41.7
乌 海 市	Wuhai City	100	0.9	71.1	67.2	3.9	28.0
阿 拉 善 盟	Alashan League	100	5.4	62.2	54.5	7.6	32.4

注：本表按当年价格计算。
a)Data in value terms in this table are calculated at current prices.

19-5 各盟市生产总值指数(2021年)

Indices of Gross Domestic Product by Region(2021)

(上年=100) (preceding year = 100)

地 区	Region	生产总值 Gross Domestic Product	第一产业 Primary Industry	第二产业 Secondary Industry			第三产业 Tertiary Industry	人均生产总值 Per Capita GDP
					工 业 Industry	建筑业 Construction		
呼和浩特市	Hohhot City	106.5	103.8	107.9	108.0	107.7	106.0	105.1
包 头 市	Baotou City	108.5	104.0	111.7	112.1	110.4	106.4	108.2
呼伦贝尔市	Hulunbeier City	105.5	107.1	102.9	102.9	102.8	106.3	107.0
兴 安 盟	Xingan League	105.2	105.4	102.3	103.4	100.1	106.7	106.3
通 辽 市	Tongliao City	104.0	104.3	100.1	102.5	94.0	106.3	104.9
赤 峰 市	Chifeng City	105.7	104.0	102.4	104.2	99.0	108.4	106.2
锡林郭勒盟	Xilinguole League	105.8	104.8	105.4	106.8	98.7	106.6	105.0
乌兰察布市	Wulanchabu City	105.6	103.3	103.2	104.3	98.4	108.6	108.8
鄂尔多斯市	Erdos City	107.0	104.4	106.4	105.9	111.5	108.0	106.3
巴彦淖尔市	Bayannaoer City	104.3	105.4	103.2	105.5	94.5	104.3	105.1
乌 海 市	Wuhai City	105.1	104.8	105.1	105.0	106.5	105.2	104.9
阿 拉 善 盟	Alashan League	104.4	105.5	104.6	104.8	103.5	104.1	103.3

注:本表按可比价格计算。
a)The indices in this table are calculated at comparable prices.

19-6 各盟市年末就业人员

Number of Employed Persons at Year-end

单位：万人 (10 000 persons)

地 区	Region	2017	2018	2019	2020	2021
呼和浩特市	Hohhot City	159.6	161.3	161.7	162.3	163.4
包 头 市	Baotou City	132.3	132.0	131.5	130.8	131.1
呼伦贝尔市	Hulunbeier City	114.9	113.9	111.8	110.0	105.3
兴 安 盟	Xingan League	79.5	78.6	76.7	74.9	71.6
通 辽 市	Tongliao City	174.4	171.3	164.8	158.7	154.3
赤 峰 市	Chifeng City	236.6	231.5	220.3	210.0	207.2
锡林郭勒盟	Xilinguole League	62.5	63.2	63.3	63.4	61.2
乌兰察布市	Wulanchabu City	101.2	97.3	89.5	82.1	77.3
鄂尔多斯市	Erdos City	115.5	115.5	115.7	115.7	116.1
巴彦淖尔市	Bayannaoer City	97.2	95.9	93.1	90.5	87.1
乌 海 市	Wuhai City	28.6	28.8	28.9	29.0	28.9
阿 拉 善 盟	Alashan League	14.6	14.6	14.6	14.6	14.5

19-7 各盟市年末就业人员构成(2021年)

Composition of Employed Persons at Year-end by Region

单位：% (%)

地 区	Region	就业人员 Employed Persons	第一产业 Primary Industry	第二产业 Secondary Industry	第三产业 Tertiary Industry	城镇 Urban	乡村 Rural
呼和浩特市	Hohhot City	100.0	12.4	22.0	65.6	80.5	19.5
包 头 市	Baotou City	100.0	13.7	24.9	61.4	75.8	24.2
呼伦贝尔市	Hulunbeier City	100.0	40.5	10.2	49.4	71.7	28.3
兴 安 盟	Xingan League	100.0	51.0	10.1	39.0	54.3	45.7
通 辽 市	Tongliao City	100.0	49.7	10.8	39.5	46.9	53.1
赤 峰 市	Chifeng City	100.0	48.5	13.6	37.9	51.4	48.6
锡林郭勒盟	Xilinguole League	100.0	34.0	16.8	49.2	69.5	30.5
乌兰察布市	Wulanchabu City	100.0	49.0	11.9	39.1	56.8	43.2
鄂尔多斯市	Erdos City	100.0	17.2	31.0	51.8	76.1	23.9
巴彦淖尔市	Bayannaoer City	100.0	52.1	9.5	38.3	59.0	41.0
乌 海 市	Wuhai City	100.0	3.5	35.6	60.9	98.7	1.3
阿 拉 善 盟	Alashan League	100.0	16.6	31.0	52.4	76.6	23.4

19-8 各盟市分产业、分城乡年末就业人员(2021年)

Employed Persons at Year-end by Type of Industry and Residence and Region(2021)

单位：万人 (10 000 persons)

地 区	Region	就业人员 Employed Persons	第一产业 Primary Industry	第二产业 Secondary Industry	第三产业 Tertiary Industry	城镇 Urban	乡村 Rural
呼和浩特市	Hohhot City	163.4	20.3	35.9	107.2	131.6	31.8
包 头 市	Baotou City	131.1	17.9	32.7	80.5	99.4	31.7
呼伦贝尔市	Hulunbeier City	105.3	42.6	10.7	52.0	75.5	29.8
兴 安 盟	Xingan League	71.6	36.5	7.2	27.9	38.9	32.7
通 辽 市	Tongliao City	154.3	76.7	16.7	60.9	72.3	82.0
赤 峰 市	Chifeng City	207.2	100.5	28.2	78.5	106.5	100.7
锡林郭勒盟	Xilinguole League	61.2	20.8	10.3	30.1	42.5	18.7
乌兰察布市	Wulanchabu City	77.3	37.9	9.2	30.2	43.9	33.4
鄂尔多斯市	Erdos City	116.1	20.0	36.0	60.1	88.3	27.8
巴彦淖尔市	Bayannaoer City	87.1	45.4	8.3	33.4	51.4	35.7
乌 海 市	Wuhai City	28.9	1.0	10.3	17.6	28.5	0.4
阿 拉 善 盟	Alashan League	14.5	2.4	4.5	7.6	11.1	3.4

19-9 各盟市城镇非私营单位就业人员及工资(2021年)

Employed Persons and Wage in Urban Private Units at Year-end by Region(2021)

地区	Region	就业人员(人) Employed Person (person)	#女性 Female	在岗劳务 Staff and Workers	就业人员工资总额(万元) Total Wage of Employed	就业人员平均工资(元) Average Wage of Employed
总计	**Total**	**2676882**	**1090145**	**2549396**	**24274460**	**90426**
呼和浩特市	Hohhot City	474255	202545	450397	4585317	95460
包头市	Baotou City	334319	130917	316354	3032706	90763
呼伦贝尔市	Hulunbeier City	266491	103880	262971	2204614	82264
兴安盟	Xingan League	139865	60897	125350	1015713	74575
通辽市	Tongliao City	224081	96730	211417	1858214	83267
赤峰市	Chifeng City	312392	139989	300125	2536722	80179
锡林郭勒盟	Xilinguole League	117956	51078	110791	1100608	92659
乌兰察布市	Wulanchabu City	154297	61384	148467	1238940	80383
鄂尔多斯市	Erdos City	307319	119354	297520	3299974	108265
巴彦淖尔市	Bayannaoer City	129711	62936	113900	1083058	81009
乌海市	Wuhai City	77905	29307	75758	761379	98186
阿拉善盟	Alashan League	46431	18020	46074	434235	96013
直报单位	Units of Direct Reporting	91860	13107	90272	1122981	121962

19-10 各盟市城镇私营企业就业人员及工资(2021年)

Employed Persons and Wage in Urban Private Enterprises at Year-end by Region(2021)

地区	Region	就业人员(人) Employed Person (person)	#女性 Female	就业人员工资总额(万元) Total Wage of Employed Persons (10 000 yuan)	就业人员平均工资(元) Average Wage of Employed Persons (yuan)
总计	**Total**	**840049**	**339910**	**4352777**	**51270**
呼和浩特市	Hohhot City	154062	68860	824356	53223
包头市	Baotou City	122855	52611	662157	52041
呼伦贝尔市	Hulunbeier City	60497	25853	241573	40887
兴安盟	Xingan League	31350	11389	149646	43673
通辽市	Tongliao City	58317	25530	269172	46795
赤峰市	Chifeng City	109663	45302	525983	47591
锡林郭勒盟	Xilinguole League	31211	12437	150957	47360
乌兰察布市	Wulanchabu City	51565	17321	251999	47953
鄂尔多斯市	Erdos City	125769	44994	733152	59977
巴彦淖尔市	Bayannaoer City	35648	14657	180295	47147
乌海市	Wuhai City	47270	16217	298975	61015
阿拉善盟	Alashan League	11843	4738	64514	55733

19-11 各盟市城镇年末实有登记失业人数

Number of Registered Unemployed Persons at the Year-end in Urban Areas by Region

单位：人 (person)

地 区	Region	1995	2000	2005	2010	2015	2021
总 计	**Total**	**139713**	**126478**	**177483**	**208110**	**258694**	**305281**
呼和浩特市	Hohhot City	11781	13120	24465	29749	38355	49019
包 头 市	Baotou City	27205	20412	31972	39203	51253	54292
呼伦贝尔市	Hulunbeier City	25887	29283	24601	27855	30368	35249
兴 安 盟	Xingan League	4079	5564	8539	11345	11719	11610
通 辽 市	Tongliao City	12559	8696	15027	16503	17554	22971
赤 峰 市	Chifeng City	14266	14374	21000	25050	28558	30393
锡林郭勒盟	Xilinguole League	4783	4943	7809	9550	12239	14922
乌兰察布市	Wulanchabu City	11337	9155	14271	17039	20379	23615
鄂尔多斯市	Erdos City	5900	3653	9620	7901	22831	28674
巴彦淖尔市	Bayannaoer City	11511	9562	11074	13150	14728	18632
乌 海 市	Wuhai City	8359	5715	6860	7915	7613	11589
阿 拉 善 盟	Alashan League	2046	2001	2245	2850	3097	4315

19-12 各盟市城镇登记失业率

Registered Unemployment Rate in Urban Areas by Region

单位：% (%)

地 区	Region	1995	2000	2005	2010	2015	2021
总 计	**Total**	**3.17**	**3.34**	**4.26**	**3.90**	**3.65**	**3.84**
呼和浩特市	Hohhot City	2.41	3.01	4.29	3.90	3.56	3.89
包 头 市	Baotou City	3.81	3.44	4.14	3.83	3.88	3.87
呼伦贝尔市	Hulunbeier City	4.83	4.24	4.36	4.10	3.81	3.89
兴 安 盟	Xingan League	1.88	2.48	4.30	4.33	3.93	3.67
通 辽 市	Tongliao City	3.14	2.46	4.20	3.93	3.61	4.11
赤 峰 市	Chifeng City	3.13	2.90	4.22	4.18	3.98	4.01
锡林郭勒盟	Xilinguole League	2.77	3.25	4.65	3.70	2.87	3.24
乌兰察布市	Wulanchabu City	3.63	4.01	4.40	4.10	3.94	4.20
鄂尔多斯市	Erdos City	3.13	2.07	3.97	2.21	3.11	3.11
巴彦淖尔市	Bayannaoer City	4.49	3.84	4.25	4.10	3.88	4.37
乌 海 市	Wuhai City	5.12	4.40	4.50	4.30	3.39	4.59
阿 拉 善 盟	Alashan League	4.00	3.46	4.12	3.95	3.16	3.56

19-13 各盟市房地产开发企业(单位)个数及年底从业人员(2021年)

Number of Enterprises for Real Estate Development and Employees at Year-end by Region(2021)

地 区	Region	企业个数（个）Number of Enterprises	内资企业 Domestic Funded Enterp-rises	港、澳、台投资企业 Funded by Entrepren-eurs from Hong Kong Macao & Taiwan	外商投资企业 Foreign Funded Enterp-rises	年末从业人数（人）Number of Employed Persons	内资企业 Domestic Funded Enterp-rises	港、澳、台投资企业 Funded by Entrepren-eurs from Hong Kong Macao and Taiwan	外商投资企业 Foreign Funded Enterp-rises
呼和浩特市	Hohhot City	215	215			5785	5785		
包 头 市	Baotou City	152	151		1	4741	4641		100
呼伦贝尔市	Hulunbeier City	153	153			2238	2238		
兴 安 盟	Xingan League	100	100			1271	1271		
通 辽 市	Tongliao City	162	162			3031	3031		
赤 峰 市	Chifeng City	243	243			3834	3834		
锡林郭勒盟	Xilinguole League	129	129			1502	1502		
乌兰察布市	Wulanchabu City	135	135			2143	2143		
鄂尔多斯市	Erdos City	210	210			3458	3458		
巴彦淖尔市	Bayannaoer City	91	91			1985	1985		
乌 海 市	Wuhai City	88	88			944	944		
阿 拉 善 盟	Alashan League	35	35			380	380		

19-14 各盟市按用途分的房地产开发企业(单位)完成投资额(2021年)

Actually Completed Investment of Enterprises for Real Estate Development by Region and by Use(2021)

单位：万元 (10 000 yuan)

地 区	Region	本年完成投资额 Investment Made This Year	住 宅 Residential Buildings	办 公 楼 Office Buildings	商业营业用房 Houses for Business Use	其 他 Others
呼和浩特市	Hohhot City	2707185	2019303	20905	289732	377245
包 头 市	Baotou City	1924872	1662671	11189	91811	159201
呼伦贝尔市	Hulunbeier City	768227	589249	3835	69522	105621
兴 安 盟	Xingan League	611696	459684	4984	75486	71542
通 辽 市	Tongliao City	726873	599032	2121	44642	81078
赤 峰 市	Chifeng City	2391575	1884070	20809	167614	319082
锡林郭勒盟	Xilinguole League	316738	263156	2450	25112	26020
乌兰察布市	Wulanchabu City	597515	494379	698	42592	59846
鄂尔多斯市	Erdos City	1185966	902041	4543	120820	158562
巴彦淖尔市	Bayannaoer City	781125	613157	6969	98848	62151
乌 海 市	Wuhai City	201647	158438		32985	10224
阿 拉 善 盟	Alashan League	127927	68377		23620	35930

19-15 各盟市商品房建筑面积和造价(2021年)

Floor Space of Buildings and Cost in Commercial House by Region(2021)

地 区	Region	房屋施工面积(万平方米) Floor Space of Buildings under Construction (10 000 sq.m)	房屋竣工面积(万平方米) Floor Space of Buildings Completed (10 000 sq.m)	房屋建筑面积竣工率(%) Rate of Floor Space of Buildings Completed (%)	房屋竣工价值(万元) Value of Buildings Completed (10 000 yuan)	房屋竣工造价(元/平方米) Cost of Buildings Completed (yuan/sq.m)
呼和浩特市	Hohhot City	3318.21	45.28	1.36	130500	2882.07
包 头 市	Baotou City	1951.20	149.22	7.65	673435	4513.03
呼伦贝尔市	Hulunbeier City	937.61	154.12	16.44	357491	2319.56
兴 安 盟	Xingan League	870.72	19.84	2.28	59448	2996.37
通 辽 市	Tongliao City	1222.05	84.37	6.90	189238	2242.95
赤 峰 市	Chifeng City	2053.93	215.02	10.47	590335	2745.49
锡林郭勒盟	Xilinguole League	478.30	61.40	12.84	136456	2222.41
乌兰察布市	Wulanchabu City	1088.13	79.62	7.32	175189	2200.31
鄂尔多斯市	Erdos City	2601.59	95.16	3.66	216279	2272.79
巴彦淖尔市	Bayannaoer City	1164.38	56.40	4.84	169829	3011.15
乌 海 市	Wuhai City	554.87	61.03	11.00	263475	4317.14
阿 拉 善 盟	Alashan League	153.65	30.80	20.04	69909	2269.77

19-16 各盟市商品房屋销售情况(2021年)

Selling of Commercial Houses by Region(2021)

地 区	Region	商品房销售面积(万平方米) Floor Space of Selling House (10 000 sq. m)	#住 宅 Residential Buildings	商品房销售额(万元) Total Sales of Commerical Buildings (10 000 yuan)	#住 宅 Residential Buildings
呼和浩特市	Hohhot City	309.66	264.05	3343503	2987436
包 头 市	Baotou City	311.44	302.69	2022905	1945453
呼伦贝尔市	Hulunbeier City	109.09	99.01	494779	429638
兴 安 盟	Xingan League	96.77	91.94	454968	419729
通 辽 市	Tongliao City	200.70	188.43	1003598	941820
赤 峰 市	Chifeng City	327.11	299.07	2152124	1969507
锡林郭勒盟	Xilinguole League	76.24	69.81	327751	295862
乌兰察布市	Wulanchabu City	104.76	100.26	458829	429254
鄂尔多斯市	Erdos City	161.48	152.48	1062796	1000798
巴彦淖尔市	Bayannaoer City	82.43	77.54	402317	377318
乌 海 市	Wuhai City	54.57	48.79	319675	281354
阿 拉 善 盟	Alashan League	24.71	19.27	104414	85603

19-17 各盟市一般公共预算收入(2021年)

General Public Budget Revenue by Region(2021)

单位：万元 (10 000 yuan)

地 区	Region	收入合计 Total Revenue	#增值税 Value-added Tax	#企业所得税 Enterprises Income Tax	#个人所得税 Individual Income Tax	#资源税 Resource Tax
呼和浩特市	Hohhot City	2289248	557251	218247	93029	16035
包头市	Baotou City	1610533	434705	213680	32795	40318
呼伦贝尔市	Hulunbeier City	998469	195953	68404	16599	91194
兴安盟	Xingan League	402923	77122	21232	6750	8013
通辽市	Tongliao City	879407	195388	82868	18054	37848
赤峰市	Chifeng City	1267960	243702	120932	36503	48658
锡林郭勒盟	Xilinguole League	959239	153983	87452	22480	88469
乌兰察布市	Wulanchabu City	600966	131632	45017	10973	10410
鄂尔多斯市	Erdos City	5520138	1458536	687743	160364	899174
巴彦淖尔市	Bayannaoer City	592411	134868	48076	17146	24377
乌海市	Wuhai City	633284	185044	76091	22746	62899
阿拉善盟	Alashan League	335388	99839	27713	7509	20520

19-18 各盟市一般公共预算支出(2021年)

General Public Budget Expenditure by Region(2021)

单位：万元 (10 000 yuan)

地 区	Region	支出合计 Total Expenditure	#一般公共服务 General Public Services	教育支出 Expenditure for Education	科学技术 Science and Technology	社会保障和就业 Social Security and Employment	卫生健康 Expenditure for Medical treatment and Health	节能环保 Energy saving and environ-mental protection	农林水事务 Expenses of Agriculture, Forestry and Water
呼和浩特市	Hohhot City	4207504	338702	461312	31329	548082	281251	117260	282214
包头市	Baotou City	3356633	303051	549053	54362	573396	236008	113641	263210
呼伦贝尔市	Hulunbeier City	4249459	355887	509443	11756	666401	395593	171975	672606
兴安盟	Xingan League	2699230	200244	362303	11297	403302	225107	61991	602756
通辽市	Tongliao City	3763465	293177	549893	15050	595678	355930	63092	722680
赤峰市	Chifeng City	5716663	455415	911846	26469	898248	497581	100901	979036
锡林郭勒盟	Xilinguole League	2791165	297852	377335	6797	327843	189205	45219	420395
乌兰察布市	Wulanchabu City	3779582	323534	406296	12190	727682	338204	190710	640642
鄂尔多斯市	Erdos City	7296491	553432	946432	81716	658528	431817	88864	728479
巴彦淖尔市	Bayannaoer City	2690273	255879	295100	15272	458382	220395	62615	520846
乌海市	Wuhai City	1133334	106154	133299	17129	139500	117527	18049	71830
阿拉善盟	Alashan League	853607	95670	73823	4131	96916	63807	7557	112477

19-19 各盟市金融机构人民币存、贷款余额(2021年)

Saving Deposits and loans of Financial Institutions by Region(End of 2021)

单位：亿元 (100 million yuan)

地区	Region	金融机构存款 Deposits	#非金融企业存款 Deposit of Non-financial Enterprises	活期 Demand	定期及其他 Time Deposit and others	#住户存款 Household Deposit	活期 Demand	定期及其他 Time Deposit and others
呼和浩特市	Hohhot City	6639.83	2170.13	1053.95	1116.18	2893.10	1029.96	1863.13
包头市	Baotou City	3721.71	774.80	388.97	385.83	2290.59	755.50	1535.09
呼伦贝尔市	Hulunbeier City	2028.75	181.98	126.69	55.29	1482.45	539.44	943.01
兴安盟	Xingan League	792.96	85.80	51.67	34.13	574.79	252.44	322.35
通辽市	Tongliao City	1574.69	129.18	95.99	33.19	1202.71	525.87	676.84
赤峰市	Chifeng City	2851.94	307.33	205.84	101.49	2240.24	774.61	1465.62
锡林郭勒盟	Xilinguole League	1035.68	153.32	120.32	32.99	704.99	312.94	392.05
乌兰察布市	Wulanchabu City	1463.72	106.85	90.13	16.72	1144.43	384.70	759.73
鄂尔多斯市	Erdos City	4753.76	1436.18	803.34	632.84	2705.76	879.54	1826.22
巴彦淖尔市	Bayannaoer City	1292.31	132.20	102.94	29.26	990.64	439.31	551.32
乌海市	Wuhai City	961.75	189.29	96.78	92.51	649.24	217.13	432.11
阿拉善盟	Alashan League	416.81	70.86	60.22	10.63	266.22	81.81	184.41

19-19 续表 Continued

单位：亿元 (100 million yuan)

地区	Region	金融机构贷款 Loans	#住户贷款 Household Loans	短期贷款 Short-term Loans	中长期贷款 Medium-term & Long-term Loans	#企（事）业单位贷款 Business Unit Loans	短期贷款 Short-term Loans	中长期贷款 Medium-term & Long-term Loans
呼和浩特市	Hohhot City	9568.66	1932.12	375.56	1556.56	7635.43	1101.41	5974.82
包头市	Baotou City	2700.03	1119.59	317.18	802.41	1580.42	407.65	823.65
呼伦贝尔市	Hulunbeier City	1160.78	399.84	177.63	222.21	760.94	278.67	455.52
兴安盟	Xingan League	733.08	332.26	176.66	155.60	400.82	164.78	232.01
通辽市	Tongliao City	1213.06	594.93	196.67	398.27	618.13	251.05	335.60
赤峰市	Chifeng City	2445.32	1419.60	583.29	836.31	1025.72	246.32	757.98
锡林郭勒盟	Xilinguole League	983.08	354.35	185.15	169.20	628.73	94.21	514.02
乌兰察布市	Wulanchabu City	870.31	376.52	236.63	139.89	493.79	100.40	346.69
鄂尔多斯市	Erdos City	3491.20	557.18	329.61	227.57	2934.02	517.19	2179.04
巴彦淖尔市	Bayannaoer City	938.82	531.68	307.06	224.62	407.14	122.04	233.02
乌海市	Wuhai City	472.60	96.81	43.21	53.61	375.79	128.75	186.75
阿拉善盟	Alashan League	388.08	98.85	73.94	24.91	289.23	82.67	196.56

19-20 各盟市银行卡跨行交易情况(2021年)

Inter-bank Bank card transactions by Region(2021)

地区	Region	银行卡跨行清算笔数（万笔）Inter-bank Liquidation Items(10000 items)		银行卡跨行清算金额（亿元）The amount of Inter-bank Liquidation(100 million yuan)	
		自动柜员机 ATM	销售终端 POS	自动柜员机 ATM	销售终端 POS
总　　计	**Total**	**1435.88**	**20646.65**	**349.34**	**10622.89**
呼和浩特市	Hohhot City	284.02	4965.47	65.93	3161.47
包　头　市	Baotou City	190.55	3292.33	47.39	1602.97
呼伦贝尔市	Hulunbeier City	130.27	833.34	30.87	405.84
兴　安　盟	Xingan League	76.52	715.60	18.84	352.38
通　辽　市	Tongliao City	129.42	1599.16	30.13	790.21
赤　峰　市	Chifeng City	198.28	2606.44	43.56	1036.52
锡林郭勒盟	Xilinguole League	57.08	776.03	15.49	381.29
乌兰察布市	Wulanchabu City	85.40	1055.64	20.15	501.00
鄂尔多斯市	Erdos City	145.80	2196.17	37.99	1215.09
巴彦淖尔市	Bayannaoer City	65.73	1594.18	18.14	720.30
乌　海　市	Wuhai City	45.31	587.57	13.85	292.59
阿拉善盟	Alashan League	25.67	258.69	6.65	137.81
其　　他	Others	1.82	166.03	0.33	25.42

注：其他是指在内蒙古自治区内但未进行属地划分的用户交易。
a)Others refer to user transactions within Inner Mongolia Autonomous Region without territorial division.

19-21 各盟市全体居民人均收入情况(2021年)

Per Capita Income of All Residents by Region(2021)

单位：元　　(yuan)

地区	Region	可支配收入 Disposable Income	工资性收入 Income of Wage	经营净收入 Operational Income	第一产业净收入 Net Income of Primary Industry
全　　区	**Autonomous Regional Total**	**34108**	**17515**	**9204**	**4271**
呼和浩特市	Hohhot City	42277	21689	9575	3008
包　头　市	Baotou City	49353	30812	6982	2226
呼伦贝尔市	Hulunbeier City	33740	16348	8827	6341
兴　安　盟	Xingan League	23298	10302	7863	5826
通　辽　市	Tongliao City	26657	10780	9498	7410
赤　峰　市	Chifeng City	25748	13091	7899	4571
锡林郭勒盟	Xilinguole League	36173	17933	10541	4462
乌兰察布市	Wulanchabu City	24976	11785	6249	3614
鄂尔多斯市	Erdos City	45638	26595	10336	4284
巴彦淖尔市	Bayannaoer City	30253	12259	12680	8952
乌　海　市	Wuhai City	48280	35564	5556	493
阿拉善盟	Alashan League	42517	23702	10234	3518

19-21 续表 Continued

单位：元 (yuan)

地 区	Region	第二产业净收入 Net income of secondary industry	第三产业净收入 Net income of third industry	财产净收入 Net income of property	转移净收入 Net income of transfer
全 区	**Autonomous Regional Total**	**482**	**4451**	**1780**	**5609**
呼和浩特市	Hohhot City	625	5942	3813	7200
包 头 市	Baotou City	1024	3732	5155	6404
呼伦贝尔市	Hulunbeier City		2486	935	7630
兴 安 盟	Xingan League	129	1908	626	4507
通 辽 市	Tongliao City	53	2035	995	5384
赤 峰 市	Chifeng City	543	2785	918	3840
锡林郭勒盟	Xilinguole League	477	5602	1450	6249
乌兰察布市	Wulanchabu City	217	2418	718	6224
鄂尔多斯市	Erdos City	1079	4973	5329	3378
巴彦淖尔市	Bayannaoer City	1148	2580	1009	4305
乌 海 市	Wuhai City	532	4531	1667	5493
阿拉善盟	Alashan League	-59	6775	2251	6330

19-22 各盟市全体居民人均消费支出情况(2021年)

Per Capita Expenditure of All Residents by Region(2021)

单位：元 (yuan)

地 区	Region	消费支出 Consumer spending	食品烟酒 Food, Tobacco and Liquor	衣着 Clothing	居住 Residence	生活用品及服务 Articles for daily use and service	交通和通讯 Transportation and Communications	交通 Transportation
全 区	**Autonomous Regional Total**	**22658**	**6299**	**1641**	**4533**	**1215**	**3488**	**2780**
呼和浩特市	Hohhot City	27162	7266	1757	6557	1312	3777	3008
包 头 市	Baotou City	30108	8581	3258	5229	2473	2995	2389
呼伦贝尔市	Hulunbeier City	21035	6324	1628	3842	1129	3250	2506
兴 安 盟	Xingan League	16141	4548	1357	3049	787	2800	2062
通 辽 市	Tongliao City	17794	4649	1551	2989	999	2988	1977
赤 峰 市	Chifeng City	17006	4453	1410	3078	1092	2565	1647
锡林郭勒盟	Xilinguole League	27093	7274	2174	4978	1918	4963	4082
乌兰察布市	Wulanchabu City	14973	4611	1157	2659	682	1985	1454
鄂尔多斯市	Erdos City	29398	7347	2716	5479	1758	5907	5067
巴彦淖尔市	Bayannaoer City	20001	5720	1573	4148	1072	2735	2003
乌 海 市	Wuhai City	32072	9427	4139	4342	2348	4573	3681
阿拉善盟	Alashan League	29678	7503	2150	4958	1728	6595	5783

19-22 续表 Continued

单位：元 (yuan)

地区	Region	通讯 Communications	教育文化娱乐 Education, Cultural and Entertainment	教育 Education	文化娱乐 Cultural and Entertainment	医疗保健 Medicine and Medical Service	其他用品和服务 Other Commodities and Services
全　　区	**Autonomous Regional Total**	**708**	**2544**	**1935**	**608**	**2355**	**585**
呼和浩特市	Hohhot City	769	3180	2451	729	2719	594
包　头　市	Baotou City	606	3486	2397	1089	3160	926
呼伦贝尔市	Hulunbeier City	744	2139	1694	445	2166	558
兴　安　盟	Xingan League	738	1875	1387	488	1435	290
通　辽　市	Tongliao City	1011	2591	1912	679	1641	386
赤　峰　市	Chifeng City	918	2212	1621	591	1803	393
锡林郭勒盟	Xilinguole League	881	2610	1737	873	2482	694
乌兰察布市	Wulanchabu City	531	1643	1297	345	1921	316
鄂尔多斯市	Erdos City	840	3284	2070	1214	2067	840
巴彦淖尔市	Bayannaoer City	732	2067	1467	600	2226	460
乌　海　市	Wuhai City	892	4272	2191	2081	1985	986
阿拉善盟	Alashan League	812	3680	2726	954	2277	787

19-23 各盟市城镇常住居民人均收入情况(2021年)

Per Capita Income of Urban Permanent residents by Region(2021)

单位：元 (yuan)

地区	Region	可支配收入 Disposable income	工资性收入 Income of wage	经营净收入 Operational income	第一产业净收入 Net income of primary industry
全　　区	**Autonomous Regional Total**	**44377**	**26574**	**8698**	**1219**
呼和浩特市	Hohhot City	53026	28843	9218	329
包　头　市	Baotou City	54448	33965	6399	1345
呼伦贝尔市	Hulunbeier City	38447	24535	4193	843
兴　安　盟	Xingan League	34227	20795	5639	1458
通　辽　市	Tongliao City	37475	20783	7621	3633
赤　峰　市	Chifeng City	37468	22239	8344	2528
锡林郭勒盟	Xilinguole League	44413	25804	9171	433
乌兰察布市	Wulanchabu City	35915	21506	6190	449
鄂尔多斯市	Erdos City	53676	34863	9211	945
巴彦淖尔市	Bayannaoer City	36350	21212	7800	1403
乌　海　市	Wuhai City	48637	36119	5208	
阿拉善盟	Alashan League	47266	29119	9997	1838

19-23 续表 Continued

单位：元 (yuan)

地 区	Region	第二产业净收入 Net income of secondary industry	第三产业净收入 Net income of third industry	财产净收入 Net income of property	转移净收入 Net income of transfer
全 区	**Autonomous Regional Total**	**740**	**6740**	**2631**	**6474**
呼和浩特市	Hohhot City	764	8125	5356	9609
包 头 市	Baotou City	1279	3775	5289	8795
呼伦贝尔市	Hulunbeier City		3350	1128	8591
兴 安 盟	Xingan League	258	3923	1296	6497
通 辽 市	Tongliao City	65	3923	1449	7622
赤 峰 市	Chifeng City	1067	4749	1683	5202
锡林郭勒盟	Xilinguole League	642	8096	1888	7550
乌兰察布市	Wulanchabu City	407	5334	1110	7110
鄂尔多斯市	Erdos City	1412	6854	5947	3655
巴彦淖尔市	Bayannaoer City	941	5456	1522	5816
乌 海 市	Wuhai City	544	4664	1726	5584
阿 拉 善 盟	Alashan League	-76	8235	2516	5634

19-24 各盟市城镇常住居民人均消费支出情况(2021年)

Per Capita Expenditure of Urban Permanent Residents by Region(2021)

单位：元 (yuan)

地 区	Region	消费支出 Consumer spending	食品烟酒 Food, Tobacco and Liquor	衣着 Clothing	居住 Residence	生活用品及服务 Articles for daily use and service	交通和通讯 Transportation and Communications	交通 Transportation
全 区	**Autonomous Regional Total**	**27194**	**7326**	**2153**	**5643**	**1547**	**4063**	**3278**
呼和浩特市	Hohhot City	32437	8274	2263	7975	1641	4463	3593
包 头 市	Baotou City	32547	8755	3256	6245	2306	4358	3488
呼伦贝尔市	Hulunbeier City	22557	7082	1819	4494	1199	2848	2166
兴 安 盟	Xingan League	21489	6040	1866	3750	1182	3441	2421
通 辽 市	Tongliao City	21505	5164	2217	3671	1349	3321	2052
赤 峰 市	Chifeng City	21828	5636	2061	4388	1505	3094	1926
锡林郭勒盟	Xilinguole League	31657	8484	2691	5983	2438	5413	4370
乌兰察布市	Wulanchabu City	19332	5634	1999	3501	970	2657	2040
鄂尔多斯市	Erdos City	33208	8264	3426	6297	2037	6512	5575
巴彦淖尔市	Bayannaoer City	22482	6295	2014	4496	1371	3067	2177
乌 海 市	Wuhai City	32254	9449	4159	4383	2361	4598	3693
阿 拉 善 盟	Alashan League	32142	8107	2447	5482	1887	6914	6051

19-24 续表 Continued

单位：元 (yuan)

地 区	Region		通 讯 Communications	教育文化娱乐 Education, Cultural and Entertainment	教 育 Education	文化娱乐 Cultural and Entertainment	医疗保健 Medicine and Medical Service	其他用品和服务 Other Commodities and Services
全 区	**Autonomous Regional Total**		**785**	**3087**	**2268**	**818**	**2618**	**758**
呼和浩特市	Hohhot City		870	3919	2952	967	3115	787
包 头 市	Baotou City		870	4058	2738	1320	2456	1113
呼伦贝尔市	Hulunbeier City		682	2143	1646	497	2360	612
兴 安 盟	Xingan League		1020	2680	1838	842	2064	466
通 辽 市	Tongliao City		1269	3330	2446	884	1929	523
赤 峰 市	Chifeng City		1168	2538	1769	769	2046	560
锡林郭勒盟	Xilinguole League		1043	2944	1824	1120	2817	886
乌兰察布市	Wulanchabu City		618	2251	1749	502	1931	389
鄂尔多斯市	Erdos City		937	3638	2203	1435	2002	1032
巴彦淖尔市	Bayannaoer City		890	2361	1600	761	2271	607
乌 海 市	Wuhai City		905	4297	1997	2300	2006	1001
阿 拉 善 盟	Alashan League		863	4083	3005	1078	2327	895

19-25 各盟市农村牧区常住居民人均收入情况(2021年)

Per Capita Income of Rural and Pastoral Areas Residents by Region(2021)

单位：元 (yuan)

地 区	Region	可支配收入 Disposable income	工资性收入 Income of wage	经营净收入 Operational income	第一产业净收入 Net income of primary industry	农业净收入 Net income of agriculture	牧业净收入 Net income of animal-husbandry
全 区	**Autonomous Regional Total**	**18337**	**3603**	**9980**	**8958**	**5577**	**3359**
呼和浩特市	Hohhot City	22435	8482	10235	7954	6108	1839
包 头 市	Baotou City	22791	7194	11126	7780	4901	2723
呼伦贝尔市	Hulunbeier City	19558	2154	12328	11594	7061	4456
兴 安 盟	Xingan League	14127	2195	8933	8157	6245	1902
通 辽 市	Tongliao City	18405	2729	11479	10855	8517	2254
赤 峰 市	Chifeng City	15279	4920	7502	6395	4395	1999
锡林郭勒盟	Xilinguole League	20769	3219	13102	11993	761	11109
乌兰察布市	Wulanchabu City	14427	2979	6346	5918	3537	2381
鄂尔多斯市	Erdos City	23583	4771	12890	12119	7453	4548
巴彦淖尔市	Bayannaoer City	22785	3157	16503	14853	12550	2303
乌 海 市	Wuhai City	23797	10633	7288	3667	1215	2452
阿 拉 善 盟	Alashan League	25204	3951	11098	9643	3040	6364

19-25 续表 Continued

单位：元 (yuan)

地 区	Region	第二产业净收入 Net income of secondary industry	第三产业净收入 Net income of third industry	财产净收入 Net income of property	转移净收入 Net income of transfer
全 区	**Autonomous Regional Total**	**86**	**936**	**473**	**4281**
呼和浩特市	Hohhot City	370	1911	966	2752
包 头 市	Baotou City	208	3138	893	3578
呼伦贝尔市	Hulunbeier City		734	456	4620
兴 安 盟	Xingan League		776	454	2545
通 辽 市	Tongliao City	45	579	534	3664
赤 峰 市	Chifeng City	75	1032	235	2623
锡林郭勒盟	Xilinguole League	168	941	630	3818
乌兰察布市	Wulanchabu City	13	414	265	4837
鄂尔多斯市	Erdos City	199	572	3325	2597
巴彦淖尔市	Bayannaoer City	129	1521	272	2853
乌 海 市	Wuhai City	332	3289	817	5059
阿 拉 善 盟	Alashan League	5	1450	1285	8870

19-26 各盟市农村牧区常住居民人均消费支出情况(2021年)

Per Capita Expenditure of rural and pastoral areas permanent residents by Region(2021)

单位：元 (yuan)

地 区	Region	消费支出 Consumer spending	食品烟酒 Food, Tobacco and Liquor	衣着 Clothing	居住 Residence	生活用品及服务 Articles for daily use and service	交通和通讯 Transportation and Communications	
								交通 Transportation
全 区	**Autonomous Regional Total**	**15691**	**4721**	**854**	**2828**	**704**	**2606**	**2015**
呼和浩特市	Hohhot City	17424	5406	823	3940	705	2510	1928
包 头 市	Baotou City	14987	4351	995	2848	720	2750	2135
呼伦贝尔市	Hulunbeier City	16452	4523	1171	2480	899	3438	2692
兴 安 盟	Xingan League	11653	3321	853	1905	532	2520	2005
通 辽 市	Tongliao City	14657	4362	925	2513	635	2750	1965
赤 峰 市	Chifeng City	13364	3559	919	2089	780	2165	1435
锡林郭勒盟	Xilinguole League	18562	5012	1207	3100	947	4121	3543
乌兰察布市	Wulanchabu City	11110	3699	602	1827	380	1369	874
鄂尔多斯市	Erdos City	18945	4637	989	3710	856	4055	3505
巴彦淖尔市	Bayannaoer City	18125	5256	1055	4060	715	2514	1885
乌 海 市	Wuhai City	19613	5809	1348	3584	1321	2837	2152
阿 拉 善 盟	Alashan League	20693	5304	1066	3049	1145	5435	4809

19-26 续表 Continued

单位：元 (yuan)

地 区	Region	通 讯 Communications	教育文化娱乐 Education, Cultural and Entertainment	教 育 Education	文化娱乐 Cultural and Entertainment	医疗保健 Medicine and Medical Service	其他用品和服务 Other Commodities and Services
全　区	**Autonomous Regional Total**	**590**	**1710**	**1424**	**286**	**1951**	**318**
呼和浩特市	Hohhot City	582	1816	1526	290	1987	237
包 头 市	Baotou City	615	1568	1322	246	1530	225
呼伦贝尔市	Hulunbeier City	746	1885	1564	321	1640	417
兴 安 盟	Xingan League	515	1301	1066	235	1029	192
通 辽 市	Tongliao City	785	1850	1376	474	1359	264
赤 峰 市	Chifeng City	729	1966	1508	458	1620	266
锡林郭勒盟	Xilinguole League	578	1986	1573	413	1856	334
乌兰察布市	Wulanchabu City	495	1088	888	200	1904	242
鄂尔多斯市	Erdos City	550	2309	1810	499	2081	308
巴彦淖尔市	Bayannaoer City	629	1863	1452	411	2372	290
乌 海 市	Wuhai City	685	2505	1911	594	1396	813
阿拉善盟	Alashan League	626	2206	1704	502	2095	393

19-27 各盟市农林牧渔业总产值(2021年)

Gross Output Value of Farming, Forestry, Animal Husbandry and Fishery by Region(2021)

单位：万元 (10 000 yuan)

地 区	Region	农林牧渔业总产值 Total	农 业 Farming	林 业 Forestry	牧 业 Animal Husbandry	渔 业 Fishery	农林牧渔服务业 Agricultural Services
呼和浩特市	Hohhot City	2422554	805564	28391	1530444	25669	32485
包 头 市	Baotou City	2047803	724543	8599	1271563	13061	30036
呼伦贝尔市	Hulunbeier City	5584961	2881955	268990	2236757	111856	85404
兴 安 盟	Xingan League	3547986	2109725	79667	1303533	17943	37118
通 辽 市	Tongliao City	5595017	3306626	111820	2087893	21879	66800
赤 峰 市	Chifeng City	6443171	3488425	172664	2659287	27675	95119
锡林郭勒盟	Xilinguole League	2737640	405973	22892	2267989	2973	37813
乌兰察布市	Wulanchabu City	2596533	1088651	70765	1359316	10345	67457
鄂尔多斯市	Erdos City	2520819	1441532	82880	926076	24854	45477
巴彦淖尔市	Bayannaoer City	4215905	2321302	79239	1719906	38988	56469
乌 海 市	Wuhai City	117964	48517	3001	62952	709	2785
阿拉善盟	Alashan League	320837	172731	11670	126937	2247	7253

注：本表绝对数按当年价格计算。

a)Data in value terms in this table are calculated at current prices.

19-28 各盟市营造林面积(2021年)

Total Area of Afforestation by Region(2021)

单位：万公顷 (10 000 hectares)

地 区	Region	营造林面积 Total Area of Afforestation	造林面积 Area of Afforetation	人工造林 Artificial Afforestation	飞播造林 Afforestation by Plane	封山育林 Closing Hill for Afforestation	退化林分修复及人工更新 Restoration of Degraded Forest and Artificial Regeneration	森林抚育 Tending of woods
总　　计	**Total**	**70.31**	**36.77**	**15.95**	**2.27**	**7.14**	**11.40**	**33.54**
呼和浩特市	Hohhot City	0.78	0.49	0.42		0.07		0.29
包　头　市	Baotou City	3.43	1.75	0.29		1.47		1.68
呼伦贝尔市	Hulunbeier City	5.08	1.19	0.79		0.13	0.27	3.89
兴　安　盟	Xingan League	4.43	3.08	0.38		1.80	0.90	1.35
通　辽　市	Tongliao City	3.19	3.12	2.02		0.55	0.55	0.07
赤　峰　市	Chifeng City	2.87	2.14	0.92		0.30	0.92	0.73
锡林郭勒盟	Xilinguole League	2.99	2.25	0.72	0.40	1.06	0.07	0.74
乌兰察布市	Wulanchabu City	6.05	4.48	2.04		0.74	1.71	1.57
鄂尔多斯市	Erdos City	8.62	6.24	3.39		0.13	2.72	2.38
巴彦淖尔市	Bayannaoer City	3.77	2.26	0.96	0.40	0.43	0.47	1.51
乌　海　市	Wuhai City							
阿拉善盟	Alashan League	7.20	7.20	3.90	1.47	0.47	1.37	
大兴安岭	Greater Khingan Range	21.95	2.57	0.13			2.44	19.35

19-29 各盟市农作物播种面积及农业生产条件(2021年)

Sown Area Crops and Basic Conditions of Agricultural Production by Region(2021)

地 区	Region	农作物总播种面积(千公顷) Total Sown Area (10 00 hectares)	#粮食作物播种面积 Sown Area of Grain Crops	#经济作物播种面积 Sown Area of Industrial Crops	有效灌溉面积(千公顷) Irrigated Area (10 00 hectares)	农业机械总动力(万千瓦) Total Power of Agricultural Machinery (10 000 kw)	农村用电量(万千瓦小时) Electricity Consumed in Rural Area (10 000 kwh)	农药使用量(吨) Consumption of Pesticide (ton)	化肥施用量(折纯量)(吨) Consumption of Chemical Fertilizer Purity(ton)
呼和浩特市	Hohhot City	411.21	330.00	81.21	212.67	272.55	61916.41	665.87	136966.62
包　头　市	Baotou City	296.46	199.40	97.06	129.77	158.72	41501.66	786.30	71279.03
呼伦贝尔市	Hulunbeier City	1871.34	1657.70	213.64	330.99	572.76	44013.90	9293.31	298506.68
兴　安　盟	Xingan League	1125.66	1018.40	107.26	357.79	515.08	41084.80	3041.71	262706.72
通　辽　市	Tongliao City	1469.68	1240.40	229.28	644.43	705.28	124222.28	5756.19	622706.85
赤　峰　市	Chifeng City	1371.21	1122.40	248.81	415.83	676.86	270116.22	2231.46	266950.76
锡林郭勒盟	Xilinguole League	236.39	146.70	89.69	37.17	168.63	19897.15	297.08	26579.30
乌兰察布市	Wulanchabu City	662.24	460.30	201.94	149.62	251.34	58564.64	598.43	76508.65
鄂尔多斯市	Erdos City	456.73	324.90	131.83	245.92	276.08	212092.59	1615.70	208771.84
巴彦淖尔市	Bayannaoer City	757.92	362.70	395.22	652.72	606.82	89474.33	2080.20	427109.81
乌　海　市	Wuhai City	5.66	4.60	1.06	7.06	6.95	2576.84	24.65	2833.14
阿拉善盟	Alashan League	78.72	16.70	62.02		28.35	25564.48	301.47	18057.75

19-30 各盟市主要农产品产量(2021年)

Yield of Major Farm Crops by Region(2021)

单位：万吨 (10 000 tons)

地区	Region	粮食 Grain	谷物 Cereal	#小麦 Wheat	#玉米 Corn	豆类 Beans	薯类 Tubers	油料 Oil-bearing Crops
呼和浩特市	Hohhot City	176.81	162.33	2.55	143.62	1.14	13.34	4.70
包头市	Baotou City	115.36	111.82	6.06	101.00	0.25	3.29	8.57
呼伦贝尔市	Hulunbeier City	685.50	525.29	86.72	417.80	132.85	27.36	22.19
兴安盟	Xingan League	665.88	641.47	4.02	538.26	23.07	1.33	4.95
通辽市	Tongliao City	898.32	888.78	1.49	837.43	7.08	2.46	25.50
赤峰市	Chifeng City	624.77	594.79	9.13	443.25	15.59	14.39	12.94
锡林郭勒盟	Xilinguole League	47.59	27.01	6.69	9.11	0.19	20.39	5.23
乌兰察布市	Wulanchabu City	126.87	88.92	17.66	45.83	4.63	33.32	15.15
鄂尔多斯市	Erdos City	201.01	191.49	1.36	185.84	1.89	7.63	8.69
巴彦淖尔市	Bayannaoer City	281.05	280.07	21.25	255.44	0.09	0.90	104.47
乌海市	Wuhai City	3.53	3.52	0.12	3.30	0.01		0.01
阿拉善盟	Alashan League	13.61	13.61	0.19	13.35			1.48

19-31 各盟市大牲畜年末数(2021年)

Number of Large Animals at Year-end by Region(2021)

单位：万头 (10 000 heads)

地区	Region	大牲畜 Large Animals	牛 Cattle and Buffalos	马 Horses	驴 Donkeys	骡 Mules	骆驼 Camels
呼和浩特市	Hohhot City	33.88	32.07	0.39	1.29	0.11	0.02
包头市	Baotou City	19.31	14.16	4.23	0.81	0.03	0.08
呼伦贝尔市	Hulunbeier City	114.65	91.47	22.49	0.36		0.34
兴安盟	Xingan League	77.50	67.65	6.72	3.12		
通辽市	Tongliao City	222.12	213.18	4.85	3.95	0.11	0.04
赤峰市	Chifeng City	165.61	124.86	9.16	29.22	2.16	0.21
锡林郭勒盟	Xilinguole League	128.52	110.92	16.24	0.18		1.18
乌兰察布市	Wulanchabu City	28.18	22.35	3.17	1.80	0.33	0.53
鄂尔多斯市	Erdos City	31.80	28.73	1.24	0.75	0.11	0.97
巴彦淖尔市	Bayannaoer City	30.24	21.24	4.95	1.12	0.03	2.90
乌海市	Wuhai City	1.05	0.81	0.08	0.14		0.02
阿拉善盟	Alashan League	18.45	5.03	0.46	0.56		12.40

19-32 各盟市猪牛羊禽年末存栏、出栏数(2021年)

Number of Hogs,Cattle and Buffaloes,Sheep and Goats, Poultry at Year-end by Region(2021)

单位：万只(头) (10 000 heads)

地区	Region	羊 Sheep and Goats	生猪 Hogs	当年出售和自宰肉用羊 Slaughtered Fattened Sheep and Goats	当年出栏肉猪头数 Slaughtered Fattened Hogs	当年出售和自宰肉用牛 Slaughtered Fattened Cattle and Buffaloes	当年出售和自宰家禽 Slaughtered Fattened Poultry
呼和浩特市	Hohhot City	201.62	43.16	322.91	70.36	21.67	443.44
包头市	Baotou City	272.23	17.30	460.26	56.01	20.72	353.38
呼伦贝尔市	Hulunbeier City	670.60	35.54	582.25	35.86	58.80	383.44
兴安盟	Xingan League	769.08	51.26	841.65	93.40	27.00	1103.19
通辽市	Tongliao City	582.45	167.18	484.60	226.45	100.08	645.77
赤峰市	Chifeng City	937.18	152.27	688.31	206.33	73.97	5007.07
锡林郭勒盟	Xilinguole League	584.08	3.92	678.33	5.89	68.00	41.39
乌兰察布市	Wulanchabu City	372.03	38.16	593.32	52.96	12.30	220.36
鄂尔多斯市	Erdos City	850.29	29.71	556.35	30.87	14.34	65.77
巴彦淖尔市	Bayannaoer City	812.17	22.58	1434.66	30.49	10.85	2185.46
乌海市	Wuhai City	9.27	1.67	15.93	1.41	0.19	1.47
阿拉善盟	Alashan League	77.18	2.46	46.79	2.87	2.43	6.20

19-33 各盟市主要畜产品产量(2021年)

Output of Major Livestock Products by Region(2021)

单位：吨 (ton)

地区	Region	肉类产量 Output of Meat	猪肉 Pork	牛肉 Beef	羊肉 Mutton	禽肉 Poultry	禽蛋产量 Poultry Eggs
呼和浩特市	Hohhot City	156090	53635	37922	54734	8467	63915
包头市	Baotou City	169549	44430	36142	78014	7329	53429
呼伦贝尔市	Hulunbeier City	236546	29760	92208	98691	8049	26337
兴安盟	Xingan League	292688	76822	47252	142660	21415	33832
通辽市	Tongliao City	456246	186367	170098	82130	12780	36895
赤峰市	Chifeng City	529053	171254	122274	116669	96270	319738
锡林郭勒盟	Xilinguole League	247076	5229	114242	114976	693	5099
乌兰察布市	Wulanchabu City	173541	43961	20572	100567	4473	34641
鄂尔多斯市	Erdos City	148513	27849	23799	94302	1373	7611
巴彦淖尔市	Bayannaoer City	341219	30356	18309	243174	44024	24832
乌海市	Wuhai City	5141	1652	493	2700	45	8612
阿拉善盟	Alashan League	17499	2585	3788	7931	115	635

19-33 续表 Continued

单位：吨 (ton)

地区	Region	奶类产量 Milk	牛奶产量 Cow Milk	绵羊毛 Sheep Wool	山羊毛 Goat Wool	山羊绒 Cashmere
呼和浩特市	Hohhot City	1855444	1852494	4028	559	220
包头市	Baotou City	521856	496318	4771	1160	829
呼伦贝尔市	Hulunbeier City	731536	715773	13442	79	40
兴安盟	Xingan League	530998	530165	22780	860	235
通辽市	Tongliao City	395184	395164	8418	601	312
赤峰市	Chifeng City	356746	356667	25260	1483	538
锡林郭勒盟	Xilinguole League	821921	809005	11267	147	132
乌兰察布市	Wulanchabu City	283235	283201	6557	354	149
鄂尔多斯市	Erdos City	302725	299656	13677	6124	2922
巴彦淖尔市	Bayannaoer City	885943	882143	9765	724	578
乌海市	Wuhai City	1010	1005	120	147	7
阿拉善盟	Alashan League	113801	110809	468	289	147

19-34 各盟市规模以上工业企业单位数和工业总产值(2021年)

Number of above Designated Size Industrial Enterprises and Their Gross Output Value by Region(2021)

单位：个、万元 (unit)(10 000 yuan)

地区	Region	规模以上企业 Enterprises above Designated Size		#国有及国有控股企业 State-owned Enterprises	
		企业单位数 Number of Enterprises	总产值(当年价格) Gross Output Value (At Current Prices)	企业单位数 Number of Enterprises	总产值(当年价格) Gross Output Value (At Current Prices)
呼和浩特市	Hohhot City	273	18285775	52	7054502
包头市	Baotou City	480	38677354	113	19999551
呼伦贝尔市	Hulunbeier City	143	6085952	57	3911965
兴安盟	Xingan League	110	2844383	35	1085048
通辽市	Tongliao City	245	13464544	61	3515165
赤峰市	Chifeng City	303	15216283	78	9109748
锡林郭勒盟	Xilinguole League	248	7563295	102	5296478
乌兰察布市	Wulanchabu City	333	11282171	74	2364583
鄂尔多斯市	Erdos City	510	62420917	105	26647566
巴彦淖尔市	Bayannaoer City	304	8980013	64	3211464
乌海市	Wuhai City	174	16102160	34	3198269
阿拉善盟	Alashan League	166	6349960	26	1115420

注：因有自治区直管企业，所以分盟市企业数之和不等于全区企业数。

a)Due to the autonomous region direct management of enterprises,the total number of enterprises by region is not equal to the number of enterprises in whole region.The same applies to the tables following.

19-34 续表1 Continued

单位：个、万元 (unit)(10 000 yuan)

地区	Region	轻工业 Enterprises of Light Industry		重工业 Enterprises of Heavy Industry	
		企业单位数 Number of Enterprises	总产值(当年价格) Gross Output Value (At Current Prices)	企业单位数 Number of Enterprises	总产值(当年价格) Gross Output Value (At Current Prices)
呼和浩特市	Hohhot City	104	6075438	169	12210337
包头市	Baotou City	46	1052206	434	37625148
呼伦贝尔市	Hulunbeier City	38	1253505	105	4832446
兴安盟	Xingan League	38	869588	72	1974795
通辽市	Tongliao City	60	2312071	185	11152473
赤峰市	Chifeng City	90	2207526	213	13008757
锡林郭勒盟	Xilinguole League	53	699520	195	6863775
乌兰察布市	Wulanchabu City	44	626585	289	10655586
鄂尔多斯市	Erdos City	28	451138	482	61969779
巴彦淖尔市	Bayannaoer City	109	2691583	195	6288430
乌海市	Wuhai City			174	16102160
阿拉善盟	Alashan League	8	195153	158	6154806

19-34 续表2 Continued

单位：个、万元 (unit)(10 000 yuan)

地区	Region	大型企业 Large Enterprises		中型企业 Medium-sized Enterprises		小型企业 Small Enterprises	
		企业单位数 Number of Enterprises	总产值(当年价格) Gross Output Value (At Current Prices)	企业单位数 Number of Enterprises	总产值(当年价格) Gross Output Value (At Current Prices)	企业单位数 Number of Enterprises	总产值(当年价格) Gross Output Value (At Current Prices)
呼和浩特市	Hohhot City	18	10364129	48	4733491	179	3040894
包头市	Baotou City	29	24009393	59	7543794	313	6739545
呼伦贝尔市	Hulunbeier City	8	3056802	23	1840283	82	1083285
兴安盟	Xingan League	1	635543	8	777299	66	1026539
通辽市	Tongliao City	11	6903952	27	2493424	147	3646743
赤峰市	Chifeng City	15	9094778	46	2938869	202	3042197
锡林郭勒盟	Xilinguole League	5	1593096	25	2997098	133	2458935
乌兰察布市	Wulanchabu City	5	2033507	45	5181374	197	3547532
鄂尔多斯市	Erdos City	46	30795288	95	15772453	307	15339100
巴彦淖尔市	Bayannaoer City	5	1593298	26	3339113	205	3638569
乌海市	Wuhai City	10	4603038	36	5331058	116	6039537
阿拉善盟	Alashan League	5	1569035	24	2353390	96	1871404

19-35 各盟市规模以上工业企业主要指标(2021年)

Main Indicators of Industrial Enterprises above Designed Size by Region(2021)

单位：万元 (10 000 yuan)

地 区	Region	资产合计 Total Assets	流动资产合计 Circulating Funds	应收账款 Accounts Receivable	负债合计 Total Liabilities
呼和浩特市	Hohhot City	35723066	16032544	2689560	19491444
包头市	Baotou City	62293312	26722130	5836423	35955425
呼伦贝尔市	Hulunbeier City	14353253	3781003	684179	9674527
兴安盟	Xingan League	6073489	2252883	577672	4164605
通辽市	Tongliao City	18913718	6715124	1800872	10933391
赤峰市	Chifeng City	21575882	8140394	1557779	14824265
锡林郭勒盟	Xilinguole League	23644441	5390213	1770219	17826746
乌兰察布市	Wulanchabu City	17361898	6764640	1933605	11681126
鄂尔多斯市	Erdos City	130204860	47025893	6424450	64056673
巴彦淖尔市	Bayannaoer City	13622919	5852162	1700661	8567721
乌海市	Wuhai City	18442698	9252756	2159380	9950002
阿拉善盟	Alashan League	10660367	4608176	1105435	7671810

19-36 各盟市规模以上工业企业主要指标(2021年)

Main Indicators of Industrial Enterprises above Designed Size by Region(2021)

单位：万元 (10 000 yuan)

地 区	Region	所有者权益 Creditors Equity	营业收入 Revenue from principal business	营业利润 Operating profits	利润总额 Total Profits
呼和浩特市	Hohhot City	16231620	26863031	2357561	2365913
包头市	Baotou City	26337881	45249090	3731322	3735677
呼伦贝尔市	Hulunbeier City	4678724	6236511	973713	972178
兴安盟	Xingan League	1908883	2989252	147091	126514
通辽市	Tongliao City	7980326	14620218	1452151	1435955
赤峰市	Chifeng City	6751615	15977904	631257	634577
锡林郭勒盟	Xilinguole League	5817693	8088945	1089887	1015166
乌兰察布市	Wulanchabu City	5680768	12157293	937847	956033
鄂尔多斯市	Erdos City	66148182	68476327	19291754	18811551
巴彦淖尔市	Bayannaoer City	5055195	9646266	775331	765386
乌海市	Wuhai City	8492694	18252922	2672584	2666561
阿拉善盟	Alashan League	3008740	7937795	462221	454396

19-37 各盟市规模以上工业增加值增速(2021年)

Value-added Growth of Above-scale Industry by Region(2021)

单位：% (%)

地 区	Region	规模以上工业增加值增速 Value-added Growth of Above-scale Industry	#轻工业 Light Industry	重工业 Heavy Industry	#采矿业 Mining	制造业 Manufacturing	电力、燃气及水的生产和供应业 Production and Supply of Electric Power,Gas and Water	#国有及国有控股企业 State-owned or Controlling Share Hold Industry	#大中型企业 Large and Medium sized enterprises
呼和浩特市	Hohhot City	9.5	4.6	13.9	-16.5	12.3	2.3	11.3	13.6
包头市	Baotou City	14.1	5.2	14.3	3.0	19.4	7.9	5.9	18.1
呼伦贝尔市	Hulunbeier City	2.5	-3.9	4.1	9.8	-8.8	-3.8	4.8	5.4
兴安盟	Xingan League	-4.6	5.5	-16.1	-40.0	5.6	-5.8	7.2	5.6
通辽市	Tongliao City	-2.6	-12.5	-0.5	-2.9	2.7	-14.7	-9.9	
赤峰市	Chifeng City	3.9	2.6	4.0	6.8	11.2	-7.1	5.0	8.9
锡林郭勒盟	Xilinguole League	7.3	28.1	6.6	11.2	-11.1	8.4	9.7	8.2
乌兰察布市	Wulanchabu City	4.1	8.9	3.9	3.8	36.3	-22.8	2.1	37.0
鄂尔多斯市	Erdos City	5.8	22.2	5.8	5.0	4.9	13.3	1.6	2.5
巴彦淖尔市	Bayannaoer City	3.1	41.8	-4.4	-1.2	21.0	-12.8	-11.4	18.1
乌海市	Wuhai City	2.6		2.6	-3.6	5.2	12.2	6.1	2.7
阿拉善盟	Alashan League	4.3	75.7	3.0	-37.9	18.9	-2.2	2.8	21.6

19-38 各盟市主要工业产品产量(2021年)

Output of Major Industrial Products by Region(2021)

地 区	Region	原煤(万吨) Coal (10 000 tons)	原油(万吨) Crude Oil (10 000 tons)	发电量(亿千瓦小时) Electricity (100 million kwh)	焦炭(万吨) Coke (10 000 tons)	白酒(千升) Liquor (1000 litres)	乳制品(万吨) Dairy Products (10 000 ton)	初级形态塑料(万吨) Primary Plastic (10 000 tons)
呼和浩特市	Hohhot City	372.04		605.60	117.17		169.18	46.15
包头市	Baotou City	1818.53		824.07	672.72	6283.00	44.16	100.40
呼伦贝尔市	Hulunbeier City	9482.20	38.67	387.79		25.30	2.46	
兴安盟	Xingan League	1414.57		100.32			11.55	
通辽市	Tongliao City	4871.45		661.12		3351.80	21.33	
赤峰市	Chifeng City	1718.52	5.62	364.09	134.29	2258.80	13.98	
锡林郭勒盟	Xilinguole League	12179.39	72.07	781.58		12602.00	9.48	29.80
乌兰察布市	Wulanchabu City			492.44			25.62	61.50
鄂尔多斯市	Erdos City	70042.81	30.00	1320.03	1160.96	469.00		502.54
巴彦淖尔市	Bayannaoer City	38.35	2.75	249.99	376.17	4521.00	70.24	
乌海市	Wuhai City	4737.16		217.57	1520.44			78.81
阿拉善盟	Alashan League	315.42		115.36	676.19			59.17

19-38 续表 Continued

地 区	Region	化肥(万吨) Chemical Fertilizer (10 000 tons)	水泥(万吨) Cement (10 000 tons)	单晶硅(万吨) Monocrystalline Silicon (10 000 tons)	多晶硅(万吨) Polycrystalline silicon (10 000 tons)	生铁(万吨) Pig Iron (10 000 tons)	粗钢(万吨) Crude Steel (10 000 tons)	钢材(万吨) Rolled Steel (10 000 tons)	铁合金(万吨) Ferroalloy (10 000 tons)
呼和浩特市	Hohhot City		505.08	20.84					4.17
包 头 市	Baotou City	0.75	336.30	10.16	4.53	1975.16	2192.04	2054.74	61.18
呼伦贝尔市	Hulunbeier City	41.04	220.87						
兴 安 盟	Xingan League	23.84	190.83			141.93	144.12	130.95	
通 辽 市	Tongliao City	1.98	443.91						6.36
赤 峰 市	Chifeng City	40.95	473.00				428.35	418.13	3.59
锡林郭勒盟	Xilinguole League		120.78						16.09
乌兰察布市	Wulanchabu City	0.31	357.08				17.46	62.04	633.10
鄂尔多斯市	Erdos City	282.40	468.62		1.16		122.16	78.76	176.74
巴彦淖尔市	Bayannaoer City	1.02	165.73	0.55	0.97			1.63	41.02
乌 海 市	Wuhai City	2.68	229.89	1.19		229.04	213.76	211.29	30.18
阿 拉 善 盟	Alashan League		155.83			1.30			14.58

注：化肥为农用氮磷钾化肥折纯量。

a)Chemical fertilizer is the purity of N,P,K fertilizer for agriculture.

19-39 各盟市建筑业企业情况(2021年)

Main Indicators on Construction Enterprises by Region(2021)

地 区	Region	建筑业企业情况 Main Indicators on Construction Enterprises by Region			房屋建筑面积（万平方米） Floor Space of Building Construction		
		企业单位数(个) Enterprises (unit)	从业人员(人) Persons Employed (person)	建筑业总产值(万元) Gross Output Value (10 000 yuan)	施工面积 Floor Space Under Construction	竣工面积 Floor Space Completed	#住宅 Residential Buildings
呼和浩特市	Hohhot City	168	23210	1988406	783.63	128.83	101.41
包 头 市	Baotou City	121	32508	4427524	3669.61	194.13	134.79
呼伦贝尔市	Hulunbeier City	70	10807	451675	163.85	55.89	38.44
兴 安 盟	Xingan League	59	6723	510443	156.81	48.65	38.66
通 辽 市	Tongliao City	113	7112	497314	198.71	24.93	15.48
赤 峰 市	Chifeng City	202	29021	1990948	1343.68	554.56	505.05
锡林郭勒盟	Xilinguole League	62	4140	177113	102.73	42.10	38.06
乌兰察布市	Wulanchabu City	66	6458	303241	156.09	42.82	38.35
鄂尔多斯市	Erdos City	180	19114	1448541	330.16	95.11	48.00
巴彦淖尔市	Bayannaoer City	70	7636	529239	366.78	72.48	66.40
乌 海 市	Wuhai City	42	6892	277442	163.09	45.66	39.26
阿 拉 善 盟	Alashan League	37	1277	191867	62.36	15.52	8.78

注：该表数据包含具有总承包和专业承包资质的建筑业法人单位。

a)Date in this chapter include the construction legal entities with general contracting and professional contracting qualifications.

19-40 各盟市年末公路运输线路长度和运量(2021年)

Length of Highways for Transportation Routes and Traffic by Region(End of 2021)

地 区	Region	公路里程(公里) Total Length of Highways (km)	等级路 Expressway &Class I to IV Highway	等外路 Highway Below Class IV	客运量(万人) Passenger Traffic (10 000 persons)	旅客周转量(万人公里) Passenger-Kilometers (10 000 passenger-km)	货运量(万吨) Freight Traffic (10 000 tons)	货物周转量(万吨公里) Freight Ton -Kilometers (10 000 ton-km)
呼和浩特市	Hohhot City	7878	7736	142	306	48654	13695	1744789
包头市	Baotou City	9450	9150	300	293	18387	12757	2146030
呼伦贝尔市	Hulunbeier City	29028	28402	627	234	27327	7860	1471578
兴安盟	Xingan League	14106	14067	40	161	22791	1951	258183
通辽市	Tongliao City	22790	22300	490	302	37431	9015	1067253
赤峰市	Chifeng City	28587	28540	47	550	74817	20549	2588598
锡林郭勒盟	Xilinguole League	22784	22784		156	29893	4204	610922
乌兰察布市	Wulanchabu City	17277	17277		60	6365	11267	2870119
鄂尔多斯市	Erdos City	24953	24613	340	132	19022	29415	5059919
巴彦淖尔市	Bayannaoer City	23627	21641	1986	170	27799	11668	2912989
乌海市	Wuhai City	1067	1067		294	23860	6475	594610
阿拉善盟	Alashan League	11055	11055		26	5679	3991	860012

19-41 各盟市邮政业务基本情况(2021年)

Basic Conditions of Post Services by Region(2021)

地 区	Region	邮政业务总量(万元) Business Volume of Post Service (10 000 yuan)	函件(万件) Number of Letters (10 000 Pcs)	报刊期发数(万份) Newspapers and Magazines Circulation (10 000 copies)	邮政局所总数(处) Number of Post and Telecommunications Offices (unit)
呼和浩特市	Hohhot City	163492	540	38	119
包头市	Baotou City	67759	14	15	112
呼伦贝尔市	Hulunbeier City	51895	18	16	193
兴安盟	Xingan League	28139	10	8	111
通辽市	Tongliao City	48577	12	17	140
赤峰市	Chifeng City	98829	37	24	264
锡林郭勒盟	Xilinguole League	25883	4	13	121
乌兰察布市	Wulanchabu City	35592	7	11	140
鄂尔多斯市	Erdos City	42888	14	16	106
巴彦淖尔市	Bayannaoer City	43501	9	15	137
乌海市	Wuhai City	15402	4	5	30
阿拉善盟	Alashan League	6611	3	4	40

19-42 各盟市社会消费品零售总额 (2021年, 按销售单位所在地分)

Total Retail Sale of Consumer Goods by Location of Retailers by Region(2021)

单位：万元 (10 000 yuan)

地区	Region	社会消费品零售总额 Total Retail Sales of Consumer Goods	城镇 Cities and towns	城区 Cities	镇区 Towns	乡村 Villages
呼和浩特市	Hohhot City	11047439	9851039	7290630	2560409	1196400
包头市	Baotou City	10610561	10119547	7044235	3075313	491013
呼伦贝尔市	Hulunbeier City	3188886	2766227	1955137	811091	422659
兴安盟	Xingan League	1649932	1399351	933813	465537	250581
通辽市	Tongliao City	3262847	2869688	1976432	893257	393159
赤峰市	Chifeng City	6125018	4917331	3674259	1243072	1207687
锡林郭勒盟	Xilinguole League	2128959	1860527	1267934	592593	268432
乌兰察布市	Wulanchabu City	2366830	1998538	847875	1150663	368292
鄂尔多斯市	Erdos City	6083468	5295753	3750225	1545528	787715
巴彦淖尔市	Bayannaoer City	2264014	1820221	900392	919829	443793
乌海市	Wuhai City	1346343	1346343	1243324	103019	
阿拉善盟	Alashan League	528829	468314	255514	212800	60515

19-43 各盟市商品销售额（营业额）(2021年, 按行业分)

Sale of Commodities Goods(Turnover) by Sector by Region(2021)

单位：万元 (10 000 yuan)

地区	Region	批发业 Whole-sale Trade	零售业 Retail Sale Trade	住宿业 Hotels Trade	餐饮业 Catering Trade
呼和浩特市	Hohhot City	10174905	7547957	209568	989670
包头市	Baotou City	13139238	7880526	119797	1476370
呼伦贝尔市	Hulunbeier City	4773326	2135356	117021	332310
兴安盟	Xingan League	1576264	1317709	33653	208517
通辽市	Tongliao City	3301394	3008255	59777	400426
赤峰市	Chifeng City	5211653	4783335	109291	451187
锡林郭勒盟	Xilinguole League	2136069	1706697	79839	252949
乌兰察布市	Wulanchabu City	1116149	1748164	41350	325786
鄂尔多斯市	Erdos City	37026300	4706074	90765	896731
巴彦淖尔市	Bayannaoer City	3480338	1627547	25491	313408
乌海市	Wuhai City	2229318	1196319	12946	110134
阿拉善盟	Alashan League	1949564	408987	37070	63818

19-44 各盟市限额以上批发零售、住宿餐饮业法人企业(2021年)

Number of Corporation Units above Designated Size in Wholesale and Retail Sale, Catering Trades (2021)

单位：个 (unit)

地 区	Region	合计 Total	批发业 Wholesale Trade	零售业 Retail Trade	住宿业 Hotels	餐饮业 Catering Trade
呼和浩特市	Hohhot City	680	297	265	73	45
包头市	Baotou City	516	238	195	39	44
呼伦贝尔市	Hulunbeier City	282	129	100	38	15
兴安盟	Xingan League	87	28	44	10	5
通辽市	Tongliao City	241	126	87	19	9
赤峰市	Chifeng City	231	89	87	37	18
锡林郭勒盟	Xilinguole League	129	50	50	20	9
乌兰察布市	Wulanchabu City	129	45	54	14	16
鄂尔多斯市	Erdos City	399	154	161	48	36
巴彦淖尔市	Bayannaoer City	172	102	46	12	12
乌海市	Wuhai City	172	107	45	10	10
阿拉善盟	Alashan League	58	21	12	17	8

19-45 各盟市限额以上住宿业企业经营情况(2021年)

Number of Active Units above Designated Size Hotel Enterprises Trade(2021)

单位：万元 (10 000 yuan)

指 标	Item	营业额 Business Revenue	#客房收入 Revenue from Hotel Rooms	#餐费收入 Revenue from Meals	#商品销售额 Revenue from Commodities
呼和浩特市	Hohhot City	84233.4	52117.0	24109.9	343.9
包头市	Baotou City	39504.9	22442.2	13499.8	347.2
呼伦贝尔市	Hulunbeier City	39281.5	20163.0	15549.2	728.7
兴安盟	Xingan League	4598.0	3068.4	914.5	138.3
通辽市	Tongliao City	16871.4	10708.9	5252.6	151.1
赤峰市	Chifeng City	36258.8	18072.3	16780.0	163.0
锡林郭勒盟	Xilinguole League	15437.0	8403.6	4837.9	37.9
乌兰察布市	Wulanchabu City	13198.5	6211.9	5892.7	5.1
鄂尔多斯市	Erdos City	47228.6	23937.3	18201.9	564.4
巴彦淖尔市	Bayannaoer City	7105.6	6135.0	789.1	133.6
乌海市	Wuhai City	6332.3	5491.6	793.0	
阿拉善盟	Alashan League	18852.5	9988.4	8262.1	77.2

19-46 各盟市限额以上批发零售、住宿餐饮业企业从业人员(2021年)

Number of Persons Engaged in Enterprises above Designated Size in Wholesale,Retail Sale Catering Trades (2021)

单位：人 (person)

地 区	Region	合 计 Total	批发业 Wholesale Trade	零售业 Retail Trade	住宿业 Hotels	餐饮业 Catering Trade
呼和浩特市	Hohhot City	38146	9558	20292	3562	4734
包 头 市	Baotou City	27326	6415	14109	2332	4470
呼伦贝尔市	Hulunbeier City	12563	3826	5531	2361	845
兴 安 盟	Xingan League	3899	1199	2129	244	327
通 辽 市	Tongliao City	12055	3629	6868	1134	424
赤 峰 市	Chifeng City	16275	4497	8301	2333	1144
锡林郭勒盟	Xilinguole League	5817	1209	3010	1095	503
乌兰察布市	Wulanchabu City	6884	1929	3258	821	876
鄂尔多斯市	Erdos City	25180	7391	9118	2822	5849
巴彦淖尔市	Bayannaoer City	7827	3927	2455	391	1054
乌 海 市	Wuhai City	4541	1207	2146	421	767
阿 拉 善 盟	Alashan League	2756	475	1001	1044	236

19-47 各盟市限额以上批发零售业企业商品销售总额(2021年)

Total Sales of Enterprise above Designated Size in Wholesale, Retail Sale Trades(2021)

单位：万元 (10 000 yuan)

地 区	Region	销售总额 Total Sales	批 发 Wholesale Trade	零 售 Retail Trade
呼和浩特市	Hohhot City	12922502	9646640	3275862
包 头 市	Baotou City	10232719	8180350	2052369
呼伦贝尔市	Hulunbeier City	3666490	2827916	838574
兴 安 盟	Xingan League	1213963	704568	509395
通 辽 市	Tongliao City	3748498	2663552	1084946
赤 峰 市	Chifeng City	3644024	2337643	1306381
锡林郭勒盟	Xilinguole League	1934091	1415182	518909
乌兰察布市	Wulanchabu City	1377177	917585	459592
鄂尔多斯市	Erdos City	30654558	28909300	1745258
巴彦淖尔市	Bayannaoer City	1982203	1570173	412031
乌 海 市	Wuhai City	2000767	1621223	379545
阿 拉 善 盟	Alashan League	1051985	902223	149762

19-48 各盟市限额以上批发和零售业企业主要财务指标(2021年)

Main Financial Indicators of Enterprises above Designated Size in Wholesale and Retail by Region(2021)

单位：万元 (10 000 yuan)

地 区	Region	营业收入 Business Revenue	营业成本 Business Cost	税金及附加 Business Tax and Surcharges	销售费用 selling expenses	营业利润 Operating profit
呼和浩特市	Hohhot City	11796367	10762581	87823	588927	175133
包 头 市	Baotou City	8574105	7967162	71689	264561	128927
呼伦贝尔市	Hulunbeier City	3330386	3009889	40877	136886	50208
兴 安 盟	Xingan League	1097418	984978	20753	46655	11563
通 辽 市	Tongliao City	3440148	3133724	42259	144475	31757
赤 峰 市	Chifeng City	3305911	3012272	57251	140189	80519
锡林郭勒盟	Xilinguole League	1746700	1616686	20616	53487	15497
乌兰察布市	Wulanchabu City	1220678	1064543	34841	54209	26917
鄂尔多斯市	Erdos City	27980839	26633423	105168	457432	1190799
巴彦淖尔市	Bayannaoer City	1825215	1619098	31218	99710	23851
乌 海 市	Wuhai City	1879270	1752711	15247	60343	7441
阿 拉 善 盟	Alashan League	949057	899138	7532	21374	-4026

19-49 各盟市限额以上住宿和餐饮业企业主要财务指标(2021年)

Main Financial Indicators of Enterprises above Designated Size in Catering Trade by Region(2021)

单位：万元 (10 000 yuan)

地 区	Region	营业收入 Sales Revenue	营业成本 Cost of Sales	营业税金及附加 Business Tax and Surcharges	销售费用 Selling Expenses	营业利润 Operating Profit
呼和浩特市	Hohhot City	165544	70201	1221	53168	-16174
包 头 市	Baotou City	146478	82200	1777	44603	-19288
呼伦贝尔市	Hulunbeier City	50942	17172	793	25871	-8265
兴 安 盟	Xingan League	9415	3804	161	1598	-2444
通 辽 市	Tongliao City	20858	10097	310	5793	-3901
赤 峰 市	Chifeng City	52166	24389	534	16404	-12187
锡林郭勒盟	Xilinguole League	21654	9454	258	7869	-5852
乌兰察布市	Wulanchabu City	23808	10315	131	6427	-2692
鄂尔多斯市	Erdos City	147926	64772	705	60167	-15146
巴彦淖尔市	Bayannaoer City	25010	12189	178	6379	-392
乌 海 市	Wuhai City	19228	6025	117	10359	-2781
阿 拉 善 盟	Alashan League	20886	9151	264	5710	-3470

19-50 各盟市海关进出口总值(2021年)

Total Imports & Exports by Region(2021)

地区	Region	按人民币计算(亿元) (RMB 100 million yuan)			按美元计算(亿美元) (USD 100 million)		
		进出口总额 Total Imports & Exports	出口总额 Total Exports	进口总额 Total Imports	进出口总额 Total Imports & Exports	出口总额 Total Exports	进口总额 Total Imports
呼和浩特市	Hohhot City	159.76	80.57	79.19	24.71	12.47	12.23
包头市	Baotou City	241.91	112.31	129.59	37.41	17.37	20.04
呼伦贝尔市	Hulunbeier City	157.68	49.79	107.90	24.39	7.71	16.69
兴安盟	Xingan League	2.70	1.59	1.11	0.42	0.25	0.17
通辽市	Tongliao City	55.22	36.42	18.80	8.55	5.64	2.91
赤峰市	Chifeng City	123.05	31.01	92.04	19.04	4.80	14.23
锡林郭勒盟	Xilinguole League	105.67	21.88	83.80	16.39	3.38	13.01
乌兰察布市	Wulanchabu City	27.79	22.14	5.65	4.29	3.42	0.87
鄂尔多斯市	Erdos City	89.20	58.08	31.13	13.83	9.01	4.83
巴彦淖尔市	Bayannaoer City	233.46	40.29	193.17	36.14	6.24	29.90
乌海市	Wuhai City	15.15	15.08	0.08	2.35	2.34	0.01
阿拉善盟	Alashan League	24.89	8.97	15.92	3.84	1.39	2.46

19-51 各地区旅行社单位数和国内旅游情况(2021年末)

Number of Travel Agencies and Domestic Tourism by Region (End of 2021)

地区	Region	旅行社数(个) Total Number of Travel Agencies (unit)	国内旅游人数(万人次) Number of Tourists (10 000 person times)	国内旅游收入(亿元) Earnings (100 million yuan)
总计	**Autonomous Regional Total**	**1227**	**13126.81**	**1460.49**
呼和浩特市	Hohhot City	305	2638.50	302.13
包头市	Baotou City	93	1705.28	152.03
呼伦贝尔市	Hulunbeier City	391	1383.99	184.99
兴安盟	Xingan League	63	685.44	71.62
通辽市	Tongliao City	34	1066.73	86.58
赤峰市	Chifeng City	89	1616.02	162.69
锡林郭勒盟	Xilinguole League	51	798.53	96.69
乌兰察布市	Wulanchabu City	41	903.46	58.89
鄂尔多斯市	Erdos City	101	2185.31	190.39
巴彦淖尔市	Bayannaoer City	19	697.69	55.38
乌海市	Wuhai City	17	442.71	37.70
阿拉善盟	Alashan League	23	504.23	61.36

19-52 各地区星级宾馆个数(2021年末)

Number of Stars Hotels by Region (End of 2021)

单位：个 (unit)

地 区	Region	星级宾馆个数 Total Number of Stars Hotels	五星级 Five Stars	四星级 Four Stars	三星级 Three Stars	二星级 Two Stars
总　　计	**Autonomous Regional Total**	**226**	**12**	**40**	**121**	**53**
呼和浩特市	Hohhot City	21	5	7	5	4
包　头　市	Baotou City	18	2	4	10	2
呼伦贝尔市	Hulunbeier City	36	1	5	22	8
兴　安　盟	Xingan League	17		1	11	5
通　辽　市	Tongliao City	17	1		10	6
赤　峰　市	Chifeng City	26		5	11	10
锡林郭勒盟	Xilinguole League	15	1	1	10	3
乌兰察布市	Wulanchabu City	13		1	7	5
鄂尔多斯市	Erdos City	27	2	11	13	1
巴彦淖尔市	Bayannaoer City	11		1	6	4
乌　海　市	Wuhai City	2			1	1
阿拉善盟	Alashan League	23		4	15	4

19-53 各盟市普通高等学校基本情况(2021年)

Basic Statistics on Higher Education by Region(2021)

地 区	Region	学校数(所) Number of Schools (unit)	毕业生数(人) Number of Graduates (person)	本科 Undergraduates	专科 College Students	预计毕业生数（人）	本科 Undergraduates	专科 College Students
总　　计	**Total**	**54**	**130344**	**65721**	**64623**	**147302**	**72560**	**74742**
呼和浩特市	Hohhot City	24	64906	38913	25993	71539	42425	29114
包　头　市	Baotou City	5	22338	10850	11488	24529	11539	12990
呼伦贝尔市	Hulunbeier City	4	5705	2945	2760	7624	3469	4155
兴　安　盟	Xingan League	1	1855		1855	4377		4377
通　辽　市	Tongliao City	3	7915	5039	2876	9308	5457	3851
赤　峰　市	Chifeng City	5	6810	2952	3858	7423	3275	4148
锡林郭勒盟	Xilinguole League	1	3384		3384	3875		3875
乌兰察布市	Wulanchabu City	3	7640	2444	5196	7538	2854	4684
鄂尔多斯市	Erdos City	4	3735	781	2954	4877	1254	3623
巴彦淖尔市	Bayannaoer City	2	3746	1797	1949	2867	2287	580
乌　海　市	Wuhai City	1	1794		1794	2561		2561
阿拉善盟	Alashan League	1	516		516	784		784

注：毕业生数、招生数、在校学生数不包括成人高校附设普通班学生数。

a)The number of graduates,new student enrollment and student enrollment except the number of students of orordinary classes attached adult Collages.

19-53 续表 Continued

地区	Region	招生数(人) New Student Enrollment (person)	本科 Undergr-aduates	专科 College Students	在校学生数(人) Student Enrollment (person)	教职工数(人) Number of Staff and Teachers (person)	#专任教师 Full-time Teachers
总计	**Total**	**158001**	**76917**	**81084**	**506809**	**41852**	**28492**
呼和浩特市	Hohhot City	75348	43743	31605	255165	19951	13266
包头市	Baotou City	25645	11065	14580	82867	6528	4663
呼伦贝尔市	Hulunbeier City	7840	3954	3886	24817	2557	1756
兴安盟	Xingan League	2641		2641	9023	617	468
通辽市	Tongliao City	12150	5823	6327	36068	3051	1940
赤峰市	Chifeng City	7929	3434	4495	24789	2840	1940
锡林郭勒盟	Xilinguole League	3931		3931	10613	1215	829
乌兰察布市	Wulanchabu City	8783	3481	5302	26604	1802	1316
鄂尔多斯市	Erdos City	6304	1795	4509	16935	1372	1039
巴彦淖尔市	Bayannaoer City	4258	3622	636	11289	1225	679
乌海市	Wuhai City	1981		1981	6151	306	272
阿拉善盟	Alashan League	1191		1191	2488	388	324

19-54 各盟市成人高等学校基本情况(2021年)

Basic Statistics on Adult Education by Region(2021)

地区	Region	毕业生数(人) Number of Graduates (person)	招生数(人) New Student Enrollment (person)	在校学生数(人) Student Enrollment (person)
总计	**Total**	**8469**	**11328**	**24220**
呼和浩特市	Hohhot City	4701	6011	12231
包头市	Baotou City	930	583	2335
呼伦贝尔市	Hulunbeier City	725	355	1341
兴安盟	Xingan League			
通辽市	Tongliao City	263	239	584
赤峰市	Chifeng City	1230	3241	5850
锡林郭勒盟	Xilinguole League	92	109	234
乌兰察布市	Wulanchabu City	97	245	450
鄂尔多斯市	Erdos City		5	5
巴彦淖尔市	Bayannaoer City	431	540	1096
乌海市	Wuhai City			94
阿拉善盟	Alashan League			

19-55 各盟市普通中学基本情况(2021年)
Basic Statistics on Regular Secondary Schools by Region(2021)

地 区	Region	学校数(所) Number of Schools (unit)	初中 Junior Secondary Schools	高中 Senior Secondary Schools	毕业生数(人) Number of Graduates (person)	初中 Junior Secondary Schools	高中 Senior Secondary Schools
总 计	**Total**	**1026**	**719**	**307**	**349082**	**216663**	**132419**
呼和浩特市	Hohhot City	119	61	58	47777	27691	20086
包 头 市	Baotou City	97	60	37	34203	20862	13341
呼伦贝尔市	Hulunbeier City	155	131	24	28472	18506	9966
兴 安 盟	Xingan League	78	60	18	22611	15074	7537
通 辽 市	Tongliao City	141	108	33	51782	30913	20869
赤 峰 市	Chifeng City	149	106	43	69148	44134	25014
锡林郭勒盟	Xilinguole League	38	21	17	14964	9515	5449
乌兰察布市	Wulanchabu City	77	51	26	23260	13148	10112
鄂尔多斯市	Erdos City	82	58	24	28286	18655	9631
巴彦淖尔市	Bayannaoer City	52	36	16	18128	11761	6367
乌 海 市	Wuhai City	21	15	6	7420	4563	2857
阿拉善盟	Alashan League	17	12	5	3031	1841	1190

19-55 续表 1 Continued

地 区	Region	在校学生数(人) Student Enrollment (person)	初中 Junior Secondary Schools	女 Female	高中 Senior Secondary Schools	女 Female
总 计	**Total**	**1076499**	**665544**	**318081**	**410955**	**212548**
呼和浩特市	Hohhot City	146331	90776	43599	55555	28350
包 头 市	Baotou City	108129	69274	34033	38855	20522
呼伦贝尔市	Hulunbeier City	88131	53238	25465	34893	18228
兴 安 盟	Xingan League	68683	42245	20408	26438	14124
通 辽 市	Tongliao City	153267	89659	42866	63608	33497
赤 峰 市	Chifeng City	206498	125226	55731	81272	39726
锡林郭勒盟	Xilinguole League	46510	28734	14150	17776	9695
乌兰察布市	Wulanchabu City	71106	41653	21012	29453	15702
鄂尔多斯市	Erdos City	101473	69996	33853	31477	15786
巴彦淖尔市	Bayannaoer City	54208	35544	17450	18664	10077
乌 海 市	Wuhai City	22930	13779	6863	9151	4864
阿拉善盟	Alashan League	9233	5420	2651	3813	1977

19-55 续表 2 Continued

地 区	Region	招生数(人) New Student Enrollment (person)	初中 Junior Secondary Schools	高中 Senior Secondary Schools	教职工数(人) Number of Staff and Teachers (person)	#专任教师 Full-time Teacher	初中 Junior Secondary Schools	高中 Senior Secondary Schools
总计	**Total**	**358171**	**220010**	**138161**	**141871**	**102226**	**62953**	**39273**
呼和浩特市	Hohhot City	47840	29150	18690	17927	11541	6770	4771
包头市	Baotou City	35419	22985	12434	13648	10669	6448	4221
呼伦贝尔市	Hulunbeier City	28669	16707	11962	15247	10172	6818	3354
兴安盟	Xingan League	23230	14242	8988	9906	7352	4831	2521
通辽市	Tongliao City	49721	29568	20153	18854	13839	8213	5626
赤峰市	Chifeng City	70552	42779	27773	24656	18235	10946	7289
锡林郭勒盟	Xilinguole	15265	9138	6127	5698	5008	3046	1962
乌兰察布市	Wulanchabu City	23298	13273	10025	10565	7021	4042	2979
鄂尔多斯市	Erdos City	36462	25089	11373	12684	9861	6464	3397
巴彦淖尔市	Bayannaoer City	17272	11064	6208	7807	4896	3196	1700
乌海市	Wuhai City	7485	4299	3186	3162	2339	1362	977
阿拉善盟	Alashan League	2958	1716	1242	1717	1293	817	476

19-56 各盟市小学基本情况(2021年)

Basic Statistics on Primary Schools by Region(2021)

地 区	Region	学校数(所) Number of Schools (unit)	毕业生数(人) Number of Graduates (person)	招生数(人) New Student Enrollment (person)	在校学生数(人) Student Enrollment (person)	教职工数(人) Number of Staff and Teachers (person)	#专任教师 Full-time Teacher
总计	**Total**	**1661**	**220777**	**248555**	**1408464**	**117949**	**97235**
呼和浩特市	Hohhot City	197	29157	38849	200103	11527	9919
包头市	Baotou City	134	23030	26492	153140	9450	8709
呼伦贝尔市	Hulunbeier City	133	16767	17171	102816	9986	7799
兴安盟	Xingan League	121	14213	14836	85974	9588	8268
通辽市	Tongliao City	220	29709	30418	171646	15620	13122
赤峰市	Chifeng City	397	42675	43669	256662	24654	19279
锡林郭勒盟	Xilinguole League	69	9509	11125	62457	5789	4835
乌兰察布市	Wulanchabu City	116	13046	13148	78989	9052	6336
鄂尔多斯市	Erdos City	146	24975	30622	176648	12774	11457
巴彦淖尔市	Bayannaoer City	87	11439	14538	76935	6608	4826
乌海市	Wuhai City	23	4452	5360	30304	1832	1676
阿拉善盟	Alashan League	18	1805	2327	12790	1069	1009

19-57 各盟市幼儿园基本情况(2021年)

Basic Statistics on Kindergartens by Region(2021)

地 区	Region	园数(所) Number of Kindergartens (unit)	幼儿数(人) Student Enrollment (person)	教职工数(人) Number of Staff and Teachers (person)	#教师(人) Teachers (person)
总　　计	**Total**	**4436**	**604183**	**87121**	**49992**
呼和浩特市	Hohhot City	443	71919	12043	5881
包头市	Baotou City	370	61025	10428	5434
呼伦贝尔市	Hulunbeier City	378	45648	6982	3727
兴安盟	Xingan League	415	36344	5010	2737
通辽市	Tongliao City	879	70783	9430	5635
赤峰市	Chifeng City	917	111563	13120	7357
锡林郭勒盟	Xilinguole League	161	30918	4371	2738
乌兰察布市	Wulanchabu City	215	30096	4447	2708
鄂尔多斯市	Erdos City	339	80824	11617	8670
巴彦淖尔市	Bayannaoer City	220	40261	5680	2876
乌海市	Wuhai City	66	16338	2702	1340
阿拉善盟	Alashan League	33	8464	1291	889

19-58 各盟市文化艺术、文物事业单位数(2021年)

Number of Institutions for Culture, Art and Cultural Relics by Region(2021)

单位：个 (unit)

地 区	Region	艺术表演团体 Art Performance Troupes	艺术表演场所 Art Performance Places	文化馆 Cultural Centers	公共图书馆 Public Libraries	博物馆 Museums
总　　计	**Total**	**91**	**14**	**118**	**117**	**168**
呼和浩特市	Hohhot City	5	1	10	10	31
包头市	Baotou City	3	3	11	10	3
呼伦贝尔市	Hulunbeier City	12	1	15	15	27
兴安盟	Xingan League	5	2	7	7	8
通辽市	Tongliao City	9		9	9	11
赤峰市	Chifeng City	10		13	14	22
锡林郭勒盟	Xilinguole League	13	1	14	14	12
乌兰察布市	Wulanchabu City	12	1	12	12	9
鄂尔多斯市	Erdos City	9	3	10	9	23
巴彦淖尔市	Bayannaoer City	7		8	8	13
乌海市	Wuhai City	1	1	4	4	3
阿拉善盟	Alashan League	4		4	4	5
自治区本级	Autonomous Region Level	1	1	1	1	1

19-59 各盟市广播电视节目覆盖情况(2021年)

Basic Statistics on Coverage of Radio and Television Programs by Region(2021)

地区	Region	广播节目综合人口覆盖率（%）Population Coverage Rate of Radio Programs(%)	#农村 Rural	电视节目综合人口覆盖率（%）Population Coverage Rate of TV Programs(%)	#农村 Rural
总计	**Total**	**99.74**	**99.55**	**99.74**	**99.52**
呼和浩特市	Hohhot City	99.82	99.69	99.84	99.60
包头市	Baotou City	99.91	99.50	99.92	99.61
呼伦贝尔市	Hulunbeier City	99.72	99.97	99.71	99.84
兴安盟	Xingan League	99.70	99.56	99.79	99.70
通辽市	Tongliao City	99.82	99.64	99.82	99.64
赤峰市	Chifeng City	99.52	99.30	99.54	99.24
锡林郭勒盟	Xilinguole League	99.74	99.37	99.74	99.35
乌兰察布市	Wulanchabu City	99.52	99.38	99.52	99.40
鄂尔多斯市	Erdos City	99.83	99.66	99.74	99.47
巴彦淖尔市	Bayannaoer City	99.86	99.70	99.86	99.70
乌海市	Wuhai City	99.80	100.00	99.81	100.00
阿拉善盟	Alashan League	99.50	99.14	99.62	99.14

19-60 各盟市科学研究和技术服务业科技统计事业单位机构和人员(2021年)

Institutions and Employed Persons of Science and Technology Statistical Institutions in Scientific Research and Technical Services by Region(2021)

单位：个、人 (unit)(person)

地区	Region	机构数 Institutions	从业人员 Employed Persons	#科技活动人员 Science and Technology Activity Personnel	#本科及以上学历 Bachelor Degree or Above	#高级职称 Senior Title of Professional
总计	**Total**	**134**	**12799**	**10862**	**8489**	**3331**
呼和浩特市	Hohhot City	57	6529	6081	4924	1938
包头市	Baotou City	9	484	383	296	96
呼伦贝尔市	Hulunbeier City	9	1108	593	478	169
兴安盟	Xingan League	7	671	578	429	181
通辽市	Tongliao City	7	570	366	307	105
赤峰市	Chifeng City	8	864	842	688	278
锡林郭勒盟	Xilinguole League	9	494	403	307	108
乌兰察布市	Wulanchabu City	6	436	369	228	149
鄂尔多斯市	Erdos City	4	566	489	355	114
巴彦淖尔市	Bayannaoer City	8	632	580	328	135
乌海市	Wuhai City	2	31	31	27	7
阿拉善盟	Alashan League	8	414	147	122	51

19-61 各盟市科学研究和技术服务业科技统计事业单位收入和支出(2021年)

Income and Expenditure of Science and Technology Statistical Institutions in Scientific Research and Technical Services by Region (2021)

单位：万元　　(10 000yuan)

地区	Region	经费收入总额 Total Expenditure Income	#科技活动收入 Income from Science and Technology Activities	#政府资金 Government Funds	经费内部支出总额 Total Internal Expenditure of Funds	#科技经费内部支出 Internal Expenditure of Science and Technology Funds	#资产性支出 Asset Expenditure
总计	**Total**	**433989**	**373037**	**321808**	**421298**	**365859**	**38336**
呼和浩特市	Hohhot City	255712	242559	212355	248364	234604	23496
包头市	Baotou City	10236	8807	7928	10361	9066	1178
呼伦贝尔市	Hulunbeier City	47471	25172	7007	49173	28775	1036
兴安盟	Xingan League	17391	16170	16170	16258	14452	945
通辽市	Tongliao City	14865	11420	10869	14647	11143	1544
赤峰市	Chifeng City	15852	14435	13497	15389	13967	2038
锡林郭勒盟	Xilinguole League	14307	13306	13258	14076	12506	1942
乌兰察布市	Wulanchabu City	8882	8222	8143	8111	7151	325
鄂尔多斯市	Erdos City	18882	10119	10119	18720	15839	4623
巴彦淖尔市	Bayannaoer City	19917	19297	18964	15965	14514	976
乌海市	Wuhai City	204	203	203	204	203	
阿拉善盟	Alashan League	10270	3328	3296	10030	3638	234

19-62 各盟市科学研究和技术服务业科技统计事业单位课题概况(2021年)

Overview of the Projects of Science and Technology Statistical Institutions in Scientific Research and Technical Services by Region(2021)

地区	Region	课题数（个） Project (unit)	#R&D课题 R&D Project	课题经费内部支出（万元） Internal Expenditure of Project Funds (10 000 yuan)	课题人员折合全时工作量（人年） The Project Staff Reduced Their Full-time Workload (man-year)
总计	**Total**	**1665**	**1170**	**66288**	**3519**
呼和浩特市	Hohhot City	1260	877	51688	2206
包头市	Baotou City	36	29	1688	139
呼伦贝尔市	Hulunbeier City	23	17	402	78
兴安盟	Xingan League	25	21	1441	102
通辽市	Tongliao City	41	31	2347	167
赤峰市	Chifeng City	62	41	3119	153
锡林郭勒盟	Xilinguole League	18	15	188	86
乌兰察布市	Wulanchabu City	32	21	933	110
鄂尔多斯市	Erdos City	44	30	2009	111
巴彦淖尔市	Bayannaoer City	104	71	2057	334
乌海市	Wuhai City				
阿拉善盟	Alashan League	20	17	417	33

19-63 各盟市科学研究和技术服务业科技统计事业单位R&D人员(2021年)

R&D Personnel of Science and Technology Statistical Institutions in Scientific Research and Technical Services by Region(2021)

地 区	Region	R&D人员（人） R&D Personnel (person)	R&D人员折合全时工作量（人年） Full-time Equivalent of R&D Personnel (man-year)	#研究人员 Researcher	按活动类型分 基础研究 Basic Research	应用研究 Applied Research	试验发展 Experimental Development
总　计	**Total**	**4014**	**2893**	**1705**	**343**	**707**	**1843**
呼和浩特市	Hohhot City	2392	1671	938	276	449	946
包 头 市	Baotou City	190	122	92		52	70
呼伦贝尔市	Hulunbeier City	122	70	45	6	22	42
兴 安 盟	Xingan League	138	116	75	5	42	69
通 辽 市	Tongliao City	170	152	118	5	22	125
赤 峰 市	Chifeng City	203	135	95	14	14	107
锡林郭勒盟	Xilinguole League	127	88	54		29	59
乌兰察布市	Wulanchabu City	136	87	44	2	1	84
鄂尔多斯市	Erdos City	161	119	55		16	103
巴彦淖尔市	Bayannaoer City	336	300	164	32	56	212
乌 海 市	Wuhai City						
阿 拉 善 盟	Alashan League	39	33	25	3	4	26

19-64 各盟市科学研究和技术服务业科技统计事业单位科技产出(2021年)

The Output of Science and Technology of Science and Technology Statistical Institutions in Scientific Research and Technical Services by Region(2021)

单位：万元　　(10 000 yuan)

地 区	Region	专利申请受理数（件） Patent Applications Accepted (piece)	#发明专利 Patent for Invention	专利授权数（件） Number of Patents Granted (piece)	#发明专利 Patent for Invention	科技论文（篇） Scientific Papers (piece)	#国外发表 Published Abroad	科技著作（种） Science and Technology Works (kind)	软件著作权数（件） Number of Software Copyright (piece)
总　计	**Total**	**461**	**184**	**295**	**114**	**1436**	**75**	**80**	**157**
呼和浩特市	Hohhot City	330	126	197	66	1088	59	68	142
包 头 市	Baotou City	23	18	26	21	14	4		
呼伦贝尔市	Hulunbeier City	4	4	10	4	24		1	2
兴 安 盟	Xingan League	2				14	1		
通 辽 市	Tongliao City	8	2	8	2	60		3	
赤 峰 市	Chifeng City	17	2	8	2	59	2	3	4
锡林郭勒盟	Xilinguole League	8	4	8	4	23			7
乌兰察布市	Wulanchabu City	16	4	19	4	35	1	1	
鄂尔多斯市	Erdos City	28	2	7		26		1	1
巴彦淖尔市	Bayannaoer City	14	14	10	10	67	7	1	1
乌 海 市	Wuhai City								
阿 拉 善 盟	Alashan League	11	8	2	1	26	1	2	

19-65 各盟市卫生机构、床位(2021年)

Number of Health Institutions, Beds by Region(2021)

地 区	Region	机构数(个) Health Institutions (unit)	#医院 Hospital	疾病预防控制中心 CDC	妇幼保健院所、站 Station of Maternity and Child Care Centers	床位合计(张) Beds Total (unit)	#医院 Hospital
总 计	**Total**	**24948**	**806**	**121**	**114**	**166581**	**133841**
呼和浩特市	Hohhot City	2462	110	12	11	22473	19820
包 头 市	Baotou City	2096	106	12	10	20413	17613
呼伦贝尔市	Hulunbeier City	1919	69	16	15	15321	12624
兴 安 盟	Xingan League	1663	34	7	7	9431	7225
通 辽 市	Tongliao City	4371	84	9	9	20318	15166
赤 峰 市	Chifeng City	4820	103	13	13	33081	25347
锡林郭勒盟	Xilinguole League	1383	44	14	14	6187	5224
乌兰察布市	Wulanchabu City	2104	59	12	12	10140	8208
鄂尔多斯市	Erdos City	1773	96	10	9	12468	10562
巴彦淖尔市	Bayannaoer City	1693	58	8	7	11725	7742
乌 海 市	Wuhai City	323	24	4	4	3522	3088
阿拉善盟	Alashan League	341	19	4	3	1502	1222

19-66 各盟市卫生机构人员(2021年)

Number of Persons Engaged in Health Institutions by Region(2021)

单位：人 (person)

地 区	Region	卫生机构人员 Total	卫生技术人员 Medical Technical Personnel	执业医师、执业助理医师 Doctors	#执业医师 Physician	注册护师、护士 Registered Senior and Junior Nurses
总 计	**Total**	**267937**	**211671**	**84220**	**71969**	**88930**
呼和浩特市	Hohhot City	41098	32162	12477	11281	14549
包 头 市	Baotou City	32709	27167	10361	9358	12553
呼伦贝尔市	Hulunbeier City	28235	22230	8611	7402	9658
兴 安 盟	Xingan League	15365	11951	4692	3800	4815
通 辽 市	Tongliao City	29090	21515	9050	7274	8199
赤 峰 市	Chifeng City	43924	35496	14821	12111	14400
锡林郭勒盟	Xilinguole League	11967	9364	3918	3476	3603
乌兰察布市	Wulanchabu City	16763	12273	4639	3675	4936
鄂尔多斯市	Erdos City	21433	17550	6970	6172	6973
巴彦淖尔市	Bayannaoer City	17394	13862	5629	4704	5870
乌 海 市	Wuhai City	6495	5478	1940	1762	2438
阿拉善盟	Alashan League	3464	2623	1112	954	936

注：本表数据包含村卫生室数。

a)Date in the Table include the Village clinics.

19-67 各盟市医院基本情况(2021年)

Statistics on Hospitals by Region(2021)

单位：个 (unit)

地区	Region	医院 Hospitals	按经济类型分组 by Economic Type		按医院类别分组 by Hospital Category		
			公立医院 Public Hospital	民营医院 Private Hospital	#综合医院 General Hospitals	#中医医院 Hospitals Specialized in Traditional Chinese Medicine	#专科医院 Specialized Hospitals
总计	**Total**	**806**	**329**	**477**	**379**	**140**	**172**
呼和浩特市	Hohhot City	110	46	64	54	22	29
包头市	Baotou City	106	37	69	38	20	31
呼伦贝尔市	Hulunbeier City	69	41	28	37	7	14
兴安盟	Xingan League	34	19	15	17	4	8
通辽市	Tongliao City	84	35	49	33	14	19
赤峰市	Chifeng City	103	35	68	47	22	20
锡林郭勒盟	Xilinguole League	44	29	15	20	4	7
乌兰察布市	Wulanchabu City	59	27	32	35	11	7
鄂尔多斯市	Erdos City	96	24	72	39	24	22
巴彦淖尔市	Bayannaoer City	58	17	41	34	9	8
乌海市	Wuhai City	24	10	14	14	2	6
阿拉善盟	Alashan League	19	9	10	11	1	1

19-68 各盟市交通事故(2021年)

Basic Statistics on Traffic Accidents by Region(2021)

地区	Region	发生数(起) Number of Traffic Accidents (case)	死亡人数(人) Number of Deaths (person)	受伤人数(人) Number of Injuries (person)	直接财产损失(万元) Direct Property Losses (10000yuan)
总计	**Total**	**3581**	**899**	**3529**	**2396.79**
呼和浩特市	Hohhot City	675	110	684	287.25
包头市	Baotou City	717	55	749	68.76
呼伦贝尔市	Hulunbeier City	497	56	510	69.07
兴安盟	Xingan League	73	45	69	72.90
通辽市	Tongliao City	534	124	569	220.82
赤峰市	Chifeng City	224	140	161	89.48
锡林郭勒盟	Xilinguole League	17	5	17	16.17
乌兰察布市	Wulanchabu City	100	48	120	14.88
鄂尔多斯市	Erdos City	217	106	159	115.97
巴彦淖尔市	Bayannaoer City	101	89	63	16.69
乌海市	Wuhai City	79	42	68	31.71
阿拉善盟	Alashan League	131	17	112	45.70
高速公路支队	Expressway Detachment	216	62	248	1347.40

20 旗县区资料

Statistics of Banners, Counties and Districts

资料整理：张文军　曹源源

Arranged By：Zhang Wenjun　Cao Yuanyuan

20-1 各旗县（区）按年末户籍人口排序(2021年)

Banners,Counties and Districts Ranked by Permanent Household Population(Year end of 2021)

单位：人 (person)

位次 Order	旗县（区）名称	Name of Banners,Counties and Districts	年末户籍人口 Household population Year-end
1	通辽市科尔沁区	Keerqin District in Tongliao City	844723
2	赤峰市松山区	Songshan District in Chifeng City	615959
3	赤峰市宁城县	Ningcheng County in Chifeng City	600408
4	赤峰市敖汉旗	Aohan Banner in Chifeng City	595743
5	呼和浩特市赛罕区	Saihan District in Hohhot City	582327
6	包头市昆都仑区	Kundulun District in Baotou City	525334
7	巴彦淖尔市临河区	Linhe District in Bayannaoer City	516578
8	通辽市科尔沁左翼中旗	Keerqinzuoyizhong Banner in Tongliao City	514140
9	赤峰市翁牛特旗	Wengniute Banner in Chifeng City	467878
10	呼和浩特市新城区	Xincheng District in Hohhot City	453279
11	通辽市奈曼旗	Naiman Banner in Tongliao City	444719
12	包头市青山区	Qingshan District in Baotou City	422243
13	包头市东河区	Donghe District in Baotou City	400031
14	呼伦贝尔市扎兰屯市	Zhalantun City in Hulunbeier City	396980
15	通辽市科尔沁左翼后旗	Keerqinzuoyihou Banner in Tongliao City	394732
16	通辽市开鲁县	Kailu County in Tongliao City	387300
17	兴安盟扎赉特旗	Zhalaite Banner in Xingan League	380647
18	鄂尔多斯市达拉特旗	Dalate Banner in Erdos City	371941
19	呼和浩特市土默特左旗	Tumotezuo Banner in Hohhot City	356374
20	包头市土默特右旗	Tumoteyou Banner in Baotou City	349748
21	赤峰市红山区	Hongshan District in Chifeng City	347642
22	赤峰市喀喇沁旗	Kalaqin Banner in Chifeng City	342619
23	赤峰市巴林左旗	Balinzuo Banner in Chifeng City	334992
24	鄂尔多斯市准格尔旗	Zhungeer Banner in Erdos City	334650
25	兴安盟科尔沁右翼前旗	Keerqinyouyiqian Banner in Xingan League	331668
26	巴彦淖尔市乌拉特前旗	Wulateqian Banner in Bayannaoer City	326696
27	乌兰察布市商都县	Shangdu County in Wulanchabu City	322287
28	兴安盟乌兰浩特市	Wulanhaote City in Xingan League	321654
29	呼伦贝尔市阿荣旗	Arong Banner in Hulunbeier City	318133
30	乌兰察布市集宁区	Jining District in Wulanchabu City	317441
31	乌兰察布市兴和县	Xinghe County in Wulanchabu City	311474
32	呼伦贝尔市莫力达瓦达斡尔族自治旗	Molidawadawoer National Autonomous Banner in Hulunbeier City	309919
33	呼伦贝尔市牙克石市	Yakeshi City in Hulunbeier City	308989
34	赤峰市元宝山区	Yuanbaoshan District in Chifeng City	308421

20-1 续表 1 Continued

单位：人 (person)

位 次 Order	旗县（区）名称	Name of Banners,Counties and Districts	年末户籍人口 Household population Year-end
35	通辽市扎鲁特旗	Zhalute Banner in Tongliao City	303808
36	乌兰察布市丰镇市	Fengzhen City in Wulanchabu City	303136
37	兴安盟突泉县	Tuquan County in Xingan League	293534
38	赤峰市阿鲁科尔沁旗	Alukeerqin Banner in Chifeng City	288709
39	呼伦贝尔市海拉尔区	Hailaer District in Hulunbeier City	288617
40	巴彦淖尔市杭锦后旗	Hangjinhou Banner in Bayannaoer City	287212
41	巴彦淖尔市五原县	Wuyuan County in Bayannaoer City	276834
42	鄂尔多斯市东胜区	Dongsheng District in Erdos City	276137
43	乌海市海勃湾区	Haibowan District in Wuhai City	251123
44	兴安盟科尔沁右翼中旗	Keerqinyouyizhong Banner in Xingan League	248996
45	呼和浩特市回民区	Huimin District in Hohhot City	241434
46	赤峰市克什克腾旗	Keshiketeng Banner in Chifeng City	241148
47	呼伦贝尔市鄂伦春自治旗	Elunchun National Autonomous Banner in Hulunbeier City	235331
48	乌兰察布市凉城县	Liangcheng County in Wulanchabu City	227685
49	赤峰市林西县	Linxi County in Chifeng City	221293
50	呼和浩特市玉泉区	Yuquan District in Hohhot City	214554
51	乌兰察布市四子王旗	Siziwang Banner in Wulanchabu City	206629
52	乌兰察布市察哈尔右翼前旗	Chahaeryouyiqian Banner in Wulanchabu City	206417
53	锡林郭勒盟锡林浩特市	Xilinhaote City in Xilinguole League	203512
54	呼和浩特市和林格尔县	Helingeer County in Hohhot City	202812
55	锡林郭勒盟太仆寺旗	Taipusi Banner in Xilinguole League	201593
56	乌兰察布市察哈尔右翼后旗	Chahaeryouyihou Banner in Wulanchabu City	199531
57	呼和浩特市托克托县	Tuoketuo County in Hohhot City	197961
58	包头市固阳县	Guyang County in Baotou City	195373
59	乌兰察布市察哈尔右翼中旗	Chahaeryouyizhong Banner in Wulanchabu City	193054
60	乌兰察布市卓资县	Zhuozi County in Wulanchabu City	192039
61	鄂尔多斯市伊金霍洛旗	Yijinhuoluo Banner in Erdos City	181884
62	包头市九原区	Jiuyuan District in Baotou City	179712
63	赤峰市巴林右旗	Balinyou Banner in Chifeng City	178707
64	通辽市库伦旗	Kulun Banner in Tongliao City	176002
65	呼伦贝尔市满洲里市	Manzhouli City in Hulunbeier City	171843
66	呼和浩特市武川县	Wuchuan County in Hohhot City	164598
67	乌兰察布市化德县	Huade County in Wulanchabu City	157765
68	阿拉善盟阿拉善左旗	Alashanzuo Banner in Alashan League	148280

20-1 续表 2 Continued

单位：人 (person)

位 次 Order	旗县（区）名称	Name of Banners,Counties and Districts	年末户籍人口 Household population Year-end
69	巴彦淖尔市乌拉特中旗	Wulatezhong Banner in Bayannaoer City	142478
70	鄂尔多斯市杭锦旗	Hangjin Banner in Erdos City	142445
71	呼和浩特市清水河县	Qingshuihe County in Hohhot City	137480
72	呼伦贝尔市鄂温克族自治旗	Ewenke National Autonomous Banner in Hulunbeier City	135482
73	呼伦贝尔市根河市	Genhe City in Hulunbeier City	123784
74	鄂尔多斯市乌审旗	Wushen Banner in Erdos City	117749
75	锡林郭勒盟多伦县	Duolun County in Xilinguole League	111547
76	乌海市乌达区	Wuda District in Wuhai City	110319
77	巴彦淖尔市磴口县	Dengkou County in Bayannaoer City	110081
78	包头市达尔罕茂明安联合旗	Daerhanmaomingan Union Banner in Baotou City	108486
79	鄂尔多斯市鄂托克旗	Etuoke Banner in Erdos City	97767
80	锡林郭勒盟正蓝旗	Zhenglan Banner in Xilinguole League	84120
81	通辽市霍林郭勒市	Huolinguole City in Tongliao City	83778
82	呼伦贝尔市满洲里扎赉诺尔区	Zhalainuoer District of Manzhouli City in Hulunbeier City	83044
83	鄂尔多斯市鄂托克前旗	Etuokeqian Banner in Erdos City	81709
84	锡林郭勒盟东乌珠穆沁旗	Dongwuzhumuqin Banner in Xilinguole League	81465
85	锡林郭勒盟西乌珠穆沁旗	xiwuzhumuqin Banner in Xilinguole League	80555
86	呼伦贝尔市额尔古纳市	Eerguna City in Hulunbeier City	77078
87	乌海市海南区	Hainan District in Wuhai City	75017
88	锡林郭勒盟正镶白旗	Zhengxiangbai Banner in Xilinguole League	69303
89	锡林郭勒盟苏尼特右旗	Suniteyou Banner in Xilinguole League	65529
90	巴彦淖尔市乌拉特后旗	Wulatehou Banner in Bayannaoer City	57697
91	呼伦贝尔市陈巴尔虎旗	Chenbaerhu Banner in Hulunbeier City	53338
92	鄂尔多斯市康巴什区	Kangbashi District in Erdos City	48458
93	包头市石拐区	Shiguai District in Baotou City	45185
94	锡林郭勒盟阿巴嘎旗	Abaga Banner in Xilinguole League	42784
95	兴安盟阿尔山市	Aershan City in Xingan League	42406
96	呼伦贝尔市新巴尔虎左旗	Xinbaerhuzuo Banner in Hulunbeier City	41467
97	锡林郭勒盟二连浩特市	Erlianhaote City in Xilinguole League	36679
98	呼伦贝尔市新巴尔虎右旗	Xinbaerhuyou Banner in Hulunbeier City	35090
99	锡林郭勒盟苏尼特左旗	Sunitezuo Banner in Xilinguole League	34023
100	锡林郭勒盟镶黄旗	Xianghuang Banner in Xilinguole League	31042
101	阿拉善盟阿拉善右旗	Alashanyou Banner in Alashan League	25028
102	阿拉善盟额济纳旗	Ejina Banner in Alashan League	19444
103	包头市白云鄂博矿区	Baiyun Mineral District in Baotou City	14645

20-2 各旗县（区）按地区生产总值排序(2021年)

Banners,Counties and Districts Ranked by Gross Domestic Product(2021)

单位：万元 (10 000 yuan)

位 次 Order	旗县（区）名称	Name of Banners,Counties and Districts	地区生产总值 Gross Domestic Product
1	鄂尔多斯市准格尔旗	Zhungeer Banner in Erdos City	10709049
2	包头市昆都仑区	Kundulun District in Baotou City	10028565
3	鄂尔多斯市伊金霍洛旗	Yijinhuoluo Banner in Erdos City	9907720
4	呼和浩特市赛罕区	Saihan District in Hohhot City	8606730
5	鄂尔多斯市东胜区	Dongsheng District in Erdos City	8604274
6	包头市青山区	Qingshan District in Baotou City	6612796
7	呼和浩特市新城区	Xincheng District in Hohhot City	6514519
8	鄂尔多斯市鄂托克旗	Etuoke Banner in Erdos City	5189518
9	鄂尔多斯市达拉特旗	Dalate Banner in Erdos City	4109453
10	鄂尔多斯市乌审旗	Wushen Banner in Erdos City	3982958
11	包头市东河区	Donghe District in Baotou City	3807941
12	赤峰市红山区	Hongshan District in Chifeng City	3421613
13	呼和浩特市玉泉区	Yuquan District in Hohhot City	3409506
14	通辽市科尔沁区	Keerqin District in Tongliao City	3220000
15	乌海市海勃湾区	Haibowan District in Wuhai City	3209493
16	呼和浩特市回民区	Huimin District in Hohhot City	3204618
17	巴彦淖尔市临河区	Linhe District in Bayannaoer City	3200265
18	阿拉善盟阿拉善左旗	Alashanzuo Banner in Alashan League	3038190
19	赤峰市松山区	Songshan District in Chifeng City	2962394
20	锡林郭勒盟锡林浩特市	Xilinhaote City in Xilinguole League	2953354
21	包头市九原区	Jiuyuan District in Baotou City	2930091
22	呼和浩特市和林格尔县	Helingeer County in Hohhot City	2383869
23	乌兰察布市集宁区	Jining District in Wulanchabu City	2379449
24	呼和浩特市土默特左旗	Tumotezuo Banner in Hohhot City	2359156
25	乌海市海南区	Hainan District in Wuhai City	2166367
26	兴安盟乌兰浩特市	Wulanhaote City in Xingan League	2021600
27	鄂尔多斯市鄂托克前旗	Etuokeqian Banner in Erdos City	1985465
28	通辽市霍林郭勒市	Huolinguole City in Tongliao City	1975900
29	呼伦贝尔市海拉尔区	Hailaer District in Hulunbeier City	1956471
30	赤峰市元宝山区	Yuanbaoshan District in Chifeng City	1933385
31	包头市土默特右旗	Tumoteyou Banner in Baotou City	1906933
32	乌海市乌达区	Wuda District in Wuhai City	1810733
33	呼伦贝尔市扎兰屯市	Zhalantun City in Hulunbeier City	1793076
34	赤峰市宁城县	Ningcheng County in Chifeng City	1758974

20-2 续表 1 Continued

单位：万元 (10 000 yuan)

位 次 Order	旗县（区）名称	Name of Banners,Counties and Districts	地区生产总值 Gross Domestic Product
35	锡林郭勒盟西乌珠穆沁旗	xiwuzhumuqin Banner in Xilinguole League	1754547
36	呼和浩特市托克托县	Tuoketuo County in Hohhot City	1701846
37	巴彦淖尔市乌拉特前旗	Wulateqian Banner in Bayannaoer City	1642833
38	赤峰市敖汉旗	Aohan Banner in Chifeng City	1631663
39	呼伦贝尔市满洲里市	Manzhouli City in Hulunbeier City	1579403
40	赤峰市翁牛特旗	Wengniute Banner in Chifeng City	1532918
41	通辽市扎鲁特旗	Zhalute Banner in Tongliao City	1517900
42	赤峰市克什克腾旗	Keshiketeng Banner in Chifeng City	1501936
43	呼伦贝尔市鄂温克族自治旗	Ewenke National Autonomous Banner in Hulunbeier City	1482757
44	鄂尔多斯市杭锦旗	Hangjin Banner in Erdos City	1462995
45	赤峰市巴林左旗	Balinzuo Banner in Chifeng City	1428803
46	通辽市开鲁县	Kailu County in Tongliao City	1414500
47	通辽市科尔沁左翼中旗	Keerqinzuoyizhong Banner in Tongliao City	1377300
48	通辽市奈曼旗	Naiman Banner in Tongliao City	1342500
49	通辽市科尔沁左翼后旗	Keerqinzuoyihou Banner in Tongliao City	1270600
50	巴彦淖尔市杭锦后旗	Hangjinhou Banner in Bayannaoer City	1254772
51	鄂尔多斯市康巴什区	Kangbashi District in Erdos City	1205586
52	兴安盟科尔沁右翼前旗	Keerqinyouyiqian Banner in Xingan League	1142240
53	巴彦淖尔市五原县	Wuyuan County in Bayannaoer City	1137008
54	锡林郭勒盟东乌珠穆沁旗	Dongwuzhumuqin Banner in Xilinguole League	1126221
55	呼伦贝尔市陈巴尔虎旗	Chenbaerhu Banner in Hulunbeier City	1114183
56	兴安盟扎赉特旗	Zhalaite Banner in Xingan League	1106143
57	呼伦贝尔市牙克石市	Yakeshi City in Hulunbeier City	1086060
58	包头市达尔罕茂明安联合旗	Daerhanmaomingan Union Banner in Baotou City	1076656
59	呼伦贝尔市阿荣旗	Arong Banner in Hulunbeier City	1030028
60	巴彦淖尔市乌拉特中旗	Wulatezhong Banner in Bayannaoer City	1029220
61	赤峰市阿鲁科尔沁旗	Alukeerqin Banner in Chifeng City	996606
62	赤峰市喀喇沁旗	Kalaqin Banner in Chifeng City	993602
63	乌兰察布市丰镇市	Fengzhen City in Wulanchabu City	954596
64	呼伦贝尔市莫力达瓦达斡尔族自治旗	Molidawadawoer National Autonomous Banner in Hulunbeier City	932604
65	巴彦淖尔市乌拉特后旗	Wulatehou Banner in Bayannaoer City	931145
66	赤峰市林西县	Linxi County in Chifeng City	899545
67	乌兰察布市察哈尔右翼前旗	Chahaeryouyiqian Banner in Wulanchabu City	839330
68	兴安盟突泉县	Tuquan County in Xingan League	817048

20-2 续表 2 Continued

单位：万元 (10 000 yuan)

位次 Order	旗县（区）名称	Name of Banners,Counties and Districts	地区生产总值 Gross Domestic Product
69	呼伦贝尔市新巴尔虎右旗	Xinbaerhuyou Banner in Hulunbeier City	771446
70	包头市固阳县	Guyang County in Baotou City	767216
71	乌兰察布市察哈尔右翼后旗	Chahaeryouyihou Banner in Wulanchabu City	757036
72	呼伦贝尔市鄂伦春自治旗	Elunchun National Autonomous Banner in Hulunbeier City	750883
73	锡林郭勒盟二连浩特市	Erlianhaote City in Xilinguole League	745681
74	兴安盟科尔沁右翼中旗	Keerqinyouyizhong Banner in Xingan League	725290
75	呼和浩特市清水河县	Qingshuihe County in Hohhot City	693305
76	包头市石拐区	Shiguai District in Baotou City	692672
77	赤峰市巴林右旗	Balinyou Banner in Chifeng City	653627
78	乌兰察布市商都县	Shangdu County in Wulanchabu City	648328
79	乌兰察布市四子王旗	Siziwang Banner in Wulanchabu City	639024
80	乌兰察布市兴和县	Xinghe County in Wulanchabu City	635444
81	乌兰察布市卓资县	Zhuozi County in Wulanchabu City	629913
82	巴彦淖尔市磴口县	Dengkou County in Bayannaoer City	626251
83	锡林郭勒盟正蓝旗	Zhenglan Banner in Xilinguole League	623655
84	呼伦贝尔市满洲里扎赉诺尔区	Zhalainuoer District of Manzhouli City in Hulunbeier City	596346
85	乌兰察布市察哈尔右翼中旗	Chahaeryouyizhong Banner in Wulanchabu City	559986
86	通辽市库伦旗	Kulun Banner in Tongliao City	555900
87	呼和浩特市武川县	Wuchuan County in Hohhot City	552689
88	锡林郭勒盟多伦县	Duolun County in Xilinguole League	544322
89	锡林郭勒盟太仆寺旗	Taipusi Banner in Xilinguole League	526720
90	乌兰察布市化德县	Huade County in Wulanchabu City	500946
91	乌兰察布市凉城县	Liangcheng County in Wulanchabu City	492024
92	锡林郭勒盟阿巴嘎旗	Abaga Banner in Xilinguole League	433056
93	锡林郭勒盟苏尼特右旗	Suniteyou Banner in Xilinguole League	432222
94	呼伦贝尔市额尔古纳市	Eerguna City in Hulunbeier City	431833
95	包头市白云鄂博矿区	Baiyun Mineral District in Baotou City	398904
96	锡林郭勒盟苏尼特左旗	Sunitezuo Banner in Xilinguole League	393263
97	阿拉善盟额济纳旗	Ejina Banner in Alashan League	375978
98	锡林郭勒盟正镶白旗	Zhengxiangbai Banner in Xilinguole League	364882
99	呼伦贝尔市根河市	Genhe City in Hulunbeier City	349208
100	呼伦贝尔市新巴尔虎左旗	Xinbaerhuzuo Banner in Hulunbeier City	270115
101	锡林郭勒盟镶黄旗	Xianghuang Banner in Xilinguole League	249356
102	阿拉善盟阿拉善右旗	Alashanyou Banner in Alashan League	221698
103	兴安盟阿尔山市	Aershan City in Xingan League	205621

20-3 各旗县（区）按粮食产量排序(2021年)

Banners,Counties and Districts Ranked by Output of Grain(2021)

单位：吨 (ton)

位次 Order	旗县（区）名称	Name of Banners,Counties and Districts	粮食产量 Output of Grain
1	兴安盟扎赉特旗	Zhalaite Banner in Xingan League	2314982
2	通辽市科尔沁左翼中旗	Keerqinzuoyizhong Banner in Tongliao City	2278457
3	呼伦贝尔市莫力达瓦达斡尔族自治旗	Molidawadawoer National Autonomous Banner in Hulunbeier City	1918096
4	呼伦贝尔市阿荣旗	Arong Banner in Hulunbeier City	1693850
5	兴安盟科尔沁右翼前旗	Keerqinyouyiqian Banner in Xingan League	1565391
6	呼伦贝尔市扎兰屯市	Zhalantun City in Hulunbeier City	1416186
7	通辽市科尔沁区	Keerqin District in Tongliao City	1395190
8	通辽市科尔沁左翼后旗	Keerqinzuoyihou Banner in Tongliao City	1368754
9	通辽市开鲁县	Kailu County in Tongliao City	1320458
10	通辽市奈曼旗	Naiman Banner in Tongliao City	1220757
11	兴安盟突泉县	Tuquan County in Xingan League	1204564
12	兴安盟科尔沁右翼中旗	Keerqinyouyizhong Banner in Xingan League	1202230
13	赤峰市敖汉旗	Aohan Banner in Chifeng City	1010155
14	赤峰市翁牛特旗	Wengniute Banner in Chifeng City	875825
15	赤峰市宁城县	Ningcheng County in Chifeng City	839419
16	包头市土默特右旗	Tumoteyou Banner in Baotou City	818900
17	赤峰市松山区	Songshan District in Chifeng City	817282
18	鄂尔多斯市达拉特旗	Dalate Banner in Erdos City	800227
19	通辽市扎鲁特旗	Zhalute Banner in Tongliao City	740550
20	赤峰市阿鲁科尔沁旗	Alukeerqin Banner in Chifeng City	683323
21	呼和浩特市土默特左旗	Tumotezuo Banner in Hohhot City	672040
22	呼伦贝尔市鄂伦春自治旗	Elunchun National Autonomous Banner in Hulunbeier City	657001
23	巴彦淖尔市临河区	Linhe District in Bayannaoer City	639575
24	通辽市库伦旗	Kulun Banner in Tongliao City	638510
25	赤峰市巴林左旗	Balinzuo Banner in Chifeng City	584454
26	巴彦淖尔市乌拉特前旗	Wulateqian Banner in Bayannaoer City	568496
27	呼伦贝尔市牙克石市	Yakeshi City in Hulunbeier City	548604
28	巴彦淖尔市杭锦后旗	Hangjinhou Banner in Bayannaoer City	487391
29	巴彦淖尔市五原县	Wuyuan County in Bayannaoer City	454414
30	鄂尔多斯市杭锦旗	Hangjin Banner in Erdos City	370103
31	呼和浩特市托克托县	Tuoketuo County in Hohhot City	362224
32	赤峰市巴林右旗	Balinyou Banner in Chifeng City	346579
33	呼和浩特市和林格尔县	Helingeer County in Hohhot City	331295
34	兴安盟乌兰浩特市	Wulanhaote City in Xingan League	329507

20-3 续表 1 Continued

单位：吨　(ton)

位次 Order	旗县（区）名称	Name of Banners,Counties and Districts	粮食产量 Output of Grain
35	赤峰市喀喇沁旗	Kalaqin Banner in Chifeng City	323482
36	巴彦淖尔市乌拉特中旗	Wulatezhong Banner in Bayannaoer City	315171
37	呼伦贝尔市额尔古纳市	Eerguna City in Hulunbeier City	301975
38	赤峰市林西县	Linxi County in Chifeng City	277736
39	巴彦淖尔市磴口县	Dengkou County in Bayannaoer City	260031
40	赤峰市克什克腾旗	Keshiketeng Banner in Chifeng City	250764
41	鄂尔多斯市乌审旗	Wushen Banner in Erdos City	240836
42	鄂尔多斯市准格尔旗	Zhungeer Banner in Erdos City	227830
43	锡林郭勒盟太仆寺旗	Taipusi Banner in Xilinguole League	214262
44	乌兰察布市四子王旗	Siziwang Banner in Wulanchabu City	213564
45	乌兰察布市凉城县	Liangcheng County in Wulanchabu City	211190
46	赤峰市元宝山区	Yuanbaoshan District in Chifeng City	192842
47	呼和浩特市武川县	Wuchuan County in Hohhot City	177020
48	呼伦贝尔市陈巴尔虎旗	Chenbaerhu Banner in Hulunbeier City	150233
49	呼和浩特市赛罕区	Saihan District in Hohhot City	131903
50	阿拉善盟阿拉善左旗	Alashanzuo Banner in Alashan League	129886
51	鄂尔多斯市鄂托克旗	Etuoke Banner in Erdos City	128564
52	乌兰察布市丰镇市	Fengzhen City in Wulanchabu City	126339
53	乌兰察布市察哈尔右翼中旗	Chahaeryouyizhong Banner in Wulanchabu City	125352
54	乌兰察布市察哈尔右翼后旗	Chahaeryouyihou Banner in Wulanchabu City	122393
55	乌兰察布市兴和县	Xinghe County in Wulanchabu City	120165
56	鄂尔多斯市鄂托克前旗	Etuokeqian Banner in Erdos City	118269
57	乌兰察布市商都县	Shangdu County in Wulanchabu City	117094
58	包头市固阳县	Guyang County in Baotou City	116936
59	锡林郭勒盟多伦县	Duolun County in Xilinguole League	111091
60	乌兰察布市察哈尔右翼前旗	Chahaeryouyiqian Banner in Wulanchabu City	106914
61	鄂尔多斯市伊金霍洛旗	Yijinhuoluo Banner in Erdos City	106246
62	包头市达尔罕茂明安联合旗	Daerhanmaomingan Union Banner in Baotou City	88254
63	巴彦淖尔市乌拉特后旗	Wulatehou Banner in Bayannaoer City	85468
64	呼伦贝尔市海拉尔区	Hailaer District in Hulunbeier City	81545
65	锡林郭勒盟东乌珠穆沁旗	Dongwuzhumuqin Banner in Xilinguole League	81089
66	包头市九原区	Jiuyuan District in Baotou City	67575
67	乌兰察布市化德县	Huade County in Wulanchabu City	61347
68	乌兰察布市卓资县	Zhuozi County in Wulanchabu City	53200

20-3 续表 2 Continued

单位：吨 (ton)

位 次 Order	旗县（区）名称	Name of Banners,Counties and Districts	粮食产量 Output of Grain
69	呼和浩特市清水河县	Qingshuihe County in Hohhot City	52222
70	呼伦贝尔市新巴尔虎左旗	Xinbaerhuzuo Banner in Hulunbeier City	50818
71	赤峰市红山区	Hongshan District in Chifeng City	45824
72	兴安盟阿尔山市	Aershan City in Xingan League	42114
73	呼和浩特市玉泉区	Yuquan District in Hohhot City	39918
74	包头市东河区	Donghe District in Baotou City	39781
75	锡林郭勒盟锡林浩特市	Xilinhaote City in Xilinguole League	34966
76	呼伦贝尔市鄂温克族自治旗	Ewenke National Autonomous Banner in Hulunbeier City	28590
77	锡林郭勒盟正蓝旗	Zhenglan Banner in Xilinguole League	27169
78	乌海市海南区	Hainan District in Wuhai City	23873
79	通辽市霍林郭勒市	Huolinguole City in Tongliao City	20490
80	鄂尔多斯市东胜区	Dongsheng District in Erdos City	18058
81	乌兰察布市集宁区	Jining District in Wulanchabu City	11105
82	包头市石拐区	Shiguai District in Baotou City	8971
83	包头市昆都仑区	Kundulun District in Baotou City	8034
84	乌海市海勃湾区	Haibowan District in Wuhai City	7599
85	锡林郭勒盟正镶白旗	Zhengxiangbai Banner in Xilinguole League	6742
86	阿拉善盟阿拉善右旗	Alashanyou Banner in Alashan League	4141
87	乌海市乌达区	Wuda District in Wuhai City	3791
88	呼伦贝尔市满洲里市	Manzhouli City in Hulunbeier City	3228
89	呼伦贝尔市根河市	Genhe City in Hulunbeier City	3079
90	阿拉善盟额济纳旗	Ejina Banner in Alashan League	2099
91	呼伦贝尔市新巴尔虎右旗	Xinbaerhuyou Banner in Hulunbeier City	1778
92	包头市青山区	Qingshan District in Baotou City	1320
93	呼和浩特市新城区	Xincheng District in Hohhot City	783
94	呼和浩特市回民区	Huimin District in Hohhot City	654
95	锡林郭勒盟苏尼特右旗	Suniteyou Banner in Xilinguole League	324
96	锡林郭勒盟镶黄旗	Xianghuang Banner in Xilinguole League	302
97	呼伦贝尔市满洲里扎赉诺尔区	Zhalainuoer District of Manzhouli City in Hulunbeier City	
98	包头市白云鄂博矿区	Baiyun Mineral District in Baotou City	
99	锡林郭勒盟二连浩特市	Erlianhaote City in Xilinguole League	
100	锡林郭勒盟阿巴嘎旗	Abaga Banner in Xilinguole League	
101	锡林郭勒盟苏尼特左旗	Sunitezuo Banner in Xilinguole League	
102	锡林郭勒盟西乌珠穆沁旗	xiwuzhumuqin Banner in Xilinguole League	
103	鄂尔多斯市康巴什区	Kangbashi District in Erdos City	

20-4 各旗县（区）按一般公共预算收入排序(2021年)

Banners,Counties and Districts Ranked by General Public Budget Revenue(2021)

单位：万元 (10 000 yuan)

位次 Order	旗县（区）名称	Name of Banners,Counties and Districts	一般公共预算收入 General Public Budget Revenue
1	鄂尔多斯市准格尔旗	Zhungeer Banner in Erdos City	880223
2	鄂尔多斯市伊金霍洛旗	Yijinhuoluo Banner in Erdos City	805162
3	鄂尔多斯市东胜区	Dongsheng District in Erdos City	609225
4	呼和浩特市赛罕区	Saihan District in Hohhot City	427618
5	呼和浩特市新城区	Xincheng District in Hohhot City	388692
6	鄂尔多斯市乌审旗	Wushen Banner in Erdos City	344035
7	鄂尔多斯市鄂托克旗	Etuoke Banner in Erdos City	321638
8	包头市昆都仑区	Kundulun District in Baotou City	307088
9	赤峰市红山区	Hongshan District in Chifeng City	300316
10	乌海市海勃湾区	Haibowan District in Wuhai City	285696
11	鄂尔多斯市达拉特旗	Dalate Banner in Erdos City	271344
12	锡林郭勒盟锡林浩特市	Xilinhaote City in Xilinguole League	258070
13	赤峰市松山区	Songshan District in Chifeng City	232802
14	呼和浩特市玉泉区	Yuquan District in Hohhot City	208126
15	锡林郭勒盟西乌珠穆沁旗	Xiwuzhumuqin Banner in Xilinguole League	207426
16	包头市青山区	Qingshan District in Baotou City	200686
17	呼和浩特市土默特左旗	Tumotezuo Banner in Hohhot City	190300
18	通辽市科尔沁区	Keerqin District in Tongliao City	171690
19	通辽市霍林郭勒市	Huolinguole City in Tongliao City	167092
20	包头市九原区	Jiuyuan District in Baotou City	161967
21	巴彦淖尔市临河区	Linhe District in Bayannaoer City	156569
22	乌海市海南区	Hainan District in Wuhai City	153784
23	阿拉善盟阿拉善左旗	Alashanzuo Banner in Alashan League	150399
24	锡林郭勒盟东乌珠穆沁旗	Dongwuzhumuqin Banner in Xilinguole League	148651
25	赤峰市元宝山区	Yuanbaoshan District in Chifeng City	146613
26	呼和浩特市和林格尔县	Helingeer County in Hohhot City	145872
27	呼伦贝尔市满洲里市	Manzhouli City in Hulunbeier City	140027
28	呼和浩特市回民区	Huimin District in Hohhot City	129259
29	乌海市乌达区	Wuda District in Wuhai City	125731
30	呼伦贝尔市海拉尔区	Hailaer District in Hulunbeier City	123261
31	鄂尔多斯市鄂托克前旗	Etuokeqian Banner in Erdos City	123020
32	乌兰察布市集宁区	Jining District in Wulanchabu City	120159
33	包头市东河区	Donghe District in Baotou City	113039
34	兴安盟乌兰浩特市	Wulanhaote City in Xingan League	110193

20-4 续表 1 Continued

单位：万元 (10 000 yuan)

位 次 Order	旗县（区）名称	Name of Banners,Counties and Districts	一般公共预算收入 General Public Budget Revenue
35	巴彦淖尔市乌拉特后旗	Wulatehou Banner in Bayannaoer City	100021
36	鄂尔多斯市康巴什区	Kangbashi District in Erdos City	95133
37	巴彦淖尔市乌拉特前旗	Wulateqian Banner in Bayannaoer City	84447
38	呼和浩特市托克托县	Tuoketuo County in Hohhot City	80746
39	包头市土默特右旗	Tumoteyou Banner in Baotou City	80737
40	通辽市扎鲁特旗	Zhalute Banner in Tongliao City	80582
41	呼伦贝尔市鄂温克族自治旗	Ewenke National Autonomous Banner in Hulunbeier City	78880
42	包头市达尔罕茂明安联合旗	Daerhanmaomingan Union Banner in Baotou City	77178
43	巴彦淖尔市乌拉特中旗	Wulatezhong Banner in Bayannaoer City	75016
44	鄂尔多斯市杭锦旗	Hangjin Banner in Erdos City	74620
45	包头市固阳县	Guyang County in Baotou City	68592
46	赤峰市克什克腾旗	Keshiketeng Banner in Chifeng City	67491
47	赤峰市宁城县	Ningcheng County in Chifeng City	65109
48	呼伦贝尔市陈巴尔虎旗	Chenbaerhu Banner in Hulunbeier City	64741
49	呼和浩特市清水河县	Qingshuihe County in Hohhot City	64515
50	赤峰市喀喇沁旗	Kalaqin Banner in Chifeng City	64337
51	赤峰市巴林右旗	Balinyou Banner in Chifeng City	61118
52	乌兰察布市察哈尔右翼前旗	Chahaeryouyiqian Banner in Wulanchabu City	60983
53	兴安盟科尔沁右翼前旗	Keerqinyouyiqian Banner in Xingan League	53730
54	呼伦贝尔市扎兰屯市	Zhalantun City in Hulunbeier City	53596
55	乌兰察布市丰镇市	Fengzhen City in Wulanchabu City	49643
56	兴安盟扎赉特旗	Zhalaite Banner in Xingan League	47405
57	赤峰市翁牛特旗	Wengniute Banner in Chifeng City	46654
58	赤峰市巴林左旗	Balinzuo Banner in Chifeng City	45814
59	通辽市奈曼旗	Naiman Banner in Tongliao City	45704
60	呼伦贝尔市新巴尔虎右旗	Xinbaerhuyou Banner in Hulunbeier City	45368
61	赤峰市敖汉旗	Aohan Banner in Chifeng City	43969
62	赤峰市林西县	Linxi County in Chifeng City	43399
63	呼伦贝尔市满洲里扎赉诺尔区	Zhalainuoer District of Manzhouli City in Hulunbeier City	42946
64	赤峰市阿鲁科尔沁旗	Alukeerqin Banner in Chifeng City	36851
65	包头市石拐区	Shiguai District in Baotou City	36060
66	锡林郭勒盟二连浩特市	Erlianhaote City in Xilinguole League	36009
67	兴安盟突泉县	Tuquan County in Xingan League	35215
68	通辽市科尔沁左翼中旗	Keerqinzuoyizhong Banner in Tongliao City	35200

20-4 续表 2 Continued

单位：万元 (10 000 yuan)

位 次 Order	旗县（区）名称	Name of Banners,Counties and Districts	一般公共预算收入 General Public Budget Revenue
69	呼伦贝尔市阿荣旗	Arong Banner in Hulunbeier City	32269
70	巴彦淖尔市五原县	Wuyuan County in Bayannaoer City	31761
71	包头市白云鄂博矿区	Baiyun Mineral District in Baotou City	31591
72	通辽市开鲁县	Kailu County in Tongliao City	31349
73	兴安盟科尔沁右翼中旗	Keerqinyouyizhong Banner in Xingan League	31120
74	锡林郭勒盟阿巴嘎旗	Abaga Banner in Xilinguole League	29731
75	锡林郭勒盟多伦县	Duolun County in Xilinguole League	29078
76	呼伦贝尔市牙克石市	Yakeshi City in Hulunbeier City	28610
77	乌兰察布市察哈尔右翼后旗	Chahaeryouyihou Banner in Wulanchabu City	28580
78	通辽市科尔沁左翼后旗	Keerqinzuoyihou Banner in Tongliao City	28325
79	巴彦淖尔市杭锦后旗	Hangjinhou Banner in Bayannaoer City	28076
80	呼和浩特市武川县	Wuchuan County in Hohhot City	26634
81	锡林郭勒盟苏尼特左旗	Sunitezuo Banner in Xilinguole League	26400
82	巴彦淖尔市磴口县	Dengkou County in Bayannaoer City	25506
83	锡林郭勒盟正蓝旗	Zhenglan Banner in Xilinguole League	25260
84	锡林郭勒盟苏尼特右旗	Suniteyou Banner in Xilinguole League	24961
85	乌兰察布市商都县	Shangdu County in Wulanchabu City	24052
86	锡林郭勒盟太仆寺旗	Taipusi Banner in Xilinguole League	22044
87	乌兰察布市四子王旗	Siziwang Banner in Wulanchabu City	21478
88	乌兰察布市凉城县	Liangcheng County in Wulanchabu City	20106
89	乌兰察布市卓资县	Zhuozi County in Wulanchabu City	19788
90	呼伦贝尔市莫力达瓦达斡尔族自治旗	Molidawadawoer National Autonomous Banner in Hulunbeier City	19288
91	阿拉善盟额济纳旗	Ejina Banner in Alashan League	18811
92	乌兰察布市化德县	Huade County in Wulanchabu City	17962
93	呼伦贝尔市额尔古纳市	Eerguna City in Hulunbeier City	17632
94	乌兰察布市兴和县	Xinghe County in Wulanchabu City	16837
95	锡林郭勒盟镶黄旗	Xianghuang Banner in Xilinguole League	16578
96	呼伦贝尔市鄂伦春自治旗	Elunchun National Autonomous Banner in Hulunbeier City	15019
97	锡林郭勒盟正镶白旗	Zhengxiangbai Banner in Xilinguole League	14738
98	通辽市库伦旗	Kulun Banner in Tongliao City	13379
99	乌兰察布市察哈尔右翼中旗	Chahaeryouyizhong Banner in Wulanchabu City	13048
100	阿拉善盟阿拉善右旗	Alashanyou Banner in Alashan League	12648
101	呼伦贝尔市新巴尔虎左旗	Xinbaerhuzuo Banner in Hulunbeier City	12084
102	兴安盟阿尔山市	Aershan City in Xingan League	8952
103	呼伦贝尔市根河市	Genhe City in Hulunbeier City	8695

20-5 各旗县(区)按城镇常住居民人均可支配收入排序(2021年)

Banners, Counties and Districts Ranked by Average Wage of Employed Persons in Urban Non-Private Units(2021)

单位：元 (yuan)

位 次 Order	旗县（区）名称	Name of Banners,Counties and Districts	城镇常住居民人均可支配收入 The per capita disposable income of urban permanen residents
1	包头市昆都仑区	Kundulun District in Baotou City	57929
2	包头市青山区	Qingshan District in Baotou City	57874
3	包头市白云鄂博矿区	Baiyun Mineral District in Baotou City	57629
4	呼和浩特市赛罕区	Saihan District in Hohhot City	57473
5	包头市九原区	Jiuyuan District in Baotou City	56601
6	鄂尔多斯市东胜区	Dongsheng District in Erdos City	55863
7	鄂尔多斯市康巴什区	Kangbashi District in Erdos City	55698
8	鄂尔多斯市伊金霍洛旗	Yijinhuoluo Banner in Erdos City	55677
9	鄂尔多斯市准格尔旗	Zhungeer Banner in Erdos City	54925
10	鄂尔多斯市鄂托克旗	Etuoke Banner in Erdos City	52719
11	呼和浩特市玉泉区	Yuquan District in Hohhot City	51838
12	鄂尔多斯市鄂托克前旗	Etuokeqian Banner in Erdos City	51549
13	鄂尔多斯市乌审旗	Wushen Banner in Erdos City	51284
14	乌海市海勃湾区	Haibowan District in Wuhai City	50029
15	通辽市霍林郭勒市	Huolinguole City in Tongliao City	49757
16	锡林郭勒盟二连浩特市	Erlianhaote City in Xilinguole League	49603
17	包头市东河区	Donghe District in Baotou City	49575
18	锡林郭勒盟锡林浩特市	Xilinhaote City in Xilinguole League	49101
19	鄂尔多斯市达拉特旗	Dalate Banner in Erdos City	48280
20	鄂尔多斯市杭锦旗	Hangjin Banner in Erdos City	48267
21	阿拉善盟阿拉善右旗	Alashanyou Banner in Alashan League	48143
22	阿拉善盟额济纳旗	Ejina Banner in Alashan League	48120
23	包头市石拐区	Shiguai District in Baotou City	47773
24	乌海市乌达区	Wuda District in Wuhai City	47019
25	阿拉善盟阿拉善左旗	Alashanzuo Banner in Alashan League	46950
26	乌海市海南区	Hainan District in Wuhai City	46809
27	包头市达尔罕茂明安联合旗	Daerhanmaomingan Union Banner in Baotou City	46552
28	锡林郭勒盟西乌珠穆沁旗	xiwuzhumuqin Banner in Xilinguole League	45760
29	锡林郭勒盟东乌珠穆沁旗	Dongwuzhumuqin Banner in Xilinguole League	45228
30	锡林郭勒盟苏尼特左旗	Sunitezuo Banner in Xilinguole League	44842
31	锡林郭勒盟镶黄旗	Xianghuang Banner in Xilinguole League	44786
32	呼伦贝尔市海拉尔区	Hailaer District in Hulunbeier City	44278
33	锡林郭勒盟阿巴嘎旗	Abaga Banner in Xilinguole League	43806
34	呼和浩特市托克托县	Tuoketuo County in Hohhot City	42779

20-5 续表 1 Continued

单位：元 (yuan)

位 次 Order	旗县（区）名称	Name of Banners,Counties and Districts	城镇常住居民人均可支配收入 The per capita disposable income of urban permanent residents
35	锡林郭勒盟苏尼特右旗	Suniteyou Banner in Xilinguole League	42768
36	锡林郭勒盟正蓝旗	Zhenglan Banner in Xilinguole League	42668
37	呼伦贝尔市满洲里市	Manzhouli City in Hulunbeier City	42597
38	包头市土默特右旗	Tumoteyou Banner in Baotou City	42581
39	呼和浩特市和林格尔县	Helingeer County in Hohhot City	42114
40	赤峰市红山区	Hongshan District in Chifeng City	41890
41	锡林郭勒盟正镶白旗	Zhengxiangbai Banner in Xilinguole League	41507
42	赤峰市元宝山区	Yuanbaoshan District in Chifeng City	41267
43	锡林郭勒盟多伦县	Duolun County in Xilinguole League	40694
44	呼和浩特市土默特左旗	Tumotezuo Banner in Hohhot City	40463
45	锡林郭勒盟太仆寺旗	Taipusi Banner in Xilinguole League	40083
46	呼伦贝尔市扎兰屯市	Zhalantun City in Hulunbeier City	39979
47	通辽市科尔沁区	Keerqin District in Tongliao City	39731
48	赤峰市松山区	Songshan District in Chifeng City	39728
49	呼伦贝尔市满洲里扎赉诺尔区	Zhalainuoer District of Manzhouli City in Hulunbeier City	39673
50	呼伦贝尔市牙克石市	Yakeshi City in Hulunbeier City	37934
51	乌兰察布市集宁区	Jining District in Wulanchabu City	37919
52	巴彦淖尔市临河区	Linhe District in Bayannaoer City	37694
53	兴安盟乌兰浩特市	Wulanhaote City in Xingan League	37234
54	呼伦贝尔市陈巴尔虎旗	Chenbaerhu Banner in Hulunbeier City	37140
55	巴彦淖尔市乌拉特中旗	Wulatezhong Banner in Bayannaoer City	37050
56	包头市固阳县	Guyang County in Baotou City	36882
57	巴彦淖尔市乌拉特后旗	Wulatehou Banner in Bayannaoer City	36837
58	赤峰市宁城县	Ningcheng County in Chifeng City	36549
59	呼伦贝尔市阿荣旗	Arong Banner in Hulunbeier City	36299
60	巴彦淖尔市杭锦后旗	Hangjinhou Banner in Bayannaoer City	36173
61	巴彦淖尔市五原县	Wuyuan County in Bayannaoer City	35786
62	呼伦贝尔市鄂温克族自治旗	Ewenke National Autonomous Banner in Hulunbeier City	35740
63	巴彦淖尔市磴口县	Dengkou County in Bayannaoer City	35347
64	乌兰察布市化德县	Huade County in Wulanchabu City	35141
65	呼伦贝尔市新巴尔虎右旗	Xinbaerhuyou Banner in Hulunbeier City	35096
66	巴彦淖尔市乌拉特前旗	Wulateqian Banner in Bayannaoer City	34959
67	乌兰察布市察哈尔右翼后旗	Chahaeryouyihou Banner in Wulanchabu City	34730
68	通辽市开鲁县	Kailu County in Tongliao City	34708

20-5 续表 2 Continued

单位：元 (yuan)

位 次 Order	旗县（区）名称	Name of Banners,Counties and Districts	城镇常住居民人均可支配收入 The per capita disposable income of urban permanent residents
69	乌兰察布市卓资县	Zhuozi County in Wulanchabu City	34594
70	乌兰察布市丰镇市	Fengzhen City in Wulanchabu City	34186
71	乌兰察布市察哈尔右翼前旗	Chahaeryouyiqian Banner in Wulanchabu City	34163
72	呼伦贝尔市额尔古纳市	Eerguna City in Hulunbeier City	34143
73	通辽市扎鲁特旗	Zhalute Banner in Tongliao City	33953
74	乌兰察布市凉城县	Liangcheng County in Wulanchabu City	33806
75	乌兰察布市商都县	Shangdu County in Wulanchabu City	33683
76	赤峰市巴林左旗	Balinzuo Banner in Chifeng City	33613
76	赤峰市敖汉旗	Aohan Banner in Chifeng City	33613
78	乌兰察布市四子王旗	Siziwang Banner in Wulanchabu City	33577
79	乌兰察布市察哈尔右翼中旗	Chahaeryouyizhong Banner in Wulanchabu City	33548
80	兴安盟阿尔山市	Aershan City in Xingan League	33435
81	赤峰市林西县	Linxi County in Chifeng City	33432
82	赤峰市克什克腾旗	Keshiketeng Banner in Chifeng City	33348
83	赤峰市喀喇沁旗	Kalaqin Banner in Chifeng City	33208
84	乌兰察布市兴和县	Xinghe County in Wulanchabu City	32775
85	赤峰市翁牛特旗	Wengniute Banner in Chifeng City	32674
86	兴安盟扎赉特旗	Zhalaite Banner in Xingan League	32487
87	兴安盟科尔沁右翼前旗	Keerqinyouyiqian Banner in Xingan League	32362
88	呼和浩特市清水河县	Qingshuihe County in Hohhot City	32127
89	通辽市科尔沁左翼后旗	Keerqinzuoyihou Banner in Tongliao City	32032
90	通辽市奈曼旗	Naiman Banner in Tongliao City	31901
91	赤峰市巴林右旗	Balinyou Banner in Chifeng City	31879
92	兴安盟突泉县	Tuquan County in Xingan League	31800
93	通辽市科尔沁左翼中旗	Keerqinzuoyizhong Banner in Tongliao City	31761
94	呼伦贝尔市新巴尔虎左旗	Xinbaerhuzuo Banner in Hulunbeier City	31058
95	赤峰市阿鲁科尔沁旗	Alukeerqin Banner in Chifeng City	31044
96	呼伦贝尔市根河市	Genhe City in Hulunbeier City	30963
97	通辽市库伦旗	Kulun Banner in Tongliao City	30799
98	兴安盟科尔沁右翼中旗	Keerqinyouyizhong Banner in Xingan League	30742
99	呼和浩特市武川县	Wuchuan County in Hohhot City	30691
100	呼伦贝尔市鄂伦春自治旗	Elunchun National Autonomous Banner in Hulunbeier City	30100
101	呼伦贝尔市莫力达瓦达斡尔族自治旗	Molidawadawoer National Autonomous Banner in Hulunbeier City	27657
102	呼和浩特市新城区	Xincheng District in Hohhot City	
103	呼和浩特市回民区	Huimin District in Hohhot City	

20-6 各旗县(区)按农村牧区常住居民人均可支配收入排序(2021年)

Banners, Counties and Districts Ranked by The Per Capita Disposable Income of Permanent Residents of Rural and Pastoral Areas(2021)

单位：元 (yuan)

位 次 Order	旗县（区）名称	Name of Banners,Counties and Districts	农村牧区常住居民人均可支配收入 The per capita disposable income of permanent residents of rural and pastoral areas
1	锡林郭勒盟东乌珠穆沁旗	Dongwuzhumuqin Banner in Xilinguole League	38179
2	呼伦贝尔市海拉尔区	Hailaer District in Hulunbeier City	34943
3	锡林郭勒盟阿巴嘎旗	Abaga Banner in Xilinguole League	33881
4	锡林郭勒盟西乌珠穆沁旗	xiwuzhumuqin Banner in Xilinguole League	33398
5	锡林郭勒盟锡林浩特市	Xilinhaote City in Xilinguole League	32976
6	呼伦贝尔市额尔古纳市	Eerguna City in Hulunbeier City	32626
7	锡林郭勒盟二连浩特市	Erlianhaote City in Xilinguole League	32393
8	阿拉善盟额济纳旗	Ejina Banner in Alashan League	29286
9	呼伦贝尔市鄂温克族自治旗	Ewenke National Autonomous Banner in Hulunbeier City	28885
10	包头市东河区	Donghe District in Baotou City	28682
11	呼伦贝尔市陈巴尔虎旗	Chenbaerhu Banner in Hulunbeier City	27849
12	阿拉善盟阿拉善右旗	Alashanyou Banner in Alashan League	27668
13	呼伦贝尔市新巴尔虎右旗	Xinbaerhuyou Banner in Hulunbeier City	27502
14	包头市九原区	Jiuyuan District in Baotou City	27376
15	呼伦贝尔市新巴尔虎左旗	Xinbaerhuzuo Banner in Hulunbeier City	27221
16	呼和浩特市玉泉区	Yuquan District in Hohhot City	27003
17	乌海市海勃湾区	Haibowan District in Wuhai City	25689
18	赤峰市红山区	Hongshan District in Chifeng City	25625
19	赤峰市元宝山区	Yuanbaoshan District in Chifeng City	25585
20	呼和浩特市赛罕区	Saihan District in Hohhot City	25351
21	鄂尔多斯市鄂托克前旗	Etuokeqian Banner in Erdos City	24380
22	巴彦淖尔市临河区	Linhe District in Bayannaoer City	24278
23	阿拉善盟阿拉善左旗	Alashanzuo Banner in Alashan League	24248
24	鄂尔多斯市鄂托克旗	Etuoke Banner in Erdos City	24016
25	巴彦淖尔市五原县	Wuyuan County in Bayannaoer City	23933
26	鄂尔多斯市乌审旗	Wushen Banner in Erdos City	23845
27	巴彦淖尔市杭锦后旗	Hangjinhou Banner in Bayannaoer City	23819
28	鄂尔多斯市伊金霍洛旗	Yijinhuoluo Banner in Erdos City	23528
29	鄂尔多斯市杭锦旗	Hangjin Banner in Erdos City	23521
29	通辽市科尔沁区	Keerqin District in Tongliao City	23521
31	锡林郭勒盟正蓝旗	Zhenglan Banner in Xilinguole League	23377
32	巴彦淖尔市磴口县	Dengkou County in Bayannaoer City	23162
33	呼伦贝尔市阿荣旗	Arong Banner in Hulunbeier City	23137
34	鄂尔多斯市达拉特旗	Dalate Banner in Erdos City	22981

20-6 续表 1 Continued

单位：元 (yuan)

位次 Order	旗县（区）名称	Name of Banners,Counties and Districts	农村牧区常住居民人均可支配收入 The per capita disposable income of permanent residents of rural and pastoral areas
35	鄂尔多斯市准格尔旗	Zhungeer Banner in Erdos City	22892
36	巴彦淖尔市乌拉特前旗	Wulateqian Banner in Bayannaoer City	22766
37	包头市土默特右旗	Tumoteyou Banner in Baotou City	22687
38	乌海市海南区	Hainan District in Wuhai City	22652
39	呼和浩特市土默特左旗	Tumotezuo Banner in Hohhot City	22080
40	巴彦淖尔市乌拉特中旗	Wulatezhong Banner in Bayannaoer City	22028
41	呼伦贝尔市扎兰屯市	Zhalantun City in Hulunbeier City	21921
42	呼和浩特市托克托县	Tuoketuo County in Hohhot City	21476
43	乌兰察布市集宁区	Jining District in Wulanchabu City	21112
44	包头市石拐区	Shiguai District in Baotou City	20889
45	通辽市开鲁县	Kailu County in Tongliao City	20838
46	包头市达尔罕茂明安联合旗	Daerhanmaomingan Union Banner in Baotou City	20677
47	兴安盟乌兰浩特市	Wulanhaote City in Xingan League	20456
48	锡林郭勒盟苏尼特左旗	Sunitezuo Banner in Xilinguole League	20397
49	通辽市扎鲁特旗	Zhalute Banner in Tongliao City	20261
50	巴彦淖尔市乌拉特后旗	Wulatehou Banner in Bayannaoer City	19986
51	赤峰市松山区	Songshan District in Chifeng City	19864
52	锡林郭勒盟镶黄旗	Xianghuang Banner in Xilinguole League	19273
53	包头市固阳县	Guyang County in Baotou City	18378
54	锡林郭勒盟多伦县	Duolun County in Xilinguole League	17502
55	呼和浩特市和林格尔县	Helingeer County in Hohhot City	17427
56	乌兰察布市丰镇市	Fengzhen City in Wulanchabu City	17073
57	通辽市科尔沁左翼后旗	Keerqinzuoyihou Banner in Tongliao City	16541
58	乌兰察布市凉城县	Liangcheng County in Wulanchabu City	16087
59	锡林郭勒盟苏尼特右旗	Suniteyou Banner in Xilinguole League	15796
60	通辽市科尔沁左翼中旗	Keerqinzuoyizhong Banner in Tongliao City	15744
61	锡林郭勒盟太仆寺旗	Taipusi Banner in Xilinguole League	15463
62	乌兰察布市察哈尔右翼后旗	Chahaeryouyihou Banner in Wulanchabu City	15306
63	锡林郭勒盟正镶白旗	Zhengxiangbai Banner in Xilinguole League	15241
64	通辽市奈曼旗	Naiman Banner in Tongliao City	15236
65	赤峰市敖汉旗	Aohan Banner in Chifeng City	15167
66	赤峰市克什克腾旗	Keshiketeng Banner in Chifeng City	15095
67	赤峰市喀喇沁旗	Kalaqin Banner in Chifeng City	14965
68	通辽市库伦旗	Kulun Banner in Tongliao City	14895

20-6 续表 2 Continued

单位：元 (yuan)

位 次 Order	旗县（区）名称	Name of Banners,Counties and Districts	农村牧区常住居民人均可支配收入 The per capita disposable income of permanent residents of rural and pastoral areas
69	乌兰察布市察哈尔右翼前旗	Chahaeryouyiqian Banner in Wulanchabu City	14889
70	赤峰市宁城县	Ningcheng County in Chifeng City	14824
71	乌兰察布市卓资县	Zhuozi County in Wulanchabu City	14542
72	乌兰察布市四子王旗	Siziwang Banner in Wulanchabu City	14481
73	兴安盟科尔沁右翼前旗	Keerqinyouyiqian Banner in Xingan League	14315
74	赤峰市巴林右旗	Balinyou Banner in Chifeng City	14224
75	兴安盟扎赉特旗	Zhalaite Banner in Xingan League	14123
76	兴安盟阿尔山市	Aershan City in Xingan League	14025
77	赤峰市翁牛特旗	Wengniute Banner in Chifeng City	13937
78	呼伦贝尔市莫力达瓦达斡尔族自治旗	Molidawadawoer National Autonomous Banner in Hulunbeier City	13846
79	赤峰市巴林左旗	Balinzuo Banner in Chifeng City	13808
80	乌兰察布市商都县	Shangdu County in Wulanchabu City	13795
81	兴安盟突泉县	Tuquan County in Xingan League	13542
82	乌兰察布市兴和县	Xinghe County in Wulanchabu City	13204
83	兴安盟科尔沁右翼中旗	Keerqinyouyizhong Banner in Xingan League	13145
84	赤峰市林西县	Linxi County in Chifeng City	13032
85	赤峰市阿鲁科尔沁旗	Alukeerqin Banner in Chifeng City	12958
86	乌兰察布市化德县	Huade County in Wulanchabu City	12850
87	呼伦贝尔市鄂伦春自治旗	Elunchun National Autonomous Banner in Hulunbeier City	12779
88	呼和浩特市清水河县	Qingshuihe County in Hohhot City	12592
89	呼和浩特市武川县	Wuchuan County in Hohhot City	12309
90	乌兰察布市察哈尔右翼中旗	Chahaeryouyizhong Banner in Wulanchabu City	11971
91	呼和浩特市新城区	Xincheng District in Hohhot City	
92	呼和浩特市回民区	Huimin District in Hohhot City	
93	包头市昆都仑区	Kundulun District in Baotou City	
94	包头市青山区	Qingshan District in Baotou City	
95	包头市白云鄂博矿区	Baiyun Mineral District in Baotou City	
96	乌海市乌达区	Wuda District in Wuhai City	
97	通辽市霍林郭勒市	Huolinguole City in Tongliao City	
98	鄂尔多斯市东胜区	Dongsheng District in Erdos City	
99	鄂尔多斯市康巴什区	Kangbashi District in Erdos City	
100	呼伦贝尔市满洲里扎赉诺尔区	Zhalainuoer District of Manzhouli City in Hulunbeier City	
101	呼伦贝尔市满洲里市	Manzhouli City in Hulunbeier City	
102	呼伦贝尔市牙克石市	Yakeshi City in Hulunbeier City	
103	呼伦贝尔市根河市	Genhe City in Hulunbeier City	

20-7 呼和浩特市新城区
Xincheng District in Hohhot City

指 标	Item	2021	增长(%) Increase Rate(%)
行政区域土地面积(平方公里)	**Area of Administration(Sq.km)**	**661**	**0.0**
人口	**Population**		
年末户籍户数(户)	The Registered Households Year-end(household)	175454	4.1
年末户籍人口(人)	The Registered Population Year-end(person)	453279	3.1
国民经济综合指标	**Summary Item on the National Economy**		
生产总值(万元)	Gross Domestic Product(10 000 yuan)	6514519	7.1
第一产业(万元)	Primary Industry(10 000 yuan)	23684	1.3
第二产业(万元)	Secondary Industry(10 000 yuan)	862731	19.2
第三产业(万元)	Tertiary Industry(10 000 yuan)	5628104	5.5
一般公共预算收入(万元)	General Public Budget Revenue(10 000 yuan)	388692	-7.7
一般公共预算支出(万元)	General Public Budget Expenditure(10 000 yuan)	269861	-28.9
农村牧区经济	**Economic Development in Rural & Pastoral Area**		
耕地面积(公顷)	Cultivated Area(hectare)	8660	29.7
高标准农田面积(公顷)	High Standard Farmland Area(hectare)		
农作物总播种面积(公顷)	Total Sown Area(hectare)	904	25.9
粮食产量(吨)	Yield of Grain(ton)	783	3.0
油料产量(吨)	Yield of Oil-bearing Crops(ton)	484	-29.0
规模以上工业	**Industrial Enterprises above Designated size**		
工业企业单位数(个)	Number of Industrial Enterprises(unit)	12	0.0
工业总产值(万元)	Gross Industrial Output Value(10 000 yuan)		14.1
投资	**Investment and Construction**		
固定资产投资(万元)	Total Investment in Fixed Assets(10 000 yuan)		9.9
房地产开发投资(万元)	Investment in Real Estate Development(10 000 yuan)		16.4
贸易外经	**Trade**		
社会消费品零售总额(万元)	Total Retail Sales of Consumer Goods(10 000 yuan)	2888987	7.1
出口总额(万元)	Total Exports(10 000 yuan)		
交通通信	**Transportation,Post & Telecommunications**		
公路里程(公里)	Total Length of Highways(km)	395	1.0
移动电话用户(户)	Number of Mobile Telephone Subscribers (subscriber)		
互联网宽带接入用户(户)	Number of Subscribers of Internet Service(subscriber)		
教育科技文化卫生社会保障	**Science,Education & Public Health**		
小学学校数(所)	Number of Primary Schools(unit)	32	0.0
普通中学学校数(所)	Number of Regular Secondary Schools(unit)	25	0.0
体育场馆数(个)	Stadium and Gymnasium(unit)	2	0.0
全年专利授权(件)	Annual Patent Authorization(piece)	1187	3.1
剧场、影剧院(个)	Theaters,Music Halls and Cinemas(unit)	9	0.0
医疗卫生机构床位数(张)	Number of Beds in Health Care Institutions(unit)	5498	56.9
医疗卫生机构技术人员(人)	Medical Technical Personnel(person)	6046	-9.6
城乡居民基本养老保险参保人数(人)	Urban and Rural Residents Basic Pension Insurance Contributors(person)	9391	13.1
基本医疗保险参保人数(人)	Basic Medical Care Insurance Contributors(person)	190729	4.6
居民生活	**The Lives of Residents**		
全体居民人均可支配收入(元)	The per capita disposable income of all residents(yuan)	51558	6.0
城镇常住居民人均可支配收入(元)	The per capita disposable income of urban permanent residents(yuan)		
农村牧区常住居民人均可支配收入(元)	The per capita disposable income of permanent residents of rural and pastoral areas(yuan)		

20-8 呼和浩特市回民区

Huimin District in Hohhot City

指 标	Item	2021	增长(%) Increase Rate(%)
行政区域土地面积(平方公里)	**Area of Administration(Sq.km)**	**194**	**0.0**
人口	**Population**		
年末户籍户数(户)	The Registered Households Year-end(household)	100559	2.5
年末户籍人口(人)	The Registered Population Year-end(person)	241434	1.0
国民经济综合指标	**Summary Item on the National Economy**		
生产总值(万元)	Gross Domestic Product(10 000 yuan)	3204618	8.9
第一产业(万元)	Primary Industry(10 000 yuan)	5718	0.9
第二产业(万元)	Secondary Industry(10 000 yuan)	449221	-2.1
第三产业(万元)	Tertiary Industry(10 000 yuan)	2749679	10.8
一般公共预算收入(万元)	General Public Budget Revenue(10 000 yuan)	129259	-20.1
一般公共预算支出(万元)	General Public Budget Expenditure(10 000 yuan)	162740	-17.0
农村牧区经济	**Economic Development in Rural & Pastoral Area**		
耕地面积(公顷)	Cultivated Area(hectare)	672	0.0
高标准农田面积(公顷)	High Standard Farmland Area(hectare)		
农作物总播种面积(公顷)	Total Sown Area(hectare)	194	15.3
粮食产量(吨)	Yield of Grain(ton)	654	3.3
油料产量(吨)	Yield of Oil-bearing Crops(ton)	2	
规模以上工业	**Industrial Enterprises above Designated size**		
工业企业单位数(个)	Number of Industrial Enterprises(unit)	9	0.0
工业总产值(万元)	Gross Industrial Output Value(10 000 yuan)		18.4
投资	**Investment and Construction**		
固定资产投资(万元)	Total Investment in Fixed Assets(10 000 yuan)		8.3
房地产开发投资(万元)	Investment in Real Estate Development(10 000 yuan)		-31.5
贸易外经	**Trade**		
社会消费品零售总额(万元)	Total Retail Sales of Consumer Goods(10 000 yuan)	3168401	7.0
出口总额(万元)	Total Exports(10 000 yuan)		
交通通信	**Transportation,Post & Telecommunications**		
公路里程(公里)	Total Length of Highways(km)	118	0.0
移动电话用户(户)	Number of Mobile Telephone Subscribers (subscriber)		
互联网宽带接入用户(户)	Number of Subscribers of Internet Service(subscriber)		
教育科技文化卫生社会保障	**Science,Education & Public Health**		
小学学校数(所)	Number of Primary Schools(unit)	34	3.0
普通中学学校数(所)	Number of Regular Secondary Schools(unit)	21	5.0
体育场馆数(个)	Stadium and Gymnasium(unit)	4	0.0
全年专利授权(件)	Annual Patent Authorization(piece)	6	0.0
剧场、影剧院(个)	Theaters,Music Halls and Cinemas(unit)	6	0.0
医疗卫生机构床位数(张)	Number of Beds in Health Care Institutions(unit)	4093	-8.2
医疗卫生机构技术人员(人)	Medical Technical Personnel(person)	5362	-7.0
城乡居民基本养老保险参保人数(人)	Urban and Rural Residents Basic Pension Insurance Contributors(person)	7110	5.2
基本医疗保险参保人数(人)	Basic Medical Care Insurance Contributors(person)	114881	0.0
居民生活	**The Lives of Residents**		
全体居民人均可支配收入(元)	The per capita disposable income of all residents(yuan)	50316	7.0
城镇常住居民人均可支配收入(元)	The per capita disposable income of urban permanent residents(yuan)		
农村牧区常住居民人均可支配收入(元)	The per capita disposable income of permanent residents of rural and pastoral areas(yuan)		

20-9 呼和浩特市玉泉区
Yuquan District in Hohhot City

指 标	Item	2021	增长(%) Increase Rate(%)
行政区域土地面积(平方公里)	**Area of Administration(Sq.km)**	**190**	**-8.1**
人口	**Population**		
年末户籍户数(户)	The Registered Households Year-end(household)	96355	4.2
年末户籍人口(人)	The Registered Population Year-end(person)	214554	2.8
国民经济综合指标	**Summary Item on the National Economy**		
生产总值(万元)	Gross Domestic Product(10 000 yuan)	3409506	2.3
第一产业(万元)	Primary Industry(10 000 yuan)	34763	1.3
第二产业(万元)	Secondary Industry(10 000 yuan)	1119061	-1.9
第三产业(万元)	Tertiary Industry(10 000 yuan)	2255682	4.2
一般公共预算收入(万元)	General Public Budget Revenue(10 000 yuan)	208126	2.5
一般公共预算支出(万元)	General Public Budget Expenditure(10 000 yuan)	179477	5.7
农村牧区经济	**Economic Development in Rural & Pastoral Area**		
耕地面积(公顷)	Cultivated Area(hectare)	7107	0.0
高标准农田面积(公顷)	High Standard Farmland Area(hectare)	334	
农作物总播种面积(公顷)	Total Sown Area(hectare)	6299	0.5
粮食产量(吨)	Yield of Grain(ton)	39918	0.2
油料产量(吨)	Yield of Oil-bearing Crops(ton)	59	28.3
规模以上工业	**Industrial Enterprises above Designated size**		
工业企业单位数(个)	Number of Industrial Enterprises(unit)	17	0.0
工业总产值(万元)	Gross Industrial Output Value(10 000 yuan)		3.5
投资	**Investment and Construction**		
固定资产投资(万元)	Total Investment in Fixed Assets(10 000 yuan)		12.3
房地产开发投资(万元)	Investment in Real Estate Development(10 000 yuan)		5.8
贸易外经	**Trade**		
社会消费品零售总额(万元)	Total Retail Sales of Consumer Goods(10 000 yuan)	1326383	7.7
出口总额(万元)	Total Exports(10 000 yuan)		
交通通信	**Transportation,Post & Telecommunications**		
公路里程(公里)	Total Length of Highways(km)	215	1.9
移动电话用户(户)	Number of Mobile Telephone Subscribers (subscriber)		
互联网宽带接入用户(户)	Number of Subscribers of Internet Service(subscriber)		
教育科技文化卫生社会保障	**Science,Education & Public Health**		
小学学校数(所)	Number of Primary Schools(unit)	28	0.0
普通中学学校数(所)	Number of Regular Secondary Schools(unit)	11	10.0
体育场馆数(个)	Stadium and Gymnasium(unit)		
全年专利授权(件)	Annual Patent Authorization(piece)	189	3.8
剧场、影剧院(个)	Theaters,Music Halls and Cinemas(unit)		
医疗卫生机构床位数(张)	Number of Beds in Health Care Institutions(unit)	2796	3.7
医疗卫生机构技术人员(人)	Medical Technical Personnel(person)	5570	1.5
城乡居民基本养老保险参保人数(人)	Urban and Rural Residents Basic Pension Insurance Contributors(person)	17137	-17.7
基本医疗保险参保人数(人)	Basic Medical Care Insurance Contributors(person)	109587	0.0
居民生活	**The Lives of Residents**		
全体居民人均可支配收入(元)	The per capita disposable income of all residents(yuan)	47221	7.0
城镇常住居民人均可支配收入(元)	The per capita disposable income of urban permanent residents(yuan)	51838	6.6
农村牧区常住居民人均可支配收入(元)	The per capita disposable income of permanent residents of rural and pastoral areas(yuan)	27003	9.9

20-10 呼和浩特市赛罕区

Saihan District in Hohhot City

指 标	Item	2021	增长(%) Increase Rate(%)
行政区域土地面积(平方公里)	**Area of Administration(Sq.km)**	**1025**	**0.0**
人口	**Population**		
年末户籍户数(户)	The Registered Households Year-end(household)	231482	4.3
年末户籍人口(人)	The Registered Population Year-end(person)	582327	3.3
国民经济综合指标	**Summary Item on the National Economy**		
生产总值(万元)	Gross Domestic Product(10 000 yuan)	8606730	7.1
第一产业(万元)	Primary Industry(10 000 yuan)	229248	3.3
第二产业(万元)	Secondary Industry(10 000 yuan)	3097739	16.6
第三产业(万元)	Tertiary Industry(10 000 yuan)	5279743	3.0
一般公共预算收入(万元)	General Public Budget Revenue(10 000 yuan)	427618	-2.8
一般公共预算支出(万元)	General Public Budget Expenditure(10 000 yuan)	256576	-36.9
农村牧区经济	**Economic Development in Rural & Pastoral Area**		
耕地面积(公顷)	Cultivated Area(hectare)	41748	0.7
高标准农田面积(公顷)	High Standard Farmland Area(hectare)	733	10.1
农作物总播种面积(公顷)	Total Sown Area(hectare)	31473	5.3
粮食产量(吨)	Yield of Grain(ton)	131903	0.8
油料产量(吨)	Yield of Oil-bearing Crops(ton)	96	-87.1
规模以上工业	**Industrial Enterprises above Designated size**		
工业企业单位数(个)	Number of Industrial Enterprises(unit)	30	-9.1
工业总产值(万元)	Gross Industrial Output Value(10 000 yuan)		57.2
投资	**Investment and Construction**		
固定资产投资(万元)	Total Investment in Fixed Assets(10 000 yuan)		7.7
房地产开发投资(万元)	Investment in Real Estate Development(10 000 yuan)		16.0
贸易外经	**Trade**		
社会消费品零售总额(万元)	Total Retail Sales of Consumer Goods(10 000 yuan)	2067449	6.6
出口总额(万元)	Total Exports(10 000 yuan)		
交通通信	**Transportation,Post & Telecommunications**		
公路里程(公里)	Total Length of Highways(km)	645	0.0
移动电话用户(户)	Number of Mobile Telephone Subscribers (subscriber)		
互联网宽带接入用户(户)	Number of Subscribers of Internet Service(subscriber)		
教育科技文化卫生社会保障	**Science,Education & Public Health**		
小学学校数(所)	Number of Primary Schools(unit)	46	12.2
普通中学学校数(所)	Number of Regular Secondary Schools(unit)	25	0.0
体育场馆数(个)	Stadium and Gymnasium(unit)	4	0.0
全年专利授权(件)	Annual Patent Authorization(piece)	1665	0.0
剧场、影剧院(个)	Theaters,Music Halls and Cinemas(unit)	11	57.1
医疗卫生机构床位数(张)	Number of Beds in Health Care Institutions(unit)	8400	5.8
医疗卫生机构技术人员(人)	Medical Technical Personnel(person)	12768	13.2
城乡居民基本养老保险参保人数(人)	Urban and Rural Residents Basic Pension Insurance Contributors(person)	75222	10.1
基本医疗保险参保人数(人)	Basic Medical Care Insurance Contributors(person)	365001	4.3
居民生活	**The Lives of Residents**		
全体居民人均可支配收入(元)	The per capita disposable income of all residents(yuan)	48037	7.5
城镇常住居民人均可支配收入(元)	The per capita disposable income of urban permanent residents(yuan)	57473	6.3
农村牧区常住居民人均可支配收入(元)	The per capita disposable income of permanent residents of rural and pastoral areas(yuan)	25351	9.9

20-11 呼和浩特市土默特左旗

Tumotezuo Banner in Hohhot City

指 标	Item	2021	增长(%) Increase Rate(%)
行政区域土地面积(平方公里)	**Area of Administration(Sq.km)**	**2767**	**0.1**
人口	**Population**		
年末户籍户数(户)	The Registered Households Year-end(household)	149270	0.2
年末户籍人口(人)	The Registered Population Year-end(person)	356374	-0.8
国民经济综合指标	**Summary Item on the National Economy**		
生产总值(万元)	Gross Domestic Product(10 000 yuan)	2359156	7.3
第一产业(万元)	Primary Industry(10 000 yuan)	419204	3.1
第二产业(万元)	Secondary Industry(10 000 yuan)	1098335	12.8
第三产业(万元)	Tertiary Industry(10 000 yuan)	841617	3.7
一般公共预算收入(万元)	General Public Budget Revenue(10 000 yuan)	190300	39.3
一般公共预算支出(万元)	General Public Budget Expenditure(10 000 yuan)	401852	18.2
农村牧区经济	**Economic Development in Rural & Pastoral Area**		
耕地面积(公顷)	Cultivated Area(hectare)	116951	-0.6
高标准农田面积(公顷)	High Standard Farmland Area(hectare)	61953	157.2
农作物总播种面积(公顷)	Total Sown Area(hectare)	98615	-4.4
粮食产量(吨)	Yield of Grain(ton)	672040	1.6
油料产量(吨)	Yield of Oil-bearing Crops(ton)	5110	-70.9
规模以上工业	**Industrial Enterprises above Designated size**		
工业企业单位数(个)	Number of Industrial Enterprises(unit)	48	14.3
工业总产值(万元)	Gross Industrial Output Value(10 000 yuan)		22.6
投资	**Investment and Construction**		
固定资产投资(万元)	Total Investment in Fixed Assets(10 000 yuan)		252.2
房地产开发投资(万元)	Investment in Real Estate Development(10 000 yuan)		-71.4
贸易外经	**Trade**		
社会消费品零售总额(万元)	Total Retail Sales of Consumer Goods(10 000 yuan)	335266	8.0
出口总额(万元)	Total Exports(10 000 yuan)		
交通通信	**Transportation,Post & Telecommunications**		
公路里程(公里)	Total Length of Highways(km)	1437	0.0
移动电话用户(户)	Number of Mobile Telephone Subscribers (subscriber)	335617	66.3
互联网宽带接入用户(户)	Number of Subscribers of Internet Service(subscriber)	51460	20.9
教育科技文化卫生社会保障	**Science,Education & Public Health**		
小学学校数(所)	Number of Primary Schools(unit)	17	0.0
普通中学学校数(所)	Number of Regular Secondary Schools(unit)	12	9.1
体育场馆数(个)	Stadium and Gymnasium(unit)	2	0.0
全年专利授权(件)	Annual Patent Authorization(piece)	638	22.0
剧场、影剧院(个)	Theaters,Music Halls and Cinemas(unit)	2	0.0
医疗卫生机构床位数(张)	Number of Beds in Health Care Institutions(unit)	784	3.2
医疗卫生机构技术人员(人)	Medical Technical Personnel(person)	1580	11.8
城乡居民基本养老保险参保人数(人)	Urban and Rural Residents Basic Pension Insurance Contributors(person)	185235	10.8
基本医疗保险参保人数(人)	Basic Medical Care Insurance Contributors(person)	298578	-0.6
居民生活	**The Lives of Residents**		
全体居民人均可支配收入(元)	The per capita disposable income of all residents(yuan)	26948	8.7
城镇常住居民人均可支配收入(元)	The per capita disposable income of urban permanent residents(yuan)	40463	6.0
农村牧区常住居民人均可支配收入(元)	The per capita disposable income of permanent residents of rural and pastoral areas(yuan)	22080	10.0

20-12 呼和浩特市托克托县

Tuoketuo County in Hohhot City

指 标	Item	2021	增长(%) Increase
行政区域土地面积(平方公里)	**Area of Administration(Sq.km)**	**1407**	**0.0**
人口	**Population**		
年末户籍户数(户)	The Registered Households Year-end(household)	88758	-0.5
年末户籍人口(人)	The Registered Population Year-end(person)	197961	-0.9
国民经济综合指标	**Summary Item on the National Economy**		
生产总值(万元)	Gross Domestic Product(10 000 yuan)	1701846	2.6
第一产业(万元)	Primary Industry(10 000 yuan)	231824	3.0
第二产业(万元)	Secondary Industry(10 000 yuan)	819197	-0.7
第三产业(万元)	Tertiary Industry(10 000 yuan)	650825	6.5
一般公共预算收入(万元)	General Public Budget Revenue(10 000 yuan)	80746	-15.1
一般公共预算支出(万元)	General Public Budget Expenditure(10 000 yuan)	149977	-29.7
农村牧区经济	**Economic Development in Rural & Pastoral Area**		
耕地面积(公顷)	Cultivated Area(hectare)	75947	0.4
高标准农田面积(公顷)	High Standard Farmland Area(hectare)	14333	38.7
农作物总播种面积(公顷)	Total Sown Area(hectare)	65129	-3.5
粮食产量(吨)	Yield of Grain(ton)	362224	1.7
油料产量(吨)	Yield of Oil-bearing Crops(ton)	728	-84.8
规模以上工业	**Industrial Enterprises above Designated size**		
工业企业单位数(个)	Number of Industrial Enterprises(unit)	33	0.0
工业总产值(万元)	Gross Industrial Output Value(10 000 yuan)		10.7
投资	**Investment and Construction**		
固定资产投资(万元)	Total Investment in Fixed Assets(10 000 yuan)		16.5
房地产开发投资(万元)	Investment in Real Estate Development(10 000 yuan)		184.4
贸易外经	**Trade**		
社会消费品零售总额(万元)	Total Retail Sales of Consumer Goods(10 000 yuan)	293607	7.0
出口总额(万元)	Total Exports(10 000 yuan)		
交通通信	**Transportation,Post & Telecommunications**		
公路里程(公里)	Total Length of Highways(km)	1016	0.0
移动电话用户(户)	Number of Mobile Telephone Subscribers (subscriber)	188141	-3.8
互联网宽带接入用户(户)	Number of Subscribers of Internet Service(subscriber)	43912	10.6
教育科技文化卫生社会保障	**Science,Education & Public Health**		
小学学校数(所)	Number of Primary Schools(unit)	17	0.0
普通中学学校数(所)	Number of Regular Secondary Schools(unit)	5	16.7
体育场馆数(个)	Stadium and Gymnasium(unit)	1	0.0
全年专利授权(件)	Annual Patent Authorization(piece)	126	13.5
剧场、影剧院(个)	Theaters,Music Halls and Cinemas(unit)	1	0.0
医疗卫生机构床位数(张)	Number of Beds in Health Care Institutions(unit)	677	21.1
医疗卫生机构技术人员(人)	Medical Technical Personnel(person)	1230	11.3
城乡居民基本养老保险参保人数(人)	Urban and Rural Residents Basic Pension Insurance Contributors(person)	69148	-7.7
基本医疗保险参保人数(人)	Basic Medical Care Insurance Contributors(person)	166988	-3.3
居民生活	**The Lives of Residents**		
全体居民人均可支配收入(元)	The per capita disposable income of all residents(yuan)	28845	8.1
城镇常住居民人均可支配收入(元)	The per capita disposable income of urban permanent residents(yuan)	42779	6.4
农村牧区常住居民人均可支配收入(元)	The per capita disposable income of permanent residents of rural and pastoral areas(yuan)	21476	10.3

20-13 呼和浩特市和林格尔县

Helingeer County in Hohhot City

指 标	Item	2021	增长(%) Increase Rate(%)
行政区域土地面积(平方公里)	**Area of Administration(Sq.km)**	**3454**	**0.2**
人口	**Population**		
年末户籍户数(户)	The Registered Households Year-end(household)	89404	0.3
年末户籍人口(人)	The Registered Population Year-end(person)	202812	-0.5
国民经济综合指标	**Summary Item on the National Economy**		
生产总值(万元)	Gross Domestic Product(10 000 yuan)	2383869	6.5
第一产业(万元)	Primary Industry(10 000 yuan)	249234	3.1
第二产业(万元)	Secondary Industry(10 000 yuan)	1387578	8.2
第三产业(万元)	Tertiary Industry(10 000 yuan)	747057	5.1
一般公共预算收入(万元)	General Public Budget Revenue(10 000 yuan)	145872	1.1
一般公共预算支出(万元)	General Public Budget Expenditure(10 000 yuan)	270404	-4.6
农村牧区经济	**Economic Development in Rural & Pastoral Area**		
耕地面积(公顷)	Cultivated Area(hectare)	106394	-0.6
高标准农田面积(公顷)	High Standard Farmland Area(hectare)	3400	27.5
农作物总播种面积(公顷)	Total Sown Area(hectare)	68607	0.6
粮食产量(吨)	Yield of Grain(ton)	331295	1.7
油料产量(吨)	Yield of Oil-bearing Crops(ton)	1067	21.4
规模以上工业	**Industrial Enterprises above Designated size**		
工业企业单位数(个)	Number of Industrial Enterprises(unit)	39	5.4
工业总产值(万元)	Gross Industrial Output Value(10 000 yuan)		16.9
投资	**Investment and Construction**		
固定资产投资(万元)	Total Investment in Fixed Assets(10 000 yuan)		10.3
房地产开发投资(万元)	Investment in Real Estate Development(10 000 yuan)		36.3
贸易外经	**Trade**		
社会消费品零售总额(万元)	Total Retail Sales of Consumer Goods(10 000 yuan)	251315	8.2
出口总额(万元)	Total Exports(10 000 yuan)	425	
交通通信	**Transportation,Post & Telecommunications**		
公路里程(公里)	Total Length of Highways(km)	1170	0.4
移动电话用户(户)	Number of Mobile Telephone Subscribers (subscriber)	120900	-2.3
互联网宽带接入用户(户)	Number of Subscribers of Internet Service(subscriber)	31000	-1.8
教育科技文化卫生社会保障	**Science,Education & Public Health**		
小学学校数(所)	Number of Primary Schools(unit)	14	7.7
普通中学学校数(所)	Number of Regular Secondary Schools(unit)	9	0.0
体育场馆数(个)	Stadium and Gymnasium(unit)	2	0.0
全年专利授权(件)	Annual Patent Authorization(piece)	503	29.0
剧场、影剧院(个)	Theaters,Music Halls and Cinemas(unit)	1	0.0
医疗卫生机构床位数(张)	Number of Beds in Health Care Institutions(unit)	541	1.9
医疗卫生机构技术人员(人)	Medical Technical Personnel(person)	697	-20.6
城乡居民基本养老保险参保人数(人)	Urban and Rural Residents Basic Pension Insurance Contributors(person)	106658	-0.4
基本医疗保险参保人数(人)	Basic Medical Care Insurance Contributors(person)	181726	-1.6
居民生活	**The Lives of Residents**		
全体居民人均可支配收入(元)	The per capita disposable income of all residents(yuan)	25652	8.4
城镇常住居民人均可支配收入(元)	The per capita disposable income of urban permanent residents(yuan)	42114	7.3
农村牧区常住居民人均可支配收入(元)	The per capita disposable income of permanent residents of rural and pastoral areas(yuan)	17427	10.9

20-14 呼和浩特市清水河县

Qingshuihe County in Hohhot City

指 标	Item	2021	增长(%) Increase Rate(%)
行政区域土地面积(平方公里)	**Area of Administration(Sq.km)**	**2818**	**0.0**
人口	**Population**		
年末户籍户数(户)	The Registered Households Year-end(household)	62079	-0.1
年末户籍人口(人)	The Registered Population Year-end(person)	137480	-1.3
国民经济综合指标	**Summary Item on the National Economy**		
生产总值(万元)	Gross Domestic Product(10 000 yuan)	693305	4.8
第一产业(万元)	Primary Industry(10 000 yuan)	74457	3.2
第二产业(万元)	Secondary Industry(10 000 yuan)	313841	7.9
第三产业(万元)	Tertiary Industry(10 000 yuan)	305007	1.7
一般公共预算收入(万元)	General Public Budget Revenue(10 000 yuan)	64515	36.9
一般公共预算支出(万元)	General Public Budget Expenditure(10 000 yuan)	150687	-13.3
农村牧区经济	**Economic Development in Rural & Pastoral Area**		
耕地面积(公顷)	Cultivated Area(hectare)	66183	5.8
高标准农田面积(公顷)	High Standard Farmland Area(hectare)	1747	36.5
农作物总播种面积(公顷)	Total Sown Area(hectare)	32876	8.8
粮食产量(吨)	Yield of Grain(ton)	52222	1.9
油料产量(吨)	Yield of Oil-bearing Crops(ton)	1033	-24.6
规模以上工业	**Industrial Enterprises above Designated size**		
工业企业单位数(个)	Number of Industrial Enterprises(unit)	22	15.8
工业总产值(万元)	Gross Industrial Output Value(10 000 yuan)		41.8
投资	**Investment and Construction**		
固定资产投资(万元)	Total Investment in Fixed Assets(10 000 yuan)		185.3
房地产开发投资(万元)	Investment in Real Estate Development(10 000 yuan)		383.5
贸易外经	**Trade**		
社会消费品零售总额(万元)	Total Retail Sales of Consumer Goods(10 000 yuan)	69628	6.7
出口总额(万元)	Total Exports(10 000 yuan)		
交通通信	**Transportation,Post & Telecommunications**		
公路里程(公里)	Total Length of Highways(km)	1716	2.6
移动电话用户(户)	Number of Mobile Telephone Subscribers (subscriber)	94348	1.9
互联网宽带接入用户(户)	Number of Subscribers of Internet Service(subscriber)	21219	12.2
教育科技文化卫生社会保障	**Science,Education & Public Health**		
小学学校数(所)	Number of Primary Schools(unit)	6	0.0
普通中学学校数(所)	Number of Regular Secondary Schools(unit)	4	0.0
体育场馆数(个)	Stadium and Gymnasium(unit)	2	-33.3
全年专利授权(件)	Annual Patent Authorization(piece)	10	-9.1
剧场、影剧院(个)	Theaters,Music Halls and Cinemas(unit)	1	0.0
医疗卫生机构床位数(张)	Number of Beds in Health Care Institutions(unit)	664	72.0
医疗卫生机构技术人员(人)	Medical Technical Personnel(person)	338	2.4
城乡居民基本养老保险参保人数(人)	Urban and Rural Residents Basic Pension Insurance Contributors(person)	67176	-4.1
基本医疗保险参保人数(人)	Basic Medical Care Insurance Contributors(person)	108813	6.8
居民生活	**The Lives of Residents**		
全体居民人均可支配收入(元)	The per capita disposable income of all residents(yuan)	22685	6.6
城镇常住居民人均可支配收入(元)	The per capita disposable income of urban permanent residents(yuan)	32127	6.6
农村牧区常住居民人均可支配收入(元)	The per capita disposable income of permanent residents of rural and pastoral areas(yuan)	12592	10.5

20-15 呼和浩特市武川县

Wuchuan County in Hohhot City

指 标	Item	2021	增长(%) Increase Rate(%)
行政区域土地面积(平方公里)	**Area of Administration(Sq.km)**	**4682**	**0.0**
人口	**Population**		
年末户籍户数(户)	The Registered Households Year-end(household)	76262	-0.5
年末户籍人口(人)	The Registered Population Year-end(person)	164598	-1.5
国民经济综合指标	**Summary Item on the National Economy**		
生产总值(万元)	Gross Domestic Product(10 000 yuan)	552689	6.1
第一产业(万元)	Primary Industry(10 000 yuan)	99868	2.9
第二产业(万元)	Secondary Industry(10 000 yuan)	162169	13.8
第三产业(万元)	Tertiary Industry(10 000 yuan)	290651	3.7
一般公共预算收入(万元)	General Public Budget Revenue(10 000 yuan)	26634	5.4
一般公共预算支出(万元)	General Public Budget Expenditure(10 000 yuan)	139761	-23.1
农村牧区经济	**Economic Development in Rural & Pastoral Area**		
耕地面积(公顷)	Cultivated Area(hectare)	144930	0.0
高标准农田面积(公顷)	High Standard Farmland Area(hectare)	7333	0.0
农作物总播种面积(公顷)	Total Sown Area(hectare)	107139	-6.3
粮食产量(吨)	Yield of Grain(ton)	177020	2.1
油料产量(吨)	Yield of Oil-bearing Crops(ton)	38405	-48.5
规模以上工业	**Industrial Enterprises above Designated size**		
工业企业单位数(个)	Number of Industrial Enterprises(unit)	20	25.0
工业总产值(万元)	Gross Industrial Output Value(10 000 yuan)		35.1
投资	**Investment and Construction**		
固定资产投资(万元)	Total Investment in Fixed Assets(10 000 yuan)		8.5
房地产开发投资(万元)	Investment in Real Estate Development(10 000 yuan)		
贸易外经	**Trade**		
社会消费品零售总额(万元)	Total Retail Sales of Consumer Goods(10 000 yuan)	86980	6.8
出口总额(万元)	Total Exports(10 000 yuan)	24	
交通通信	**Transportation,Post & Telecommunications**		
公路里程(公里)	Total Length of Highways(km)	1138	1.6
移动电话用户(户)	Number of Mobile Telephone Subscribers (subscriber)	113335	-9.1
互联网宽带接入用户(户)	Number of Subscribers of Internet Service(subscriber)	25715	1.7
教育科技文化卫生社会保障	**Science,Education & Public Health**		
小学学校数(所)	Number of Primary Schools(unit)	5	0.0
普通中学学校数(所)	Number of Regular Secondary Schools(unit)	4	0.0
体育场馆数(个)	Stadium and Gymnasium(unit)		
全年专利授权(件)	Annual Patent Authorization(piece)		
剧场、影剧院(个)	Theaters,Music Halls and Cinemas(unit)		
医疗卫生机构床位数(张)	Number of Beds in Health Care Institutions(unit)	439	2.6
医疗卫生机构技术人员(人)	Medical Technical Personnel(person)	625	2.3
城乡居民基本养老保险参保人数(人)	Urban and Rural Residents Basic Pension Insurance Contributors(person)	101542	0.4
基本医疗保险参保人数(人)	Basic Medical Care Insurance Contributors(person)	128828	-2.2
居民生活	**The Lives of Residents**		
全体居民人均可支配收入(元)	The per capita disposable income of all residents(yuan)	21284	6.8
城镇常住居民人均可支配收入(元)	The per capita disposable income of urban permanent residents(yuan)	30691	7.1
农村牧区常住居民人均可支配收入(元)	The per capita disposable income of permanent residents of rural and pastoral areas(yuan)	12309	11.1

20-16 包头市东河区

Donghe District in Baotou City

指 标	Item	2021	增长(%) Increase Rate(%)
行政区域土地面积(平方公里)	**Area of Administration(Sq.km)**	**470**	**0.0**
人口	**Population**		
年末户籍户数(户)	The Registered Households Year-end(household)	162344	0.4
年末户籍人口(人)	The Registered Population Year-end(person)	400031	-0.8
国民经济综合指标	**Summary Item on the National Economy**		
生产总值(万元)	Gross Domestic Product(10 000 yuan)	3807941	7.0
第一产业(万元)	Primary Industry(10 000 yuan)	80768	4.0
第二产业(万元)	Secondary Industry(10 000 yuan)	1361438	7.6
第三产业(万元)	Tertiary Industry(10 000 yuan)	2365735	6.8
一般公共预算收入(万元)	General Public Budget Revenue(10 000 yuan)	113039	8.6
一般公共预算支出(万元)	General Public Budget Expenditure(10 000 yuan)	238172	3.0
农村牧区经济	**Economic Development in Rural & Pastoral Area**		
耕地面积(公顷)	Cultivated Area(hectare)	8939	-4.3
高标准农田面积(公顷)	High Standard Farmland Area(hectare)	2793	
农作物总播种面积(公顷)	Total Sown Area(hectare)	8830	1.7
粮食产量(吨)	Yield of Grain(ton)	39781	2.0
油料产量(吨)	Yield of Oil-bearing Crops(ton)	185	0.5
规模以上工业	**Industrial Enterprises above Designated size**		
工业企业单位数(个)	Number of Industrial Enterprises(unit)	45	15.4
工业总产值(万元)	Gross Industrial Output Value(10 000 yuan)		40.6
投资	**Investment and Construction**		
固定资产投资(万元)	Total Investment in Fixed Assets(10 000 yuan)		21.4
房地产开发投资(万元)	Investment in Real Estate Development(10 000 yuan)		-33.2
贸易外经	**Trade**		
社会消费品零售总额(万元)	Total Retail Sales of Consumer Goods(10 000 yuan)	1888262	6.9
出口总额(万元)	Total Exports(10 000 yuan)	11994	13.2
交通通信	**Transportation,Post & Telecommunications**		
公路里程(公里)	Total Length of Highways(km)	394	48.7
移动电话用户(户)	Number of Mobile Telephone Subscribers (subscriber)	405400	0.2
互联网宽带接入用户(户)	Number of Subscribers of Internet Service(subscriber)	90500	0.2
教育科技文化卫生社会保障	**Science,Education & Public Health**		
小学学校数(所)	Number of Primary Schools(unit)	21	0.0
普通中学学校数(所)	Number of Regular Secondary Schools(unit)	17	0.0
体育场馆数(个)	Stadium and Gymnasium(unit)	2	0.0
全年专利授权(件)	Annual Patent Authorization(piece)	429	62.5
剧场、影剧院(个)	Theaters,Music Halls and Cinemas(unit)	5	25.0
医疗卫生机构床位数(张)	Number of Beds in Health Care Institutions(unit)	4822	-1.1
医疗卫生机构技术人员(人)	Medical Technical Personnel(person)	6425	10.1
城乡居民基本养老保险参保人数(人)	Urban and Rural Residents Basic Pension Insurance Contributors(person)	30025	1.6
基本医疗保险参保人数(人)	Basic Medical Care Insurance Contributors(person)	218488	0.4
居民生活	**The Lives of Residents**		
全体居民人均可支配收入(元)	The per capita disposable income of all residents(yuan)	47928	7.3
城镇常住居民人均可支配收入(元)	The per capita disposable income of urban permanent residents(yuan)	49575	6.9
农村牧区常住居民人均可支配收入(元)	The per capita disposable income of permanent residents of rural and pastoral areas(yuan)	28682	8.8

注：2021年交通局重新核算包头市公路里程，部分公路核算为城市街道。
Department of Transportation recalculating Baotou highway miles in 2021，part of the highway accounting for urban streets.

20-17 包头市昆都仑区

Kundulun District in Baotou City

指 标	Item	2021	增长(%) Increase Rate(%)
行政区域土地面积(平方公里)	**Area of Administration(Sq.km)**	**301**	**0.0**
人口	**Population**		
年末户籍户数(户)	The Registered Households Year-end(household)	192394	1.5
年末户籍人口(人)	The Registered Population Year-end(person)	525334	0.4
国民经济综合指标	**Summary Item on the National Economy**		
生产总值(万元)	Gross Domestic Product(10 000 yuan)	10028565	8.7
第一产业(万元)	Primary Industry(10 000 yuan)	35905	4.4
第二产业(万元)	Secondary Industry(10 000 yuan)	4692252	12.0
第三产业(万元)	Tertiary Industry(10 000 yuan)	5300408	6.4
一般公共预算收入(万元)	General Public Budget Revenue(10 000 yuan)	307088	15.5
一般公共预算支出(万元)	General Public Budget Expenditure(10 000 yuan)	353085	3.7
农村牧区经济	**Economic Development in Rural & Pastoral Area**		
耕地面积(公顷)	Cultivated Area(hectare)	2034	-22.6
高标准农田面积(公顷)	High Standard Farmland Area(hectare)		
农作物总播种面积(公顷)	Total Sown Area(hectare)	1319	3.3
粮食产量(吨)	Yield of Grain(ton)	8034	0.1
油料产量(吨)	Yield of Oil-bearing Crops(ton)	19	5.6
规模以上工业	**Industrial Enterprises above Designated size**		
工业企业单位数(个)	Number of Industrial Enterprises(unit)	59	1.7
工业总产值(万元)	Gross Industrial Output Value(10 000 yuan)		43.3
投资	**Investment and Construction**		
固定资产投资(万元)	Total Investment in Fixed Assets(10 000 yuan)		32.0
房地产开发投资(万元)	Investment in Real Estate Development(10 000 yuan)		-41.3
贸易外经	**Trade**		
社会消费品零售总额(万元)	Total Retail Sales of Consumer Goods(10 000 yuan)	3454198	7.5
出口总额(万元)	Total Exports(10 000 yuan)	127600	
交通通信	**Transportation,Post & Telecommunications**		
公路里程(公里)	Total Length of Highways(km)	65	-87.5
移动电话用户(户)	Number of Mobile Telephone Subscribers (subscriber)	858124	0.1
互联网宽带接入用户(户)	Number of Subscribers of Internet Service(subscriber)	187911	0.1
教育科技文化卫生社会保障	**Science,Education & Public Health**		
小学学校数(所)	Number of Primary Schools(unit)	32	-5.9
普通中学学校数(所)	Number of Regular Secondary Schools(unit)	25	-3.8
体育场馆数(个)	Stadium and Gymnasium(unit)	6	0.0
全年专利授权(件)	Annual Patent Authorization(piece)	1181	10.8
剧场、影剧院(个)	Theaters,Music Halls and Cinemas(unit)	5	0.0
医疗卫生机构床位数(张)	Number of Beds in Health Care Institutions(unit)	6156	3.4
医疗卫生机构技术人员(人)	Medical Technical Personnel(person)	8272	4.2
城乡居民基本养老保险参保人数(人)	Urban and Rural Residents Basic Pension Insurance Contributors(person)	9109	-6.8
基本医疗保险参保人数(人)	Basic Medical Care Insurance Contributors(person)	247136	3.3
居民生活	**The Lives of Residents**		
全体居民人均可支配收入(元)	The per capita disposable income of all residents(yuan)	57929	6.5
城镇常住居民人均可支配收入(元)	The per capita disposable income of urban permanent residents(yuan)	57929	6.5
农村牧区常住居民人均可支配收入(元)	The per capita disposable income of permanent residents of rural and pastoral areas(yuan)		

20-18 包头市青山区

Qingshan District in Baotou City

指 标	Item	2021	增长(%) Increase Rate(%)
行政区域土地面积(平方公里)	**Area of Administration(Sq.km)**	**280**	**0.0**
人口	**Population**		
年末户籍户数(户)	The Registered Households Year-end(household)	155690	2.5
年末户籍人口(人)	The Registered Population Year-end(person)	422243	1.2
国民经济综合指标	**Summary Item on the National Economy**		
生产总值(万元)	Gross Domestic Product(10 000 yuan)	6612796	9.3
第一产业(万元)	Primary Industry(10 000 yuan)	37634	4.2
第二产业(万元)	Secondary Industry(10 000 yuan)	2911756	15.8
第三产业(万元)	Tertiary Industry(10 000 yuan)	3663407	5.4
一般公共预算收入(万元)	General Public Budget Revenue(10 000 yuan)	200686	-10.5
一般公共预算支出(万元)	General Public Budget Expenditure(10 000 yuan)	271598	-3.2
农村牧区经济	**Economic Development in Rural & Pastoral Area**		
耕地面积(公顷)	Cultivated Area(hectare)	2329	-19.7
高标准农田面积(公顷)	High Standard Farmland Area(hectare)	367	37.3
农作物总播种面积(公顷)	Total Sown Area(hectare)	337	-7.4
粮食产量(吨)	Yield of Grain(ton)	1320	3.4
油料产量(吨)	Yield of Oil-bearing Crops(ton)	106	-21.6
规模以上工业	**Industrial Enterprises above Designated size**		
工业企业单位数(个)	Number of Industrial Enterprises(unit)	39	5.6
工业总产值(万元)	Gross Industrial Output Value(10 000 yuan)		129.1
投资	**Investment and Construction**		
固定资产投资(万元)	Total Investment in Fixed Assets(10 000 yuan)		33.3
房地产开发投资(万元)	Investment in Real Estate Development(10 000 yuan)		-22.8
贸易外经	**Trade**		
社会消费品零售总额(万元)	Total Retail Sales of Consumer Goods(10 000 yuan)	2848161	7.9
出口总额(万元)	Total Exports(10 000 yuan)	77467	521.5
交通通信	**Transportation,Post & Telecommunications**		
公路里程(公里)	Total Length of Highways(km)	42	-86.5
移动电话用户(户)	Number of Mobile Telephone Subscribers (subscriber)	623000	-12.1
互联网宽带接入用户(户)	Number of Subscribers of Internet Service(subscriber)	166200	-9.0
教育科技文化卫生社会保障	**Science,Education & Public Health**		
小学学校数(所)	Number of Primary Schools(unit)	21	0.0
普通中学学校数(所)	Number of Regular Secondary Schools(unit)	20	-4.8
体育场馆数(个)	Stadium and Gymnasium(unit)	7	40.0
全年专利授权(件)	Annual Patent Authorization(piece)	901	-34.4
剧场、影剧院(个)	Theaters,Music Halls and Cinemas(unit)	5	0.0
医疗卫生机构床位数(张)	Number of Beds in Health Care Institutions(unit)	4946	-2.2
医疗卫生机构技术人员(人)	Medical Technical Personnel(person)	7115	6.1
城乡居民基本养老保险参保人数(人)	Urban and Rural Residents Basic Pension Insurance Contributors(person)	8900	-2.4
基本医疗保险参保人数(人)	Basic Medical Care Insurance Contributors(person)	206432	6.7
居民生活	**The Lives of Residents**		
全体居民人均可支配收入(元)	The per capita disposable income of all residents(yuan)	57874	6.6
城镇常住居民人均可支配收入(元)	The per capita disposable income of urban permanent residents(yuan)	57874	6.6
农村牧区常住居民人均可支配收入(元)	The per capita disposable income of permanent residents of rural and pastoral areas(yuan)		

20-19 包头市九原区

Jiuyuan District in Baotou City

指 标	Item	2021	增长(%) Increase Rate(%)
行政区域土地面积(平方公里)	**Area of Administration(Sq.km)**	**734**	**0.0**
人口	**Population**		
年末户籍户数(户)	The Registered Households Year-end(household)	74062	2.5
年末户籍人口(人)	The Registered Population Year-end(person)	179712	1.8
国民经济综合指标	**Summary Item on the National Economy**		
生产总值(万元)	Gross Domestic Product(10 000 yuan)	2930091	8.0
第一产业(万元)	Primary Industry(10 000 yuan)	148617	4.4
第二产业(万元)	Secondary Industry(10 000 yuan)	1327649	7.5
第三产业(万元)	Tertiary Industry(10 000 yuan)	1453825	8.8
一般公共预算收入(万元)	General Public Budget Revenue(10 000 yuan)	161967	10.1
一般公共预算支出(万元)	General Public Budget Expenditure(10 000 yuan)	220905	2.4
农村牧区经济	**Economic Development in Rural & Pastoral Area**		
耕地面积(公顷)	Cultivated Area(hectare)	25486	-5.5
高标准农田面积(公顷)	High Standard Farmland Area(hectare)	5113	283.6
农作物总播种面积(公顷)	Total Sown Area(hectare)	20839	4.1
粮食产量(吨)	Yield of Grain(ton)	67575	1.7
油料产量(吨)	Yield of Oil-bearing Crops(ton)	3259	8.4
规模以上工业	**Industrial Enterprises above Designated size**		
工业企业单位数(个)	Number of Industrial Enterprises(unit)	53	15.2
工业总产值(万元)	Gross Industrial Output Value(10 000 yuan)		24.5
投资	**Investment and Construction**		
固定资产投资(万元)	Total Investment in Fixed Assets(10 000 yuan)		31.9
房地产开发投资(万元)	Investment in Real Estate Development(10 000 yuan)		0.0
贸易外经	**Trade**		
社会消费品零售总额(万元)	Total Retail Sales of Consumer Goods(10 000 yuan)	645243	8.1
出口总额(万元)	Total Exports(10 000 yuan)		
交通通信	**Transportation,Post & Telecommunications**		
公路里程(公里)	Total Length of Highways(km)	959	17.4
移动电话用户(户)	Number of Mobile Telephone Subscribers (subscriber)	273748	1.9
互联网宽带接入用户(户)	Number of Subscribers of Internet Service(subscriber)	26783	3.0
教育科技文化卫生社会保障	**Science,Education & Public Health**		
小学学校数(所)	Number of Primary Schools(unit)	16	6.7
普通中学学校数(所)	Number of Regular Secondary Schools(unit)	8	0.0
体育场馆数(个)	Stadium and Gymnasium(unit)	4	100.0
全年专利授权(件)	Annual Patent Authorization(piece)	264	59.0
剧场、影剧院(个)	Theaters,Music Halls and Cinemas(unit)	1	0.0
医疗卫生机构床位数(张)	Number of Beds in Health Care Institutions(unit)	2034	9.9
医疗卫生机构技术人员(人)	Medical Technical Personnel(person)	2542	8.7
城乡居民基本养老保险参保人数(人)	Urban and Rural Residents Basic Pension Insurance Contributors(person)	24289	-0.1
基本医疗保险参保人数(人)	Basic Medical Care Insurance Contributors(person)	131929	1.1
居民生活	**The Lives of Residents**		
全体居民人均可支配收入(元)	The per capita disposable income of all residents(yuan)	49191	7.7
城镇常住居民人均可支配收入(元)	The per capita disposable income of urban permanent residents(yuan)	56601	6.8
农村牧区常住居民人均可支配收入(元)	The per capita disposable income of permanent residents of rural and pastoral areas(yuan)	27376	9.3

20-20 包头市石拐区
Shiguai District in Baotou City

指 标	Item	2021	增长(%) Increase Rate(%)
行政区域土地面积(平方公里)	**Area of Administration(Sq.km)**	**761**	**0.0**
人口	**Population**		
年末户籍户数(户)	The Registered Households Year-end(household)	22182	-1.8
年末户籍人口(人)	The Registered Population Year-end(person)	45185	-2.3
国民经济综合指标	**Summary Item on the National Economy**		
生产总值(万元)	Gross Domestic Product(10 000 yuan)	692672	3.0
第一产业(万元)	Primary Industry(10 000 yuan)	9865	4.3
第二产业(万元)	Secondary Industry(10 000 yuan)	537711	1.4
第三产业(万元)	Tertiary Industry(10 000 yuan)	145097	7.9
一般公共预算收入(万元)	General Public Budget Revenue(10 000 yuan)	36060	-15.1
一般公共预算支出(万元)	General Public Budget Expenditure(10 000 yuan)	84117	-12.4
农村牧区经济	**Economic Development in Rural & Pastoral Area**		
耕地面积(公顷)	Cultivated Area(hectare)	3833	-11.2
高标准农田面积(公顷)	High Standard Farmland Area(hectare)	200	0.0
农作物总播种面积(公顷)	Total Sown Area(hectare)	1791	-8.7
粮食产量(吨)	Yield of Grain(ton)	8971	2.5
油料产量(吨)	Yield of Oil-bearing Crops(ton)	40	-5.0
规模以上工业	**Industrial Enterprises above Designated size**		
工业企业单位数(个)	Number of Industrial Enterprises(unit)	28	-9.7
工业总产值(万元)	Gross Industrial Output Value(10 000 yuan)		13.4
投资	**Investment and Construction**		
固定资产投资(万元)	Total Investment in Fixed Assets(10 000 yuan)		-23.0
房地产开发投资(万元)	Investment in Real Estate Development(10 000 yuan)		-2.6
贸易外经	**Trade**		
社会消费品零售总额(万元)	Total Retail Sales of Consumer Goods(10 000 yuan)	63585	7.4
出口总额(万元)	Total Exports(10 000 yuan)	1237	39.8
交通通信	**Transportation,Post & Telecommunications**		
公路里程(公里)	Total Length of Highways(km)	157	-51.5
移动电话用户(户)	Number of Mobile Telephone Subscribers (subscriber)	23073	-5.7
互联网宽带接入用户(户)	Number of Subscribers of Internet Service(subscriber)	4846	103.3
教育科技文化卫生社会保障	**Science,Education & Public Health**		
小学学校数(所)	Number of Primary Schools(unit)	2	0.0
普通中学学校数(所)	Number of Regular Secondary Schools(unit)	4	0.0
体育场馆数(个)	Stadium and Gymnasium(unit)	2	0.0
全年专利授权(件)	Annual Patent Authorization(piece)	35	52.2
剧场、影剧院(个)	Theaters,Music Halls and Cinemas(unit)		
医疗卫生机构床位数(张)	Number of Beds in Health Care Institutions(unit)	126	207.3
医疗卫生机构技术人员(人)	Medical Technical Personnel(person)	146	21.7
城乡居民基本养老保险参保人数(人)	Urban and Rural Residents Basic Pension Insurance Contributors(person)	12261	-6.4
基本医疗保险参保人数(人)	Basic Medical Care Insurance Contributors(person)	38037	6.2
居民生活	**The Lives of Residents**		
全体居民人均可支配收入(元)	The per capita disposable income of all residents(yuan)	43013	7.8
城镇常住居民人均可支配收入(元)	The per capita disposable income of urban permanent residents(yuan)	47773	7.0
农村牧区常住居民人均可支配收入(元)	The per capita disposable income of permanent residents of rural and pastoral areas(yuan)	20889	9.7

20-21 包头市白云鄂博矿区

Baiyunebo Mineral District in Baotou City

指 标	Item	2021	增长(%) Increase Rate(%)
行政区域土地面积(平方公里)	**Area of Administration(Sq.km)**	**303**	**0.0**
人口	**Population**		
年末户籍户数(户)	The Registered Households Year-end(household)	6640	-0.8
年末户籍人口(人)	The Registered Population Year-end(person)	14645	-2.3
国民经济综合指标	**Summary Item on the National Economy**		
生产总值(万元)	Gross Domestic Product(10 000 yuan)	398904	7.2
第一产业(万元)	Primary Industry(10 000 yuan)	614	4.3
第二产业(万元)	Secondary Industry(10 000 yuan)	302773	7.8
第三产业(万元)	Tertiary Industry(10 000 yuan)	95518	5.8
一般公共预算收入(万元)	General Public Budget Revenue(10 000 yuan)	31591	38.0
一般公共预算支出(万元)	General Public Budget Expenditure(10 000 yuan)	44032	1.4
农村牧区经济	**Economic Development in Rural & Pastoral Area**		
耕地面积(公顷)	Cultivated Area(hectare)	2	
高标准农田面积(公顷)	High Standard Farmland Area(hectare)		
农作物总播种面积(公顷)	Total Sown Area(hectare)	2	10.0
粮食产量(吨)	Yield of Grain(ton)		
油料产量(吨)	Yield of Oil-bearing Crops(ton)		
规模以上工业	**Industrial Enterprises above Designated size**		
工业企业单位数(个)	Number of Industrial Enterprises(unit)	11	-8.3
工业总产值(万元)	Gross Industrial Output Value(10 000 yuan)		-9.9
投资	**Investment and Construction**		
固定资产投资(万元)	Total Investment in Fixed Assets(10 000 yuan)		31.9
房地产开发投资(万元)	Investment in Real Estate Development(10 000 yuan)		
贸易外经	**Trade**		
社会消费品零售总额(万元)	Total Retail Sales of Consumer Goods(10 000 yuan)	82833	7.7
出口总额(万元)	Total Exports(10 000 yuan)		
交通通信	**Transportation,Post & Telecommunications**		
公路里程(公里)	Total Length of Highways(km)	28	-64.6
移动电话用户(户)	Number of Mobile Telephone Subscribers (subscriber)	29121	0.0
互联网宽带接入用户(户)	Number of Subscribers of Internet Service(subscriber)	7565	10.0
教育科技文化卫生社会保障	**Science,Education & Public Health**		
小学学校数(所)	Number of Primary Schools(unit)	2	-33.3
普通中学学校数(所)	Number of Regular Secondary Schools(unit)	2	0.0
体育场馆数(个)	Stadium and Gymnasium(unit)	3	0.0
全年专利授权(件)	Annual Patent Authorization(piece)	12	100.0
剧场、影剧院(个)	Theaters,Music Halls and Cinemas(unit)	1	0.0
医疗卫生机构床位数(张)	Number of Beds in Health Care Institutions(unit)	110	0.0
医疗卫生机构技术人员(人)	Medical Technical Personnel(person)	167	9.2
城乡居民基本养老保险参保人数(人)	Urban and Rural Residents Basic Pension Insurance Contributors(person)	311	-3.4
基本医疗保险参保人数(人)	Basic Medical Care Insurance Contributors(person)	8182	1.6
居民生活	**The Lives of Residents**		
全体居民人均可支配收入(元)	The per capita disposable income of all residents(yuan)	57629	6.6
城镇常住居民人均可支配收入(元)	The per capita disposable income of urban permanent residents(yuan)	57629	6.6
农村牧区常住居民人均可支配收入(元)	The per capita disposable income of permanent residents of rural and pastoral areas(yuan)		

20-22 包头市土默特右旗

Tumoteyou Banner in Baotou City

指 标	Item	2021	增长(%) Increase Rate(%)
行政区域土地面积(平方公里)	**Area of Administration(Sq.km)**	**2368**	**0.0**
人口	**Population**		
年末户籍户数(户)	The Registered Households Year-end(household)	158558	-0.7
年末户籍人口(人)	The Registered Population Year-end(person)	349748	-0.8
国民经济综合指标	**Summary Item on the National Economy**		
生产总值(万元)	Gross Domestic Product(10 000 yuan)	1906933	8.5
第一产业(万元)	Primary Industry(10 000 yuan)	454556	3.9
第二产业(万元)	Secondary Industry(10 000 yuan)	676256	14.1
第三产业(万元)	Tertiary Industry(10 000 yuan)	776121	7.2
一般公共预算收入(万元)	General Public Budget Revenue(10 000 yuan)	80737	14.9
一般公共预算支出(万元)	General Public Budget Expenditure(10 000 yuan)	225581	0.3
农村牧区经济	**Economic Development in Rural & Pastoral Area**		
耕地面积(公顷)	Cultivated Area(hectare)	117053	4.6
高标准农田面积(公顷)	High Standard Farmland Area(hectare)	56640	
农作物总播种面积(公顷)	Total Sown Area(hectare)	106482	-2.3
粮食产量(吨)	Yield of Grain(ton)	818900	2.1
油料产量(吨)	Yield of Oil-bearing Crops(ton)	19676	-24.2
规模以上工业	**Industrial Enterprises above Designated size**		
工业企业单位数(个)	Number of Industrial Enterprises(unit)	46	24.3
工业总产值(万元)	Gross Industrial Output Value(10 000 yuan)		48.4
投资	**Investment and Construction**		
固定资产投资(万元)	Total Investment in Fixed Assets(10 000 yuan)		106.3
房地产开发投资(万元)	Investment in Real Estate Development(10 000 yuan)		-23.1
贸易外经	**Trade**		
社会消费品零售总额(万元)	Total Retail Sales of Consumer Goods(10 000 yuan)	443649	7.2
出口总额(万元)	Total Exports(10 000 yuan)	3326	
交通通信	**Transportation,Post & Telecommunications**		
公路里程(公里)	Total Length of Highways(km)	2692	7.1
移动电话用户(户)	Number of Mobile Telephone Subscribers (subscriber)	228368	-7.5
互联网宽带接入用户(户)	Number of Subscribers of Internet Service(subscriber)	97585	262.2
教育科技文化卫生社会保障	**Science,Education & Public Health**		
小学学校数(所)	Number of Primary Schools(unit)	20	0.0
普通中学学校数(所)	Number of Regular Secondary Schools(unit)	8	14.3
体育场馆数(个)	Stadium and Gymnasium(unit)	1	0.0
全年专利授权(件)	Annual Patent Authorization(piece)	127	24.5
剧场、影剧院(个)	Theaters,Music Halls and Cinemas(unit)	2	-33.3
医疗卫生机构床位数(张)	Number of Beds in Health Care Institutions(unit)	971	10.0
医疗卫生机构技术人员(人)	Medical Technical Personnel(person)	1291	6.3
城乡居民基本养老保险参保人数(人)	Urban and Rural Residents Basic Pension Insurance Contributors(person)	165090	-2.8
基本医疗保险参保人数(人)	Basic Medical Care Insurance Contributors(person)	274078	-1.7
居民生活	**The Lives of Residents**		
全体居民人均可支配收入(元)	The per capita disposable income of all residents(yuan)	31556	7.9
城镇常住居民人均可支配收入(元)	The per capita disposable income of urban permanent residents(yuan)	42581	6.4
农村牧区常住居民人均可支配收入(元)	The per capita disposable income of permanent residents of rural and pastoral areas(yuan)	22687	9.1

20-23 包头市固阳县

Guyang County in Baotou City

指 标	Item	2021	增长(%) Increase Rate(%)
行政区域土地面积(平方公里)	**Area of Administration(Sq.km)**	**5025**	**0.0**
人口	**Population**		
年末户籍户数(户)	The Registered Households Year-end(household)	97113	-0.3
年末户籍人口(人)	The Registered Population Year-end(person)	195373	-0.9
国民经济综合指标	**Summary Item on the National Economy**		
生产总值(万元)	Gross Domestic Product(10 000 yuan)	767216	9.0
第一产业(万元)	Primary Industry(10 000 yuan)	162734	4.2
第二产业(万元)	Secondary Industry(10 000 yuan)	406090	13.3
第三产业(万元)	Tertiary Industry(10 000 yuan)	198391	6.1
一般公共预算收入(万元)	General Public Budget Revenue(10 000 yuan)	68592	71.4
一般公共预算支出(万元)	General Public Budget Expenditure(10 000 yuan)	231263	5.1
农村牧区经济	**Economic Development in Rural & Pastoral Area**		
耕地面积(公顷)	Cultivated Area(hectare)	181814	-3.5
高标准农田面积(公顷)	High Standard Farmland Area(hectare)	22507	
农作物总播种面积(公顷)	Total Sown Area(hectare)	104031	-4.6
粮食产量(吨)	Yield of Grain(ton)	116936	5.0
油料产量(吨)	Yield of Oil-bearing Crops(ton)	42181	-35.4
规模以上工业	**Industrial Enterprises above Designated size**		
工业企业单位数(个)	Number of Industrial Enterprises(unit)	43	13.2
工业总产值(万元)	Gross Industrial Output Value(10 000 yuan)		46.8
投资	**Investment and Construction**		
固定资产投资(万元)	Total Investment in Fixed Assets(10 000 yuan)		-18.2
房地产开发投资(万元)	Investment in Real Estate Development(10 000 yuan)		213.1
贸易外经	**Trade**		
社会消费品零售总额(万元)	Total Retail Sales of Consumer Goods(10 000 yuan)	206803	6.7
出口总额(万元)	Total Exports(10 000 yuan)		
交通通信	**Transportation,Post & Telecommunications**		
公路里程(公里)	Total Length of Highways(km)	1933	53.4
移动电话用户(户)	Number of Mobile Telephone Subscribers (subscriber)	110600	-4.6
互联网宽带接入用户(户)	Number of Subscribers of Internet Service(subscriber)	27401	18.8
教育科技文化卫生社会保障	**Science,Education & Public Health**		
小学学校数(所)	Number of Primary Schools(unit)	5	0.0
普通中学学校数(所)	Number of Regular Secondary Schools(unit)	3	0.0
体育场馆数(个)	Stadium and Gymnasium(unit)	2	100.0
全年专利授权(件)	Annual Patent Authorization(piece)	57	103.6
剧场、影剧院(个)	Theaters,Music Halls and Cinemas(unit)	1	0.0
医疗卫生机构床位数(张)	Number of Beds in Health Care Institutions(unit)	614	0.0
医疗卫生机构技术人员(人)	Medical Technical Personnel(person)	652	3.5
城乡居民基本养老保险参保人数(人)	Urban and Rural Residents Basic Pension Insurance Contributors(person)	106516	-1.7
基本医疗保险参保人数(人)	Basic Medical Care Insurance Contributors(person)	154774	-2.5
居民生活	**The Lives of Residents**		
全体居民人均可支配收入(元)	The per capita disposable income of all residents(yuan)	25137	8.5
城镇常住居民人均可支配收入(元)	The per capita disposable income of urban permanent residents(yuan)	36882	7.5
农村牧区常住居民人均可支配收入(元)	The per capita disposable income of permanent residents of rural and pastoral areas(yuan)	18378	10.7

20-24 包头市达尔罕茂明安联合旗

Daerhanmaomingan Union Banner in Baotou City

指 标	Item	2021	增长(%) Increase Rate(%)
行政区域土地面积(平方公里)	**Area of Administration(Sq.km)**	**17410**	**0.0**
人口	**Population**		
年末户籍户数(户)	The Registered Households Year-end(household)	52958	-0.4
年末户籍人口(人)	The Registered Population Year-end(person)	108486	-0.9
国民经济综合指标	**Summary Item on the National Economy**		
生产总值(万元)	Gross Domestic Product(10 000 yuan)	1076656	5.4
第一产业(万元)	Primary Industry(10 000 yuan)	172093	3.7
第二产业(万元)	Secondary Industry(10 000 yuan)	620058	5.7
第三产业(万元)	Tertiary Industry(10 000 yuan)	284505	6.0
一般公共预算收入(万元)	General Public Budget Revenue(10 000 yuan)	77178	30.7
一般公共预算支出(万元)	General Public Budget Expenditure(10 000 yuan)	212391	0.4
农村牧区经济	**Economic Development in Rural & Pastoral Area**		
耕地面积(公顷)	Cultivated Area(hectare)	88673	15.1
高标准农田面积(公顷)	High Standard Farmland Area(hectare)	9120	
农作物总播种面积(公顷)	Total Sown Area(hectare)	51427	-9.0
粮食产量(吨)	Yield of Grain(ton)	88254	2.1
油料产量(吨)	Yield of Oil-bearing Crops(ton)	19905	-33.2
规模以上工业	**Industrial Enterprises above Designated size**		
工业企业单位数(个)	Number of Industrial Enterprises(unit)	52	-5.5
工业总产值(万元)	Gross Industrial Output Value(10 000 yuan)		-4.6
投资	**Investment and Construction**		
固定资产投资(万元)	Total Investment in Fixed Assets(10 000 yuan)		29.8
房地产开发投资(万元)	Investment in Real Estate Development(10 000 yuan)		-56.1
贸易外经	**Trade**		
社会消费品零售总额(万元)	Total Retail Sales of Consumer Goods(10 000 yuan)	172785	7.0
出口总额(万元)	Total Exports(10 000 yuan)	6956	7.6
交通通信	**Transportation,Post & Telecommunications**		
公路里程(公里)	Total Length of Highways(km)	3180	3.1
移动电话用户(户)	Number of Mobile Telephone Subscribers (subscriber)	88300	3.8
互联网宽带接入用户(户)	Number of Subscribers of Internet Service(subscriber)	22900	26.7
教育科技文化卫生社会保障	**Science,Education & Public Health**		
小学学校数(所)	Number of Primary Schools(unit)	6	0.0
普通中学学校数(所)	Number of Regular Secondary Schools(unit)	3	0.0
体育场馆数(个)	Stadium and Gymnasium(unit)	1	0.0
全年专利授权(件)	Annual Patent Authorization(piece)	29	163.6
剧场、影剧院(个)	Theaters,Music Halls and Cinemas(unit)	1	0.0
医疗卫生机构床位数(张)	Number of Beds in Health Care Institutions(unit)	634	3.3
医疗卫生机构技术人员(人)	Medical Technical Personnel(person)	557	-2.5
城乡居民基本养老保险参保人数(人)	Urban and Rural Residents Basic Pension Insurance Contributors(person)	77729	4.3
基本医疗保险参保人数(人)	Basic Medical Care Insurance Contributors(person)	89362	-0.3
居民生活	**The Lives of Residents**		
全体居民人均可支配收入(元)	The per capita disposable income of all residents(yuan)	36599	8.7
城镇常住居民人均可支配收入(元)	The per capita disposable income of urban permanent residents(yuan)	46552	7.1
农村牧区常住居民人均可支配收入(元)	The per capita disposable income of permanent residents of rural and pastoral areas(yuan)	20677	11.0

20-25 呼伦贝尔市海拉尔区
Hailaer District in Hulunbeier City

指 标	Item	2021	增长(%) Increase Rate(%)
行政区域土地面积(平方公里)	**Area of Administration(Sq.km)**	**1309**	**0.0**
人口	**Population**		
年末户籍户数(户)	The Registered Households Year-end(household)	114763	1.6
年末户籍人口(人)	The Registered Population Year-end(person)	288617	0.1
国民经济综合指标	**Summary Item on the National Economy**		
生产总值(万元)	Gross Domestic Product(10 000 yuan)	1956471	7.5
第一产业(万元)	Primary Industry(10 000 yuan)	68764	4.1
第二产业(万元)	Secondary Industry(10 000 yuan)	552106	7.7
第三产业(万元)	Tertiary Industry(10 000 yuan)	1335601	7.7
一般公共预算收入(万元)	General Public Budget Revenue(10 000 yuan)	123261	40.2
一般公共预算支出(万元)	General Public Budget Expenditure(10 000 yuan)	410619	29.8
农村牧区经济	**Economic Development in Rural & Pastoral Area**		
耕地面积(公顷)	Cultivated Area(hectare)	35836	24.6
高标准农田面积(公顷)	High Standard Farmland Area(hectare)	4067	48.8
农作物总播种面积(公顷)	Total Sown Area(hectare)	29225	7.9
粮食产量(吨)	Yield of Grain(ton)	81545	0.7
油料产量(吨)	Yield of Oil-bearing Crops(ton)	1722	-33.6
规模以上工业	**Industrial Enterprises above Designated size**		
工业企业单位数(个)	Number of Industrial Enterprises(unit)	23	9.5
工业总产值(万元)	Gross Industrial Output Value(10 000 yuan)		-6.3
投资	**Investment and Construction**		
固定资产投资(万元)	Total Investment in Fixed Assets(10 000 yuan)		13.0
房地产开发投资(万元)	Investment in Real Estate Development(10 000 yuan)		36.9
贸易外经	**Trade**		
社会消费品零售总额(万元)	Total Retail Sales of Consumer Goods(10 000 yuan)	907912	6.5
出口总额(万元)	Total Exports(10 000 yuan)		
交通通信	**Transportation,Post & Telecommunications**		
公路里程(公里)	Total Length of Highways(km)	641	3.7
移动电话用户(户)	Number of Mobile Telephone Subscribers (subscriber)	495224	-27.2
互联网宽带接入用户(户)	Number of Subscribers of Internet Service(subscriber)	189113	33.2
教育科技文化卫生社会保障	**Science,Education & Public Health**		
小学学校数(所)	Number of Primary Schools(unit)	15	-6.3
普通中学学校数(所)	Number of Regular Secondary Schools(unit)	18	-5.3
体育场馆数(个)	Stadium and Gymnasium(unit)	2	0.0
全年专利授权(件)	Annual Patent Authorization(piece)	414	42.8
剧场、影剧院(个)	Theaters,Music Halls and Cinemas(unit)	4	0.0
医疗卫生机构床位数(张)	Number of Beds in Health Care Institutions(unit)	3729	6.1
医疗卫生机构技术人员(人)	Medical Technical Personnel(person)	5440	-0.7
城乡居民基本养老保险参保人数(人)	Urban and Rural Residents Basic Pension Insurance Contributors(person)	22658	-20.4
基本医疗保险参保人数(人)	Basic Medical Care Insurance Contributors(person)	175897	1.7
居民生活	**The Lives of Residents**		
全体居民人均可支配收入(元)	The per capita disposable income of all residents(yuan)	43880	6.4
城镇常住居民人均可支配收入(元)	The per capita disposable income of urban permanent residents(yuan)	44278	6.3
农村牧区常住居民人均可支配收入(元)	The per capita disposable income of permanent residents of rural and pastoral areas(yuan)	34943	8.0

20-26 呼伦贝尔市满洲里扎赉诺尔区

Zhalainuoer District of Manzhouli City in Hulunbeier City

指 标	Item	2021	增长(%) Increase Rate(%)
行政区域土地面积(平方公里)	**Area of Administration(Sq.km)**	**270**	**0.0**
人口	**Population**		
年末户籍户数(户)	The Registered Households Year-end(household)	39677	-0.4
年末户籍人口(人)	The Registered Population Year-end(person)	83044	-1.0
国民经济综合指标	**Summary Item on the National Economy**		
生产总值(万元)	Gross Domestic Product(10 000 yuan)	596346	
第一产业(万元)	Primary Industry(10 000 yuan)	10688	
第二产业(万元)	Secondary Industry(10 000 yuan)	389744	
第三产业(万元)	Tertiary Industry(10 000 yuan)	195914	
一般公共预算收入(万元)	General Public Budget Revenue(10 000 yuan)	42946	9.1
一般公共预算支出(万元)	General Public Budget Expenditure(10 000 yuan)	79602	5.9
农村牧区经济	**Economic Development in Rural & Pastoral Area**		
耕地面积(公顷)	Cultivated Area(hectare)	808	
高标准农田面积(公顷)	High Standard Farmland Area(hectare)		
农作物总播种面积(公顷)	Total Sown Area(hectare)	52	
粮食产量(吨)	Yield of Grain(ton)		
油料产量(吨)	Yield of Oil-bearing Crops(ton)		
规模以上工业	**Industrial Enterprises above Designated size**		
工业企业单位数(个)	Number of Industrial Enterprises(unit)	10	0.0
工业总产值(万元)	Gross Industrial Output Value(10 000 yuan)		
投资	**Investment and Construction**		
固定资产投资(万元)	Total Investment in Fixed Assets(10 000 yuan)		10.9
房地产开发投资(万元)	Investment in Real Estate Development(10 000 yuan)		25.4
贸易外经	**Trade**		
社会消费品零售总额(万元)	Total Retail Sales of Consumer Goods(10 000 yuan)	113141	-95.1
出口总额(万元)	Total Exports(10 000 yuan)	60	138.2
交通通信	**Transportation,Post & Telecommunications**		
公路里程(公里)	Total Length of Highways(km)	121	0.0
移动电话用户(户)	Number of Mobile Telephone Subscribers (subscriber)	112380	0.9
互联网宽带接入用户(户)	Number of Subscribers of Internet Service(subscriber)	31462	1.7
教育科技文化卫生社会保障	**Science,Education & Public Health**		
小学学校数(所)	Number of Primary Schools(unit)	7	0.0
普通中学学校数(所)	Number of Regular Secondary Schools(unit)	6	0.0
体育场馆数(个)	Stadium and Gymnasium(unit)	3	0.0
全年专利授权(件)	Annual Patent Authorization(piece)		
剧场、影剧院(个)	Theaters,Music Halls and Cinemas(unit)	3	0.0
医疗卫生机构床位数(张)	Number of Beds in Health Care Institutions(unit)	227	8.1
医疗卫生机构技术人员(人)	Medical Technical Personnel(person)	614	-12.9
城乡居民基本养老保险参保人数(人)	Urban and Rural Residents Basic Pension Insurance Contributors(person)		
基本医疗保险参保人数(人)	Basic Medical Care Insurance Contributors(person)	27879	-3.1
居民生活	**The Lives of Residents**		
全体居民人均可支配收入(元)	The per capita disposable income of all residents(yuan)	39673	6.6
城镇常住居民人均可支配收入(元)	The per capita disposable income of urban permanent residents(yuan)	39673	6.6
农村牧区常住居民人均可支配收入(元)	The per capita disposable income of permanent residents of rural and pastoral areas(yuan)		

20-27 呼伦贝尔市阿荣旗

Arong Banner in Hulunbeier City

指 标	Item	2021	增长(%) Increase Rate(%)
行政区域土地面积(平方公里)	**Area of Administration(Sq.km)**	**11073**	**0.0**
人口	**Population**		
年末户籍户数(户)	The Registered Households Year-end(household)	138255	-0.5
年末户籍人口(人)	The Registered Population Year-end(person)	318133	-0.5
国民经济综合指标	**Summary Item on the National Economy**		
生产总值(万元)	Gross Domestic Product(10 000 yuan)	1030028	5.5
第一产业(万元)	Primary Industry(10 000 yuan)	521294	7.0
第二产业(万元)	Secondary Industry(10 000 yuan)	135415	6.7
第三产业(万元)	Tertiary Industry(10 000 yuan)	373319	3.3
一般公共预算收入(万元)	General Public Budget Revenue(10 000 yuan)	32269	10.9
一般公共预算支出(万元)	General Public Budget Expenditure(10 000 yuan)	346891	-10.7
农村牧区经济	**Economic Development in Rural & Pastoral Area**		
耕地面积(公顷)	Cultivated Area(hectare)	330130	-0.4
高标准农田面积(公顷)	High Standard Farmland Area(hectare)	67333	3.1
农作物总播种面积(公顷)	Total Sown Area(hectare)	330153	-1.0
粮食产量(吨)	Yield of Grain(ton)	1693850	11.8
油料产量(吨)	Yield of Oil-bearing Crops(ton)	2	114.3
规模以上工业	**Industrial Enterprises above Designated size**		
工业企业单位数(个)	Number of Industrial Enterprises(unit)	9	28.6
工业总产值(万元)	Gross Industrial Output Value(10 000 yuan)		-4.8
投资	**Investment and Construction**		
固定资产投资(万元)	Total Investment in Fixed Assets(10 000 yuan)		2.1
房地产开发投资(万元)	Investment in Real Estate Development(10 000 yuan)		29.4
贸易外经	**Trade**		
社会消费品零售总额(万元)	Total Retail Sales of Consumer Goods(10 000 yuan)	210638	5.2
出口总额(万元)	Total Exports(10 000 yuan)	1138	
交通通信	**Transportation,Post & Telecommunications**		
公路里程(公里)	Total Length of Highways(km)	3586	0.0
移动电话用户(户)	Number of Mobile Telephone Subscribers (subscriber)	253078	-2.9
互联网宽带接入用户(户)	Number of Subscribers of Internet Service(subscriber)	56188	27.7
教育科技文化卫生社会保障	**Science,Education & Public Health**		
小学学校数(所)	Number of Primary Schools(unit)	17	0.0
普通中学学校数(所)	Number of Regular Secondary Schools(unit)	18	0.0
体育场馆数(个)	Stadium and Gymnasium(unit)	2	0.0
全年专利授权(件)	Annual Patent Authorization(piece)	36	
剧场、影剧院(个)	Theaters,Music Halls and Cinemas(unit)	1	-50.0
医疗卫生机构床位数(张)	Number of Beds in Health Care Institutions(unit)	1320	0.3
医疗卫生机构技术人员(人)	Medical Technical Personnel(person)	1666	3.8
城乡居民基本养老保险参保人数(人)	Urban and Rural Residents Basic Pension Insurance Contributors(person)	135951	4.1
基本医疗保险参保人数(人)	Basic Medical Care Insurance Contributors(person)	271536	-1.8
居民生活	**The Lives of Residents**		
全体居民人均可支配收入(元)	The per capita disposable income of all residents(yuan)	27415	7.6
城镇常住居民人均可支配收入(元)	The per capita disposable income of urban permanent residents(yuan)	36299	6.1
农村牧区常住居民人均可支配收入(元)	The per capita disposable income of permanent residents of rural and pastoral areas(yuan)	23137	7.7

20-28 呼伦贝尔市莫力达瓦达斡尔族自治旗

Molidawadawoer National Autonomous Banner in Hulunbeier City

指 标	Item	2021	增长(%) Increase Rate(%)
行政区域土地面积(平方公里)	**Area of Administration(Sq.km)**	**10356**	**0.0**
人口	**Population**		
年末户籍户数(户)	The Registered Households Year-end(household)	138249	-0.9
年末户籍人口(人)	The Registered Population Year-end(person)	309919	-1.4
国民经济综合指标	**Summary Item on the National Economy**		
生产总值(万元)	Gross Domestic Product(10 000 yuan)	932604	4.3
第一产业(万元)	Primary Industry(10 000 yuan)	607150	4.7
第二产业(万元)	Secondary Industry(10 000 yuan)	52499	9.8
第三产业(万元)	Tertiary Industry(10 000 yuan)	272954	2.4
一般公共预算收入(万元)	General Public Budget Revenue(10 000 yuan)	19288	-28.5
一般公共预算支出(万元)	General Public Budget Expenditure(10 000 yuan)	309866	-9.9
农村牧区经济	**Economic Development in Rural & Pastoral Area**		
耕地面积(公顷)	Cultivated Area(hectare)	569400	-1.9
高标准农田面积(公顷)	High Standard Farmland Area(hectare)	4000	-88.8
农作物总播种面积(公顷)	Total Sown Area(hectare)	501824	0.1
粮食产量(吨)	Yield of Grain(ton)	1918096	20.4
油料产量(吨)	Yield of Oil-bearing Crops(ton)		
规模以上工业	**Industrial Enterprises above Designated size**		
工业企业单位数(个)	Number of Industrial Enterprises(unit)	4	33.3
工业总产值(万元)	Gross Industrial Output Value(10 000 yuan)		-2.3
投资	**Investment and Construction**		
固定资产投资(万元)	Total Investment in Fixed Assets(10 000 yuan)		13.0
房地产开发投资(万元)	Investment in Real Estate Development(10 000 yuan)		48.1
贸易外经	**Trade**		
社会消费品零售总额(万元)	Total Retail Sales of Consumer Goods(10 000 yuan)	181674	6.8
出口总额(万元)	Total Exports(10 000 yuan)		
交通通信	**Transportation,Post & Telecommunications**		
公路里程(公里)	Total Length of Highways(km)	2997	30.5
移动电话用户(户)	Number of Mobile Telephone Subscribers (subscriber)	259800	0.8
互联网宽带接入用户(户)	Number of Subscribers of Internet Service(subscriber)	56600	1.6
教育科技文化卫生社会保障	**Science,Education & Public Health**		
小学学校数(所)	Number of Primary Schools(unit)	26	0.0
普通中学学校数(所)	Number of Regular Secondary Schools(unit)	9	0.0
体育场馆数(个)	Stadium and Gymnasium(unit)	6	100.0
全年专利授权(件)	Annual Patent Authorization(piece)		
剧场、影剧院(个)	Theaters,Music Halls and Cinemas(unit)	1	0.0
医疗卫生机构床位数(张)	Number of Beds in Health Care Institutions(unit)	1094	2.7
医疗卫生机构技术人员(人)	Medical Technical Personnel(person)	1506	9.4
城乡居民基本养老保险参保人数(人)	Urban and Rural Residents Basic Pension Insurance Contributors(person)	167731	5.6
基本医疗保险参保人数(人)	Basic Medical Care Insurance Contributors(person)	247106	-1.0
居民生活	**The Lives of Residents**		
全体居民人均可支配收入(元)	The per capita disposable income of all residents(yuan)	17544	9.9
城镇常住居民人均可支配收入(元)	The per capita disposable income of urban permanent residents(yuan)	27657	8.5
农村牧区常住居民人均可支配收入(元)	The per capita disposable income of permanent residents of rural and pastoral areas(yuan)	13846	11.5

20-29 呼伦贝尔市鄂伦春自治旗

Elunchun National Autonomous Banner in Hulunbeier City

指 标	Item	2021	增长(%) Increase Rate(%)
行政区域土地面积(平方公里)	**Area of Administration(Sq.km)**	**54688**	**0.0**
人口	**Population**		
年末户籍户数(户)	The Registered Households Year-end(household)	109673	-1.4
年末户籍人口(人)	The Registered Population Year-end(person)	235331	-2.2
国民经济综合指标	**Summary Item on the National Economy**		
生产总值(万元)	Gross Domestic Product(10 000 yuan)	750883	5.8
第一产业(万元)	Primary Industry(10 000 yuan)	321411	6.2
第二产业(万元)	Secondary Industry(10 000 yuan)	84287	6.7
第三产业(万元)	Tertiary Industry(10 000 yuan)	345185	5.2
一般公共预算收入(万元)	General Public Budget Revenue(10 000 yuan)	15019	-13.5
一般公共预算支出(万元)	General Public Budget Expenditure(10 000 yuan)	290655	-19.7
农村牧区经济	**Economic Development in Rural & Pastoral Area**		
耕地面积(公顷)	Cultivated Area(hectare)	285800	0.0
高标准农田面积(公顷)	High Standard Farmland Area(hectare)	26334	2.6
农作物总播种面积(公顷)	Total Sown Area(hectare)	289356	0.4
粮食产量(吨)	Yield of Grain(ton)	657001	13.6
油料产量(吨)	Yield of Oil-bearing Crops(ton)		
规模以上工业	**Industrial Enterprises above Designated size**		
工业企业单位数(个)	Number of Industrial Enterprises(unit)	4	-20.0
工业总产值(万元)	Gross Industrial Output Value(10 000 yuan)		26.0
投资	**Investment and Construction**		
固定资产投资(万元)	Total Investment in Fixed Assets(10 000 yuan)		-18.4
房地产开发投资(万元)	Investment in Real Estate Development(10 000 yuan)		72.1
贸易外经	**Trade**		
社会消费品零售总额(万元)	Total Retail Sales of Consumer Goods(10 000 yuan)	175742	4.8
出口总额(万元)	Total Exports(10 000 yuan)		
交通通信	**Transportation,Post & Telecommunications**		
公路里程(公里)	Total Length of Highways(km)	2998	0.1
移动电话用户(户)	Number of Mobile Telephone Subscribers (subscriber)	237000	-2.6
互联网宽带接入用户(户)	Number of Subscribers of Internet Service(subscriber)	52000	1.8
教育科技文化卫生社会保障	**Science,Education & Public Health**		
小学学校数(所)	Number of Primary Schools(unit)	17	0.0
普通中学学校数(所)	Number of Regular Secondary Schools(unit)	12	0.0
体育场馆数(个)	Stadium and Gymnasium(unit)	9	80.0
全年专利授权(件)	Annual Patent Authorization(piece)	57	119.2
剧场、影剧院(个)	Theaters,Music Halls and Cinemas(unit)	2	0.0
医疗卫生机构床位数(张)	Number of Beds in Health Care Institutions(unit)	924	5.5
医疗卫生机构技术人员(人)	Medical Technical Personnel(person)	1534	2.9
城乡居民基本养老保险参保人数(人)	Urban and Rural Residents Basic Pension Insurance Contributors(person)	53466	4.5
基本医疗保险参保人数(人)	Basic Medical Care Insurance Contributors(person)	194953	-1.6
居民生活	**The Lives of Residents**		
全体居民人均可支配收入(元)	The per capita disposable income of all residents(yuan)	25863	8.7
城镇常住居民人均可支配收入(元)	The per capita disposable income of urban permanent residents(yuan)	30100	8.2
农村牧区常住居民人均可支配收入(元)	The per capita disposable income of permanent residents of rural and pastoral areas(yuan)	12779	11.1

20-30 呼伦贝尔市鄂温克族自治旗

Ewenke National Autonomous Banner in Hulunbeier City

指 标	Item	2021	增长(%) Increase Rate(%)
行政区域土地面积(平方公里)	**Area of Administration(Sq.km)**	**18657**	**0.0**
人口	**Population**		
年末户籍户数(户)	The Registered Households Year-end(household)	57048	0.6
年末户籍人口(人)	The Registered Population Year-end(person)	135482	-0.6
国民经济综合指标	**Summary Item on the National Economy**		
生产总值(万元)	Gross Domestic Product(10 000 yuan)	1482757	10.5
第一产业(万元)	Primary Industry(10 000 yuan)	109814	8.1
第二产业(万元)	Secondary Industry(10 000 yuan)	944610	8.8
第三产业(万元)	Tertiary Industry(10 000 yuan)	428333	14.0
一般公共预算收入(万元)	General Public Budget Revenue(10 000 yuan)	78880	13.4
一般公共预算支出(万元)	General Public Budget Expenditure(10 000 yuan)	214317	-13.6
农村牧区经济	**Economic Development in Rural & Pastoral Area**		
耕地面积(公顷)	Cultivated Area(hectare)	8554	-46.6
高标准农田面积(公顷)	High Standard Farmland Area(hectare)		
农作物总播种面积(公顷)	Total Sown Area(hectare)	12862	-3.2
粮食产量(吨)	Yield of Grain(ton)	28590	5.0
油料产量(吨)	Yield of Oil-bearing Crops(ton)	3929	-42.4
规模以上工业	**Industrial Enterprises above Designated size**		
工业企业单位数(个)	Number of Industrial Enterprises(unit)	15	7.1
工业总产值(万元)	Gross Industrial Output Value(10 000 yuan)		20.6
投资	**Investment and Construction**		
固定资产投资(万元)	Total Investment in Fixed Assets(10 000 yuan)		31.5
房地产开发投资(万元)	Investment in Real Estate Development(10 000 yuan)		45.3
贸易外经	**Trade**		
社会消费品零售总额(万元)	Total Retail Sales of Consumer Goods(10 000 yuan)	305906	6.2
出口总额(万元)	Total Exports(10 000 yuan)		
交通通信	**Transportation,Post & Telecommunications**		
公路里程(公里)	Total Length of Highways(km)	1439	0.6
移动电话用户(户)	Number of Mobile Telephone Subscribers (subscriber)	129732	-13.4
互联网宽带接入用户(户)	Number of Subscribers of Internet Service(subscriber)	33054	4.9
教育科技文化卫生社会保障	**Science,Education & Public Health**		
小学学校数(所)	Number of Primary Schools(unit)	9	-10.0
普通中学学校数(所)	Number of Regular Secondary Schools(unit)	11	0.0
体育场馆数(个)	Stadium and Gymnasium(unit)	3	0.0
全年专利授权(件)	Annual Patent Authorization(piece)	227	112.1
剧场、影剧院(个)	Theaters,Music Halls and Cinemas(unit)	3	0.0
医疗卫生机构床位数(张)	Number of Beds in Health Care Institutions(unit)	690	10.8
医疗卫生机构技术人员(人)	Medical Technical Personnel(person)	1064	3.7
城乡居民基本养老保险参保人数(人)	Urban and Rural Residents Basic Pension Insurance Contributors(person)	22140	2.5
基本医疗保险参保人数(人)	Basic Medical Care Insurance Contributors(person)	123688	-0.8
居民生活	**The Lives of Residents**		
全体居民人均可支配收入(元)	The per capita disposable income of all residents(yuan)	35551	6.6
城镇常住居民人均可支配收入(元)	The per capita disposable income of urban permanent residents(yuan)	35740	5.7
农村牧区常住居民人均可支配收入(元)	The per capita disposable income of permanent residents of rural and pastoral areas(yuan)	28885	7.8

20-31 呼伦贝尔市陈巴尔虎旗

Chenbaerhu Banner in Hulunbeier City

指 标	Item	2021	增长(%) Increase Rate(%)
行政区域土地面积(平方公里)	**Area of Administration(Sq.km)**	**17458**	**0.0**
人口	**Population**		
年末户籍户数(户)	The Registered Households Year-end(household)	24320	-0.1
年末户籍人口(人)	The Registered Population Year-end(person)	53338	-0.8
国民经济综合指标	**Summary Item on the National Economy**		
生产总值(万元)	Gross Domestic Product(10 000 yuan)	1114183	5.1
第一产业(万元)	Primary Industry(10 000 yuan)	172331	8.6
第二产业(万元)	Secondary Industry(10 000 yuan)	786008	2.4
第三产业(万元)	Tertiary Industry(10 000 yuan)	155844	12.3
一般公共预算收入(万元)	General Public Budget Revenue(10 000 yuan)	64741	-5.6
一般公共预算支出(万元)	General Public Budget Expenditure(10 000 yuan)	168549	-18.1
农村牧区经济	**Economic Development in Rural & Pastoral Area**		
耕地面积(公顷)	Cultivated Area(hectare)	103169	25.2
高标准农田面积(公顷)	High Standard Farmland Area(hectare)		
农作物总播种面积(公顷)	Total Sown Area(hectare)	85069	4.6
粮食产量(吨)	Yield of Grain(ton)	150233	40.6
油料产量(吨)	Yield of Oil-bearing Crops(ton)	41171	57.6
规模以上工业	**Industrial Enterprises above Designated size**		
工业企业单位数(个)	Number of Industrial Enterprises(unit)	11	22.2
工业总产值(万元)	Gross Industrial Output Value(10 000 yuan)		19.0
投资	**Investment and Construction**		
固定资产投资(万元)	Total Investment in Fixed Assets(10 000 yuan)		-44.7
房地产开发投资(万元)	Investment in Real Estate Development(10 000 yuan)		-65.7
贸易外经	**Trade**		
社会消费品零售总额(万元)	Total Retail Sales of Consumer Goods(10 000 yuan)	74016	4.1
出口总额(万元)	Total Exports(10 000 yuan)		
交通通信	**Transportation,Post & Telecommunications**		
公路里程(公里)	Total Length of Highways(km)	1956	-0.9
移动电话用户(户)	Number of Mobile Telephone Subscribers (subscriber)	63035	1.2
互联网宽带接入用户(户)	Number of Subscribers of Internet Service(subscriber)	16559	21.5
教育科技文化卫生社会保障	**Science,Education & Public Health**		
小学学校数(所)	Number of Primary Schools(unit)	7	40.0
普通中学学校数(所)	Number of Regular Secondary Schools(unit)	3	0.0
体育场馆数(个)	Stadium and Gymnasium(unit)	3	0.0
全年专利授权(件)	Annual Patent Authorization(piece)	33	0.0
剧场、影剧院(个)	Theaters,Music Halls and Cinemas(unit)	1	0.0
医疗卫生机构床位数(张)	Number of Beds in Health Care Institutions(unit)	470	121.7
医疗卫生机构技术人员(人)	Medical Technical Personnel(person)	470	0.0
城乡居民基本养老保险参保人数(人)	Urban and Rural Residents Basic Pension Insurance Contributors(person)	12143	25.7
基本医疗保险参保人数(人)	Basic Medical Care Insurance Contributors(person)	55705	-3.8
居民生活	**The Lives of Residents**		
全体居民人均可支配收入(元)	The per capita disposable income of all residents(yuan)	35340	6.3
城镇常住居民人均可支配收入(元)	The per capita disposable income of urban permanent residents(yuan)	37140	6.2
农村牧区常住居民人均可支配收入(元)	The per capita disposable income of permanent residents of rural and pastoral areas(yuan)	27849	7.9

20-32 呼伦贝尔市新巴尔虎左旗

Xinbaerhuzuo Banner in Hulunbeier City

指 标	Item	2021	增长(%) Increase Rate(%)
行政区域土地面积(平方公里)	**Area of Administration(Sq.km)**	**20107**	**0.0**
人口	**Population**		
年末户籍户数(户)	The Registered Households Year-end(household)	20175	-0.8
年末户籍人口(人)	The Registered Population Year-end(person)	41467	0.1
国民经济综合指标	**Summary Item on the National Economy**		
生产总值(万元)	Gross Domestic Product(10 000 yuan)	270115	4.2
第一产业(万元)	Primary Industry(10 000 yuan)	121906	8.5
第二产业(万元)	Secondary Industry(10 000 yuan)	40744	-10.9
第三产业(万元)	Tertiary Industry(10 000 yuan)	107465	5.4
一般公共预算收入(万元)	General Public Budget Revenue(10 000 yuan)	12084	61.7
一般公共预算支出(万元)	General Public Budget Expenditure(10 000 yuan)	107470	-26.9
农村牧区经济	**Economic Development in Rural & Pastoral Area**		
耕地面积(公顷)	Cultivated Area(hectare)	26813	0.1
高标准农田面积(公顷)	High Standard Farmland Area(hectare)		
农作物总播种面积(公顷)	Total Sown Area(hectare)	26943	0.1
粮食产量(吨)	Yield of Grain(ton)	50818	0.8
油料产量(吨)	Yield of Oil-bearing Crops(ton)	8603	-42.7
规模以上工业	**Industrial Enterprises above Designated size**		
工业企业单位数(个)	Number of Industrial Enterprises(unit)	6	0.0
工业总产值(万元)	Gross Industrial Output Value(10 000 yuan)		-43.2
投资	**Investment and Construction**		
固定资产投资(万元)	Total Investment in Fixed Assets(10 000 yuan)		-25.2
房地产开发投资(万元)	Investment in Real Estate Development(10 000 yuan)		-33.0
贸易外经	**Trade**		
社会消费品零售总额(万元)	Total Retail Sales of Consumer Goods(10 000 yuan)	63705	3.3
出口总额(万元)	Total Exports(10 000 yuan)		
交通通信	**Transportation,Post & Telecommunications**		
公路里程(公里)	Total Length of Highways(km)	2036	0.0
移动电话用户(户)	Number of Mobile Telephone Subscribers (subscriber)	48244	2.1
互联网宽带接入用户(户)	Number of Subscribers of Internet Service(subscriber)	15945	47.3
教育科技文化卫生社会保障	**Science,Education & Public Health**		
小学学校数(所)	Number of Primary Schools(unit)	2	0.0
普通中学学校数(所)	Number of Regular Secondary Schools(unit)	4	0.0
体育场馆数(个)	Stadium and Gymnasium(unit)	3	50.0
全年专利授权(件)	Annual Patent Authorization(piece)		
剧场、影剧院(个)	Theaters,Music Halls and Cinemas(unit)	1	0.0
医疗卫生机构床位数(张)	Number of Beds in Health Care Institutions(unit)	137	-13.3
医疗卫生机构技术人员(人)	Medical Technical Personnel(person)	347	-8.2
城乡居民基本养老保险参保人数(人)	Urban and Rural Residents Basic Pension Insurance Contributors(person)	17137	0.8
基本医疗保险参保人数(人)	Basic Medical Care Insurance Contributors(person)	34825	3.0
居民生活	**The Lives of Residents**		
全体居民人均可支配收入(元)	The per capita disposable income of all residents(yuan)	29213	7.1
城镇常住居民人均可支配收入(元)	The per capita disposable income of urban permanent residents(yuan)	31058	7.1
农村牧区常住居民人均可支配收入(元)	The per capita disposable income of permanent residents of rural and pastoral areas(yuan)	27221	7.2

20-33 呼伦贝尔市新巴尔虎右旗

Xinbaerhuyou Banner in Hulunbeier City

指 标	Item	2021	增长(%) Increase Rate(%)
行政区域土地面积(平方公里)	**Area of Administration(Sq.km)**	**24840**	**0.0**
人口	**Population**		
年末户籍户数(户)	The Registered Households Year-end(household)	15566	-0.4
年末户籍人口(人)	The Registered Population Year-end(person)	35090	0.2
国民经济综合指标	**Summary Item on the National Economy**		
生产总值(万元)	Gross Domestic Product(10 000 yuan)	771446	7.2
第一产业(万元)	Primary Industry(10 000 yuan)	177519	5.0
第二产业(万元)	Secondary Industry(10 000 yuan)	488554	9.3
第三产业(万元)	Tertiary Industry(10 000 yuan)	105373	4.1
一般公共预算收入(万元)	General Public Budget Revenue(10 000 yuan)	45368	38.0
一般公共预算支出(万元)	General Public Budget Expenditure(10 000 yuan)	118672	-21.9
农村牧区经济	**Economic Development in Rural & Pastoral Area**		
耕地面积(公顷)	Cultivated Area(hectare)	2280	
高标准农田面积(公顷)	High Standard Farmland Area(hectare)		
农作物总播种面积(公顷)	Total Sown Area(hectare)	2836	372.8
粮食产量(吨)	Yield of Grain(ton)	1778	202.9
油料产量(吨)	Yield of Oil-bearing Crops(ton)	59	30.7
规模以上工业	**Industrial Enterprises above Designated size**		
工业企业单位数(个)	Number of Industrial Enterprises(unit)	15	15.4
工业总产值(万元)	Gross Industrial Output Value(10 000 yuan)		32.0
投资	**Investment and Construction**		
固定资产投资(万元)	Total Investment in Fixed Assets(10 000 yuan)		8.5
房地产开发投资(万元)	Investment in Real Estate Development(10 000 yuan)		34.8
贸易外经	**Trade**		
社会消费品零售总额(万元)	Total Retail Sales of Consumer Goods(10 000 yuan)	70154	4.5
出口总额(万元)	Total Exports(10 000 yuan)		
交通通信	**Transportation,Post & Telecommunications**		
公路里程(公里)	Total Length of Highways(km)	1147	0.0
移动电话用户(户)	Number of Mobile Telephone Subscribers (subscriber)	47772	-2.7
互联网宽带接入用户(户)	Number of Subscribers of Internet Service(subscriber)	10282	-1.4
教育科技文化卫生社会保障	**Science,Education & Public Health**		
小学学校数(所)	Number of Primary Schools(unit)	2	0.0
普通中学学校数(所)	Number of Regular Secondary Schools(unit)	2	0.0
体育场馆数(个)	Stadium and Gymnasium(unit)	1	-83.3
全年专利授权(件)	Annual Patent Authorization(piece)		
剧场、影剧院(个)	Theaters,Music Halls and Cinemas(unit)	1	0.0
医疗卫生机构床位数(张)	Number of Beds in Health Care Institutions(unit)	178	0.0
医疗卫生机构技术人员(人)	Medical Technical Personnel(person)	443	12.2
城乡居民基本养老保险参保人数(人)	Urban and Rural Residents Basic Pension Insurance Contributors(person)	14166	-0.9
基本医疗保险参保人数(人)	Basic Medical Care Insurance Contributors(person)	35936	8.6
居民生活	**The Lives of Residents**		
全体居民人均可支配收入(元)	The per capita disposable income of all residents(yuan)	31340	7.4
城镇常住居民人均可支配收入(元)	The per capita disposable income of urban permanent residents(yuan)	35096	6.1
农村牧区常住居民人均可支配收入(元)	The per capita disposable income of permanent residents of rural and pastoral areas(yuan)	27502	7.5

20-34 呼伦贝尔市满洲里市
Manzhouli City in Hulunbeier City

指 标	Item	2021	增长(%) Increase Rate(%)
行政区域土地面积(平方公里)	**Area of Administration(Sq.km)**	**735**	**0.0**
人口	**Population**		
年末户籍户数(户)	The Registered Households Year-end(household)	78138	0.4
年末户籍人口(人)	The Registered Population Year-end(person)	171843	-0.2
国民经济综合指标	**Summary Item on the National Economy**		
生产总值(万元)	Gross Domestic Product(10 000 yuan)	1579403	1.6
第一产业(万元)	Primary Industry(10 000 yuan)	39192	4.9
第二产业(万元)	Secondary Industry(10 000 yuan)	493263	-4.6
第三产业(万元)	Tertiary Industry(10 000 yuan)	1046948	4.0
一般公共预算收入(万元)	General Public Budget Revenue(10 000 yuan)	140027	43.4
一般公共预算支出(万元)	General Public Budget Expenditure(10 000 yuan)	389413	-12.5
农村牧区经济	**Economic Development in Rural & Pastoral Area**		
耕地面积(公顷)	Cultivated Area(hectare)	3124	72.5
高标准农田面积(公顷)	High Standard Farmland Area(hectare)		
农作物总播种面积(公顷)	Total Sown Area(hectare)	1273	-5.7
粮食产量(吨)	Yield of Grain(ton)	3228	0.0
油料产量(吨)	Yield of Oil-bearing Crops(ton)		
规模以上工业	**Industrial Enterprises above Designated size**		
工业企业单位数(个)	Number of Industrial Enterprises(unit)	24	-14.3
工业总产值(万元)	Gross Industrial Output Value(10 000 yuan)		-0.8
投资	**Investment and Construction**		
固定资产投资(万元)	Total Investment in Fixed Assets(10 000 yuan)		3.9
房地产开发投资(万元)	Investment in Real Estate Development(10 000 yuan)		22.3
贸易外经	**Trade**		
社会消费品零售总额(万元)	Total Retail Sales of Consumer Goods(10 000 yuan)	422167	3.5
出口总额(万元)	Total Exports(10 000 yuan)	270000	36.1
交通通信	**Transportation,Post & Telecommunications**		
公路里程(公里)	Total Length of Highways(km)	410	0.0
移动电话用户(户)	Number of Mobile Telephone Subscribers (subscriber)	163000	-5.6
互联网宽带接入用户(户)	Number of Subscribers of Internet Service(subscriber)	50000	2.0
教育科技文化卫生社会保障	**Science,Education & Public Health**		
小学学校数(所)	Number of Primary Schools(unit)	11	0.0
普通中学学校数(所)	Number of Regular Secondary Schools(unit)	14	0.0
体育场馆数(个)	Stadium and Gymnasium(unit)	28	0.0
全年专利授权(件)	Annual Patent Authorization(piece)		
剧场、影剧院(个)	Theaters,Music Halls and Cinemas(unit)	5	0.0
医疗卫生机构床位数(张)	Number of Beds in Health Care Institutions(unit)	1113	4.8
医疗卫生机构技术人员(人)	Medical Technical Personnel(person)	1890	-8.6
城乡居民基本养老保险参保人数(人)	Urban and Rural Residents Basic Pension Insurance Contributors(person)	56869	-24.8
基本医疗保险参保人数(人)	Basic Medical Care Insurance Contributors(person)	136471	-0.3
居民生活	**The Lives of Residents**		
全体居民人均可支配收入(元)	The per capita disposable income of all residents(yuan)	42597	5.6
城镇常住居民人均可支配收入(元)	The per capita disposable income of urban permanent residents(yuan)	42597	5.6
农村牧区常住居民人均可支配收入(元)	The per capita disposable income of permanent residents of rural and pastoral areas(yuan)		

注：满洲里数据包含扎赉诺尔区。
a)Data in manzhouli included zhalainuoer district.

20-35 呼伦贝尔市牙克石市

Yakeshi City in Hulunbeier City

指 标	Item	2021	增长(%) Increase Rate(%)
行政区域土地面积(平方公里)	**Area of Administration(Sq.km)**	**27803**	**0.0**
人口	**Population**		
年末户籍户数(户)	The Registered Households Year-end(household)	136843	-0.8
年末户籍人口(人)	The Registered Population Year-end(person)	308989	-1.9
国民经济综合指标	**Summary Item on the National Economy**		
生产总值(万元)	Gross Domestic Product(10 000 yuan)	1086060	4.1
第一产业(万元)	Primary Industry(10 000 yuan)	278477	8.3
第二产业(万元)	Secondary Industry(10 000 yuan)	134232	-12.1
第三产业(万元)	Tertiary Industry(10 000 yuan)	673351	5.6
一般公共预算收入(万元)	General Public Budget Revenue(10 000 yuan)	28610	-9.7
一般公共预算支出(万元)	General Public Budget Expenditure(10 000 yuan)	287378	-25.8
农村牧区经济	**Economic Development in Rural & Pastoral Area**		
耕地面积(公顷)	Cultivated Area(hectare)	162374	2.0
高标准农田面积(公顷)	High Standard Farmland Area(hectare)	22085	3.2
农作物总播种面积(公顷)	Total Sown Area(hectare)	153085	-3.9
粮食产量(吨)	Yield of Grain(ton)	548604	1.4
油料产量(吨)	Yield of Oil-bearing Crops(ton)	63978	-7.7
规模以上工业	**Industrial Enterprises above Designated size**		
工业企业单位数(个)	Number of Industrial Enterprises(unit)	10	25.0
工业总产值(万元)	Gross Industrial Output Value(10 000 yuan)		44.5
投资	**Investment and Construction**		
固定资产投资(万元)	Total Investment in Fixed Assets(10 000 yuan)		-11.6
房地产开发投资(万元)	Investment in Real Estate Development(10 000 yuan)		-59.0
贸易外经	**Trade**		
社会消费品零售总额(万元)	Total Retail Sales of Consumer Goods(10 000 yuan)	235102	7.4
出口总额(万元)	Total Exports(10 000 yuan)		
交通通信	**Transportation,Post & Telecommunications**		
公路里程(公里)	Total Length of Highways(km)	2140	9.0
移动电话用户(户)	Number of Mobile Telephone Subscribers (subscriber)	326820	35.0
互联网宽带接入用户(户)	Number of Subscribers of Internet Service(subscriber)	78088	1.6
教育科技文化卫生社会保障	**Science,Education & Public Health**		
小学学校数(所)	Number of Primary Schools(unit)	12	-7.7
普通中学学校数(所)	Number of Regular Secondary Schools(unit)	19	-9.5
体育场馆数(个)	Stadium and Gymnasium(unit)	8	0.0
全年专利授权(件)	Annual Patent Authorization(piece)	70	34.6
剧场、影剧院(个)	Theaters,Music Halls and Cinemas(unit)	1	0.0
医疗卫生机构床位数(张)	Number of Beds in Health Care Institutions(unit)	2949	-1.0
医疗卫生机构技术人员(人)	Medical Technical Personnel(person)	3591	0.2
城乡居民基本养老保险参保人数(人)	Urban and Rural Residents Basic Pension Insurance Contributors(person)	174383	3.4
基本医疗保险参保人数(人)	Basic Medical Care Insurance Contributors(person)	263629	-1.3
居民生活	**The Lives of Residents**		
全体居民人均可支配收入(元)	The per capita disposable income of all residents(yuan)	37934	7.0
城镇常住居民人均可支配收入(元)	The per capita disposable income of urban permanent residents(yuan)	37934	7.0
农村牧区常住居民人均可支配收入(元)	The per capita disposable income of permanent residents of rural and pastoral areas(yuan)		

20-36 呼伦贝尔市扎兰屯市
Zhalantun City in Hulunbeier City

指 标	Item	2021	增长(%) Increase Rate(%)
行政区域土地面积(平方公里)	**Area of Administration(Sq.km)**	**16785**	**0.0**
人口	**Population**		
年末户籍户数(户)	The Registered Households Year-end(household)	166172	-0.7
年末户籍人口(人)	The Registered Population Year-end(person)	396980	-1.1
国民经济综合指标	**Summary Item on the National Economy**		
生产总值(万元)	Gross Domestic Product(10 000 yuan)	1793076	4.8
第一产业(万元)	Primary Industry(10 000 yuan)	599672	9.2
第二产业(万元)	Secondary Industry(10 000 yuan)	656751	-1.1
第三产业(万元)	Tertiary Industry(10 000 yuan)	536653	6.1
一般公共预算收入(万元)	General Public Budget Revenue(10 000 yuan)	53596	10.9
一般公共预算支出(万元)	General Public Budget Expenditure(10 000 yuan)	358543	-14.8
农村牧区经济	**Economic Development in Rural & Pastoral Area**		
耕地面积(公顷)	Cultivated Area(hectare)	264080	2.7
高标准农田面积(公顷)	High Standard Farmland Area(hectare)	63800	6.3
农作物总播种面积(公顷)	Total Sown Area(hectare)	262684	0.1
粮食产量(吨)	Yield of Grain(ton)	1416186	13.1
油料产量(吨)	Yield of Oil-bearing Crops(ton)	235	-59.5
规模以上工业	**Industrial Enterprises above Designated size**		
工业企业单位数(个)	Number of Industrial Enterprises(unit)	11	0.0
工业总产值(万元)	Gross Industrial Output Value(10 000 yuan)		10.0
投资	**Investment and Construction**		
固定资产投资(万元)	Total Investment in Fixed Assets(10 000 yuan)		-41.3
房地产开发投资(万元)	Investment in Real Estate Development(10 000 yuan)		18.3
贸易外经	**Trade**		
社会消费品零售总额(万元)	Total Retail Sales of Consumer Goods(10 000 yuan)	283501	7.2
出口总额(万元)	Total Exports(10 000 yuan)	36100	58.7
交通通信	**Transportation,Post & Telecommunications**		
公路里程(公里)	Total Length of Highways(km)	4377	1.7
移动电话用户(户)	Number of Mobile Telephone Subscribers (subscriber)	381300	-7.0
互联网宽带接入用户(户)	Number of Subscribers of Internet Service(subscriber)	81000	-3.6
教育科技文化卫生社会保障	**Science,Education & Public Health**		
小学学校数(所)	Number of Primary Schools(unit)	14	0.0
普通中学学校数(所)	Number of Regular Secondary Schools(unit)	21	0.0
体育场馆数(个)	Stadium and Gymnasium(unit)	1	0.0
全年专利授权(件)	Annual Patent Authorization(piece)	98	66.1
剧场、影剧院(个)	Theaters,Music Halls and Cinemas(unit)	2	100.0
医疗卫生机构床位数(张)	Number of Beds in Health Care Institutions(unit)	2141	1.6
医疗卫生机构技术人员(人)	Medical Technical Personnel(person)	2823	9.9
城乡居民基本养老保险参保人数(人)	Urban and Rural Residents Basic Pension Insurance Contributors(person)	168393	1.5
基本医疗保险参保人数(人)	Basic Medical Care Insurance Contributors(person)	345084	-1.9
居民生活	**The Lives of Residents**		
全体居民人均可支配收入(元)	The per capita disposable income of all residents(yuan)	30762	7.6
城镇常住居民人均可支配收入(元)	The per capita disposable income of urban permanent residents(yuan)	39979	6.4
农村牧区常住居民人均可支配收入(元)	The per capita disposable income of permanent residents of rural and pastoral areas(yuan)	21921	8.8

20-37 呼伦贝尔市额尔古纳市

Eerguna City in Hulunbeier City

指 标	Item	2021	增长(%) Increase Rate(%)
行政区域土地面积(平方公里)	**Area of Administration(Sq.km)**	**28959**	**0.0**
人口	**Population**		
年末户籍户数(户)	The Registered Households Year-end(household)	33269	-0.7
年末户籍人口(人)	The Registered Population Year-end(person)	77078	-1.1
国民经济综合指标	**Summary Item on the National Economy**		
生产总值(万元)	Gross Domestic Product(10 000 yuan)	431833	6.2
第一产业(万元)	Primary Industry(10 000 yuan)	201616	9.9
第二产业(万元)	Secondary Industry(10 000 yuan)	46447	-11.0
第三产业(万元)	Tertiary Industry(10 000 yuan)	183770	6.8
一般公共预算收入(万元)	General Public Budget Revenue(10 000 yuan)	17632	4.5
一般公共预算支出(万元)	General Public Budget Expenditure(10 000 yuan)	164473	-22.1
农村牧区经济	**Economic Development in Rural & Pastoral Area**		
耕地面积(公顷)	Cultivated Area(hectare)	188856	2.1
高标准农田面积(公顷)	High Standard Farmland Area(hectare)		
农作物总播种面积(公顷)	Total Sown Area(hectare)	173615	-0.8
粮食产量(吨)	Yield of Grain(ton)	301975	3.0
油料产量(吨)	Yield of Oil-bearing Crops(ton)	100905	97.5
规模以上工业	**Industrial Enterprises above Designated size**		
工业企业单位数(个)	Number of Industrial Enterprises(unit)	6	0.0
工业总产值(万元)	Gross Industrial Output Value(10 000 yuan)		19.7
投资	**Investment and Construction**		
固定资产投资(万元)	Total Investment in Fixed Assets(10 000 yuan)		-16.5
房地产开发投资(万元)	Investment in Real Estate Development(10 000 yuan)		-29.7
贸易外经	**Trade**		
社会消费品零售总额(万元)	Total Retail Sales of Consumer Goods(10 000 yuan)	131555	5.6
出口总额(万元)	Total Exports(10 000 yuan)	102	-92.9
交通通信	**Transportation,Post & Telecommunications**		
公路里程(公里)	Total Length of Highways(km)	2402	1.1
移动电话用户(户)	Number of Mobile Telephone Subscribers (subscriber)	92541	5.3
互联网宽带接入用户(户)	Number of Subscribers of Internet Service(subscriber)	24177	3.6
教育科技文化卫生社会保障	**Science,Education & Public Health**		
小学学校数(所)	Number of Primary Schools(unit)	10	0.0
普通中学学校数(所)	Number of Regular Secondary Schools(unit)	5	0.0
体育场馆数(个)	Stadium and Gymnasium(unit)	6	100.0
全年专利授权(件)	Annual Patent Authorization(piece)	1	0.0
剧场、影剧院(个)	Theaters,Music Halls and Cinemas(unit)	2	0.0
医疗卫生机构床位数(张)	Number of Beds in Health Care Institutions(unit)	401	-4.8
医疗卫生机构技术人员(人)	Medical Technical Personnel(person)	570	-2.9
城乡居民基本养老保险参保人数(人)	Urban and Rural Residents Basic Pension Insurance Contributors(person)	6855	23.6
基本医疗保险参保人数(人)	Basic Medical Care Insurance Contributors(person)	69532	1.1
居民生活	**The Lives of Residents**		
全体居民人均可支配收入(元)	The per capita disposable income of all residents(yuan)	33839	7.3
城镇常住居民人均可支配收入(元)	The per capita disposable income of urban permanent residents(yuan)	34143	7.3
农村牧区常住居民人均可支配收入(元)	The per capita disposable income of permanent residents of rural and pastoral areas(yuan)	32626	7.4

20-38 呼伦贝尔市根河市

Genhe City in Hulunbeier City

指 标	Item	2021	增长(%) Increase Rate(%)
行政区域土地面积(平方公里)	**Area of Administration(Sq.km)**	**20010**	**0.0**
人口	**Population**		
年末户籍户数(户)	The Registered Households Year-end(household)	59314	-1.6
年末户籍人口(人)	The Registered Population Year-end(person)	123784	-2.7
国民经济综合指标	**Summary Item on the National Economy**		
生产总值(万元)	Gross Domestic Product(10 000 yuan)	349208	2.6
第一产业(万元)	Primary Industry(10 000 yuan)	51865	3.2
第二产业(万元)	Secondary Industry(10 000 yuan)	86995	-5.8
第三产业(万元)	Tertiary Industry(10 000 yuan)	210348	5.5
一般公共预算收入(万元)	General Public Budget Revenue(10 000 yuan)	8695	7.3
一般公共预算支出(万元)	General Public Budget Expenditure(10 000 yuan)	162151	-15.9
农村牧区经济	**Economic Development in Rural & Pastoral Area**		
耕地面积(公顷)	Cultivated Area(hectare)	2436	0.0
高标准农田面积(公顷)	High Standard Farmland Area(hectare)		
农作物总播种面积(公顷)	Total Sown Area(hectare)	2414	7.2
粮食产量(吨)	Yield of Grain(ton)	3079	0.1
油料产量(吨)	Yield of Oil-bearing Crops(ton)	1338	-0.5
规模以上工业	**Industrial Enterprises above Designated size**		
工业企业单位数(个)	Number of Industrial Enterprises(unit)	5	0.0
工业总产值(万元)	Gross Industrial Output Value(10 000 yuan)		9.2
投资	**Investment and Construction**		
固定资产投资(万元)	Total Investment in Fixed Assets(10 000 yuan)		16.4
房地产开发投资(万元)	Investment in Real Estate Development(10 000 yuan)		
贸易外经	**Trade**		
社会消费品零售总额(万元)	Total Retail Sales of Consumer Goods(10 000 yuan)	126814	5.8
出口总额(万元)	Total Exports(10 000 yuan)		
交通通信	**Transportation,Post & Telecommunications**		
公路里程(公里)	Total Length of Highways(km)	2738	0.0
移动电话用户(户)	Number of Mobile Telephone Subscribers (subscriber)	116200	-2.3
互联网宽带接入用户(户)	Number of Subscribers of Internet Service(subscriber)	31200	3.7
教育科技文化卫生社会保障	**Science,Education & Public Health**		
小学学校数(所)	Number of Primary Schools(unit)	6	0.0
普通中学学校数(所)	Number of Regular Secondary Schools(unit)	6	0.0
体育场馆数(个)	Stadium and Gymnasium(unit)	12	9.1
全年专利授权(件)	Annual Patent Authorization(piece)	6	-62.5
剧场、影剧院(个)	Theaters,Music Halls and Cinemas(unit)	2	100.0
医疗卫生机构床位数(张)	Number of Beds in Health Care Institutions(unit)	467	-1.3
医疗卫生机构技术人员(人)	Medical Technical Personnel(person)	852	-9.3
城乡居民基本养老保险参保人数(人)	Urban and Rural Residents Basic Pension Insurance Contributors(person)	8761	77.0
基本医疗保险参保人数(人)	Basic Medical Care Insurance Contributors(person)	55322	-4.6
居民生活	**The Lives of Residents**		
全体居民人均可支配收入(元)	The per capita disposable income of all residents(yuan)	30963	6.0
城镇常住居民人均可支配收入(元)	The per capita disposable income of urban permanent residents(yuan)	30963	6.0
农村牧区常住居民人均可支配收入(元)	The per capita disposable income of permanent residents of rural and pastoral areas(yuan)		

20-39 兴安盟乌兰浩特市
Ulanhot City in Xingan League

指 标	Item	2021	增长(%) Increase Rate(%)
行政区域土地面积(平方公里)	**Area of Administration(Sq.km)**	**2728**	**0.0**
人口	**Population**		
年末户籍户数(户)	The Registered Households Year-end(household)	141053	1.3
年末户籍人口(人)	The Registered Population Year-end(person)	321654	0.2
国民经济综合指标	**Summary Item on the National Economy**		
生产总值(万元)	Gross Domestic Product(10 000 yuan)	2021600	6.0
第一产业(万元)	Primary Industry(10 000 yuan)	122999	4.0
第二产业(万元)	Secondary Industry(10 000 yuan)	948587	8.3
第三产业(万元)	Tertiary Industry(10 000 yuan)	950014	4.5
一般公共预算收入(万元)	General Public Budget Revenue(10 000 yuan)	110193	4.2
一般公共预算支出(万元)	General Public Budget Expenditure(10 000 yuan)	324700	-12.5
农村牧区经济	**Economic Development in Rural & Pastoral Area**		
耕地面积(公顷)	Cultivated Area(hectare)	87733	17.8
高标准农田面积(公顷)	High Standard Farmland Area(hectare)	20607	22.8
农作物总播种面积(公顷)	Total Sown Area(hectare)	52100	0.3
粮食产量(吨)	Yield of Grain(ton)	329507	7.0
油料产量(吨)	Yield of Oil-bearing Crops(ton)	1418	-33.7
规模以上工业	**Industrial Enterprises above Designated size**		
工业企业单位数(个)	Number of Industrial Enterprises(unit)	38	15.2
工业总产值(万元)	Gross Industrial Output Value(10 000 yuan)		28.0
投资	**Investment and Construction**		
固定资产投资(万元)	Total Investment in Fixed Assets(10 000 yuan)		2.6
房地产开发投资(万元)	Investment in Real Estate Development(10 000 yuan)		-20.3
贸易外经	**Trade**		
社会消费品零售总额(万元)	Total Retail Sales of Consumer Goods(10 000 yuan)	968411	5.4
出口总额(万元)	Total Exports(10 000 yuan)	1900	709.3
交通通信	**Transportation,Post & Telecommunications**		
公路里程(公里)	Total Length of Highways(km)	1193	-0.6
移动电话用户(户)	Number of Mobile Telephone Subscribers (subscriber)	451324	-23.8
互联网宽带接入用户(户)	Number of Subscribers of Internet Service(subscriber)	120908	-2.8
教育科技文化卫生社会保障	**Science,Education & Public Health**		
小学学校数(所)	Number of Primary Schools(unit)	23	0.0
普通中学学校数(所)	Number of Regular Secondary Schools(unit)	20	0.0
体育场馆数(个)	Stadium and Gymnasium(unit)	1	-50.0
全年专利授权(件)	Annual Patent Authorization(piece)	233	68.8
剧场、影剧院(个)	Theaters,Music Halls and Cinemas(unit)	5	-28.6
医疗卫生机构床位数(张)	Number of Beds in Health Care Institutions(unit)	3620	0.6
医疗卫生机构技术人员(人)	Medical Technical Personnel(person)	5159	4.3
城乡居民基本养老保险参保人数(人)	Urban and Rural Residents Basic Pension Insurance Contributors(person)	37633	4.3
基本医疗保险参保人数(人)	Basic Medical Care Insurance Contributors(person)	226789	-0.4
居民生活	**The Lives of Residents**		
全体居民人均可支配收入(元)	The per capita disposable income of all residents(yuan)	37101	8.1
城镇常住居民人均可支配收入(元)	The per capita disposable income of urban permanent residents(yuan)	37234	8.0
农村牧区常住居民人均可支配收入(元)	The per capita disposable income of permanent residents of rural and pastoral areas(yuan)	20456	11.3

20-40 兴安盟阿尔山市

Aershan City in Xingan League

指 标	Item	2021	增长(%) Increase Rate(%)
行政区域土地面积(平方公里)	**Area of Administration(Sq.km)**	**7409**	**0.0**
人口	**Population**		
年末户籍户数(户)	The Registered Households Year-end(household)	21323	-1.3
年末户籍人口(人)	The Registered Population Year-end(person)	42406	-2.2
国民经济综合指标	**Summary Item on the National Economy**		
生产总值(万元)	Gross Domestic Product(10 000 yuan)	205621	4.9
第一产业(万元)	Primary Industry(10 000 yuan)	42728	2.5
第二产业(万元)	Secondary Industry(10 000 yuan)	35498	25.2
第三产业(万元)	Tertiary Industry(10 000 yuan)	127395	1.5
一般公共预算收入(万元)	General Public Budget Revenue(10 000 yuan)	8952	-51.8
一般公共预算支出(万元)	General Public Budget Expenditure(10 000 yuan)	139018	-1.6
农村牧区经济	**Economic Development in Rural & Pastoral Area**		
耕地面积(公顷)	Cultivated Area(hectare)	24682	29.9
高标准农田面积(公顷)	High Standard Farmland Area(hectare)		
农作物总播种面积(公顷)	Total Sown Area(hectare)	20179	-21.2
粮食产量(吨)	Yield of Grain(ton)	42114	-11.4
油料产量(吨)	Yield of Oil-bearing Crops(ton)	3416	-51.3
规模以上工业	**Industrial Enterprises above Designated size**		
工业企业单位数(个)	Number of Industrial Enterprises(unit)	2	0.0
工业总产值(万元)	Gross Industrial Output Value(10 000 yuan)		97.1
投资	**Investment and Construction**		
固定资产投资(万元)	Total Investment in Fixed Assets(10 000 yuan)		74.1
房地产开发投资(万元)	Investment in Real Estate Development(10 000 yuan)		
贸易外经	**Trade**		
社会消费品零售总额(万元)	Total Retail Sales of Consumer Goods(10 000 yuan)	52137	6.1
出口总额(万元)	Total Exports(10 000 yuan)		
交通通信	**Transportation,Post & Telecommunications**		
公路里程(公里)	Total Length of Highways(km)	902	1.3
移动电话用户(户)	Number of Mobile Telephone Subscribers (subscriber)	50597	6.7
互联网宽带接入用户(户)	Number of Subscribers of Internet Service(subscriber)	19737	8.4
教育科技文化卫生社会保障	**Science,Education & Public Health**		
小学学校数(所)	Number of Primary Schools(unit)	4	0.0
普通中学学校数(所)	Number of Regular Secondary Schools(unit)	2	0.0
体育场馆数(个)	Stadium and Gymnasium(unit)		
全年专利授权(件)	Annual Patent Authorization(piece)	22	100.0
剧场、影剧院(个)	Theaters,Music Halls and Cinemas(unit)	1	0.0
医疗卫生机构床位数(张)	Number of Beds in Health Care Institutions(unit)	204	-35.8
医疗卫生机构技术人员(人)	Medical Technical Personnel(person)	262	-7.4
城乡居民基本养老保险参保人数(人)	Urban and Rural Residents Basic Pension Insurance Contributors(person)	6653	0.1
基本医疗保险参保人数(人)	Basic Medical Care Insurance Contributors(person)	36565	-1.8
居民生活	**The Lives of Residents**		
全体居民人均可支配收入(元)	The per capita disposable income of all residents(yuan)	31213	8.4
城镇常住居民人均可支配收入(元)	The per capita disposable income of urban permanent residents(yuan)	33435	7.9
农村牧区常住居民人均可支配收入(元)	The per capita disposable income of permanent residents of rural and pastoral areas(yuan)	14025	11.2

20-41 兴安盟科尔沁右翼前旗

Keerqinyouyiqian Banner in Xingan League

指 标	Item	2021	增长(%) Increase Rate(%)
行政区域土地面积(平方公里)	**Area of Administration(Sq.km)**	**16964**	**0.0**
人口	**Population**		
年末户籍户数(户)	The Registered Households Year-end(household)	125871	0.5
年末户籍人口(人)	The Registered Population Year-end(person)	331668	0.0
国民经济综合指标	**Summary Item on the National Economy**		
生产总值(万元)	Gross Domestic Product(10 000 yuan)	1142240	5.2
第一产业(万元)	Primary Industry(10 000 yuan)	623717	5.5
第二产业(万元)	Secondary Industry(10 000 yuan)	160016	-12.8
第三产业(万元)	Tertiary Industry(10 000 yuan)	358507	13.7
一般公共预算收入(万元)	General Public Budget Revenue(10 000 yuan)	53730	54.7
一般公共预算支出(万元)	General Public Budget Expenditure(10 000 yuan)	451609	-0.1
农村牧区经济	**Economic Development in Rural & Pastoral Area**		
耕地面积(公顷)	Cultivated Area(hectare)	384362	24.9
高标准农田面积(公顷)	High Standard Farmland Area(hectare)	100000	0.0
农作物总播种面积(公顷)	Total Sown Area(hectare)	274210	-1.4
粮食产量(吨)	Yield of Grain(ton)	1565391	5.3
油料产量(吨)	Yield of Oil-bearing Crops(ton)	4220	34.1
规模以上工业	**Industrial Enterprises above Designated size**		
工业企业单位数(个)	Number of Industrial Enterprises(unit)	23	-4.2
工业总产值(万元)	Gross Industrial Output Value(10 000 yuan)		-19.0
投资	**Investment and Construction**		
固定资产投资(万元)	Total Investment in Fixed Assets(10 000 yuan)		3.4
房地产开发投资(万元)	Investment in Real Estate Development(10 000 yuan)		155.1
贸易外经	**Trade**		
社会消费品零售总额(万元)	Total Retail Sales of Consumer Goods(10 000 yuan)	199247	4.8
出口总额(万元)	Total Exports(10 000 yuan)	1954	39.0
交通通信	**Transportation,Post & Telecommunications**		
公路里程(公里)	Total Length of Highways(km)	3399	7.5
移动电话用户(户)	Number of Mobile Telephone Subscribers (subscriber)	348780	17.7
互联网宽带接入用户(户)	Number of Subscribers of Internet Service(subscriber)	86196	25.4
教育科技文化卫生社会保障	**Science,Education & Public Health**		
小学学校数(所)	Number of Primary Schools(unit)	22	-21.4
普通中学学校数(所)	Number of Regular Secondary Schools(unit)	23	0.0
体育场馆数(个)	Stadium and Gymnasium(unit)	2	0.0
全年专利授权(件)	Annual Patent Authorization(piece)	71	144.8
剧场、影剧院(个)	Theaters,Music Halls and Cinemas(unit)	1	0.0
医疗卫生机构床位数(张)	Number of Beds in Health Care Institutions(unit)	1462	8.8
医疗卫生机构技术人员(人)	Medical Technical Personnel(person)	1640	-5.4
城乡居民基本养老保险参保人数(人)	Urban and Rural Residents Basic Pension Insurance Contributors(person)	208378	2.5
基本医疗保险参保人数(人)	Basic Medical Care Insurance Contributors(person)	290087	1.5
居民生活	**The Lives of Residents**		
全体居民人均可支配收入(元)	The per capita disposable income of all residents(yuan)	17524	9.4
城镇常住居民人均可支配收入(元)	The per capita disposable income of urban permanent residents(yuan)	32362	8.2
农村牧区常住居民人均可支配收入(元)	The per capita disposable income of permanent residents of rural and pastoral areas(yuan)	14315	11.6

20-42 兴安盟科尔沁右翼中旗

Keerqinyouyizhong Banner in Xingan League

指 标	Item	2021	增长(%) Increase Rate(%)
行政区域土地面积(平方公里)	**Area of Administration(Sq.km)**	**15613**	**0.0**
人口	**Population**		
年末户籍户数(户)	The Registered Households Year-end(household)	90172	0.0
年末户籍人口(人)	The Registered Population Year-end(person)	248996	-0.3
国民经济综合指标	**Summary Item on the National Economy**		
生产总值(万元)	Gross Domestic Product(10 000 yuan)	725290	4.5
第一产业(万元)	Primary Industry(10 000 yuan)	333878	5.4
第二产业(万元)	Secondary Industry(10 000 yuan)	116620	-5.7
第三产业(万元)	Tertiary Industry(10 000 yuan)	274792	7.9
一般公共预算收入(万元)	General Public Budget Revenue(10 000 yuan)	31120	-19.6
一般公共预算支出(万元)	General Public Budget Expenditure(10 000 yuan)	324443	-6.6
农村牧区经济	**Economic Development in Rural & Pastoral Area**		
耕地面积(公顷)	Cultivated Area(hectare)	362875	20.5
高标准农田面积(公顷)	High Standard Farmland Area(hectare)	95340	11.7
农作物总播种面积(公顷)	Total Sown Area(hectare)	236383	2.7
粮食产量(吨)	Yield of Grain(ton)	1202230	5.7
油料产量(吨)	Yield of Oil-bearing Crops(ton)	39880	6.2
规模以上工业	**Industrial Enterprises above Designated size**		
工业企业单位数(个)	Number of Industrial Enterprises(unit)	15	7.1
工业总产值(万元)	Gross Industrial Output Value(10 000 yuan)		-12.9
投资	**Investment and Construction**		
固定资产投资(万元)	Total Investment in Fixed Assets(10 000 yuan)		58.8
房地产开发投资(万元)	Investment in Real Estate Development(10 000 yuan)		-17.3
贸易外经	**Trade**		
社会消费品零售总额(万元)	Total Retail Sales of Consumer Goods(10 000 yuan)	99591	4.2
出口总额(万元)	Total Exports(10 000 yuan)	10	-67.4
交通通信	**Transportation,Post & Telecommunications**		
公路里程(公里)	Total Length of Highways(km)	3171	-1.1
移动电话用户(户)	Number of Mobile Telephone Subscribers (subscriber)	235000	3.1
互联网宽带接入用户(户)	Number of Subscribers of Internet Service(subscriber)	63592	4.2
教育科技文化卫生社会保障	**Science,Education & Public Health**		
小学学校数(所)	Number of Primary Schools(unit)	27	0.0
普通中学学校数(所)	Number of Regular Secondary Schools(unit)	12	0.0
体育场馆数(个)	Stadium and Gymnasium(unit)	4	0.0
全年专利授权(件)	Annual Patent Authorization(piece)	37	0.0
剧场、影剧院(个)	Theaters,Music Halls and Cinemas(unit)	1	0.0
医疗卫生机构床位数(张)	Number of Beds in Health Care Institutions(unit)	1702	6.7
医疗卫生机构技术人员(人)	Medical Technical Personnel(person)	1752	-3.7
城乡居民基本养老保险参保人数(人)	Urban and Rural Residents Basic Pension Insurance Contributors(person)	122415	3.5
基本医疗保险参保人数(人)	Basic Medical Care Insurance Contributors(person)	195741	-2.0
居民生活	**The Lives of Residents**		
全体居民人均可支配收入(元)	The per capita disposable income of all residents(yuan)	19761	9.1
城镇常住居民人均可支配收入(元)	The per capita disposable income of urban permanent residents(yuan)	30742	8.0
农村牧区常住居民人均可支配收入(元)	The per capita disposable income of permanent residents of rural and pastoral areas(yuan)	13145	11.1

20-43 兴安盟扎赉特旗

Zhalaite Banner in Xingan League

指 标	Item	2021	增长(%) Increase Rate(%)
行政区域土地面积(平方公里)	**Area of Administration(Sq.km)**	**11837**	**0.0**
人口	**Population**		
年末户籍户数(户)	The Registered Households Year-end(household)	148900	-0.3
年末户籍人口(人)	The Registered Population Year-end(person)	380647	-0.5
国民经济综合指标	**Summary Item on the National Economy**		
生产总值(万元)	Gross Domestic Product(10 000 yuan)	1106143	6.1
第一产业(万元)	Primary Industry(10 000 yuan)	615487	7.0
第二产业(万元)	Secondary Industry(10 000 yuan)	95853	1.2
第三产业(万元)	Tertiary Industry(10 000 yuan)	394803	6.0
一般公共预算收入(万元)	General Public Budget Revenue(10 000 yuan)	47405	-65.2
一般公共预算支出(万元)	General Public Budget Expenditure(10 000 yuan)	452806	-9.5
农村牧区经济	**Economic Development in Rural & Pastoral Area**		
耕地面积(公顷)	Cultivated Area(hectare)	383333	0.0
高标准农田面积(公顷)	High Standard Farmland Area(hectare)	9533	78.8
农作物总播种面积(公顷)	Total Sown Area(hectare)	372779	1.3
粮食产量(吨)	Yield of Grain(ton)	2314982	6.4
油料产量(吨)	Yield of Oil-bearing Crops(ton)	50	-91.8
规模以上工业	**Industrial Enterprises above Designated size**		
工业企业单位数(个)	Number of Industrial Enterprises(unit)	18	5.9
工业总产值(万元)	Gross Industrial Output Value(10 000 yuan)		15.9
投资	**Investment and Construction**		
固定资产投资(万元)	Total Investment in Fixed Assets(10 000 yuan)		4.6
房地产开发投资(万元)	Investment in Real Estate Development(10 000 yuan)		-52.2
贸易外经	**Trade**		
社会消费品零售总额(万元)	Total Retail Sales of Consumer Goods(10 000 yuan)	196351	5.0
出口总额(万元)	Total Exports(10 000 yuan)		
交通通信	**Transportation,Post & Telecommunications**		
公路里程(公里)	Total Length of Highways(km)	2969	-2.2
移动电话用户(户)	Number of Mobile Telephone Subscribers (subscriber)	379009	11.5
互联网宽带接入用户(户)	Number of Subscribers of Internet Service(subscriber)	98244	12.7
教育科技文化卫生社会保障	**Science,Education & Public Health**		
小学学校数(所)	Number of Primary Schools(unit)	29	0.0
普通中学学校数(所)	Number of Regular Secondary Schools(unit)	10	11.1
体育场馆数(个)	Stadium and Gymnasium(unit)	5	0.0
全年专利授权(件)	Annual Patent Authorization(piece)	61	27.1
剧场、影剧院(个)	Theaters,Music Halls and Cinemas(unit)	2	0.0
医疗卫生机构床位数(张)	Number of Beds in Health Care Institutions(unit)	1169	-20.7
医疗卫生机构技术人员(人)	Medical Technical Personnel(person)	1721	0.0
城乡居民基本养老保险参保人数(人)	Urban and Rural Residents Basic Pension Insurance Contributors(person)	181982	-7.0
基本医疗保险参保人数(人)	Basic Medical Care Insurance Contributors(person)	323024	-1.9
居民生活	**The Lives of Residents**		
全体居民人均可支配收入(元)	The per capita disposable income of all residents(yuan)	19558	9.0
城镇常住居民人均可支配收入(元)	The per capita disposable income of urban permanent residents(yuan)	32487	8.3
农村牧区常住居民人均可支配收入(元)	The per capita disposable income of permanent residents of rural and pastoral areas(yuan)	14123	11.4

20-44 兴安盟突泉县

Tuquan County in Xingan League

指 标	Item	2021	增长(%) Increase Rate(%)
行政区域土地面积(平方公里)	**Area of Administration(Sq.km)**	**4797**	**0.0**
人口	**Population**		
年末户籍户数(户)	The Registered Households Year-end(household)	126954	0.1
年末户籍人口(人)	The Registered Population Year-end(person)	293534	-0.5
国民经济综合指标	**Summary Item on the National Economy**		
生产总值(万元)	Gross Domestic Product(10 000 yuan)	817048	2.3
第一产业(万元)	Primary Industry(10 000 yuan)	354503	3.3
第二产业(万元)	Secondary Industry(10 000 yuan)	219596	-6.4
第三产业(万元)	Tertiary Industry(10 000 yuan)	242948	8.2
一般公共预算收入(万元)	General Public Budget Revenue(10 000 yuan)	35215	2.3
一般公共预算支出(万元)	General Public Budget Expenditure(10 000 yuan)	348694	3.7
农村牧区经济	**Economic Development in Rural & Pastoral Area**		
耕地面积(公顷)	Cultivated Area(hectare)	225445	27.2
高标准农田面积(公顷)	High Standard Farmland Area(hectare)	64474	
农作物总播种面积(公顷)	Total Sown Area(hectare)	169991	-1.9
粮食产量(吨)	Yield of Grain(ton)	1204564	1.0
油料产量(吨)	Yield of Oil-bearing Crops(ton)	472	10.5
规模以上工业	**Industrial Enterprises above Designated size**		
工业企业单位数(个)	Number of Industrial Enterprises(unit)	14	7.7
工业总产值(万元)	Gross Industrial Output Value(10 000 yuan)		-15.7
投资	**Investment and Construction**		
固定资产投资(万元)	Total Investment in Fixed Assets(10 000 yuan)		5.9
房地产开发投资(万元)	Investment in Real Estate Development(10 000 yuan)		94.3
贸易外经	**Trade**		
社会消费品零售总额(万元)	Total Retail Sales of Consumer Goods(10 000 yuan)	134195	4.5
出口总额(万元)	Total Exports(10 000 yuan)		
交通通信	**Transportation,Post & Telecommunications**		
公路里程(公里)	Total Length of Highways(km)	2431	0.1
移动电话用户(户)	Number of Mobile Telephone Subscribers (subscriber)	278998	13.0
互联网宽带接入用户(户)	Number of Subscribers of Internet Service(subscriber)	71303	16.8
教育科技文化卫生社会保障	**Science,Education & Public Health**		
小学学校数(所)	Number of Primary Schools(unit)	17	6.3
普通中学学校数(所)	Number of Regular Secondary Schools(unit)	10	-9.1
体育场馆数(个)	Stadium and Gymnasium(unit)	3	0.0
全年专利授权(件)	Annual Patent Authorization(piece)	31	-6.1
剧场、影剧院(个)	Theaters,Music Halls and Cinemas(unit)		
医疗卫生机构床位数(张)	Number of Beds in Health Care Institutions(unit)	1120	9.1
医疗卫生机构技术人员(人)	Medical Technical Personnel(person)	1256	-13.4
城乡居民基本养老保险参保人数(人)	Urban and Rural Residents Basic Pension Insurance Contributors(person)	166505	2.2
基本医疗保险参保人数(人)	Basic Medical Care Insurance Contributors(person)	254565	0.1
居民生活	**The Lives of Residents**		
全体居民人均可支配收入(元)	The per capita disposable income of all residents(yuan)	19167	8.8
城镇常住居民人均可支配收入(元)	The per capita disposable income of urban permanent residents(yuan)	31800	8.5
农村牧区常住居民人均可支配收入(元)	The per capita disposable income of permanent residents of rural and pastoral areas(yuan)	13542	11.0

20-45 通辽市科尔沁区

Keerqin District in Tongliao City

指 标	Item	2021	增长(%) Increase Rate(%)
行政区域土地面积(平方公里)	**Area of Administration(Sq.km)**	**3580**	**0.0**
人口	**Population**		
年末户籍户数(户)	The Registered Households Year-end(household)	339239	0.7
年末户籍人口(人)	The Registered Population Year-end(person)	844723	0.2
国民经济综合指标	**Summary Item on the National Economy**		
生产总值(万元)	Gross Domestic Product(10 000 yuan)	3220000	4.5
第一产业(万元)	Primary Industry(10 000 yuan)	467000	4.1
第二产业(万元)	Secondary Industry(10 000 yuan)	829000	0.1
第三产业(万元)	Tertiary Industry(10 000 yuan)	1924000	6.4
一般公共预算收入(万元)	General Public Budget Revenue(10 000 yuan)	171690	83.4
一般公共预算支出(万元)	General Public Budget Expenditure(10 000 yuan)	450513	-5.4
农村牧区经济	**Economic Development in Rural & Pastoral Area**		
耕地面积(公顷)	Cultivated Area(hectare)	235492	40.2
高标准农田面积(公顷)	High Standard Farmland Area(hectare)	98507	-4.1
农作物总播种面积(公顷)	Total Sown Area(hectare)	168929	-2.3
粮食产量(吨)	Yield of Grain(ton)	1395190	2.2
油料产量(吨)	Yield of Oil-bearing Crops(ton)	22536	-8.8
规模以上工业	**Industrial Enterprises above Designated size**		
工业企业单位数(个)	Number of Industrial Enterprises(unit)	37	-2.8
工业总产值(万元)	Gross Industrial Output Value(10 000 yuan)		7.9
投资	**Investment and Construction**		
固定资产投资(万元)	Total Investment in Fixed Assets(10 000 yuan)		-16.6
房地产开发投资(万元)	Investment in Real Estate Development(10 000 yuan)		-9.9
贸易外经	**Trade**		
社会消费品零售总额(万元)	Total Retail Sales of Consumer Goods(10 000 yuan)	1151355	6.4
出口总额(万元)	Total Exports(10 000 yuan)	39760	18.3
交通通信	**Transportation,Post & Telecommunications**		
公路里程(公里)	Total Length of Highways(km)	1986	2.8
移动电话用户(户)	Number of Mobile Telephone Subscribers (subscriber)	979261	-7.8
互联网宽带接入用户(户)	Number of Subscribers of Internet Service(subscriber)	277262	9.1
教育科技文化卫生社会保障	**Science,Education & Public Health**		
小学学校数(所)	Number of Primary Schools(unit)	44	-2.2
普通中学学校数(所)	Number of Regular Secondary Schools(unit)	30	-3.2
体育场馆数(个)	Stadium and Gymnasium(unit)	2	0.0
全年专利授权(件)	Annual Patent Authorization(piece)	577	46.1
剧场、影剧院(个)	Theaters,Music Halls and Cinemas(unit)	4	33.3
医疗卫生机构床位数(张)	Number of Beds in Health Care Institutions(unit)	11699	3.8
医疗卫生机构技术人员(人)	Medical Technical Personnel(person)	11981	6.0
城乡居民基本养老保险参保人数(人)	Urban and Rural Residents Basic Pension Insurance Contributors(person)	209997	-2.8
基本医疗保险参保人数(人)	Basic Medical Care Insurance Contributors(person)	578759	-6.7
居民生活	**The Lives of Residents**		
全体居民人均可支配收入(元)	The per capita disposable income of all residents(yuan)	34614	8.3
城镇常住居民人均可支配收入(元)	The per capita disposable income of urban permanent residents(yuan)	39731	7.4
农村牧区常住居民人均可支配收入(元)	The per capita disposable income of permanent residents of rural and pastoral areas(yuan)	23521	10.3

20-46 通辽市科尔沁左翼中旗

Keerqinzuoyizhong Banner in Tongliao City

指 标	Item	2021	增长(%) Increase Rate(%)
行政区域土地面积(平方公里)	**Area of Administration(Sq.km)**	**9572**	**0.0**
人口	**Population**		
年末户籍户数(户)	The Registered Households Year-end(household)	207993	0.1
年末户籍人口(人)	The Registered Population Year-end(person)	514140	-0.4
国民经济综合指标	**Summary Item on the National Economy**		
生产总值(万元)	Gross Domestic Product(10 000 yuan)	1377300	3.2
第一产业(万元)	Primary Industry(10 000 yuan)	613900	5.0
第二产业(万元)	Secondary Industry(10 000 yuan)	213300	-10.0
第三产业(万元)	Tertiary Industry(10 000 yuan)	550100	6.6
一般公共预算收入(万元)	General Public Budget Revenue(10 000 yuan)	35200	53.4
一般公共预算支出(万元)	General Public Budget Expenditure(10 000 yuan)	400896	-8.2
农村牧区经济	**Economic Development in Rural & Pastoral Area**		
耕地面积(公顷)	Cultivated Area(hectare)	437185	47.5
高标准农田面积(公顷)	High Standard Farmland Area(hectare)	142240	4.6
农作物总播种面积(公顷)	Total Sown Area(hectare)	325978	0.4
粮食产量(吨)	Yield of Grain(ton)	2278457	2.7
油料产量(吨)	Yield of Oil-bearing Crops(ton)	121435	12.7
规模以上工业	**Industrial Enterprises above Designated size**		
工业企业单位数(个)	Number of Industrial Enterprises(unit)	14	-12.5
工业总产值(万元)	Gross Industrial Output Value(10 000 yuan)		-20.6
投资	**Investment and Construction**		
固定资产投资(万元)	Total Investment in Fixed Assets(10 000 yuan)		-39.7
房地产开发投资(万元)	Investment in Real Estate Development(10 000 yuan)		-98.9
贸易外经	**Trade**		
社会消费品零售总额(万元)	Total Retail Sales of Consumer Goods(10 000 yuan)	280421	5.6
出口总额(万元)	Total Exports(10 000 yuan)		
交通通信	**Transportation,Post & Telecommunications**		
公路里程(公里)	Total Length of Highways(km)	3525	0.6
移动电话用户(户)	Number of Mobile Telephone Subscribers (subscriber)	363000	-1.1
互联网宽带接入用户(户)	Number of Subscribers of Internet Service(subscriber)	65000	-3.7
教育科技文化卫生社会保障	**Science,Education & Public Health**		
小学学校数(所)	Number of Primary Schools(unit)	41	0.0
普通中学学校数(所)	Number of Regular Secondary Schools(unit)	15	0.0
体育场馆数(个)	Stadium and Gymnasium(unit)		
全年专利授权(件)	Annual Patent Authorization(piece)	52	40.5
剧场、影剧院(个)	Theaters,Music Halls and Cinemas(unit)	1	0.0
医疗卫生机构床位数(张)	Number of Beds in Health Care Institutions(unit)	1462	-27.3
医疗卫生机构技术人员(人)	Medical Technical Personnel(person)	2201	1.0
城乡居民基本养老保险参保人数(人)	Urban and Rural Residents Basic Pension Insurance Contributors(person)	221000	2.3
基本医疗保险参保人数(人)	Basic Medical Care Insurance Contributors(person)	428583	2.3
居民生活	**The Lives of Residents**		
全体居民人均可支配收入(元)	The per capita disposable income of all residents(yuan)	20776	9.1
城镇常住居民人均可支配收入(元)	The per capita disposable income of urban permanent residents(yuan)	31761	7.9
农村牧区常住居民人均可支配收入(元)	The per capita disposable income of permanent residents of rural and pastoral areas(yuan)	15744	10.8

20-47 通辽市科尔沁左翼后旗

Keerqinzuoyihou Banner in Tongliao City

指 标	Item	2021	增长(%) Increase Rate(%)
行政区域土地面积(平方公里)	**Area of Administration(Sq.km)**	**11500**	**0.0**
人口	**Population**		
年末户籍户数(户)	The Registered Households Year-end(household)	150448	-0.3
年末户籍人口(人)	The Registered Population Year-end(person)	394732	-0.3
国民经济综合指标	**Summary Item on the National Economy**		
生产总值(万元)	Gross Domestic Product(10 000 yuan)	1270600	3.1
第一产业(万元)	Primary Industry(10 000 yuan)	515300	4.3
第二产业(万元)	Secondary Industry(10 000 yuan)	209300	-7.4
第三产业(万元)	Tertiary Industry(10 000 yuan)	546000	6.5
一般公共预算收入(万元)	General Public Budget Revenue(10 000 yuan)	28325	76.2
一般公共预算支出(万元)	General Public Budget Expenditure(10 000 yuan)	336951	-0.1
农村牧区经济	**Economic Development in Rural & Pastoral Area**		
耕地面积(公顷)	Cultivated Area(hectare)	441977	40.0
高标准农田面积(公顷)	High Standard Farmland Area(hectare)	44375	6.4
农作物总播种面积(公顷)	Total Sown Area(hectare)	303980	2.4
粮食产量(吨)	Yield of Grain(ton)	1368754	5.2
油料产量(吨)	Yield of Oil-bearing Crops(ton)	84486	148.0
规模以上工业	**Industrial Enterprises above Designated size**		
工业企业单位数(个)	Number of Industrial Enterprises(unit)	27	12.5
工业总产值(万元)	Gross Industrial Output Value(10 000 yuan)		-12.8
投资	**Investment and Construction**		
固定资产投资(万元)	Total Investment in Fixed Assets(10 000 yuan)		0.8
房地产开发投资(万元)	Investment in Real Estate Development(10 000 yuan)		8.4
贸易外经	**Trade**		
社会消费品零售总额(万元)	Total Retail Sales of Consumer Goods(10 000 yuan)	253281	5.9
出口总额(万元)	Total Exports(10 000 yuan)		
交通通信	**Transportation,Post & Telecommunications**		
公路里程(公里)	Total Length of Highways(km)	4720	0.9
移动电话用户(户)	Number of Mobile Telephone Subscribers (subscriber)	338300	-8.3
互联网宽带接入用户(户)	Number of Subscribers of Internet Service(subscriber)	78600	19.7
教育科技文化卫生社会保障	**Science,Education & Public Health**		
小学学校数(所)	Number of Primary Schools(unit)	33	0.0
普通中学学校数(所)	Number of Regular Secondary Schools(unit)	15	0.0
体育场馆数(个)	Stadium and Gymnasium(unit)		
全年专利授权(件)	Annual Patent Authorization(piece)	55	
剧场、影剧院(个)	Theaters,Music Halls and Cinemas(unit)		
医疗卫生机构床位数(张)	Number of Beds in Health Care Institutions(unit)	1551	10.4
医疗卫生机构技术人员(人)	Medical Technical Personnel(person)	1005	-27.4
城乡居民基本养老保险参保人数(人)	Urban and Rural Residents Basic Pension Insurance Contributors(person)	152199	0.9
基本医疗保险参保人数(人)	Basic Medical Care Insurance Contributors(person)	317652	1.5
居民生活	**The Lives of Residents**		
全体居民人均可支配收入(元)	The per capita disposable income of all residents(yuan)	21491	9.2
城镇常住居民人均可支配收入(元)	The per capita disposable income of urban permanent residents(yuan)	32032	8.1
农村牧区常住居民人均可支配收入(元)	The per capita disposable income of permanent residents of rural and pastoral areas(yuan)	16541	10.6

20-48 通辽市开鲁县

Kailu County in Tongliao City

指 标	Item	2021	增长(%) Increase Rate(%)
行政区域土地面积(平方公里)	**Area of Administration(Sq.km)**	**4353**	**0.0**
人口	**Population**		
年末户籍户数(户)	The Registered Households Year-end(household)	152757	0.0
年末户籍人口(人)	The Registered Population Year-end(person)	387300	-0.1
国民经济综合指标	**Summary Item on the National Economy**		
生产总值(万元)	Gross Domestic Product(10 000 yuan)	1414500	3.8
第一产业(万元)	Primary Industry(10 000 yuan)	586100	4.7
第二产业(万元)	Secondary Industry(10 000 yuan)	251500	-2.5
第三产业(万元)	Tertiary Industry(10 000 yuan)	576900	5.4
一般公共预算收入(万元)	General Public Budget Revenue(10 000 yuan)	31349	43.4
一般公共预算支出(万元)	General Public Budget Expenditure(10 000 yuan)	337802	7.1
农村牧区经济	**Economic Development in Rural & Pastoral Area**		
耕地面积(公顷)	Cultivated Area(hectare)	135249	0.0
高标准农田面积(公顷)	High Standard Farmland Area(hectare)	135248	0.0
农作物总播种面积(公顷)	Total Sown Area(hectare)	152572	-11.3
粮食产量(吨)	Yield of Grain(ton)	1320458	1.8
油料产量(吨)	Yield of Oil-bearing Crops(ton)	8296	-66.8
规模以上工业	**Industrial Enterprises above Designated size**		
工业企业单位数(个)	Number of Industrial Enterprises(unit)	29	7.4
工业总产值(万元)	Gross Industrial Output Value(10 000 yuan)		6.8
投资	**Investment and Construction**		
固定资产投资(万元)	Total Investment in Fixed Assets(10 000 yuan)		-24.6
房地产开发投资(万元)	Investment in Real Estate Development(10 000 yuan)		-33.6
贸易外经	**Trade**		
社会消费品零售总额(万元)	Total Retail Sales of Consumer Goods(10 000 yuan)	256689	6.1
出口总额(万元)	Total Exports(10 000 yuan)	5193	37.8
交通通信	**Transportation,Post & Telecommunications**		
公路里程(公里)	Total Length of Highways(km)	2654	1.5
移动电话用户(户)	Number of Mobile Telephone Subscribers (subscriber)	386497	-12.3
互联网宽带接入用户(户)	Number of Subscribers of Internet Service(subscriber)	71039	-8.8
教育科技文化卫生社会保障	**Science,Education & Public Health**		
小学学校数(所)	Number of Primary Schools(unit)	21	0.0
普通中学学校数(所)	Number of Regular Secondary Schools(unit)	17	-15.0
体育场馆数(个)	Stadium and Gymnasium(unit)	1	-50.0
全年专利授权(件)	Annual Patent Authorization(piece)	45	
剧场、影剧院(个)	Theaters,Music Halls and Cinemas(unit)	2	100.0
医疗卫生机构床位数(张)	Number of Beds in Health Care Institutions(unit)	1403	-4.2
医疗卫生机构技术人员(人)	Medical Technical Personnel(person)	1390	-44.3
城乡居民基本养老保险参保人数(人)	Urban and Rural Residents Basic Pension Insurance Contributors(person)	219854	0.8
基本医疗保险参保人数(人)	Basic Medical Care Insurance Contributors(person)	338715	-0.2
居民生活	**The Lives of Residents**		
全体居民人均可支配收入(元)	The per capita disposable income of all residents(yuan)	25081	9.0
城镇常住居民人均可支配收入(元)	The per capita disposable income of urban permanent residents(yuan)	34708	8.2
农村牧区常住居民人均可支配收入(元)	The per capita disposable income of permanent residents of rural and pastoral areas(yuan)	20838	10.5

20-49 通辽市库伦旗

Kulun Banner in Tongliao City

指 标	Item	2021	增长(%) Increase Rate(%)
行政区域土地面积(平方公里)	**Area of Administration(Sq.km)**	**4709**	**0.0**
人口	**Population**		
年末户籍户数(户)	The Registered Households Year-end(household)	67768	-0.1
年末户籍人口(人)	The Registered Population Year-end(person)	176002	-0.3
国民经济综合指标	**Summary Item on the National Economy**		
生产总值(万元)	Gross Domestic Product(10 000 yuan)	555900	3.3
第一产业(万元)	Primary Industry(10 000 yuan)	214000	3.6
第二产业(万元)	Secondary Industry(10 000 yuan)	35200	-7.1
第三产业(万元)	Tertiary Industry(10 000 yuan)	306700	4.3
一般公共预算收入(万元)	General Public Budget Revenue(10 000 yuan)	13379	60.5
一般公共预算支出(万元)	General Public Budget Expenditure(10 000 yuan)	187188	0.7
农村牧区经济	**Economic Development in Rural & Pastoral Area**		
耕地面积(公顷)	Cultivated Area(hectare)	176931	26.8
高标准农田面积(公顷)	High Standard Farmland Area(hectare)	31333	131.2
农作物总播种面积(公顷)	Total Sown Area(hectare)	118615	0.1
粮食产量(吨)	Yield of Grain(ton)	638510	6.2
油料产量(吨)	Yield of Oil-bearing Crops(ton)	916	-72.2
规模以上工业	**Industrial Enterprises above Designated size**		
工业企业单位数(个)	Number of Industrial Enterprises(unit)	8	14.3
工业总产值(万元)	Gross Industrial Output Value(10 000 yuan)		-33.2
投资	**Investment and Construction**		
固定资产投资(万元)	Total Investment in Fixed Assets(10 000 yuan)		12.4
房地产开发投资(万元)	Investment in Real Estate Development(10 000 yuan)		-47.8
贸易外经	**Trade**		
社会消费品零售总额(万元)	Total Retail Sales of Consumer Goods(10 000 yuan)	111000	5.5
出口总额(万元)	Total Exports(10 000 yuan)		
交通通信	**Transportation,Post & Telecommunications**		
公路里程(公里)	Total Length of Highways(km)	2062	1.8
移动电话用户(户)	Number of Mobile Telephone Subscribers (subscriber)	179143	4.8
互联网宽带接入用户(户)	Number of Subscribers of Internet Service(subscriber)	46948	12.0
教育科技文化卫生社会保障	**Science,Education & Public Health**		
小学学校数(所)	Number of Primary Schools(unit)	10	0.0
普通中学学校数(所)	Number of Regular Secondary Schools(unit)	15	0.0
体育场馆数(个)	Stadium and Gymnasium(unit)	1	0.0
全年专利授权(件)	Annual Patent Authorization(piece)	44	
剧场、影剧院(个)	Theaters,Music Halls and Cinemas(unit)	1	0.0
医疗卫生机构床位数(张)	Number of Beds in Health Care Institutions(unit)	891	0.5
医疗卫生机构技术人员(人)	Medical Technical Personnel(person)	1406	5.1
城乡居民基本养老保险参保人数(人)	Urban and Rural Residents Basic Pension Insurance Contributors(person)	80300	1.2
基本医疗保险参保人数(人)	Basic Medical Care Insurance Contributors(person)	148787	0.2
居民生活	**The Lives of Residents**		
全体居民人均可支配收入(元)	The per capita disposable income of all residents(yuan)	20764	9.2
城镇常住居民人均可支配收入(元)	The per capita disposable income of urban permanent residents(yuan)	30799	8.4
农村牧区常住居民人均可支配收入(元)	The per capita disposable income of permanent residents of rural and pastoral areas(yuan)	14895	10.6

20-50 通辽市奈曼旗

Naiman Banner in Tongliao City

指 标	Item	2021	增长(%) Increase Rate(%)
行政区域土地面积(平方公里)	**Area of Administration(Sq.km)**	**8135**	**0.0**
人口	**Population**		
年末户籍户数(户)	The Registered Households Year-end(household)	161569	0.2
年末户籍人口(人)	The Registered Population Year-end(person)	444719	0.0
国民经济综合指标	**Summary Item on the National Economy**		
生产总值(万元)	Gross Domestic Product(10 000 yuan)	1342500	3.6
第一产业(万元)	Primary Industry(10 000 yuan)	423300	4.0
第二产业(万元)	Secondary Industry(10 000 yuan)	294400	-3.2
第三产业(万元)	Tertiary Industry(10 000 yuan)	624800	6.3
一般公共预算收入(万元)	General Public Budget Revenue(10 000 yuan)	45704	68.5
一般公共预算支出(万元)	General Public Budget Expenditure(10 000 yuan)	405000	-4.0
农村牧区经济	**Economic Development in Rural & Pastoral Area**		
耕地面积(公顷)	Cultivated Area(hectare)	310553	58.4
高标准农田面积(公顷)	High Standard Farmland Area(hectare)	127367	0.8
农作物总播种面积(公顷)	Total Sown Area(hectare)	224860	5.3
粮食产量(吨)	Yield of Grain(ton)	1220757	4.8
油料产量(吨)	Yield of Oil-bearing Crops(ton)	10999	-38.2
规模以上工业	**Industrial Enterprises above Designated size**		
工业企业单位数(个)	Number of Industrial Enterprises(unit)	34	13.3
工业总产值(万元)	Gross Industrial Output Value(10 000 yuan)		-23.3
投资	**Investment and Construction**		
固定资产投资(万元)	Total Investment in Fixed Assets(10 000 yuan)		-36.0
房地产开发投资(万元)	Investment in Real Estate Development(10 000 yuan)		-5.8
贸易外经	**Trade**		
社会消费品零售总额(万元)	Total Retail Sales of Consumer Goods(10 000 yuan)	266002	5.8
出口总额(万元)	Total Exports(10 000 yuan)		
交通通信	**Transportation,Post & Telecommunications**		
公路里程(公里)	Total Length of Highways(km)	4484	1.4
移动电话用户(户)	Number of Mobile Telephone Subscribers (subscriber)	330473	-5.2
互联网宽带接入用户(户)	Number of Subscribers of Internet Service(subscriber)	75527	-0.5
教育科技文化卫生社会保障	**Science,Education & Public Health**		
小学学校数(所)	Number of Primary Schools(unit)	36	0.0
普通中学学校数(所)	Number of Regular Secondary Schools(unit)	22	0.0
体育场馆数(个)	Stadium and Gymnasium(unit)	4	33.3
全年专利授权(件)	Annual Patent Authorization(piece)	268	
剧场、影剧院(个)	Theaters,Music Halls and Cinemas(unit)	2	0.0
医疗卫生机构床位数(张)	Number of Beds in Health Care Institutions(unit)	1905	6.5
医疗卫生机构技术人员(人)	Medical Technical Personnel(person)	2741	-3.4
城乡居民基本养老保险参保人数(人)	Urban and Rural Residents Basic Pension Insurance Contributors(person)	173439	-2.7
基本医疗保险参保人数(人)	Basic Medical Care Insurance Contributors(person)	390935	0.3
居民生活	**The Lives of Residents**		
全体居民人均可支配收入(元)	The per capita disposable income of all residents(yuan)	20467	9.3
城镇常住居民人均可支配收入(元)	The per capita disposable income of urban permanent residents(yuan)	31901	7.9
农村牧区常住居民人均可支配收入(元)	The per capita disposable income of permanent residents of rural and pastoral areas(yuan)	15236	11.0

20-51 通辽市扎鲁特旗

Zhalute Banner in Tongliao City

指 标	Item	2021	增长(%) Increase Rate(%)
行政区域土地面积(平方公里)	**Area of Administration(Sq.km)**	**16492**	**0.0**
人口	**Population**		
年末户籍户数(户)	The Registered Households Year-end(household)	140867	-0.3
年末户籍人口(人)	The Registered Population Year-end(person)	303808	-0.2
国民经济综合指标	**Summary Item on the National Economy**		
生产总值(万元)	Gross Domestic Product(10 000 yuan)	1517900	3.7
第一产业(万元)	Primary Industry(10 000 yuan)	413300	3.9
第二产业(万元)	Secondary Industry(10 000 yuan)	573200	0.4
第三产业(万元)	Tertiary Industry(10 000 yuan)	531400	6.6
一般公共预算收入(万元)	General Public Budget Revenue(10 000 yuan)	80582	0.8
一般公共预算支出(万元)	General Public Budget Expenditure(10 000 yuan)	329815	-5.6
农村牧区经济	**Economic Development in Rural & Pastoral Area**		
耕地面积(公顷)	Cultivated Area(hectare)	200213	0.0
高标准农田面积(公顷)	High Standard Farmland Area(hectare)	88300	0.3
农作物总播种面积(公顷)	Total Sown Area(hectare)	165152	-0.2
粮食产量(吨)	Yield of Grain(ton)	740550	10.7
油料产量(吨)	Yield of Oil-bearing Crops(ton)	5492	30.7
规模以上工业	**Industrial Enterprises above Designated size**		
工业企业单位数(个)	Number of Industrial Enterprises(unit)	23	9.5
工业总产值(万元)	Gross Industrial Output Value(10 000 yuan)		16.0
投资	**Investment and Construction**		
固定资产投资(万元)	Total Investment in Fixed Assets(10 000 yuan)		2.6
房地产开发投资(万元)	Investment in Real Estate Development(10 000 yuan)		-18.1
贸易外经	**Trade**		
社会消费品零售总额(万元)	Total Retail Sales of Consumer Goods(10 000 yuan)	210667	5.7
出口总额(万元)	Total Exports(10 000 yuan)	296	23.4
交通通信	**Transportation,Post & Telecommunications**		
公路里程(公里)	Total Length of Highways(km)	3078	0.0
移动电话用户(户)	Number of Mobile Telephone Subscribers (subscriber)	301800	-3.6
互联网宽带接入用户(户)	Number of Subscribers of Internet Service(subscriber)	56650	19.4
教育科技文化卫生社会保障	**Science,Education & Public Health**		
小学学校数(所)	Number of Primary Schools(unit)	55	96.4
普通中学学校数(所)	Number of Regular Secondary Schools(unit)	11	-15.4
体育场馆数(个)	Stadium and Gymnasium(unit)	5	66.7
全年专利授权(件)	Annual Patent Authorization(piece)		
剧场、影剧院(个)	Theaters,Music Halls and Cinemas(unit)	2	0.0
医疗卫生机构床位数(张)	Number of Beds in Health Care Institutions(unit)	1792	32.2
医疗卫生机构技术人员(人)	Medical Technical Personnel(person)	1773	-1.8
城乡居民基本养老保险参保人数(人)	Urban and Rural Residents Basic Pension Insurance Contributors(person)	75732	-29.8
基本医疗保险参保人数(人)	Basic Medical Care Insurance Contributors(person)	255628	1.5
居民生活	**The Lives of Residents**		
全体居民人均可支配收入(元)	The per capita disposable income of all residents(yuan)	24181	8.6
城镇常住居民人均可支配收入(元)	The per capita disposable income of urban permanent residents(yuan)	33953	7.5
农村牧区常住居民人均可支配收入(元)	The per capita disposable income of permanent residents of rural and pastoral areas(yuan)	20261	10.1

20-52 通辽市霍林郭勒市

Huolinguole City in Tongliao City

指 标	Item	2021	增长(%) Increase Rate(%)
行政区域土地面积(平方公里)	**Area of Administration(Sq.km)**	**585**	**0.0**
人口	**Population**		
年末户籍户数(户)	The Registered Households Year-end(household)	31930	1.5
年末户籍人口(人)	The Registered Population Year-end(person)	83778	0.3
国民经济综合指标	**Summary Item on the National Economy**		
生产总值(万元)	Gross Domestic Product(10 000 yuan)	1975900	5.6
第一产业(万元)	Primary Industry(10 000 yuan)	42200	2.7
第二产业(万元)	Secondary Industry(10 000 yuan)	1525100	5.9
第三产业(万元)	Tertiary Industry(10 000 yuan)	408600	5.2
一般公共预算收入(万元)	General Public Budget Revenue(10 000 yuan)	167092	76.6
一般公共预算支出(万元)	General Public Budget Expenditure(10 000 yuan)	234936	26.7
农村牧区经济	**Economic Development in Rural & Pastoral Area**		
耕地面积(公顷)	Cultivated Area(hectare)	9709	-44.4
高标准农田面积(公顷)	High Standard Farmland Area(hectare)		
农作物总播种面积(公顷)	Total Sown Area(hectare)	9545	-38.1
粮食产量(吨)	Yield of Grain(ton)	20490	-31.7
油料产量(吨)	Yield of Oil-bearing Crops(ton)	813	-88.5
规模以上工业	**Industrial Enterprises above Designated size**		
工业企业单位数(个)	Number of Industrial Enterprises(unit)	41	10.8
工业总产值(万元)	Gross Industrial Output Value(10 000 yuan)		44.9
投资	**Investment and Construction**		
固定资产投资(万元)	Total Investment in Fixed Assets(10 000 yuan)		3.2
房地产开发投资(万元)	Investment in Real Estate Development(10 000 yuan)		-7.0
贸易外经	**Trade**		
社会消费品零售总额(万元)	Total Retail Sales of Consumer Goods(10 000 yuan)	239515	6.0
出口总额(万元)	Total Exports(10 000 yuan)	11222	7.6
交通通信	**Transportation,Post & Telecommunications**		
公路里程(公里)	Total Length of Highways(km)	280	0.7
移动电话用户(户)	Number of Mobile Telephone Subscribers (subscriber)	153855	0.5
互联网宽带接入用户(户)	Number of Subscribers of Internet Service(subscriber)	26998	0.3
教育科技文化卫生社会保障	**Science,Education & Public Health**		
小学学校数(所)	Number of Primary Schools(unit)	8	0.0
普通中学学校数(所)	Number of Regular Secondary Schools(unit)	8	0.0
体育场馆数(个)	Stadium and Gymnasium(unit)	5	0.0
全年专利授权(件)	Annual Patent Authorization(piece)		
剧场、影剧院(个)	Theaters,Music Halls and Cinemas(unit)	4	0.0
医疗卫生机构床位数(张)	Number of Beds in Health Care Institutions(unit)	710	-9.8
医疗卫生机构技术人员(人)	Medical Technical Personnel(person)	1105	3.4
城乡居民基本养老保险参保人数(人)	Urban and Rural Residents Basic Pension Insurance Contributors(person)	8155	0.0
基本医疗保险参保人数(人)	Basic Medical Care Insurance Contributors(person)	88963	7.2
居民生活	**The Lives of Residents**		
全体居民人均可支配收入(元)	The per capita disposable income of all residents(yuan)	49757	7.0
城镇常住居民人均可支配收入(元)	The per capita disposable income of urban permanent residents(yuan)	49757	7.0
农村牧区常住居民人均可支配收入(元)	The per capita disposable income of permanent residents of rural and pastoral areas(yuan)		

20-53 赤峰市红山区
Hongshan District in Chifeng City

指 标	Item	2021	增长(%) Increase Rate(%)
行政区域土地面积(平方公里)	**Area of Administration(Sq.km)**	**506**	**0.0**
人口	**Population**		
年末户籍户数(户)	The Registered Households Year-end(household)	149394	0.2
年末户籍人口(人)	The Registered Population Year-end(person)	347642	-0.1
国民经济综合指标	**Summary Item on the National Economy**		
生产总值(万元)	Gross Domestic Product(10 000 yuan)	3421613	6.2
第一产业(万元)	Primary Industry(10 000 yuan)	90316	3.1
第二产业(万元)	Secondary Industry(10 000 yuan)	1383359	4.8
第三产业(万元)	Tertiary Industry(10 000 yuan)	1947938	7.2
一般公共预算收入(万元)	General Public Budget Revenue(10 000 yuan)	300316	5.0
一般公共预算支出(万元)	General Public Budget Expenditure(10 000 yuan)	285125	-23.9
农村牧区经济	**Economic Development in Rural & Pastoral Area**		
耕地面积(公顷)	Cultivated Area(hectare)	17533	13.4
高标准农田面积(公顷)	High Standard Farmland Area(hectare)	1980	0.2
农作物总播种面积(公顷)	Total Sown Area(hectare)	14902	1.6
粮食产量(吨)	Yield of Grain(ton)	45824	-8.2
油料产量(吨)	Yield of Oil-bearing Crops(ton)	701	148.0
规模以上工业	**Industrial Enterprises above Designated size**		
工业企业单位数(个)	Number of Industrial Enterprises(unit)	54	17.4
工业总产值(万元)	Gross Industrial Output Value(10 000 yuan)		63.6
投资	**Investment and Construction**		
固定资产投资(万元)	Total Investment in Fixed Assets(10 000 yuan)		6.3
房地产开发投资(万元)	Investment in Real Estate Development(10 000 yuan)		43.9
贸易外经	**Trade**		
社会消费品零售总额(万元)	Total Retail Sales of Consumer Goods(10 000 yuan)	1644485	4.1
出口总额(万元)	Total Exports(10 000 yuan)		
交通通信	**Transportation,Post & Telecommunications**		
公路里程(公里)	Total Length of Highways(km)	611	0.2
移动电话用户(户)	Number of Mobile Telephone Subscribers (subscriber)	210450	5.0
互联网宽带接入用户(户)	Number of Subscribers of Internet Service(subscriber)	55230	10.0
教育科技文化卫生社会保障	**Science,Education & Public Health**		
小学学校数(所)	Number of Primary Schools(unit)	39	-20.4
普通中学学校数(所)	Number of Regular Secondary Schools(unit)	11	-42.1
体育场馆数(个)	Stadium and Gymnasium(unit)	4	0.0
全年专利授权(件)	Annual Patent Authorization(piece)	594	40.1
剧场、影剧院(个)	Theaters,Music Halls and Cinemas(unit)	7	0.0
医疗卫生机构床位数(张)	Number of Beds in Health Care Institutions(unit)	7863	-2.3
医疗卫生机构技术人员(人)	Medical Technical Personnel(person)	9964	-1.8
城乡居民基本养老保险参保人数(人)	Urban and Rural Residents Basic Pension Insurance Contributors(person)	35363	-3.1
基本医疗保险参保人数(人)	Basic Medical Care Insurance Contributors(person)	246377	2.0
居民生活	**The Lives of Residents**		
全体居民人均可支配收入(元)	The per capita disposable income of all residents(yuan)	41661	7.6
城镇常住居民人均可支配收入(元)	The per capita disposable income of urban permanent residents(yuan)	41890	7.5
农村牧区常住居民人均可支配收入(元)	The per capita disposable income of permanent residents of rural and pastoral areas(yuan)	25625	10.7

20-54 赤峰市元宝山区

Yuanbaoshan District in Chifeng City

指 标	Item	2021	增长(%) Increase Rate(%)
行政区域土地面积(平方公里)	**Area of Administration(Sq.km)**	**952**	**-0.1**
人口	**Population**		
年末户籍户数(户)	The Registered Households Year-end(household)	111037	-0.5
年末户籍人口(人)	The Registered Population Year-end(person)	308421	-0.9
国民经济综合指标	**Summary Item on the National Economy**		
生产总值(万元)	Gross Domestic Product(10 000 yuan)	1933385	6.1
第一产业(万元)	Primary Industry(10 000 yuan)	240655	5.5
第二产业(万元)	Secondary Industry(10 000 yuan)	1009312	5.0
第三产业(万元)	Tertiary Industry(10 000 yuan)	683419	7.5
一般公共预算收入(万元)	General Public Budget Revenue(10 000 yuan)	146613	7.2
一般公共预算支出(万元)	General Public Budget Expenditure(10 000 yuan)	310161	-4.6
农村牧区经济	**Economic Development in Rural & Pastoral Area**		
耕地面积(公顷)	Cultivated Area(hectare)	37163	-0.7
高标准农田面积(公顷)	High Standard Farmland Area(hectare)	14610	7.3
农作物总播种面积(公顷)	Total Sown Area(hectare)	27368	0.8
粮食产量(吨)	Yield of Grain(ton)	192842	6.1
油料产量(吨)	Yield of Oil-bearing Crops(ton)	862	-51.8
规模以上工业	**Industrial Enterprises above Designated size**		
工业企业单位数(个)	Number of Industrial Enterprises(unit)	46	7.0
工业总产值(万元)	Gross Industrial Output Value(10 000 yuan)		24.5
投资	**Investment and Construction**		
固定资产投资(万元)	Total Investment in Fixed Assets(10 000 yuan)		-16.1
房地产开发投资(万元)	Investment in Real Estate Development(10 000 yuan)		-30.3
贸易外经	**Trade**		
社会消费品零售总额(万元)	Total Retail Sales of Consumer Goods(10 000 yuan)	413777	4.2
出口总额(万元)	Total Exports(10 000 yuan)	31377	15.7
交通通信	**Transportation,Post & Telecommunications**		
公路里程(公里)	Total Length of Highways(km)	923	1.5
移动电话用户(户)	Number of Mobile Telephone Subscribers (subscriber)	373570	-1.5
互联网宽带接入用户(户)	Number of Subscribers of Internet Service(subscriber)	115360	3.7
教育科技文化卫生社会保障	**Science,Education & Public Health**		
小学学校数(所)	Number of Primary Schools(unit)	16	-5.9
普通中学学校数(所)	Number of Regular Secondary Schools(unit)	10	0.0
体育场馆数(个)	Stadium and Gymnasium(unit)	2	0.0
全年专利授权(件)	Annual Patent Authorization(piece)	119	12.3
剧场、影剧院(个)	Theaters,Music Halls and Cinemas(unit)	1	0.0
医疗卫生机构床位数(张)	Number of Beds in Health Care Institutions(unit)	2136	3.8
医疗卫生机构技术人员(人)	Medical Technical Personnel(person)	2229	-6.5
城乡居民基本养老保险参保人数(人)	Urban and Rural Residents Basic Pension Insurance Contributors(person)	83365	-1.2
基本医疗保险参保人数(人)	Basic Medical Care Insurance Contributors(person)	284952	1.7
居民生活	**The Lives of Residents**		
全体居民人均可支配收入(元)	The per capita disposable income of all residents(yuan)	37320	8.0
城镇常住居民人均可支配收入(元)	The per capita disposable income of urban permanent residents(yuan)	41267	7.6
农村牧区常住居民人均可支配收入(元)	The per capita disposable income of permanent residents of rural and pastoral areas(yuan)	25585	10.7

20-55 赤峰市松山区
Songshan District in Chifeng City

指 标	Item	2021	增长(%) Increase Rate(%)
行政区域土地面积(平方公里)	**Area of Administration(Sq.km)**	**5618**	**0.0**
人口	**Population**		
年末户籍户数(户)	The Registered Households Year-end(household)	249138	1.0
年末户籍人口(人)	The Registered Population Year-end(person)	615959	0.8
国民经济综合指标	**Summary Item on the National Economy**		
生产总值(万元)	Gross Domestic Product(10 000 yuan)	2962394	3.8
第一产业(万元)	Primary Industry(10 000 yuan)	559903	3.6
第二产业(万元)	Secondary Industry(10 000 yuan)	737399	-6.9
第三产业(万元)	Tertiary Industry(10 000 yuan)	1665092	8.6
一般公共预算收入(万元)	General Public Budget Revenue(10 000 yuan)	232802	0.3
一般公共预算支出(万元)	General Public Budget Expenditure(10 000 yuan)	490586	-8.9
农村牧区经济	**Economic Development in Rural & Pastoral Area**		
耕地面积(公顷)	Cultivated Area(hectare)	197409	9.3
高标准农田面积(公顷)	High Standard Farmland Area(hectare)	52200	4.4
农作物总播种面积(公顷)	Total Sown Area(hectare)	156280	-1.0
粮食产量(吨)	Yield of Grain(ton)	817282	1.2
油料产量(吨)	Yield of Oil-bearing Crops(ton)	13842	-38.2
规模以上工业	**Industrial Enterprises above Designated size**		
工业企业单位数(个)	Number of Industrial Enterprises(unit)	27	3.8
工业总产值(万元)	Gross Industrial Output Value(10 000 yuan)		-5.0
投资	**Investment and Construction**		
固定资产投资(万元)	Total Investment in Fixed Assets(10 000 yuan)		-9.1
房地产开发投资(万元)	Investment in Real Estate Development(10 000 yuan)		-9.7
贸易外经	**Trade**		
社会消费品零售总额(万元)	Total Retail Sales of Consumer Goods(10 000 yuan)	1227795	4.0
出口总额(万元)	Total Exports(10 000 yuan)	1959	-36.0
交通通信	**Transportation,Post & Telecommunications**		
公路里程(公里)	Total Length of Highways(km)	3218	39.0
移动电话用户(户)	Number of Mobile Telephone Subscribers (subscriber)	507044	1.2
互联网宽带接入用户(户)	Number of Subscribers of Internet Service(subscriber)	105378	19.4
教育科技文化卫生社会保障	**Science,Education & Public Health**		
小学学校数(所)	Number of Primary Schools(unit)	53	1.9
普通中学学校数(所)	Number of Regular Secondary Schools(unit)	19	0.0
体育场馆数(个)	Stadium and Gymnasium(unit)		
全年专利授权(件)	Annual Patent Authorization(piece)	480	88.2
剧场、影剧院(个)	Theaters,Music Halls and Cinemas(unit)	4	33.3
医疗卫生机构床位数(张)	Number of Beds in Health Care Institutions(unit)	5037	0.2
医疗卫生机构技术人员(人)	Medical Technical Personnel(person)	6457	7.3
城乡居民基本养老保险参保人数(人)	Urban and Rural Residents Basic Pension Insurance Contributors(person)	185218	6.4
基本医疗保险参保人数(人)	Basic Medical Care Insurance Contributors(person)	533151	2.0
居民生活	**The Lives of Residents**		
全体居民人均可支配收入(元)	The per capita disposable income of all residents(yuan)	29703	8.8
城镇常住居民人均可支配收入(元)	The per capita disposable income of urban permanent residents(yuan)	39728	7.9
农村牧区常住居民人均可支配收入(元)	The per capita disposable income of permanent residents of rural and pastoral areas(yuan)	19864	11.1

20-56 赤峰市阿鲁科尔沁旗
Alukeerqin Banner in Chifeng City

指 标	Item	2021	增长(%) Increase Rate(%)
行政区域土地面积(平方公里)	**Area of Administration(Sq.km)**	**14555**	**0.0**
人口	**Population**		
年末户籍户数(户)	The Registered Households Year-end(household)	138052	0.2
年末户籍人口(人)	The Registered Population Year-end(person)	288709	0.0
国民经济综合指标	**Summary Item on the National Economy**		
生产总值(万元)	Gross Domestic Product(10 000 yuan)	996606	3.7
第一产业(万元)	Primary Industry(10 000 yuan)	247319	3.8
第二产业(万元)	Secondary Industry(10 000 yuan)	252533	-5.1
第三产业(万元)	Tertiary Industry(10 000 yuan)	496754	7.8
一般公共预算收入(万元)	General Public Budget Revenue(10 000 yuan)	36851	6.1
一般公共预算支出(万元)	General Public Budget Expenditure(10 000 yuan)	382669	10.1
农村牧区经济	**Economic Development in Rural & Pastoral Area**		
耕地面积(公顷)	Cultivated Area(hectare)	238500	80.8
高标准农田面积(公顷)	High Standard Farmland Area(hectare)	36380	31.3
农作物总播种面积(公顷)	Total Sown Area(hectare)	194925	-10.8
粮食产量(吨)	Yield of Grain(ton)	683323	1.6
油料产量(吨)	Yield of Oil-bearing Crops(ton)	21520	-18.0
规模以上工业	**Industrial Enterprises above Designated size**		
工业企业单位数(个)	Number of Industrial Enterprises(unit)	12	50.0
工业总产值(万元)	Gross Industrial Output Value(10 000 yuan)		-4.8
投资	**Investment and Construction**		
固定资产投资(万元)	Total Investment in Fixed Assets(10 000 yuan)		10.7
房地产开发投资(万元)	Investment in Real Estate Development(10 000 yuan)		78.7
贸易外经	**Trade**		
社会消费品零售总额(万元)	Total Retail Sales of Consumer Goods(10 000 yuan)	295299	4.0
出口总额(万元)	Total Exports(10 000 yuan)	2	-87.8
交通通信	**Transportation,Post & Telecommunications**		
公路里程(公里)	Total Length of Highways(km)	3693	0.3
移动电话用户(户)	Number of Mobile Telephone Subscribers (subscriber)	277665	-2.1
互联网宽带接入用户(户)	Number of Subscribers of Internet Service(subscriber)	51926	6.2
教育科技文化卫生社会保障	**Science,Education & Public Health**		
小学学校数(所)	Number of Primary Schools(unit)	32	0.0
普通中学学校数(所)	Number of Regular Secondary Schools(unit)	7	0.0
体育场馆数(个)	Stadium and Gymnasium(unit)	4	0.0
全年专利授权(件)	Annual Patent Authorization(piece)	12	50.0
剧场、影剧院(个)	Theaters,Music Halls and Cinemas(unit)	1	0.0
医疗卫生机构床位数(张)	Number of Beds in Health Care Institutions(unit)	1869	0.9
医疗卫生机构技术人员(人)	Medical Technical Personnel(person)	1984	-0.6
城乡居民基本养老保险参保人数(人)	Urban and Rural Residents Basic Pension Insurance Contributors(person)	140051	3.9
基本医疗保险参保人数(人)	Basic Medical Care Insurance Contributors(person)	236867	-2.6
居民生活	**The Lives of Residents**		
全体居民人均可支配收入(元)	The per capita disposable income of all residents(yuan)	19891	8.6
城镇常住居民人均可支配收入(元)	The per capita disposable income of urban permanent residents(yuan)	31044	7.7
农村牧区常住居民人均可支配收入(元)	The per capita disposable income of permanent residents of rural and pastoral areas(yuan)	12958	11.0

20-57 赤峰市巴林左旗
Balinzuo Banner in Chifeng City

指 标	Item	2021	增长(%) Increase Rate(%)
行政区域土地面积(平方公里)	**Area of Administration(Sq.km)**	**6471**	**0.1**
人口	**Population**		
年末户籍户数(户)	The Registered Households Year-end(household)	149947	0.1
年末户籍人口(人)	The Registered Population Year-end(person)	334992	-0.4
国民经济综合指标	**Summary Item on the National Economy**		
生产总值(万元)	Gross Domestic Product(10 000 yuan)	1428803	7.8
第一产业(万元)	Primary Industry(10 000 yuan)	292880	3.8
第二产业(万元)	Secondary Industry(10 000 yuan)	525191	8.3
第三产业(万元)	Tertiary Industry(10 000 yuan)	610732	9.3
一般公共预算收入(万元)	General Public Budget Revenue(10 000 yuan)	45814	10.9
一般公共预算支出(万元)	General Public Budget Expenditure(10 000 yuan)	306404	-18.3
农村牧区经济	**Economic Development in Rural & Pastoral Area**		
耕地面积(公顷)	Cultivated Area(hectare)	155621	22.9
高标准农田面积(公顷)	High Standard Farmland Area(hectare)	27435	0.0
农作物总播种面积(公顷)	Total Sown Area(hectare)	126323	-0.9
粮食产量(吨)	Yield of Grain(ton)	584454	1.3
油料产量(吨)	Yield of Oil-bearing Crops(ton)	8321	34.3
规模以上工业	**Industrial Enterprises above Designated size**		
工业企业单位数(个)	Number of Industrial Enterprises(unit)	17	21.4
工业总产值(万元)	Gross Industrial Output Value(10 000 yuan)		12.2
投资	**Investment and Construction**		
固定资产投资(万元)	Total Investment in Fixed Assets(10 000 yuan)		10.9
房地产开发投资(万元)	Investment in Real Estate Development(10 000 yuan)		6.3
贸易外经	**Trade**		
社会消费品零售总额(万元)	Total Retail Sales of Consumer Goods(10 000 yuan)	474123	5.9
出口总额(万元)	Total Exports(10 000 yuan)		
交通通信	**Transportation,Post & Telecommunications**		
公路里程(公里)	Total Length of Highways(km)	2235	0.5
移动电话用户(户)	Number of Mobile Telephone Subscribers (subscriber)	332500	11.5
互联网宽带接入用户(户)	Number of Subscribers of Internet Service(subscriber)	88400	27.4
教育科技文化卫生社会保障	**Science,Education & Public Health**		
小学学校数(所)	Number of Primary Schools(unit)	29	0.0
普通中学学校数(所)	Number of Regular Secondary Schools(unit)	8	0.0
体育场馆数(个)	Stadium and Gymnasium(unit)	6	0.0
全年专利授权(件)	Annual Patent Authorization(piece)	31	0.0
剧场、影剧院(个)	Theaters,Music Halls and Cinemas(unit)	2	0.0
医疗卫生机构床位数(张)	Number of Beds in Health Care Institutions(unit)	2120	3.8
医疗卫生机构技术人员(人)	Medical Technical Personnel(person)	2295	14.3
城乡居民基本养老保险参保人数(人)	Urban and Rural Residents Basic Pension Insurance Contributors(person)	166949	-0.5
基本医疗保险参保人数(人)	Basic Medical Care Insurance Contributors(person)	292047	0.0
居民生活	**The Lives of Residents**		
全体居民人均可支配收入(元)	The per capita disposable income of all residents(yuan)	20039	9.1
城镇常住居民人均可支配收入(元)	The per capita disposable income of urban permanent residents(yuan)	33613	7.8
农村牧区常住居民人均可支配收入(元)	The per capita disposable income of permanent residents of rural and pastoral areas(yuan)	13808	11.6

20-58 赤峰市巴林右旗

Balinyou Banner in Chifeng City

指 标	Item	2021	增长(%) Increase Rate(%)
行政区域土地面积(平方公里)	**Area of Administration(Sq.km)**	**9837**	**0.0**
人口	**Population**		
年末户籍户数(户)	The Registered Households Year-end(household)	87979	-1.0
年末户籍人口(人)	The Registered Population Year-end(person)	178707	-1.1
国民经济综合指标	**Summary Item on the National Economy**		
生产总值(万元)	Gross Domestic Product(10 000 yuan)	653627	7.5
第一产业(万元)	Primary Industry(10 000 yuan)	152927	3.5
第二产业(万元)	Secondary Industry(10 000 yuan)	166214	3.2
第三产业(万元)	Tertiary Industry(10 000 yuan)	334486	11.4
一般公共预算收入(万元)	General Public Budget Revenue(10 000 yuan)	61118	10.3
一般公共预算支出(万元)	General Public Budget Expenditure(10 000 yuan)	299941	-1.8
农村牧区经济	**Economic Development in Rural & Pastoral Area**		
耕地面积(公顷)	Cultivated Area(hectare)	115329	22.3
高标准农田面积(公顷)	High Standard Farmland Area(hectare)	4867	-84.6
农作物总播种面积(公顷)	Total Sown Area(hectare)	109614	-2.1
粮食产量(吨)	Yield of Grain(ton)	346579	3.6
油料产量(吨)	Yield of Oil-bearing Crops(ton)	33113	-16.4
规模以上工业	**Industrial Enterprises above Designated size**		
工业企业单位数(个)	Number of Industrial Enterprises(unit)	8	0.0
工业总产值(万元)	Gross Industrial Output Value(10 000 yuan)		0.2
投资	**Investment and Construction**		
固定资产投资(万元)	Total Investment in Fixed Assets(10 000 yuan)		9.4
房地产开发投资(万元)	Investment in Real Estate Development(10 000 yuan)		23.0
贸易外经	**Trade**		
社会消费品零售总额(万元)	Total Retail Sales of Consumer Goods(10 000 yuan)	179473	6.5
出口总额(万元)	Total Exports(10 000 yuan)		
交通通信	**Transportation,Post & Telecommunications**		
公路里程(公里)	Total Length of Highways(km)	2774	0.2
移动电话用户(户)	Number of Mobile Telephone Subscribers (subscriber)	192819	-13.3
互联网宽带接入用户(户)	Number of Subscribers of Internet Service(subscriber)	56010	-1.4
教育科技文化卫生社会保障	**Science,Education & Public Health**		
小学学校数(所)	Number of Primary Schools(unit)	25	0.0
普通中学学校数(所)	Number of Regular Secondary Schools(unit)	5	0.0
体育场馆数(个)	Stadium and Gymnasium(unit)	6	0.0
全年专利授权(件)	Annual Patent Authorization(piece)		
剧场、影剧院(个)	Theaters,Music Halls and Cinemas(unit)		
医疗卫生机构床位数(张)	Number of Beds in Health Care Institutions(unit)	946	3.2
医疗卫生机构技术人员(人)	Medical Technical Personnel(person)	1359	7.9
城乡居民基本养老保险参保人数(人)	Urban and Rural Residents Basic Pension Insurance Contributors(person)	76289	1.1
基本医疗保险参保人数(人)	Basic Medical Care Insurance Contributors(person)	151324	-0.1
居民生活	**The Lives of Residents**		
全体居民人均可支配收入(元)	The per capita disposable income of all residents(yuan)	24158	9.3
城镇常住居民人均可支配收入(元)	The per capita disposable income of urban permanent residents(yuan)	31879	8.4
农村牧区常住居民人均可支配收入(元)	The per capita disposable income of permanent residents of rural and pastoral areas(yuan)	14224	11.4

20-59 赤峰市林西县
Linxi County in Chifeng City

指 标	Item	2021	增长(%) Increase Rate(%)
行政区域土地面积(平方公里)	**Area of Administration(Sq.km)**	**3933**	**0.0**
人口	**Population**		
年末户籍户数(户)	The Registered Households Year-end(household)	106781	-1.8
年末户籍人口(人)	The Registered Population Year-end(person)	221293	-2.1
国民经济综合指标	**Summary Item on the National Economy**		
生产总值(万元)	Gross Domestic Product(10 000 yuan)	899545	4.1
第一产业(万元)	Primary Industry(10 000 yuan)	163805	2.6
第二产业(万元)	Secondary Industry(10 000 yuan)	317429	-1.6
第三产业(万元)	Tertiary Industry(10 000 yuan)	418311	8.7
一般公共预算收入(万元)	General Public Budget Revenue(10 000 yuan)	43399	7.0
一般公共预算支出(万元)	General Public Budget Expenditure(10 000 yuan)	317699	0.6
农村牧区经济	**Economic Development in Rural & Pastoral Area**		
耕地面积(公顷)	Cultivated Area(hectare)	85795	5.2
高标准农田面积(公顷)	High Standard Farmland Area(hectare)	16663	2.5
农作物总播种面积(公顷)	Total Sown Area(hectare)	76142	0.2
粮食产量(吨)	Yield of Grain(ton)	277736	1.1
油料产量(吨)	Yield of Oil-bearing Crops(ton)	16014	26.0
规模以上工业	**Industrial Enterprises above Designated size**		
工业企业单位数(个)	Number of Industrial Enterprises(unit)	21	23.5
工业总产值(万元)	Gross Industrial Output Value(10 000 yuan)		8.0
投资	**Investment and Construction**		
固定资产投资(万元)	Total Investment in Fixed Assets(10 000 yuan)		-14.8
房地产开发投资(万元)	Investment in Real Estate Development(10 000 yuan)		-27.8
贸易外经	**Trade**		
社会消费品零售总额(万元)	Total Retail Sales of Consumer Goods(10 000 yuan)	184836	7.6
出口总额(万元)	Total Exports(10 000 yuan)		
交通通信	**Transportation,Post & Telecommunications**		
公路里程(公里)	Total Length of Highways(km)	1534	0.7
移动电话用户(户)	Number of Mobile Telephone Subscribers (subscriber)	225000	0.0
互联网宽带接入用户(户)	Number of Subscribers of Internet Service(subscriber)	48000	7.9
教育科技文化卫生社会保障	**Science,Education & Public Health**		
小学学校数(所)	Number of Primary Schools(unit)	16	0.0
普通中学学校数(所)	Number of Regular Secondary Schools(unit)	4	0.0
体育场馆数(个)	Stadium and Gymnasium(unit)	6	0.0
全年专利授权(件)	Annual Patent Authorization(piece)	85	183.3
剧场、影剧院(个)	Theaters,Music Halls and Cinemas(unit)		
医疗卫生机构床位数(张)	Number of Beds in Health Care Institutions(unit)	1212	-1.6
医疗卫生机构技术人员(人)	Medical Technical Personnel(person)	1398	-17.0
城乡居民基本养老保险参保人数(人)	Urban and Rural Residents Basic Pension Insurance Contributors(person)	87753	-1.0
基本医疗保险参保人数(人)	Basic Medical Care Insurance Contributors(person)	189665	-2.8
居民生活	**The Lives of Residents**		
全体居民人均可支配收入(元)	The per capita disposable income of all residents(yuan)	24431	9.6
城镇常住居民人均可支配收入(元)	The per capita disposable income of urban permanent residents(yuan)	33432	8.3
农村牧区常住居民人均可支配收入(元)	The per capita disposable income of permanent residents of rural and pastoral areas(yuan)	13032	11.5

20-60 赤峰市克什克腾旗

Keshiketeng Banner in Chifeng City

指 标	Item	2021	增长(%) Increase Rate(%)
行政区域土地面积(平方公里)	**Area of Administration(Sq.km)**	**20673**	**0.0**
人口	**Population**		
年末户籍户数(户)	The Registered Households Year-end(household)	111064	-0.7
年末户籍人口(人)	The Registered Population Year-end(person)	241148	-1.1
国民经济综合指标	**Summary Item on the National Economy**		
生产总值(万元)	Gross Domestic Product(10 000 yuan)	1501936	8.0
第一产业(万元)	Primary Industry(10 000 yuan)	243766	3.3
第二产业(万元)	Secondary Industry(10 000 yuan)	821391	8.9
第三产业(万元)	Tertiary Industry(10 000 yuan)	436780	9.1
一般公共预算收入(万元)	General Public Budget Revenue(10 000 yuan)	67491	6.8
一般公共预算支出(万元)	General Public Budget Expenditure(10 000 yuan)	277248	-23.2
农村牧区经济	**Economic Development in Rural & Pastoral Area**		
耕地面积(公顷)	Cultivated Area(hectare)	110084	6.2
高标准农田面积(公顷)	High Standard Farmland Area(hectare)	2134	-86.6
农作物总播种面积(公顷)	Total Sown Area(hectare)	82733	-0.2
粮食产量(吨)	Yield of Grain(ton)	250764	19.2
油料产量(吨)	Yield of Oil-bearing Crops(ton)	1994	-0.7
规模以上工业	**Industrial Enterprises above Designated size**		
工业企业单位数(个)	Number of Industrial Enterprises(unit)	31	0.0
工业总产值(万元)	Gross Industrial Output Value(10 000 yuan)		11.8
投资	**Investment and Construction**		
固定资产投资(万元)	Total Investment in Fixed Assets(10 000 yuan)		18.7
房地产开发投资(万元)	Investment in Real Estate Development(10 000 yuan)		54.0
贸易外经	**Trade**		
社会消费品零售总额(万元)	Total Retail Sales of Consumer Goods(10 000 yuan)	209044	3.9
出口总额(万元)	Total Exports(10 000 yuan)		
交通通信	**Transportation,Post & Telecommunications**		
公路里程(公里)	Total Length of Highways(km)	3861	0.0
移动电话用户(户)	Number of Mobile Telephone Subscribers (subscriber)	223024	1.9
互联网宽带接入用户(户)	Number of Subscribers of Internet Service(subscriber)	61183	10.0
教育科技文化卫生社会保障	**Science,Education & Public Health**		
小学学校数(所)	Number of Primary Schools(unit)	20	0.0
普通中学学校数(所)	Number of Regular Secondary Schools(unit)	12	0.0
体育场馆数(个)	Stadium and Gymnasium(unit)	2	0.0
全年专利授权(件)	Annual Patent Authorization(piece)	60	
剧场、影剧院(个)	Theaters,Music Halls and Cinemas(unit)		
医疗卫生机构床位数(张)	Number of Beds in Health Care Institutions(unit)	1474	-1.1
医疗卫生机构技术人员(人)	Medical Technical Personnel(person)	1695	2.0
城乡居民基本养老保险参保人数(人)	Urban and Rural Residents Basic Pension Insurance Contributors(person)	128479	3.6
基本医疗保险参保人数(人)	Basic Medical Care Insurance Contributors(person)	205521	-0.9
居民生活	**The Lives of Residents**		
全体居民人均可支配收入(元)	The per capita disposable income of all residents(yuan)	24165	8.7
城镇常住居民人均可支配收入(元)	The per capita disposable income of urban permanent residents(yuan)	33348	7.5
农村牧区常住居民人均可支配收入(元)	The per capita disposable income of permanent residents of rural and pastoral areas(yuan)	15095	10.8

20-61 赤峰市翁牛特旗
Wengniute Banner in Chifeng City

指 标	Item	2021	增长(%) Increase Rate(%)
行政区域土地面积(平方公里)	**Area of Administration(Sq.km)**	**11882**	**0.0**
人口	**Population**		
年末户籍户数(户)	The Registered Households Year-end(household)	203264	0.1
年末户籍人口(人)	The Registered Population Year-end(person)	467878	-0.5
国民经济综合指标	**Summary Item on the National Economy**		
生产总值(万元)	Gross Domestic Product(10 000 yuan)	1532918	3.7
第一产业(万元)	Primary Industry(10 000 yuan)	549510	3.2
第二产业(万元)	Secondary Industry(10 000 yuan)	300410	-7.3
第三产业(万元)	Tertiary Industry(10 000 yuan)	682998	9.3
一般公共预算收入(万元)	General Public Budget Revenue(10 000 yuan)	46654	2.1
一般公共预算支出(万元)	General Public Budget Expenditure(10 000 yuan)	440350	-6.3
农村牧区经济	**Economic Development in Rural & Pastoral Area**		
耕地面积(公顷)	Cultivated Area(hectare)	341509	38.0
高标准农田面积(公顷)	High Standard Farmland Area(hectare)	19867	-21.6
农作物总播种面积(公顷)	Total Sown Area(hectare)	225460	-5.0
粮食产量(吨)	Yield of Grain(ton)	875825	1.2
油料产量(吨)	Yield of Oil-bearing Crops(ton)	24863	-46.7
规模以上工业	**Industrial Enterprises above Designated size**		
工业企业单位数(个)	Number of Industrial Enterprises(unit)	20	5.3
工业总产值(万元)	Gross Industrial Output Value(10 000 yuan)		3.8
投资	**Investment and Construction**		
固定资产投资(万元)	Total Investment in Fixed Assets(10 000 yuan)		-23.0
房地产开发投资(万元)	Investment in Real Estate Development(10 000 yuan)		-63.8
贸易外经	**Trade**		
社会消费品零售总额(万元)	Total Retail Sales of Consumer Goods(10 000 yuan)	342493	7.5
出口总额(万元)	Total Exports(10 000 yuan)	1590	127.8
交通通信	**Transportation,Post & Telecommunications**		
公路里程(公里)	Total Length of Highways(km)	3642	0.0
移动电话用户(户)	Number of Mobile Telephone Subscribers (subscriber)	323520	17.4
互联网宽带接入用户(户)	Number of Subscribers of Internet Service(subscriber)	107826	42.5
教育科技文化卫生社会保障	**Science,Education & Public Health**		
小学学校数(所)	Number of Primary Schools(unit)	37	2.8
普通中学学校数(所)	Number of Regular Secondary Schools(unit)	14	16.7
体育场馆数(个)	Stadium and Gymnasium(unit)	2	0.0
全年专利授权(件)	Annual Patent Authorization(piece)	92	17.9
剧场、影剧院(个)	Theaters,Music Halls and Cinemas(unit)	1	0.0
医疗卫生机构床位数(张)	Number of Beds in Health Care Institutions(unit)	1769	5.9
医疗卫生机构技术人员(人)	Medical Technical Personnel(person)	2397	62.4
城乡居民基本养老保险参保人数(人)	Urban and Rural Residents Basic Pension Insurance Contributors(person)	176057	7.6
基本医疗保险参保人数(人)	Basic Medical Care Insurance Contributors(person)	376993	-0.9
居民生活	**The Lives of Residents**		
全体居民人均可支配收入(元)	The per capita disposable income of all residents(yuan)	20328	8.8
城镇常住居民人均可支配收入(元)	The per capita disposable income of urban permanent residents(yuan)	32674	7.7
农村牧区常住居民人均可支配收入(元)	The per capita disposable income of permanent residents of rural and pastoral areas(yuan)	13937	11.1

20-62 赤峰市喀喇沁旗

Kalaqin Banner in Chifeng City

指 标	Item	2021	增长(%) Increase Rate(%)
行政区域土地面积(平方公里)	**Area of Administration(Sq.km)**	**3050**	**0.0**
人口	**Population**		
年末户籍户数(户)	The Registered Households Year-end(household)	144699	0.3
年末户籍人口(人)	The Registered Population Year-end(person)	342619	0.0
国民经济综合指标	**Summary Item on the National Economy**		
生产总值(万元)	Gross Domestic Product(10 000 yuan)	993602	8.6
第一产业(万元)	Primary Industry(10 000 yuan)	173677	3.9
第二产业(万元)	Secondary Industry(10 000 yuan)	374422	7.6
第三产业(万元)	Tertiary Industry(10 000 yuan)	445503	11.2
一般公共预算收入(万元)	General Public Budget Revenue(10 000 yuan)	64337	37.0
一般公共预算支出(万元)	General Public Budget Expenditure(10 000 yuan)	310566	2.1
农村牧区经济	**Economic Development in Rural & Pastoral Area**		
耕地面积(公顷)	Cultivated Area(hectare)	66755	26.8
高标准农田面积(公顷)	High Standard Farmland Area(hectare)	600	7.1
农作物总播种面积(公顷)	Total Sown Area(hectare)	53833	-0.3
粮食产量(吨)	Yield of Grain(ton)	323482	3.3
油料产量(吨)	Yield of Oil-bearing Crops(ton)	905	-59.6
规模以上工业	**Industrial Enterprises above Designated size**		
工业企业单位数(个)	Number of Industrial Enterprises(unit)	17	6.3
工业总产值(万元)	Gross Industrial Output Value(10 000 yuan)		42.2
投资	**Investment and Construction**		
固定资产投资(万元)	Total Investment in Fixed Assets(10 000 yuan)		14.0
房地产开发投资(万元)	Investment in Real Estate Development(10 000 yuan)		189.3
贸易外经	**Trade**		
社会消费品零售总额(万元)	Total Retail Sales of Consumer Goods(10 000 yuan)	320469	6.0
出口总额(万元)	Total Exports(10 000 yuan)		
交通通信	**Transportation,Post & Telecommunications**		
公路里程(公里)	Total Length of Highways(km)	1244	-10.1
移动电话用户(户)	Number of Mobile Telephone Subscribers (subscriber)	283800	-3.1
互联网宽带接入用户(户)	Number of Subscribers of Internet Service(subscriber)	93506	13.4
教育科技文化卫生社会保障	**Science,Education & Public Health**		
小学学校数(所)	Number of Primary Schools(unit)	31	-3.1
普通中学学校数(所)	Number of Regular Secondary Schools(unit)	10	11.1
体育场馆数(个)	Stadium and Gymnasium(unit)	3	0.0
全年专利授权(件)	Annual Patent Authorization(piece)	81	50.0
剧场、影剧院(个)	Theaters,Music Halls and Cinemas(unit)		
医疗卫生机构床位数(张)	Number of Beds in Health Care Institutions(unit)	1248	0.2
医疗卫生机构技术人员(人)	Medical Technical Personnel(person)	1391	0.2
城乡居民基本养老保险参保人数(人)	Urban and Rural Residents Basic Pension Insurance Contributors(person)	170344	-0.5
基本医疗保险参保人数(人)	Basic Medical Care Insurance Contributors(person)	286136	-1.5
居民生活	**The Lives of Residents**		
全体居民人均可支配收入(元)	The per capita disposable income of all residents(yuan)	22323	8.6
城镇常住居民人均可支配收入(元)	The per capita disposable income of urban permanent residents(yuan)	33208	7.5
农村牧区常住居民人均可支配收入(元)	The per capita disposable income of permanent residents of rural and pastoral areas(yuan)	14965	10.9

20-63 赤峰市宁城县

Ningcheng County in Chifeng City

指 标	Item	2021	增长(%) Increase Rate(%)
行政区域土地面积(平方公里)	**Area of Administration(Sq.km)**	**4311**	**0.1**
人口	**Population**		
年末户籍户数(户)	The Registered Households Year-end(household)	218901	-0.2
年末户籍人口(人)	The Registered Population Year-end(person)	600408	-0.3
国民经济综合指标	**Summary Item on the National Economy**		
生产总值(万元)	Gross Domestic Product(10 000 yuan)	1758974	6.7
第一产业(万元)	Primary Industry(10 000 yuan)	481418	5.0
第二产业(万元)	Secondary Industry(10 000 yuan)	438927	6.0
第三产业(万元)	Tertiary Industry(10 000 yuan)	838629	7.9
一般公共预算收入(万元)	General Public Budget Revenue(10 000 yuan)	65109	16.8
一般公共预算支出(万元)	General Public Budget Expenditure(10 000 yuan)	516566	3.2
农村牧区经济	**Economic Development in Rural & Pastoral Area**		
耕地面积(公顷)	Cultivated Area(hectare)	134603	-1.7
高标准农田面积(公顷)	High Standard Farmland Area(hectare)	20453	-6.8
农作物总播种面积(公顷)	Total Sown Area(hectare)	107197	-2.2
粮食产量(吨)	Yield of Grain(ton)	839419	1.2
油料产量(吨)	Yield of Oil-bearing Crops(ton)	583	-55.0
规模以上工业	**Industrial Enterprises above Designated size**		
工业企业单位数(个)	Number of Industrial Enterprises(unit)	25	8.7
工业总产值(万元)	Gross Industrial Output Value(10 000 yuan)		7.5
投资	**Investment and Construction**		
固定资产投资(万元)	Total Investment in Fixed Assets(10 000 yuan)		36.3
房地产开发投资(万元)	Investment in Real Estate Development(10 000 yuan)		-26.8
贸易外经	**Trade**		
社会消费品零售总额(万元)	Total Retail Sales of Consumer Goods(10 000 yuan)	451659	7.3
出口总额(万元)	Total Exports(10 000 yuan)		
交通通信	**Transportation,Post & Telecommunications**		
公路里程(公里)	Total Length of Highways(km)	2092	-1.5
移动电话用户(户)	Number of Mobile Telephone Subscribers (subscriber)	459000	0.4
互联网宽带接入用户(户)	Number of Subscribers of Internet Service(subscriber)	63000	5.0
教育科技文化卫生社会保障	**Science,Education & Public Health**		
小学学校数(所)	Number of Primary Schools(unit)	56	0.0
普通中学学校数(所)	Number of Regular Secondary Schools(unit)	15	-6.3
体育场馆数(个)	Stadium and Gymnasium(unit)	3	0.0
全年专利授权(件)	Annual Patent Authorization(piece)	138	32.7
剧场、影剧院(个)	Theaters,Music Halls and Cinemas(unit)	3	0.0
医疗卫生机构床位数(张)	Number of Beds in Health Care Institutions(unit)	3600	-12.3
医疗卫生机构技术人员(人)	Medical Technical Personnel(person)	3786	5.5
城乡居民基本养老保险参保人数(人)	Urban and Rural Residents Basic Pension Insurance Contributors(person)	255848	0.8
基本医疗保险参保人数(人)	Basic Medical Care Insurance Contributors(person)	502099	1.9
居民生活	**The Lives of Residents**		
全体居民人均可支配收入(元)	The per capita disposable income of all residents(yuan)	20389	9.4
城镇常住居民人均可支配收入(元)	The per capita disposable income of urban permanent residents(yuan)	36549	8.1
农村牧区常住居民人均可支配收入(元)	The per capita disposable income of permanent residents of rural and pastoral areas(yuan)	14824	11.3

20-64 赤峰市敖汉旗

Aohan Banner in Chifeng City

指 标	Item	2021	增长(%) Increase Rate(%)
行政区域土地面积(平方公里)	**Area of Administration(Sq.km)**	**8294**	**0.0**
人口	**Population**		
年末户籍户数(户)	The Registered Households Year-end(household)	249055	0.0
年末户籍人口(人)	The Registered Population Year-end(person)	595743	-0.3
国民经济综合指标	**Summary Item on the National Economy**		
生产总值(万元)	Gross Domestic Product(10 000 yuan)	1631663	6.3
第一产业(万元)	Primary Industry(10 000 yuan)	563448	5.2
第二产业(万元)	Secondary Industry(10 000 yuan)	344134	7.0
第三产业(万元)	Tertiary Industry(10 000 yuan)	724082	6.8
一般公共预算收入(万元)	General Public Budget Revenue(10 000 yuan)	43969	3.9
一般公共预算支出(万元)	General Public Budget Expenditure(10 000 yuan)	428380	-12.3
农村牧区经济	**Economic Development in Rural & Pastoral Area**		
耕地面积(公顷)	Cultivated Area(hectare)	312879	17.3
高标准农田面积(公顷)	High Standard Farmland Area(hectare)	64180	14.2
农作物总播种面积(公顷)	Total Sown Area(hectare)	196385	-4.1
粮食产量(吨)	Yield of Grain(ton)	1010155	0.9
油料产量(吨)	Yield of Oil-bearing Crops(ton)	6682	-42.1
规模以上工业	**Industrial Enterprises above Designated size**		
工业企业单位数(个)	Number of Industrial Enterprises(unit)	25	25.0
工业总产值(万元)	Gross Industrial Output Value(10 000 yuan)		20.4
投资	**Investment and Construction**		
固定资产投资(万元)	Total Investment in Fixed Assets(10 000 yuan)		6.1
房地产开发投资(万元)	Investment in Real Estate Development(10 000 yuan)		-22.1
贸易外经	**Trade**		
社会消费品零售总额(万元)	Total Retail Sales of Consumer Goods(10 000 yuan)	381565	5.4
出口总额(万元)	Total Exports(10 000 yuan)		
交通通信	**Transportation,Post & Telecommunications**		
公路里程(公里)	Total Length of Highways(km)	3127	0.0
移动电话用户(户)	Number of Mobile Telephone Subscribers (subscriber)	434814	0.2
互联网宽带接入用户(户)	Number of Subscribers of Internet Service(subscriber)	122435	8.9
教育科技文化卫生社会保障	**Science,Education & Public Health**		
小学学校数(所)	Number of Primary Schools(unit)	42	2.4
普通中学学校数(所)	Number of Regular Secondary Schools(unit)	18	-5.3
体育场馆数(个)	Stadium and Gymnasium(unit)	2	0.0
全年专利授权(件)	Annual Patent Authorization(piece)	103	
剧场、影剧院(个)	Theaters,Music Halls and Cinemas(unit)	2	0.0
医疗卫生机构床位数(张)	Number of Beds in Health Care Institutions(unit)	3316	0.0
医疗卫生机构技术人员(人)	Medical Technical Personnel(person)	2609	0.0
城乡居民基本养老保险参保人数(人)	Urban and Rural Residents Basic Pension Insurance Contributors(person)	321000	1.1
基本医疗保险参保人数(人)	Basic Medical Care Insurance Contributors(person)	509078	-0.3
居民生活	**The Lives of Residents**		
全体居民人均可支配收入(元)	The per capita disposable income of all residents(yuan)	19509	9.0
城镇常住居民人均可支配收入(元)	The per capita disposable income of urban permanent residents(yuan)	33613	8.0
农村牧区常住居民人均可支配收入(元)	The per capita disposable income of permanent residents of rural and pastoral areas(yuan)	15167	11.2

20-65 锡林郭勒盟二连浩特市

Erenhot City in Xilinguole League

指 标	Item	2021	增长(%) Increase Rate(%)
行政区域土地面积(平方公里)	**Area of Administration(Sq.km)**	**4013**	**0.0**
人口	**Population**		
年末户籍户数(户)	The Registered Households Year-end(household)	14842	2.3
年末户籍人口(人)	The Registered Population Year-end(person)	36679	2.1
国民经济综合指标	**Summary Item on the National Economy**		
生产总值(万元)	Gross Domestic Product(10 000 yuan)	745681	1.7
第一产业(万元)	Primary Industry(10 000 yuan)	9564	4.2
第二产业(万元)	Secondary Industry(10 000 yuan)	172100	-5.2
第三产业(万元)	Tertiary Industry(10 000 yuan)	564017	2.9
一般公共预算收入(万元)	General Public Budget Revenue(10 000 yuan)	36009	2.8
一般公共预算支出(万元)	General Public Budget Expenditure(10 000 yuan)	174921	-17.5
农村牧区经济	**Economic Development in Rural & Pastoral Area**		
耕地面积(公顷)	Cultivated Area(hectare)	107	13.1
高标准农田面积(公顷)	High Standard Farmland Area(hectare)		
农作物总播种面积(公顷)	Total Sown Area(hectare)	91	-4.2
粮食产量(吨)	Yield of Grain(ton)		
油料产量(吨)	Yield of Oil-bearing Crops(ton)		
规模以上工业	**Industrial Enterprises above Designated size**		
工业企业单位数(个)	Number of Industrial Enterprises(unit)	15	15.4
工业总产值(万元)	Gross Industrial Output Value(10 000 yuan)		-11.0
投资	**Investment and Construction**		
固定资产投资(万元)	Total Investment in Fixed Assets(10 000 yuan)		13.4
房地产开发投资(万元)	Investment in Real Estate Development(10 000 yuan)		839.0
贸易外经	**Trade**		
社会消费品零售总额(万元)	Total Retail Sales of Consumer Goods(10 000 yuan)	227656	5.5
出口总额(万元)	Total Exports(10 000 yuan)	443382	265.8
交通通信	**Transportation,Post & Telecommunications**		
公路里程(公里)	Total Length of Highways(km)	395	0.3
移动电话用户(户)	Number of Mobile Telephone Subscribers (subscriber)	98996	-8.0
互联网宽带接入用户(户)	Number of Subscribers of Internet Service(subscriber)	31519	7.9
教育科技文化卫生社会保障	**Science,Education & Public Health**		
小学学校数(所)	Number of Primary Schools(unit)	5	0.0
普通中学学校数(所)	Number of Regular Secondary Schools(unit)	3	0.0
体育场馆数(个)	Stadium and Gymnasium(unit)	2	0.0
全年专利授权(件)	Annual Patent Authorization(piece)		
剧场、影剧院(个)	Theaters,Music Halls and Cinemas(unit)		
医疗卫生机构床位数(张)	Number of Beds in Health Care Institutions(unit)	229	0.0
医疗卫生机构技术人员(人)	Medical Technical Personnel(person)	499	2.5
城乡居民基本养老保险参保人数(人)	Urban and Rural Residents Basic Pension Insurance Contributors(person)	6890	4.8
基本医疗保险参保人数(人)	Basic Medical Care Insurance Contributors(person)	32850	1.9
居民生活	**The Lives of Residents**		
全体居民人均可支配收入(元)	The per capita disposable income of all residents(yuan)	49307	7.0
城镇常住居民人均可支配收入(元)	The per capita disposable income of urban permanent residents(yuan)	49603	7.0
农村牧区常住居民人均可支配收入(元)	The per capita disposable income of permanent residents of rural and pastoral areas(yuan)	32393	9.6

20-66 锡林郭勒盟锡林浩特市

Xilinhot City in Xilinguole League

指 标	Item	2021	增长(%) Increase Rate(%)
行政区域土地面积(平方公里)	**Area of Administration(Sq.km)**	**14778**	**0.0**
人口	**Population**		
年末户籍户数(户)	The Registered Households Year-end(household)	84627	2.3
年末户籍人口(人)	The Registered Population Year-end(person)	203512	1.8
国民经济综合指标	**Summary Item on the National Economy**		
生产总值(万元)	Gross Domestic Product(10 000 yuan)	2953354	4.7
第一产业(万元)	Primary Industry(10 000 yuan)	215536	4.6
第二产业(万元)	Secondary Industry(10 000 yuan)	1476151	2.6
第三产业(万元)	Tertiary Industry(10 000 yuan)	1261667	6.7
一般公共预算收入(万元)	General Public Budget Revenue(10 000 yuan)	258070	9.7
一般公共预算支出(万元)	General Public Budget Expenditure(10 000 yuan)	373066	-8.2
农村牧区经济	**Economic Development in Rural & Pastoral Area**		
耕地面积(公顷)	Cultivated Area(hectare)	21875	28.9
高标准农田面积(公顷)	High Standard Farmland Area(hectare)	900	
农作物总播种面积(公顷)	Total Sown Area(hectare)	16187	-0.5
粮食产量(吨)	Yield of Grain(ton)	34966	14.5
油料产量(吨)	Yield of Oil-bearing Crops(ton)	3304	226.8
规模以上工业	**Industrial Enterprises above Designated size**		
工业企业单位数(个)	Number of Industrial Enterprises(unit)	44	7.3
工业总产值(万元)	Gross Industrial Output Value(10 000 yuan)		9.0
投资	**Investment and Construction**		
固定资产投资(万元)	Total Investment in Fixed Assets(10 000 yuan)		8.7
房地产开发投资(万元)	Investment in Real Estate Development(10 000 yuan)		54.3
贸易外经	**Trade**		
社会消费品零售总额(万元)	Total Retail Sales of Consumer Goods(10 000 yuan)	1012438	7.9
出口总额(万元)	Total Exports(10 000 yuan)	611	87.8
交通通信	**Transportation,Post & Telecommunications**		
公路里程(公里)	Total Length of Highways(km)	1527	0.0
移动电话用户(户)	Number of Mobile Telephone Subscribers (subscriber)	549340	4.8
互联网宽带接入用户(户)	Number of Subscribers of Internet Service(subscriber)	137106	-1.6
教育科技文化卫生社会保障	**Science,Education & Public Health**		
小学学校数(所)	Number of Primary Schools(unit)	13	0.0
普通中学学校数(所)	Number of Regular Secondary Schools(unit)	5	-37.5
体育场馆数(个)	Stadium and Gymnasium(unit)	4	0.0
全年专利授权(件)	Annual Patent Authorization(piece)		
剧场、影剧院(个)	Theaters,Music Halls and Cinemas(unit)	3	0.0
医疗卫生机构床位数(张)	Number of Beds in Health Care Institutions(unit)	2515	-13.4
医疗卫生机构技术人员(人)	Medical Technical Personnel(person)	4741	31.6
城乡居民基本养老保险参保人数(人)	Urban and Rural Residents Basic Pension Insurance Contributors(person)	20452	2.4
基本医疗保险参保人数(人)	Basic Medical Care Insurance Contributors(person)	134527	17.6
居民生活	**The Lives of Residents**		
全体居民人均可支配收入(元)	The per capita disposable income of all residents(yuan)	47847	6.4
城镇常住居民人均可支配收入(元)	The per capita disposable income of urban permanent residents(yuan)	49101	6.2
农村牧区常住居民人均可支配收入(元)	The per capita disposable income of permanent residents of rural and pastoral areas(yuan)	32976	9.1

20-67 锡林郭勒盟阿巴嘎旗

Abaga Banner in Xilinguole League

指 标	Item	2021	增长(%) Increase Rate(%)
行政区域土地面积(平方公里)	**Area of Administration(Sq.km)**	**27495**	**0.0**
人口	**Population**		
年末户籍户数(户)	The Registered Households Year-end(household)	18193	0.3
年末户籍人口(人)	The Registered Population Year-end(person)	42784	-0.8
国民经济综合指标	**Summary Item on the National Economy**		
生产总值(万元)	Gross Domestic Product(10 000 yuan)	433056	9.8
第一产业(万元)	Primary Industry(10 000 yuan)	113884	4.5
第二产业(万元)	Secondary Industry(10 000 yuan)	164078	14.5
第三产业(万元)	Tertiary Industry(10 000 yuan)	155094	9.9
一般公共预算收入(万元)	General Public Budget Revenue(10 000 yuan)	29731	-16.2
一般公共预算支出(万元)	General Public Budget Expenditure(10 000 yuan)	132632	-20.2
农村牧区经济	**Economic Development in Rural & Pastoral Area**		
耕地面积(公顷)	Cultivated Area(hectare)	120	
高标准农田面积(公顷)	High Standard Farmland Area(hectare)		
农作物总播种面积(公顷)	Total Sown Area(hectare)	167	
粮食产量(吨)	Yield of Grain(ton)		
油料产量(吨)	Yield of Oil-bearing Crops(ton)		
规模以上工业	**Industrial Enterprises above Designated size**		
工业企业单位数(个)	Number of Industrial Enterprises(unit)	26	52.9
工业总产值(万元)	Gross Industrial Output Value(10 000 yuan)		56.9
投资	**Investment and Construction**		
固定资产投资(万元)	Total Investment in Fixed Assets(10 000 yuan)		-36.4
房地产开发投资(万元)	Investment in Real Estate Development(10 000 yuan)		
贸易外经	**Trade**		
社会消费品零售总额(万元)	Total Retail Sales of Consumer Goods(10 000 yuan)	54148	5.3
出口总额(万元)	Total Exports(10 000 yuan)		
交通通信	**Transportation,Post & Telecommunications**		
公路里程(公里)	Total Length of Highways(km)	2740	0.6
移动电话用户(户)	Number of Mobile Telephone Subscribers (subscriber)	37300	-2.6
互联网宽带接入用户(户)	Number of Subscribers of Internet Service(subscriber)	5152	-40.2
教育科技文化卫生社会保障	**Science,Education & Public Health**		
小学学校数(所)	Number of Primary Schools(unit)	2	0.0
普通中学学校数(所)	Number of Regular Secondary Schools(unit)	2	0.0
体育场馆数(个)	Stadium and Gymnasium(unit)	1	0.0
全年专利授权(件)	Annual Patent Authorization(piece)		
剧场、影剧院(个)	Theaters,Music Halls and Cinemas(unit)	1	0.0
医疗卫生机构床位数(张)	Number of Beds in Health Care Institutions(unit)	228	3.6
医疗卫生机构技术人员(人)	Medical Technical Personnel(person)	230	-4.6
城乡居民基本养老保险参保人数(人)	Urban and Rural Residents Basic Pension Insurance Contributors(person)	13688	25.6
基本医疗保险参保人数(人)	Basic Medical Care Insurance Contributors(person)	38382	-2.7
居民生活	**The Lives of Residents**		
全体居民人均可支配收入(元)	The per capita disposable income of all residents(yuan)	39106	8.3
城镇常住居民人均可支配收入(元)	The per capita disposable income of urban permanent residents(yuan)	43806	7.3
农村牧区常住居民人均可支配收入(元)	The per capita disposable income of permanent residents of rural and pastoral areas(yuan)	33881	9.8

20-68 锡林郭勒盟苏尼特左旗

Sunitezuo Banner in Xilinguole League

指 标	Item	2021	增长(%) Increase Rate(%)
行政区域土地面积(平方公里)	**Area of Administration(Sq.km)**	**34240**	**0.0**
人口	**Population**		
年末户籍户数(户)	The Registered Households Year-end(household)	11509	0.0
年末户籍人口(人)	The Registered Population Year-end(person)	34023	-0.3
国民经济综合指标	**Summary Item on the National Economy**		
生产总值(万元)	Gross Domestic Product(10 000 yuan)	393263	7.8
第一产业(万元)	Primary Industry(10 000 yuan)	88912	5.0
第二产业(万元)	Secondary Industry(10 000 yuan)	191390	10.5
第三产业(万元)	Tertiary Industry(10 000 yuan)	112961	7.6
一般公共预算收入(万元)	General Public Budget Revenue(10 000 yuan)	26400	6.5
一般公共预算支出(万元)	General Public Budget Expenditure(10 000 yuan)	129528	3.6
农村牧区经济	**Economic Development in Rural & Pastoral Area**		
耕地面积(公顷)	Cultivated Area(hectare)	1517	258.6
高标准农田面积(公顷)	High Standard Farmland Area(hectare)		
农作物总播种面积(公顷)	Total Sown Area(hectare)	1097	1.6
粮食产量(吨)	Yield of Grain(ton)		
油料产量(吨)	Yield of Oil-bearing Crops(ton)		
规模以上工业	**Industrial Enterprises above Designated size**		
工业企业单位数(个)	Number of Industrial Enterprises(unit)	16	77.8
工业总产值(万元)	Gross Industrial Output Value(10 000 yuan)		47.6
投资	**Investment and Construction**		
固定资产投资(万元)	Total Investment in Fixed Assets(10 000 yuan)		-24.5
房地产开发投资(万元)	Investment in Real Estate Development(10 000 yuan)		
贸易外经	**Trade**		
社会消费品零售总额(万元)	Total Retail Sales of Consumer Goods(10 000 yuan)	53123	6.5
出口总额(万元)	Total Exports(10 000 yuan)		
交通通信	**Transportation,Post & Telecommunications**		
公路里程(公里)	Total Length of Highways(km)	2522	11.9
移动电话用户(户)	Number of Mobile Telephone Subscribers (subscriber)	44402	-5.3
互联网宽带接入用户(户)	Number of Subscribers of Internet Service(subscriber)	17034	103.0
教育科技文化卫生社会保障	**Science,Education & Public Health**		
小学学校数(所)	Number of Primary Schools(unit)	2	0.0
普通中学学校数(所)	Number of Regular Secondary Schools(unit)	2	0.0
体育场馆数(个)	Stadium and Gymnasium(unit)	5	0.0
全年专利授权(件)	Annual Patent Authorization(piece)		
剧场、影剧院(个)	Theaters,Music Halls and Cinemas(unit)		
医疗卫生机构床位数(张)	Number of Beds in Health Care Institutions(unit)	130	0.0
医疗卫生机构技术人员(人)	Medical Technical Personnel(person)	227	10.2
城乡居民基本养老保险参保人数(人)	Urban and Rural Residents Basic Pension Insurance Contributors(person)	13613	2.2
基本医疗保险参保人数(人)	Basic Medical Care Insurance Contributors(person)	31408	4.4
居民生活	**The Lives of Residents**		
全体居民人均可支配收入(元)	The per capita disposable income of all residents(yuan)	33307	8.6
城镇常住居民人均可支配收入(元)	The per capita disposable income of urban permanent residents(yuan)	44842	7.7
农村牧区常住居民人均可支配收入(元)	The per capita disposable income of permanent residents of rural and pastoral areas(yuan)	20397	10.8

20-69 锡林郭勒盟苏尼特右旗

Suniteyou Banner in Xilinguole League

指 标	Item	2021	增长(%) Increase Rate(%)
行政区域土地面积(平方公里)	**Area of Administration(Sq.km)**	**22455**	**0.0**
人口	**Population**		
年末户籍户数(户)	The Registered Households Year-end(household)	28404	-0.1
年末户籍人口(人)	The Registered Population Year-end(person)	65529	-0.7
国民经济综合指标	**Summary Item on the National Economy**		
生产总值(万元)	Gross Domestic Product(10 000 yuan)	432222	6.8
第一产业(万元)	Primary Industry(10 000 yuan)	78750	5.7
第二产业(万元)	Secondary Industry(10 000 yuan)	163766	3.5
第三产业(万元)	Tertiary Industry(10 000 yuan)	189706	9.7
一般公共预算收入(万元)	General Public Budget Revenue(10 000 yuan)	24961	36.2
一般公共预算支出(万元)	General Public Budget Expenditure(10 000 yuan)	145521	-11.2
农村牧区经济	**Economic Development in Rural & Pastoral Area**		
耕地面积(公顷)	Cultivated Area(hectare)	6557	114.0
高标准农田面积(公顷)	High Standard Farmland Area(hectare)	513	
农作物总播种面积(公顷)	Total Sown Area(hectare)	2548	24.5
粮食产量(吨)	Yield of Grain(ton)	324	61.4
油料产量(吨)	Yield of Oil-bearing Crops(ton)	626	31.5
规模以上工业	**Industrial Enterprises above Designated size**		
工业企业单位数(个)	Number of Industrial Enterprises(unit)	20	5.3
工业总产值(万元)	Gross Industrial Output Value(10 000 yuan)		-19.5
投资	**Investment and Construction**		
固定资产投资(万元)	Total Investment in Fixed Assets(10 000 yuan)		4.0
房地产开发投资(万元)	Investment in Real Estate Development(10 000 yuan)		
贸易外经	**Trade**		
社会消费品零售总额(万元)	Total Retail Sales of Consumer Goods(10 000 yuan)	87827	6.2
出口总额(万元)	Total Exports(10 000 yuan)		
交通通信	**Transportation,Post & Telecommunications**		
公路里程(公里)	Total Length of Highways(km)	1598	0.0
移动电话用户(户)	Number of Mobile Telephone Subscribers (subscriber)	76663	-18.2
互联网宽带接入用户(户)	Number of Subscribers of Internet Service(subscriber)	19009	-15.2
教育科技文化卫生社会保障	**Science,Education & Public Health**		
小学学校数(所)	Number of Primary Schools(unit)	6	0.0
普通中学学校数(所)	Number of Regular Secondary Schools(unit)	3	0.0
体育场馆数(个)	Stadium and Gymnasium(unit)	5	
全年专利授权(件)	Annual Patent Authorization(piece)	13	
剧场、影剧院(个)	Theaters,Music Halls and Cinemas(unit)	1	0.0
医疗卫生机构床位数(张)	Number of Beds in Health Care Institutions(unit)	372	0.0
医疗卫生机构技术人员(人)	Medical Technical Personnel(person)	338	-3.4
城乡居民基本养老保险参保人数(人)	Urban and Rural Residents Basic Pension Insurance Contributors(person)	20467	5.5
基本医疗保险参保人数(人)	Basic Medical Care Insurance Contributors(person)	55383	-6.8
居民生活	**The Lives of Residents**		
全体居民人均可支配收入(元)	The per capita disposable income of all residents(yuan)	33956	7.7
城镇常住居民人均可支配收入(元)	The per capita disposable income of urban permanent residents(yuan)	42768	7.1
农村牧区常住居民人均可支配收入(元)	The per capita disposable income of permanent residents of rural and pastoral areas(yuan)	15796	11.0

20-70 锡林郭勒盟东乌珠穆沁旗

Dongwuzhumuqin Banner in Xilinguole League

指 标	Item	2021	增长(%) Increase Rate(%)
行政区域土地面积(平方公里)	**Area of Administration(Sq.km)**	**47554**	**0.0**
人口	**Population**		
年末户籍户数(户)	The Registered Households Year-end(household)	29446	0.6
年末户籍人口(人)	The Registered Population Year-end(person)	81465	0.0
国民经济综合指标	**Summary Item on the National Economy**		
生产总值(万元)	Gross Domestic Product(10 000 yuan)	1126221	7.0
第一产业(万元)	Primary Industry(10 000 yuan)	279960	5.5
第二产业(万元)	Secondary Industry(10 000 yuan)	540379	6.9
第三产业(万元)	Tertiary Industry(10 000 yuan)	305882	8.4
一般公共预算收入(万元)	General Public Budget Revenue(10 000 yuan)	148651	4.6
一般公共预算支出(万元)	General Public Budget Expenditure(10 000 yuan)	308000	-4.7
农村牧区经济	**Economic Development in Rural & Pastoral Area**		
耕地面积(公顷)	Cultivated Area(hectare)	47256	6.7
高标准农田面积(公顷)	High Standard Farmland Area(hectare)	247	0.1
农作物总播种面积(公顷)	Total Sown Area(hectare)	35035	-2.5
粮食产量(吨)	Yield of Grain(ton)	81089	0.8
油料产量(吨)	Yield of Oil-bearing Crops(ton)	11548	-14.6
规模以上工业	**Industrial Enterprises above Designated size**		
工业企业单位数(个)	Number of Industrial Enterprises(unit)	23	20.8
工业总产值(万元)	Gross Industrial Output Value(10 000 yuan)		25.5
投资	**Investment and Construction**		
固定资产投资(万元)	Total Investment in Fixed Assets(10 000 yuan)		72.9
房地产开发投资(万元)	Investment in Real Estate Development(10 000 yuan)		2.6
贸易外经	**Trade**		
社会消费品零售总额(万元)	Total Retail Sales of Consumer Goods(10 000 yuan)	149275	7.4
出口总额(万元)	Total Exports(10 000 yuan)		
交通通信	**Transportation,Post & Telecommunications**		
公路里程(公里)	Total Length of Highways(km)	3332	0.5
移动电话用户(户)	Number of Mobile Telephone Subscribers (subscriber)	114559	-4.2
互联网宽带接入用户(户)	Number of Subscribers of Internet Service(subscriber)	20957	-5.3
教育科技文化卫生社会保障	**Science,Education & Public Health**		
小学学校数(所)	Number of Primary Schools(unit)	8	0.0
普通中学学校数(所)	Number of Regular Secondary Schools(unit)	5	0.0
体育场馆数(个)	Stadium and Gymnasium(unit)	4	100.0
全年专利授权(件)	Annual Patent Authorization(piece)		
剧场、影剧院(个)	Theaters,Music Halls and Cinemas(unit)	3	0.0
医疗卫生机构床位数(张)	Number of Beds in Health Care Institutions(unit)	459	2.2
医疗卫生机构技术人员(人)	Medical Technical Personnel(person)	688	3.8
城乡居民基本养老保险参保人数(人)	Urban and Rural Residents Basic Pension Insurance Contributors(person)	27125	0.4
基本医疗保险参保人数(人)	Basic Medical Care Insurance Contributors(person)	70863	1.2
居民生活	**The Lives of Residents**		
全体居民人均可支配收入(元)	The per capita disposable income of all residents(yuan)	42031	7.9
城镇常住居民人均可支配收入(元)	The per capita disposable income of urban permanent residents(yuan)	45228	6.9
农村牧区常住居民人均可支配收入(元)	The per capita disposable income of permanent residents of rural and pastoral areas(yuan)	38179	9.4

20-71 锡林郭勒盟西乌珠穆沁旗
Xiwuzhumuqin Banner in Xilinguole League

指 标	Item	2021	增长(%) Increase Rate(%)
行政区域土地面积(平方公里)	**Area of Administration(Sq.km)**	**22462**	**0.0**
人口	**Population**		
年末户籍户数(户)	The Registered Households Year-end(household)	32407	0.4
年末户籍人口(人)	The Registered Population Year-end(person)	80555	0.0
国民经济综合指标	**Summary Item on the National Economy**		
生产总值(万元)	Gross Domestic Product(10 000 yuan)	1754547	4.9
第一产业(万元)	Primary Industry(10 000 yuan)	193474	4.9
第二产业(万元)	Secondary Industry(10 000 yuan)	1317880	4.2
第三产业(万元)	Tertiary Industry(10 000 yuan)	243193	7.7
一般公共预算收入(万元)	General Public Budget Revenue(10 000 yuan)	207426	0.6
一般公共预算支出(万元)	General Public Budget Expenditure(10 000 yuan)	211724	-8.5
农村牧区经济	**Economic Development in Rural & Pastoral Area**		
耕地面积(公顷)	Cultivated Area(hectare)	5670	-1.0
高标准农田面积(公顷)	High Standard Farmland Area(hectare)		
农作物总播种面积(公顷)	Total Sown Area(hectare)	1016	
粮食产量(吨)	Yield of Grain(ton)		
油料产量(吨)	Yield of Oil-bearing Crops(ton)		
规模以上工业	**Industrial Enterprises above Designated size**		
工业企业单位数(个)	Number of Industrial Enterprises(unit)	26	13.0
工业总产值(万元)	Gross Industrial Output Value(10 000 yuan)		20.8
投资	**Investment and Construction**		
固定资产投资(万元)	Total Investment in Fixed Assets(10 000 yuan)		13.4
房地产开发投资(万元)	Investment in Real Estate Development(10 000 yuan)		26.0
贸易外经	**Trade**		
社会消费品零售总额(万元)	Total Retail Sales of Consumer Goods(10 000 yuan)	116228	6.0
出口总额(万元)	Total Exports(10 000 yuan)		
交通通信	**Transportation,Post & Telecommunications**		
公路里程(公里)	Total Length of Highways(km)	2302	0.8
移动电话用户(户)	Number of Mobile Telephone Subscribers (subscriber)	124100	11.1
互联网宽带接入用户(户)	Number of Subscribers of Internet Service(subscriber)	30025	22.0
教育科技文化卫生社会保障	**Science,Education & Public Health**		
小学学校数(所)	Number of Primary Schools(unit)	5	0.0
普通中学学校数(所)	Number of Regular Secondary Schools(unit)	2	0.0
体育场馆数(个)	Stadium and Gymnasium(unit)	3	0.0
全年专利授权(件)	Annual Patent Authorization(piece)	3	-91.9
剧场、影剧院(个)	Theaters,Music Halls and Cinemas(unit)	1	0.0
医疗卫生机构床位数(张)	Number of Beds in Health Care Institutions(unit)	519	28.8
医疗卫生机构技术人员(人)	Medical Technical Personnel(person)	698	64.2
城乡居民基本养老保险参保人数(人)	Urban and Rural Residents Basic Pension Insurance Contributors(person)	26425	3.8
基本医疗保险参保人数(人)	Basic Medical Care Insurance Contributors(person)	71231	-0.8
居民生活	**The Lives of Residents**		
全体居民人均可支配收入(元)	The per capita disposable income of all residents(yuan)	40846	8.7
城镇常住居民人均可支配收入(元)	The per capita disposable income of urban permanent residents(yuan)	45760	8.1
农村牧区常住居民人均可支配收入(元)	The per capita disposable income of permanent residents of rural and pastoral areas(yuan)	33398	9.9

20-72 锡林郭勒盟太仆寺旗

Taipusi Banner in Xilinguole League

指 标	Item	2021	增长(%) Increase Rate(%)
行政区域土地面积(平方公里)	**Area of Administration(Sq.km)**	**3426**	**0.0**
人口	**Population**		
年末户籍户数(户)	The Registered Households Year-end(household)	95263	0.3
年末户籍人口(人)	The Registered Population Year-end(person)	201593	-0.5
国民经济综合指标	**Summary Item on the National Economy**		
生产总值(万元)	Gross Domestic Product(10 000 yuan)	526720	6.7
第一产业(万元)	Primary Industry(10 000 yuan)	156707	3.8
第二产业(万元)	Secondary Industry(10 000 yuan)	155017	14.2
第三产业(万元)	Tertiary Industry(10 000 yuan)	214996	5.0
一般公共预算收入(万元)	General Public Budget Revenue(10 000 yuan)	22044	-6.6
一般公共预算支出(万元)	General Public Budget Expenditure(10 000 yuan)	217630	-8.7
农村牧区经济	**Economic Development in Rural & Pastoral Area**		
耕地面积(公顷)	Cultivated Area(hectare)	105712	15.6
高标准农田面积(公顷)	High Standard Farmland Area(hectare)	31073	
农作物总播种面积(公顷)	Total Sown Area(hectare)	85654	0.3
粮食产量(吨)	Yield of Grain(ton)	214262	0.5
油料产量(吨)	Yield of Oil-bearing Crops(ton)	30767	-2.6
规模以上工业	**Industrial Enterprises above Designated size**		
工业企业单位数(个)	Number of Industrial Enterprises(unit)	17	13.3
工业总产值(万元)	Gross Industrial Output Value(10 000 yuan)		60.0
投资	**Investment and Construction**		
固定资产投资(万元)	Total Investment in Fixed Assets(10 000 yuan)		15.2
房地产开发投资(万元)	Investment in Real Estate Development(10 000 yuan)		-9.9
贸易外经	**Trade**		
社会消费品零售总额(万元)	Total Retail Sales of Consumer Goods(10 000 yuan)	91154	7.2
出口总额(万元)	Total Exports(10 000 yuan)		
交通通信	**Transportation,Post & Telecommunications**		
公路里程(公里)	Total Length of Highways(km)	1424	2.7
移动电话用户(户)	Number of Mobile Telephone Subscribers (subscriber)	131000	-2.3
互联网宽带接入用户(户)	Number of Subscribers of Internet Service(subscriber)	23240	0.4
教育科技文化卫生社会保障	**Science,Education & Public Health**		
小学学校数(所)	Number of Primary Schools(unit)	7	0.0
普通中学学校数(所)	Number of Regular Secondary Schools(unit)	5	0.0
体育场馆数(个)	Stadium and Gymnasium(unit)	7	250.0
全年专利授权(件)	Annual Patent Authorization(piece)	7	0.0
剧场、影剧院(个)	Theaters,Music Halls and Cinemas(unit)	1	0.0
医疗卫生机构床位数(张)	Number of Beds in Health Care Institutions(unit)	412	-9.1
医疗卫生机构技术人员(人)	Medical Technical Personnel(person)	645	28.0
城乡居民基本养老保险参保人数(人)	Urban and Rural Residents Basic Pension Insurance Contributors(person)	95800	0.1
基本医疗保险参保人数(人)	Basic Medical Care Insurance Contributors(person)	179813	2.0
居民生活	**The Lives of Residents**		
全体居民人均可支配收入(元)	The per capita disposable income of all residents(yuan)	25134	7.7
城镇常住居民人均可支配收入(元)	The per capita disposable income of urban permanent residents(yuan)	40083	6.4
农村牧区常住居民人均可支配收入(元)	The per capita disposable income of permanent residents of rural and pastoral areas(yuan)	15463	10.0

20-73 锡林郭勒盟镶黄旗

Xianghuang Banner in Xilinguole League

指 标	Item	2021	增长(%) Increase Rate(%)
行政区域土地面积(平方公里)	**Area of Administration(Sq.km)**	**5146**	**0.0**
人口	**Population**		
年末户籍户数(户)	The Registered Households Year-end(household)	13433	-0.1
年末户籍人口(人)	The Registered Population Year-end(person)	31042	-0.4
国民经济综合指标	**Summary Item on the National Economy**		
生产总值(万元)	Gross Domestic Product(10 000 yuan)	249356	3.5
第一产业(万元)	Primary Industry(10 000 yuan)	48883	4.8
第二产业(万元)	Secondary Industry(10 000 yuan)	107009	0.2
第三产业(万元)	Tertiary Industry(10 000 yuan)	93464	6.1
一般公共预算收入(万元)	General Public Budget Revenue(10 000 yuan)	16578	-14.1
一般公共预算支出(万元)	General Public Budget Expenditure(10 000 yuan)	92011	-12.5
农村牧区经济	**Economic Development in Rural & Pastoral Area**		
耕地面积(公顷)	Cultivated Area(hectare)	2146	
高标准农田面积(公顷)	High Standard Farmland Area(hectare)		
农作物总播种面积(公顷)	Total Sown Area(hectare)	359	58.7
粮食产量(吨)	Yield of Grain(ton)	302	4.9
油料产量(吨)	Yield of Oil-bearing Crops(ton)		
规模以上工业	**Industrial Enterprises above Designated size**		
工业企业单位数(个)	Number of Industrial Enterprises(unit)	12	20.0
工业总产值(万元)	Gross Industrial Output Value(10 000 yuan)		54.3
投资	**Investment and Construction**		
固定资产投资(万元)	Total Investment in Fixed Assets(10 000 yuan)		23.9
房地产开发投资(万元)	Investment in Real Estate Development(10 000 yuan)		
贸易外经	**Trade**		
社会消费品零售总额(万元)	Total Retail Sales of Consumer Goods(10 000 yuan)	33502	5.0
出口总额(万元)	Total Exports(10 000 yuan)		
交通通信	**Transportation,Post & Telecommunications**		
公路里程(公里)	Total Length of Highways(km)	1354	0.0
移动电话用户(户)	Number of Mobile Telephone Subscribers (subscriber)	36231	5.4
互联网宽带接入用户(户)	Number of Subscribers of Internet Service(subscriber)	10213	9.9
教育科技文化卫生社会保障	**Science,Education & Public Health**		
小学学校数(所)	Number of Primary Schools(unit)	2	0.0
普通中学学校数(所)	Number of Regular Secondary Schools(unit)	2	0.0
体育场馆数(个)	Stadium and Gymnasium(unit)	3	50.0
全年专利授权(件)	Annual Patent Authorization(piece)		
剧场、影剧院(个)	Theaters,Music Halls and Cinemas(unit)	1	0.0
医疗卫生机构床位数(张)	Number of Beds in Health Care Institutions(unit)	237	-9.5
医疗卫生机构技术人员(人)	Medical Technical Personnel(person)	379	31.6
城乡居民基本养老保险参保人数(人)	Urban and Rural Residents Basic Pension Insurance Contributors(person)	11625	4.3
基本医疗保险参保人数(人)	Basic Medical Care Insurance Contributors(person)	26948	-0.4
居民生活	**The Lives of Residents**		
全体居民人均可支配收入(元)	The per capita disposable income of all residents(yuan)	36049	8.0
城镇常住居民人均可支配收入(元)	The per capita disposable income of urban permanent residents(yuan)	44786	7.5
农村牧区常住居民人均可支配收入(元)	The per capita disposable income of permanent residents of rural and pastoral areas(yuan)	19273	10.5

20-74 锡林郭勒盟正镶白旗

Zhengxiangbai Banner in Xilinguole League

指 标	Item	2021	增长(%) Increase Rate(%)
行政区域土地面积(平方公里)	**Area of Administration(Sq.km)**	**6253**	**0.0**
人口	**Population**		
年末户籍户数(户)	The Registered Households Year-end(household)	33125	-0.5
年末户籍人口(人)	The Registered Population Year-end(person)	69303	-1.0
国民经济综合指标	**Summary Item on the National Economy**		
生产总值(万元)	Gross Domestic Product(10 000 yuan)	364882	19.3
第一产业(万元)	Primary Industry(10 000 yuan)	73741	5.2
第二产业(万元)	Secondary Industry(10 000 yuan)	152354	42.8
第三产业(万元)	Tertiary Industry(10 000 yuan)	138787	6.5
一般公共预算收入(万元)	General Public Budget Revenue(10 000 yuan)	14738	6.5
一般公共预算支出(万元)	General Public Budget Expenditure(10 000 yuan)	126057	-16.0
农村牧区经济	**Economic Development in Rural & Pastoral Area**		
耕地面积(公顷)	Cultivated Area(hectare)	17850	6.3
高标准农田面积(公顷)	High Standard Farmland Area(hectare)	1153	
农作物总播种面积(公顷)	Total Sown Area(hectare)	14692	-6.4
粮食产量(吨)	Yield of Grain(ton)	6742	1.5
油料产量(吨)	Yield of Oil-bearing Crops(ton)	2226	10.5
规模以上工业	**Industrial Enterprises above Designated size**		
工业企业单位数(个)	Number of Industrial Enterprises(unit)	18	20.0
工业总产值(万元)	Gross Industrial Output Value(10 000 yuan)		71.4
投资	**Investment and Construction**		
固定资产投资(万元)	Total Investment in Fixed Assets(10 000 yuan)		9.1
房地产开发投资(万元)	Investment in Real Estate Development(10 000 yuan)		-25.8
贸易外经	**Trade**		
社会消费品零售总额(万元)	Total Retail Sales of Consumer Goods(10 000 yuan)	52204	6.7
出口总额(万元)	Total Exports(10 000 yuan)		
交通通信	**Transportation,Post & Telecommunications**		
公路里程(公里)	Total Length of Highways(km)	1986	-25.1
移动电话用户(户)	Number of Mobile Telephone Subscribers (subscriber)	58856	-8.8
互联网宽带接入用户(户)	Number of Subscribers of Internet Service(subscriber)	15325	47.1
教育科技文化卫生社会保障	**Science,Education & Public Health**		
小学学校数(所)	Number of Primary Schools(unit)	3	0.0
普通中学学校数(所)	Number of Regular Secondary Schools(unit)	2	0.0
体育场馆数(个)	Stadium and Gymnasium(unit)	1	0.0
全年专利授权(件)	Annual Patent Authorization(piece)	1	-75.0
剧场、影剧院(个)	Theaters,Music Halls and Cinemas(unit)	1	0.0
医疗卫生机构床位数(张)	Number of Beds in Health Care Institutions(unit)	266	3.9
医疗卫生机构技术人员(人)	Medical Technical Personnel(person)	370	20.5
城乡居民基本养老保险参保人数(人)	Urban and Rural Residents Basic Pension Insurance Contributors(person)	33483	7.2
基本医疗保险参保人数(人)	Basic Medical Care Insurance Contributors(person)	60703	-1.2
居民生活	**The Lives of Residents**		
全体居民人均可支配收入(元)	The per capita disposable income of all residents(yuan)	27066	9.1
城镇常住居民人均可支配收入(元)	The per capita disposable income of urban permanent residents(yuan)	41507	8.2
农村牧区常住居民人均可支配收入(元)	The per capita disposable income of permanent residents of rural and pastoral areas(yuan)	15241	11.2

20-75 锡林郭勒盟正蓝旗

Zhenglan Banner in Xilinguole League

指 标	Item	2021	增长(%) Increase Rate(%)
行政区域土地面积(平方公里)	**Area of Administration(Sq.km)**	**10206**	**0.0**
人口	**Population**		
年末户籍户数(户)	The Registered Households Year-end(household)	38581	0.4
年末户籍人口(人)	The Registered Population Year-end(person)	84120	-0.1
国民经济综合指标	**Summary Item on the National Economy**		
生产总值(万元)	Gross Domestic Product(10 000 yuan)	623655	4.0
第一产业(万元)	Primary Industry(10 000 yuan)	97732	4.4
第二产业(万元)	Secondary Industry(10 000 yuan)	316446	0.7
第三产业(万元)	Tertiary Industry(10 000 yuan)	209477	8.4
一般公共预算收入(万元)	General Public Budget Revenue(10 000 yuan)	25260	-6.8
一般公共预算支出(万元)	General Public Budget Expenditure(10 000 yuan)	153850	-12.4
农村牧区经济	**Economic Development in Rural & Pastoral Area**		
耕地面积(公顷)	Cultivated Area(hectare)	30863	27.6
高标准农田面积(公顷)	High Standard Farmland Area(hectare)	1846	117.4
农作物总播种面积(公顷)	Total Sown Area(hectare)	22579	-6.6
粮食产量(吨)	Yield of Grain(ton)	27169	3.1
油料产量(吨)	Yield of Oil-bearing Crops(ton)	3004	25.6
规模以上工业	**Industrial Enterprises above Designated size**		
工业企业单位数(个)	Number of Industrial Enterprises(unit)	13	8.3
工业总产值(万元)	Gross Industrial Output Value(10 000 yuan)		-2.8
投资	**Investment and Construction**		
固定资产投资(万元)	Total Investment in Fixed Assets(10 000 yuan)		67.0
房地产开发投资(万元)	Investment in Real Estate Development(10 000 yuan)		11.1
贸易外经	**Trade**		
社会消费品零售总额(万元)	Total Retail Sales of Consumer Goods(10 000 yuan)	130117	5.7
出口总额(万元)	Total Exports(10 000 yuan)		
交通通信	**Transportation,Post & Telecommunications**		
公路里程(公里)	Total Length of Highways(km)	2935	51.0
移动电话用户(户)	Number of Mobile Telephone Subscribers (subscriber)	80152	3.7
互联网宽带接入用户(户)	Number of Subscribers of Internet Service(subscriber)	27916	59.9
教育科技文化卫生社会保障	**Science,Education & Public Health**		
小学学校数(所)	Number of Primary Schools(unit)	6	0.0
普通中学学校数(所)	Number of Regular Secondary Schools(unit)	2	0.0
体育场馆数(个)	Stadium and Gymnasium(unit)	6	0.0
全年专利授权(件)	Annual Patent Authorization(piece)	69	
剧场、影剧院(个)	Theaters,Music Halls and Cinemas(unit)	1	0.0
医疗卫生机构床位数(张)	Number of Beds in Health Care Institutions(unit)	351	0.0
医疗卫生机构技术人员(人)	Medical Technical Personnel(person)	320	3.2
城乡居民基本养老保险参保人数(人)	Urban and Rural Residents Basic Pension Insurance Contributors(person)	36592	1.3
基本医疗保险参保人数(人)	Basic Medical Care Insurance Contributors(person)	70729	-3.1
居民生活	**The Lives of Residents**		
全体居民人均可支配收入(元)	The per capita disposable income of all residents(yuan)	34099	8.6
城镇常住居民人均可支配收入(元)	The per capita disposable income of urban permanent residents(yuan)	42668	7.9
农村牧区常住居民人均可支配收入(元)	The per capita disposable income of permanent residents of rural and pastoral areas(yuan)	23377	10.3

20-76 锡林郭勒盟多伦县

Duolun County in Xilinguole League

指 标	Item	2021	增长(%) Increase Rate(%)
行政区域土地面积(平方公里)	**Area of Administration(Sq.km)**	**3864**	**0.0**
人口	**Population**		
年末户籍户数(户)	The Registered Households Year-end(household)	52154	0.2
年末户籍人口(人)	The Registered Population Year-end(person)	111547	-0.2
国民经济综合指标	**Summary Item on the National Economy**		
生产总值(万元)	Gross Domestic Product(10 000 yuan)	544322	5.6
第一产业(万元)	Primary Industry(10 000 yuan)	116586	4.0
第二产业(万元)	Secondary Industry(10 000 yuan)	222413	5.7
第三产业(万元)	Tertiary Industry(10 000 yuan)	205323	6.4
一般公共预算收入(万元)	General Public Budget Revenue(10 000 yuan)	29078	1.4
一般公共预算支出(万元)	General Public Budget Expenditure(10 000 yuan)	177306	-15.5
农村牧区经济	**Economic Development in Rural & Pastoral Area**		
耕地面积(公顷)	Cultivated Area(hectare)	68541	17.0
高标准农田面积(公顷)	High Standard Farmland Area(hectare)	2667	-20.8
农作物总播种面积(公顷)	Total Sown Area(hectare)	56978	0.5
粮食产量(吨)	Yield of Grain(ton)	111091	3.6
油料产量(吨)	Yield of Oil-bearing Crops(ton)	871	-1.1
规模以上工业	**Industrial Enterprises above Designated size**		
工业企业单位数(个)	Number of Industrial Enterprises(unit)	12	50.0
工业总产值(万元)	Gross Industrial Output Value(10 000 yuan)		24.3
投资	**Investment and Construction**		
固定资产投资(万元)	Total Investment in Fixed Assets(10 000 yuan)		45.5
房地产开发投资(万元)	Investment in Real Estate Development(10 000 yuan)		-25.0
贸易外经	**Trade**		
社会消费品零售总额(万元)	Total Retail Sales of Consumer Goods(10 000 yuan)	121286	7.4
出口总额(万元)	Total Exports(10 000 yuan)		
交通通信	**Transportation,Post & Telecommunications**		
公路里程(公里)	Total Length of Highways(km)	1065	4.9
移动电话用户(户)	Number of Mobile Telephone Subscribers (subscriber)	118649	11.6
互联网宽带接入用户(户)	Number of Subscribers of Internet Service(subscriber)	26714	14.3
教育科技文化卫生社会保障	**Science,Education & Public Health**		
小学学校数(所)	Number of Primary Schools(unit)	12	0.0
普通中学学校数(所)	Number of Regular Secondary Schools(unit)	3	0.0
体育场馆数(个)	Stadium and Gymnasium(unit)	3	0.0
全年专利授权(件)	Annual Patent Authorization(piece)	30	
剧场、影剧院(个)	Theaters,Music Halls and Cinemas(unit)	2	100.0
医疗卫生机构床位数(张)	Number of Beds in Health Care Institutions(unit)	489	0.0
医疗卫生机构技术人员(人)	Medical Technical Personnel(person)	633	1.9
城乡居民基本养老保险参保人数(人)	Urban and Rural Residents Basic Pension Insurance Contributors(person)	43666	1.8
基本医疗保险参保人数(人)	Basic Medical Care Insurance Contributors(person)	95315	0.0
居民生活	**The Lives of Residents**		
全体居民人均可支配收入(元)	The per capita disposable income of all residents(yuan)	29824	7.4
城镇常住居民人均可支配收入(元)	The per capita disposable income of urban permanent residents(yuan)	40694	6.8
农村牧区常住居民人均可支配收入(元)	The per capita disposable income of permanent residents of rural and pastoral areas(yuan)	17502	9.0

20-77 乌兰察布市集宁区
Jining District in Wulanchabu City

指 标	Item	2021	增长(%) Increase Rate(%)
行政区域土地面积(平方公里)	**Area of Administration(Sq.km)**	**531**	**0.0**
人口	**Population**		
年末户籍户数(户)	The Registered Households Year-end(household)	127041	1.1
年末户籍人口(人)	The Registered Population Year-end(person)	317441	0.0
国民经济综合指标	**Summary Item on the National Economy**		
生产总值(万元)	Gross Domestic Product(10 000 yuan)	2379449	7.4
第一产业(万元)	Primary Industry(10 000 yuan)	50129	6.0
第二产业(万元)	Secondary Industry(10 000 yuan)	1064917	8.3
第三产业(万元)	Tertiary Industry(10 000 yuan)	1264403	6.8
一般公共预算收入(万元)	General Public Budget Revenue(10 000 yuan)	120159	-8.5
一般公共预算支出(万元)	General Public Budget Expenditure(10 000 yuan)	319400	-26.2
农村牧区经济	**Economic Development in Rural & Pastoral Area**		
耕地面积(公顷)	Cultivated Area(hectare)	9798	-4.8
高标准农田面积(公顷)	High Standard Farmland Area(hectare)	4667	
农作物总播种面积(公顷)	Total Sown Area(hectare)	8075	17.4
粮食产量(吨)	Yield of Grain(ton)	11105	12.8
油料产量(吨)	Yield of Oil-bearing Crops(ton)	1166	-76.4
规模以上工业	**Industrial Enterprises above Designated size**		
工业企业单位数(个)	Number of Industrial Enterprises(unit)	32	3.2
工业总产值(万元)	Gross Industrial Output Value(10 000 yuan)		32.2
投资	**Investment and Construction**		
固定资产投资(万元)	Total Investment in Fixed Assets(10 000 yuan)		21.6
房地产开发投资(万元)	Investment in Real Estate Development(10 000 yuan)		-22.7
贸易外经	**Trade**		
社会消费品零售总额(万元)	Total Retail Sales of Consumer Goods(10 000 yuan)	947714	3.8
出口总额(万元)	Total Exports(10 000 yuan)	24936	-29.8
交通通信	**Transportation,Post & Telecommunications**		
公路里程(公里)	Total Length of Highways(km)	464	-3.7
移动电话用户(户)	Number of Mobile Telephone Subscribers (subscriber)	611677	9.1
互联网宽带接入用户(户)	Number of Subscribers of Internet Service(subscriber)	138245	17.7
教育科技文化卫生社会保障	**Science,Education & Public Health**		
小学学校数(所)	Number of Primary Schools(unit)	28	-3.4
普通中学学校数(所)	Number of Regular Secondary Schools(unit)	24	-17.2
体育场馆数(个)	Stadium and Gymnasium(unit)	4	-60.0
全年专利授权(件)	Annual Patent Authorization(piece)	317	
剧场、影剧院(个)	Theaters,Music Halls and Cinemas(unit)	5	-50.0
医疗卫生机构床位数(张)	Number of Beds in Health Care Institutions(unit)	3819	-10.5
医疗卫生机构技术人员(人)	Medical Technical Personnel(person)	5252	6.6
城乡居民基本养老保险参保人数(人)	Urban and Rural Residents Basic Pension Insurance Contributors(person)	41332	-3.5
基本医疗保险参保人数(人)	Basic Medical Care Insurance Contributors(person)	228362	-1.1
居民生活	**The Lives of Residents**		
全体居民人均可支配收入(元)	The per capita disposable income of all residents(yuan)	37060	6.3
城镇常住居民人均可支配收入(元)	The per capita disposable income of urban permanent residents(yuan)	37919	6.2
农村牧区常住居民人均可支配收入(元)	The per capita disposable income of permanent residents of rural and pastoral areas(yuan)	21112	8.8

20-78 乌兰察布市卓资县

Zhuozi County in Wulanchabu City

指 标	Item	2021	增长(%) Increase Rate(%)
行政区域土地面积(平方公里)	**Area of Administration(Sq.km)**	**3119**	**0.0**
人口	**Population**		
年末户籍户数(户)	The Registered Households Year-end(household)	96309	-1.0
年末户籍人口(人)	The Registered Population Year-end(person)	192039	-1.8
国民经济综合指标	**Summary Item on the National Economy**		
生产总值(万元)	Gross Domestic Product(10 000 yuan)	629913	8.9
第一产业(万元)	Primary Industry(10 000 yuan)	103394	3.4
第二产业(万元)	Secondary Industry(10 000 yuan)	351969	10.8
第三产业(万元)	Tertiary Industry(10 000 yuan)	174550	8.8
一般公共预算收入(万元)	General Public Budget Revenue(10 000 yuan)	19788	3.0
一般公共预算支出(万元)	General Public Budget Expenditure(10 000 yuan)	231000	-2.6
农村牧区经济	**Economic Development in Rural & Pastoral Area**		
耕地面积(公顷)	Cultivated Area(hectare)	53494	0.9
高标准农田面积(公顷)	High Standard Farmland Area(hectare)	4267	
农作物总播种面积(公顷)	Total Sown Area(hectare)	33445	-9.1
粮食产量(吨)	Yield of Grain(ton)	53200	0.0
油料产量(吨)	Yield of Oil-bearing Crops(ton)	9182	-39.5
规模以上工业	**Industrial Enterprises above Designated size**		
工业企业单位数(个)	Number of Industrial Enterprises(unit)	18	38.5
工业总产值(万元)	Gross Industrial Output Value(10 000 yuan)		31.9
投资	**Investment and Construction**		
固定资产投资(万元)	Total Investment in Fixed Assets(10 000 yuan)		-43.5
房地产开发投资(万元)	Investment in Real Estate Development(10 000 yuan)		
贸易外经	**Trade**		
社会消费品零售总额(万元)	Total Retail Sales of Consumer Goods(10 000 yuan)	97474	3.1
出口总额(万元)	Total Exports(10 000 yuan)		
交通通信	**Transportation,Post & Telecommunications**		
公路里程(公里)	Total Length of Highways(km)	1136	0.1
移动电话用户(户)	Number of Mobile Telephone Subscribers (subscriber)	63124	1.6
互联网宽带接入用户(户)	Number of Subscribers of Internet Service(subscriber)	10206	11.8
教育科技文化卫生社会保障	**Science,Education & Public Health**		
小学学校数(所)	Number of Primary Schools(unit)	13	0.0
普通中学学校数(所)	Number of Regular Secondary Schools(unit)	5	0.0
体育场馆数(个)	Stadium and Gymnasium(unit)	1	0.0
全年专利授权(件)	Annual Patent Authorization(piece)		
剧场、影剧院(个)	Theaters,Music Halls and Cinemas(unit)	1	0.0
医疗卫生机构床位数(张)	Number of Beds in Health Care Institutions(unit)	563	29.4
医疗卫生机构技术人员(人)	Medical Technical Personnel(person)	461	6.7
城乡居民基本养老保险参保人数(人)	Urban and Rural Residents Basic Pension Insurance Contributors(person)	105927	5.0
基本医疗保险参保人数(人)	Basic Medical Care Insurance Contributors(person)	145949	-1.9
居民生活	**The Lives of Residents**		
全体居民人均可支配收入(元)	The per capita disposable income of all residents(yuan)	23037	8.5
城镇常住居民人均可支配收入(元)	The per capita disposable income of urban permanent residents(yuan)	34594	7.0
农村牧区常住居民人均可支配收入(元)	The per capita disposable income of permanent residents of rural and pastoral areas(yuan)	14542	11.2

20-79 乌兰察布市化德县

Huade County in Wulanchabu City

指 标	Item	2021	增长(%) Increase Rate(%)
行政区域土地面积(平方公里)	**Area of Administration(Sq.km)**	**2534**	**0.0**
人口	**Population**		
年末户籍户数(户)	The Registered Households Year-end(household)	79688	-0.1
年末户籍人口(人)	The Registered Population Year-end(person)	157765	-1.0
国民经济综合指标	**Summary Item on the National Economy**		
生产总值(万元)	Gross Domestic Product(10 000 yuan)	500946	0.7
第一产业(万元)	Primary Industry(10 000 yuan)	84832	3.4
第二产业(万元)	Secondary Industry(10 000 yuan)	243360	-6.5
第三产业(万元)	Tertiary Industry(10 000 yuan)	172754	9.8
一般公共预算收入(万元)	General Public Budget Revenue(10 000 yuan)	17962	16.3
一般公共预算支出(万元)	General Public Budget Expenditure(10 000 yuan)	206700	-5.6
农村牧区经济	**Economic Development in Rural & Pastoral Area**		
耕地面积(公顷)	Cultivated Area(hectare)	71231	0.0
高标准农田面积(公顷)	High Standard Farmland Area(hectare)	4667	
农作物总播种面积(公顷)	Total Sown Area(hectare)	52231	-0.5
粮食产量(吨)	Yield of Grain(ton)	61347	0.3
油料产量(吨)	Yield of Oil-bearing Crops(ton)	6454	-61.1
规模以上工业	**Industrial Enterprises above Designated size**		
工业企业单位数(个)	Number of Industrial Enterprises(unit)	30	50.0
工业总产值(万元)	Gross Industrial Output Value(10 000 yuan)		-0.8
投资	**Investment and Construction**		
固定资产投资(万元)	Total Investment in Fixed Assets(10 000 yuan)		13.8
房地产开发投资(万元)	Investment in Real Estate Development(10 000 yuan)		-34.6
贸易外经	**Trade**		
社会消费品零售总额(万元)	Total Retail Sales of Consumer Goods(10 000 yuan)	97500	3.6
出口总额(万元)	Total Exports(10 000 yuan)		
交通通信	**Transportation,Post & Telecommunications**		
公路里程(公里)	Total Length of Highways(km)	1713	5.2
移动电话用户(户)	Number of Mobile Telephone Subscribers (subscriber)	146329	3.2
互联网宽带接入用户(户)	Number of Subscribers of Internet Service(subscriber)	29696	6.1
教育科技文化卫生社会保障	**Science,Education & Public Health**		
小学学校数(所)	Number of Primary Schools(unit)	10	0.0
普通中学学校数(所)	Number of Regular Secondary Schools(unit)	3	0.0
体育场馆数(个)	Stadium and Gymnasium(unit)		
全年专利授权(件)	Annual Patent Authorization(piece)		
剧场、影剧院(个)	Theaters,Music Halls and Cinemas(unit)		
医疗卫生机构床位数(张)	Number of Beds in Health Care Institutions(unit)	605	0.0
医疗卫生机构技术人员(人)	Medical Technical Personnel(person)	575	-0.5
城乡居民基本养老保险参保人数(人)	Urban and Rural Residents Basic Pension Insurance Contributors(person)	59651	-0.3
基本医疗保险参保人数(人)	Basic Medical Care Insurance Contributors(person)	127176	0.6
居民生活	**The Lives of Residents**		
全体居民人均可支配收入(元)	The per capita disposable income of all residents(yuan)	24220	7.5
城镇常住居民人均可支配收入(元)	The per capita disposable income of urban permanent residents(yuan)	35141	6.2
农村牧区常住居民人均可支配收入(元)	The per capita disposable income of permanent residents of rural and pastoral areas(yuan)	12850	12.0

20-80 乌兰察布市商都县

Shangdu County in Wulanchabu City

指 标	Item	2021	增长(%) Increase Rate(%)
行政区域土地面积(平方公里)	**Area of Administration(Sq.km)**	**4284**	**0.0**
人口	**Population**		
年末户籍户数(户)	The Registered Households Year-end(household)	154114	0.0
年末户籍人口(人)	The Registered Population Year-end(person)	322287	-0.9
国民经济综合指标	**Summary Item on the National Economy**		
生产总值(万元)	Gross Domestic Product(10 000 yuan)	648328	5.6
第一产业(万元)	Primary Industry(10 000 yuan)	158160	2.7
第二产业(万元)	Secondary Industry(10 000 yuan)	177213	1.1
第三产业(万元)	Tertiary Industry(10 000 yuan)	312955	9.6
一般公共预算收入(万元)	General Public Budget Revenue(10 000 yuan)	24052	3.6
一般公共预算支出(万元)	General Public Budget Expenditure(10 000 yuan)	348000	-4.4
农村牧区经济	**Economic Development in Rural & Pastoral Area**		
耕地面积(公顷)	Cultivated Area(hectare)	163708	0.0
高标准农田面积(公顷)	High Standard Farmland Area(hectare)	21475	14.4
农作物总播种面积(公顷)	Total Sown Area(hectare)	105993	-2.8
粮食产量(吨)	Yield of Grain(ton)	117094	0.1
油料产量(吨)	Yield of Oil-bearing Crops(ton)	28705	-41.3
规模以上工业	**Industrial Enterprises above Designated size**		
工业企业单位数(个)	Number of Industrial Enterprises(unit)	35	25.0
工业总产值(万元)	Gross Industrial Output Value(10 000 yuan)		18.7
投资	**Investment and Construction**		
固定资产投资(万元)	Total Investment in Fixed Assets(10 000 yuan)		-5.6
房地产开发投资(万元)	Investment in Real Estate Development(10 000 yuan)		-13.5
贸易外经	**Trade**		
社会消费品零售总额(万元)	Total Retail Sales of Consumer Goods(10 000 yuan)	194000	3.4
出口总额(万元)	Total Exports(10 000 yuan)		
交通通信	**Transportation,Post & Telecommunications**		
公路里程(公里)	Total Length of Highways(km)	1902	-0.9
移动电话用户(户)	Number of Mobile Telephone Subscribers (subscriber)	193150	-2.9
互联网宽带接入用户(户)	Number of Subscribers of Internet Service(subscriber)	64874	8.1
教育科技文化卫生社会保障	**Science,Education & Public Health**		
小学学校数(所)	Number of Primary Schools(unit)	12	0.0
普通中学学校数(所)	Number of Regular Secondary Schools(unit)	6	20.0
体育场馆数(个)	Stadium and Gymnasium(unit)	1	0.0
全年专利授权(件)	Annual Patent Authorization(piece)		
剧场、影剧院(个)	Theaters,Music Halls and Cinemas(unit)	1	0.0
医疗卫生机构床位数(张)	Number of Beds in Health Care Institutions(unit)	1230	-0.2
医疗卫生机构技术人员(人)	Medical Technical Personnel(person)	1045	-1.7
城乡居民基本养老保险参保人数(人)	Urban and Rural Residents Basic Pension Insurance Contributors(person)	186739	29.2
基本医疗保险参保人数(人)	Basic Medical Care Insurance Contributors(person)	258147	-4.6
居民生活	**The Lives of Residents**		
全体居民人均可支配收入(元)	The per capita disposable income of all residents(yuan)	20933	10.2
城镇常住居民人均可支配收入(元)	The per capita disposable income of urban permanent residents(yuan)	33683	8.7
农村牧区常住居民人均可支配收入(元)	The per capita disposable income of permanent residents of rural and pastoral areas(yuan)	13795	12.2

20-81 乌兰察布市兴和县

Xinghe County in Wulanchabu City

指 标	Item	2021	增长(%) Increase Rate(%)
行政区域土地面积(平方公里)	**Area of Administration(Sq.km)**	**3512**	**-0.2**
人口	**Population**		
年末户籍户数(户)	The Registered Households Year-end(household)	142730	-0.1
年末户籍人口(人)	The Registered Population Year-end(person)	311474	-1.0
国民经济综合指标	**Summary Item on the National Economy**		
生产总值(万元)	Gross Domestic Product(10 000 yuan)	635444	7.2
第一产业(万元)	Primary Industry(10 000 yuan)	135722	4.0
第二产业(万元)	Secondary Industry(10 000 yuan)	164472	3.1
第三产业(万元)	Tertiary Industry(10 000 yuan)	335250	10.5
一般公共预算收入(万元)	General Public Budget Revenue(10 000 yuan)	16837	1.1
一般公共预算支出(万元)	General Public Budget Expenditure(10 000 yuan)	292200	-1.4
农村牧区经济	**Economic Development in Rural & Pastoral Area**		
耕地面积(公顷)	Cultivated Area(hectare)	128975	-0.4
高标准农田面积(公顷)	High Standard Farmland Area(hectare)	17973	0.0
农作物总播种面积(公顷)	Total Sown Area(hectare)	76780	1.2
粮食产量(吨)	Yield of Grain(ton)	120165	1.8
油料产量(吨)	Yield of Oil-bearing Crops(ton)	14691	-41.7
规模以上工业	**Industrial Enterprises above Designated size**		
工业企业单位数(个)	Number of Industrial Enterprises(unit)	21	10.5
工业总产值(万元)	Gross Industrial Output Value(10 000 yuan)		8.4
投资	**Investment and Construction**		
固定资产投资(万元)	Total Investment in Fixed Assets(10 000 yuan)		18.1
房地产开发投资(万元)	Investment in Real Estate Development(10 000 yuan)		38.4
贸易外经	**Trade**		
社会消费品零售总额(万元)	Total Retail Sales of Consumer Goods(10 000 yuan)	110100	3.7
出口总额(万元)	Total Exports(10 000 yuan)		
交通通信	**Transportation,Post & Telecommunications**		
公路里程(公里)	Total Length of Highways(km)	1590	6.7
移动电话用户(户)	Number of Mobile Telephone Subscribers (subscriber)	155630	-1.5
互联网宽带接入用户(户)	Number of Subscribers of Internet Service(subscriber)	37880	8.4
教育科技文化卫生社会保障	**Science,Education & Public Health**		
小学学校数(所)	Number of Primary Schools(unit)	15	-6.3
普通中学学校数(所)	Number of Regular Secondary Schools(unit)	4	0.0
体育场馆数(个)	Stadium and Gymnasium(unit)	1	0.0
全年专利授权(件)	Annual Patent Authorization(piece)		
剧场、影剧院(个)	Theaters,Music Halls and Cinemas(unit)		
医疗卫生机构床位数(张)	Number of Beds in Health Care Institutions(unit)	712	-11.0
医疗卫生机构技术人员(人)	Medical Technical Personnel(person)	1323	27.8
城乡居民基本养老保险参保人数(人)	Urban and Rural Residents Basic Pension Insurance Contributors(person)	146059	-6.4
基本医疗保险参保人数(人)	Basic Medical Care Insurance Contributors(person)	239111	-0.5
居民生活	**The Lives of Residents**		
全体居民人均可支配收入(元)	The per capita disposable income of all residents(yuan)	18662	10.3
城镇常住居民人均可支配收入(元)	The per capita disposable income of urban permanent residents(yuan)	32775	8.1
农村牧区常住居民人均可支配收入(元)	The per capita disposable income of permanent residents of rural and pastoral areas(yuan)	13204	12.6

20-82 乌兰察布市凉城县

Liangcheng County in Wulanchabu City

指 标	Item	2021	增长(%) Increase Rate(%)
行政区域土地面积(平方公里)	**Area of Administration(Sq.km)**	**3452**	**0.0**
人口	**Population**		
年末户籍户数(户)	The Registered Households Year-end(household)	113239	-0.2
年末户籍人口(人)	The Registered Population Year-end(person)	227685	-1.4
国民经济综合指标	**Summary Item on the National Economy**		
生产总值(万元)	Gross Domestic Product(10 000 yuan)	492024	4.8
第一产业(万元)	Primary Industry(10 000 yuan)	150230	2.9
第二产业(万元)	Secondary Industry(10 000 yuan)	123274	-0.5
第三产业(万元)	Tertiary Industry(10 000 yuan)	218520	9.0
一般公共预算收入(万元)	General Public Budget Revenue(10 000 yuan)	20106	12.2
一般公共预算支出(万元)	General Public Budget Expenditure(10 000 yuan)	273400	-2.0
农村牧区经济	**Economic Development in Rural & Pastoral Area**		
耕地面积(公顷)	Cultivated Area(hectare)	69333	0.0
高标准农田面积(公顷)	High Standard Farmland Area(hectare)	12667	850.3
农作物总播种面积(公顷)	Total Sown Area(hectare)	53787	-12.3
粮食产量(吨)	Yield of Grain(ton)	211190	0.0
油料产量(吨)	Yield of Oil-bearing Crops(ton)	5507	53.3
规模以上工业	**Industrial Enterprises above Designated size**		
工业企业单位数(个)	Number of Industrial Enterprises(unit)	7	40.0
工业总产值(万元)	Gross Industrial Output Value(10 000 yuan)		-0.5
投资	**Investment and Construction**		
固定资产投资(万元)	Total Investment in Fixed Assets(10 000 yuan)		25.0
房地产开发投资(万元)	Investment in Real Estate Development(10 000 yuan)		62.5
贸易外经	**Trade**		
社会消费品零售总额(万元)	Total Retail Sales of Consumer Goods(10 000 yuan)	113600	3.6
出口总额(万元)	Total Exports(10 000 yuan)		
交通通信	**Transportation,Post & Telecommunications**		
公路里程(公里)	Total Length of Highways(km)	1567	0.0
移动电话用户(户)	Number of Mobile Telephone Subscribers (subscriber)	116600	-10.9
互联网宽带接入用户(户)	Number of Subscribers of Internet Service(subscriber)	34890	19.1
教育科技文化卫生社会保障	**Science,Education & Public Health**		
小学学校数(所)	Number of Primary Schools(unit)	12	9.1
普通中学学校数(所)	Number of Regular Secondary Schools(unit)	7	0.0
体育场馆数(个)	Stadium and Gymnasium(unit)		
全年专利授权(件)	Annual Patent Authorization(piece)		
剧场、影剧院(个)	Theaters,Music Halls and Cinemas(unit)	1	0.0
医疗卫生机构床位数(张)	Number of Beds in Health Care Institutions(unit)	602	0.0
医疗卫生机构技术人员(人)	Medical Technical Personnel(person)	568	-2.7
城乡居民基本养老保险参保人数(人)	Urban and Rural Residents Basic Pension Insurance Contributors(person)	166820	90.0
基本医疗保险参保人数(人)	Basic Medical Care Insurance Contributors(person)	182699	-0.8
居民生活	**The Lives of Residents**		
全体居民人均可支配收入(元)	The per capita disposable income of all residents(yuan)	22512	7.9
城镇常住居民人均可支配收入(元)	The per capita disposable income of urban permanent residents(yuan)	33806	6.1
农村牧区常住居民人均可支配收入(元)	The per capita disposable income of permanent residents of rural and pastoral areas(yuan)	16087	10.4

20-83 乌兰察布市察哈尔右翼前旗

Chahaeryouyiqian Banner in Wulanchabu City

指 标	Item	2021	增长(%) Increase Rate(%)
行政区域土地面积(平方公里)	**Area of Administration(Sq.km)**	**2454**	**0.6**
人口	**Population**		
年末户籍户数(户)	The Registered Households Year-end(household)	107895	-0.8
年末户籍人口(人)	The Registered Population Year-end(person)	206417	-1.0
国民经济综合指标	**Summary Item on the National Economy**		
生产总值(万元)	Gross Domestic Product(10 000 yuan)	839330	3.3
第一产业(万元)	Primary Industry(10 000 yuan)	153978	2.9
第二产业(万元)	Secondary Industry(10 000 yuan)	379256	-0.5
第三产业(万元)	Tertiary Industry(10 000 yuan)	306096	8.1
一般公共预算收入(万元)	General Public Budget Revenue(10 000 yuan)	60983	16.9
一般公共预算支出(万元)	General Public Budget Expenditure(10 000 yuan)	291700	-2.2
农村牧区经济	**Economic Development in Rural & Pastoral Area**		
耕地面积(公顷)	Cultivated Area(hectare)	68118	2.4
高标准农田面积(公顷)	High Standard Farmland Area(hectare)	6667	185.8
农作物总播种面积(公顷)	Total Sown Area(hectare)	38331	-8.3
粮食产量(吨)	Yield of Grain(ton)	106914	3.8
油料产量(吨)	Yield of Oil-bearing Crops(ton)	5178	23.1
规模以上工业	**Industrial Enterprises above Designated size**		
工业企业单位数(个)	Number of Industrial Enterprises(unit)	58	16.0
工业总产值(万元)	Gross Industrial Output Value(10 000 yuan)		14.2
投资	**Investment and Construction**		
固定资产投资(万元)	Total Investment in Fixed Assets(10 000 yuan)		-21.9
房地产开发投资(万元)	Investment in Real Estate Development(10 000 yuan)		-23.6
贸易外经	**Trade**		
社会消费品零售总额(万元)	Total Retail Sales of Consumer Goods(10 000 yuan)	186056	2.5
出口总额(万元)	Total Exports(10 000 yuan)		
交通通信	**Transportation,Post & Telecommunications**		
公路里程(公里)	Total Length of Highways(km)	1352	40.0
移动电话用户(户)	Number of Mobile Telephone Subscribers (subscriber)	108318	-20.7
互联网宽带接入用户(户)	Number of Subscribers of Internet Service(subscriber)	39403	8.0
教育科技文化卫生社会保障	**Science,Education & Public Health**		
小学学校数(所)	Number of Primary Schools(unit)	9	12.5
普通中学学校数(所)	Number of Regular Secondary Schools(unit)	6	-14.3
体育场馆数(个)	Stadium and Gymnasium(unit)	2	0.0
全年专利授权(件)	Annual Patent Authorization(piece)		
剧场、影剧院(个)	Theaters,Music Halls and Cinemas(unit)		
医疗卫生机构床位数(张)	Number of Beds in Health Care Institutions(unit)	474	20.9
医疗卫生机构技术人员(人)	Medical Technical Personnel(person)	482	-7.1
城乡居民基本养老保险参保人数(人)	Urban and Rural Residents Basic Pension Insurance Contributors(person)	75483	4.5
基本医疗保险参保人数(人)	Basic Medical Care Insurance Contributors(person)	175236	-0.2
居民生活	**The Lives of Residents**		
全体居民人均可支配收入(元)	The per capita disposable income of all residents(yuan)	19687	8.8
城镇常住居民人均可支配收入(元)	The per capita disposable income of urban permanent residents(yuan)	34163	7.4
农村牧区常住居民人均可支配收入(元)	The per capita disposable income of permanent residents of rural and pastoral areas(yuan)	14889	9.9

20-84 乌兰察布市察哈尔右翼中旗

Chahaeryouyizhong Banner in Wulanchabu City

指 标	Item	2021	增长(%) Increase Rate(%)
行政区域土地面积(平方公里)	**Area of Administration(Sq.km)**	**4186**	**0.0**
人口	**Population**		
年末户籍户数(户)	The Registered Households Year-end(household)	97497	-1.0
年末户籍人口(人)	The Registered Population Year-end(person)	193054	-1.5
国民经济综合指标	**Summary Item on the National Economy**		
生产总值(万元)	Gross Domestic Product(10 000 yuan)	559986	0.7
第一产业(万元)	Primary Industry(10 000 yuan)	166517	2.9
第二产业(万元)	Secondary Industry(10 000 yuan)	209134	-8.5
第三产业(万元)	Tertiary Industry(10 000 yuan)	184335	9.5
一般公共预算收入(万元)	General Public Budget Revenue(10 000 yuan)	13048	3.7
一般公共预算支出(万元)	General Public Budget Expenditure(10 000 yuan)	220600	-15.5
农村牧区经济	**Economic Development in Rural & Pastoral Area**		
耕地面积(公顷)	Cultivated Area(hectare)	95338	0.0
高标准农田面积(公顷)	High Standard Farmland Area(hectare)	6687	
农作物总播种面积(公顷)	Total Sown Area(hectare)	66729	-0.3
粮食产量(吨)	Yield of Grain(ton)	125352	0.0
油料产量(吨)	Yield of Oil-bearing Crops(ton)	24856	-23.7
规模以上工业	**Industrial Enterprises above Designated size**		
工业企业单位数(个)	Number of Industrial Enterprises(unit)	23	9.5
工业总产值(万元)	Gross Industrial Output Value(10 000 yuan)		3.0
投资	**Investment and Construction**		
固定资产投资(万元)	Total Investment in Fixed Assets(10 000 yuan)		12.7
房地产开发投资(万元)	Investment in Real Estate Development(10 000 yuan)		-85.1
贸易外经	**Trade**		
社会消费品零售总额(万元)	Total Retail Sales of Consumer Goods(10 000 yuan)	110700	3.2
出口总额(万元)	Total Exports(10 000 yuan)		
交通通信	**Transportation,Post & Telecommunications**		
公路里程(公里)	Total Length of Highways(km)	1608	0.3
移动电话用户(户)	Number of Mobile Telephone Subscribers (subscriber)	126980	-9.3
互联网宽带接入用户(户)	Number of Subscribers of Internet Service(subscriber)	17505	109.7
教育科技文化卫生社会保障	**Science,Education & Public Health**		
小学学校数(所)	Number of Primary Schools(unit)	13	-18.8
普通中学学校数(所)	Number of Regular Secondary Schools(unit)	3	0.0
体育场馆数(个)	Stadium and Gymnasium(unit)	3	200.0
全年专利授权(件)	Annual Patent Authorization(piece)		
剧场、影剧院(个)	Theaters,Music Halls and Cinemas(unit)	1	0.0
医疗卫生机构床位数(张)	Number of Beds in Health Care Institutions(unit)	550	29.4
医疗卫生机构技术人员(人)	Medical Technical Personnel(person)	498	3.8
城乡居民基本养老保险参保人数(人)	Urban and Rural Residents Basic Pension Insurance Contributors(person)	94957	-2.3
基本医疗保险参保人数(人)	Basic Medical Care Insurance Contributors(person)	153879	0.1
居民生活	**The Lives of Residents**		
全体居民人均可支配收入(元)	The per capita disposable income of all residents(yuan)	17880	8.2
城镇常住居民人均可支配收入(元)	The per capita disposable income of urban permanent residents(yuan)	33548	7.0
农村牧区常住居民人均可支配收入(元)	The per capita disposable income of permanent residents of rural and pastoral areas(yuan)	11971	9.5

20-85 乌兰察布市察哈尔右翼后旗

Chahaeryouyihou Banner in Wulanchabu City

指 标	Item	2021	增长(%) Increase Rate(%)
行政区域土地面积(平方公里)	**Area of Administration(Sq.km)**	**3910**	**0.0**
人口	**Population**		
年末户籍户数(户)	The Registered Households Year-end(household)	91656	0.1
年末户籍人口(人)	The Registered Population Year-end(person)	199531	-1.2
国民经济综合指标	**Summary Item on the National Economy**		
生产总值(万元)	Gross Domestic Product(10 000 yuan)	757036	7.6
第一产业(万元)	Primary Industry(10 000 yuan)	167476	2.8
第二产业(万元)	Secondary Industry(10 000 yuan)	365481	8.7
第三产业(万元)	Tertiary Industry(10 000 yuan)	224079	9.7
一般公共预算收入(万元)	General Public Budget Revenue(10 000 yuan)	28580	10.0
一般公共预算支出(万元)	General Public Budget Expenditure(10 000 yuan)	240100	-8.0
农村牧区经济	**Economic Development in Rural & Pastoral Area**		
耕地面积(公顷)	Cultivated Area(hectare)	63021	0.0
高标准农田面积(公顷)	High Standard Farmland Area(hectare)	6066	49.2
农作物总播种面积(公顷)	Total Sown Area(hectare)	52462	1.1
粮食产量(吨)	Yield of Grain(ton)	122393	0.4
油料产量(吨)	Yield of Oil-bearing Crops(ton)	10975	-27.0
规模以上工业	**Industrial Enterprises above Designated size**		
工业企业单位数(个)	Number of Industrial Enterprises(unit)	31	40.9
工业总产值(万元)	Gross Industrial Output Value(10 000 yuan)		42.5
投资	**Investment and Construction**		
固定资产投资(万元)	Total Investment in Fixed Assets(10 000 yuan)		15.1
房地产开发投资(万元)	Investment in Real Estate Development(10 000 yuan)		19.7
贸易外经	**Trade**		
社会消费品零售总额(万元)	Total Retail Sales of Consumer Goods(10 000 yuan)	105900	3.3
出口总额(万元)	Total Exports(10 000 yuan)		
交通通信	**Transportation,Post & Telecommunications**		
公路里程(公里)	Total Length of Highways(km)	1993	0.9
移动电话用户(户)	Number of Mobile Telephone Subscribers (subscriber)	138480	0.0
互联网宽带接入用户(户)	Number of Subscribers of Internet Service(subscriber)	8095	0.0
教育科技文化卫生社会保障	**Science,Education & Public Health**		
小学学校数(所)	Number of Primary Schools(unit)	8	0.0
普通中学学校数(所)	Number of Regular Secondary Schools(unit)	4	0.0
体育场馆数(个)	Stadium and Gymnasium(unit)		
全年专利授权(件)	Annual Patent Authorization(piece)		
剧场、影剧院(个)	Theaters,Music Halls and Cinemas(unit)	2	100.0
医疗卫生机构床位数(张)	Number of Beds in Health Care Institutions(unit)	526	0.0
医疗卫生机构技术人员(人)	Medical Technical Personnel(person)	605	3.4
城乡居民基本养老保险参保人数(人)	Urban and Rural Residents Basic Pension Insurance Contributors(person)	97223	-5.9
基本医疗保险参保人数(人)	Basic Medical Care Insurance Contributors(person)	163493	-0.5
居民生活	**The Lives of Residents**		
全体居民人均可支配收入(元)	The per capita disposable income of all residents(yuan)	23110	10.1
城镇常住居民人均可支配收入(元)	The per capita disposable income of urban permanent residents(yuan)	34730	8.9
农村牧区常住居民人均可支配收入(元)	The per capita disposable income of permanent residents of rural and pastoral areas(yuan)	15306	12.0

20-86 乌兰察布市四子王旗

Siziwang Banner in Wulanchabu City

指 标	Item	2021	增长(%) Increase Rate(%)
行政区域土地面积(平方公里)	**Area of Administration(Sq.km)**	**24036**	**0.0**
人口	**Population**		
年末户籍户数(户)	The Registered Households Year-end(household)	105558	0.1
年末户籍人口(人)	The Registered Population Year-end(person)	206629	-1.2
国民经济综合指标	**Summary Item on the National Economy**		
生产总值(万元)	Gross Domestic Product(10 000 yuan)	639024	2.9
第一产业(万元)	Primary Industry(10 000 yuan)	193350	2.9
第二产业(万元)	Secondary Industry(10 000 yuan)	195708	-6.9
第三产业(万元)	Tertiary Industry(10 000 yuan)	249966	10.9
一般公共预算收入(万元)	General Public Budget Revenue(10 000 yuan)	21478	44.5
一般公共预算支出(万元)	General Public Budget Expenditure(10 000 yuan)	282900	-8.5
农村牧区经济	**Economic Development in Rural & Pastoral Area**		
耕地面积(公顷)	Cultivated Area(hectare)	163587	23.3
高标准农田面积(公顷)	High Standard Farmland Area(hectare)	18600	17.3
农作物总播种面积(公顷)	Total Sown Area(hectare)	124751	2.0
粮食产量(吨)	Yield of Grain(ton)	213564	0.0
油料产量(吨)	Yield of Oil-bearing Crops(ton)	36328	43.2
规模以上工业	**Industrial Enterprises above Designated size**		
工业企业单位数(个)	Number of Industrial Enterprises(unit)	23	15.0
工业总产值(万元)	Gross Industrial Output Value(10 000 yuan)		18.6
投资	**Investment and Construction**		
固定资产投资(万元)	Total Investment in Fixed Assets(10 000 yuan)		221.7
房地产开发投资(万元)	Investment in Real Estate Development(10 000 yuan)		-43.6
贸易外经	**Trade**		
社会消费品零售总额(万元)	Total Retail Sales of Consumer Goods(10 000 yuan)	173600	3.3
出口总额(万元)	Total Exports(10 000 yuan)	8109	
交通通信	**Transportation,Post & Telecommunications**		
公路里程(公里)	Total Length of Highways(km)	2719	6.2
移动电话用户(户)	Number of Mobile Telephone Subscribers (subscriber)	155196	-4.8
互联网宽带接入用户(户)	Number of Subscribers of Internet Service(subscriber)	50246	44.2
教育科技文化卫生社会保障	**Science,Education & Public Health**		
小学学校数(所)	Number of Primary Schools(unit)	8	0.0
普通中学学校数(所)	Number of Regular Secondary Schools(unit)	5	0.0
体育场馆数(个)	Stadium and Gymnasium(unit)	1	0.0
全年专利授权(件)	Annual Patent Authorization(piece)	10	25.0
剧场、影剧院(个)	Theaters,Music Halls and Cinemas(unit)	2	0.0
医疗卫生机构床位数(张)	Number of Beds in Health Care Institutions(unit)	634	0.5
医疗卫生机构技术人员(人)	Medical Technical Personnel(person)	899	-3.2
城乡居民基本养老保险参保人数(人)	Urban and Rural Residents Basic Pension Insurance Contributors(person)	90682	-1.6
基本医疗保险参保人数(人)	Basic Medical Care Insurance Contributors(person)	159882	-7.6
居民生活	**The Lives of Residents**		
全体居民人均可支配收入(元)	The per capita disposable income of all residents(yuan)	20831	8.1
城镇常住居民人均可支配收入(元)	The per capita disposable income of urban permanent residents(yuan)	33577	6.5
农村牧区常住居民人均可支配收入(元)	The per capita disposable income of permanent residents of rural and pastoral areas(yuan)	14481	10.1

20-87 乌兰察布市丰镇市

Fengzhen City in Wulanchabu City

指 标	Item	2021	增长(%) Increase Rate(%)
行政区域土地面积(平方公里)	**Area of Administration(Sq.km)**	**2722**	**0.0**
人口	**Population**		
年末户籍户数(户)	The Registered Households Year-end(household)	145623	-0.5
年末户籍人口(人)	The Registered Population Year-end(person)	303136	-1.2
国民经济综合指标	**Summary Item on the National Economy**		
生产总值(万元)	Gross Domestic Product(10 000 yuan)	954596	6.0
第一产业(万元)	Primary Industry(10 000 yuan)	127905	4.9
第二产业(万元)	Secondary Industry(10 000 yuan)	476076	3.8
第三产业(万元)	Tertiary Industry(10 000 yuan)	350615	9.1
一般公共预算收入(万元)	General Public Budget Revenue(10 000 yuan)	49643	8.5
一般公共预算支出(万元)	General Public Budget Expenditure(10 000 yuan)	267800	-10.2
农村牧区经济	**Economic Development in Rural & Pastoral Area**		
耕地面积(公顷)	Cultivated Area(hectare)	62490	0.0
高标准农田面积(公顷)	High Standard Farmland Area(hectare)	1866	33.3
农作物总播种面积(公顷)	Total Sown Area(hectare)	49712	0.5
粮食产量(吨)	Yield of Grain(ton)	126339	1.8
油料产量(吨)	Yield of Oil-bearing Crops(ton)	8488	-43.4
规模以上工业	**Industrial Enterprises above Designated size**		
工业企业单位数(个)	Number of Industrial Enterprises(unit)	55	10.0
工业总产值(万元)	Gross Industrial Output Value(10 000 yuan)		23.1
投资	**Investment and Construction**		
固定资产投资(万元)	Total Investment in Fixed Assets(10 000 yuan)		11.4
房地产开发投资(万元)	Investment in Real Estate Development(10 000 yuan)		-22.2
贸易外经	**Trade**		
社会消费品零售总额(万元)	Total Retail Sales of Consumer Goods(10 000 yuan)	230100	3.5
出口总额(万元)	Total Exports(10 000 yuan)		
交通通信	**Transportation,Post & Telecommunications**		
公路里程(公里)	Total Length of Highways(km)	1185	2.2
移动电话用户(户)	Number of Mobile Telephone Subscribers (subscriber)	193532	-6.1
互联网宽带接入用户(户)	Number of Subscribers of Internet Service(subscriber)	56986	28.9
教育科技文化卫生社会保障	**Science,Education & Public Health**		
小学学校数(所)	Number of Primary Schools(unit)	20	0.0
普通中学学校数(所)	Number of Regular Secondary Schools(unit)	6	0.0
体育场馆数(个)	Stadium and Gymnasium(unit)	1	0.0
全年专利授权(件)	Annual Patent Authorization(piece)	94	42.4
剧场、影剧院(个)	Theaters,Music Halls and Cinemas(unit)	2	0.0
医疗卫生机构床位数(张)	Number of Beds in Health Care Institutions(unit)	955	0.0
医疗卫生机构技术人员(人)	Medical Technical Personnel(person)	1028	3.4
城乡居民基本养老保险参保人数(人)	Urban and Rural Residents Basic Pension Insurance Contributors(person)	113920	-5.0
基本医疗保险参保人数(人)	Basic Medical Care Insurance Contributors(person)	229348	-2.1
居民生活	**The Lives of Residents**		
全体居民人均可支配收入(元)	The per capita disposable income of all residents(yuan)	27407	7.6
城镇常住居民人均可支配收入(元)	The per capita disposable income of urban permanent residents(yuan)	34186	6.4
农村牧区常住居民人均可支配收入(元)	The per capita disposable income of permanent residents of rural and pastoral areas(yuan)	17073	11.7

20-88 鄂尔多斯市东胜区

Dongsheng District in Erdos City

指 标	Item	2021	增长(%) Increase Rate(%)
行政区域土地面积(平方公里)	**Area of Administration(Sq.km)**	**2145**	**0.0**
人口	**Population**		
年末户籍户数(户)	The Registered Households Year-end(household)	104491	1.0
年末户籍人口(人)	The Registered Population Year-end(person)	276137	0.8
国民经济综合指标	**Summary Item on the National Economy**		
生产总值(万元)	Gross Domestic Product(10 000 yuan)	8604274	9.7
第一产业(万元)	Primary Industry(10 000 yuan)	18643	2.9
第二产业(万元)	Secondary Industry(10 000 yuan)	3696353	12.5
第三产业(万元)	Tertiary Industry(10 000 yuan)	4889278	8.3
一般公共预算收入(万元)	General Public Budget Revenue(10 000 yuan)	609225	12.8
一般公共预算支出(万元)	General Public Budget Expenditure(10 000 yuan)	991570	27.6
农村牧区经济	**Economic Development in Rural & Pastoral Area**		
耕地面积(公顷)	Cultivated Area(hectare)	20618	0.0
高标准农田面积(公顷)	High Standard Farmland Area(hectare)		
农作物总播种面积(公顷)	Total Sown Area(hectare)	4510	22.4
粮食产量(吨)	Yield of Grain(ton)	18058	14.3
油料产量(吨)	Yield of Oil-bearing Crops(ton)	1536	5176.6
规模以上工业	**Industrial Enterprises above Designated size**		
工业企业单位数(个)	Number of Industrial Enterprises(unit)	79	43.6
工业总产值(万元)	Gross Industrial Output Value(10 000 yuan)		67.0
投资	**Investment and Construction**		
固定资产投资(万元)	Total Investment in Fixed Assets(10 000 yuan)		26.1
房地产开发投资(万元)	Investment in Real Estate Development(10 000 yuan)		44.0
贸易外经	**Trade**		
社会消费品零售总额(万元)	Total Retail Sales of Consumer Goods(10 000 yuan)	2330609	8.6
出口总额(万元)	Total Exports(10 000 yuan)		
交通通信	**Transportation,Post & Telecommunications**		
公路里程(公里)	Total Length of Highways(km)	1223	-33.3
移动电话用户(户)	Number of Mobile Telephone Subscribers (subscriber)	690835	-16.9
互联网宽带接入用户(户)	Number of Subscribers of Internet Service(subscriber)	125015	-39.3
教育科技文化卫生社会保障	**Science,Education & Public Health**		
小学学校数(所)	Number of Primary Schools(unit)	34	9.7
普通中学学校数(所)	Number of Regular Secondary Schools(unit)	26	4.0
体育场馆数(个)	Stadium and Gymnasium(unit)	2	0.0
全年专利授权(件)	Annual Patent Authorization(piece)	636	-0.5
剧场、影剧院(个)	Theaters,Music Halls and Cinemas(unit)	4	300.0
医疗卫生机构床位数(张)	Number of Beds in Health Care Institutions(unit)	4566	0.0
医疗卫生机构技术人员(人)	Medical Technical Personnel(person)	6409	10.9
城乡居民基本养老保险参保人数(人)	Urban and Rural Residents Basic Pension Insurance Contributors(person)	39119	-1.9
基本医疗保险参保人数(人)	Basic Medical Care Insurance Contributors(person)	288090	3.6
居民生活	**The Lives of Residents**		
全体居民人均可支配收入(元)	The per capita disposable income of all residents(yuan)	54326	7.5
城镇常住居民人均可支配收入(元)	The per capita disposable income of urban permanent residents(yuan)	55863	7.2
农村牧区常住居民人均可支配收入(元)	The per capita disposable income of permanent residents of rural and pastoral areas(yuan)		

20-89 鄂尔多斯市康巴什区

Kangbashi District in Erdos City

指 标	Item	2021	增长(%) Increase Rate(%)
行政区域土地面积(平方公里)	**Area of Administration(Sq.km)**	**372**	**0.0**
人口	**Population**		
年末户籍户数(户)	The Registered Households Year-end(household)	16788	6.3
年末户籍人口(人)	The Registered Population Year-end(person)	48458	8.8
国民经济综合指标	**Summary Item on the National Economy**		
生产总值(万元)	Gross Domestic Product(10 000 yuan)	1205586	13.9
第一产业(万元)	Primary Industry(10 000 yuan)	21	0.3
第二产业(万元)	Secondary Industry(10 000 yuan)	299782	14.4
第三产业(万元)	Tertiary Industry(10 000 yuan)	905783	13.8
一般公共预算收入(万元)	General Public Budget Revenue(10 000 yuan)	95133	25.7
一般公共预算支出(万元)	General Public Budget Expenditure(10 000 yuan)	250884	29.2
农村牧区经济	**Economic Development in Rural & Pastoral Area**		
耕地面积(公顷)	Cultivated Area(hectare)	1619	958.2
高标准农田面积(公顷)	High Standard Farmland Area(hectare)		
农作物总播种面积(公顷)	Total Sown Area(hectare)		
粮食产量(吨)	Yield of Grain(ton)		
油料产量(吨)	Yield of Oil-bearing Crops(ton)		
规模以上工业	**Industrial Enterprises above Designated size**		
工业企业单位数(个)	Number of Industrial Enterprises(unit)	5	0.0
工业总产值(万元)	Gross Industrial Output Value(10 000 yuan)		23.9
投资	**Investment and Construction**		
固定资产投资(万元)	Total Investment in Fixed Assets(10 000 yuan)		80.7
房地产开发投资(万元)	Investment in Real Estate Development(10 000 yuan)		199.0
贸易外经	**Trade**		
社会消费品零售总额(万元)	Total Retail Sales of Consumer Goods(10 000 yuan)	647286	8.7
出口总额(万元)	Total Exports(10 000 yuan)		
交通通信	**Transportation,Post & Telecommunications**		
公路里程(公里)	Total Length of Highways(km)	134	0.0
移动电话用户(户)	Number of Mobile Telephone Subscribers (subscriber)	138600	20.5
互联网宽带接入用户(户)	Number of Subscribers of Internet Service(subscriber)	41100	7.4
教育科技文化卫生社会保障	**Science,Education & Public Health**		
小学学校数(所)	Number of Primary Schools(unit)	10	11.1
普通中学学校数(所)	Number of Regular Secondary Schools(unit)	7	0.0
体育场馆数(个)	Stadium and Gymnasium(unit)	7	0.0
全年专利授权(件)	Annual Patent Authorization(piece)		
剧场、影剧院(个)	Theaters,Music Halls and Cinemas(unit)	4	0.0
医疗卫生机构床位数(张)	Number of Beds in Health Care Institutions(unit)	1475	0.8
医疗卫生机构技术人员(人)	Medical Technical Personnel(person)	2156	8.7
城乡居民基本养老保险参保人数(人)	Urban and Rural Residents Basic Pension Insurance Contributors(person)	1947	6.1
基本医疗保险参保人数(人)	Basic Medical Care Insurance Contributors(person)	46243	10.8
居民生活	**The Lives of Residents**		
全体居民人均可支配收入(元)	The per capita disposable income of all residents(yuan)	52723	7.9
城镇常住居民人均可支配收入(元)	The per capita disposable income of urban permanent residents(yuan)	55698	7.3
农村牧区常住居民人均可支配收入(元)	The per capita disposable income of permanent residents of rural and pastoral areas(yuan)		

20-90 鄂尔多斯市达拉特旗
Dalate Banner in Erdos City

指 标	Item	2021	增长(%) Increase Rate(%)
行政区域土地面积(平方公里)	**Area of Administration(Sq.km)**	**8241**	**0.0**
人口	**Population**		
年末户籍户数(户)	The Registered Households Year-end(household)	169973	0.3
年末户籍人口(人)	The Registered Population Year-end(person)	371941	0.0
国民经济综合指标	**Summary Item on the National Economy**		
生产总值(万元)	Gross Domestic Product(10 000 yuan)	4109453	9.8
第一产业(万元)	Primary Industry(10 000 yuan)	497558	5.6
第二产业(万元)	Secondary Industry(10 000 yuan)	2180467	14.8
第三产业(万元)	Tertiary Industry(10 000 yuan)	1431428	6.1
一般公共预算收入(万元)	General Public Budget Revenue(10 000 yuan)	271344	35.1
一般公共预算支出(万元)	General Public Budget Expenditure(10 000 yuan)	572052	14.4
农村牧区经济	**Economic Development in Rural & Pastoral Area**		
耕地面积(公顷)	Cultivated Area(hectare)	186256	23.3
高标准农田面积(公顷)	High Standard Farmland Area(hectare)	93333	
农作物总播种面积(公顷)	Total Sown Area(hectare)	152740	-3.7
粮食产量(吨)	Yield of Grain(ton)	800227	2.6
油料产量(吨)	Yield of Oil-bearing Crops(ton)	15498	-42.6
规模以上工业	**Industrial Enterprises above Designated size**		
工业企业单位数(个)	Number of Industrial Enterprises(unit)	59	13.5
工业总产值(万元)	Gross Industrial Output Value(10 000 yuan)		60.7
投资	**Investment and Construction**		
固定资产投资(万元)	Total Investment in Fixed Assets(10 000 yuan)		16.3
房地产开发投资(万元)	Investment in Real Estate Development(10 000 yuan)		111.9
贸易外经	**Trade**		
社会消费品零售总额(万元)	Total Retail Sales of Consumer Goods(10 000 yuan)	450432	6.1
出口总额(万元)	Total Exports(10 000 yuan)	5530	
交通通信	**Transportation,Post & Telecommunications**		
公路里程(公里)	Total Length of Highways(km)	3732	13.4
移动电话用户(户)	Number of Mobile Telephone Subscribers (subscriber)	403423	8.4
互联网宽带接入用户(户)	Number of Subscribers of Internet Service(subscriber)	94172	6.5
教育科技文化卫生社会保障	**Science,Education & Public Health**		
小学学校数(所)	Number of Primary Schools(unit)	31	6.9
普通中学学校数(所)	Number of Regular Secondary Schools(unit)	11	10.0
体育场馆数(个)	Stadium and Gymnasium(unit)	1	0.0
全年专利授权(件)	Annual Patent Authorization(piece)	356	78.9
剧场、影剧院(个)	Theaters,Music Halls and Cinemas(unit)	2	0.0
医疗卫生机构床位数(张)	Number of Beds in Health Care Institutions(unit)	2729	143.7
医疗卫生机构技术人员(人)	Medical Technical Personnel(person)	2682	9.4
城乡居民基本养老保险参保人数(人)	Urban and Rural Residents Basic Pension Insurance Contributors(person)	152766	-0.3
基本医疗保险参保人数(人)	Basic Medical Care Insurance Contributors(person)	308904	-2.1
居民生活	**The Lives of Residents**		
全体居民人均可支配收入(元)	The per capita disposable income of all residents(yuan)	37000	8.3
城镇常住居民人均可支配收入(元)	The per capita disposable income of urban permanent residents(yuan)	48280	7.1
农村牧区常住居民人均可支配收入(元)	The per capita disposable income of permanent residents of rural and pastoral areas(yuan)	22981	9.6

20-91 鄂尔多斯市准格尔旗

Zhungeer Banner in Erdos City

指 标	Item	2021	增长(%) Increase Rate(%)
行政区域土地面积(平方公里)	**Area of Administration(Sq.km)**	**7692**	**0.0**
人口	**Population**		
年末户籍户数(户)	The Registered Households Year-end(household)	150797	0.5
年末户籍人口(人)	The Registered Population Year-end(person)	334650	0.3
国民经济综合指标	**Summary Item on the National Economy**		
生产总值(万元)	Gross Domestic Product(10 000 yuan)	10709049	4.7
第一产业(万元)	Primary Industry(10 000 yuan)	137722	4.3
第二产业(万元)	Secondary Industry(10 000 yuan)	7938722	3.0
第三产业(万元)	Tertiary Industry(10 000 yuan)	2632605	8.1
一般公共预算收入(万元)	General Public Budget Revenue(10 000 yuan)	880223	6.4
一般公共预算支出(万元)	General Public Budget Expenditure(10 000 yuan)	944757	8.9
农村牧区经济	**Economic Development in Rural & Pastoral Area**		
耕地面积(公顷)	Cultivated Area(hectare)	74930	-1.5
高标准农田面积(公顷)	High Standard Farmland Area(hectare)	1333	-55.6
农作物总播种面积(公顷)	Total Sown Area(hectare)	46793	5.6
粮食产量(吨)	Yield of Grain(ton)	227830	3.9
油料产量(吨)	Yield of Oil-bearing Crops(ton)	541	-23.0
规模以上工业	**Industrial Enterprises above Designated size**		
工业企业单位数(个)	Number of Industrial Enterprises(unit)	116	10.5
工业总产值(万元)	Gross Industrial Output Value(10 000 yuan)		71.6
投资	**Investment and Construction**		
固定资产投资(万元)	Total Investment in Fixed Assets(10 000 yuan)		17.8
房地产开发投资(万元)	Investment in Real Estate Development(10 000 yuan)		140.3
贸易外经	**Trade**		
社会消费品零售总额(万元)	Total Retail Sales of Consumer Goods(10 000 yuan)	1055846	6.9
出口总额(万元)	Total Exports(10 000 yuan)		
交通通信	**Transportation,Post & Telecommunications**		
公路里程(公里)	Total Length of Highways(km)	4499	0.0
移动电话用户(户)	Number of Mobile Telephone Subscribers (subscriber)	337098	0.0
互联网宽带接入用户(户)	Number of Subscribers of Internet Service(subscriber)	80865	0.1
教育科技文化卫生社会保障	**Science,Education & Public Health**		
小学学校数(所)	Number of Primary Schools(unit)	25	-3.8
普通中学学校数(所)	Number of Regular Secondary Schools(unit)	13	0.0
体育场馆数(个)	Stadium and Gymnasium(unit)	8	166.7
全年专利授权(件)	Annual Patent Authorization(piece)	823	662.0
剧场、影剧院(个)	Theaters,Music Halls and Cinemas(unit)	5	0.0
医疗卫生机构床位数(张)	Number of Beds in Health Care Institutions(unit)	1590	17.9
医疗卫生机构技术人员(人)	Medical Technical Personnel(person)	2735	3.6
城乡居民基本养老保险参保人数(人)	Urban and Rural Residents Basic Pension Insurance Contributors(person)	116681	-0.7
基本医疗保险参保人数(人)	Basic Medical Care Insurance Contributors(person)	309725	0.8
居民生活	**The Lives of Residents**		
全体居民人均可支配收入(元)	The per capita disposable income of all residents(yuan)	44614	7.7
城镇常住居民人均可支配收入(元)	The per capita disposable income of urban permanent residents(yuan)	54925	6.9
农村牧区常住居民人均可支配收入(元)	The per capita disposable income of permanent residents of rural and pastoral areas(yuan)	22892	9.3

20-92 鄂尔多斯市鄂托克前旗

Etuokeqian Banner in Erdos City

指 标	Item	2021	增长(%) Increase Rate(%)
行政区域土地面积(平方公里)	**Area of Administration(Sq.km)**	**12221**	**0.0**
人口	**Population**		
年末户籍户数(户)	The Registered Households Year-end(household)	29406	-0.2
年末户籍人口(人)	The Registered Population Year-end(person)	81709	0.0
国民经济综合指标	**Summary Item on the National Economy**		
生产总值(万元)	Gross Domestic Product(10 000 yuan)	1985465	11.5
第一产业(万元)	Primary Industry(10 000 yuan)	166881	3.5
第二产业(万元)	Secondary Industry(10 000 yuan)	1392175	15.3
第三产业(万元)	Tertiary Industry(10 000 yuan)	426409	6.4
一般公共预算收入(万元)	General Public Budget Revenue(10 000 yuan)	123020	3.4
一般公共预算支出(万元)	General Public Budget Expenditure(10 000 yuan)	348296	18.6
农村牧区经济	**Economic Development in Rural & Pastoral Area**		
耕地面积(公顷)	Cultivated Area(hectare)	67078	25.1
高标准农田面积(公顷)	High Standard Farmland Area(hectare)	6000	
农作物总播种面积(公顷)	Total Sown Area(hectare)	54951	2.5
粮食产量(吨)	Yield of Grain(ton)	118269	1.0
油料产量(吨)	Yield of Oil-bearing Crops(ton)	210	-35.5
规模以上工业	**Industrial Enterprises above Designated size**		
工业企业单位数(个)	Number of Industrial Enterprises(unit)	16	0.0
工业总产值(万元)	Gross Industrial Output Value(10 000 yuan)		91.6
投资	**Investment and Construction**		
固定资产投资(万元)	Total Investment in Fixed Assets(10 000 yuan)		25.1
房地产开发投资(万元)	Investment in Real Estate Development(10 000 yuan)		
贸易外经	**Trade**		
社会消费品零售总额(万元)	Total Retail Sales of Consumer Goods(10 000 yuan)	252612	5.2
出口总额(万元)	Total Exports(10 000 yuan)		
交通通信	**Transportation,Post & Telecommunications**		
公路里程(公里)	Total Length of Highways(km)	3251	-15.0
移动电话用户(户)	Number of Mobile Telephone Subscribers (subscriber)	103456	27.1
互联网宽带接入用户(户)	Number of Subscribers of Internet Service(subscriber)	23530	6.9
教育科技文化卫生社会保障	**Science,Education & Public Health**		
小学学校数(所)	Number of Primary Schools(unit)	6	-14.3
普通中学学校数(所)	Number of Regular Secondary Schools(unit)	3	0.0
体育场馆数(个)	Stadium and Gymnasium(unit)	8	166.7
全年专利授权(件)	Annual Patent Authorization(piece)	180	176.9
剧场、影剧院(个)	Theaters,Music Halls and Cinemas(unit)	1	0.0
医疗卫生机构床位数(张)	Number of Beds in Health Care Institutions(unit)	508	-2.9
医疗卫生机构技术人员(人)	Medical Technical Personnel(person)	727	9.5
城乡居民基本养老保险参保人数(人)	Urban and Rural Residents Basic Pension Insurance Contributors(person)	30162	0.8
基本医疗保险参保人数(人)	Basic Medical Care Insurance Contributors(person)	74062	1.9
居民生活	**The Lives of Residents**		
全体居民人均可支配收入(元)	The per capita disposable income of all residents(yuan)	40093	8.0
城镇常住居民人均可支配收入(元)	The per capita disposable income of urban permanent residents(yuan)	51549	6.5
农村牧区常住居民人均可支配收入(元)	The per capita disposable income of permanent residents of rural and pastoral areas(yuan)	24380	9.7

20-93 鄂尔多斯市鄂托克旗

Etuoke Banner in Erdos City

指 标	Item	2021	增长(%) Increase Rate(%)
行政区域土地面积(平方公里)	**Area of Administration(Sq.km)**	**20367**	**0.0**
人口	**Population**		
年末户籍户数(户)	The Registered Households Year-end(household)	42862	-0.3
年末户籍人口(人)	The Registered Population Year-end(person)	97767	-0.2
国民经济综合指标	**Summary Item on the National Economy**		
生产总值(万元)	Gross Domestic Product(10 000 yuan)	5189518	9.8
第一产业(万元)	Primary Industry(10 000 yuan)	111742	4.2
第二产业(万元)	Secondary Industry(10 000 yuan)	4171950	10.8
第三产业(万元)	Tertiary Industry(10 000 yuan)	905826	7.1
一般公共预算收入(万元)	General Public Budget Revenue(10 000 yuan)	321638	12.9
一般公共预算支出(万元)	General Public Budget Expenditure(10 000 yuan)	571082	28.6
农村牧区经济	**Economic Development in Rural & Pastoral Area**		
耕地面积(公顷)	Cultivated Area(hectare)	34700	4.3
高标准农田面积(公顷)	High Standard Farmland Area(hectare)	3767	126.0
农作物总播种面积(公顷)	Total Sown Area(hectare)	32727	3.2
粮食产量(吨)	Yield of Grain(ton)	128564	1.5
油料产量(吨)	Yield of Oil-bearing Crops(ton)	4289	-9.4
规模以上工业	**Industrial Enterprises above Designated size**		
工业企业单位数(个)	Number of Industrial Enterprises(unit)	100	4.2
工业总产值(万元)	Gross Industrial Output Value(10 000 yuan)		63.8
投资	**Investment and Construction**		
固定资产投资(万元)	Total Investment in Fixed Assets(10 000 yuan)		20.1
房地产开发投资(万元)	Investment in Real Estate Development(10 000 yuan)		
贸易外经	**Trade**		
社会消费品零售总额(万元)	Total Retail Sales of Consumer Goods(10 000 yuan)	326115	7.8
出口总额(万元)	Total Exports(10 000 yuan)		
交通通信	**Transportation,Post & Telecommunications**		
公路里程(公里)	Total Length of Highways(km)	3893	0.1
移动电话用户(户)	Number of Mobile Telephone Subscribers (subscriber)	188808	6.3
互联网宽带接入用户(户)	Number of Subscribers of Internet Service(subscriber)	42484	17.1
教育科技文化卫生社会保障	**Science,Education & Public Health**		
小学学校数(所)	Number of Primary Schools(unit)	8	0.0
普通中学学校数(所)	Number of Regular Secondary Schools(unit)	6	0.0
体育场馆数(个)	Stadium and Gymnasium(unit)	1	0.0
全年专利授权(件)	Annual Patent Authorization(piece)	103	8.4
剧场、影剧院(个)	Theaters,Music Halls and Cinemas(unit)	1	0.0
医疗卫生机构床位数(张)	Number of Beds in Health Care Institutions(unit)	558	12.3
医疗卫生机构技术人员(人)	Medical Technical Personnel(person)	976	0.6
城乡居民基本养老保险参保人数(人)	Urban and Rural Residents Basic Pension Insurance Contributors(person)	31939	-10.5
基本医疗保险参保人数(人)	Basic Medical Care Insurance Contributors(person)	121362	-0.9
居民生活	**The Lives of Residents**		
全体居民人均可支配收入(元)	The per capita disposable income of all residents(yuan)	41865	7.4
城镇常住居民人均可支配收入(元)	The per capita disposable income of urban permanent residents(yuan)	52719	6.3
农村牧区常住居民人均可支配收入(元)	The per capita disposable income of permanent residents of rural and pastoral areas(yuan)	24016	9.5

20-94 鄂尔多斯市杭锦旗

Hangjin Banner in Erdos City

指 标	Item	2021	增长(%) Increase Rate(%)
行政区域土地面积(平方公里)	**Area of Administration(Sq.km)**	**18816**	**-2.3**
人口	**Population**		
年末户籍户数(户)	The Registered Households Year-end(household)	64989	-0.4
年末户籍人口(人)	The Registered Population Year-end(person)	142445	-0.3
国民经济综合指标	**Summary Item on the National Economy**		
生产总值(万元)	Gross Domestic Product(10 000 yuan)	1462995	2.6
第一产业(万元)	Primary Industry(10 000 yuan)	262713	3.5
第二产业(万元)	Secondary Industry(10 000 yuan)	710942	0.4
第三产业(万元)	Tertiary Industry(10 000 yuan)	489340	4.8
一般公共预算收入(万元)	General Public Budget Revenue(10 000 yuan)	74620	19.7
一般公共预算支出(万元)	General Public Budget Expenditure(10 000 yuan)	401238	15.3
农村牧区经济	**Economic Development in Rural & Pastoral Area**		
耕地面积(公顷)	Cultivated Area(hectare)	105125	21.3
高标准农田面积(公顷)	High Standard Farmland Area(hectare)	37613	-32.8
农作物总播种面积(公顷)	Total Sown Area(hectare)	68374	-10.0
粮食产量(吨)	Yield of Grain(ton)	370103	0.2
油料产量(吨)	Yield of Oil-bearing Crops(ton)	63579	-4.1
规模以上工业	**Industrial Enterprises above Designated size**		
工业企业单位数(个)	Number of Industrial Enterprises(unit)	39	5.4
工业总产值(万元)	Gross Industrial Output Value(10 000 yuan)		47.6
投资	**Investment and Construction**		
固定资产投资(万元)	Total Investment in Fixed Assets(10 000 yuan)		6.8
房地产开发投资(万元)	Investment in Real Estate Development(10 000 yuan)		191.5
贸易外经	**Trade**		
社会消费品零售总额(万元)	Total Retail Sales of Consumer Goods(10 000 yuan)	152364	6.6
出口总额(万元)	Total Exports(10 000 yuan)		
交通通信	**Transportation,Post & Telecommunications**		
公路里程(公里)	Total Length of Highways(km)	5384	0.0
移动电话用户(户)	Number of Mobile Telephone Subscribers (subscriber)	146016	-3.9
互联网宽带接入用户(户)	Number of Subscribers of Internet Service(subscriber)	35077	224.5
教育科技文化卫生社会保障	**Science,Education & Public Health**		
小学学校数(所)	Number of Primary Schools(unit)	5	0.0
普通中学学校数(所)	Number of Regular Secondary Schools(unit)	5	0.0
体育场馆数(个)	Stadium and Gymnasium(unit)	2	0.0
全年专利授权(件)	Annual Patent Authorization(piece)	91	355.0
剧场、影剧院(个)	Theaters,Music Halls and Cinemas(unit)	1	-50.0
医疗卫生机构床位数(张)	Number of Beds in Health Care Institutions(unit)	595	-5.7
医疗卫生机构技术人员(人)	Medical Technical Personnel(person)	817	8.9
城乡居民基本养老保险参保人数(人)	Urban and Rural Residents Basic Pension Insurance Contributors(person)	66192	0.0
基本医疗保险参保人数(人)	Basic Medical Care Insurance Contributors(person)	122721	3.0
居民生活	**The Lives of Residents**		
全体居民人均可支配收入(元)	The per capita disposable income of all residents(yuan)	36836	7.5
城镇常住居民人均可支配收入(元)	The per capita disposable income of urban permanent residents(yuan)	48267	6.0
农村牧区常住居民人均可支配收入(元)	The per capita disposable income of permanent residents of rural and pastoral areas(yuan)	23521	9.3

20-95 鄂尔多斯市乌审旗

Wushen Banner in Erdos City

指 标	Item	2021	增长(%) Increase Rate(%)
行政区域土地面积(平方公里)	**Area of Administration(Sq.km)**	**11674**	**0.0**
人口	**Population**		
年末户籍户数(户)	The Registered Households Year-end(household)	46640	0.2
年末户籍人口(人)	The Registered Population Year-end(person)	117749	0.2
国民经济综合指标	**Summary Item on the National Economy**		
生产总值(万元)	Gross Domestic Product(10 000 yuan)	3982958	3.4
第一产业(万元)	Primary Industry(10 000 yuan)	189837	4.3
第二产业(万元)	Secondary Industry(10 000 yuan)	2956753	1.7
第三产业(万元)	Tertiary Industry(10 000 yuan)	836368	8.0
一般公共预算收入(万元)	General Public Budget Revenue(10 000 yuan)	344035	14.2
一般公共预算支出(万元)	General Public Budget Expenditure(10 000 yuan)	554187	10.0
农村牧区经济	**Economic Development in Rural & Pastoral Area**		
耕地面积(公顷)	Cultivated Area(hectare)	59382	-8.1
高标准农田面积(公顷)	High Standard Farmland Area(hectare)	15763	4.4
农作物总播种面积(公顷)	Total Sown Area(hectare)	60132	-6.9
粮食产量(吨)	Yield of Grain(ton)	240836	0.0
油料产量(吨)	Yield of Oil-bearing Crops(ton)	958	-7.3
规模以上工业	**Industrial Enterprises above Designated size**		
工业企业单位数(个)	Number of Industrial Enterprises(unit)	28	16.7
工业总产值(万元)	Gross Industrial Output Value(10 000 yuan)		32.2
投资	**Investment and Construction**		
固定资产投资(万元)	Total Investment in Fixed Assets(10 000 yuan)		20.6
房地产开发投资(万元)	Investment in Real Estate Development(10 000 yuan)		35.8
贸易外经	**Trade**		
社会消费品零售总额(万元)	Total Retail Sales of Consumer Goods(10 000 yuan)	353387	5.5
出口总额(万元)	Total Exports(10 000 yuan)		
交通通信	**Transportation,Post & Telecommunications**		
公路里程(公里)	Total Length of Highways(km)	4264	2.3
移动电话用户(户)	Number of Mobile Telephone Subscribers (subscriber)	152155	1.4
互联网宽带接入用户(户)	Number of Subscribers of Internet Service(subscriber)	34031	0.1
教育科技文化卫生社会保障	**Science,Education & Public Health**		
小学学校数(所)	Number of Primary Schools(unit)	13	0.0
普通中学学校数(所)	Number of Regular Secondary Schools(unit)	6	0.0
体育场馆数(个)	Stadium and Gymnasium(unit)	3	0.0
全年专利授权(件)	Annual Patent Authorization(piece)	177	254.0
剧场、影剧院(个)	Theaters,Music Halls and Cinemas(unit)	1	0.0
医疗卫生机构床位数(张)	Number of Beds in Health Care Institutions(unit)	812	-0.7
医疗卫生机构技术人员(人)	Medical Technical Personnel(person)	923	3.6
城乡居民基本养老保险参保人数(人)	Urban and Rural Residents Basic Pension Insurance Contributors(person)	39293	-0.2
基本医疗保险参保人数(人)	Basic Medical Care Insurance Contributors(person)	108336	1.0
居民生活	**The Lives of Residents**		
全体居民人均可支配收入(元)	The per capita disposable income of all residents(yuan)	39318	7.6
城镇常住居民人均可支配收入(元)	The per capita disposable income of urban permanent residents(yuan)	51284	6.2
农村牧区常住居民人均可支配收入(元)	The per capita disposable income of permanent residents of rural and pastoral areas(yuan)	23845	9.2

20-96 鄂尔多斯市伊金霍洛旗
Yijinhuoluo Banner in Erdos City

指 标	Item	2021	增长(%) Increase Rate(%)
行政区域土地面积(平方公里)	**Area of Administration(Sq.km)**	**5487**	**0.0**
人口	**Population**		
年末户籍户数(户)	The Registered Households Year-end(household)	80734	1.1
年末户籍人口(人)	The Registered Population Year-end(person)	181884	0.9
国民经济综合指标	**Summary Item on the National Economy**		
生产总值(万元)	Gross Domestic Product(10 000 yuan)	9907720	4.5
第一产业(万元)	Primary Industry(10 000 yuan)	99140	2.6
第二产业(万元)	Secondary Industry(10 000 yuan)	7431705	3.0
第三产业(万元)	Tertiary Industry(10 000 yuan)	2376875	7.9
一般公共预算收入(万元)	General Public Budget Revenue(10 000 yuan)	805162	6.1
一般公共预算支出(万元)	General Public Budget Expenditure(10 000 yuan)	990201	13.2
农村牧区经济	**Economic Development in Rural & Pastoral Area**		
耕地面积(公顷)	Cultivated Area(hectare)	36376	8.7
高标准农田面积(公顷)	High Standard Farmland Area(hectare)		
农作物总播种面积(公顷)	Total Sown Area(hectare)	36494	6.1
粮食产量(吨)	Yield of Grain(ton)	106246	10.8
油料产量(吨)	Yield of Oil-bearing Crops(ton)	282	
规模以上工业	**Industrial Enterprises above Designated size**		
工业企业单位数(个)	Number of Industrial Enterprises(unit)	68	1.5
工业总产值(万元)	Gross Industrial Output Value(10 000 yuan)		81.8
投资	**Investment and Construction**		
固定资产投资(万元)	Total Investment in Fixed Assets(10 000 yuan)		18.5
房地产开发投资(万元)	Investment in Real Estate Development(10 000 yuan)		6.0
贸易外经	**Trade**		
社会消费品零售总额(万元)	Total Retail Sales of Consumer Goods(10 000 yuan)	514817	7.2
出口总额(万元)	Total Exports(10 000 yuan)		
交通通信	**Transportation,Post & Telecommunications**		
公路里程(公里)	Total Length of Highways(km)	4935	2.5
移动电话用户(户)	Number of Mobile Telephone Subscribers (subscriber)	80841	3.6
互联网宽带接入用户(户)	Number of Subscribers of Internet Service(subscriber)	10561	9.7
教育科技文化卫生社会保障	**Science,Education & Public Health**		
小学学校数(所)	Number of Primary Schools(unit)	20	-4.8
普通中学学校数(所)	Number of Regular Secondary Schools(unit)	9	12.5
体育场馆数(个)	Stadium and Gymnasium(unit)	3	0.0
全年专利授权(件)	Annual Patent Authorization(piece)	450	71.1
剧场、影剧院(个)	Theaters,Music Halls and Cinemas(unit)	2	0.0
医疗卫生机构床位数(张)	Number of Beds in Health Care Institutions(unit)	1236	-3.7
医疗卫生机构技术人员(人)	Medical Technical Personnel(person)	1620	5.1
城乡居民基本养老保险参保人数(人)	Urban and Rural Residents Basic Pension Insurance Contributors(person)	80733	41.2
基本医疗保险参保人数(人)	Basic Medical Care Insurance Contributors(person)	172989	5.1
居民生活	**The Lives of Residents**		
全体居民人均可支配收入(元)	The per capita disposable income of all residents(yuan)	45989	7.8
城镇常住居民人均可支配收入(元)	The per capita disposable income of urban permanent residents(yuan)	55677	6.8
农村牧区常住居民人均可支配收入(元)	The per capita disposable income of permanent residents of rural and pastoral areas(yuan)	23528	8.9

20-97 巴彦淖尔市临河区

Linhe District in Bayannaoer City

指 标	Item	2021	增长(%) Increase Rate(%)
行政区域土地面积(平方公里)	**Area of Administration(Sq.km)**	**2333**	**0.0**
人口	**Population**		
年末户籍户数(户)	The Registered Households Year-end(household)	208889	0.1
年末户籍人口(人)	The Registered Population Year-end(person)	516578	-0.4
国民经济综合指标	**Summary Item on the National Economy**		
生产总值(万元)	Gross Domestic Product(10 000 yuan)	3200265	5.8
第一产业(万元)	Primary Industry(10 000 yuan)	671594	6.1
第二产业(万元)	Secondary Industry(10 000 yuan)	907900	7.2
第三产业(万元)	Tertiary Industry(10 000 yuan)	1620771	5.0
一般公共预算收入(万元)	General Public Budget Revenue(10 000 yuan)	156569	-13.7
一般公共预算支出(万元)	General Public Budget Expenditure(10 000 yuan)	472586	-7.4
农村牧区经济	**Economic Development in Rural & Pastoral Area**		
耕地面积(公顷)	Cultivated Area(hectare)	155030	6.4
高标准农田面积(公顷)	High Standard Farmland Area(hectare)	12460	173.7
农作物总播种面积(公顷)	Total Sown Area(hectare)	138770	1.6
粮食产量(吨)	Yield of Grain(ton)	639575	1.2
油料产量(吨)	Yield of Oil-bearing Crops(ton)	184345	0.2
规模以上工业	**Industrial Enterprises above Designated size**		
工业企业单位数(个)	Number of Industrial Enterprises(unit)	79	27.4
工业总产值(万元)	Gross Industrial Output Value(10 000 yuan)		34.3
投资	**Investment and Construction**		
固定资产投资(万元)	Total Investment in Fixed Assets(10 000 yuan)		3.0
房地产开发投资(万元)	Investment in Real Estate Development(10 000 yuan)		21.1
贸易外经	**Trade**		
社会消费品零售总额(万元)	Total Retail Sales of Consumer Goods(10 000 yuan)	1103961	4.3
出口总额(万元)	Total Exports(10 000 yuan)	22287	-8.4
交通通信	**Transportation,Post & Telecommunications**		
公路里程(公里)	Total Length of Highways(km)	3721	1.6
移动电话用户(户)	Number of Mobile Telephone Subscribers (subscriber)	795995	-7.6
互联网宽带接入用户(户)	Number of Subscribers of Internet Service(subscriber)	195871	32.7
教育科技文化卫生社会保障	**Science,Education & Public Health**		
小学学校数(所)	Number of Primary Schools(unit)	30	0.0
普通中学学校数(所)	Number of Regular Secondary Schools(unit)	21	16.7
体育场馆数(个)	Stadium and Gymnasium(unit)	4	0.0
全年专利授权(件)	Annual Patent Authorization(piece)	496	56.5
剧场、影剧院(个)	Theaters,Music Halls and Cinemas(unit)	1	0.0
医疗卫生机构床位数(张)	Number of Beds in Health Care Institutions(unit)	5485	4.6
医疗卫生机构技术人员(人)	Medical Technical Personnel(person)	6892	4.0
城乡居民基本养老保险参保人数(人)	Urban and Rural Residents Basic Pension Insurance Contributors(person)	151042	-0.1
基本医疗保险参保人数(人)	Basic Medical Care Insurance Contributors(person)	490395	-0.7
居民生活	**The Lives of Residents**		
全体居民人均可支配收入(元)	The per capita disposable income of all residents(yuan)	34074	8.9
城镇常住居民人均可支配收入(元)	The per capita disposable income of urban permanent residents(yuan)	37694	8.2
农村牧区常住居民人均可支配收入(元)	The per capita disposable income of permanent residents of rural and pastoral areas(yuan)	24278	10.2

20-98 巴彦淖尔市五原县
Wuyuan County in Bayannaoer City

指 标	Item	2021	增长(%) Increase Rate(%)
行政区域土地面积(平方公里)	**Area of Administration(Sq.km)**	**2503**	**0.0**
人口	**Population**		
年末户籍户数(户)	The Registered Households Year-end(household)	118185	-0.2
年末户籍人口(人)	The Registered Population Year-end(person)	276834	-0.7
国民经济综合指标	**Summary Item on the National Economy**		
生产总值(万元)	Gross Domestic Product(10 000 yuan)	1137008	5.6
第一产业(万元)	Primary Industry(10 000 yuan)	375802	5.0
第二产业(万元)	Secondary Industry(10 000 yuan)	171905	11.2
第三产业(万元)	Tertiary Industry(10 000 yuan)	589301	4.6
一般公共预算收入(万元)	General Public Budget Revenue(10 000 yuan)	31761	4.0
一般公共预算支出(万元)	General Public Budget Expenditure(10 000 yuan)	314323	-8.1
农村牧区经济	**Economic Development in Rural & Pastoral Area**		
耕地面积(公顷)	Cultivated Area(hectare)	169876	6.7
高标准农田面积(公顷)	High Standard Farmland Area(hectare)	7533	2.2
农作物总播种面积(公顷)	Total Sown Area(hectare)	144998	-5.1
粮食产量(吨)	Yield of Grain(ton)	454414	0.9
油料产量(吨)	Yield of Oil-bearing Crops(ton)	308866	13.5
规模以上工业	**Industrial Enterprises above Designated size**		
工业企业单位数(个)	Number of Industrial Enterprises(unit)	26	18.2
工业总产值(万元)	Gross Industrial Output Value(10 000 yuan)		38.3
投资	**Investment and Construction**		
固定资产投资(万元)	Total Investment in Fixed Assets(10 000 yuan)		9.0
房地产开发投资(万元)	Investment in Real Estate Development(10 000 yuan)		112.5
贸易外经	**Trade**		
社会消费品零售总额(万元)	Total Retail Sales of Consumer Goods(10 000 yuan)	265421	2.6
出口总额(万元)	Total Exports(10 000 yuan)	18511	-12.1
交通通信	**Transportation,Post & Telecommunications**		
公路里程(公里)	Total Length of Highways(km)	3110	0.9
移动电话用户(户)	Number of Mobile Telephone Subscribers (subscriber)	281211	2.0
互联网宽带接入用户(户)	Number of Subscribers of Internet Service(subscriber)	72739	25.0
教育科技文化卫生社会保障	**Science,Education & Public Health**		
小学学校数(所)	Number of Primary Schools(unit)	16	0.0
普通中学学校数(所)	Number of Regular Secondary Schools(unit)	5	0.0
体育场馆数(个)	Stadium and Gymnasium(unit)	2	0.0
全年专利授权(件)	Annual Patent Authorization(piece)	169	-12.0
剧场、影剧院(个)	Theaters,Music Halls and Cinemas(unit)		
医疗卫生机构床位数(张)	Number of Beds in Health Care Institutions(unit)	1508	14.8
医疗卫生机构技术人员(人)	Medical Technical Personnel(person)	1180	-2.0
城乡居民基本养老保险参保人数(人)	Urban and Rural Residents Basic Pension Insurance Contributors(person)	120177	-0.3
基本医疗保险参保人数(人)	Basic Medical Care Insurance Contributors(person)	243466	0.2
居民生活	**The Lives of Residents**		
全体居民人均可支配收入(元)	The per capita disposable income of all residents(yuan)	33052	9.1
城镇常住居民人均可支配收入(元)	The per capita disposable income of urban permanent residents(yuan)	35786	7.5
农村牧区常住居民人均可支配收入(元)	The per capita disposable income of permanent residents of rural and pastoral areas(yuan)	23933	10.5

20-99 巴彦淖尔市磴口县

Dengkou County in Bayannaoer City

指 标	Item	2021	增长(%) Increase Rate(%)
行政区域土地面积(平方公里)	**Area of Administration(Sq.km)**	**3676**	**0.0**
人口	**Population**		
年末户籍户数(户)	The Registered Households Year-end(household)	48754	-0.5
年末户籍人口(人)	The Registered Population Year-end(person)	110081	-1.1
国民经济综合指标	**Summary Item on the National Economy**		
生产总值(万元)	Gross Domestic Product(10 000 yuan)	626251	1.0
第一产业(万元)	Primary Industry(10 000 yuan)	145517	4.3
第二产业(万元)	Secondary Industry(10 000 yuan)	248345	-3.8
第三产业(万元)	Tertiary Industry(10 000 yuan)	232389	3.8
一般公共预算收入(万元)	General Public Budget Revenue(10 000 yuan)	25506	15.9
一般公共预算支出(万元)	General Public Budget Expenditure(10 000 yuan)	164576	-12.4
农村牧区经济	**Economic Development in Rural & Pastoral Area**		
耕地面积(公顷)	Cultivated Area(hectare)	103973	78.2
高标准农田面积(公顷)	High Standard Farmland Area(hectare)	9333	55.6
农作物总播种面积(公顷)	Total Sown Area(hectare)	76376	-4.7
粮食产量(吨)	Yield of Grain(ton)	260031	3.9
油料产量(吨)	Yield of Oil-bearing Crops(ton)	71017	-16.5
规模以上工业	**Industrial Enterprises above Designated size**		
工业企业单位数(个)	Number of Industrial Enterprises(unit)	16	0.0
工业总产值(万元)	Gross Industrial Output Value(10 000 yuan)		2.3
投资	**Investment and Construction**		
固定资产投资(万元)	Total Investment in Fixed Assets(10 000 yuan)		16.4
房地产开发投资(万元)	Investment in Real Estate Development(10 000 yuan)		-36.5
贸易外经	**Trade**		
社会消费品零售总额(万元)	Total Retail Sales of Consumer Goods(10 000 yuan)	125018	2.8
出口总额(万元)	Total Exports(10 000 yuan)	1109	-28.4
交通通信	**Transportation,Post & Telecommunications**		
公路里程(公里)	Total Length of Highways(km)	2002	-7.7
移动电话用户(户)	Number of Mobile Telephone Subscribers (subscriber)	124017	2.1
互联网宽带接入用户(户)	Number of Subscribers of Internet Service(subscriber)	26741	-17.7
教育科技文化卫生社会保障	**Science,Education & Public Health**		
小学学校数(所)	Number of Primary Schools(unit)	8	-27.3
普通中学学校数(所)	Number of Regular Secondary Schools(unit)	2	0.0
体育场馆数(个)	Stadium and Gymnasium(unit)	1	0.0
全年专利授权(件)	Annual Patent Authorization(piece)	25	-7.4
剧场、影剧院(个)	Theaters,Music Halls and Cinemas(unit)		
医疗卫生机构床位数(张)	Number of Beds in Health Care Institutions(unit)	624	-1.9
医疗卫生机构技术人员(人)	Medical Technical Personnel(person)	808	3.1
城乡居民基本养老保险参保人数(人)	Urban and Rural Residents Basic Pension Insurance Contributors(person)	33178	0.5
基本医疗保险参保人数(人)	Basic Medical Care Insurance Contributors(person)	97112	0.3
居民生活	**The Lives of Residents**		
全体居民人均可支配收入(元)	The per capita disposable income of all residents(yuan)	27117	8.7
城镇常住居民人均可支配收入(元)	The per capita disposable income of urban permanent residents(yuan)	35347	8.1
农村牧区常住居民人均可支配收入(元)	The per capita disposable income of permanent residents of rural and pastoral areas(yuan)	23162	9.8

20-100 巴彦淖尔市乌拉特前旗
Wulateqian Banner in Bayannaoer City

指 标	Item	2021	增长(%) Increase Rate(%)
行政区域土地面积(平方公里)	**Area of Administration(Sq.km)**	**7482**	**0.0**
人口	**Population**		
年末户籍户数(户)	The Registered Households Year-end(household)	145018	-0.3
年末户籍人口(人)	The Registered Population Year-end(person)	326696	-0.7
国民经济综合指标	**Summary Item on the National Economy**		
生产总值(万元)	Gross Domestic Product(10 000 yuan)	1642833	6.3
第一产业(万元)	Primary Industry(10 000 yuan)	459487	4.9
第二产业(万元)	Secondary Industry(10 000 yuan)	603402	11.4
第三产业(万元)	Tertiary Industry(10 000 yuan)	579944	3.7
一般公共预算收入(万元)	General Public Budget Revenue(10 000 yuan)	84447	9.7
一般公共预算支出(万元)	General Public Budget Expenditure(10 000 yuan)	369227	2.2
农村牧区经济	**Economic Development in Rural & Pastoral Area**		
耕地面积(公顷)	Cultivated Area(hectare)	230868	41.3
高标准农田面积(公顷)	High Standard Farmland Area(hectare)	17533	0.0
农作物总播种面积(公顷)	Total Sown Area(hectare)	184517	0.0
粮食产量(吨)	Yield of Grain(ton)	568496	0.7
油料产量(吨)	Yield of Oil-bearing Crops(ton)	217114	10.4
规模以上工业	**Industrial Enterprises above Designated size**		
工业企业单位数(个)	Number of Industrial Enterprises(unit)	70	2.9
工业总产值(万元)	Gross Industrial Output Value(10 000 yuan)		42.7
投资	**Investment and Construction**		
固定资产投资(万元)	Total Investment in Fixed Assets(10 000 yuan)		5.3
房地产开发投资(万元)	Investment in Real Estate Development(10 000 yuan)		73.4
贸易外经	**Trade**		
社会消费品零售总额(万元)	Total Retail Sales of Consumer Goods(10 000 yuan)	296099	3.7
出口总额(万元)	Total Exports(10 000 yuan)	2130	-24.4
交通通信	**Transportation,Post & Telecommunications**		
公路里程(公里)	Total Length of Highways(km)	4722	1.0
移动电话用户(户)	Number of Mobile Telephone Subscribers (subscriber)	296066	-7.2
互联网宽带接入用户(户)	Number of Subscribers of Internet Service(subscriber)	70004	3.9
教育科技文化卫生社会保障	**Science,Education & Public Health**		
小学学校数(所)	Number of Primary Schools(unit)	14	0.0
普通中学学校数(所)	Number of Regular Secondary Schools(unit)	11	0.0
体育场馆数(个)	Stadium and Gymnasium(unit)	1	0.0
全年专利授权(件)	Annual Patent Authorization(piece)	106	7.1
剧场、影剧院(个)	Theaters,Music Halls and Cinemas(unit)	1	0.0
医疗卫生机构床位数(张)	Number of Beds in Health Care Institutions(unit)	1618	2.8
医疗卫生机构技术人员(人)	Medical Technical Personnel(person)	1995	4.3
城乡居民基本养老保险参保人数(人)	Urban and Rural Residents Basic Pension Insurance Contributors(person)	119384	5.5
基本医疗保险参保人数(人)	Basic Medical Care Insurance Contributors(person)	266430	-0.7
居民生活	**The Lives of Residents**		
全体居民人均可支配收入(元)	The per capita disposable income of all residents(yuan)	27130	8.4
城镇常住居民人均可支配收入(元)	The per capita disposable income of urban permanent residents(yuan)	34959	7.6
农村牧区常住居民人均可支配收入(元)	The per capita disposable income of permanent residents of rural and pastoral areas(yuan)	22766	10.3

20-101 巴彦淖尔市乌拉特中旗

Wulatezhong Banner in Bayannaoer City

指 标	Item	2021	增长(%) Increase Rate(%)
行政区域土地面积(平方公里)	**Area of Administration(Sq.km)**	**22868**	**0.0**
人口	**Population**		
年末户籍户数(户)	The Registered Households Year-end(household)	70345	0.1
年末户籍人口(人)	The Registered Population Year-end(person)	142478	-0.4
国民经济综合指标	**Summary Item on the National Economy**		
生产总值(万元)	Gross Domestic Product(10 000 yuan)	1029220	-3.3
第一产业(万元)	Primary Industry(10 000 yuan)	241711	6.0
第二产业(万元)	Secondary Industry(10 000 yuan)	404049	-15.2
第三产业(万元)	Tertiary Industry(10 000 yuan)	383460	2.8
一般公共预算收入(万元)	General Public Budget Revenue(10 000 yuan)	75016	2.1
一般公共预算支出(万元)	General Public Budget Expenditure(10 000 yuan)	285141	-5.5
农村牧区经济	**Economic Development in Rural & Pastoral Area**		
耕地面积(公顷)	Cultivated Area(hectare)	120609	30.3
高标准农田面积(公顷)	High Standard Farmland Area(hectare)	8200	19.4
农作物总播种面积(公顷)	Total Sown Area(hectare)	104690	2.1
粮食产量(吨)	Yield of Grain(ton)	315171	4.6
油料产量(吨)	Yield of Oil-bearing Crops(ton)	116273	1.3
规模以上工业	**Industrial Enterprises above Designated size**		
工业企业单位数(个)	Number of Industrial Enterprises(unit)	38	15.2
工业总产值(万元)	Gross Industrial Output Value(10 000 yuan)		-8.1
投资	**Investment and Construction**		
固定资产投资(万元)	Total Investment in Fixed Assets(10 000 yuan)		18.7
房地产开发投资(万元)	Investment in Real Estate Development(10 000 yuan)		
贸易外经	**Trade**		
社会消费品零售总额(万元)	Total Retail Sales of Consumer Goods(10 000 yuan)	140120	3.2
出口总额(万元)	Total Exports(10 000 yuan)	1373	
交通通信	**Transportation,Post & Telecommunications**		
公路里程(公里)	Total Length of Highways(km)	5379	5.4
移动电话用户(户)	Number of Mobile Telephone Subscribers (subscriber)	137007	-1.9
互联网宽带接入用户(户)	Number of Subscribers of Internet Service(subscriber)	40423	37.5
教育科技文化卫生社会保障	**Science,Education & Public Health**		
小学学校数(所)	Number of Primary Schools(unit)	2	0.0
普通中学学校数(所)	Number of Regular Secondary Schools(unit)	5	0.0
体育场馆数(个)	Stadium and Gymnasium(unit)	7	16.7
全年专利授权(件)	Annual Patent Authorization(piece)	91	15.2
剧场、影剧院(个)	Theaters,Music Halls and Cinemas(unit)	1	0.0
医疗卫生机构床位数(张)	Number of Beds in Health Care Institutions(unit)	533	0.0
医疗卫生机构技术人员(人)	Medical Technical Personnel(person)	778	7.0
城乡居民基本养老保险参保人数(人)	Urban and Rural Residents Basic Pension Insurance Contributors(person)	55607	5.1
基本医疗保险参保人数(人)	Basic Medical Care Insurance Contributors(person)	118966	-1.4
居民生活	**The Lives of Residents**		
全体居民人均可支配收入(元)	The per capita disposable income of all residents(yuan)	27651	8.5
城镇常住居民人均可支配收入(元)	The per capita disposable income of urban permanent residents(yuan)	37050	7.8
农村牧区常住居民人均可支配收入(元)	The per capita disposable income of permanent residents of rural and pastoral areas(yuan)	22028	10.4

20-102 巴彦淖尔市乌拉特后旗
Wulatehou Banner in Bayannaoer City

指 标	Item	2021	增长(%) Increase Rate(%)
行政区域土地面积(平方公里)	**Area of Administration(Sq.km)**	**24525**	**0.0**
人口	**Population**		
年末户籍户数(户)	The Registered Households Year-end(household)	24304	-0.6
年末户籍人口(人)	The Registered Population Year-end(person)	57697	-0.7
国民经济综合指标	**Summary Item on the National Economy**		
生产总值(万元)	Gross Domestic Product(10 000 yuan)	931145	5.5
第一产业(万元)	Primary Industry(10 000 yuan)	56820	4.7
第二产业(万元)	Secondary Industry(10 000 yuan)	716055	6.2
第三产业(万元)	Tertiary Industry(10 000 yuan)	158270	3.3
一般公共预算收入(万元)	General Public Budget Revenue(10 000 yuan)	100021	22.3
一般公共预算支出(万元)	General Public Budget Expenditure(10 000 yuan)	212398	-4.6
农村牧区经济	**Economic Development in Rural & Pastoral Area**		
耕地面积(公顷)	Cultivated Area(hectare)	14851	20.1
高标准农田面积(公顷)	High Standard Farmland Area(hectare)	4000	100.0
农作物总播种面积(公顷)	Total Sown Area(hectare)	12668	-0.4
粮食产量(吨)	Yield of Grain(ton)	85468	9.4
油料产量(吨)	Yield of Oil-bearing Crops(ton)	5572	-14.4
规模以上工业	**Industrial Enterprises above Designated size**		
工业企业单位数(个)	Number of Industrial Enterprises(unit)	50	19.0
工业总产值(万元)	Gross Industrial Output Value(10 000 yuan)		50.1
投资	**Investment and Construction**		
固定资产投资(万元)	Total Investment in Fixed Assets(10 000 yuan)		-8.7
房地产开发投资(万元)	Investment in Real Estate Development(10 000 yuan)		343.8
贸易外经	**Trade**		
社会消费品零售总额(万元)	Total Retail Sales of Consumer Goods(10 000 yuan)	72330	3.3
出口总额(万元)	Total Exports(10 000 yuan)		
交通通信	**Transportation,Post & Telecommunications**		
公路里程(公里)	Total Length of Highways(km)	2396	1.9
移动电话用户(户)	Number of Mobile Telephone Subscribers (subscriber)	83904	16.1
互联网宽带接入用户(户)	Number of Subscribers of Internet Service(subscriber)	21894	16.1
教育科技文化卫生社会保障	**Science,Education & Public Health**		
小学学校数(所)	Number of Primary Schools(unit)	3	50.0
普通中学学校数(所)	Number of Regular Secondary Schools(unit)	3	0.0
体育场馆数(个)	Stadium and Gymnasium(unit)	7	0.0
全年专利授权(件)	Annual Patent Authorization(piece)	66	-26.7
剧场、影剧院(个)	Theaters,Music Halls and Cinemas(unit)	1	0.0
医疗卫生机构床位数(张)	Number of Beds in Health Care Institutions(unit)	499	25.7
医疗卫生机构技术人员(人)	Medical Technical Personnel(person)	516	6.8
城乡居民基本养老保险参保人数(人)	Urban and Rural Residents Basic Pension Insurance Contributors(person)	15572	-1.3
基本医疗保险参保人数(人)	Basic Medical Care Insurance Contributors(person)	58966	1.0
居民生活	**The Lives of Residents**		
全体居民人均可支配收入(元)	The per capita disposable income of all residents(yuan)	27536	8.3
城镇常住居民人均可支配收入(元)	The per capita disposable income of urban permanent residents(yuan)	36837	8.0
农村牧区常住居民人均可支配收入(元)	The per capita disposable income of permanent residents of rural and pastoral areas(yuan)	19986	10.0

20-103 巴彦淖尔市杭锦后旗

Hangjinhou Banner in Bayannaoer City

指 标	Item	2021	增长(%) Increase Rate(%)
行政区域土地面积(平方公里)	**Area of Administration(Sq.km)**	**1752**	**0.0**
人口	**Population**		
年末户籍户数(户)	The Registered Households Year-end(household)	116898	-0.3
年末户籍人口(人)	The Registered Population Year-end(person)	287212	-0.8
国民经济综合指标	**Summary Item on the National Economy**		
生产总值(万元)	Gross Domestic Product(10 000 yuan)	1254772	3.8
第一产业(万元)	Primary Industry(10 000 yuan)	498241	5.3
第二产业(万元)	Secondary Industry(10 000 yuan)	227142	-0.1
第三产业(万元)	Tertiary Industry(10 000 yuan)	529389	4.0
一般公共预算收入(万元)	General Public Budget Revenue(10 000 yuan)	28076	3.5
一般公共预算支出(万元)	General Public Budget Expenditure(10 000 yuan)	283797	-4.1
农村牧区经济	**Economic Development in Rural & Pastoral Area**		
耕地面积(公顷)	Cultivated Area(hectare)	109903	19.7
高标准农田面积(公顷)	High Standard Farmland Area(hectare)	12493	524.7
农作物总播种面积(公顷)	Total Sown Area(hectare)	95934	5.1
粮食产量(吨)	Yield of Grain(ton)	487391	0.5
油料产量(吨)	Yield of Oil-bearing Crops(ton)	141523	45.7
规模以上工业	**Industrial Enterprises above Designated size**		
工业企业单位数(个)	Number of Industrial Enterprises(unit)	25	19.0
工业总产值(万元)	Gross Industrial Output Value(10 000 yuan)		17.5
投资	**Investment and Construction**		
固定资产投资(万元)	Total Investment in Fixed Assets(10 000 yuan)		15.1
房地产开发投资(万元)	Investment in Real Estate Development(10 000 yuan)		-45.5
贸易外经	**Trade**		
社会消费品零售总额(万元)	Total Retail Sales of Consumer Goods(10 000 yuan)	261065	2.7
出口总额(万元)	Total Exports(10 000 yuan)	13443	1.4
交通通信	**Transportation,Post & Telecommunications**		
公路里程(公里)	Total Length of Highways(km)	2256	3.1
移动电话用户(户)	Number of Mobile Telephone Subscribers (subscriber)	245758	-3.5
互联网宽带接入用户(户)	Number of Subscribers of Internet Service(subscriber)	68048	28.0
教育科技文化卫生社会保障	**Science,Education & Public Health**		
小学学校数(所)	Number of Primary Schools(unit)	17	13.3
普通中学学校数(所)	Number of Regular Secondary Schools(unit)	5	0.0
体育场馆数(个)	Stadium and Gymnasium(unit)	3	0.0
全年专利授权(件)	Annual Patent Authorization(piece)	81	22.7
剧场、影剧院(个)	Theaters,Music Halls and Cinemas(unit)		
医疗卫生机构床位数(张)	Number of Beds in Health Care Institutions(unit)	1523	-3.5
医疗卫生机构技术人员(人)	Medical Technical Personnel(person)	1679	2.7
城乡居民基本养老保险参保人数(人)	Urban and Rural Residents Basic Pension Insurance Contributors(person)	100829	-3.6
基本医疗保险参保人数(人)	Basic Medical Care Insurance Contributors(person)	226237	-1.7
居民生活	**The Lives of Residents**		
全体居民人均可支配收入(元)	The per capita disposable income of all residents(yuan)	32510	8.2
城镇常住居民人均可支配收入(元)	The per capita disposable income of urban permanent residents(yuan)	36173	7.7
农村牧区常住居民人均可支配收入(元)	The per capita disposable income of permanent residents of rural and pastoral areas(yuan)	23819	9.9

20-104 乌海市海勃湾区

Haibowan District in Wuhai City

指 标	Item	2021	增长(%) Increase Rate(%)
行政区域土地面积(平方公里)	**Area of Administration(Sq.km)**	**487**	**0.0**
人口	**Population**		
年末户籍户数(户)	The Registered Households Year-end(household)	90563	2.6
年末户籍人口(人)	The Registered Population Year-end(person)	251123	0.7
国民经济综合指标	**Summary Item on the National Economy**		
生产总值(万元)	Gross Domestic Product(10 000 yuan)	3209493	5.4
第一产业(万元)	Primary Industry(10 000 yuan)	27990	4.8
第二产业(万元)	Secondary Industry(10 000 yuan)	1961798	6.0
第三产业(万元)	Tertiary Industry(10 000 yuan)	1219705	4.6
一般公共预算收入(万元)	General Public Budget Revenue(10 000 yuan)	285696	20.6
一般公共预算支出(万元)	General Public Budget Expenditure(10 000 yuan)	325300	37.0
农村牧区经济	**Economic Development in Rural & Pastoral Area**		
耕地面积(公顷)	Cultivated Area(hectare)	2100	-5.0
高标准农田面积(公顷)	High Standard Farmland Area(hectare)		
农作物总播种面积(公顷)	Total Sown Area(hectare)	1314	-40.6
粮食产量(吨)	Yield of Grain(ton)	7599	62.6
油料产量(吨)	Yield of Oil-bearing Crops(ton)	125	-70.2
规模以上工业	**Industrial Enterprises above Designated size**		
工业企业单位数(个)	Number of Industrial Enterprises(unit)	61	13.0
工业总产值(万元)	Gross Industrial Output Value(10 000 yuan)		56.9
投资	**Investment and Construction**		
固定资产投资(万元)	Total Investment in Fixed Assets(10 000 yuan)		-12.9
房地产开发投资(万元)	Investment in Real Estate Development(10 000 yuan)		-21.2
贸易外经	**Trade**		
社会消费品零售总额(万元)	Total Retail Sales of Consumer Goods(10 000 yuan)	1107014	5.4
出口总额(万元)	Total Exports(10 000 yuan)		
交通通信	**Transportation,Post & Telecommunications**		
公路里程(公里)	Total Length of Highways(km)	380	0.0
移动电话用户(户)	Number of Mobile Telephone Subscribers (subscriber)	487401	1.2
互联网宽带接入用户(户)	Number of Subscribers of Internet Service(subscriber)	149271	8.5
教育科技文化卫生社会保障	**Science,Education & Public Health**		
小学学校数(所)	Number of Primary Schools(unit)	15	0.0
普通中学学校数(所)	Number of Regular Secondary Schools(unit)	12	0.0
体育场馆数(个)	Stadium and Gymnasium(unit)	2	0.0
全年专利授权(件)	Annual Patent Authorization(piece)	388	
剧场、影剧院(个)	Theaters,Music Halls and Cinemas(unit)	2	0.0
医疗卫生机构床位数(张)	Number of Beds in Health Care Institutions(unit)	2464	-1.7
医疗卫生机构技术人员(人)	Medical Technical Personnel(person)	4000	2.2
城乡居民基本养老保险参保人数(人)	Urban and Rural Residents Basic Pension Insurance Contributors(person)	4349	20.5
基本医疗保险参保人数(人)	Basic Medical Care Insurance Contributors(person)	242424	4.5
居民生活	**The Lives of Residents**		
全体居民人均可支配收入(元)	The per capita disposable income of all residents(yuan)	50003	7.0
城镇常住居民人均可支配收入(元)	The per capita disposable income of urban permanent residents(yuan)	50029	7.0
农村牧区常住居民人均可支配收入(元)	The per capita disposable income of permanent residents of rural and pastoral areas(yuan)	25689	9.2

20-105 乌海市海南区
Hainan District in Wuhai City

指 标	Item	2021	增长(%) Increase Rate(%)
行政区域土地面积(平方公里)	**Area of Administration(Sq.km)**	**975**	**0.0**
人口	**Population**		
年末户籍户数(户)	The Registered Households Year-end(household)	32462	-1.8
年末户籍人口(人)	The Registered Population Year-end(person)	75017	-2.0
国民经济综合指标	**Summary Item on the National Economy**		
生产总值(万元)	Gross Domestic Product(10 000 yuan)	2166367	5.5
第一产业(万元)	Primary Industry(10 000 yuan)	26844	4.8
第二产业(万元)	Secondary Industry(10 000 yuan)	1745492	4.9
第三产业(万元)	Tertiary Industry(10 000 yuan)	394031	7.3
一般公共预算收入(万元)	General Public Budget Revenue(10 000 yuan)	153784	18.1
一般公共预算支出(万元)	General Public Budget Expenditure(10 000 yuan)	144600	1.7
农村牧区经济	**Economic Development in Rural & Pastoral Area**		
耕地面积(公顷)	Cultivated Area(hectare)	5459	47.8
高标准农田面积(公顷)	High Standard Farmland Area(hectare)		
农作物总播种面积(公顷)	Total Sown Area(hectare)	3779	-1.3
粮食产量(吨)	Yield of Grain(ton)	23873	-8.7
油料产量(吨)	Yield of Oil-bearing Crops(ton)	12	-11.8
规模以上工业	**Industrial Enterprises above Designated size**		
工业企业单位数(个)	Number of Industrial Enterprises(unit)	78	6.9
工业总产值(万元)	Gross Industrial Output Value(10 000 yuan)		55.3
投资	**Investment and Construction**		
固定资产投资(万元)	Total Investment in Fixed Assets(10 000 yuan)		51.9
房地产开发投资(万元)	Investment in Real Estate Development(10 000 yuan)		70.3
贸易外经	**Trade**		
社会消费品零售总额(万元)	Total Retail Sales of Consumer Goods(10 000 yuan)	121028	5.3
出口总额(万元)	Total Exports(10 000 yuan)	871	34.1
交通通信	**Transportation,Post & Telecommunications**		
公路里程(公里)	Total Length of Highways(km)	497	0.2
移动电话用户(户)	Number of Mobile Telephone Subscribers (subscriber)	145482	0.6
互联网宽带接入用户(户)	Number of Subscribers of Internet Service(subscriber)	44555	7.9
教育科技文化卫生社会保障	**Science,Education & Public Health**		
小学学校数(所)	Number of Primary Schools(unit)	3	-25.0
普通中学学校数(所)	Number of Regular Secondary Schools(unit)	4	0.0
体育场馆数(个)	Stadium and Gymnasium(unit)	1	0.0
全年专利授权(件)	Annual Patent Authorization(piece)	267	
剧场、影剧院(个)	Theaters,Music Halls and Cinemas(unit)		
医疗卫生机构床位数(张)	Number of Beds in Health Care Institutions(unit)	365	-1.9
医疗卫生机构技术人员(人)	Medical Technical Personnel(person)	543	-4.4
城乡居民基本养老保险参保人数(人)	Urban and Rural Residents Basic Pension Insurance Contributors(person)	2873	25.1
基本医疗保险参保人数(人)	Basic Medical Care Insurance Contributors(person)	68896	2.0
居民生活	**The Lives of Residents**		
全体居民人均可支配收入(元)	The per capita disposable income of all residents(yuan)	43883	6.9
城镇常住居民人均可支配收入(元)	The per capita disposable income of urban permanent residents(yuan)	46809	6.8
农村牧区常住居民人均可支配收入(元)	The per capita disposable income of permanent residents of rural and pastoral areas(yuan)	22652	8.9

20-106 乌海市乌达区
Wuda District in Wuhai City

指 标	Item	2021	增长(%) Increase Rate(%)
行政区域土地面积(平方公里)	**Area of Administration(Sq.km)**	**207**	**0.0**
人口	**Population**		
年末户籍户数(户)	The Registered Households Year-end(household)	44198	-0.5
年末户籍人口(人)	The Registered Population Year-end(person)	110319	-1.3
国民经济综合指标	**Summary Item on the National Economy**		
生产总值(万元)	Gross Domestic Product(10 000 yuan)	1810733	4.4
第一产业(万元)	Primary Industry(10 000 yuan)	10630	4.8
第二产业(万元)	Secondary Industry(10 000 yuan)	1402095	4.0
第三产业(万元)	Tertiary Industry(10 000 yuan)	398008	5.3
一般公共预算收入(万元)	General Public Budget Revenue(10 000 yuan)	125731	2.6
一般公共预算支出(万元)	General Public Budget Expenditure(10 000 yuan)	143400	-12.8
农村牧区经济	**Economic Development in Rural & Pastoral Area**		
耕地面积(公顷)	Cultivated Area(hectare)	1282	9.7
高标准农田面积(公顷)	High Standard Farmland Area(hectare)		
农作物总播种面积(公顷)	Total Sown Area(hectare)	596	-3.3
粮食产量(吨)	Yield of Grain(ton)	3791	48.3
油料产量(吨)	Yield of Oil-bearing Crops(ton)		
规模以上工业	**Industrial Enterprises above Designated size**		
工业企业单位数(个)	Number of Industrial Enterprises(unit)	35	2.9
工业总产值(万元)	Gross Industrial Output Value(10 000 yuan)		50.8
投资	**Investment and Construction**		
固定资产投资(万元)	Total Investment in Fixed Assets(10 000 yuan)		15.9
房地产开发投资(万元)	Investment in Real Estate Development(10 000 yuan)		479.4
贸易外经	**Trade**		
社会消费品零售总额(万元)	Total Retail Sales of Consumer Goods(10 000 yuan)	118301	5.3
出口总额(万元)	Total Exports(10 000 yuan)	20052	264.8
交通通信	**Transportation,Post & Telecommunications**		
公路里程(公里)	Total Length of Highways(km)	144	0.0
移动电话用户(户)	Number of Mobile Telephone Subscribers (subscriber)	183417	0.4
互联网宽带接入用户(户)	Number of Subscribers of Internet Service(subscriber)	56173	7.7
教育科技文化卫生社会保障	**Science,Education & Public Health**		
小学学校数(所)	Number of Primary Schools(unit)	4	0.0
普通中学学校数(所)	Number of Regular Secondary Schools(unit)	5	0.0
体育场馆数(个)	Stadium and Gymnasium(unit)	1	0.0
全年专利授权(件)	Annual Patent Authorization(piece)	83	-21.7
剧场、影剧院(个)	Theaters,Music Halls and Cinemas(unit)		
医疗卫生机构床位数(张)	Number of Beds in Health Care Institutions(unit)	720	-3.5
医疗卫生机构技术人员(人)	Medical Technical Personnel(person)	909	-9.3
城乡居民基本养老保险参保人数(人)	Urban and Rural Residents Basic Pension Insurance Contributors(person)	2135	45.8
基本医疗保险参保人数(人)	Basic Medical Care Insurance Contributors(person)	90486	0.2
居民生活	**The Lives of Residents**		
全体居民人均可支配收入(元)	The per capita disposable income of all residents(yuan)	47019	6.9
城镇常住居民人均可支配收入(元)	The per capita disposable income of urban permanent residents(yuan)	47019	6.9
农村牧区常住居民人均可支配收入(元)	The per capita disposable income of permanent residents of rural and pastoral areas(yuan)		

20-107 阿拉善盟阿拉善左旗
Alashanzuo Banner in Alashan League

指 标	Item	2021	增长(%) Increase Rate(%)
行政区域土地面积(平方公里)	**Area of Administration(Sq.km)**	**80412**	**0.0**
人口	**Population**		
年末户籍户数(户)	The Registered Households Year-end(household)	66453	1.7
年末户籍人口(人)	The Registered Population Year-end(person)	148280	0.8
国民经济综合指标	**Summary Item on the National Economy**		
生产总值(万元)	Gross Domestic Product(10 000 yuan)	3038190	6.2
第一产业(万元)	Primary Industry(10 000 yuan)	135020	5.5
第二产业(万元)	Secondary Industry(10 000 yuan)	2086870	7.4
第三产业(万元)	Tertiary Industry(10 000 yuan)	816301	3.8
一般公共预算收入(万元)	General Public Budget Revenue(10 000 yuan)	150399	11.6
一般公共预算支出(万元)	General Public Budget Expenditure(10 000 yuan)	314437	-34.3
农村牧区经济	**Economic Development in Rural & Pastoral Area**		
耕地面积(公顷)	Cultivated Area(hectare)	34491	3.2
高标准农田面积(公顷)	High Standard Farmland Area(hectare)	5734	21.1
农作物总播种面积(公顷)	Total Sown Area(hectare)	60198	-15.3
粮食产量(吨)	Yield of Grain(ton)	129886	2.5
油料产量(吨)	Yield of Oil-bearing Crops(ton)	4655	-16.0
规模以上工业	**Industrial Enterprises above Designated size**		
工业企业单位数(个)	Number of Industrial Enterprises(unit)	29	3.0
工业总产值(万元)	Gross Industrial Output Value(10 000 yuan)		-7.4
投资	**Investment and Construction**		
固定资产投资(万元)	Total Investment in Fixed Assets(10 000 yuan)		13.4
房地产开发投资(万元)	Investment in Real Estate Development(10 000 yuan)		-0.3
贸易外经	**Trade**		
社会消费品零售总额(万元)	Total Retail Sales of Consumer Goods(10 000 yuan)	380925	3.4
出口总额(万元)	Total Exports(10 000 yuan)		
交通通信	**Transportation,Post & Telecommunications**		
公路里程(公里)	Total Length of Highways(km)	5303	1.4
移动电话用户(户)	Number of Mobile Telephone Subscribers (subscriber)	311057	18.1
互联网宽带接入用户(户)	Number of Subscribers of Internet Service(subscriber)	93877	25.4
教育科技文化卫生社会保障	**Science,Education & Public Health**		
小学学校数(所)	Number of Primary Schools(unit)	13	0.0
普通中学学校数(所)	Number of Regular Secondary Schools(unit)	13	0.0
体育场馆数(个)	Stadium and Gymnasium(unit)	2	0.0
全年专利授权(件)	Annual Patent Authorization(piece)	400	61.3
剧场、影剧院(个)	Theaters,Music Halls and Cinemas(unit)	1	0.0
医疗卫生机构床位数(张)	Number of Beds in Health Care Institutions(unit)	1261	6.0
医疗卫生机构技术人员(人)	Medical Technical Personnel(person)	2105	9.1
城乡居民基本养老保险参保人数(人)	Urban and Rural Residents Basic Pension Insurance Contributors(person)	38857	0.4
基本医疗保险参保人数(人)	Basic Medical Care Insurance Contributors(person)	140495	-13.9
居民生活	**The Lives of Residents**		
全体居民人均可支配收入(元)	The per capita disposable income of all residents(yuan)	42063	7.7
城镇常住居民人均可支配收入(元)	The per capita disposable income of urban permanent residents(yuan)	46950	7.5
农村牧区常住居民人均可支配收入(元)	The per capita disposable income of permanent residents of rural and pastoral areas(yuan)	24248	9.3

20-108 阿拉善盟阿拉善右旗

Alashanyou Banner in Alashan League

指 标	Item	2021	增长(%) Increase Rate(%)
行政区域土地面积(平方公里)	**Area of Administration(Sq.km)**	**74530**	**0.0**
人口	**Population**		
年末户籍户数(户)	The Registered Households Year-end(household)	10654	1.3
年末户籍人口(人)	The Registered Population Year-end(person)	25028	0.0
国民经济综合指标	**Summary Item on the National Economy**		
生产总值(万元)	Gross Domestic Product(10 000 yuan)	221698	2.2
第一产业(万元)	Primary Industry(10 000 yuan)	35789	5.5
第二产业(万元)	Secondary Industry(10 000 yuan)	88899	-4.5
第三产业(万元)	Tertiary Industry(10 000 yuan)	97010	6.8
一般公共预算收入(万元)	General Public Budget Revenue(10 000 yuan)	12648	6.3
一般公共预算支出(万元)	General Public Budget Expenditure(10 000 yuan)	102334	-30.0
农村牧区经济	**Economic Development in Rural & Pastoral Area**		
耕地面积(公顷)	Cultivated Area(hectare)	4455	34.8
高标准农田面积(公顷)	High Standard Farmland Area(hectare)	733	0.0
农作物总播种面积(公顷)	Total Sown Area(hectare)	13725	132.7
粮食产量(吨)	Yield of Grain(ton)	4141	2.2
油料产量(吨)	Yield of Oil-bearing Crops(ton)	10190	88.6
规模以上工业	**Industrial Enterprises above Designated size**		
工业企业单位数(个)	Number of Industrial Enterprises(unit)	18	12.5
工业总产值(万元)	Gross Industrial Output Value(10 000 yuan)		-19.4
投资	**Investment and Construction**		
固定资产投资(万元)	Total Investment in Fixed Assets(10 000 yuan)		33.7
房地产开发投资(万元)	Investment in Real Estate Development(10 000 yuan)		5.5
贸易外经	**Trade**		
社会消费品零售总额(万元)	Total Retail Sales of Consumer Goods(10 000 yuan)	54957	5.1
出口总额(万元)	Total Exports(10 000 yuan)		
交通通信	**Transportation,Post & Telecommunications**		
公路里程(公里)	Total Length of Highways(km)	2766	0.3
移动电话用户(户)	Number of Mobile Telephone Subscribers (subscriber)	29803	-5.3
互联网宽带接入用户(户)	Number of Subscribers of Internet Service(subscriber)	10200	5.1
教育科技文化卫生社会保障	**Science,Education & Public Health**		
小学学校数(所)	Number of Primary Schools(unit)	4	0.0
普通中学学校数(所)	Number of Regular Secondary Schools(unit)	2	0.0
体育场馆数(个)	Stadium and Gymnasium(unit)	3	200.0
全年专利授权(件)	Annual Patent Authorization(piece)	20	150.0
剧场、影剧院(个)	Theaters,Music Halls and Cinemas(unit)	1	-50.0
医疗卫生机构床位数(张)	Number of Beds in Health Care Institutions(unit)	134	22.9
医疗卫生机构技术人员(人)	Medical Technical Personnel(person)	263	4.0
城乡居民基本养老保险参保人数(人)	Urban and Rural Residents Basic Pension Insurance Contributors(person)	7520	0.3
基本医疗保险参保人数(人)	Basic Medical Care Insurance Contributors(person)	23101	1.4
居民生活	**The Lives of Residents**		
全体居民人均可支配收入(元)	The per capita disposable income of all residents(yuan)	43526	7.4
城镇常住居民人均可支配收入(元)	The per capita disposable income of urban permanent residents(yuan)	48143	7.2
农村牧区常住居民人均可支配收入(元)	The per capita disposable income of permanent residents of rural and pastoral areas(yuan)	27668	8.9

20-109 阿拉善盟额济纳旗
Ejina Banner in Alashan League

指 标	Item	2021	增长(%) Increase Rate(%)
行政区域土地面积(平方公里)	**Area of Administration(Sq.km)**	**114606**	**0.0**
人口	**Population**		
年末户籍户数(户)	The Registered Households Year-end(household)	8449	0.3
年末户籍人口(人)	The Registered Population Year-end(person)	19444	0.6
国民经济综合指标	**Summary Item on the National Economy**		
生产总值(万元)	Gross Domestic Product(10 000 yuan)	375978	-5.4
第一产业(万元)	Primary Industry(10 000 yuan)	27488	5.5
第二产业(万元)	Secondary Industry(10 000 yuan)	84458	-30.9
第三产业(万元)	Tertiary Industry(10 000 yuan)	264032	3.8
一般公共预算收入(万元)	General Public Budget Revenue(10 000 yuan)	18811	-1.7
一般公共预算支出(万元)	General Public Budget Expenditure(10 000 yuan)	93557	-50.1
农村牧区经济	**Economic Development in Rural & Pastoral Area**		
耕地面积(公顷)	Cultivated Area(hectare)	3828	-35.4
高标准农田面积(公顷)	High Standard Farmland Area(hectare)	400	-71.7
农作物总播种面积(公顷)	Total Sown Area(hectare)	4832	1.4
粮食产量(吨)	Yield of Grain(ton)	2099	1.5
油料产量(吨)	Yield of Oil-bearing Crops(ton)		
规模以上工业	**Industrial Enterprises above Designated size**		
工业企业单位数(个)	Number of Industrial Enterprises(unit)	9	0.0
工业总产值(万元)	Gross Industrial Output Value(10 000 yuan)		-47.4
投资	**Investment and Construction**		
固定资产投资(万元)	Total Investment in Fixed Assets(10 000 yuan)		-14.6
房地产开发投资(万元)	Investment in Real Estate Development(10 000 yuan)		-0.2
贸易外经	**Trade**		
社会消费品零售总额(万元)	Total Retail Sales of Consumer Goods(10 000 yuan)	92947	2.4
出口总额(万元)	Total Exports(10 000 yuan)	2319	530.2
交通通信	**Transportation,Post & Telecommunications**		
公路里程(公里)	Total Length of Highways(km)	2985	0.0
移动电话用户(户)	Number of Mobile Telephone Subscribers (subscriber)	36150	5.0
互联网宽带接入用户(户)	Number of Subscribers of Internet Service(subscriber)	15354	34.4
教育科技文化卫生社会保障	**Science,Education & Public Health**		
小学学校数(所)	Number of Primary Schools(unit)	1	0.0
普通中学学校数(所)	Number of Regular Secondary Schools(unit)	2	0.0
体育场馆数(个)	Stadium and Gymnasium(unit)	3	0.0
全年专利授权(件)	Annual Patent Authorization(piece)	5	-68.8
剧场、影剧院(个)	Theaters,Music Halls and Cinemas(unit)	1	-50.0
医疗卫生机构床位数(张)	Number of Beds in Health Care Institutions(unit)	134	0.0
医疗卫生机构技术人员(人)	Medical Technical Personnel(person)	259	-12.8
城乡居民基本养老保险参保人数(人)	Urban and Rural Residents Basic Pension Insurance Contributors(person)	5495	0.7
基本医疗保险参保人数(人)	Basic Medical Care Insurance Contributors(person)	19441	3.6
居民生活	**The Lives of Residents**		
全体居民人均可支配收入(元)	The per capita disposable income of all residents(yuan)	44040	7.3
城镇常住居民人均可支配收入(元)	The per capita disposable income of urban permanent residents(yuan)	48120	7.1
农村牧区常住居民人均可支配收入(元)	The per capita disposable income of permanent residents of rural and pastoral areas(yuan)	29286	8.8

21 附 录

Appendix

资料整理：王德慧　王苑陶

Arranged By：Wang Dehui　Wang Yuantao

21-1 内蒙古国民经济主要指标占全国的比重(2021年)

Inner Mongolia Main Indicators of National Economy as Percentage of Whole Nation(2021)

指 标	Item	全 国 Whole Nation	内蒙古 Inner Mongolia	内蒙古所占比重(%) Percentage (%)
土地面积(万平方公里)	Land Area(10 000 sq.km)	960.0	118.3	12.3
年末总人口数(万人)	Population at the Year-end(10 000 persons)	141260.0	2400.0	1.7
全社会就业人员(万人)	Employment(10 000 persons)	74652.0	1218.0	1.6
生产总值(当年价)(亿元)	Gross Domestic Product(current prices) (100 million yuan)	1143669.7	20514.2	1.8
第一产业	Primary Industry	83085.5	2225.2	2.7
第二产业	Secondray industry	450904.5	9374.2	2.1
#工业	Industry	372575.3	7911.9	2.1
第三产业	Tertiary Industry	609679.7	8914.8	1.5
规模以上工业企业单位数(万个)	Number of Industry above Designated Size (10 000 units)	40.9	0.3	0.7
规模以上工业利润总额(亿元)	Total Profits of Industry(100 million yuan)	87092.1	3380.8	3.9
能源生产总量(万吨标准煤)	Total Production of Energy(10 000 tons of SCE)	433000.0		
能源消费总量(万吨标准煤)	Total Consumption of Energy(10 000 tons of SCE)	524000.0		
农林牧渔业总产值(当年价)(亿元)	Gross Output Value of Farming, Forestry,Animal Husbandry & Fishery(current prices)(100 million yuan)	147013.4	3815.1	2.6
农业	Farming	78339.5	1879.6	2.4
林业	Forestry	6507.7	94.1	1.4
牧业	Animal Husbandry	39910.8	1755.3	4.4
渔业	Fishery	14507.3	29.8	0.2
工农业主要产品产量	Output of Major Farm & Industrial Products			
粗钢(万吨)	Steel(10 000 tons)	103524.3	3117.9	3.0
原煤(万吨)	Coal(10 000 tons)	412583.4	106990.5	25.9
发电量(亿千瓦小时)	Electricity(100 million Kwh)	85342.5	6119.9	7.2
水泥(万吨)	Cement(10 000 tons)	237810.8	3667.9	1.5
粮食(万吨)	Grain(10 000 ton)	68284.7	3840.3	5.6
油料(万吨)	Oil-bearing Crops(10 000 tons)	3613.2	213.9	5.9
货运量(亿吨)	Total Freight Traffic(100 million tons)	529.8	21.2	4.0
客运量(亿人)	Total Passenger Traffic(100 million Persons)	83.0	0.7	0.8
邮政业务总量（亿元）	Total Business Volume of Postal Services (100 million yuan)	13698.3	62.9	0.5
电信业务总量(亿元)	Total Business Volume of Telecommunication Services(100 million yuan)	16960.2	296.9	1.8
社会消费品零售总额（亿元）	Total Retail Sale of Consumer Goods (100 million yuan)	440823.2	5060.3	1.1
海关进出口总额(亿元)	Total Imports and Exports(100 million yuan)	391008.5	1236.5	0.3
固定资产投资(500万元以上)(亿元)	Investment in Fixed Assets（more than 5million yuan）(100 million yuan)	544547.0		
#房地产开发	Real Estate Development	147602.1	1234.1	0.8
商品房销售面积(万平方米)	Floor Space of Selling House(10 000 sq.m)	179433.0	1859.0	1.0
商品房销售额(亿元)	Total Sales of Commercial House(100 million yuan)	181929.9	1214.8	0.7
一般公共预算收入(亿元)	General Public Budget Revenue(100 million yuan)	202538.9	2349.9	1.2
金融机构人民币住户存款余额(亿元)	Household Deposits of Financial Institutions (100 million yuan)	1025012.0	17145.2	1.7

注：本部分全国及各省数据取自《中国统计摘要》。
a)This section contains national and provincial data are taken from'China Statistical Guide'.The same applies to the table following.

21-2 各省（区、市）国民经济和社会发展主要指标(2021年)

Main Indicators of National Economic and Social Development by Region(2021)

地区	Region	年末常住人口(万人) Population at the Year-end (10 000 persons)	年末城镇人口比重(%) Proportion of Urban Population at Year-end(%)	地区生产总值(亿元) Gross Domestic Product (100 million yuan)	第一产业 Primary Industry	第二产业 Secondary industry	第三产业 Tertiary Industry	地区生产总值指数(上年=100) Indices of Gross Domestic Product (preceding year=100)	人均地区生产总值(元) Per Capita GDP (yuan)	人均地区生产总值指数(上年=100) Indices of Per Capita GDP (preceding year=100)
全　国	**National**	**141260**	**64.7**	**1143669.7**	**83085.5**	**450904.5**	**609679.7**	**108.1**	**80976**	**108.0**
北　京	Beijing	2189	87.5	40269.6	111.3	7268.6	32889.6	108.5	183980	108.5
天　津	Tianjin	1373	84.9	15695.0	225.4	5854.3	9615.4	106.6	113732	107.0
河　北	Hebei	7448	61.1	40391.3	4030.3	16364.2	19996.7	106.5	54172	106.5
山　西	Shanxi	3480	63.4	22590.2	1286.9	11213.1	10090.2	109.1	64821	109.4
内蒙古	Inner Mongolia	2400	68.2	20514.2	2225.2	9374.2	8914.8	106.3	85422	106.6
辽　宁	Liaoning	4229	72.8	27584.1	2461.8	10875.2	14247.1	105.8	65026	106.4
吉　林	Jilin	2375	63.4	13235.5	1553.8	4768.3	6913.4	106.6	55450	108.3
黑龙江	Heilongjiang	3125	65.7	14879.2	3463.0	3975.3	7440.9	106.1	47266	108.2
上　海	Shanghai	2489	89.3	43214.9	100.0	11449.3	31665.6	108.1	173630	107.9
江　苏	Jiangsu	8505	73.9	116364.2	4722.4	51775.4	59866.4	108.6	137039	108.3
浙　江	Zhejiang	6540	72.7	73515.8	2209.1	31188.6	40118.1	108.5	113032	107.1
安　徽	Anhui	6113	59.4	42959.2	3360.6	17613.2	21985.4	108.3	70321	108.1
福　建	Fujian	4187	69.7	48810.4	2897.7	22866.3	23046.3	108.0	116939	107.3
江　西	Jiangxi	4517	61.5	29619.7	2334.3	13183.2	14102.2	108.8	65560	108.8
山　东	Shandong	10170	63.9	83095.9	6029.0	33187.2	43879.7	108.3	81727	107.9
河　南	Henan	9883	56.5	58887.4	5620.8	24331.6	28934.9	106.3	59410	106.4
湖　北	Hubei	5830	64.1	50012.9	4661.7	18952.9	26398.4	112.9	86416	113.8
湖　南	Hunan	6622	59.7	46063.1	4322.9	18126.1	23614.1	107.7	69440	107.8
广　东	Guangdong	12684	74.6	124369.7	5003.7	50219.2	69146.8	108.0	98285	107.1
广　西	Guangxi	5037	55.1	24740.9	4015.5	8187.9	12537.5	107.5	49206	106.9
海　南	Hainan	1020	61.0	6475.2	1254.4	1238.8	3982.0	111.2	63707	109.8
重　庆	Chongqing	3212	70.3	27894.0	1922.0	11184.9	14787.1	108.3	86879	107.8
四　川	Sichuan	8372	57.8	53850.8	5661.9	19901.4	28287.6	108.2	64326	108.0
贵　州	Guizhou	3852	54.3	19586.4	2730.9	6984.7	9870.8	108.1	50808	108.0
云　南	Yunnan	4690	51.1	27146.8	3870.2	9589.4	13687.2	107.3	57686	107.5
西　藏	Tibet	366	36.6	2080.2	164.1	757.3	1158.8	106.7	56831	106.1
陕　西	Shanxi	3954	63.6	29801.0	2409.4	13802.5	13589.1	106.5	75360	106.3
甘　肃	Gansu	2490	53.3	10243.3	1364.7	3466.6	5412.0	106.9	41046	107.3
青　海	Qinghai	594	61.0	3346.6	352.7	1332.6	1661.4	105.7	56398	105.4
宁　夏	Ningxia	725	66.0	4522.3	364.5	2021.6	2136.3	106.7	62549	106.1
新　疆	Xinjiang	2589	57.3	15983.6	2356.1	5967.4	7660.2	107.0	61725	106.3

注：地区生产总值绝对量按当年价格计算，指数按不变价格计算。

a)Gross Domestic Product is calculated at current prices,while the indices are calculated at constant prices.

21-2 续表1 Continued

地 区	Region	农林牧渔业总产值(亿元) Gross Output Value of Farming, Forestry,Animal Husbandry and Fishery (100 million yuan)	农林牧渔业总产值增速(%) Growth Rate of Agriculture, Forestry, Animal Husbandry and Fishery (%)	粮食产量(万吨) Grain (10 000 tons)	油料产量(万吨) Oil-bearing Crops (10 000 tons)	肉类总产量(万吨) Output of Meat (10 000 tons)	#猪 肉 Pork	牛 肉 Beef	羊 肉 Mutton
全 国	**National**	**147013.4**	**7.9**	**68284.7**	**3613.2**	**8990.0**	**5295.9**	**697.5**	**514.1**
北 京	Beijing	269.5	2.8	37.8	0.5	4.4	2.6	0.4	0.2
天 津	Tianjin	509.3	2.1	249.9	0.3	30.5	17.1	2.8	1.0
河 北	Hebei	7018.7	7.1	3825.1	118.4	464.3	265.7	55.8	33.9
山 西	Shanxi	2134.0	9.9	1421.2	15.5	135.4	88.4	9.0	10.4
内蒙古	Inner Mongolia	3815.1	5.1	3840.3	213.9	277.3	67.4	68.7	113.7
辽 宁	Liaoning	4927.7	5.7	2538.7	116.2	435.4	238.8	31.5	6.9
吉 林	Jilin	2972.3	7.5	4039.2	85.8	274.6	142.4	40.8	7.6
黑龙江	Heilongjiang	6460.0	7.1	7867.7	13.6	300.4	184.8	50.7	15.0
上 海	Shanghai	268.9	-6.7	94.0	0.5	9.1	7.1	0.2	0.3
江 苏	Jiangsu	8279.7	4.3	3746.1	97.8	306.5	175.2	2.8	6.6
浙 江	Zhejiang	3579.2	3.0	620.9	31.7	103.6	65.2	1.7	2.4
安 徽	Anhui	6004.3	9.3	4087.6	167.1	456.3	238.7	11.2	21.9
福 建	Fujian	5201.0	5.1	506.4	23.3	286.5	124.3	2.6	2.3
江 西	Jiangxi	3998.1	8.9	2192.3	130.9	345.0	238.5	16.7	2.9
山 东	Shandong	11468.0	8.6	5500.7	285.9	819.3	355.9	61.3	33.0
河 南	Henan	10501.2	7.1	6544.2	657.3	646.8	426.8	35.5	28.9
湖 北	Hubei	8296.4	14.3	2764.3	354.1	425.5	318.0	15.8	9.7
湖 南	Hunan	7662.4	10.4	3074.4	263.0	562.0	443.1	21.3	17.5
广 东	Guangdong	8305.8	7.1	1279.9	117.3	457.4	263.2	4.4	2.0
广 西	Guangxi	6524.4	9.2	1386.5	75.9	441.0	245.2	14.0	4.0
海 南	Hainan	2014.8	5.1	146.0	7.5	66.9	30.5	2.1	1.1
重 庆	Chongqing	2935.6	9.2	1092.8	68.5	196.6	142.0	7.6	6.9
四 川	Sichuan	9383.3	7.5	3582.1	416.6	664.0	460.5	36.9	27.1
贵 州	Guizhou	4692.0	9.2	1094.9	94.9	228.2	166.2	23.6	4.9
云 南	Yunnan	6351.8	10.4	1930.3	63.9	488.1	360.4	42.0	21.1
西 藏	Tibet	255.3	5.6	106.2	4.6	27.4	1.3	20.5	5.1
陕 西	Shanxi	4313.4	6.7	1270.4	58.3	128.0	97.6	9.0	10.2
甘 肃	Gansu	2439.5	11.3	1231.5	58.8	135.3	64.1	27.0	33.5
青 海	Qinghai	528.5	4.5	109.1	31.9	40.0	6.0	21.2	12.3
宁 夏	Ningxia	759.8	4.8	368.4	4.8	35.3	9.1	11.8	11.5
新 疆	Xinjiang	5143.1	8.8	1735.8	34.6	198.7	49.9	48.5	60.4

注：本表绝对数按当年价格计算，增长速度按可比价格计算。

a)The absolute value in this table is calculated at current prices,while the growth rate is calculated at comparable prices.

21-2 续表2 Continued

地区	Region	奶类产量(万吨) Milk (10 000 tons)	规模以上工业增加值增速(%) Growth Rate of Industrial Value Added above Designated Size (%)	规模以上工业企业营业收入(亿元) Revenue of Industry above Designated Size (100 million yuan)	规模以上工业企业利润总额(亿元) Total Profit of Industrial Enterprises above Designated Size (100 million yuan)	原煤(万吨) Coal (10 000 tons)	发电量(亿千瓦时) Electricity (100 million Kwh)	粗钢(万吨) Steel (10 000 tons)	钢材(万吨) Steel Products (10 000 tons)	生铁(万吨) Pig Iron (10 000 tons)
全　国	**National**	**3778.1**	**9.6**	**1279226.5**	**87092.1**	**412583.4**	**85342.5**	**103524.3**	**133666.8**	**86856.8**
北　京	Beijing	25.8	31.0	28054.0	3664.9		472.6		203.4	
天　津	Tianjin	51.8	8.2	22571.2	1456.9		799.7	1825.3	5991.7	1818.4
河　北	Hebei	501.9	4.9	52125.4	2294.3	4643.0	3513.4	22496.5	29559.4	20203.0
山　西	Shanxi	135.7	12.7	32396.2	2949.9	120346.3	3926.2	6740.7	6173.9	5988.4
内蒙古	Inner Mongolia	680.0	6.0	23947.1	3380.8	106990.5	6119.9	3117.9	2957.6	2347.4
辽　宁	Liaoning	139.3	4.6	35214.2	1699.6	3087.7	2257.6	7502.4	7759.1	7024.7
吉　林	Jilin	32.8	4.6	14058.0	1073.8	904.6	1025.7	1538.9	1790.6	1366.0
黑龙江	Heilongjiang	501.0	7.3	11253.1	515.2	6015.9	1200.5	960.6	951.4	846.5
上　海	Shanghai	29.4	11.0	44173.0	3032.0		1003.1	1577.1	1941.4	1391.0
江　苏	Jiangsu	64.9	12.8	149920.7	9358.1	934.3	5968.9	11925.0	15701.9	10023.9
浙　江	Zhejiang	18.6	12.9	97967.6	6788.7		4222.5	1455.6	3451.8	794.8
安　徽	Anhui	47.6	8.9	44775.9	2669.9	11274.1	3083.4	3891.6	3820.3	2911.6
福　建	Fujian	20.0	9.9	64743.0	4353.3	547.5	2950.8	2535.5	3980.5	1145.2
江　西	Jiangxi	8.4	11.4	43976.7	3122.4	237.2	1563.3	2711.0	3480.9	2315.6
山　东	Shandong	288.4	9.6	102271.5	5268.8	9312.0	6210.3	7649.3	10667.6	7524.4
河　南	Henan	216.8	6.3	54006.4	2581.2	9372.4	3039.1	3316.1	4336.0	2746.7
湖　北	Hubei	9.6	14.8	49215.7	3189.5	29.7	3292.4	3656.1	3852.1	2624.4
湖　南	Hunan	5.7	8.4	42763.3	2060.0	726.8	1741.9	2612.7	2979.7	2177.4
广　东	Guangdong	17.3	9.0	169785.1	10927.6		6306.2	3178.3	5111.2	2053.6
广　西	Guangxi	13.1	8.6	21911.1	1131.3	352.0	2081.9	3660.9	5282.1	3015.3
海　南	Hainan	0.1	10.3	2625.7	212.1		391.2			
重　庆	Chongqing	3.1	10.7	27118.9	1877.5		991.4	899.3	1310.5	674.5
四　川	Sichuan	68.4	9.8	52583.4	4359.2	1952.6	4530.3	2787.9	3496.2	2092.0
贵　州	Guizhou	4.9	12.9	9712.5	1063.5	13231.9	2368.4	461.9	811.2	375.4
云　南	Yunnan	72.5	8.8	17359.5	1211.0	6098.9	3770.2	2361.0	2646.4	1711.6
西　藏	Tibet	53.7	12.9	401.7	48.9		112.8			
陕　西	Shanxi	161.9	7.6	29585.6	3605.1	70191.8	2739.8	1520.8	2097.4	1136.3
甘　肃	Gansu	67.5	8.9	9601.7	516.5	4406.8	1896.8	1059.0	1080.6	789.2
青　海	Qinghai	35.6	9.2	3186.7	301.6	1109.2	995.7	186.7	182.0	154.2
宁　夏	Ningxia	280.5	8.0	6491.2	462.6	8670.1	2082.9	596.3	582.3	457.6
新　疆	Xinjiang	221.9	8.8	15430.4	1916.1	32148.2	4683.6	1299.9	1467.7	1147.6

21-2 续表3 Continued

地 区 Region	水泥 (万吨) Cement (10 000 tons)	农用化肥 (万吨) Chemical Fertilizer (10 000 tons)	汽车 (万辆) Motor Vehicles (10 000 vehicles)	建筑业企业个数 (个) Number of Construction Enterprises (unit)	建筑业施工面积 (万平方米) Floor Space under Construction (10 000 sq.m)	建筑业竣工面积 (万平方米) Floor Space Completed (10 000 sq.m)	建筑业总产值 (亿元) Gross Output Value (100 million yuan)	固定资产投资(不含农户)增速(%) Growth Rate of Investment in Fixed Assets (Excluding Rural Households) (%)	房地产开发投资 (亿元) Real Estate Development (100 million yuan)
全 国 National	**237810.8**	**5543.6**	**2652.8**	**128746**	**1575495.3**	**408257.1**	**293079.3**	**4.9**	**147602.1**
北 京 Beijing	258.1		135.5	2518	91154.8	13254.5	13987.7	4.9	4139.0
天 津 Tianjin	632.0	56.0	74.0	2388	18022.6	2189.8	4653.0	4.8	2770.0
河 北 Hebei	11354.6	201.6	110.0	3142	35548.9	8212.2	6484.6	3.0	5023.9
山 西 Shanxi	5688.6	383.3	11.9	3733	23316.4	5048.0	5677.7	8.7	1945.2
内蒙古 Inner Mongolia	3667.9	395.0	5.4	1190	7497.5	1320.7	1279.4	9.8	1234.1
辽 宁 Liaoning	4938.9	37.1	80.9	5816	18129.7	3459.0	4044.9	2.6	2900.7
吉 林 Jilin	2125.3	28.8	242.4	2801	8737.4	3006.1	2246.3	11.0	1540.9
黑龙江 Heilongjiang	2188.6	73.6	7.6	2195	3753.5	786.8	1328.5	6.4	936.0
上 海 Shanghai	444.0	1.1	283.3	2362	54802.9	9232.4	9236.4	8.0	5035.2
江 苏 Jiangsu	15402.1	178.7	77.6	11396	273463.3	74993.3	38244.5	5.8	13477.4
浙 江 Zhejiang	13638.0	80.8	99.4	8750	181956.4	43302.4	23011.0	10.8	12389.1
安 徽 Anhui	15001.0	210.2	150.3	6834	53887.4	14006.5	10584.0	9.4	7263.2
福 建 Fujian	10131.0	66.7	34.3	7758	87172.3	19182.5	15810.4	6.0	6195.6
江 西 Jiangxi	10403.8	98.6	43.6	4663	35525.6	14475.2	9762.9	10.8	2528.8
山 东 Shandong	16617.5	403.7	107.3	9297	95011.9	24018.2	16412.0	6.0	9819.7
河 南 Henan	11385.9	359.0	52.8	8158	67394.3	18988.6	14192.0	4.5	7874.3
湖 北 Hubei	11872.8	582.2	209.9	5077	94015.9	33112.6	19031.5	20.4	6121.9
湖 南 Hunan	10513.3	66.0	31.9	3590	76367.9	24029.1	13280.1	8.0	5427.8
广 东 Guangdong	17084.3	7.7	338.5	8501	105978.4	24525.6	21345.6	6.3	17465.8
广 西 Guangxi	11432.9	41.2	190.1	2351	29484.2	8596.7	6699.6	7.6	3733.9
海 南 Hainan	1937.5	67.0	1.5	271	1700.3	475.8	447.1	10.2	1379.6
重 庆 Chongqing	6238.1	162.1	199.8	3500	37895.2	14162.0	9943.0	6.1	4355.0
四 川 Sichuan	14171.5	343.0	72.7	7891	72351.8	23250.8	17351.2	5.9	7831.9
贵 州 Guizhou	9332.8	336.7	8.8	1993	17892.1	4035.6	4578.0	-3.1	3383.1
云 南 Yunnan	11511.5	248.4	1.8	3770	18747.2	6648.6	7336.6	4.0	4309.9
西 藏 Tibet	991.6			410	425.5	196.4	270.7	-14.2	142.0
陕 西 Shanxi	6698.5	166.4	80.1	3636	36561.9	7164.9	9176.4	-3.0	4441.0
甘 肃 Gansu	4478.2	27.0		2168	12419.0	2341.4	2270.3	11.1	1525.9
青 海 Qinghai	1107.1	494.3		390	935.5	277.1	587.3	-2.9	442.5
宁 夏 Ningxia	1870.1	62.7		648	1989.7	839.9	681.5	2.2	466.9
新 疆 Xinjiang	4693.4	365.1	1.6	1713	13355.6	3124.5	3124.8	15.0	1501.4

21-2 续表4 Continued

地 区	Region	社会消费品零售总额(亿元) Retail Sales of Goods (100 million yuan)	货物进出口总额(亿美元) Total Imports and Exports (USD 100 million)	#出口总额 Imports	交通运输货运量(万吨) Total Freight Traffic (10 000 tons)	#铁路 Railway	#公路 Highway	交通运输客运量(万人) Passenger Traffic (10 000 persons)	#铁路 Railway	#公路 Highway
全 国	**National**	**440823.2**	**60514.9**	**33639.6**	**5298499.1**	**477371.6**	**3913888.5**	**830256.6**	**261170.6**	**508693.3**
北 京	Beijing	14867.7	4710.2	946.4	23424.8	349.7	23075.1	36665.8	8607.0	28058.8
天 津	Tianjin	3769.8	1325.7	599.7	56435.4	11749.7	34527.0	12391.2	3405.6	8915.6
河 北	Hebei	13509.9	838.1	469.0	261208.4	29205.2	227203.4	15009.4	7930.7	7078.7
山 西	Shanxi	7747.3	345.1	211.4	217622.9	102909.4	114697.8	11810.2	6454.4	5279.8
内蒙古	Inner Mongolia	5060.3	191.4	74.0	211903.8	79053.2	132847.0	7271.8	3597.2	2686.0
辽 宁	Liaoning	9783.9	1194.8	512.5	179238.2	23151.3	152596.2	27407.8	7778.1	19361.5
吉 林	Jilin	4216.6	232.4	54.7	53587.3	5912.2	47675.1	13470.3	4216.4	9155.4
黑龙江	Heilongjiang	5542.9	308.8	69.3	55116.3	12512.2	42085.5	13479.5	4867.3	8476.8
上 海	Shanghai	18079.3	6286.0	2433.1	154792.7	513.5	52899.4	11125.1	9284.1	1479.5
江 苏	Jiangsu	42702.6	8068.7	5035.4	294678.0	9738.5	186707.7	67295.5	21366.7	43789.0
浙 江	Zhejiang	29210.5	6410.9	4661.2	328040.9	5177.4	213653.0	46355.0	18263.4	24246.0
安 徽	Anhui	21471.2	1071.0	633.8	401415.3	7791.2	259043.7	27563.4	11118.1	16284.0
福 建	Fujian	20373.1	2855.0	1674.1	166113.1	5112.3	110777.0	19614.2	8350.4	10521.7
江 西	Jiangxi	12206.7	770.8	568.2	198685.1	4818.2	181023.6	24304.2	9167.2	14977.7
山 东	Shandong	33714.5	4536.3	2722.3	342728.1	32203.2	291196.2	29975.3	13789.6	15139.0
河 南	Henan	24381.7	1271.0	778.1	255551.2	11563.4	226447.2	50717.2	13126.4	37388.1
湖 北	Hubei	21561.4	831.4	543.1	214762.4	5828.0	161309.5	33039.9	11627.0	21098.4
湖 南	Hunan	18596.9	927.1	652.4	224465.5	4770.6	198422.6	50659.9	12865.1	37030.9
广 东	Guangdong	44187.7	12795.5	7819.1	386540.0	11844.3	267489.5	53598.6	24451.8	27567.2
广 西	Guangxi	8538.5	917.0	454.5	216168.3	9119.3	169018.7	27917.8	9088.2	18325.8
海 南	Hainan	2497.6	228.7	51.5	27990.7	1100.1	7608.1	8943.6	2771.0	4855.5
重 庆	Chongqing	13967.7	1238.3	800.1	144592.6	1945.6	121185.2	32754.1	6497.2	25646.7
四 川	Sichuan	24133.2	1473.2	884.1	184312.4	7535.2	171376.7	60287.2	14073.2	45349.2
贵 州	Guizhou	8904.3	101.3	75.4	96989.3	7275.6	89153.9	25855.5	6481.1	19004.3
云 南	Yunnan	10731.8	486.6	273.5	135007.2	5341.7	129089.6	20582.4	5252.5	14973.2
西 藏	Tibet	810.3	6.2	3.5	4583.0	81.0	4502.0	939.5	327.2	612.3
陕 西	Shanxi	10250.5	736.4	397.3	160694.8	37893.7	122716.1	20587.2	7727.6	12793.5
甘 肃	Gansu	4037.1	75.9	15.0	76108.8	6444.1	69664.7	15493.5	4601.4	10813.1
青 海	Qinghai	947.8	4.8	2.6	17817.3	3734.7	14082.7	2474.2	821.3	1589.9
宁 夏	Ningxia	1335.1	33.2	27.1	46928.5	9422.7	37505.8	3574.7	720.3	2712.9
新 疆	Xinjiang	3584.6	243.0	197.1	73507.6	19198.9	54308.6	16025.6	2543.0	13482.6

注：交通运输客（货）运量全国及内蒙古数据为全口径数据；其他各省（区、市）客运量数据不包含民航数据，货运量数据不包含民航及管道数据。

a)The data of passenger(cargo)traffic volume in China and Inner Mongolia are full caliber data;Passenger volume data of other provinces(autonomous regions and municipalities)does not include aviation data;Cargo volume data does not include civil aviation and pipeline data.

21-2 续表5 Continued

地 区　Region	居民消费价格指数(上年=100) General Consumer Price Index (preceding year=100)	城镇非私营单位从业人员平均工资(元) Average Wage of Employed Persons in Urban Non-Private Units (yuan)	全体居民人均可支配收入(元) Disposable income of All Residents (yuan)	全体居民人均消费支出(元) Consumer spending of All Residents (yuan)	城镇居民人均可支配收入(元) Urban Households Per Capita Average Disposable Income (yuan)	城镇居民人均消费支出(元) Urban Households Per Capita Expenditures for Consumption (yuan)	农村牧区居民人均可支配收入(元) Disposable income of Residents In Rural Areas (yuan)	农村牧区居民人均消费支出(元) Rural Households Per Capita Expenditures for Consumption (yuan)
全 国 National	**100.9**	**106837**	**35128**	**24100**	**47412**	**30307**	**18931**	**15916**
北 京 Beijing	101.1	194651	75002	43640	81518	46776	33303	23574
天 津 Tianjin	101.3	123528	47449	33188	51486	36067	27955	19286
河 北 Hebei	101.0	82526	29383	19954	39791	24193	18179	15391
山 西 Shanxi	101.0	82413	27426	17191	37433	21966	15308	11410
内蒙古 Inner Mongolia	100.9	90426	34108	22658	44377	27194	18337	15691
辽 宁 Liaoning	101.1	86062	35112	23831	43051	28438	19217	14606
吉 林 Jilin	100.6	83028	27770	19605	35646	24421	17642	13411
黑龙江 Heilongjiang	100.6	80369	27159	20636	33646	24422	17889	15225
上 海 Shanghai	101.2	191844	78027	48879	82429	51295	38521	27205
江 苏 Jiangsu	101.6	115133	47498	31451	57744	36558	26791	21130
浙 江 Zhejiang	101.5	122309	57541	36668	68487	42194	35247	25415
安 徽 Anhui	100.9	93861	30904	21911	43009	26495	18372	17163
福 建 Fujian	100.7	98071	40659	28440	51141	33942	23229	19290
江 西 Jiangxi	100.9	83766	30610	20290	41684	24587	18684	15663
山 东 Shandong	101.2	94768	35705	22821	47066	29314	20794	14299
河 南 Henan	100.9	74872	26811	18391	37095	23178	17533	14073
湖 北 Hubei	100.3	96994	30829	23846	40278	28506	18259	17647
湖 南 Hunan	100.5	85438	31993	22798	44866	28294	18295	16951
广 东 Guangdong	100.8	118133	44993	31589	54854	36621	22306	20012
广 西 Guangxi	100.9	88170	26727	18088	38530	22555	16363	14165
海 南 Hainan	100.3	97471	30457	22242	40213	27565	18076	15487
重 庆 Chongqing	100.3	101670	33803	24598	43503	29850	18100	16096
四 川 Sichuan	100.3	96741	29080	21518	41444	26971	17575	16444
贵 州 Guizhou	100.1	94487	23996	17957	39211	25333	12856	12557
云 南 Yunnan	100.2	98730	25666	18851	40905	27441	14197	12386
西 藏 Tibet	100.9	140355	24950	15343	46503	28159	16932	10577
陕 西 Shanxi	101.5	90996	28568	19347	40713	24784	14745	13158
甘 肃 Gansu	100.9	84500	22066	17456	36187	25757	11433	11206
青 海 Qinghai	101.3	109346	25920	19020	37745	24513	13604	13300
宁 夏 Ningxia	101.4	105266	27905	20024	38291	25386	15337	13536
新 疆 Xinjiang	101.2	94281	26075	18961	37642	25724	15575	12821